国家重点档案专项资金资助项目

U0655764

抗日战争档案汇编

山东省档案馆 编

滨海抗日根据地档案汇编

1

清華大學出版社

图书在版编目（CIP）数据
滨海抗日根据地档案汇编 / 山东省档案馆编 . -- 北京 : 清华大学出版社 , 2025. 2.
（抗日战争档案汇编）. -- ISBN 978-7-302-67708-6
Ⅰ . K265. 063
中国国家版本馆 CIP 数据核字第 202558VT77 号

责任编辑：刘　晶
封面设计：禾风雅艺
责任校对：王荣静
责任印制：丛怀宇

出版发行：清华大学出版社
网　　址：https://www.tup.com.cn，https://www.wqxuetang.com
地　　址：北京清华大学学研大厦A座　　邮　　编：100084
社 总 机：010-83470000　　邮　　购：010-62786544
投稿与读者服务：010-62776969，c-service@tup.tsinghua.edu.cn
质量反馈：010-62772015，zhiliang@tup.tsinghua.edu.cn
印 装 者：天津艺嘉印刷科技有限公司
经　　销：全国新华书店
开　　本：210mm × 285mm　　印　张：67
版　　次：2025年2月第1版　　印　次：2025年2月第1次印刷
定　　价：800.00元（全二册）

产品编号：104661-01

抗日战争档案汇编编纂出版工作组织机构

编纂出版工作领导小组

组　长　陆国强

副组长　王绍忠　付　华　魏洪涛　刘鲤生

编纂委员会

主　任　陆国强

副主任　王绍忠

顾　问　杨冬权　李明华

成　员（按姓氏笔画为序排列）

于学蕴　于晓南　于晶霞　马忠魁　马俊凡　马振犊　王　放
王文铸　王建军　卢琼华　田洪文　田富祥　史晨鸣　代年云
白明标　白晓军　吉洪武　刘　钊　刘玉峰　刘灿河　刘忠平
刘新华　汤俊峰　孙　敏　苏东亮　杜　梅　李宁波　李宗春
吴卫东　何素君　张　军　张明决　陈念芜　陈艳霞　卓兆水
岳文莉　郑惠姿　赵有宁　查全洁　施亚雄　祝　云　徐春阳
郭树峰　唐仁勇　唐润明　黄凤平　黄远良　黄菊艳　梅　佳
龚建海　常建宏　韩　林　程潜龙　焦东华　童　鹿　蔡纪万
谭荣鹏　黎富文

编纂出版工作领导小组办公室

主　任　常建宏

副主任　孙秋浦　石　勇

成　员（按姓氏笔画为序排列）

李　宁　沈　岚　贾　坤

《滨海抗日根据地档案汇编》编委会

总　序

为深入贯彻落实习近平总书记“让历史说话，用史实发言，深入开展中国人民抗日战争研究”的重要指示精神，国家档案局根据《全国档案事业发展“十三五”规划纲要》和《“十三五”时期国家重点档案保护与开发工作总体规划》的有关安排，决定全面系统地整理全国各级综合档案馆馆藏抗战档案，编纂出版《抗日战争档案汇编》（以下简称《汇编》）。

中国人民抗日战争是近代以来中国反抗外敌入侵第一次取得完全胜利的民族解放战争，开辟了中华民族伟大复兴的光明前景。这一伟大胜利，也是中国人民为世界反法西斯战争胜利、维护世界和平作出的重大贡献。加强中国人民抗日战争研究，具有重要的历史意义和现实意义。

全国各级档案馆保存的抗战档案，数量众多，内容丰富，全面记录了中国人民抗日战争的艰辛历程，是研究抗战历史的珍贵史料。一直以来，全国各级档案馆十分重视抗战档案的开发利用，陆续出版公布了一大批抗战档案，对揭露日本帝国主义侵华罪行，讴歌中华儿女勠力同心、不屈不挠抗击侵略的伟大壮举，弘扬伟大的抗战精神，引导正确的历史认知，发挥了积极作用。特别是国家档案局组织有关方面共同努力和积极推动，“南京大屠杀档案”被联合国教科文组织评选为“世界记忆遗产”，列入《世界记忆名录》，捍卫了历史真相，在国际上产生了广泛而深远的影响。

全国各级档案馆馆藏抗战档案开发利用工作虽然取得了一定的成果，但是，在档案信息资源开发的系统性和深入性方面仍显不足。正如习近平总书记所指出的：“同中国人民抗日战争的历史地位和历史意义相比，同这场战争对中华民族和世界的影响相比，我们的抗战研究还远远不够，要继续进行深入系统的研究。”“抗战研究要深入，就要更多通过档案、资料、事实、当事人证词等各种人证、物证来说话。要加强资料收集和整理这一基础性工作，全面整理我国各地抗战档案、照片、资料、实物等……”

国家档案局组织编纂《汇编》，对全国各级档案馆馆藏抗战档案进行深入系统地开发，是档案部门贯彻落实习近平总书记重要指示精神，推动深入开展中国人民抗日战争研究的一项重要举措。本书的编纂力图准确把握中国人民抗日战争的历史进程、主流和本质，用详实的档案全面反映一九三一年九一八事变后十四年抗战的全过程，反映中国共产党在抗日战争中的中流砥柱作用以及中国人民抗日战争在世界反法西斯战争中的重要地位，反映国共两党“兄弟阋于墙，外御其侮”进行合作抗战、共同捍卫民族尊严的历史，反映各民族、各阶层及海外华侨共同参与抗战的壮举，展现中国人民抗日战争的伟大意义，以历史档案揭露日本侵华暴行，揭示日本军国主义反人类、反和平的实质。

编纂《汇编》是一项浩繁而艰巨的系统工程。为保证这项工作的有序推进，国家档案局制订了总体规划和详细的实施方案，明确了指导思想、工作步骤和编纂要求。为保证编纂成果的科学性、准确性和严肃性，国家档案局组织专家对选题进行全面论证，对编纂成果进行严格审核。

各级档案馆高度重视并积极参与到《汇编》工作之中，通过全面清理馆藏抗战档案，将政治、军事、外交、经济、文化、宣传、教育等多个领域涉及抗战的内容列入选材范围。入选档案包括公文、电报、传单、文告、日记、照片、图表等多种类型。在编纂过程中，坚持实事求是的原则和科学严谨的态度，对所收录的每一件档案都仔细鉴定、甄别与考证，维护档案文献的真实性，彰显档案文献的权威性。同时，以《汇编》编纂工作为契机，以项目谋发展，用实干育人才，带动国家重点档案保护与开发，夯实档案馆基础业务，提高档案人员的业务水平，促进档案馆各项事业的发展。

守护历史，传承文明，是档案部门的重要责任。我们相信，编纂出版《汇编》，对于记录抗战历史，弘扬抗战精神，发挥档案留史存鉴、资政育人的作用，更好地服务于新时代中国特色社会主义文化建设，都具有极其重要的意义。

抗日战争档案汇编编纂委员会

编辑说明

抗日战争时期，山东抗日根据地是全国唯一以省为主体的抗日根据地，其中，滨海抗日根据地位于鲁东南，东临黄海，西靠沂河，南起陇海线，北至胶济路，北、中部有五莲山、甲子山等山区，南部有临（沂）、郯（城）、海（州）、赣（榆）大平原。一九四二年三月，中共中央山东分局决定鲁南四地委和鲁中五地委合并，成立滨海地委，直属山东分局领导。一九四三年三月，根据党中央《关于统一抗日根据地的领导及调整各组织间关系的决定》，山东分局决定撤销滨海地委，建立滨海区党委。

山东省档案馆组织整理、甄选馆藏滨海抗日根据地相关档案，编纂出版《滨海抗日根据地档案汇编》，主要收录了滨海抗日根据地党政军组织于一九四二年至一九四五年间形成的档案文件，内容包括政治、军事、经济、文化等方面。选用档案均据本馆馆藏原件全文影印，未做删节，如有缺页，为档案自身不全。全书共二册，按照“组织机构—时间”体例编排，“组织机构”按照“党—政—军”相关机构顺序排列。各机构所选档案按时间顺序排列，一般有年无月的，排在该年末；有年、月无日的，排在该月最后。

档案中原标题完整或基本符合要求的使用原标题；对原标题有明显缺陷的进行了修改或重拟；无标题的加拟了标题；汇编类文件有目录与内文不同的，遵照内文标题。标题中机构名称使用机构全称或规范简称，历史地名沿用当时地名。档案所载时间不完整或不准确的，作了补充或订正。

本书使用规范的简化字。对标题中人名、历史地名、机构名称中出现的繁体字、错别字、不规范异体字、异形字等，予以径改。

在排版过程中注重保持档案原貌，只对部分档案进行了适当缩放。为保护个人隐私，对涉及个人负面信息的个别姓名作了虚化处理。

由于时间紧，档案公布量大，编者水平有限，在编辑过程中可能存在疏漏之处，欢迎斧正。

编　者

2024年2月

目 录

第一册

中共滨海区党委

第二册

中共滨海区党委

滨海区行政公署

其他

中共滨海区党委

滨海区十个月群众工作总结——朱瑞在滨海区第四次群众工作总结会议上的报告（1943年3月印）

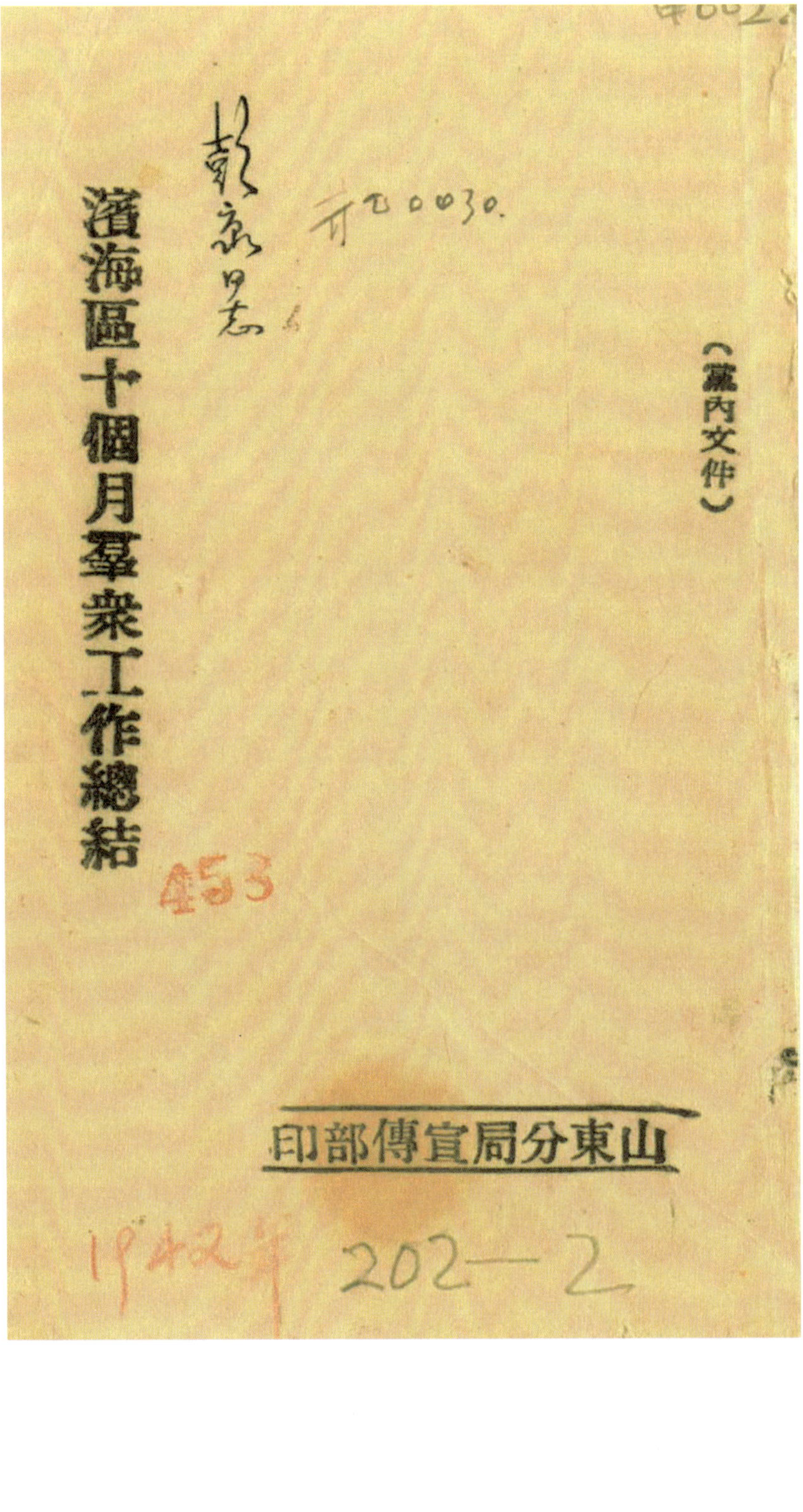
濱海區十個月羣衆工作總結

（黨內文件）

山東分局宣傳部印

濱海區十個月羣衆工作總結

（朱瑞同志在濱海區第四次群衆工作總結會議上的報告）

第一部份　十月工作的總結和檢討

第一　具體工作成績的總結：

這個總結是分局四年工作總結後所提出群衆工作任務執行程度的總結。這裏有一些具體的數字統計，可作十月工作成績和執行程度的尺度，並作總結工作的基礎與根據：

（一）以濱海區已經開展或未開展地區來看我們完成任務的程

1

203

度。雖然統計不够完整，且有部份不够確實，但是可以簡單總結一下：第一，十月工作的結果，加上多年長期努力，我們地區的發展是比較普遍的，因爲在××個分區中，有××個分區有了工作，百分之八十地區有了工作。這是大的方面，如從村來說：我們的工作還有一半以上的空隙，雖然這裏也有我們軍隊和民主政府的影響，但沒有具體的工作，如適以人口計算，我們組織起來的僅佔百分之十剩，則更差了。所謂普遍性的發展就適得其反了。第二，再以已經動員組織的羣衆來看：農民是第一，婦女是第二，職工第三，兒童第四，靑年第五。按人口來說，農民人口佔最多數，婦女佔人口半數，佔先是必然的。職工的總數較少，但組織動員起來的比例却是最高的。這說明農村雇工階級覺悟較高，鬥爭性較強，易于組織，確是黨在農村中的支柱。婦女動員組織的比例則是最低的。靑年最少，也說明靑年人口總數也少。第三，以地區來說，動員最好的

204

是××，約百分之十七强，加上其他人員，如合作貿易人員，紳商各界及部隊機關附屬人員可能到百分之二十。其次爲××，百分之九，加上其他，可能有百分之十，這是去年突擊的中心，所以最好，但也只是突擊了這樣多，可見在地區發展相當普遍，到村則不够普遍，到組織則更不普遍，我們至今只動員組織了先進份子到組織中來。

（二）減租：據五個縣的統計，被減租的地主二百戶，減了租的佃戶一九九〇戶，減租田畝三一二七四畝。

我們的小結是：第一，地區上是比較普遍，但比起增資還不够普遍。第二，減租較一般化，多是二五減租，租期多是五年，且帶若干强迫性。第三，減租對十月來羣衆運動的開展來說，還是一個基本工作，從農救會的發展來說，也是主要成績。

（三）增資：增資工人數一六〇六七人，增糧（四個縣）一三

205

七八五五八斤，增欵（只兩個縣）六一五三六元。複雇人數，最高數，在×縣是百分之四十，充其量不足二分之一，當然其中也有的因增資後上升贖了兩三畝地，成爲貧農，有的拿到了粮食，去做小買賣等等，但我們不能不承認，失業還是嚴重現象。

由此也可得出小結：增資鬥爭中有成績，如工人組織的比例比其他高，工人確是群衆鬥爭中的核心與先鋒。在十月群衆運動中，大部份地區的工人，首先站起來，團結緊密，鬥爭堅持；另一方面，工人增資的結果，失業相當嚴重。至于政策問題，下面再談。

（四）民兵：有×××個村有民兵，（游擊區在內）如以全地區村來算，則有工作村不足百分之三十。也不够普遍，民兵數×萬人（連青抗先在內）距我們要求百分之五相差很遠，還只完成計劃七分之一的任務。自衛團四個縣的統計是二六七五四人，如按規定十六歲以上，四十五歲以下人口計算，則相差很遠。因此，小結是

：第一，民兵成績還太小，第二，民兵這樣重要的問題，今天還未提到應有的高度，自衛團則可說一般被忽視。第三，在濱海區這樣的根據地，在抗戰第六年的今天，敵後分散性游擊戰爭已成爲戰略指導方針，而民兵自衛團才開始發展，證明根據地的鞏固還是不够確實的。

（五）借粮：也只是四個縣的材料，借粮主一三五五戶，吃粮戶二六七八戶，借粮數（三個縣統計）二一九三二二斤，還粮數頂好的某縣只還百分之五十。

也可得出小結：第一，借粮這一工作，一般曾爲羣衆運動的先導，部份地區當成爲開展群衆運動的基礎。第二，但還粮太少，說明我們在借粮還粮問題上有根本錯誤，如借而不還，嚴格說就是橫行霸道。

（六）拔地：據三個縣統計八十一戶，種地戶四個縣統計一三

5

207

三八戶，拔田地（兩個縣未統計）一五八五二畝。

小結：第一，抄地這一工作，使好幾千貧苦的貧農得到租地，第二，有些地區找地是正確的，因此發動了群衆，推動了工作。第三，也有些地區做的不對，起相反作用者。

（七）減息：五個縣，減息六五四四八元，成績微微。小結：第一，大家相當忽視這一工作；爲什麽忽視？是因爲沒有什麽認識，尤其缺少具體調查。第二，也證明敵後的息借關係，比抗戰前確有些不同，而目前最要緊的，是如何使農民得到借款，但我們在這方面做得不够。

（八）改造政權：這一工作成績不小，惜無統計。

反貪汚惡霸，據六個縣的報告，有二五八村，對象大部係村長。反貪汚結果：七個縣的統計，追回款一五一八三三元，糧一九二九八六斤。追田地：三個縣的統計，四八九九八畝，其他不計。

小結：這一工作還不够緊密與羣衆運動的發展聯系一起，尤其是去冬至今春五個月中，是我們的中心工作之一，也未引起普遍的注意。

（九）歸隊：據七個縣統計，現已歸隊六一六人，參軍二三四人，共八三〇人，完成百分之八十三，但時間超過一個月。

小結：第一，歸隊工作提起較晚，曾被大家忽視，第二，實際情況調查研究差，究竟那縣逃亡的有多少，成份怎樣都不知道。有的地方沒逃亡戰士也要動員歸隊，也有群衆未被動員起的地區，也把歸隊工作當作中心，說明了工作上的平均主義和主觀主義。

（十）紡織：這一工作比較普遍，據七個縣統計，有組織的八五六一人，××××輛車，又據三縣統計，織布機共有六一七架。

小結：第一，這是我們很好的成績之一，這眞正換到了羣衆需要的是什麼，——尤其是婦女。我們的紡織工作，基本上推動了婦

7

209

女工作，改善了婦女生活，婦女工作佔第二位，與此有莫大關係，第二，與根據地的對敵經濟鬥爭也有莫大關係，從來我們對敵人是負債的，八路軍至少要負一千五百萬左右，即向敵人買布，要支付了這樣大的代價，現在由于紡織事業的發展，可以解決夏衣兩套，到冬天，可以解決全部棉衣，那就等于可從敵人手裏收回兩千萬元巨欵抵得上全濱海區田賦稅收，因此，這是我們十月來建設根據地，動員婦女，最切實的成績之一。不過這還够不上我們的要求，須要大家繼續努力。

（十一）貸欵：這本是政府的事，因與群衆工作有關，所以也列入。據四個縣的統計：貸欵戶六四七八戶，錢，五個縣的統計，共七四九五五〇元。

小結：第一，貸欵數太小，所以相當分散，只解決了群衆的部份問題，未解決大問題。第二，因爲分散，與根據地建設，改進農產，發展生產聯系不够，與蠶業運動配合一致也不够。

（十二）反蠶食：收復村莊人口雖無具體統計，但據瞭解，反蠶食鬥爭確已開展，個別地區已獲主動。如醋大莊，郯城等戰鬥，××民兵大出擊等。但一般的是軍事多政治少，限于一定工作機關（如敵工部門，游擊隊）動員人民作群衆性的鬥爭不够，個別地區，還有保守的傾向。

第二，政治與政策上的檢討。

據以上數目字，也都表明了濱海區在政治上的變化，包括了政策執行的整個過程，包括了濱海區工作質量與情况的改變，簡單總結于後：

（一）根據地群衆生活部份改善了，一般群衆是重新動員起來了，雖然還未完全動員起來，絕大多數還不是有意識有認識的，只

211

是一般性的動員組織，我們也整理改造了農救會，提高了農救會的威信，也整理改造了工、青、婦等群衆團體，創造培養改造了大批幹部，尤其是縣區村的幹部。

正因爲有了以上的收獲，可以說經過十個月的群衆工作和工作作風的轉變，加上過去三年的堅持，已開始打下了濱海地區爲充分發動羣衆而繼續努力的基礎。此外，再加上民主政權的確立，群衆鬥爭的開展，與正確對待中上層的聯合和團結，大批群衆武裝的建立，大量群衆參加了民主政權，並且有了共產黨的組織，部份改善了群衆的經濟地位（但並不是改變，將來也不是容易的），部份限制削弱地主與雇主的租佃剝削與雇傭勞動剝削，開始推動了根據地內階級關係的改變。過去的一年，是階級關係改變的最速時代。有某些雇農上升爲貧農，若干貧農上升爲中農，個別中農上升爲富農。至于地主富農急劇下降的現象，還沒有明顯看到。當然，在新

212

民主主義經濟政策下，敵寇侵略戰爭的破壞下，地主一般的是在下降富農一般也在下降，主要是因爲他們違抗政府法令，不走吳滿有方向的結果。雖然沒有具體的統計，但整個根據地的動向，確是向更有利于基本群衆發展的。共產黨八路軍的威信是提高了，羣衆的擁軍運動的開展，就是很好的說明。一般群衆，尤其是開明的地主士紳，對黨的報紙（大衆日報）與黨的政策，政府的法令的關心熱心，也說明今天大部份的地主上層，對我們的懷疑和恐懼，甚至與我們敵對的人士，是在日益減少，而對我們是抱着關心與在互相有利的條件下共同堅持抗戰的人士，日益加多。

（二）因爲群衆生活已得到部份的改善，群衆的鬥爭性積極性是提高了，這表現在：

（1）群衆性的鬥爭活躍起來，過去濱海地區會流傳着這樣的口語：『一活躍，二消沉，三皮條，四垮台。』現在的活躍基

213

本已有了改變，不同于過去，單憑政府的命令，八路軍的支持……

……等一般的原因，而是因爲群衆在改善生活的鬥爭中，已開始提高了自己的情緒和認識，這特別表現在對保衛根據地的興趣是提高了，政治認識勝利信心都提高了。因此參戰，以及防匪，緝私等等活動，也更積極了，整個根據地，也便向着日益鞏固和有秩序的道路發展。

（2）群衆對根據地堅持的信心提高。得過且過，消沉太平的傾向與情調大大減少，這與一九四一年比較，已大大改變。在堅持根據地的鬥爭上，群衆有了主動性。

（3）生產熱忱提高了：這表現在紡紗、織布、開荒、春耕、勞動互助、市場活躍。

（4）創造了人民自己的不脫離生產武裝——民兵游擊隊。並擴大了，發展了，活動也相當積極，如參戰，緝私，防匪等。

（5）反蠶食鬥爭已被注意：開始改變過去保守和個別地區退卻的現象。

由于以上這些，所以我們說，根據地已有了初步恢復，工作已較前確實，向上升，鞏固，堅持方向前進，社會中層對民主政府，對共產黨八路軍，對整個根據地的態度，也有了變，由過去非法抵抗，破壞，造謠，暗殺，變爲今天的合法鬥爭，如參加參議會，圖作政治的合法的活動。同時，生產活躍了，如各地地主士紳，多開辦紡織廠，犁廠，賣地投資，合作社貿易局的影響日益擴大，這說明他們已認爲根據地可靠。而且對生產熱忱與營利的信心是提高了。他們有的是向外逃難的，現在已搬回好多，下關東的現象，一般也中止了，一般人民外逃的現象少見了，而大批的難民，則向內投奔，他們已認爲可從這裏得到救濟與慰藉，在敵人重重包圍阻撓下，也不能阻止他們向根據地求救，求助的信心和勇氣。

13

215

我們這些成績是怎樣得來的？由于分局四年工作的總結後領導作風上的轉變，群衆運動觀念的轉變，即開始改變過去脫離羣衆的官僚主義傾向，同時，也由于有過去長期工作的基礎。沒有三年的鬥爭，沒有八路軍的抗戰，無數同志的犧牲流血，也不能有今天的改變，成績也不會有今天大。

（三）但也還有很多缺點：

（甲）從工作上來檢討：

（1）還有一半乃至大半地區沒有具體工作，大半地區十分之八九群衆未被普遍組織起來，具體組織起來的地區，還表現得脆弱，不够堅持，有形式主義現象。組織教育工作，還遠落于羣衆運動的發展之後，特別是幹部的培養創造，成績更差，幹部的缺乏，薄弱，仍爲嚴重的現象。這說明我們工作的發展，還極大不平衡。最好的地區，也還有沒有工作的空隙，不好的地區，則大部份村

216

莊是未經開闢的一塊一塊的羣衆工作的荒地，群衆還未動起來，當然，靠十月的功夫也很困難。但如果我們工作做得好一些，成績就可能比現在多，如果眞正把握了中心突破四面開花的原則，眞正把吸引到運動中的羣衆大多數組織起來，則我們的收效一定更大。

（2）還缺乏新鮮生氣勃勃之現象：由武斷領導方式，工作方式上的毛病，十月的羣衆運動，表現了一時緊張，一時消沉。有的活躍只是表面形式，暴露的不完全是群衆有組織，有意識與合乎政策的，是形式多于內容，一般的活動多于群衆實際得到的經驗教育。因此，大的運動一過去便顯得消沉，這並不是沒有工作可做，而是因爲我們沒有眞正掌握住群衆的規律，沒有眞正抓住羣衆的切身要求，如在減租減息增資之後的主要任務，應當是發展農業生產，可是我們沒有眞正去作，現在的整理鞏固工作中，需要文化民主的教育與生活，可是我們又未能及時的發動與密切配合確實，像紡紗

31

217

織布運動的開展，表現了婦女工作的眞正活躍，而開大會，集體吃飯，集體睡覺並不能算眞正的活躍。

我們的工作，有消沉，減少，甚至垮台的現象，說明我們工作還年青，不鞏固，較脆弱。

（乙）我們在執行政策上的缺點：不可否認，我們在執行黨的群衆工作決定，分局的指示上，犯了或左或右的、甯左毋右的缺點，甚至錯誤，左是主要的；這表現在：

（1）減租：動員與調查特別不够，因此表現一般化，平均，大小地主無分別，小地主因無力而出租土地的農民無分別，減租時一律看待，定租期多爲五年太長，帶着絕大的勉強性

（2）增資：在認識上，在政策的執行上，帶着原則性的錯誤，減租是新民主主義經濟政策最重要的部份，發動羣衆的戰略任務，在于削弱地主封建的剝削，改變基本羣衆的經濟地位，使地

218

主對封建剝削，感到極大的不利，而轉變其土地經營方式，如成爲經營地主等。但增資也不能一視同仁，增資只是限制富農對雇工的剝削，改善雇工的待遇，而不是打擊富農生產方式與富農經濟，可是對這二者的差別性，我們過去未能明確的提出，許多地方偏重于增資，固然是濱海地區的特殊條件所限制，但亦不能因此而忽視了黨的政策，與新民主主義經濟的基本方針，這可說是認識上的不够，因此就不能不表現過左，這是政策上的過左，是嚴重的。當然，這並不是說所有增資都是錯誤的，只是在檢討起我們偏重了增資，增資時過火，强調了對富農的打擊，這就不對。我們正確的方針一方面減租，一方面要促進富農經濟的發展。

在增資上的過左，再就是不分對象，對中農的雇工，對鰥寡孤獨的雇工，也一樣看待，且有按實際情形，工人的勞動力，與雇主的償付能力，來適當規定的工資的標準，特別是對于照顧富農生產

219

不好，有的狹隘的經濟要求，超過了富農所能負担的能力，因此也影響某些富農不願繼續經營土地，而將土地出租，並造成許多雇工失業的現象。

再即阻礙生產：雇工組織起來後生產熱忱雖一般提高，但因會議頻繁，活動太多，大部份參加游擊隊，破路，緝私，防匪，相當影響了生產。

再即工人參加組織後，在政治上則更過左，盛氣凌人，有的不只是以非法，甚至是以犯法的行動來對待雇主。

（3）減息：左的地方就是算血賬，光緒二十二年的也拿來算，事實上是算不清的，這是使人家破人亡的辦法。

（4）民兵：在成份上吸收的群衆不廣泛，個別的甚至是靑一色的黨員，有些在游擊小組中，貧農中農都很少，富農那更是鳳毛麟角。在活動上，如集體睡覺，這是不可獎勵的，（在邊沿區

220

爲了備戰還可以做，如果一般的採用就不好）因爲農民誰沒有一個家，誰沒有自己的方便？如軍事活動，一般在戰役上，集體配合還可以，戰鬥上如日常活動，則應本分散的原則，像去年莒南的雙十節民兵大檢閱，以及演習時叫民兵向敵人反衝鋒三次等事實，都是違反民兵的任務與原則的。

（5）借糧：我們把這當成了法令，因此形成强迫借糧，甚至個別形成搶糧吃大戶的現象，借了不還，都是很嚴重的左的地方。

（6）拔地：我們在××等地提出拔地，是因爲根據調查，在××的地主，有八百頃（至少六百頃）租給少數（只多百十人）大佃戶，這些大佃戶，本身很多是富農，租地太多，勞動力很薄弱，大塊的田地荒蕪，或未能達到應有的生產量，因爲地多租輕，所以也不設法怎樣增加生產，相反的，則有很大數量的貧農，得不

19

221

到地種，無法維持生活。我們提出拔地，同地主商議，也很願意，因此成功了，解決了不少無地可種的貧民的生活，保證了地主的收入，也提高生產，但這一工作，都被一般的運用了，甚至還有拔富農中農的地，要採取比富農還落後的生產方式，這也是原則的錯誤。

在這些主要的工作上，都可看出過左的現象。當然這不是那個人的問題，大家都該負責。

此外，我們過左之處，還表現在亂用政府壓人，不善于進行合法鬥爭。在鬥爭方式上也有過左現象，如打人，捆人，游街，示衆……。每鬥必紅臉，不知適當的採取協商的辦法，都是過左之處。

至于右的現象也有，但比較少，其實左的出發點也就是右，這在理論上早就確定了的，毋庸多談。一般的表現，是對羣衆力量的估計不够，此外，還表現在：

（1）階級路線的模糊：如在去年減租減息開始之時，有的受上層活動與影響，替上層說話，在朱樊工作的某同志，就曾認爲地主比工人還苦，地主還欠工人的債，其原因就是地主家請他吃了飯，向他訴了苦。

（2）在群衆運動中做了群衆的尾巴：我們的工作，很多落在群衆要求的後面，群衆動起來了，我們不能有組織有把握的推動領導他們前進，特別是對群衆的狹隘的經濟要求，我們未能很好的說服糾正。有些同志，甚至爲了提高自己個人的信仰，而去迎合群衆的落後心理和要求，都是右的表現。

（3）害怕群衆鬥爭：在領導群衆鬥爭時，某些同志多希望鬥爭最好不複雜，不過份激烈，因此時常過早的調解或消滅鬥爭，甚至是在群衆頭上潑冷水，這都不是爲了群衆的利益，而是怕自己領

21

223

導不了。

這些左右傾向，缺點，錯誤爲什麼發生的呢？

首先：是對革命性質與黨的基本政策缺乏研究和瞭解，不少是認爲寧左毋右，批評他左還滿意，批評他右就不高興，其實左右還不就是聯襠褲子。當然，在群衆開始發動起來的時候，左是可能的，而且是難以避免的，但正因爲這樣，才越顯得領導的重要，群衆左，領導上則不能左，如果把左委之于天命，何必要領導呢？我們提出群衆左的必然性，不是說不要緊，不要糾正，相反的，要領導上更加注意和掌握，否則，就是觀念上的錯誤，是構成左的思想的根源。事實上，左的危險，在群衆中還不是主要的，主要的還的我們幹部的幼稚和尾巴主義，同時，我們的領導與領導機關同志也都該負責，因爲我們發現了左的傾向，未能及時制止或制止的不好。

正因爲有了這些左右的傾向，缺點，錯誤，——尤其是左的（

224

主要還不是政策的左，而是執行政策時的左）直接造成了雇工的嚴重失業，也可能造成生產的減低，而且也造成部份地主與雇主對我們的不滿。再還造成地主 富農對佃戶雇工的反攻 。其實也就是對我們政策上的反攻，會造成我們很大的困難，使我們不能更好的完成團結各階層堅持根據地的任務。我們減租減息，增加工資，團結了基本群衆，但按黨的政策也要交租交息，團結各階層，如果只團結了基本群衆，只算完成了黨的統一戰綫政策的一半。如果說基本上完成了，也是不對的，今天在地主，富農，中農中不少的暗藏鬥爭和磨擦，不是不能避免的。而這些困難對堅持根據地的鬥爭上確是不小的。

（丙）組織領導上的檢討：

（一）組織領導的收獲，首先表現在全體同志多能努力工作，大部份同志從來未做過羣衆工作，在工作中碰到不少困難障礙，

225

但多能一貫積極的工作，「意識病」在後一時期是很少發現了，並且工作多很艱苦，與群衆睡在一起，滾在一起，有些地區環境較複雜，人地生疏，工作未開展，爲了打開局面，我們的同志多苦心焦慮，日夜難眠，終能取得最後勝利，有些地區暫時退守，情況轉變，又能及時恢復工作。尤其是對工作路綫，一般是堅定正確，動搖的很少。錯誤只是個別的現象。

其次，吸收了黨的委員會大部份同志參加了群衆工作。大家也部表現了對這一工作的積極關心，不少同志在工作中鍛鍊考驗了自己，改變了領導，轉變了工作作風。

再即鍛鍊了大批幹部，執行了分局改造支部的決定，鍛鍊了黨員和支部，轉變了幹部間輕視群衆工作的不正確觀點。尤其是在儒戰期間，機關作風已被打破，幹部多能深入到群衆中去。

（二）組織領導的缺點：這表現在：

1、對群衆工作群衆運動認識仍然不够：如對群衆工作的意義，群衆是母親，『民爲邦本』，對群衆生活的改善群衆的動員組織與根據地的堅持的重要性，認識得不十分明確，尤其是從狹隘的經濟觀點上動員組織群衆，而不善于在改善了群衆生活之後，達到我們把群衆提高到政治與組織上來的目的。尤其是對今後敵後鬥爭的形勢日益尖銳，更加需要我們，『堅持鬥爭克服困難』這一點認識不够。同時，我們一切工作從爲戰後建國，從爲我們將來的優勢打下基础等方面來提高認識也是不够的。爲了革命的整個利益，我們部份的讓步是必要的，如我們實行減租減息，又交租交息的土地政策，就是爲了更好的團結抗戰，而我們減租減息增加工資，第一目的：改善群衆生活，第二目的是組織動員群衆堅持鬥爭，過左現象的發生，就是只看到第一目的，未看到第二目的。

認識不够的另一點，即有些同志表現在對群衆的態度立場還不

25

227

能明確，至今未克服「從縣裏區裏來的」現象，似乎只爲完成工作任務而動員群衆，不是爲群衆切身利益爲革命勝利而動員群衆，不少幹部至今還站在黨政軍機關與群衆之間，還保存着後方司令部，工作不是對群衆負責，而是盲目的爲了完成任務，因此工作搞得就不夠好。

認識不夠的第三點：即有的幹部，認爲做群衆工作，是爲了到群衆中去洗洗澡，鍛鍊鍛鍊自己，當然洗洗澡是必要，但僅僅是爲了洗澡這個人的目的，而不是爲了動員組織群衆，這就不對了。因此，對羣衆工作就不能有真切的關心，就不能從細心體察群衆的心音，提出恰到好處的鬥爭口號和辦法；因此也有人以爲洗澡洗得差不多，就要求出來了；有人以爲收集材料差不多，就要求回機關寫文章了。也有人不再要求洗洗澡了、這就是把羣衆當作改造自己的工具，是一種自私的觀點。這就好像是戲院的票友，並沒有賣戲人的心情，只是看人家唱得好，一時技癢，跳上台去唱幾句，既不合板眼，又不够自然。因此我們要反對這種觀點。我們做群衆工作不是打抱不平，而是要救我們的母親，打抱不平，就是民粹派的一種心理。

認識不够的第四點：就表現在，其他機關對群衆工作的配合不够：如政府多注意推行有關群衆利益的法令，多召開士紳座談會解釋誤會，多多團結中上層，工作當然就會做得更好了。如軍隊多宣傳，多注意紀律，也可幫助群衆工作的開展，至于在工作初期因爲黨的支部，某些地方取旁觀態度，未及時參加領導，對工作影響也是很大的。

2、對群衆的發動組織上，仍表現一些主觀主義的傾向：

首先，是缺乏足够的調查研究：如至今工作成績仍無完整的統計，群衆一般的生活狀況，也缺乏具體的瞭解。毛主席說：『沒有

27

229

調查就沒有發言權」，那當然更沒有做的權利了。因此我們的工作就不免要主觀，要犯錯誤，領導群衆鬥爭的計劃，就常常是文不對題，不是羣衆所需要的，或者，群衆需要鬥爭，我們却不能提出適當的口號，群衆應得的利益不是讓羣衆自己來拿，而是由我們拿給他的。

另一主觀主義的表現，就是對一時一地，不同對象，不同階層，一般化的指導。所提出的口號，任務，要求常常就過高空洞，公式化，不善于實事求是，而是抄襲鬥爭，無的放矢，不適合群衆的要求，如有些地方，本可從借糧發動群衆，但我們仍拘拘于增加工資，夏家橋的大佃戶，已經自愧租交得太少，我們還要替他減租，群衆要求實行合理負担，我們却要求實行上級的任務。

最後：掌握群衆工作變化發展，靈活的轉變工作方式方法，鬥爭方法和要求是不够的，顯得有些機械呆板，一成不變。群衆新的

230

鬥爭起來了，我們還叫着陳舊的口號。一個任務已完成，又未能及時提出新的任務。因此工作即陷于停頓，我們還不善于在現有的工作中，創造另一工作的條件。

3，領導上的手工業方式：科學的方式，是有集體，有組織，有分工，有步驟，有發展的推動工作，手工業的方式，則與此相反，如工作準備與計劃性差，工作要求複雜過多，下級不够抓住中心，領導上又缺少必要的指示，把許多工作，有中心，有輕重，有緩急的聯系一起，因此每拿出一件工作，都是中心，結果就形成一種現象，即什麼工作都做不好，如在備戰時，我們只知備戰，不聯系其他工作，結果備戰也未備好。又如在最近，因爲抓緊了歸隊中心，又忽略了其他工作。

手工業方式，也表現對組織的運用差，有些組織簡直是生了銹，組織的領導與個人的領導是對立。組織的領導，是通過無數的個

29

231

體，給以適當的任務，一定的安排，及時檢查檢討，總結，力求發揮每一組織細胞的力量。可是，我們在這方面的運用特別差，因此表現了上下級脫節，幹部間失去聯系，工作之間的割裂，今天工作與明天工作的分割。我們的工作只像一個手工業工廠，不能發揮大工廠機器上的大皮帶與總樞紐的作用，總樞紐就是黨，皮帶就是各個群衆團體，當然，這並是說我們就根本就不成，這只是克服的過程，只要我們努力就行。

再即各個群衆團體間的配合聯系不够，減租減息雇農的參加贊助是不够的。前一時期；青年婦女工作與減租減息增加工資是脫離的，如婦女忙着放脚，青年分散各地做自己的工作。該誰來聯系呢？仍然是黨與組織。後一時期，我們是能照顧到這一方面，加強了聯系，使各部門的工作，服從于一定時期的中心工作。但又過火了，要青年婦女參加增減工作，又去掉了青年本身的要求。否定了青

232

年婦女工作的獨立性，總之是太機械了聯系不注意分野，分野又失去聯系。

最後，是工作上的自滿保守：死守一個地方，不善于完成一個地方以後，把工作的成果擴展到整個地區，完成一個地區，再推動其他地區，劉少奇同志說，中心突破，爲的是四面八方工作的開展，可是我們突破一點，即保守不出，或活動于中心區，或活動于少的村莊。有時隔一道牆的問題也不去過問。

這些手工業方式都造成工作上的不平衡，與發展不快。

4　單純的突擊方式：突擊工作的目的，是要把經常的工作，薄弱的工作，向前提高一步。但當提高一後，就應進行精細點滴的鞏固工作，一切工作的進行都不是直線的，呼呼拉拉的鬥爭是短期的，但我們突擊工作多，經常工作少。我們去冬提出深入鞏固的要求，就是要由突擊轉入經常；少開甚至不開大的會，培養幹部，

31

253

改造村會，深入教育。鬥爭勝利後就要大量發展組織，就要教育培養幹部。所謂點滴深入的工作，基本上就是教育與整理，感到工作沒法作，消沉，就是因爲沒有把握到這一點。

正因爲突擊工作，集體的多：開會示威遊行，罷工，睡覺，因此，不集體時，也便感到無工作可做，因爲都慣于大吹大擂，大刀闊斧的砍，便不善于精細彫塑，造成工作上的困難，組織上的困難，教育上的困難，造成群衆組織不能堅持，而陷于下降，減少，甚至垮台

突擊工作的方式，又造成少數幹部的英雄主義領導，喜歡湊熱鬧，出風頭，缺乏經常系統埋頭苦幹的精神 大根據地，大後方的方式，單純突擊的方式都得到發展，形式暴露大大刺激了敵人。

5 農民鬥爭和要求的一致性，與工農青婦要求的差別性以及如何正確掌握這一致性與差別性對這一問題，我是這樣認識的：

工農青婦的組織所代表的群衆，在農村的場合，基本上都是農民，當然這並不是說 工青婦就不値得注意，而是說工青婦的基本問題仍然是農民問題。根據以上的瞭解，我們可以知道：我們根據地今天青年的問題基本就是農民青年的問題。婦女的問題，基本上也是農民婦女的問題。但又怎樣正確處理工農青婦鬥爭和要求的一致性呢？我以爲鬥爭的開始是一致的。當爲發動農民的基本要求而鬥爭的時候，如減租減息，這就不只是農民的問題，職工、青年、婦女也都應積極參加，因爲這也是工青婦大多數的一致要求，在未完成這一鬥爭任務前，分野是輔助、從屬的，工青婦本身的特殊要求，都應服從于整體的基本的要求，但是否因此就否認工青婦分野的要求呢，不是的，也不應該。跟着農救工作的深入開展，分野的本位的要求是會逐漸提高的，當減租減息鬥爭已開展，農救組織已發展，就必須有工農青婦的單獨組織，才能形成農救會的統一領導，當

33

235

鬥爭已深入，不只接觸了農民問題，也深入了工農青婦的單獨的問題。工作愈開展，組織的分野也必更大，才能發揮更大的作用。如工人農民參加游擊小組，青年參加青抗先，婦女參加紡織。因此，就有人主張，農救會發展到此，似乎可以取消了，我以爲不然，只有如此，才能眞正發揮農救會的統一領導作用，眞正形成各救總會一樣的組織。不只不應取消，還應特別加强。可是我們實際做起來，毛病却是很多的，不只山東，華北各地一樣，基本群衆未動員起來時，多先從基本農民開展工作，工作一開始，便分門立戶，三人一青救，四人一婦救，工運發展快，最好的幹部都在職工會中，工人下工後，會長比會員多，農救發展較遲，又感到無幹部。減租減息增加工資的鬥爭轟轟烈烈的時候，青年婦女長期在鬥爭巨流之外，婦女爲了放足，青年則不知幹什麼？他們不知道解放農民的問題，就是解放自己的父親，增減問題不解決，就講放足學習等問題，

236

必然分散力量，孤立自己，領導多頭，互爭會員，則必然抵消了各自的力量，根據以上原則，組織問題與幹部問題，也都迎刃而解了，今後的各救組織與幹部，不必各自爲政，集合一起，在統一領導下工作，不只符合于精兵簡政的原則，也合乎一元化領導的要求，像現在某些自然村，四五十群衆，一村有工農青婦各救，各有上級，各有會議會報，有時竟各自搗鬼，都是不合適的。

當然一般的說，農民的基本問題未解決之前，工青婦要獨立是困難的，但特殊的情況也應照顧到，農民未有組織，工青婦先有組織也是有的，如過去山東的青年組織就是如此，目前某些地區的婦女紡織小組也先農民組織起來。那是不是把他們壓下去，等農救會動員組織起來再說呢，不是，在今天敵後的情況下，是可能有突出的發展，這種突擊的發展，不只不會影響基本的發展，還會給基本的發展準備下更有利的條件和幹部，如過去山東青運的開展，給當

35

237

時的統戰工作以很大推動，給今天各項工作，準備了大批幹部，今天××八九千的組織婦女，正是今後××整個群衆開展的有力基础。

6 總結檢杳工作上表現了組織領導的鬆懈脫節，具體表現在上層與實際工作脫節，大部份不是從上而下的了解，幫助領導工作，而是依靠總結會，因此所獲得的材料是有限的，反映問題是間接的，一個問題的發生，不能求得及時解決，任其發展普遍化，甚至成了錯誤，必待總結會才能解決，這確是組織領導的問題，主要幹部，平時都應直接深入下層，參加工作，及時解決問題，定期向上會報 ， 好壞憑下面會報，不聽領導。照中央降級使用幹部的辦法，區黨委同志分赴各縣，縣到區，區到村，定能加强下面的工作。也可免掉，總結時下面情形無法上達，大結賬又嫌浪費時間；或像我這様長的報告，又不能完善的傳到下面去。

7　分區以上幹部的學習不够：這確是很大的問題。據我幾次會議聽見，我們的幹部是有些進步，但一般不够快。造成工作上主觀的很大的困難，下面幾個問題，就說明這一嚴重的缺點：

甲、關于做與學脫節：今天開會的好多是群衆工作的老幹部，一二年來如眞正很好把握這一問題，有困難多多考慮，多向群衆學習，多向書報指示文件學習，定會有很大進步，可是至今進步並不够，就因爲沒有認識到從工作中學習，多認爲工作忙沒有時間學習，把上學校和早晨的兩小時學習看成才是學習，因此形成盲目的工作者，不能把經驗及時適當整理上升爲理論來指導工作，因此工作與學習都不能有應有的進步。

乙、領導上不能好好運用民主：會議的組織，一般都比較嚴格，使有些同志不能很好發言，參加會的同志一般都帶三分戒心，報告就不能暢所欲言，有時被盤問得出一頭大汗，形成下級對上級的

37

239

意見，不管正確與否，很少考慮，大胆提出意見，恭順服從的過火，多少表現了陽奉陰違，大大阻礙了工作的進行，上級的指示計劃，因此就不能拿到實際工作去體驗，根據下面的體驗，作必要的修正。下級到上級機關開會，就好像唐僧取經似的，只是想拿回什麽去，因此只是消極的把工作多少報告一下，不提積極改進的意見。是想把自己的紗分送給別人織布，不是自己大胆有計劃的織布。

丙、組織領導上檢討和創造少，提不出新問題，只憑上級從會報中發現一些問題，又是那樣間接與不及時，因此就不能創造新方式，工作只是照常做下去，改變的少，墨守成規。

丁、工作經驗交換差，因此不能擴大工作中的成果。尤其不能用舊有工作地區的經驗，開闢新地區的工作，這裏特別是不善于運用黨報。

戊、關于幹部生活問題：尤其是政治待遇，看文件，參加會議

240

等，不能很好解決，使不少下去工作的同志，形成與黨與組織隔離的現象，再加上生活上照顧差，對不少幹部情緒有影響，也限制了工作的發展。

已、對群衆幹部的培養未專門來做：如十月來，我們從未有計劃有組織的開辦訓練班，訓練村幹部，因此要把各村農救工作向前推進一步，是很困難的。我們對一般村幹部不能要求過刻，有了問題應虛心檢討對他們培養教育的程度。因此訓練村幹部，是堅持鬥爭鞏固村會的重要步驟。要使農民運不斷前進，由經濟的鬥爭進入政治鬥爭，由初步的組織到政治上的鞏固發展，從思想來解放農民群衆，都需要有大批經過適當教育的村幹部。確實，我們減租減息後的群衆組織，還只是我們革命鬥爭中最低的起碼的要求。忽略培養幹部，使會繼續堅持鬥爭失去力量。劉少奇同志曾要我們利用小學冬學來訓練幹部，只少數地區進行了。至于農民的經常教育

241

，更是差勁，他們的讀本，照例的太政治化，與他們的切身利益和問題聯系太差。

正因爲有這樣的缺點，我們看到莒南農民運動正在消沉，其他地區也有此現象，只贛榆各救，只婦女工作的發展是上升的，其他地區與其他工作有下降之趨勢。如會員減少，農救的作用不大，具體工作缺乏，工會大部解散。去春與今冬，中心工作是文化民主，也未很好的提到農救的前面。當然，現在的減少消沉和過去的「一活躍，二消沉，三皮條，四垮台」不同，但如不改正各種缺點，也會形成部份垮台，一般繼續下降，因此我們這個會就要解決這個問題，——即如何打破羣衆運動上的下降消沉現象，繼續減租減息，全面開展群衆運動。

第三部份，對濱海地區工作意見

242

根據分局四年工作的指示，濱海十月工作的總結，以及目前濱海地區的具體情況，對今後工作，提出以下意見：

首先，我來談談提出意見的幾個根據：

（甲）十個月羣衆工作的結果，群衆部份動員組織起來，生活部份改善，根據地上升，階級關係有改變，群衆的政治經濟地位有了初步的提高，但我們的任務還重大得很，如在領導上有一些毛病，在政策執行上過左，加上某些地區的皮條現象，尤其是還存在着半數以上空白地區。

（乙）整個敵後形勢與濱海區的形勢，簡單的說，是最困難，最艱苦的一年，要求我們高度的堅定，咬緊牙關，渡過這一年。怎樣來渡過呢？進一步依靠羣衆，更普遍廣泛的動員組織群衆，改造政權徹底實行三三制，普遍發展民兵自衛團，開展羣衆性的武裝鬥爭，開展文化運動，加强勝利信心，加緊根據地建設，鞏固根據地

41

243

，克服困難。

根據這些情形，分局已提出一九四三年羣衆運動的中心，具體佈置到濱海地區，就要照顧到十月工作的情況，因此濱海地區今後工作方針就是：

（一）要求在進一步依靠群衆的目標下，深入羣衆動員，改正執行政策的錯誤，這是一個教育問題，也是實事求是去克服的問題。

（二）正因爲領導上的缺點多，因此要向着加强黨的組織對羣衆工作的領導，轉變工作作風，改正過去組織領導上的缺點錯誤。

（三）鞏固去年羣衆工作的陣地與勝利，將濱海羣衆工作一般更推向前，特別是要進一步的普遍發動羣衆塡補空白，消滅空隙。

（四）大量培養改造羣衆幹部，加緊工農青婦幹部的學習與羣衆組織會員的教育。

在執行這些主要任務時，什麽是中心呢？分局指示已說明：不同的地區都有不同的要求。

總起來說，按濱海整個工作狀況來說，中心也應放在進一步依靠羣衆，更普遍廣泛的動員組織群衆，改造政權，普遍發展民兵自衛團，開展文化運動，加强生產建設，鞏固根據地，即從民主、民兵、文化、生産四大工作着手。減租減息改善雇工待遇仍爲新開展地區與去年工作剩餘容際地區主要工作。同時減租減息增加工資改善雇工待遇基本任務不變，但在執行上，今年要比去年有不同考慮：

1、左的錯誤：特別是增資，方式上，政策執行上，都要糾正。

2、考慮到勞工過剩，地主乘機減低工資，同時雇工半數失業，加上今年要咬緊牙關渡過最後最艱苦一年，因此就不只需要動員

43

245

群衆，而且要一個必不可少的條件，即調整各階層關係，不必要的對立摩擦，應儘可能減少。

因此我們在工作的份量上，就應不同。原則不變，方式要儘可能緩和一些，如採取調解，洽商，乃至讓步而達到目的。——當然，鬥爭還是基本的。

分開來說：減租問題，十月來，較主要的地區，較大的地主都已做過，剩下的只是較荒僻的山溝，大地主較少，中小地主較多，因此要求不變，方式要改變，儘可能用合法的方式達到目的，必要的鬥爭當然難免，但不要强調，並不做集體鬥爭，同時，山溝中小地主，實際上與富農經濟地主地位差不多，因此也不一定一律要求二五減租，甚至只在耕牛，種子，肥料，牛草等問題上作必要的調整，有時四七分也可酌量實行，依靠大家靈活運用，在不妨礙羣衆覺悟團結的原則下，不妨採取變通方式。

減息問題：不強調。應着重怎樣使農民借到錢，糧，使資本不致睡眠，對地主富農的借貸款貸糧，政府應規定一些具體的獎勵辦法，當然也不反對減。

增資問題，首先可由政府頒佈最低工資三百五十斤的法令，凡今年雇工在水平以上的要獎勵，不強調增，如工人要求增也不反對，可個別解決，說服雙方讓步一些。如相當于這一水平，也不強調增，只注意改善一些生活待遇，但也要避免狹隘的經濟要求，如在水平以下，可適當的鬥爭，適當的提高，也不要過左。去年增資最低限度三百斤，未限制最高額，因此有超過原有工資一倍以上，今年當力求避免。

以下對不同地區不同任務，再提出不同的具體意見：

（一）正因爲有許多地區空白未動員組織起來，所以今天要繼續開展，以分區爲單位說，如只兩三個村的空白，就應當作個別的

45

247

次要的工作，有的分區有大部份村的空白，則要依托已開展的村莊開展全部空白，開展空白即爲主要的，鞏固原有地區即爲從屬的。

工作方法：按分局的指示是「一個一個的做，分散隱蔽的做，儘管有大塊空白的地區，也一樣如此，這是否會打不開工作呢？不然，從十個月的工作中，我們已把握了群衆運動的規律，大體創造了一些經驗，一般幹部也多得到了鍛鍊，一個幹部就能抵一個工作組，力量上大致差不多，通過深入個別村莊，求得全面發展。

這裏是否也做民主、民兵、文化、生產四大工作呢？答覆是也要做，即在減租減息增加工資工作中，同時推動這四大工作。如減租時可聯系反貪污，增減鬥爭勝利後，可直接組織民兵，不必等到冬天。在工作中即加强民主文化教育，必要時工作幹部就可以參加小學當教員。生產同樣可抓緊開展，但要把握減租減息增加工資仍主要的。

爲主要的。」

（二）正因爲工作有缺點，甚至錯誤，就要設法補救，改正缺點錯誤，爲此要提出：

「1、加强對地主富農的統一戰綫：緩和十月來減增鬥爭所引起的惡劣感情——但注意這不是投降——在上層，大衆日報多寫這一類的文章，黨可多召開座談會，强調團結。八路軍可多請客疏通。但在下層，不一定這樣做，這會麻痺群衆鬥爭的意志，必要時個別的做，得罪了人賠個笑臉和不是，對開明地主在村民大會上加以表揚。請他們講講話，以示尊敬，在具體關係上求得改進。

佃戶與地主的鬥爭與積怨更是長年累月的，關係尤需改善，地收了送他個大南瓜，麥子分了送他幾斤大葱韭菜，使大家心地歡樂喜笑顏開。冀中去年曾開展了一個大團結運動，不只推動各階層的團結，連一村一家翁姑婆媳之間的嫌隙也要求全部適當解決。我們

47

249

的要求雖不如此高，但也要從此精神出發，從調解各階層關係到家庭的糾紛。

2、對失業的救濟問題：一方面從政治上鼓勵慰問他們，各地可同時舉行慰問，發動各莊救濟，從政治上給富農一個反擊，另方面可由政府貸款做買賣，開荒種地，由農救會與黨的組織負責領導，這一問題非解決不行。

3、還糧問題：原則是儘可能的還，不能還糧要也還話：『我們實在困難，春荒期間，不容易想辦法，待將來設法還。』不能及時還，可以遲還，真正想不出辦法，可以認息或變工，政府也應從優救糧中撥還百分之幾，總之，有賬就要認賬。這是調整統戰關係很好很重要的工作辦法。

4、打單面官司，綁上區公所的，不合理的，違反政策各項問題，一定要改變過來，收回地又收房子的，不妨還給人家房子，砍去的樹，也應分給樹主幾棵，要重新檢查過去處理不得當的一切問題，勇于改正，把這一問題，提高到關係黨政的威信，與羣衆運動的開展來認識，不要馬虎。

（三）在已有基础的地區，要求更加深入提高一步，也即具體的進行四大基本工作：

1、反貪污改善徵粮辦法，改造村政權實行三三制，精兵簡政，當然改善徵粮辦法也是政府任務。而改造村政則非首先眞正發動起群衆，否則效率不大。

2、普遍發展民兵：加强民兵活動與政治工作。

3、發展生產：（1）普遍開展紡織運動；（2）開辦農村合作社；（3）改善種植，開荒，提高生產；（4）少種花生多種粮食，並多種藍靛棉蔴適應紡織事業的發展。

4、改造小學校，加强國民教育，開辦午校夜校，提高群衆政治認識。

至于這些地區如有小空白，仍按開展空白辦法，可待區黨委作具體指示。

（四）在新開闢地區的工作，如莊崗、巨峯、薛興、紙坊等區，開始不做減租減息工作，因爲還無必要的準備工作，基本工作則應是：

1、減輕群衆負担：因這些地方至今仍按攤派舊制，負担窮富輕重倒置，現象嚴重，群衆有此迫切要求，故應從此着手，從減輕群衆負担中，可同時提出政權的改造。

2、維持社會秩序的安定：進行拒毒、防匪、打擊敵探奸細活動，靑紗帳起尤要佈置剿匪工作，在保家自衛的口號下，發動民兵組織自衛團，或不叫民兵自衛團，叫聯莊會等也可。

3、展開生産工作：這是一般地區的群衆要求，也很適合于新

282

地區。進行時，可由政府貸款，主要爲組織，通過紡織，組織婦女。

4、通過文化教育工作，從短期政治訓練班入手，團結知識份予。這一訓練班，可像抗戰初期時一樣，一兩個月，講一些抗戰知識，淺近政治常識，通過青年，更進一步團結其家長上層。

此外，如有雇工，因受一般的群衆運動影響，要求增資，也可以個別解決，但不要强調，致影響統戰工作的開展。增資待秋季工作稍有基礎，或可進行。

這一地區群衆的組織形式，可用農救會。群衆武裝可用自衛團或聯莊會。不一定先用民兵名義。

（五）澈底改善組織領導與幹部的使用：

1、要求强調經常，系統，深入，隱蔽，分散的方式，糾正集體，突出，與單純突擊的方式。

51

253

2、加強普遍的調查研究工作，這薛暮橋同志已起草調查研究提綱，大家都可照做。

3、注意調整工、農、青、婦關系與聯系，統一村農救組織，縣以上實行一元化領導。

4、把更多的精力放在深入下層，幫助下層，降級使用幹部，改變大集會方式，用個別談話代替大會會報。

5、抽調必要幹部：號召黨政軍民機關，抽調必要幹部，長期深入下層工作。估計在精簡的原則下，抽調二百個幹部還不成問題，機關工作少一些沒有關係，群衆工作做不好大家都沒有辦法。因此抽要抽好的，不要有意識病的。

6、發揚工作中的民主作風，加强幹部教育，特別糾正幹部介乎機關與群衆間，爲完成任務而做群衆工作的現象。要眞正做到群衆化，深入群衆與群衆血肉相聯，糾正分散後散漫落後的現象。注

254

讓幹部的學習，建立學習指導員制。分散以後的黨員幹部問題要嚴格小組與支部生活。同時要部份改造調劑幹部，縣區級幹部有的會下去，用新的適當的幹部來代替。

7、爲提高群衆團體組織的威信，可實行群衆團體的改造，今年麥季減租增資後，最低限度可以縣區爲單位進行群衆團體的民主改造，吸收新幹部參加領導。

8、根據分局改造支部任務，要求在群衆運動中，實現每一個黨員每一個支部都要做群衆工作，黨員要成爲群衆工作的模範。

第三部份，幾個工作與政策問題

（一）減租問題：

1、二五減租的口號不一般化，掌握大小地主與無勞力而出租地的分別，最高是二五減租，低則可做租佃關係的調整，如游擊區，一般只能進行農民與地主關係的改善。

2、鰥寡孤獨出租的土地不强調減租。參加抗戰工作的或無勞動力無法自耕的最好不減租。

3、今年對去年未減租的地區，不能發動退租，仍着重減租，如有個别的退租問題，可個别處理。

4、減租後一定要交租嚴格提出佃農守法，估計減租後部份拖欠，違反租約的事情。要注意糾正解決。

5、定租：戰工會規定三年到五年，只是建議，不能成爲法律，今年再不能强調，主要依靠與地主疏通，爭取多少年就多少年。

6、賣地：過去不許地主賣地是不對的，地主有賣地的自由，只是規定佃戶有買地的優先權，因賣地而引起佃戶的失業，可用個别方式解决，不能一般化規定。

7、拔租問題：地主要拔租時，如契約有所規定，地主仍應實

256

行，如佃戶不交租，或無特殊原因影響生產，也可由地主提出解約，地主無故解租佃戶可提出控告。但如佃戶理缺，則不可限制撥租，如佃戶失業，應予救濟。

8、土地糾紛：農救會只有調處說服，爭取地主讓步之權，不能下裁判更不能越權沒收土地房屋。贖地問題按着過去當價折中的辦法，是對贖地的貧農有利。如係地主贖地，則對貧農無利，因此不能一般化運用。如係地主贖地則折中的價就該高一些，貧農贖地，就該低一些。總之，原則是不違背土地政策，而又照顧基本群衆，按贖地為誰來決定折中的辦法。

（二），減息問題：

1、今年中心是發動借貸的問題。算舊賬減息只是個別問題、

2、減息工作不要當運動佈置，只須具體調查個別解決。

3、減息不算長年舊賬，應算到多遠不必規定，抗戰以後，這

55

257

二問題似乎不太大，清算舊欠，不是去找着幹，而是當借貸雙方有爭議時或太不合理時，債主搞得債戶要破產而且得不到社會同情時，可幫助解決，這對發動羣衆才有一定的作用。

4、不強調鬥爭，因鬥爭會影響今天農民的借雇關係。

5、最積極的辦法，是鼓勵有錢出錢有力出力，合股做生意。其中即有借貸關係，也包括勞動力的報償問題，通過這一辦法，來推動農村借貸關係的發展。

（三），增資問題：

1、今天要考慮到特殊情況，在最低水平以上者採取讓步，以下者個別增，像去年大的集體的鬥爭運動，一般不採取，同時要慎重，不要過火。

2、糾正增資後過火，過高的經濟要求。要適可而止。

3、增資後要說服教育工人積極生產，如資會議算工時，要得地主同意求得諒解，否則就要找替工或變工，同時勉勵教育雇工維持勞動紀律，不要妨礙土地耕作，減少生產，參加民兵，雇工做集體活動，不遠出緝私，或在晚間開會，不影響白天勞作。

4、根據地內雇工，對外來難民應爭取團結，糾正行會宗派觀點，反對打趕現象，職工會尤要注意幫助外來雇工就雇。

5、糧食工資與貨幣工資不要一般規定，應根據雇工不同要求，當然，實物工資一般都對雇工有利，但有些外來雇工，糧食背不走，也有願要錢的，解決具體問題時，如因係錢工，貨幣跌價，可說服地主，按過去錢工折成定合同時糧數，再按定合同時糧數，按目前糧價折成錢，或酌量折算也可以。

（四），借糧問題。

1、肯定說：借糧只是農民中的私人問題，不能當作法令執行，地主無借糧義務，農民無借糧權利，因此不要形成運動。

57

259

2、有借有還，一般應行息，並按普通利息標準行息，當然一般借糧地主不一定要息，但要還，不還糧是犯法的行為。尤其是幹部，要向借糧不還的的觀點作鬥爭。

3、借糧應是部份的帶有救濟性的慈善事業，要着重在救濟難民貧民的春荒，不能讓借的人平分，多就多借，少就少借。

4、尤其要防止以借糧為名，而拿去盈利，賭錢，揮霍，特別注意農救幹部，自私自利觀點，貪污中飽現象。

（五），拔地：

1、是按特殊情況，不能一般化。

2、要靠地主自願，不能強迫，可用疏通方式。

3、拔地後不可平分，因為生產力與需要是各有不同，不能違犯發展生產原則，平分也可能形成分地現象，引人家是非。

4、拔地就是租佃關係，因此也要維持二五減租與按約交租的

260

原則。拔地後的土地問題，也按一般租佃的土地問題處理。

（六），貸款問題：

1、貸款由農救會直接做，不合適易緩和與麻痺農民的鬥爭意志，養成農救幹部辦公事循私貪污現象，它是政府和銀行的事情，農救會只須調查幫助，着重宣傳教育。——這並不妨害農救會與政府的聯系。

2、羣衆團體應向政府提出，貸款不要分散太過，要適當集中使用，如按目前現象，有十萬元，十個縣分，一縣一萬，再平均分下去，一家五元，買一個大餅，是不分輕重緩急，不能起多大的作用，和放賑沒有什麼分別。

3、貸款要有中心，這中央與分局都有指示，即以百分之五十投入農業，紡織提高農業生產，救濟與其他貸款是次要的。在地區上說，也要有中心，發展農業紡織是應在根據地內，我們才使用得

59

261

了，邊緣區也可貸，但不是主要的。另外，特殊貸款，如溢民貸款，可按特別情況，貸款的時間，也應有中心，應着重于春季，這對生產建設與紡織事業都是有利的，冬季貸款則着重于救濟。

6、貸款對象，一般應着重于農民、貧農、佃農或雇農，商業貸款應儘量減少，而且是貸給小商人。地主大商業經營的工廠商業，最好是獎勵投資拿出睡眠資本。同時，反對貪污中飽現象。

（七）民兵問題：

1、成份上要求以貧農（佃農、雇農）爲主，擴大到中農，與部份富農個別地主，因爲過去做得不够，民兵是孤立的，有很多困難難以解決（如貧農時間少，衣鞋無着），因此必須大量吸收中農少數富農加以調劑，但基本要仍保持貧農的領導，把貧農與富農地主，分開組織也不合適，這會強調了階級組織助長了他們的團結，于已不利。

2、不管教育與活動，都要照顧群衆化分散，隱蔽，三原則，因爲要群衆化，故不奬勵脫離生產，吃公粮，因爲要分散，故不奬勵集體睡覺，編制上班隊不要過大，活動上不强調縱的指揮，而强調班排的活動，因爲要隱蔽，邊緣區要特別注意活動方式，像沂蒙區埃莊那樣的方式最好，不要暴露。

3、注意到武力與勞力的結合，民兵在農閒時，要幫助封鎻消息，剿匪緝私，農忙時服從于掩護春耕夏收，藏糧，保護群衆安全轉移。這樣才能得到大多數人民的擁護，才能保證民兵的發展壯大，才不會影響生產。

4、民兵發展民兵，組織發展組織，還很有效率，以有組織民兵到無組織地區聯歡訪問，就能推動該地民兵工作的發展，如臨沭縣會以此方式收到很大成績。

5、武委會的建立：今天民兵已有相當發展，政治工作未開始

263

注意，故有壞份子的破壞，違犯政策的現象發生。今後就需要武委會加强教育，特別是分區委級武委會，是直接領導掌握民兵的機關，縣級武委會爲計劃，推動整理的機關，都應及早加强與建立。這可由區黨委武裝動員部負責解決。

（八）生產問題：

1、紡紗織布，這是今天有效的成功的辦法之一，它解决了婦女，木匠，商人等的生活問題，活躍了市場，更解决了根據地一大問題：衣服、褲子問題。因此我們要繼續大量投資。

2、組織農村合作社，要求從自然村到行政村都普遍開辦，從調劑紡織事業到經營小買賣，同時要使合作社也像俱樂部一樣，形成群衆的政治文化教育機關。

3、提高糧食生產：改良土地灌溉耕種，如專署的棉花試驗場，因爲種植得法，產量多了一倍，如將此經驗普遍化，生產即可大大提高，再即多種藍靛，少種花生，使用水車，提高灌溉。

4、開荒：開河地、栽樹、養羊，是很便宜的事，應大大獎勵。

（九）群衆工作的組織問題：

1、爲提高黨委對群衆工作的領導，因此我們決定建立縣以上群衆工作委員會，爲服從一元化的領導，取消工農青婦的專門工委會，保持書記。參加羣委會爲委員，群委會書記由黨委書記或副書記兼，群委會委員，一般都可是各救的主要負責人，這樣也合乎簡政之道，可以少開會而又加強了聯系，如要照顧與討論專門工作，可吸收專門委員參加。

2、區村組織問題：在區黨委討論的結果，大家認爲，爲服從農民鬥爭的一致性，強調農救會，同時不妨礙各救的特殊性，決定在新地區工作開始時，首先組織農救會，設工青婦委員會，領導工青婦小組，待工作有發展，或基本地區人多，領導不方便，小組不能解決問題時，工青婦可形成獨立組織，但爲防止脫離基本的聯系，工青婦會長，仍爲農救委員。個別問題，各救自己討論，中心任務，一般問題，集體討論，目前要注意解決的問題，已有工農青婦組織，但會員人數少，估計發展也不會很大，可于各救同意後，取消各救獨立組織，如可能大量發展，即加緊發展，保持各救獨立形式，區的組織，也因更接近于基本群衆還用農救會名義，實際上起着各救會的作用，縣以上，因照顧統戰關係，可採取各救名義，並設立各救聯合總會以資統一。同時還有黨的羣委會，故可不不妨礙彼此的聯系，統一領導。

3 黨團：縣與專區以上，各救非黨員很少，黨團作用消失，群委會下工農青婦各救委員，即可在各救執行黨團書記的任務。如非黨員多，或在開大會時可組織黨團，分區級則仍維持黨的小組辦去。

4　至于在敵佔區游擊區群衆工作的組織形式，可取××縣的經驗，用互濟會，互助會，也不必有工農青婦各別的組織，只用一個會統一團結各階層就行。對青年，知識份子，則可組織業務性的團體。如讀書會，時事研究會，音樂會……。

（十）幹部學習生活問題：

1　學習：以後學習計劃與工作計劃同時訂出，同時會報，同時總結，以此作組織領導推動學習，思想領導，則可在總結工作時，提高到整風檢討上，把工作檢討與思想檢討統一起來，不要單純的談工作問題，多多揭發批評我們工作中三風不正的地方，檢查工作時，也要進行思想上的檢查。

2　建議縣區級幹部都作群衆工作日記，由縣幹部檢查，上級機關分散到村的幹部也要作日記，一般的可一月看一次，或在巡視

65

267

時看日記。還要儘可能做，因爲不只對思想學習有幫助，還可隨時積累經驗。

3 建立學習指導員：工農靑婦各設一人，選文化程度較高，能力較强的同志担任。工農靑婦一般可分業學習，但如人少，有三人即可成立一組，公推一指導員，指導員應經常將學習情形會報上級。

4 穿衣問題：大家提倡勞動化，發揚打補綻的作風。

吃飯問題，以後可建設政府銀行貸給部份款項，各團體統一經營生產，以盈餘改善生活，但在改善生活上，應着重于鞋子的補充，病號的調養，醫藥的供給，以及過年過節吃包子，並更積極的做到能獨立開支。

5 政治待遇問題：這也是一個很重要的問題，農救會都應訂報，群衆幹部都要保證經常看到報紙，濱海各救應統一計劃一下，不能一人看一份，也要一組看一份，經費問題，應向各縣建議才切實解決。大家要認淸，大衆日報是指導工作的有力武器。至于文件，凡脫離機關到下層的同志，一般與下層幹部同樣待遇，主要幹部兼其他工作者，可按其他工作的待遇。

6 等級問題：我們提出這問題，到不在多拿幾毛錢，而是要解決參加會議這些問題。這可實行長山莊會議時分局對這一問題的指示，如群委會委員，應相當于縣宣傳部長或主要科長，看文件與參加會議，都享受同樣待遇。延安現已將所有幹部分別等級，列入名單，開那一級會議，即通知那一級幹部參加，很爲科學，分局與各級黨以後都可照做，軍隊也同樣可做，這不只是待遇問題，也是黨員的權利問題，如有執行不當之處，黨員有權提出質問。

（完）

67

269

中共滨海区党委关于建立健全各级文协组织及早准备今年冬季文化运动的指示（1943年9月）

全宗号 | 目录号 | 卷号 | 册号 | 张次号　临沂地委

29　14　1

为建立健全各级文协组织及早準备

今年冬季文化運動指示

区党委

一九四三年九月　日

各縣委工委：

為建立健全各級文協組織及早準備今年冬季文化運動，區委特指示如下：

甲、滨海區党委对群众文化运动的领导是很差的，群众运动已有了初步基礎，今天廣泛的提高群众文化水平和政治覺悟对于我们各种工作的继续提高和干部改造是有重大意義的，我们还没有抓紧廣泛發动群众参加文化运动，同时通过文化组织推动群众工作教育干部的经验，我们不要忘記滨海一千多小学教員（其中只有九十党員的事实）我们一定要掌握农村中的思想陣地，确定群众跟着共産党的明確观念，今天文化运动工作任务应与群众斗争的方向一致，配合各种群众斗争（武装斗争，民主民生斗争）的实施进思想準備，作廣泛的社会教育和宣傳，并且廣泛的争取在乡知识分子及敌佔區知识分子，以及团结文化人的工作，经常注意培养与群众有联系的文化工作干部。

乙、目前各级组织机構的建立与充实是今冬開展文化运动的关键，滨海區已成立筹委会，各縣文协应在十月份建立充实起来，首先建立筹委会，内設主任（可設付主任）组织部，宣傳部，

2

秘書，根据工作需要縣之大小，得設脫離生產干部一人到三人，教联会為文协之团体会員，縣設教联会主任一人，區教联会主任須由小學教員大会选举，脫離生產（仍给教員待遇）兼作區文协工作，文协教联会負責人員要宣誓就职，誓詞內容為①為新民主主義政治服务，②為工農大众文化服务；③反对國民党反动派之封建專制主義，我目也可以作為文化人的工作方向，遵守條件。

丙、冬季文化运动：

一、縣專署到村都要建立冬學运动推动委員会，吸收党、政、軍、民、士紳参加，或可個別推动敌佔區的冬學，今年冬季文运仍以冬學為中心，围繞冬學開展俱樂部，識字班，[illegible]娛樂，秧歌隊，读報組，農村剧团以至建立群众经常性的文化組織，和文化活动。

二、今天文化运动的政治内容，应以徹底揭露國民党反动派的罪惡，深入通俗解释着中國之命運的錯誤理論，徹底肅清[illegible]國民党在党内外的正統影响，宣傳我党我軍是中华民族的关係，沒有我党就沒有中國，沒有敌後根据地，也就沒有抗戰的勝利，掀起擁護我党我軍的熱潮，具体工作教育内容如下：

①通俗概要的講解八一施政綱領於群众家

喻户晓，從行动上来拥護這一綱領的实施。

②確立群众為戰爭服务观念，堅定群众勝利信心，進行偷戰参加民兵，爆炸运动，擁護主力，堅持敌後游擊戰爭。

③生產教育，主要確立豐滿有方向，提高生產熱忱，創造勞动英雄，提倡紡織打油，互助生產合作社，為丰衣足食而努力。

④民主教育，不僅進行反《中國之命運》反封建法西斯主義的教育，同時進行村選，实行三三制的教育，灌給农民以新的政权观念。

三，应抓紧目前即将到来之小學教員秋季集訓，党的宣傳部，文协，群团，政府文教科，必須以大力参加在集訓中，除徹底反《中國之命運》的教育、肃清正统观念外，即应在集訓中佈置冬学和其他文化活动，加强对其参加社会活动的認識、健全教联会，發現小学教員中的積极份子，進一步吸收入党，作為開展文运的骨干（我們过去对爭取小学教員的具体工作是忽視的，对他們在農村的作用估計不够。）

四、边缘游擊區的冬学活动应注意隱蔽的個别的普遍開展，進行团結抗戰的宣傳，特别注意团結農村知識份子，其政治教育内容為：

①進行民族氣節勝利前途的教育。

②進行八一施政綱領及根据地安居生產，人民武裝組織的情形。

中共滨海区党委关于执行分局今后任务的方针和步骤（1943年9月）

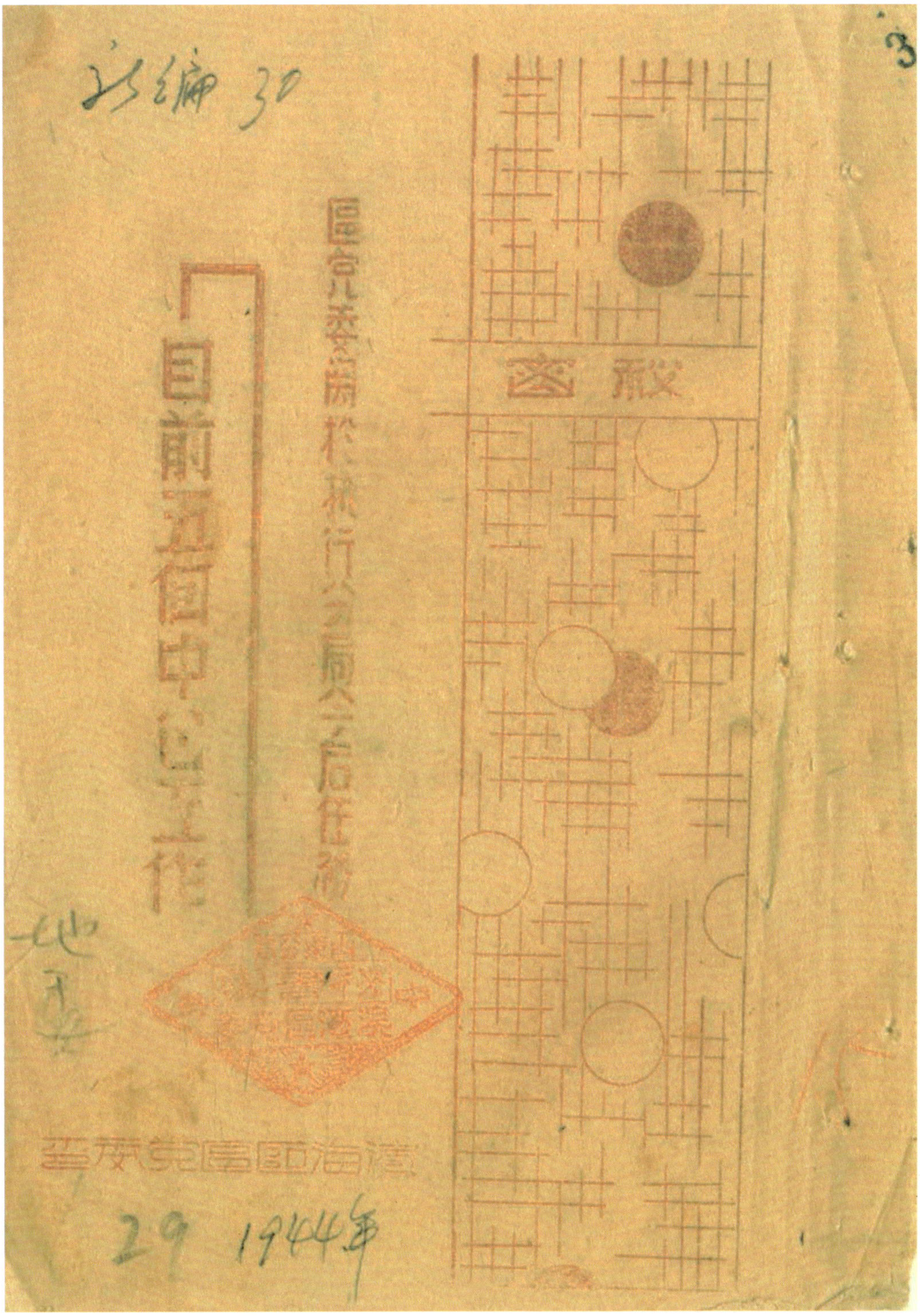

工作方針與進行步驟

根據分局五年工作總結，其際[illegible]系目前濱海最嚴重的缺點與弱點——脫離群眾，官僚主義的領導現象，脫離戰爭的忽視武裝斗爭的領導及對一元化領導意識的模糊——這些嚴重錯誤與缺點不僅是工作中的個別的[illegible]，而[illegible]的思想病態，它障礙著我們許多工作的前進，給予我們各方面以莫大的損失。產生這些嚴重錯誤與缺點的主要原因，就是上而下的整風學習[illegible]轉變作風以及精細組織工作與思想領導不夠，以致有徹底明確大膽根據發展[illegible]上級三級幹部[illegible]觀點，才能切實保證分局今後任務的完成。

我們根據分局五年工作總結[illegible]今後任務和濱海區實際情形，將[illegible]充分開展對敵斗爭，普遍開展民財政經濟[illegible]，和組織[illegible]深入群眾運動，掀起普遍參加擁軍熱潮，徹底整風，轉變作風等五個中心任務，[illegible]備冬兩季反掃蕩[illegible]中徹底完成，其進行步驟如下：

一九四三年十月份[illegible]重警[illegible]教育鍛練民兵，普遍展開擴軍運動，動員群眾備戰，徹底堅壁清野，[illegible]保藏糧食，[illegible]大[illegible]婦會，完成徵糧任務。

十一，十二兩月份，[illegible]改造村政，要完成村政三分之一，要[illegible]民開文化運動，加強民主教育，要在民主文化教育中培植學[illegible]參議[illegible]，選[illegible]大量訓練幹部，集中群眾團體大量[illegible]助政府實行土地陳報，整理契約，分

30

附：目前五个中心任务（1943年10月−1944年3月）

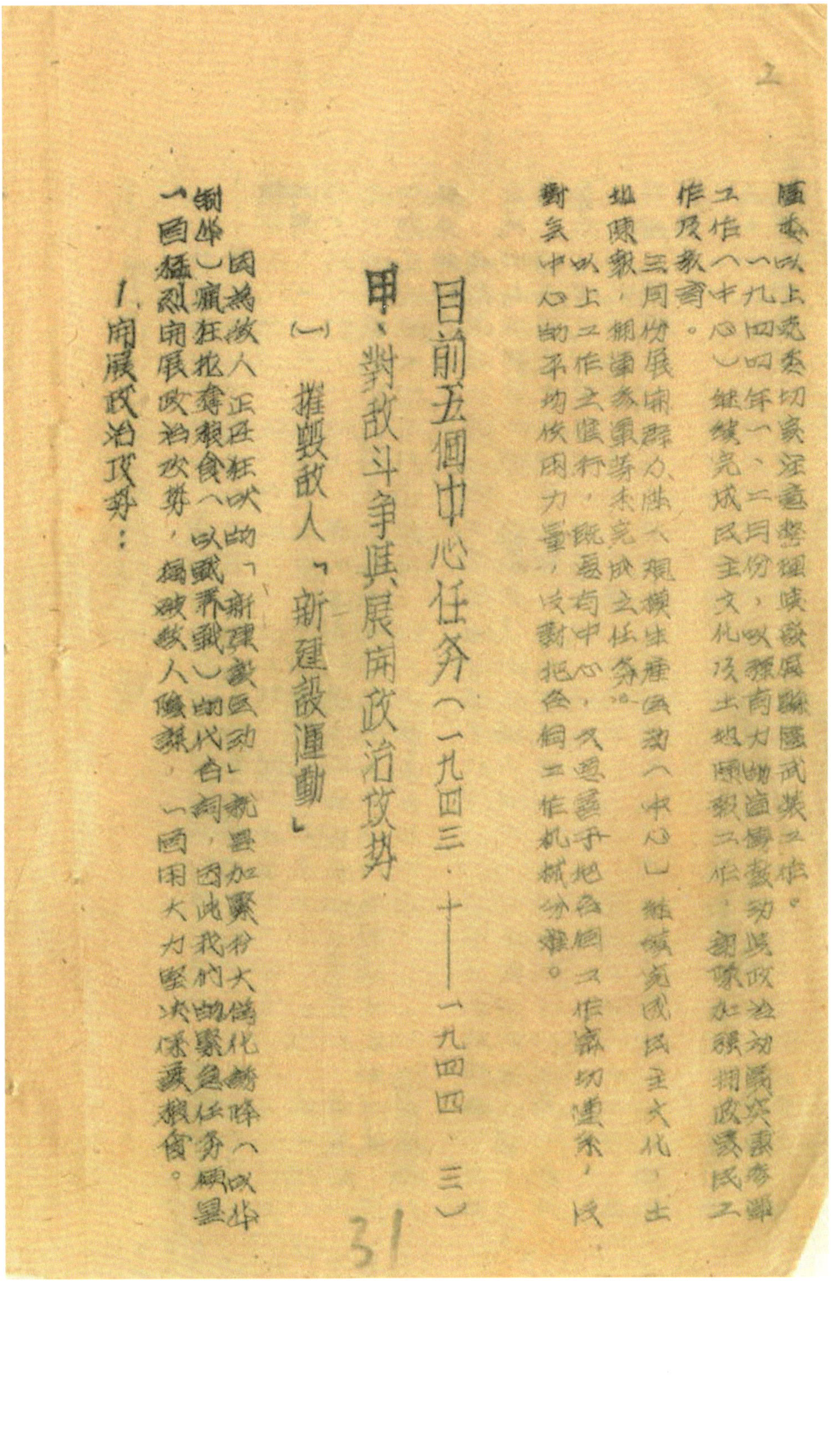

區委以上黨委切實注意整頓與發展縣區武裝工作。

一九四四年一、二月份，以縣為單位普遍發動與政治動員突擊參軍工作（中心）繼續完成民主文化及土地調查工作，繼續加強擴武裝民工作及教育。

三月份展開群眾大生產運動（中心）繼續完成民主文化、土地調查，總結整頓黨務未完成之任務。

以上工作之進行，既要有中心，又要善于把各個工作密切連系，使對象中心與平均使用力量，使對抗各個工作機械分離。

目前五個中心任務（一九四三·十——一九四四·三）

甲、對敵斗爭與展開政治攻勢

（一）摧毀敵人「新建設運動」

因為敵人正在狂吠的「新建設運動」就是加緊粉大偽化與鎖降（以華制華）瘋狂掠奪糧食（以戰養戰）的代名詞，因此我們的緊急任務便是一個猛烈開展政治攻勢，揭破敵人陰謀，一面用大力堅決保護糧食。

1. 開展政治攻勢：

①武装宣传队的组织要短小精干，要包括军队政权各救会方面的工作人员。

②宣传对象，主要是游击区和敌占区的群众，以随机活动方式（如在道里）约同工作人员有计划的向找不同对象，进行具体深入的宣传工作。

③宣传要点：

说明抗战有两条政治路线，一条以蒋介石为代表大数大地主大资产阶级贪私利独裁专制压迫人民的国民党反动派路线，这条路线将使中国沦亡，前途黑暗；另一条以毛泽东同志为首，领导着全国人民坚持抗战，实行民主，为全国人民谋福利的共产党的新民主主义路线，中国必胜，前途光明。

所谓「完成参战体制」就是大批抓丁加完粮「献给」倭寇。

所谓「新国民运动」就是伪化和抢粮，抢夺抗战胜利果实，据为己有，永不再受欺做奴隶，号召敌占区青年拒绝保甲制，不下南洋做鬼魂，不下关东鬼门关。

欢迎敌占区青年到根据地求学或参加合作事业。

2、坚决保护粮食，不但是限于我基本地区及游击地带，而是伸到敌占区去，把这一斗争成为敌占区广大人民利益一致的，

①麦收宣传，粮食就是人民的命，敌抢粮就是要老百姓的命，所谓「收买」就是明擄增奪，所谓「献给」所谓「献金」就要卡任去百姓的财子强行没收，

32

②要啓發百姓想法子，將已群众藏粮食，不交粮食，少交粮食，虚交粮食，不卖粮食，打算明年演成春荒，收回做佔区群众，把粮食搬区根据地来藏（我们对此粮食要格外加以保護，反对没收）。

③实际行动配合，組織若干大小武装部隊，積極打擊敌偽把粮人員，截軍成偽区衆重動，破坏扰乱敌倉庫等行，混乱与秩序，偽藏与賊，争動群众把粮食搬進根据地，協助做佔区群众進行，有関派系争，掠粮敌人。

以上工作給因各地方武装要到分地区，合当一面，各负与责。

④争取賊参發展两面派偽組偽組織人員，瓦解敌人，積蓄力量，家鄉疾苦，注意壮丁劃類，收買敌偽人員，使之失去大員或拖延時間。

(二) 巩固發展兩面派

巩固發展兩面派，是鉄備力量爭取戰後优勢的具体步驟，是匯次欧派，目前山東形勢給我們宛民遇一工作以空前有利机会。

1、對革命兩面派：

①革命兩面派的本質是忠實于我，應付敵人，因此我們要從政治上提高他，巩固其地位，但不能把一般兩面派與革命兩面派混淆，更不要一切都可当成革命兩面派的。

②經常教育，激發其民族意識，逐漸從政治上提高他，要根本的变要的，因此要贈中肤給其書報文件（一般的）必要時，可以下來，改变。

33

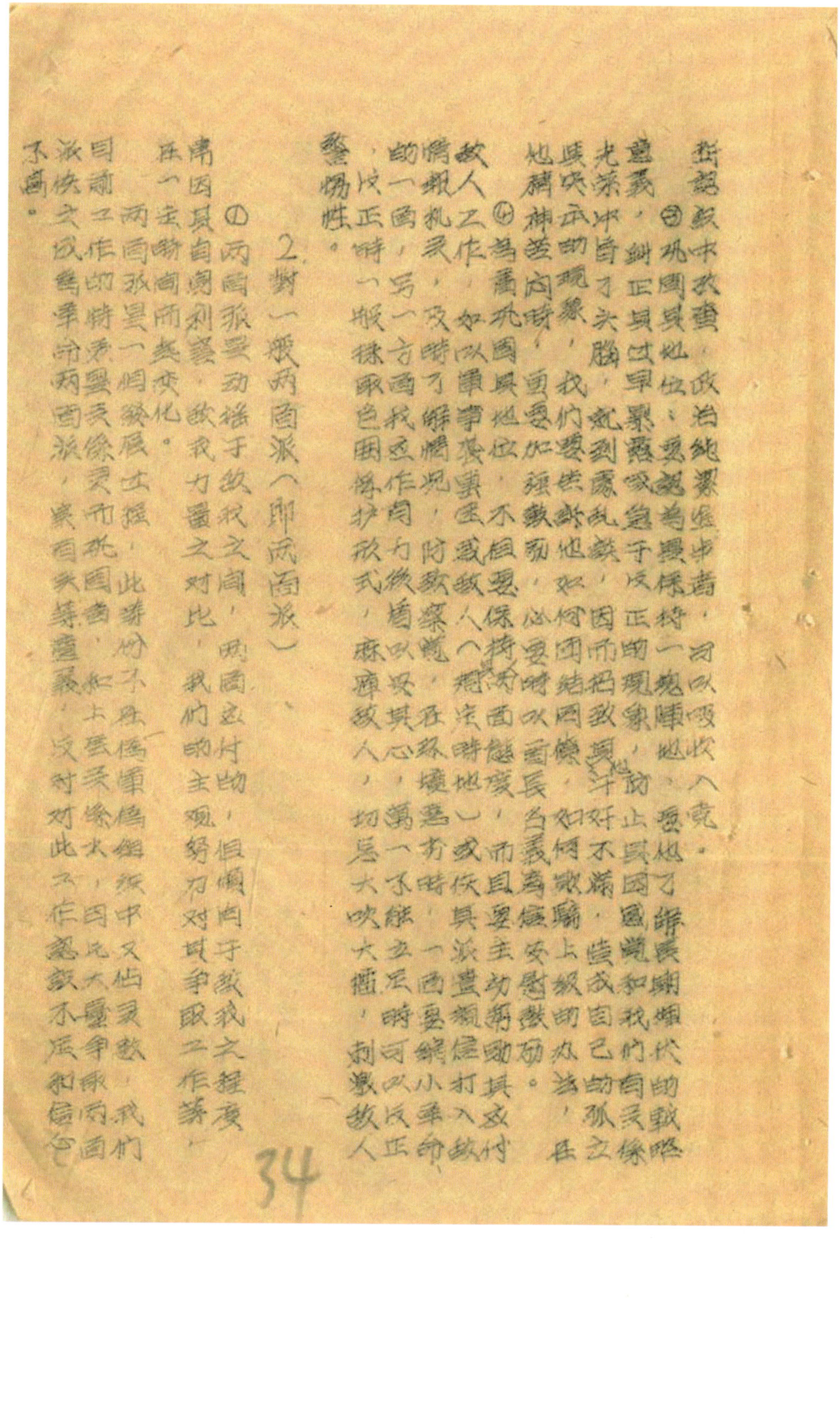

指認敵中我查，政治純潔堅中高，可以吸收入党。

㊂鞏固其地位：要說服其保持一貫陣地，要他了解長期埋伏的戰略意義，糾正其過早暴露或急于反正的現象，防止其國黨覺和我們的關係，光榮沖昏了頭腦，就到處亂發，因而招致其他友好不滿，造成自己的孤立與失敗的現象，我們要告訴他，如何團結同僚，如何欺騙上級的人，當他精神苦悶時，更要加強教育，必要時以首長名義為其安慰鼓勵。

㊃為鞏固其地位，不但要保持兩面態度，而且要主動的幫助其交付敵人之作，如以[illegible]，甚或致人（將定時地），或[illegible]打入敵情報機關，及時了解情況，防致察覺，在環境惡劣時，一面要[illegible]小革命的一面時，另一方面我們作有力後盾，以安其心，萬一不能立足時，可以反正，反正時，一般採取包圍保护形式，麻痺敵人，切忌大吹大擂，刺激敵人警惕性。

2. 對一般兩面派（即兩面派）

①兩面派是動搖于敵我之間，兩面應付的，但傾向于敵我之程度，常因其自身利害，敵我力量之對比，我們的主觀努力對其爭取工作等，在一定時間而發生變化。

兩面派是一個發展中搖，此等份子在僞軍僞組織中又佔多數，我們目前工作的特殊要灵而抗國會，和上層系統，因此大量爭取兩面派，使之成為革命兩面派，實為我等重要，反對對此工作認識不足和信心不高。

②争取两面派的办法，首先看重调查研究，借上层份子的本身，有土匪，旧军人，旧官僚，商人，知识份子，流氓地痞等，虽其政见及动机，也各不相同，有的为了保全其身家财产，有的为当然势，有的因我军事压力，有的已有初步民族觉悟，有的为国特事务，有的又与之有矛盾等，我们必须了解情况，对症下药。

③定期集团，进行教育，这是提高实际的基本环节，同时教育内容应着重下列各点：

我党我军乃坚持抗战之主力，八路军共产党是永不离开山东的，日寇对伪是"推完磨子杀驴吃"的，国民党对伪军对非嫡系部队之毒辣手段是"大鱼吃小鱼"。

④宣传教育要灵活实例与故事，要善于掌握时机（如敌整编伪军时我军事胜利时进行实事宣传）方式要活泼，要光明磊落，谈笑生风，力戒语言气味老一套，要多收集材料，事前充分准备（特别抓紧其痛处）。

⑤给予工作任务，并以训练，并扩大其对敌矛盾之一面，一画任务要根据其实际处境地位，过高要求会使其脱离我们）。

⑥在进行上层工作中，同时必须注意从侧打入掌握下层，联合公开给敌、以隐蔽方式打入，求得能在组织上掌握，争取其上层心腹，包围其甚步（但在下层工作必须十分审慎隐蔽，免招上层忌恨）。

⑦在争取过程中，不要急于打击最坏的，否则将不能孤固争派一般的大多数，要善于打一拉十，打了再拉（不能乱打，要经过以上批准）

⑧照顾困难（如敌压迫时我应援助济其急）使之衷心感激，对其家

一细小琐之表现，都要发觉（但在生活上不必苛求，如不准於小老婆等）

⑨在进攻中不要忘了财票，所有与我来往文信件、杂物、像书照片，重要敌情簿均应一律保存，对民众家属情报、财产所在，应有详细调查，以防万一之疏（章程）。

3 对反动两面派：

①由于我开展革命两面派工作之胜利，敌人也正在仿效我们以两面态度主动向我接头，企图破坏我组织，施展其蚕食、麻痹、纠缠，牵制我们，因此必须提高警惕。

②凡敌警察，宪兵侦探等特务系统之人员，一律交公安除奸部门处理（个别份子可利用开展为我工作者例外），伪职员系本[illegible]的反动两面派，即应十分警惕，必要时可交公安锄奸部门。

③发现反动两面派时，应即通知有关部门，指定专人负责（反对乱接头），可利用者即利用，坚决作恶者可逮捕枪毙处理，为逆份子应宽大些。

(三) 反蚕食斗争

反蚕食斗争的方针，主要是积极开展游击战争，坚持根据地及游击区，深入敌人统治区，打乱和打垮伪组织，进而开展游击区，创造新的游击区及小块根据地，并要创造普遍的成绩。

1，根据敌进我进，力争主动方针，积极向敌占区开展工作，以公开的秘密的军事的政治的分散的隐蔽的等一切方法，打入敌占区，开展沦陷区和小块沦陷根据地·加强情报工作，事先发觉敌人内部向我某地蚕食，就要集中力量，先机到敌占区，瓦解打击伪组织，激起群众抗敌情绪，反对维持，反对资敌，反对伪维持，号召群众武装保卫家乡，集中我党政军民力量，有效打击敌人阴谋诡计。因为敌人采取的一般规律是以特务活动为其前哨，我们更要利用敌特务伪军伪组织之间的矛盾，设法铲除之，打击特务就是打击敌人蚕食阴谋的有效办法。但不要过分刺激敌人，使群众遭受不必要的损失。在边沿区经常遭受敌人威胁的地方，要积极维护群众利益，以对付敌，委托群众应付之，欺骗敌人，减轻群众负担。

2，在敌人优势力量蚕食中，一方面要经过长期斗争，不轻易放弃一块地区，另一方面在一定情况下，要聪明的改变组织形式和斗争形式，不能一成不变。

3，继续开展敌占区隐蔽工作，使之成为我们跳板，特别注意道路沿、下东南、沂沭间、临日公路以东等地区，要力求隐蔽，抽调干部注意打入工作，以便掌握伪政权、伪军及伪经济等部门。

4，在敌将要蚕食地区，进行广泛宣传，揭发敌人阴谋，暴露其欺骗新政，使被动变主动。

5，沿背区待沦陷区，扩大沦陷区的斗争，聪明的利用敌伪矛盾，在伪军伪组织中做到这样的工作，还须合法工作很好配合，才能有效的制止敌人蚕食扫荡，保护根据地。

(四)争取伪军伪组织工作

1. 用大力舍得下本钱，派好党员，不吝惜经费，争取大股伪军，做到对其一部或全部的确实掌握，长期埋伏，决不轻易暴露，逐渐埋富他，并通过此股大股伪军及像，争取其他伪军，要切实隐蔽，教育我工作人员，及联我的支之上层对象，千万不可武断急，更要加紧掌握下去，及进一步打入敌人伪组织中去。

2. 抓紧时机，破坏敌人，要编伪军有利，使我们对此工作区尽不暇失有许多良机，最近临沂莒县等处敌人，又在整编伪军，我应组织利用此机会，破坏敌人计划，争取伪军。

3. 加强与伪村伪保长工作，教育发动伪保，与公安民政部门关系，但须与致各部门交换意见，要在社会上去做好与政区联系，但要注意不使好的导致人祸。

(五)组织保证

1. 铁路线抽调干部，分区县要以上干部一百五十名。

2. 加强敌区干部之数量与质量工作。

系、

3.奖励对敌斗争有功干部。

4.各级党委特别要重建立全面的领导与具体帮助，切实与负责地直领是识敌之变观。

乙 动员群众大规模发展生产

(一) 发展农业生产：

1. 发展农业生产是今后群众工作前进的方向，其理由如下：

①敌海区人搬出来，劳力过剩，急需提高生产。

②经过二年减租减息、增加工资以后，急需以发展生产中求深入巩固发展全群众团体的政治生活、经济与纪律性。

③目前发行纸币系统急需稳定，发展生产是巩固纸币的主要因素。

④只有群众生产不断发展，人民生活不断提高，才能增加政府收入，保证军需供给，才能发扬民的抗战积极性，加强对敌斗争。这时是坚持根据地的物质基础，否则便将遭遇到不可克服的困难。

2. 发展农业生产的要求：

①多种粮食、多种棉花、增种玉蜀黍、以及秋季、大种花生。

39

②号召群众向吴满有劳动生产学习，提高生产热忱，成为群众运动，提倡新的劳动观念，提高劳动者的社会地位。

③发展农业生产，要克服农民的依赖性，尤须发动群众男女老幼都卷入参加劳动生产。

3 具体办法：

①造井——要成为群众运动，利用河流发展水利，以区为单位调查造井实验区和农业实验场，调查河利用的河渠，以前造井人工，造井大小要准备将来使用水车，事先考虑使用畜力水车及翻车等办法，

②试验种植麦类，稻子，棉子，山药蛋，试验美棉，今冬区政府要充分准备棉种，做到明年棉种自给自足，研究植棉办法，以免农民吃亏。

③造肥——收集草木灰，灶土炕土锅底老墙土要肯换，改换厕所，收集人粪尿，要养牛羊收集粪堆，提倡猪圈（由甲地换到乙地）利用污泥繁殖蚯蚓。

④提倡副业生产——提倡纺织，提倡养鸡鸭子，提倡家庭副业，要纺织衣，要打草鞋，又商业管理局要有计划的推销，以免农民吃亏。

⑤大量造林——凡荒山秃岭，要一律造林，除以上要求群众种树外，并件，今冬明春至少种树苗一亩以上，每个小学自己种树苗，并要种果树。

⑥为织布选定以大部分精力解放劳动力参加农民大规模生产，手纺

40

以换劳动力，鼓励动手团结群众互助，同时要指导群众生产，发扬积极耕
全村群众完成大规模生产计划，要团结互助组织起来闹，发展集体
助农民完成其扶家生产计划（如治理农业积极生产）发展手工业及各种副业
增加群众改善全家生活（口粮救荒发展生产等）努力发展群众副业，
求。

㈦为了贯彻完成县区农业生产计划，各级政府应动员机关团体公务人员，用全力帮助群众生产，纠正只知向群众要粮食要款的国民党观点。机关团体都要订出生产计划，展览会，奖励劳动英雄，刺激生产，奖励开荒，凡经所有荒地荒山一律实行调查，生荒三年不交公粮，熟荒有优先权，荒地河滩淤地，应归穷人公有，利用空地农业荒荒，政府贷款解决农民一部困难。（如耕牛农具）

㈧变工（包括全力地式）互助组织开荒等成绩及经验有系统的总结介绍劳动英雄，继续发展农业生产，同时要以成千成万的劳力（人力畜力）组织起来帮助群众生产，进一步发挥群众互助力量。

㈨农救会要以领导生产团结全村各阶层进行对敌斗争，提高会员牛，纺织或工厂，解决耕牛农具，青年妇女要积极参加劳动生产，使全家人口都投入劳动，完成按家计生产，农救会员要成为生产模范，总结交流劳生产经验。

㈡发展工业生产：

41

丞1.造紙業　明年要減少控制外紙的半數以上，大批燒紙自給自足

處一部番。

2.自造教育用品，特別是如墨、鋼筆、粉筆。

3.公營香煙及燒酒、肥皂、牙粉、香皂大量推銷自給自足，抵制外貨流入。

4.工商管理局應研究開辦工廠，各區應各方面物色技術人員。

（三）發展紡織事業

1.除了明年完成軍民需要土布外，要作到恢復大群众人人都愛穿土

布，因此要求普遍發展紡織事業，家家户户都紡織，各村织布，普遍發展手

工業。2.办法：

①在有基礎地區組織紡織合作社，須遵照當地設法防止單純救濟。

②政府貸款發展紡織（特別貸一部到新地區，紡織之紡織信貸所，機

收會有勞動款子後要集去（以農救會為主領導，但要政府統一掌握）

③爭取大机和小机合作，动員全部大机，大量發展小机一倍。

④改良生产技術，纺細紗，织好布。

⑤保証土布销路，党政軍民人員及人民群众不穿洋布。

（四）整理財政　丈量地畝　实现累進税

1.整理財政：①分作專署財政經費二种，嚴格財粮制度，没有預算决算不發粮食，建立粮庫，保護公粮。②整理村財政：以村為單位組織臨時清算委員会。根收食為出原則予以支配，利用資財所成立群众合作社，解决民政事務。③開展群众性反貪污浪費斗爭，在党政軍民中進行廣泛教育，糾正各級党委方乘不經政治上稍式財政困難，良而對本位主義發展到貪污行為者採取放任態度所造成罪異应附教育全党。

2.丈量土地、在我基本地區明年三月底以前，完成土地陳報三分之一，群众团体应負責任，協助政府该会與教育群众揭發黑地，實行土地陳報畝税熟，繼合群众負担。

3.實現累進税：

①明年三月底把商人資本登記完畢。四月份開始徵收營業税、

②獎勵群众储蓄，杜絕私債。

③明年實行財粮合一的统一累進税。

(五)發展貿易事業，實現物價統制，開展貨幣斗爭

1.統制对外貿易，組織根據地商人，团結敌佔區商人，掌握外匯，實施抵償以貨物予换，掌握主动。

2.利用敌人金融，透过敌佔區商人及偽組織兌回本幣。

③ 统制物价与货币斗争，今年要做到稳定粮食、食盐和本币的价格。

④ 在发展手工业的前提下，减少对外货的依赖。

（六）加强财经工作一元化领导：

1，各级党委要抓紧领导财经工作，严格制度，反对本位主义与浪费，禁止贪污，切实审查财粮干部。

2，工商管理局的成立，就是党对财经工作一元化领导的具体实施，它的作用是领导进行经济斗争。发展工商业，繁荣根据地经济，因此在各县工商管理局除保持与垂直系统领导外，并受当地党委政府领导与政策执行，监督，各党委要注意加强其思想领导与政策教育，并和政府发生密切联系。

丙 群众工作与整支工作

（一）要求

1，滨北主要是普遍发展、在改善群众生活发动群众斗争中建立群众团体。

2，滨南继续发动改善生活，团结教育，养成高度组织性和纪律性，巩

44

在民兵、民主文化运动中均须发展。

(二) 九個中心工作：

1. 民兵工作：

①普遍發展和鞏固：九月份發展3%的地區，以鞏固為中心，在鞏固中發展，求得年底到4%，明年三月底到5%，並真能到鞏固，能兵作用。

路北在明年春天完成2%。

整頓民兵，不要忘了發展自衛團，但民兵是主要的。糾正段單純經濟利益觀點，因而妨礙民兵發展，鞏固和團結的惡劣傾向。

游擊區同樣要以不同形式鞏固民兵。

②目前民兵教育工作，應以反掃蕩鬥爭，展開爆炸運動參加冬學運動，重點教育時間在春冬兩季農閒季節，每日可以七天，各縣在十月份要組成爆破合作社，所有民兵都要學會使用武器，不致一種一種器到敵人手里，大量創造相救手、爆炸手。

③支部要切實掌握民兵，反攤教育黨員拿起武裝，黨員要事先以自的號召，壯年黨員參加民兵，村的村支書在十月份一律兼任村團部領導員，建立黨在人民武裝中的領導作用與一般的政治工作。

④展開人民武裝系統的領導——武委會村團部工作，中心環節
要整頓民兵干部，配備武委會干部，加強對人民武裝建設工作。

2. 民主文化：

①民主方面：改選村政權，基本區應達1/3，要先充分佈置，普遍建立公民小組，經過登記選舉，依群眾了解民主的實際意義，路北個別改選村政權，以經過區以後，選持以資數勞方式，個別改選。各救群眾民族，尤其農救會要促進村改選，青救、婦救，要實現二一個（一會非各半）村團部的也要以法，根據團結工作：不深入農村，像救藝不成立全濱海區各界聯合救國會。

②文化方面：改造私塾為抗日小學。改造小學教員，開對不斷舉辦訓練班，委派人員了解小學教員之政治面目，對不純的要不斷的教育，[illegible]

顧及農村冬學，[illegible]

自己[illegible]

文化的[illegible]

導。

民主文化工作，要與務運掛鉤，單線配合來。

12

③教育方面：各级会要有自己的经常教育工作，提高会员的政治觉悟，保证党与群众联系，并与拥军优属联系。群众团体干部于十一、十二月份轮训完毕，以整风精神联系实际工作（特别是劳模工作）

3 整支工作：

①总的要求：在思想上明确认识"党支部在农村中的堡垒作用"（主要我们须到做为优势的地区）在基本地区上说，党的组织已经发展到2/3员在小组或支部，在有群众要紧的地方，党的工作在经过支部来布置，并检查支部对群众、斗争、战争、领导等工作，（领导群众贯彻全村对每个时期中心任务之执行）在工作薄弱区，要发展党员、各抓典型的支部先整理，再求普遍。

②整支中心：在基本区打下坚强基础，巩固、教育、领导战争，拥军参军，发展生产。对最坏的支部要下决心处理，彻底改造异成份，坚决洗刷坏分子出党，（方式要注意）。

党的教育工作应当成为一个经常的重要任务，各级党委宣传部，目前应以民主、文化、战争与生产等主要内容，有计划的供给教材，随时检查收效，得来经验。

③整支工作中不要把整支当成大数人或组织部门的事情，而是全党的工作，或者为了突击中心任务才想到支部，反之就可忘了它。

大批培养支部干部，提高其工作能力，发挥其创造性，分区委外来

47

干部地方化，并尽量作到培养本地干部，以便坚持更艰苦斗争。

4.各县应在整支试验区（村）积蓄经验。

纠正群众干部几种倾向：

①继续纠正官僚主义领导现象，使干部进一步到群众中改造自己。

②纠正群众团体代替政府的现象，并解决群众团体与政权的正确关系，群众团体各种组织要经过政府登记。

③党委要加强对群众团体的组织领导与思想领导，群众干部应对党负责，坚决执行党的决议，培养群众性的本地干部。

丁 参军拥军整理地方武装

（一）参军的重要性：

1.中国共产党最大的特点就是掌握了武装，故能担负起大革命后十年苏维埃运动革命任务与神圣抗战任务，故能在敌后建立起广大根据地，粉碎敌人日寇扫荡蚕食，屡次打退反共高潮，因此党中央说我们，"离开武装就无法了解党的政治路线和党的建设"，今天的武装是无数英勇战士以鲜血灌溉所换来的结晶，是我们的胜利保证，他的力量强大与否，直接与全党气息相关。

2.过去我们以武装斗争的胜利、创造了根据地，从而创造与发展了党，同时党又领导了这个武装，坚持斗争，发展了根据地，正如党中央所示的：如果军队（八路军新四军）削弱，根据地不会存在，党政军民都会垮台的，我们要好好体会，军事上回顾山东形势的变化，李仙洲东犯遭到的失败，我们就是因为我党掌握了武装和依靠群众，实践战争，给李仙洲汉奸阴谋以有力打击，取得了这一斗争的胜利，保护了今天山东有利的形势，但是正如彭德怀同志所说，"直到今天我们还有不少同志不懂得，如果没有八路军就不会有根据地"，也不会有华北数十万党员。

3. 今天滨海地区几个主力团，是在中央红军的基础上，于抗战中发展壮大起来的，它一贯在中央直接领导下，为中国革命事业贡献了功绩，今天不但保住滨海地区人民的革命事业，而且对山东斗争为国族争中取[illegible]有很大的[illegible]，然而它们坚入滨海地区数年以来，流的牺牲，保护人民，建设革命家务，支付了相当重的消耗，都没有得到应有的补充，我们今天再不能[illegible]他，继续斗争下去，应以全党全民力量支持他，保护它的元气，不断的充实他，解决他的困难，这是滨海全党当前的严重任务，我们应[illegible]全党全民，宁愿省吃俭用，[illegible]，这是为了爱护自己，是为了一切服从于战争，这不但是当前急务，而是为未来反攻打下基础。

4. 罗荣桓同志说："根据地是我们进行战争的依托，是主力须藉以生息滋长的源泉"。今天滨海区主力团，数量减少，质量降低，在数年没有补充的情势下，根本补充一千人（从地武民兵、归队之方面着手）的要求，只不过是为了保藏元气和为了考验我们滨海党，看我们滨海的

49

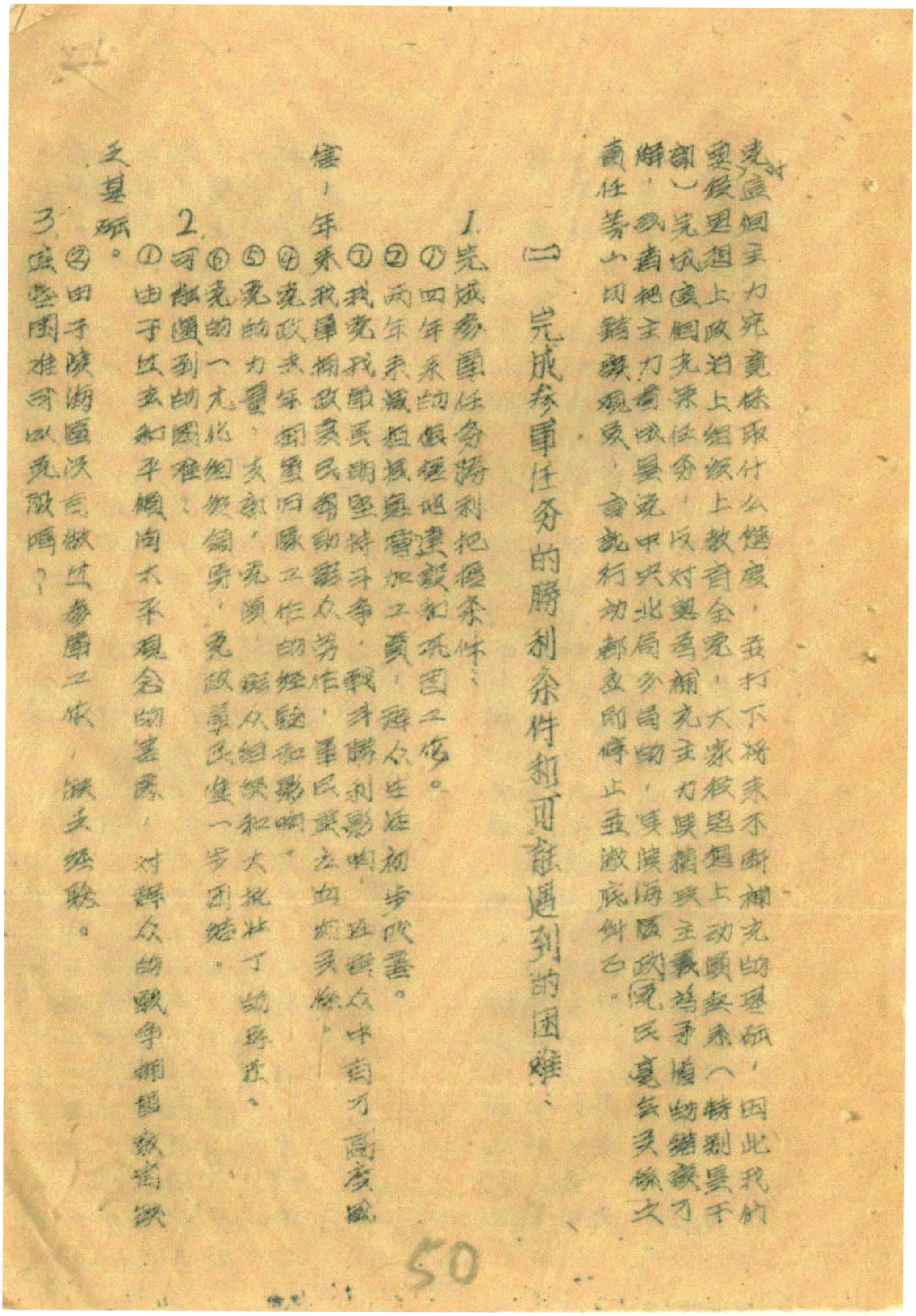

党[对]这个主力究竟采取什么态度，要打下将来不断补充的基础，因此我们要很好想想上政治上组织上教育全党，大家很好想上动员参来（特别是干部）完成这个充实任务，反对以为补充主力只顾精兵主义与矛盾的错误才解，我们要把主力看成是党中央北局分局的，是滨海区的人民意志表现之责任等山区政权执行，会就行动都应停止在彻底解合。

（二）完成参军任务的胜利条件和可能遇到的困难：

1. 完成参军任务胜利把握条件：

①四年来的根据地建设和巩固工作。

②两年来减租减息增加工资，群众生活初步改善。

③我党我军与民主坚持斗争，战斗胜利影响，政权群众中有了高度威信，年来我军拥政爱民帮助群众劳作，军民关系血肉关系。

④党政各年来开展同盟工作的经验和影响。

⑤党的力量，发展，党员群众组织和大批壮丁的骨干。

⑥党的一元化组织领导，党政军民进一步团结。

2. 可能遇到的困难：

①由于过去和平倾向太平观念的害处，对群众的战争动员教育缺乏基础。

②由于滨海区没有做过参军工作，缺乏经验。

3. 这些困难何以克服呢？

①我们认为工作总有困难，但是可以克服的，第一个困难在我们团员务实实际行动中从不断克服下来，因为团员工作本身就是反和平顺的反太平观念的宣传教育过程，第二个困难是我们认为凡是革命工作共产党员的战斗性，顽强性，创造性，如何而实，我们认为凡是革命工作都不是一帆风吹那样容易成功，相反，都是在艰苦工作中克服困难成绩创造经验的，我们共产党员有为党贡献一切的精神，因此最向困难不在困难本身，而完全在于我们去继续克服，首先在思想上我们在困难过程中未莫自己思想上打通，从而坚决并干，克服困难，最后获得成绩创造经验，那么，我们要不怕任何困难的。

（三）造成拥军参军热潮，依靠下列三个环节：

1．党的领导和保证：

①在党内树立参军拥军明确坚强的思想，把主力当成自己的血脉，消灭思想上的困难，反对认为"主力要中央的，分局的，县政府的"，消灭等待观念，反对在行动上不抵不统一做到武民兵归属地方政府当充实主力，反而障碍参军工作的要求现象，反对一切不从被此的看法，断有远见，都要在党内教育求得贯彻，并做到对动中去。

②因先动员两千更多个干部，村团思想，每个人都要成为参军的宣传者组织者和领导者，只要同时去训练在参军工作起来好的积极分子，发挥其大众贯上的创造性。

③發揮組織領導，要把干部、武裝、黨員、群眾、政權、小學教員、村長，青抗先、村團部、婦女一齊都捲入參軍熱潮，要以支部為中心推動，叫每個救反所有干部，特別發揮村級干部的作用，推動各組織群眾，不讓一個人落到參軍熱潮以外，支部必須首先黨員參軍，起為參軍是最光榮的任務，以影響群眾踴躍參軍，同時工農青婦武各個組織，參戰要當為自己的使命，全員組織隊員參軍，組織最光榮的任務，每個組織歡送到前線，示自己條件參軍的榜樣，有對象的進行深入的政治動員，提倡軍命總動，個不是總組主義，可採取挑戰競賽方式，如村與村，青抗先向民兵，組排向組排，一主力部隊遞派干部到地方做的工作。

④在方式上必須充分發揮全族群眾運動深入的政治動員與激勵的個體鼓動工作，而不允許有抓大兵、強迫命令的現象，反對個別地方的本位主義，注意婦女送郎參軍隊，防止敵奸乘機進攻，封建勢力與國特份子造謠破壞等。

52

干部為村干部，委員組織，黨說黨員經常過組織生活。

在地方武裝中（主要是區中隊）經過政治動員，大部係能起導作用。

在自衛隊中，不受限制，須以地方武裝為前提，盡量爭取集體加入主力。（旧條口号不提，亦入伍可能對新戰士以不良影響）但必須戰士都要合條件，旧隊員解決其家屬困難，向貧，對其本人及家屬親友好好進行教育，特別注意個別說服，壞份子進行破壞影響之後，如有逃亡現象發生，要以群眾力量去倒他，去動員家屬與旧隊，但注意不要為了數目反而把退伍軍人后回主力。

③各員負擔自己計劃完成一兵參日，計：

莒北一百人，日照一百人，莒中一百人，干于一百人，莒南二百人，臨沭一百八十人，沭水一百二十人，海陵七十人，郯城三十人，莒臨邊十人，共計一〇一〇人。

2、政治動員與宣傳鼓動工作。

①充分的政治動員宣傳鼓動工作是主要關鍵，基層工作做不好自然就會帶強制性，因此我們干部親自動手以積極負責最大忍耐性艱苦性，積極穩當耐心說服，使群眾自覺的參軍，宣傳方式要具體化大眾化，要有計劃一般宣傳教育，但對象肯同意的去參軍。

④經過各方面進行政治動員和宣傳鼓動工作、在今年十一、二月份民主文化運動中，小學教育中，村選中，農村俱樂部、新劇團活動中，到處免家以關單務員內容，完成教育群眾相揮參軍思想，明年一、二月份在村民大會和公民小組中展開綱舉向農的討論，並進行良心檢討，注意說

53

明今天农民生活的改善是八路军共产党流血牺牲的代价换来的，今天参军是为了更好的保护自己长久的利益。

③主力拥政爱民更加具体化，在战斗中更积极的去发动民兵，和民兵，村长，村团长小队教员模范团结，以战斗争取回粮食衣物，一发爱回积主，战斗胜利品要分给民兵一部，以帮助贫苦抗属劳作，努力帮助春耕，战斗员节省民力，每团相调壮丁又参加生产，发展会，秋季劳动英雄参加大会，经各方面提高主力威信。

④对新战士的工作要组织欢迎欢送，自新到的慰劳，帮助新战士及其家属写信，维其团结，安慰鼓励，使其精神愉快，

⑤提高主力信仰，提高革命军人地位，反对"好人不当兵，好铁不打钉"的观念，提出要宣传参加主力是有条件的，流氓兵痞、烟鬼子、老弱残疾是没有资格当主力的，造成当主力最光荣的社会地位，提高抗属地位，主力要帮助抗属，大会尊抗属为主席团，看戏坐前列等。

⑥各级党委宣传部门，要编写民主文化和生产斗争（娱乐军事等）的课本，打下党内团结巩固的基础，同时要写普及冬学教材，添发新鲜参考读本。

3.优待抗属、抗工：

①数年来我们滨海地区的优抗工作，不但做得非常不够，而且犯了把当沉重的包袱，对贫苦抗属没有切实优待，反而对一部分地主富裕的工人和公务人员优待过分，剥夺主力威信，影响战斗情绪，受到□□，为了纠正这一严重的原则错误，我们必须从上而下的深入检查，

政权干预，使退工动员真意，认为参军是自己的责任，各级政权要保证给予抗属以应当享受的优待。

②今年四百万斤优抗公粮，其以百分之六十优待主力，要调查清楚（政权协助政治部负责）真正做到先发给当地！先抗属出，先主力后地方，不准将优抗公粮用于其他方面，负不够部的民商偿优抗公粮额。

③切实帮助抗属解决困难问题，组织领工队，先帮助抗属耕地，村长农救会长要按期慰问抗属，了解其困难，小队长要帮助照顾。

④各级政府组织优抗委员会，吸收各群众、抗属、民武、主力等组成，切实调查，由专署和军区政治部统一印发优抗证，有计划有步骤的进行优待，不得混乱。

⑤各级党委要加强对优抗工作的领导和对优抗公粮的监督，要切实检查，不能马虎了事。

⑥一九四三年所有动员兵，一律要归回主力，支部要保证，村长、农救会长要负责送回（要收条）不准任何机关及部队收容逃兵、逃犯者应受相当处分。

支部、村长、农救会今后要把归队工作当作经常任务。

（四）整理与发展地方武装：

1. 建设地方武装之目的，在于加强战斗力，能够独立自主地进行分散性的游击战争，坚持阵地，保存自己，消灭敌人，今天地方武装不可

55

在组织具体步方面，但也有其不够的方面，主要是数量大，质量又差，还不能完全担负起民兵骨干坚持地区斗争的任务，战斗力还不够坚强，因此各级党委应在思想上纠正忽视武装、脱离战争领导的[illegible]的教育全党，在实际行动中纠正。

2.加强党委对地方武装内部[illegible]，必须纠正大数同志[illegible]对地方武装也不只，而采取放任态度，任其自流[illegible]今敌[illegible]，只有加强党委对武装[illegible]，树立独立自主坚持斗争的决心，才有力的打击敌人[illegible]。

3.[illegible]

4.各党委应抓住冬季时机发展地方武装，区中队未满五十人者，应发展到五十人以上，已满五十人者应发展到一百人以上。

雖然發展是根據中共軍委軍建系原則——地方武裝是主力一類一文化——而要求的，是以要的·實驗要求不爭是數量，且應注意質量，（成份好壯健青年）實不能以其他原因而是對地方武裝發展的消極抗拒，地方武裝的補充主要是根據區武裝，經政治質量上提高一步，真正實現積行地方化的政治任務，而不是單純的向上級動員提升的辦法。

5，各區委兼任政委或政治之責任者作到稱職，真正在地方武裝中的政治威信，並在實際中鍛煉自己，同時單獨干部亦應注意介紹戰斗經驗加以幫助。

戊、澈底整風改造作風：

（一）把整風學習與現實斗爭結合起來，強調整風學習要"有的放矢"，這個對着當前的對敵斗爭任務，要射中當前之的。

1，研究二十二個文件，要配合現實的實際材料，要提出問題來進行討論，糾正過去"只反省過去不認識現在"的偏向的學習方式。

2，各單位、各團應根據具體情況，特別是某一時期思想上的不良傾向大鑽提出問題，選擇適當文件進行研討，對這下級，治病救人，但不能把鑽頭三個廿二個文件綱圖不放。

3，整風學習要區中心工作任務連系，首先從思想上打通、徹底反省僱主義和平傾向斗爭，對"一元化領導進一步明確認識。

57

29

4.整风学习反省自己，不但是原则的，而且要是具体的，不但是反对过去的工作思想意识，更重要的是反省今天的工作或思想意识，一边要得出改造自己的方向，反对一切歪风，一面又发展正风，一切都要连系当前之工作任务，贯彻到具体行动中去，反对玉素离学习中的教条主义。

(二)在组织领导上：要按照每天两小时学习制度，严格学习纪律，要坚持执行检查与会报制度。利用一切战斗中可能争取的空隙，（特别是边沿区）避免一般化的要求。

1.学习要建立在自觉的基础上，经常利用学习组织研究学习情况与工作情况，密切联系学习工作，防止偏向。

2.组织领导与思想领导密切配合，支部要保证，行政要配合，在个人学习与集体学习中都要注意思想领导，真正解决问题，避免空洞教条化。

凡在工作中思想中的错误或个别同志思想上的毛病，都要着重从思想上解决问题，不要偏重组织处理，再三强调思想领导，坚决之（整风学习重要关键。

3.发扬民主，是整风学习的主要方针，要把学习中的民主作风与工作上的民主作风结合起来，发展个人自由思想，展开群众性的辩论，不准再有压制民主的现象。

(三)整风学习的对象，主要的是中级（县、区）以上的干部，不能以学习狠抓心。

58

1、主要干部要会掌握自我批评与批评，思想领导民主两个武器，大胆检讨自己影响别人。

2、中心小组要起到中心作用，把普通小组团结自己周围，每个同志都要作出自己的学习计划，负责干部更要以身作则，但应按个人条习计划，又必须将个人计划合于整个计划。

（四）集中与分散，整体与个别的学习方法，从积灵活运用，过去有的因分散不能完成学习任务，有的却因为集中学习而分离了工作，这是今后要注意克服的。

知识份子与工农干部要密切结合、知识份子帮助工农干部阅读文件，写笔记，总结经验、养成自学习惯、工农干部要帮助知识份子联系实际，知识份子要虚心学习工农干部大胆自白反省自己，建立联系实际的作风。

（五）最后，各个工作都要强调思想打通，实是我们一切工作的决定因素，比如各种工作的问题（动员群众参军、发展大生产）时表示有信心，这就说明打通干部思想目的对着完成具体任务，就要进一步认识官僚主义的严重和派别斗争的危害性，对一元化领导要加强团结认识的重要性，各条件的实情的从上而下揭发纠正，才能消灭歪风，改进我们的作风。

59

中共滨海区党委、滨海军区政治部关于下发人民武装第一期整训计划的通知（1943年10月21日）

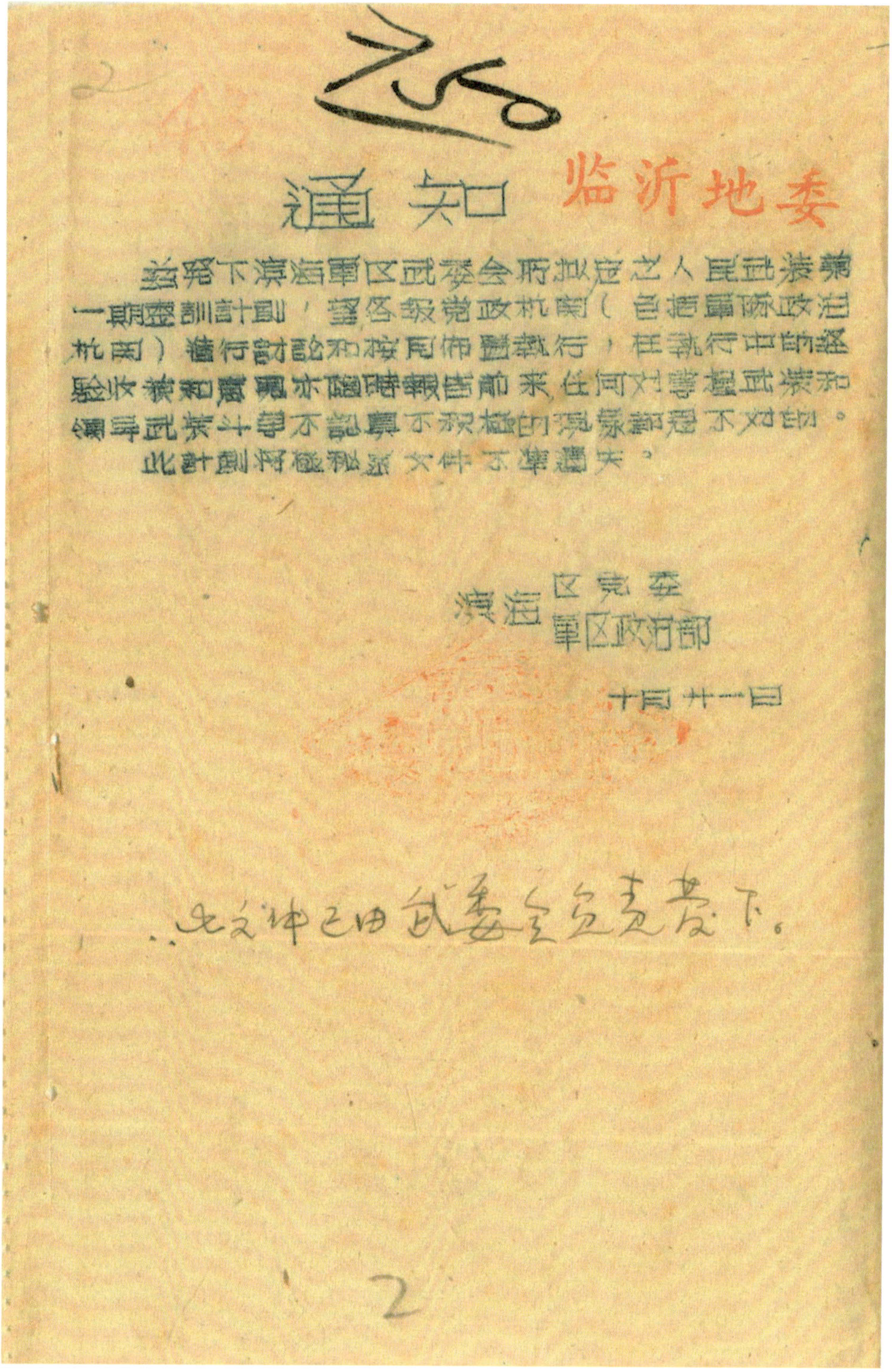

250

43

通知　临沂地委

兹發下濱海軍区武委会所拟定之人民武裝第一期整訓計劃，望各級党政机関（包括軍隊政治机関）進行討論和按时佈置執行，在執行中的經驗收穫和意見亦隨時報告前来，任何对于忽視武裝和領導武裝斗爭不認真不积極的現象都是不对的。

此計劃将極秘密文件不準遺失。

濱海区党委
濱海軍区政治部

十月廿一日

此文件已由武委会负责发下。

2

附：人民武装第一期整训计划

人民武裝第一期整訓計劃

1、時間：十一月至一九四四年二月。

2、中心：积極準備反扫蕩反蚕食，配合冬季運動加緊教育訓練配合當前工作，整理本身組织爭取鞏固發展，积極參加擁軍參軍運动，從反扫蕩反蚕食反搶粮斗爭中打击敌人腹地清剿及三光政策。

3、具体任務：

一依照變式活动能以麻雀战地雷战開展广泛群众性之游击战爭配合主力縣区武装進行三位一体的作战，其具体要求：

甲在今年冬季反扫蕩反蚕食中間，以縣為單位保証大量殺傷敌捕捉敌特奸細，并要求各縣展開抱仔窝游击出擊。

乙配合反扫粮斗爭普遍開展爆炸運动，各縣開办爆炸訓练班，保証爆炸教育深入到村，要求每五個民兵一個石雷廿個自衛隊員一個石雷，并能及時使用、

丙建立战時堡垒，以能堅持边沿区反蚕食腹地反清剿為标準，縣武委会必須掌握一個边沿区和一個中心区，区武委会必須掌握一個以上的边沿村莊和靠腹地的村莊（这些区村应該是有軍事意义的和工作基础好的）這些区村应有縣区主要負責干部有力的掌握與堅持。

丁配合反扫蕩備战工作組织窖藏粮防小偷，并與反特務反奸細斗爭联系起来，普遍組织联防大隊，培養工作基础較好的村莊，建立战時联防指揮部，使之真正起到開展運动及堅持地区的作用，并以此為備战期中進行短期教育訓练單位。

戊建立偵察通信工作，於民兵中建立偵察通信小組（三至五人）战斗情况下負責偵察通信情報工作，一般情况下由自衛团員負責，必須指定

3

一定的干部負責進行，以聯防為單位建立分站，区設立總站，總站应設於中心地点，以便于掌握情况应付敌情，尽可能规定紧急情况下的信号如吹牛角放火為号及规定與鄰区的联络办法，

己從反搶糧反扫荡斗爭中培養创造典型。

A 模範小組条件：

①经常保持一個地雷或石雷村子还有。

②积極襲向麻雀战車輪战，坚持村庄或山头，做到不撤枪不逃避，并能经常保持集体。

③战斗中能俘虏敌偽奸细等三名以上而获成绩，

④紧急情况下保証群众转移不受损失。

⑤积極自动配合附近的主力地方武装，作战有成績者。

⑥打击敌偽偽化组織，保護公家粮食，當村不分散的人員，并积極参加群众堅持斗爭。

⑦擁護自覺執行政府政策法令。

B 個人模範条件：

爆炸大王：進行三次以上的爆炸活動有具体成績者，一般的积極参加爆炸活動，

飛行射击手：打冷枪，三枪至五枪打死一個敌人而不是偶然碰着的，

模擬敌营英雄：能俘获敌人一個以上或偷劫敌人武器或文件者，

乙配合各地武工隊在新舊年间积極開展政治攻勢，以敌偽据点区為單位，必須做到由民兵负責包围一個据点经常喊話。

二健全各级領导机構爭取继續发展，

甲發展民兵，自衛隊自应成為各级组织經常工作任务，在今年底以前，要求以縣為單位完成民兵4%，自衛隊15%，一期鞏固完善區争取完成民兵5%，男女自衛隊20%，

4

其具体要求：

1 没有民兵之村庄，发展民兵达百分之二，已达人口百分之三以上的村庄，发展民兵达人口百分之五，已达人口百分之五以上的村庄，主要是调剂成分提高质量，求得当适发展，在发展方式上，应克服任何变相强迫利诱的办法，完全达到自愿参加之要求，一般有工作基础之村庄，以各种组织力量有计划的培养对象进行发展，无基础之村庄配合各群众团体进行组织或抽干部亲自建立，利用邻村帮助影响组织民兵，但避免任何强迫现象。

2 没有自卫团之村庄，建立组织达人口百分之八以上的自卫队员，超过人口百分之八的村庄向百分之十五发展，已达百分之十二的村庄，着重发展妇女自卫队员，应协助政府依法定之男子一律编入自卫队（　　　除外）但妇女自卫队员提高其义务认识下自愿发展之。

乙 建立改造村团部，建设村团经常工作，应成为各级武委会经常主要工作之一，必须慎重认真按照真的民主的产生村团部，保证真正能起作用的积极份子当选，不被坏份子操纵把持，并帮助确立经常工作，提高村团部威信

1 已有民兵自卫队没有村团部的村庄，实行民主选举，村团长指导员付村团长，在一期整训完毕以前普遍建立。

2 已有村团，未经很好民主选举的，一期整训完毕以前一律改选改完毕，特别注意民主选举成份之调整。

3 建立日常工作制度，如会议会报，生活检讨或互检讨集体领导，上课文娱活动的建立，装备登记，侦察情报，教育（目前民兵自卫团一律参加冬学）团结与教育群众，生产互助，政治

攻势，掘好战地，加强自觉纪律与发展工作。

4 整理自卫队编制，边沿地区以便利战斗为条件，基本地区以便利生产适应战斗要求为条件（原则上能双方照顾）建立一定的会议制度，用民主选举加强干部学术积极负责和使自卫队要求能够完成一定的工作任务（依条例）原则上将积极有带动地当务劳动互来完成装备，并配备以一定数量的手雷地雷以便发挥作用。

※5、依新编订条例正付团长政指及其进行分工，执行本身任务并做到具体领导民主讨论解决问题，争取在一期整训中建立健全村团部。

※丙 健全县区武委会的经常工作，继续建立与健全区武委会，使实际工作中树立武委会的威信，要求区除两个脱离生产的专职干部外，应吸收联防大队长及村团长中优秀份子参加武委会委员，可占人数 2/3，某些挂名委员应改造之，县武委会委员应吸收补充区武委会负责干部参加，其数量应占全委员 2/5，县武委会应设立村主任及军事政治总务五个实际干部（提拔培养由县解决之）。

1 民兵自卫队占半数村庄之区，应即行成立区武委会，不足半数者成立筹委会，但应有专职干部负责，可吸收能参加实际工作的村干部参加，日照县及其他未建立县武委会之县在一期整训中应健全成立，因筹委会仍不能行使职务者应适当改造之。

2.县应根据一般领导与具体领导要求，抓紧一个中心区一个边沿区推动与实施工作，区应依新自卫团条例明确分工领导村或联防大队分别进行军政工作，树立调查研究作风，掌握全县区人民武装工作情况，要求在一期整训后，区县委员彻底了解两个区工作情况，并找出经验及规律（统计调查民兵自卫队人数武器弹药装备执行情形，战斗活动等）

3 建立一定制度，计划检查总结报告制度

6

区武委会每月二次例会（必要时开扩大会吸收联防大队长参加）由武委会委员分工召开联防干部（大队长村大队长及联防之村团干部）会议每月一次至二次，县武委会例会每月一次，区干部联席会议每月一次，可由武委会正付主任分别召开中心区及边沿区的会议，着重交换经验互相学习

4 有计划有步骤进行民兵扩军参军奉献，同时普遍开展运动组织参观，及地方武装加强思想教育与布置计划参军工作，有准备有计划有步骤地扩大区中队。

5 经常讨论研究解决民兵实际问题，如弹药调剂安置抚恤等。

6 协助地方党政军民成立战时指挥部，并积极参加工作，统一指挥武装斗争。

丁 加强联防发挥其作用，统一名称为联防大队在区武委会直接领导指挥下分担一部联防任务，指挥联防军事活动（不是一级领导机构）

1、联防大队长一般由区武委会委员兼任，以忠实可靠有能力经验的群众领袖担任大队付，但须经民主产生。

2、两县交界两区交界之联防可由该两区联防大队共同负责指挥求得统一，由县指定该两区中一人负主要责任，以免推拖各不照顾。

3、区设立情报站，负责指挥各分站工作，各级联防大队负组织指导密切联系之责，及时了解敌情变化掌握斗争

三 加紧教育训练，整顿组织提高质量，逐渐把先进参加培养到自觉的斗争上来，是本期整训之中心任务。

甲 教育中心要求在整训中干部，通过各种教育，教育全体民兵和部份自卫队员，具体的在使村干部和民兵熟悉本期的政策和任务，提高其

軍事政治偏重，纠正各种偏向。

乃具体要求及实施办法：

1、配合中心积极参加民主文化运动，加强民主教育培养干部与民兵自在团体的民主作风，提高参政認識，并能以实际競选参加村选。在今年十一、十二月民主文化运动中，務達拥護主力帮助主力，参加主力，充实主力的思想。

2.区以上干部的教育内容：

①整風学習，執行各地学習計劃。

②業务学習：首先將李部長報告中的反扫荡反蚕食的全部，肖主任報告戰時政治工作全部（提綱另寄）继續学習李政委報告，李部長報告的全部及朱部長總結大部份（数目字一律不写）要求在一期整訓結束將黎、李、肖、朱的報告学習完竣，做到深入討論，联系实际工作去运用，並以此来检查本身工作不足和錯誤。

3、村級干部及民兵小隊長的教育，在縣武委会的直接推动下進行。

①争取冬先訓練边沿区游击区及集点村的干部再推而广之，以联防区為单位，進行短期教育，三至五天，每日晚保持二三小時。

②教育内容以軍事為主，如反扫荡反蚕食及拉網麻雀战地雷战等。政治方面如民兵自卫团如何備戰，怎样坚持反扫荡，战時動員及锄奸工作，怎样掩護群众轉移，氣節教育等。战時組織越境普遍完成五日至七日的輪訓班，普遍進行村干部教育，其内容為：a.軍事上：李部長報告全部及手中現有武器的使用及保管。b.政治上：子、新编自卫团条例第一章第三章。丑、在民兵自卫团中宣傳山東武委会成立及三期整訓的要求。寅、共產党與國民党的比較，使之認識到沒有共產党就沒有中國，八路軍新四軍作战成績之偉大（参编

教材）⑶地方性的民兵模範故事（氣節教育）與斗立場内的教育（自編教材）

4.民兵自卫隊員的一般教育，通過冬学進行教育編制臨時教材，其内容根据上述的軍政教育材料酌减少進行。

5.保証民兵自卫团員，每人学会一個地方性的歌子（有政治意义的），学習一手拳術（单刀藤牌，打拳均可）

6.教育方式应特别照顧反扫荡反蚕食的战斗情况，并求得教育與战斗的密切配合。

四劳力與武力結合：

①以民兵自卫团組织劳力互助，推动全村生產互助，制定各村家生產計劃，一切為了奠定明年大規模開展生產运动之基础。

游击区接敌区，应把保卫粮食，保卫春耕密切联系起来，基本区為积极参加生產達到战争教育使战争與生產一致。

②本年十一、十二月為一段落，目前应以保卫生產為中心任务，并普遍宣传桃花堡，小官庄，女家堡的民兵劳武結合的事实及經驗，編製這一套領导生產的教材，以進行領导生產保卫生產的教育，并提倡開荒积粪，開小型生產合作社（以利於战争生產為原則）

以村為单位，成立生產保卫委員会，在村团部领导下，由五至七人組成，按实际需要酌量分工（如主任文書等，主任可兼生產小組長，以便於提高民兵自卫隊中的生產工作。

③明年一、二兩月着重於实际行動中創造生產模範村团部，争取於一期整訓結束前創造一個至二個，其条件如下：

①村生產保卫委員会，领导推动保証全村無一懶汉。

9

②自己能想办法解决民兵自卫团的生产困难特别生的问题。

③鼓励或办合作社有成绩者。

④创造劳动英雄（条件由自己讨论）

⑤以民兵为核心，推动全村的生产互助。

⑥保证积极参加战斗活动，保证生产果实不受损失。

⑦区以上干部必须帮助推动村的生产工作并指导民兵自卫团做生产计划，还要参加股份生产，以达到武委会自给自足的要求。

五、原始武器问题：

①动员村里将所有原始武器拿出来用。

②区负责修理。

③原始武器与钢枪配合使用（动员中心区帮助边沿区弹药）

④奖励运用与改造原始武器成绩优良的民兵自卫团。

⑤加强劳动教育活动，熟练原始武器的使用

⑥经常准备一支枪半斤药，一个土炮二斤药

为了顺利的完成本期整训计划，提高民兵自卫团之积极性与创造性，发挥人民武装在战斗中的作用，应于十二月间将去年前及今年应受奖励者的问题，依照政府颁布之奖励抚恤条例切实执行并报本会，其 之五人以上（过去及现在均算在内）的建立纪念碑，按照区实际情形决定（但先报告本会批准）经费由本会拨发）

各县接到此计划后，应即根据各地实际工作状况中心任务与力量分别制定具体实施计划进行并将进行情形及决定送上。

六、各级党委必须切实重视武装斗争，普遍武装领导支持推动武委会工作进行，应依照分局军区指示加强武委会干部，县支部须特别注意到。

10

①加强支部领导武装的教育

②支部应有对人民武装的工作计划，支委会应讨论关于民兵工作问题，依照各时期的发展巩固具体计划，通过民兵中党员去执行。

③有计划的有组织的主动领导民兵进行反扫荡反蚕食斗争，从斗争中锻炼与提高民兵，培养群众领袖。

④有计划有步骤的调查民兵成份，清洗流氓地痞与坏分子，保证枪支不落在坏人手中，并保证党的领导。

⑤培养创造战斗模范支部，其条件为：

党员在战斗中起积极领导模范作用。

保证全村民兵在反扫荡中不插枪，不逃避战斗。

保证完成民兵模范小组要求（见前）一项己.a.

⑥动员各救会参加民兵，动员妇救会组织妇女自卫队。

以上各级党委必须保证党对人民武装之领导，任何轻视或忽视领导掌握武装斗争都是极有害的观念。

滨海 区党委
滨海 军区政治部

11

群众工作的领导问题——朱瑞在滨海区群众工作干部会上的报告（1943年）

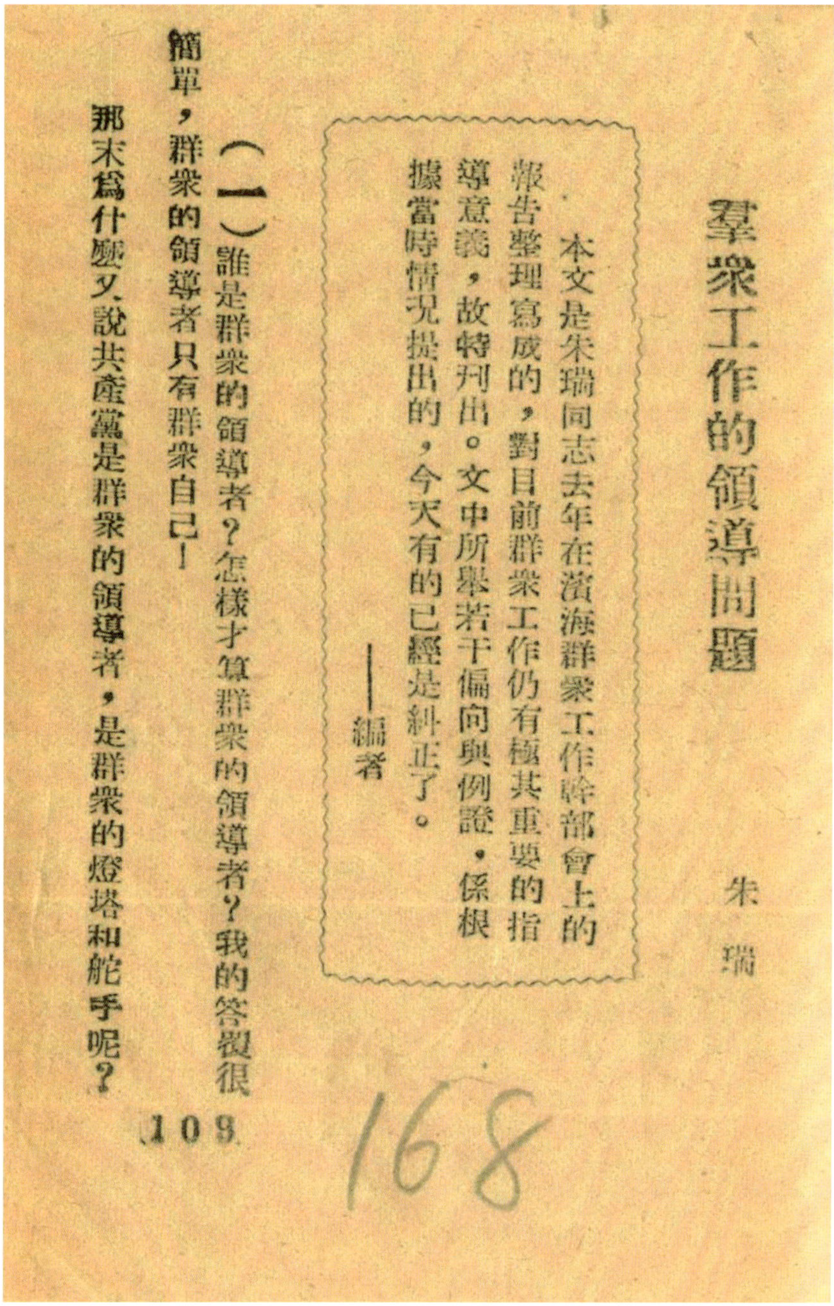

羣衆工作的領導問題

朱瑞

本文是朱瑞同志去年在濱海群衆工作幹部會上的報告整理寫成的，對目前群衆工作仍有極其重要的指導意義，故特刊出。文中所舉若干偏向與例證，係根據當時情況提出的，今天有的已經是糾正了。

——編者

（一）誰是群衆的領導者？怎樣才算群衆的領導者？我的答覆很簡單，群衆的領導者只有群衆自己！

那末爲什麼又說共產黨是群衆的領導者，是群衆的燈塔和舵手呢？

109

168

這種說法也沒有錯。因爲二十年來我黨奮鬥的歷史證明了這一點，幾十年國際革命運動的經驗也證明了這一點。因爲共產黨之所以成爲群衆的領導者、燈塔和舵手是依靠如下兩個條件的：第一，共產黨是無產階級的政黨，是勞動群衆利益的擁護者，是人民利益的保衛者；第二，共產黨的主張、政策，能爲群衆所接受，成爲群衆自己的主張和政策，共產黨的黨員也能在群衆鬥爭中與群衆利益緊切的聯系爲群衆所擁戴，成爲群衆自己的領袖。如果沒有這兩個條件，共產黨就沒有什麼合法權利說他是群衆的領導者。可是有許多黨員或幹部就不了解這一點，所以就犯了下邊的錯誤：

有人以爲共產黨有領導群衆的權利。共產黨的主張與政策，不管你懂不懂願不願，貴賤都得聽。一個共產黨員假使帶了這樣主觀的頭腦，到農村中去工作，碰到群衆眞有不了解（這可能是不少的）不擁護黨的政策主張的，也許就要駡群衆是壞蛋或奸細，至少也要抱怨群衆愚蠢。這種觀點不是共產黨的觀點，在共產黨的工作和生活裏，隨時都要受到

169

嚴格的批評和打擊。有這種觀念的人，在群衆的鬥爭和運動中一定要到處碰壁，成爲脫離群衆的官僚主義。領導鬥爭的過程中也就必然忽視或完全不作宣傳動員，不能很好的把黨的主張，政策耐心的宣傳，使群衆懂得，接受，變成自己的主張與政策。這個錯誤觀點是一黨專政的餘毒——以爲黨是有權利有合法地位來領導着群衆，一切政策主張，不管群衆懂不懂，願不願都應該服從。

還有一種人以爲共產黨員就應該是群衆當然的領袖。因此當他被派去作群衆工作時，他就以共產黨員的資格，擺起合法群衆領袖的架子，硬到群衆中去發號施令，以爲不管你願意不願意，貴賤都得跟我走，他的任務不是耐心的說服群衆，作群衆的模範，爲群衆利益而奮鬥，把自已和群衆聯系在一起；而是要群衆跟他走，給他以信任。同時他可以不在實際行動中照顧群衆利益，在各方面不一定親切的維護群衆利益，言語行動也不必群衆化，自以爲有合法地位，有做群衆領袖的權利；這是剝削階級的觀點，是站在群衆頭上的觀點，這樣，在群衆看起來也就不

〔111〕

170

是自已的領袖，至多是『上面派下來的同志』。

上面這兩種觀點，在部份共產黨員和幹部中已經形成了一種作風，一種邪風。說起來就是包辦、代替、强迫、命令、先鋒主義或尾巴主義的惡風。這都是非馬列主義的非黨的脫離群衆的觀點和作風。不糾正這二點，就不會有眞正的群衆運動。過去山東群衆工作作了幾年，在一定時間，一定地區雖也曾造成過運動；但今天已完全證明有許多是靠不住的。許多都是在包辦、代替、强迫、命令、先鋒主義、尾巴主義的壞作風下進行的群衆工作，所以也就不能長久。根據膠東魯中區初期工作報告，減租減息增資工作中領導上最大的毒害仍然是包辦；因此有些地區雖然資也增了，租也減了，但靠不住，也許是白天減夜裏不減，表面增背後不增，也許農救會同志白天親手分的糧食，到夜裏就送回去了。這種現象當然也不是普遍的，但仍是嚴重的。濱海區也有這樣的情形，如個別工作同志給莊長下命令，限幾日內完全減租，有的個別同志叫他們發揚『階級友愛』自動減租。這樣的工作即使能勝利的話，勝利也是暫

(7)

時的，很小的。給群衆運動將來的毒害却是大的。假使仍然用這種方式去工作，群衆運動再過若干年也動不起來。

怎樣糾正這種有害的觀點和作風呢？在這裏我提出幾點：

第一，要根據群衆的切身要求，根據我們對群衆痛苦的深切的認識和把握，來提出群衆運動的一般任務和具體要求。這個問題不解决，根本就沒法動員組織群衆。但這一問題上有一個最大的敵人，即是主觀主義。主觀主義不根據大多數羣衆的要求，而根據自己的主觀高興，來决定群衆工作的任務。這種主觀主義的决定和從群衆切身利益的要求出發的决定，可能是完全相反，其結果常常使一切做不起來。那個地區或那個工作同志存在有這種主觀主義而不糾正，誰就會在群衆工作中遭受到慘痛的失敗。

怎樣才能克服主觀主義了解群衆的情况和群衆的要求呢？沒有別的辦法，只有去調查研究。因為調查研究是一切工作的鎖鑰。毛澤東同志說『沒有調查研究就沒有發言權』就是這個意思。沒有調查連話都沒有

113

172

資格說，我們沒有調查研究，爲什麼還有資格去工作呢？可是兩月來羣衆工作的缺點恰巧就在這方面！如一種是完全不調查只憑上級一般的決定（還是正確的）或自己主觀主義的想法去工作。不能把上級一般決定在實踐中具體化，自己的主觀更是空洞無物，或者只有敎條」另一種是先調查後不調查，不能在不斷的工作中，作不斷的調查。調查的不普遍不充實，因此工作也就形成片面、片斷、不能隨時切合實際狀況，仍然限于主觀。還有一種是起初也調查後來也調查，但他調查的是假的，爲調查而調查，是單純抄寫地畝冊子等等死材料，或根據道聽途說得來的，似是而非的材料，這種『調查』往往無助于工作，主觀還是主觀，這當然都是忽視調查工作的表現，今後必須改正！

第二，僅僅根據具體情況決定我們的任務還是不够的，還要把我們根據群衆實際情況和要求所作出的決定拿到群衆中去，在群衆的實踐中，用羣衆自己的力量來實現它。在不斷的實踐中來攷驗這決定是否正確，並根據實踐的需要不斷的改造和充實它，這一點我們作的也是不够的

173

，兩月來我們不但在决定任務時有時主觀，在執行任務時也存在主觀現象，即如我們有些工作同志，不善于在工作中體驗充實，與改正上級或自已的工作决定；相反是過于機械的死啃决定，不管實際環境的變化及需要，一成不變的去執行决定。如有錯誤也不改正，結果越堅持下去，錯誤就越大，以至弄到工作的失敗，這是不對的。群衆工作者要善于掌握群衆的要求，就像醫生掌握病人的脉博與症狀一樣，要善于隨時依據情況的變化，改善自已的决定或工作，不是要群衆服從你的錯誤，而是你的决定服從群衆的客觀情況，即使决定是正確的，也還得到群衆中去驗證與充實，如果有了偏差，有了毛病，有了部份的錯誤，應該隨時改正，這就是馬列主義的思想方法，理論與實踐的一致。

第三，共產黨員怎樣才能成爲群衆的領袖，怎樣才能成爲群衆工作中的幹部呢？我以爲當着黨把自已的黨員、幹部，暫時離開同黨的直接聯系，到群衆中去工作時，他應該就是群衆的一員，爲群衆服務，向群衆負責，並爭取爲群衆所熟知、愛戴與擁護，群衆可以命令他。而黨的

115

174

組織，却只能通過黨團，黨的生活，黨的教育去領導他更好的爲群衆服務，爭取爲群衆所信任，通過他的群衆幹部的面目，去實現黨對群衆運動的領導。一切直接命令，調動與干涉都是不對的。可是我們的黨員幹部不是都如此的，當着他被派去做群衆工作時，他的面孔不是向着群衆，而是向着黨向着機關，他的屁股向着群衆，動不動上級的架子擺出來可。如來自機關的便存在着機關的作風，來自軍隊的存在着命令主義，來自政府的存在着官辦的作風。這樣，在群衆眼裏就只有看「大人」，軍官，而不看成自己的領袖。黨的組織對于這些被派到群衆中工作的黨員，也常保持直接命令，自由抽調辦法，必助長了他們對群衆直接關係的疏遠。我以爲群衆工作幹部是沒有後方的，即使碰到困難，甚至在尖銳鬥爭中，有人暗殺你，你也不能跑回機關，群衆利益要求你犧牲時你就得犧牲，黨要你到群衆中去，作群衆的領袖，你只有完成了這一任務，眞正做了群衆的領袖，才算忠實于黨。

第四，共產黨員，黨的幹部，到群衆中去作工作時，不但本身要爭

175

取成爲群衆的領袖，而且要在群衆中培養積極份子，教育他，吸收他參加各種抗戰組織和工作，培養更多來自群衆自己隊伍裏的群衆領袖，並吸收他們入黨。直接聯系黨與群衆，這樣，才能算是依靠群衆，不脫離群衆。

最後我還要再重複一句，要做到這些，還必須不包辦不代替不強迫不命令，不作先鋒主義，同時也不作尾巴主義，包辦代替強迫命令先鋒主義尾巴主義是群衆工作的死敵，這種作風存在，就不會有眞正的群衆運動。

（二）領導鬥爭中的左傾和右傾。

在多次群衆工作的總結中，許多同志心裏懷着一個苦悶，即不是怕工作左了就是怕工作右了，實際上是左右都怕。怕左了偏偏就左了，改正一下又右了，趕快再改過來又左了……不曉得到底那是左那是右，怎麼才能正確領導群衆運動，不致左右搖擺？

117

178

我以為首先應該認識：群衆鬥爭中的左或右，是帶有客觀性的，即是說一切群衆鬥爭在一定時期客觀上必然存在或左或右的傾向。為什麼這樣說呢？因為群衆運動的正確方針和正確的領導，是從群衆的實際要求出發，而且又在實踐中實現群衆的要求的。可是因為我們把握客觀環境客觀情況是很難得百分之百的正確（客觀實際是永遠不能百分之百的被人把握的）故根據未被完全認識的情況所決斷的任何決定都是不要以為是百分之百的正確的，（百分之百正確的只有客觀實際）比方濱海區一般的具體情況是租重息高，雇工待遇苦，人民生活不安定，群衆的絕大多數還沒有動員組織起來，群衆都要求改善生活，加強團結，群衆組織起來參加抗戰，建設根據地，爭取勝利。根據這一情況（只是一般情況）便作出減租減息增資動員組織群衆的決定，這一般是正確的。但在具體執行中，一縣一區一村的具體情況，亦須具體正確的把握，才能正確的去實現動員組織群衆的任務。但調查得再好也只能了解一般的情況，或近似完全真切的情況；想做到和情況一絲一毫都不差，是困難的，

179

不可能的，故根據調査作的決定，也只能說一般的正確，近似完全正確，想一絲一毫偏差都沒有，也是不可能的。因爲事物是多樣的，複雜的，不斷的發展變化的，彼此是綜錯的聯系和互相影響的，想一下子或一次便完全把握客觀的情況，實際上是不可能的；我們精細一些，深入一些，聰明一些，我們只能大體或基本把握這客觀情況的一切聯系，故所作決定也只能是大體的或基本的正確；不僅如此，事物在繼續發展中，昨天正確的今天不一定正確，在這地方正確的，到那一地方也不一定正確，把這不完全正確的決定拿到群衆中去鬥爭，並且要發動成爲運動，必然要發生偏差和缺點，而且照例不是左即是右，不是高就是低，不是過就是不及。這是客觀的必然結果，既然如此，爲什麼我們常說某一決定完全正確絕對正確的呢？意思是指這些決定基本是正確的，一般是正確的，或者說缺點少，少到不足重視的程度。『絕對的正確』的說法，科學一點說是不合適的。馬列主義者共產黨就是在不斷檢討缺點中進步。我們馬列主義者，共產黨人，爲什麼要檢討缺點呢？並不是我們故意特別虛心，而是我們能認識客觀眞理，接受客觀眞理，根據客觀眞理來決定問題，並根據我們了解上的不斷增進，來改正和補充主觀認識的缺點；因爲我們絕不能一次便完全的百分之百的認識客觀的，而是逐漸的，增進的，改正的；我們對自己的認識與活動，因了解的過與不及，過高或過低，而產生的左或右的傾向，所以必需有着不斷的自我批評；但我們提出這一問題的態度，不是誇大客觀規律，而主要是在于与一方面，即認識左與右傾向發生的客觀的必然性，以便在主觀上好努力去克服它，防止它，隨時糾正，因客觀情況把握的缺陷，而可能引起的偏差。以便儘可能正確的領導工作，完成任務。如果只是認爲左或右是客觀的必然性的，不可糾正的，那對事對物對鬥爭，就必然成爲尾巴主義；反之，如果不認識這些必然性，以爲自己一切第一次的認識，都是與客觀絕對相符的，是完全絕對正確的，那也就成爲主觀主義了。

說到今天我們的群衆工作，是不是有左或右的傾向呢？有的，但事實上我們今天工作的錯誤，主要並不完全是客觀的鬥爭發展必然結果，

177

大多倒是由于我們主觀上領導上的錯誤。比如說當群衆覺悟起來，並鬥爭起來的時候，當自己的對手在眼前，客觀上是可能釀成冲突以至打人的事，但我們如果專門去組織打人小組，這就是領導上錯誤了。正確的領導，這時應該估計到群衆可能打人，事先告訴他，打人是不合法的，而且打也解决不了問題，這樣客觀的錯誤也就不會發生了。另外群衆鬥爭起來時，綑人也是可能的，但我們的責任在于說服羣衆不要綑人，而不是告訴群衆，「綑人是客觀必然的，你可以綑」。群衆鬥爭起來，必然會理直氣壯聲勢兇兇，更壞時甚至橫行霸道，我們的責任在于告訴他不一定要這樣氣壯，也可能更好的制服對手。如果領導者自己先像沒頭蒼蠅一樣，群衆怎麼能不過左呢？如我們生怕群衆回家散了伙，只顧把他們抓的緊緊的，非解决問題不准離開，群衆爲什麽不罷工呢？群衆鬥爭中本身發展的左和右都是可能的，我們領導者的正確態度，是應當在群衆左的時候不火上加油，也不潑冷水。群衆右的時候，不垂頭喪氣，也不當頭打擊，這就叫做正確領導。

[121]

180

正確領導要隨時認識客觀，虛心調查，精確了解情況。了解情況越多，處理問題就會越正確，錯誤就會越少；不要以為我們的辦法是絕對正確的，要認識事物是發展變化的，每一事物的發展變化都有多種多樣的可能，只有跟着事物的不斷發展變化而前進，才會正確，一般化絕對化在工作中的表現是有租必減有資必增，一個寡婦三畝二畝地，自己不能種租給別人，也非減租不可，一個雇工家裏還有幾畝地，而雇主是寡婦自己沒有勞動力不得不雇人，也非增資不可，大地主與小地主減租不分，地主與富農增資不分，這就產生了非左即右的錯誤。所以要注意隨時反左右傾的鬥爭，這是馬列主義的原則。

要改正群衆的左或右，但不要怕群衆的左或右。怕左必然走到右，怕右必然走到左。如果在鬥爭開始時，不了解左是可能的，而怕群衆左，壓抑群衆，在群衆頭上澆冷水，就會阻碍了鬥爭的發展，但當群衆還沒有動起來以前，部份存在右的情調，那也是不可免的。如果我們怕他右，駡他愚蠢，不好種，他會脫離了你，或者反過來走到過左。所以我們

122

181

不要怕群衆左或右，而是自己不要左或右，要善于掌握群衆，把他引導到正確的方向。

怎樣才能不左不右呢？

第一，一切鬥爭與工作要掌握目前革命的總任務，就是抗戰和統一戰線。決定一切問題要聯想到不能違反抗戰利益，不違反統一戰線。

第二，要照顧群衆利益，在一切工作中永遠要設心處地爲群衆着想，爲着群衆切身利益着想，要堅持改善群衆生活；但又不只是單純的經濟觀點，還要從政治上解放群衆。不從經濟生活開始群衆就動員不起來，不求政治的解放，也就不能保持經濟的利益。

第三，大的全體的利益是主要的，小的個別的利益要服從大的利益。現在群衆工作中還存在着宗派觀點，行會觀點，如工農青婦不能很好的聯系配合；還存在私利觀點，只要自己增了資，別人增不增他不管，這些觀點都要克服。同時爲了大的利益，必要時也能犧牲群衆一些利益比如爲了抗戰，群衆要繳公糧，爲了抗戰農民還要忍受地主的一些剝

[123]

182

削和壓迫。在資產階級性民主革命階段，如果我們提出『武裝起來，打倒地主，土地歸農』的口號，也許更容易動員農民群衆，但這是違反抗戰的利益的。青年婦女自己工作是重要的，但在今天還要服從整個農民的工作。

第四，今天的問題，要照顧明天的長期的問題。比如今天改善群衆生活，不要忘記，還不是我們唯一的任務。我們最高的任務是共產主義社會的實現。因此今天改善生活的鬥爭中，就要爲將來的共產主義社會準備下思想的基礎。這就要不但對農民進行統戰教育，而且也要進行階級教育，這二者是分不開的，因爲統戰教育就是階級的統戰教育，階級教育也就是統戰的階級教育，把二者分開是不對的。

最後，我們群運中今天左和右主要表現在，官僚主義，即不關心群衆痛苦，不爲群衆解決問題。這是因爲在抗戰期間，強調了對敵鬥爭，就忽視了階級鬥爭；強調了武裝鬥爭，就忽視合法的和平的經濟政治鬥爭。左是從那裏來的呢？主要是從我們的力量與合法的及優勢的地位而來的。如今天有了民主政府有了八路軍，有了合法的黨，執政的黨，所以就有的同志，學着一黨專政盛氣凌人的樣子，利用合法的環境，優勢的權利，動不動就進行非法的鬥爭，以致形成左的行爲，這都是不對的。共產黨八路軍就是國民革命軍，民主政府也是國民政府的一部份，它不但照顧勞動階級，而且也要照顧其他階層。要發動群衆，同時要聯合地主，要減租同時要交租，要減息也要交息，要增資也要保證勞動紀律，要借糧也要還糧，也就是說要鬥還要拉。鬥和拉不是機械分開的。在第一時期強調鬥，但對個別開明士紳仍然要拉，在第二時期強調拉，但對個別頑固到底的還是要鬥。打和拉在任何時候都是不可分離的。

（三）改變小生產者的領導方式

什麼是小生產者？農民、手工業者都是小生產者。他們生產的最大特點，是散漫、孤立的；任何一個農民手工業者的生產都具備這一特點。大生產則相反，幾十幾百的工廠，幾萬幾萬的工人，往往都在共同生

125

184

產計劃之下活動，彼此都是互相聯系而不是孤立的。大生產更把許多的工廠，商店聯合起來，成爲托拉斯，新迪加……等等。大生產的特點是集中的，聯系的，社會化的。（資本主義制度雖是私有的，但其生產方式則已完全社會化的。）

一定的經濟形態生產方式決定人的意識，所以小生產者和大生產者之間即亦各有不同的意識，不同的活動方式與存在的形式。

中國是半封建半殖民地的國家，農業經濟和手工業經濟估着相當重要的地位。農業經濟下的大多農村人民們，只知道欽是一塊鐵，叉是三個齒，火柴則叫洋火，煙捲倒叫洋煙，他還見過什麼複雜的東西呢？小生產估重要地位的方式決定了我們的國家，是分立的割據的，軍閥估了一塊地方，就是那地方的皇帝，我們的社會生活是散漫的落後的，想組織個團體，想統一輿論，都相當困難。語言文字風俗習慣都不統一。這些就是我們小生產的工作方式領導方式的來源。

中國共產黨是無產階級的先鋒隊，是馬列主義組織與武裝起來的黨要成份還是農民勞動者，所以小生產者的各種特點，也就必然直接間接反映到黨內來。這種小生產方式存在黨內的如：只管自已作不管別人作，別人不作也不管，也管不了，熱情高的就代替別人作。或者不敢同別人合作，『或自已作可以，叫我領導別人可不行』，或者是個人英雄主義，只顧自已作，怕同別人配合。還有一種是只能一件一件的做，不能同時作其他事，好像農民不能同時拿鋤又拿掃帚，只能放下這件才能拿那件一樣。還有一種人是能一件件一點點的做，不能大量的作，好像手工業者作鞋，頂多只能作一雙，不像大工業一起就能作成千成萬雙。最後還表現在中心太多，青年有青年的中心，婦女有婦女的中心，好像手工工廠裏每個人做一雙鞋就是他的中心。當然，各有各的中心也不怕，問題是把它聯系在一起，找出一個總的中心。這些我們作的都是不够的。

在群衆工作中，小生產方式的表現是：

（一）工作中各團體互相不配合，減租時佃戶動了，雇工不動，增

127

186

資時雇工動了佃戶不動，婦女要放足，青年要建立武裝，各自分立，各不相聯，不能不形成各做自己的工作，不能聯系統一的中心。

（二）作完一件再作一件，先借糧，借糧以外的事就不管，借糧後減租，減租後增資，一件件都不聯系，不是作這件時爲那件準備好基礎，而是在作完第一件之後，第二件才開始宣傳，動員，調查，研究，一切從頭開始佈置。

（三）發動群衆不是大生產方式，不善在群衆鬥爭中成千成百的團結與組織群衆，而是像『拔貢』一樣，農救會員都是一個個拔出來的頂頂尖的好小伙子，這樣狹隘、關門，使大多數農民仍被放在組織之外。

（四）一地一地的做，不善于以一地工作推動他區，如不善于首先突破中間地區，同時以中間地區的經驗及成績開展外圍各個地區的工作——即中心突破。如果中間突破後，外圍還要一個個去突，那還算什麼中間突破呢？因中間突破就正是爲了推動外圍，並形成普遍的發展的，也只有如此才能使所推動之工作形成運動！

187

（五）沒有計劃性預見性和組織性，作一天是一天，應付事實，追逐事實，真正處心積慮的去計劃工作領導鬥爭的是很少的。

怎樣才能克服小生產的方式呢？

第一，一方面要强調各個組織的獨立工作和獨立作用，每一組織的存在都是由他所負的任務決定的，故沒有任務的組織是多餘的，重複的組織即不需要，在强調一種工作及一個組織的需要時，不要抹殺其他組織的作用，比如强調減租，强調農救會的作用，但不能說其他組織都不重要了。另方面各個組織是獨立的，各有自已的中心與責任，但又不是孤立的，應考慮服從一個中心，如工農青婦黨政軍民，各應該有自已的責任，與一定時期的工作中心，但這工作中心與責任，都要服從一定時期工作的總的中心，如貫澈總的中心任務，應堅決反對宗派觀念，反對孤立與分立主義。工農青婦黨政軍民一致直接間接協助工作，以求貫澈完成總的任務，各個組織即不應借口有自已的工作與責任，而漠不關心。

第二，對于工作鬥爭，要有組織、有步驟、有計劃的去做，從今天

129

188

想到明天昨天，作一地想到另一地。我們應該知道群衆運動是很客觀的照着一定規律向前發展的，如經濟利益得到以後，群衆馬上要求團結組織參加農救會，來保衛他既得的利益，我們即應大量發展及改造農救會，反對忽視發展，不敢發展，怕發展，狹隘關門，只收少數先進份子的傾向，群衆組織好了以後，群衆自然會要求參政，要求武裝，爆發反貪汚與改造政權的鬥爭。我們即根據此客觀的需要，去發動民主鬥爭，及民兵自衛運動。在這一切勝利都成就之後，再進一步群衆必然很自然的要求文化，娛樂，教育與學習的生活，我們就要廣泛開展群衆性的文化民主運動，我們應該把握着這些規律，一步步的提出任務。

第三，要發揚大生產方式就要求經驗的一般化。即是中心地區突破了還是不够的，其他地區還沒有開展，必須把這些具體經驗一般化，整理出來，傳播出去，傳播到全區，全省，這樣才能求得在全山東，比較平衡的大量的發展，把鬥爭提高一步。

第四，黨和黨員，要在減租減息工作的大生產方式中，起着馬達的

189

作用，舵手的作用。共產黨要通過黨員，研究群衆的情況，掌握群衆的脉搏，隨時提出任務，糾正錯誤，掌握總的領導機器。兩月來這一工作是作的不好的，這也須要改正。

(四)反對領導上的官僚主義與主觀主義。

群衆工作中官僚主義的表現是脫離群衆，忽視群衆生活的改善，忽視群衆的動員與組織。群衆工作中主觀主義的表現是不根據客觀情況與群衆的要求，而主觀的決定群衆工作，主觀的製造群衆運動。假設承認四年來山東群衆工作沒有作好，那就承認基本上是由于過去山東群衆工作中嚴重存在着主觀主義官僚主義的錯誤，我們應該大胆的承認這點。經過深入的群衆減租增資的鬥爭，經過分局的號召，推動，這缺點是改正了，但改正的程度如何？應該說官僚主義主觀主義的傾向，還只是開始轉變，還沒有成爲群衆運動中普遍的生活，還沒有基本的被克服。這可從下面來證明：

131

190

第一，對于減租減息改善雇工待遇的問題，許多同志還沒有深刻理解，故許多地方還沒動起來，有的雖已經曉得，但還沒有作，或沒有認眞的去作，或者作了還是老一套，沒有改變過去的作風。如有些地區在前一時期是作了，但不認眞，舊的作風仍沒有改變，許多地區輕視減租減息增資工作還是嚴重現象。在那些地區對分局這一決定仍採取了草塞責陽奉陰違的官僚主義的態度。工農青婦還存在宗派觀點，工作中還反映着清談，等待，機會主義的作風。這都說明對減租減息工作認識還不普遍，不深入舊的觀點作風還給我們一定的損害。

第二，接受了減租減息的任務，走向群衆中工作時，也還表現對群衆痛苦不進行深入調查，群衆到底是有些什麼痛苦，這些痛苦從那裏來的，怎樣才能解除，我們應如何工作等等問題恐怕許多幹部研究的還都不够。因此如何開始工作，如何與群衆打成一片，如何領導他們鬥爭到勝利，如何團結組織他們，都還存在主觀主義的傾向。還不能够認眞的切實的樸素的工作。在工作有成績的地區，這些缺點雖已不佔統治地位

191

，但也還不能算少。在沒有工作成績的地區，恐怕還是主要的，在這些地區群衆工作中的官僚主義與主觀主義或者基本上還沒有改變。

第三，工作中不够虛心，學習不够，雖然在群衆運動中不但改造了工作，而且改造了幹部，但許多幹部進步還是慢的。這就因爲自己驕傲，自滿自足，宗派觀點，不向群衆學習，不向同志學習，不從實際鬥爭中吸取新鮮的經驗，來豐富自己的鬥爭知識，因而一般進步不快或停滯在一定階段上。

第四，不實際，誇大，演義，和八股的作風也很不少。如在有些報告中，就帶有好多八股氣，且把實際的樸素的活生生的群衆鬥爭，加上『形勢』『特點』『基本問題』『戰略方針』等等老一套格式，弄成死氣沉沉的了。又在有些同志低級趣味，庸俗誇張，故意玩弄政治術語，如說地主『組織觀念薄弱』，『經濟觀點不正確』這些，除了取笑之外，沒有任何的政治意義。有些是以票友的態度，有的是以洗澡態度，因此對群衆鬥爭的看法只是打抱不平，或者是鍛鍊自己的方式，或者只是

133

192

執行上級的指示決定來的，而不是爲群衆解決問題的。

（五）幹部問題。

幹部問題是領導問題中重要的一部份，所謂領導問題，就是出主意和用人，上面已經談了些出主意的問題，現在再着重談談用人的問題。

根據濱海區去年兩月來的經驗，在幹部問題上，必須指出的有下列幾個問題：

第一，爲完成減租減息這一偉大的歷史任務——這一革命的基本問題，假使沒有一定數量的幹部，而且是好的，眞正埋頭苦幹深入實際同群衆打成一片的幹部，工作是搞不成的。

第二，也必不可缺少地方幹部，缺少從群衆鬥爭中長期鍛鍊出來的地方幹部。地方幹部爲什麼可貴呢？就是因爲他們同群衆有聯系。這是第一個條件。沒有這個條件就不能把工作搞的更好。缺少地方幹部這是我們最大的困難。外來幹部老百姓不但把他們當成共產黨八路軍來的同

197

志，有的當做外人，對你就不够信任。×××莊工作爲什麼好，就是因爲有一個本鄉本土的人，農民都信任他，都願跟着他走，他又很努力工作，于是很快的成爲群衆領袖。一個這樣的地方幹部，比十個外來幹部都要重要。

第三，地方幹部與外來幹部互相學習的問題。往往幹部之間宗派的觀點主要存在在地方幹部與外來幹部之間，機關幹部瞧不起地方幹部，以爲他們是土包子，說不了三句有頭緒的話，告訴他一件事作不成，能力又淺，原則也不懂得，所以就對地方幹部不够重視，不願向他學習，不曉得他們是與群衆有聯系的，有埋頭苦幹的作風。地方幹部對機關幹部也存在着宗派觀點，以爲大機關來的幹部離譜，三句話離不了原則，但幹起工作來又不會幹；機關幹部是見過大場面的，趾高氣揚，意見特別多，不好領導。同時機關幹部來自黨政軍各方面，各有各的特點，的確是不容易調理在一起。地方幹部就感覺辣手，害怕，也忽視了機關幹部值得學習的地方——就是他們的確多懂得一些原則，這些原則如果同

135

1049

群衆工作聯系起來就有了用處。的確他們在掌握原則上對地方幹部是有幫助的。還有，機關幹部的文化水平高，有機關工作的較長的鍛鍊，所以條理性大生產的方式比較好。比方在工作回報中就可以看出機關幹部報告的頭頭是道，有條有理，這種條理性組織性是值得地方幹部學習的；也許有華而不實演義誇大的地方，但基本上是好的，是值得地方幹部學習的，許多地方幹部的報告有一句說一句，甚至有一句說半句，不會添枝添葉，報告比實際作的工作要少。但要了解他的確是樸素、踏實、謙虛、他們的缺點就是好經驗講不出來，教育別人幫助別人就作的少。在這裏可以顯然的看出，機關幹部和地方幹部必須聯合起來，互相尊重互相幫助，互相學習，工作才能作好。過去並沒有完全的做到這樣，就是因爲宗派主義還在作怪，第二股邪風還沒有淸除。

第四，工作中不斷發現幹部，提拔培養幹部是很重要的，各地在群衆運動中已經湧現了好多有才能的幹部，他們是出自工農，雖沒有任何的文化水平與工作經驗，但在領導鬥爭的才能上却往往超過了我們的幹

195

部，這些新的地方幹部，在群衆鬥爭中，往往一個比外來幹部十個還要有效。他們能一呼百應，領導起群衆鬥爭。有計劃的教育培養提拔這樣的幹部是非常必要的。這樣的幹部是農民隊伍中的最下層最基本最與群衆直接聯系的幹部，是同農救會，同農民群衆朝朝暮暮在一起的。是大機器齒輪。如果上層盡管動，缺少這些齒輪，下層是動不了的。而且將來外來幹部還須抽回，那時候，下邊必然會感到幹部上下斷氣，青黃不接，我們的責任是要準備一批最基本的農救幹部，聯系農民同農救會，而且聯系下級農救會和上級農救會，必須抓緊這批幹部。不必等到有計劃大量開辦訓練班，要在現在工作中逐漸提高他，逐漸吸收部份的脫離生產，跟着農救會的幹部到外區外村去工作，以別個的小組訓練的方式，把他們吸收到農救會的領導機關來，逐漸培養其能力，扶持其獨立性，工作勝利後，我們農救會的幹部不要老留在那地區，阻礙了他們發揮其獨立性，幹部要逐漸的撤出。當然馬上完全撤出來，會使他們感到失去依靠，可以慢慢的撤退，先抽出幾個，主力還放在這村，再抽出幾個，

137

196

把主力放在別村，離開三里五里，過幾天回來看看，起初是一兩天一次，後來是兩三天一次，漸漸的完全不來。叫留下的幾個同志帶着農民來看你，起初是一兩天一次，以後三天五天，逐漸完全不來，最後連留下的兩個同志也抽回來。好像小孩子走路一樣，起初扶着他走，後來放開他自已走幾步一倒了趕快扶住，漸漸的完全不扶了，讓他自已走，培養一個幹部，就要這樣的耐心，又放心他又不放心他，不要像諸葛亮對阿斗一樣，處處包辦，結果就培養不出一個幹部來。像一個園丁培養一棵果樹，今天在看看，剝開皮看看活了沒有，明天去拔起來看看有沒有生根，這樣固然不好，十天八天不去看，也不澆點水也同樣是不好。

第五，幹部的學習問題，在第一時期幹部都帶着濃厚的機關作風，機械規定學習制度，不合實際，防礙了工作，是主觀主義的同實際脫離的學習方法。經過批評以後，又改變成爲另一種，就是不學習，把書本丟的遠遠的，看見書本就討厭。這也是不對的。實際學習必須有理論的指導。不學習就會犯了狹隘的經驗主義，也是主觀主義之一種。現在這兩種傾向都要改正一下，要把學習和工作看得同樣的重要。因爲工作到了全面開展的時候，更須要原則的指導，策略的運用，在農救幹部面前，整風學習的熱潮和減租減息的熱潮要台流在一起。今天任何人都沒有農救會幹部這樣好的把理論與實踐聯系的機會。我們要把整風的二十二個文件運用到實際工作中去。

（完）

197

13.8

中共滨海区委组织部对拥参军运动中支部工作的意见

（1944年1月31日—2月20日）

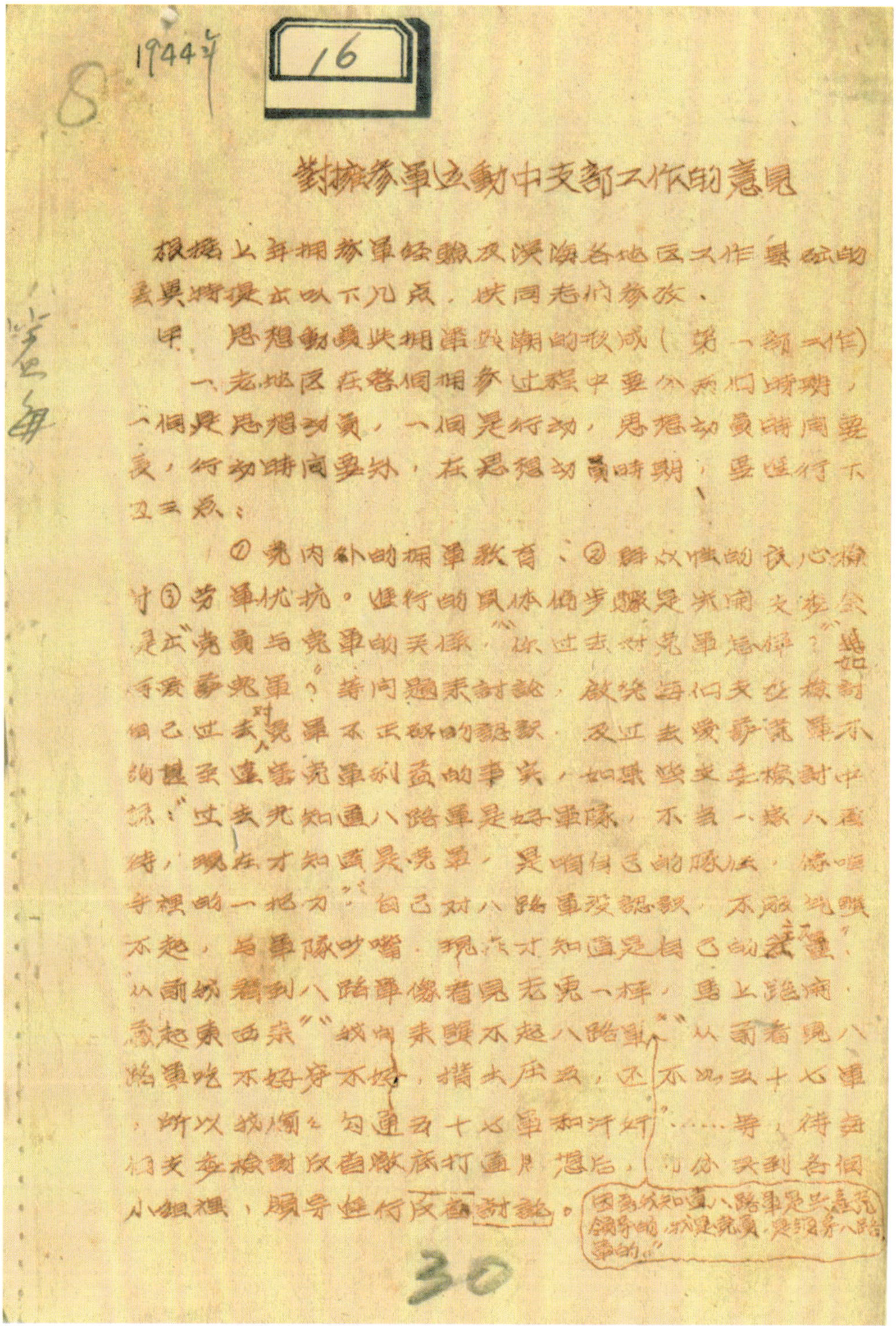
1944年

16

對擁參軍運動中支部工作的意見

根據上年擁參軍經驗及濱海各地區工作具體的意見，特提出以下几点，供同志们參考。

甲、思想動員與擁軍熱潮的形成（第一期工作）

一、老地區在整個擁參過程中要分兩個時期，一個是思想動員，一個是行動，思想動員時間要長，行動時間要短，在思想動員時期，要進行下列三点：

①黨內外的擁軍教育、②群众性的良心檢討③勞軍优抗。進行的具体步驟是先開支委会，是否"黨員与黨軍的关係""你过去对党军怎样？如何爱护党军？"等问题来討論，啟發每個支委檢討自己过去对党军不正確的認識，及过去爱护党军不夠甚至违害党军利益的事实，如某些支委檢討中說："过去光知道八路軍是好軍隊，不当一家人看待，现在才知道是党軍，是咱自己的隊伍，像咱手裡的一把刀"，"自己对八路軍没認識，不敢说瞧不起，与軍隊吵嘴，现在才知道是自己的主意"，"从前我看到八路軍像看見老虎一样，马上跑開，藏起東西来""我向来瞧不起八路軍""从前看見八路軍吃不好穿不好，背大洋，还不如五十七軍，所以我愿意勾通五十七軍和汉奸"……等，待每個支委檢討反省徹底打通思想后，再分头到各個小組裡，领导進行反省討論。

"因為我知道八路軍是共產黨領導的，我是黨員，要領导八路軍的。"

30

全体党员思想打通后，就要有计划的分布到下边去，团结教育群众，并以公开面目，在冬学庄户学裡，各個系統裡，較細進行教育。

①用回憶的方式，把今天的根据地和敌佔領在這的時候比一下，把翻身以後和翻身以前的情形比一下，使大家清楚的認識到"根据地是八路軍拼命打仗打出来的，没有八路軍就没有根据地，咱們就翻不了身，就没有今天的好日子过"。許黑子渠麻子和救軍五十七，在這的時候光知道要捐要税要钱要粮，一時办不到就绑押打，要咱的命，在村裡也充大爺，抢東西，祸害咱们。"鬼子汉奸在這的時候不光是抢夺要钱要東西，还随便姦淫，烧殺抓壮丁，叫咱給他修工事，修据点，摊派出差役，日子没法过"。

②説明八路軍爱民的行動和紀律，使大家認識到八路軍是咱一家人，是咱窮人自己的隊伍，和咱們一条心，帮助咱们挑水送糞澆园，收拾莊稼，為了减轻咱们的负担，就省吃儉用，努力生產，為了保護咱們的利益，就不顧流血犧牲，拼命的打鬼子打汉奸，收復了昌黎城，使偽軍一批一批的反正，像貴西冈一下就是二千五百多，張希賢过来又是一千好几，另外还有很多鬼子也投降过来当了八路軍。

③樹立以我為主的反攻思想，説明要想反攻勝利，光靠八路軍不行，八路的力量，一天比一天

31

大，到处打胜仗，收复失地，解放人民，国民党的军队，天天打败仗，丢地方，糟蹋老百姓，以前还有些人二二乎乎的，心思着国民党的队伍不坏，后来吃了亏才明白过来，他们就说：“想中央盼中央，中央来了活遭殃”“靠谁不如靠八路”“八路军越打，反攻胜利到的越快”。

教育到一定时期，各系统即可进行良心检讨的动员，提出“军队对咱这样好，咱对军队怎样？”“大家要讲良心话”“好会员要讲良心话”“大家不要忘本”。在检讨时支部必须有计划的布置党员，以会员面目深刻检讨自己，起示范作用，推动影响群众。另外支部还要照顾到个别落后分子，布置专人耐心的去团结他教育他，这样就可掀起群众的内心斗争，把良心话讲出来。

群众进行良心检讨后，支部布置党员以群众的面目，会员的资格（最好是模范，或在群众中有威信的）提出口头竞赛，“对不起良心”“实际行动来赎良心”，以自己的模范行动，发起劳军优抗，并可挑选个人与个人，系统与系统，这庄和那庄的竞赛，另外支部还可布置党员在群众中宣传自己的拥军计划，推动影响群众，这样就可造成全庄广泛而又自觉自愿的劳军优抗热潮，但要照顾到群众的负担，不必强调物质，要多从精神上（如慰问联欢……等）去进行。

二　新地区工作了更难　群众政治水平低，因此必须在现有的基础上大胆运用各种组织，翻身进行阶级教育，不应因组织不健全而放弃运用，教育内容，除适当采用小段各类外，并应当把当地真"现实"情况贯串进去，此外还必须与翻身斗争结合起来，在翻身斗争中进行阶级教育，培养骨干对象，特别是参军带头人，普遍提出："没有共产党咱们就翻不了身""没有八路军咱们的翻身就不巩固"，并抓紧翻了身的群众积极进行阶级教育，培养鼓动积极份子，在群众中起核心骨干作用，通过他们来保证工作、这样也可形成拥军热潮，打下第二步的参军基础。

三、在整個拥军过程中，不论新老地区，都应特别加强防奸反特的工作，发现后，应即及时予以暴露和揭穿，忽视麻痹都会造成我们工作的损失的。

第二步待续

致

区委组织部

1.31.

33

對擁参軍運動中支部工作的意見(續)

乙、参軍熱潮中的支部工作(第二步工作)

擁参軍熱潮掀起後,即应抓紧時间,從支委会到小組会,進行以下工作:

一、参軍檢討:

用對鏡子照及檢查自己等方式,啟發每個党員,檢討自己對参軍的態度,集中等地支部,檢討反省出很多偏向,如某支部討論對象時,"不斷地動員,怕妨礙工作與影响"。有的就說"当兵没飯吃的穷苦群众,街溜子,流氓难民";有的支書說,"动员群众参軍还可以,党員絕對参軍去了工作垮台誰影响怎样办";"有的支委"自己有条件不干,光动员别人";有的支委說,"我家的我是不去","叫我出去第一个報名,我兄弟参軍外出,不能动員"。"难得我兄弟去参軍兒子除了我一定放出一起";有的党員拒绝兄弟参加担包(?)拉腿;有的支委說,"参軍的多了就是咱家的負担";"参了好几個还动員嗎?"有的公开对群众說"咱在那有对象不好找";有的說"动员人家去参軍何必";有的支委說"把青年兵都动员去,咱的庄稼谁去收";"有的党員听到参軍就借口走亲戚躲起来,参軍出去再回来";有的"装病装腿疼"……對他們檢討反省出這些偏向錯誤后应即决心纠正。

34

经不断的合社各种的劳动教育中，使每个党员以及全体党员，都能自觉做到"扩大党员是每个党员自己的事，不仅自己要劳动，且要团结教育群众，带领群众劳动生产起带头作用"，"自己有条件就领头劳动，没条件也要动员旁人劳动"，首先在党内造成思想上的牢固基础。

二、中心人物的选择与培养。

中心人物（领头人）在劳动中起着重大的作用，因此支部就要特别注意这一点，先从每个支部到每个党员，一个一个具体的研究选择，有计划的去培养。如某支部一党员，平时团结群众很好，支部即以党培养他，布置专人教育进行教育，克服其思想上的障碍，鼓励其前进心与自尊心，当其下决心劳动时，即使其在群众中组织成立劳动，培养建立威信，然后再公开宣布，领导劳动，结果带起了七八个人，随他一起劳动生产。

另外，在某些支部里，有些劳动互助教育进行不够的地方，因而虽有中心人物，但不肯领头干，这样就可采用"攻坚"的办法，将某支部一个模范委员，又是民兵指导员，具备着中心人物的条件，但他坚决不干，光去动员旁人，结果群众都瞅着他，看他的行动，谁也不出工去劳动，形成劳动中的僵局，支部了解这一情况后，即讨论研究，决心"攻坚"，召开了干部会（都是党员）检讨劳动不起来的原因，一致认为："主要是没

35

有领头人"，于是又研究谁有条件，当晚就去找谈，同样就集中到大家的问题上，这时真他会长，又谈眼前利益，联系到个人的前途说"青年人要为将来想，不要想在家里当一辈子村干部，八路军是个大学校，参加了八路军个人就有前途"接着你一句我一句的鼓动，长春终于沉不住了说"咱们青年人想进步，真是到了时候了，可是俺娘老拉腿（实际是借口）不让我去，我想先上工商管理局以后再去主力"支部会先立刻抓紧开一个会，进行"过关"教育，说明一个人要进步，必须过关，不过关就不会进步，过关主要靠自己有决心，家里拉腿也不行，今天你就是过一关，能过不能过，决定你的前途，你如果有决心，咱给你家里动员成，大家也来帮助，最后他就起来说"我干，只要家里没问题，我坚决干"，支部同志马上表扬他说"到底青年人有志气，说干就干"接着又鼓动其他干部，发挥干部的模范作用，结果有三四个干部都当场自愿说"我也干"，"没有领头的我就领头"，最后扩大到九个人，包括七个村干部，六个党员，一多半是干部。

三、家属工作。

参军工作中的基本环节，主要靠支部对参军本人的深入教育，使其意志坚决，但家属工作，也是保证参军工作的成败，不大的要成熟的对象，在家属扯腿下破了

材，因此支部对这一工作，就从深入了解情况，具体分析研究
烈属家庭动员，并有组织有计划的布置“反拉腿”工作，如
某村在支部注意了这个工作，就造成了群众性的“父送儿”、“兄
送弟”、“妻送郎”、“未婚妻子送丈夫”……等光荣事迹，又如某村
在动员参军中家属发生了问题，支部即就布置了梁××大
娘（抗属）先在妇救会里和家属那里进行了反拉腿的
教育，接着成立参军动员小组，共八个人，她被选为小组长，
讨论了为什么要动员参军，“怎样动员法”，“谁去动员谁”等问题之
后，大家就积极动员起来，五天总结一次，总结时发现了几
个抗属妇女不进步，不但不会动员，且易顾虑，更发现了些
积极能干的青年妇女也是家属落后的，发展了新的，使
这个组织更加扩大有力了。她们的经验是“进步的抗属
妇女负责去宣传教育，同时也要用丈夫在外面的事实（比方
穿衣服用的事实）去加紧说服”，“非积极分子的熟人去动
员不行，使人不积极或是不服气人心理的结果”，所以她分配
组员时，对象都十分恰当，如动员参军对象的母亲时，就
分配组员中是母亲的抗属去，动员参军对象的老婆时，就
分配组员中是婆姨的抗属去，因此这个动员小组，就成了
家属工作的一支主力，另外她们又在欢送参军战士临走
时，家属最易不高兴或悲伤的情况，就约好一些家属最
熟的人去陪同拉呱，动员鼓动，不给家属一点动摇的机会，

新成立走后，家属最易悲伤，动员小组又不断的去和她们谈话，安慰她们，鼓励教育，保证了家属的情绪始终是安定的。

四、参军的鼓动工作（即造成参军热潮）

经过教育到党员群众都有了思想准备，就必须进行鼓动工作，掀起群众性的参军热潮，以发动群众性的参军挑战，竞赛，发动各地参军消息，预选积极分子（最好是全集的日子）或中心村去开会欢送模范，召开隆重的欢送参军大会，动员和发动，有计划的布置新抗属，欢送新参军，和布置党员参军对象，在大会上自动报名参军，以鼓动带领其他人员报名参军，再布置沿途的欢迎欢送，会时立即慰问新老抗属，送光荣牌、优待粮……等，造成参军最光荣的舆论和参军热潮。

五、动员的方式方法及各种力量的组织与运用。。

动员是一个群众性的、复杂深入细致的工作，脱离群众，干部包办，都不会完成任务的，因此就必须以支部为核心，通过各系统，周密的分析研究，根据不同对象运用不同的动员方式，发挥党员的先锋作用，及各系统的组织力量，动员的办法，一般有如下几种。。

1.大家分工，一齐下手。如某支部动员一个对象时，他说，"俺娘不愿意"，妇救会长说"我回动员好了"，他说"地没人种怎样办？"农会长说"我负责，变工组给你种"，他又说"家里没人照顾怎样办？"村长说"不要紧，大家照顾，我负责"，这样一来，他回到难处就动员他，提出什么都有人给他解决，最后他就决心参了军。

2.紧跟着动员，不放松机会。如某支部为动员两个青年参去参军，就布置了一个党员，以大子弟生来，跟着他去走，一面走一面动员，结果两个都动员成功。又如某支部派党员随着对象一起上山拾柴火，一面闲扯一面动员，完成了三个。

3.先解决困难后动员。如某支部要动员一对象，因其家有妻子小孩，没人干活，即动员其大人到他家干活看门看小孩，先解决了他的困难，结果动员成功。

4.尚余未有发挥动员。如某老头动员时，摸着

三 胡子说，"可惜我老了，倒退二十年，我非干不可"，某大娘指着她参加儿童团的孩子说"可惜他还小，要不着急不够格"，就对她说"我要是个男子汉的话，早去啦"，某抗属大嫂说，"俺当家的早去啦"，某老头说，"我叫俺二份的女，教看回回的队伍不去干，蹲在家里，么子有什么出息"，这些很实际的推动影响，都收到了效果的。

39

六、偏向的防止。

去年动员参军中的偏向很多，今年分区委及支部，出很好的教育纠正，一般有这样一些。

一种是收买雇佣，如某支部为完成任务，请地主吃个酒席，动员搞地，一个参军的给了十五亩，某外三个参军的给了一万元。一种是过分强调物质优待，忽视政治动员，迁就其落后心理，形成引诱，如有的村对参军对象说"你去吧，家里光优待粮也吃不了"；有的说"放心吧，一月一请假，三年回来"；有的则说"你俩保证，二年后回家，给你一个媳妇"。一种是凑数交付，如某支部动员大个老幼残疾，区干部不要，支书说"这回参加了，要讲些面子，领材料叫他们去吧"。一种是欺骗，如某支部对党员个别谈话说"你先去看看领头去，过后再把你要回来"，会时又鼓动着党员互相较量，这样就造成欺骗性的送参军（这人今年要回来，不叫回来不适合，回来又对群众影响不好，很难处理）。又如某支部教育，骗对象去赌博，叫他赌去，输的不可开交时就动员说"你输了钱还不上怎么办？参军替你还"，结果逼得参了军。一种是在党内民主表决，用党员要服从党的大帽子，硬着头皮，硬逼着去参军，最著簡單的一種呆方式上出頭，光直綫，不能耐心教育，如某支部到处喊：“好青年要去參加主力軍”，“參加主力最光榮”，动員对象時說：“你為什么不參軍，參軍光榮啊，躺在家坐炕有啥好处吧”，結果一些青年都躲起來，动員不到一个，這些錯誤和偏向，必須改正，具体來問題，即耐心的教育动員和解决具体問題相結合來進行。

第三步結論

致

區委組織部

二月七日，

41

1944年

14

對擴參軍運動中支部工作的意見（續）

丙、善后工作：

一、總結（縣區都須在三月底進行，過早則耽誤了春耕運動的動員佈置，但統計工作必須隨時進行，免得以后遺漏，其他材料則及時收集，待總結參考，及以后總結）

1. 統計：

① 參軍總數統計：

A. 參軍總數多少？

B. 成份統計（貧僱農多少？中農多少？其他？）。

C. 年齡統計（十八歲以上，廿五歲以上，三十五歲以上）。

② 黨內統計：

A. 參軍黨員數（支委在內）。

B. 參軍區幹數，支書數，支委數（支書在內）。

③ 支部統計：

A. 能動員參軍支部數？

B. 在擴參運動中，改造支部數，提高一步的支部有幾個？

42

④ 其他統計：

A. 培養了多少中心人物？共領帶多少人參軍？

B. 家屬能歡送參軍的有多少？其中黨員多少？

2. 一般總結：

①领导上：

A、区村动员布置情况、方式及问题？

B、支部小组讨论布置的方式？

C、对群众的宣传动员。

D、支部对各系统的领导及布置。

②思想偏向及纠正：

A、党内有些什么认识上的偏向（也要分清是党员本质上的问题，还是认识上的问题）？

B、群众中有些什么认识上的偏向（在这个群众中要分出积极分子、中间分子、落后分子之认识偏向；各[illegible]分子群众的情绪，积极分子中也[illegible]）？

C、怎样纠正的（方式、口号……）？

③各种具体工作中，支部之堡垒作用和党员之模范先锋作用（都请用好坏的典型说明）：

A、翻身热潮，支部之堡垒作用，有些什么具体表现？党员模范先锋作用，有些什么具体工作及表现？

B、参军中之宣传对象，组织力量（各系统力量之全面分工，参军动员小组等之组织工作）解决具体问题等，支部的堡垒作用有些什么具体表现？党员模范先锋作用有些什么具体工作和表现（请用好坏的典型例子说明）？

C、参军鼓动工作（热潮之形成）支部的堡垒作用及党员模范作用，都有些什么具体工作？

③参军结果：

A.分析参军有什么偏向（如收买……）及经验教训？

B.支部干部在这一运动中，提高了些什么？

I.领导能力、II.干部改造、III.团结群众、

IV.工作方式、V.思想提高

（备：这一总结，该从典型经验提起来，每一具体工作，都提出典型材料，联系到一般）。

六.整顿组织：

1.健全支委会：

一般支部最低限度要三个支委，采取"宁缺勿滥"的原则，这不但为了健全本的领导，也是为了大量提拔干部。

①选择支委的条件，即成份纯洁（所谓老根正的）、立场稳，能联系群众，工作积极的就可以，这样才能采取"宁缺勿滥"的原则，不要提拔历史上是其他不纯成份（如过去是地主、商人、富农、流氓）有二流子习气的。

②健全支委会，应采取分小组讨论，民主的方式，即由分区教育党员，以支委的条件然后由各小组提出名单经支委会讨论通过后由分区批准决定，要公开的做。

2.干部问题的处理：

参军运动紧张关头，干部问题表现很多，除由县区表扬一些模范干部外，应根据以上意见，即速处理干部问题。

①处理干部问题时，应强调教育，不能随便处罚（除了成分不好，阶级异己分子，投机分子外一般成分好的，都要强调进行教育）接受去年后期整风的教训（有些县份处罚太多，且方式生硬，如××县处罚七十多个干部，且有的开除的在大会上一宣布即算完事）应该有准备的（如撤换干部，应准备以谁接替工作的）不放松和他个别谈话教育，及和党员讨论，征求大家意见，用这些办法处理。

②斗争中积极分子，一般的要提拔，但须充分地考查其成分和动机，绝不能为其一时表现所迷惑，因为这是一个比较复杂的运动，参加阶级复杂（当然主要是基本群众）。

③在斗争中表现不好的干部，只要成份纯洁不坏好，即须仔细研究他们的问题所在，是否是觉悟不够？还是由于家庭有某份因素，这些原因都须分清，不能和一般落后分子混同起来看待。

④各支委会召开门闭会，检讨每一干部斗争中表现，分别采取各种不同方式，对每一干部进行教育，或表扬干部，并应接受去年斗争时单纯表扬的教训（如××县对×大娘单纯表扬，后来又来批评教育，以致后来高大欺负群众，还遭群众给他搭包）个别会在表扬中，具体了解其思想情况，指示其努力方向，及以后应注意的问题。

三、领导小组的调整划分，应联系到支之组及将

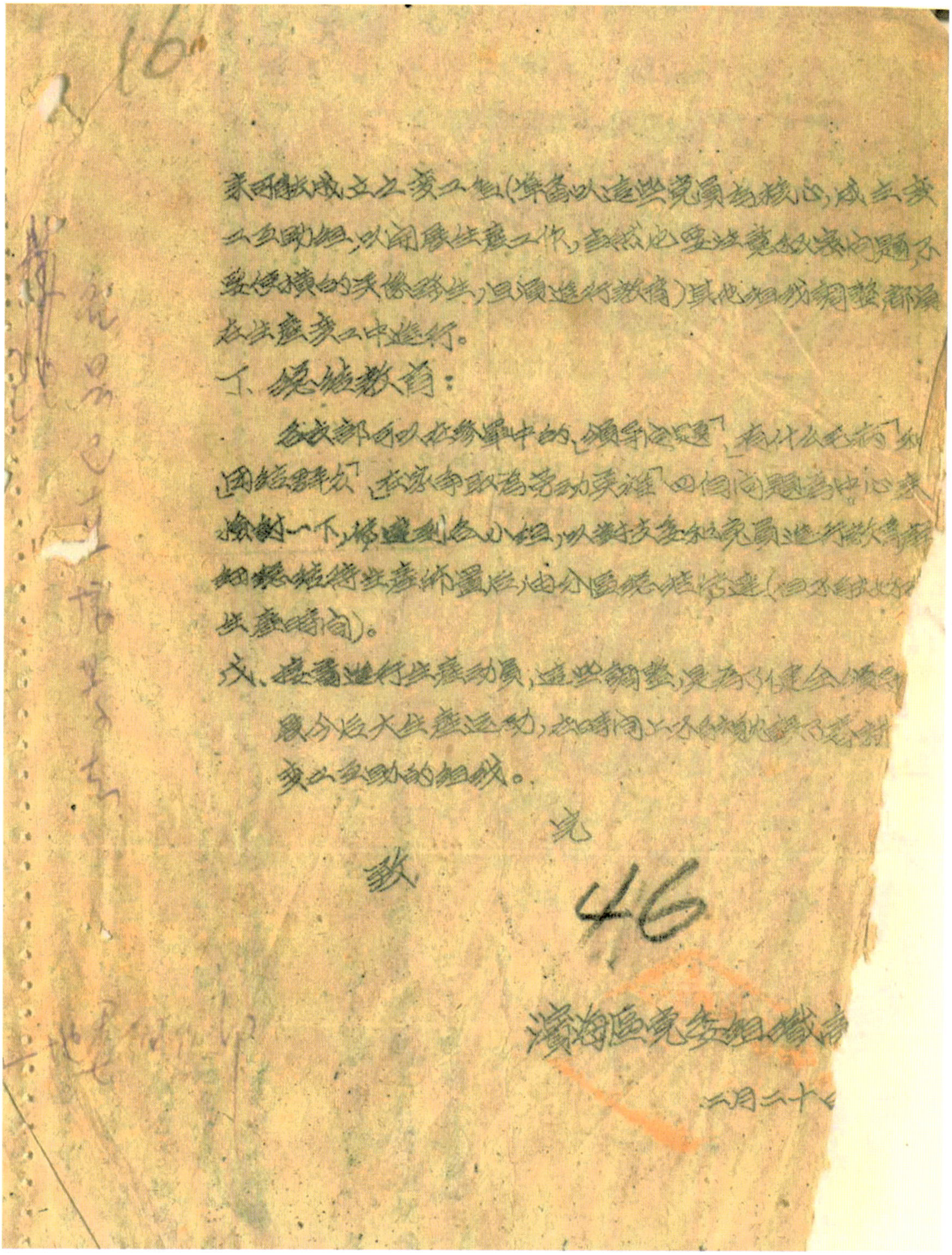

来回的成立互换工组（准备以这些党员为核心，成立变工互助组，以开展生产工作，当然也要注意纵横的问题不要使横的关系疏远，且须进行教育）其他的组织调整都须在生产变工中进行。

丁、总结教育：

各支部可以在参军中的"领导问题"、"为什么光荣"和"团结群众"、"在家争取为劳动英雄"四个问题为中心来检讨一下，传达到各小组，以对支委和党员进行教育，总结后待生产布置后由分区统一结论（但不得放松生产时间）。

戊、接着进行生产动员，这些调整，是为了使全体领导群众开展大生产运动，在时间上不得放松了变工互助的组织。

党

致

滨海区党委组织部

二月二十

中共滨海区党委关于认真执行人民武装第一期整训计划的指示

（1944年2月12日）

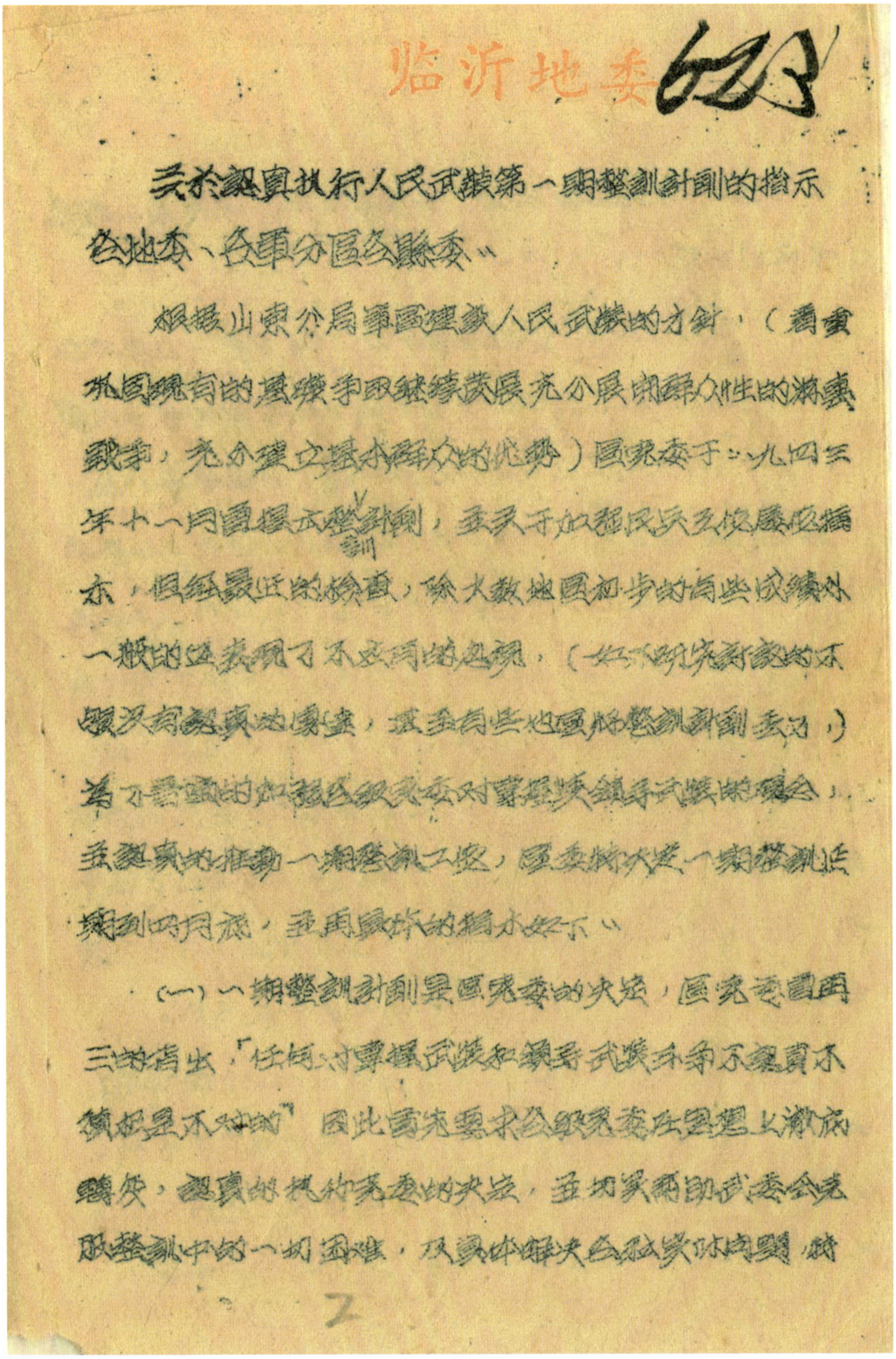

临沂地委 623

关於认真执行人民武装第一期整训计划的指示

各地委、各军分区各县委：

根据山东分局军区建设人民武装的方针，（有重点地巩固现有的基干民兵并继续发展充分展开群众性的游击战争，充分建立基本群众的优势）区党委于一九四三年十一月间提出整训计划，并关于加强民兵自卫团的指示，但经最近的检查，除大数地区初步的有些成绩外一般的还表现了不少问题的思想，（如不研究文件的不够没有认真的讨论，或者有些地区将整训计划丢了）这不能不说明各级党委对掌握与领导武装的观念，并认真的推动一期整训工作，区党委决定一期整训延期到四月底，并再具体的指示如下：

（一）一期整训计划是区党委的决定，区党委曾再三的指出「任何对掌握武装和领导武装不重视不认真不负责都是不对的」因此区党委要求各级党委在思想上澈底转变，认真的执行党委的决定，并切实帮助武委会克服整训中的一切困难，及时的解决各级实际问题，对

2

则注意将一切艺训剧团深入到连到支部，并动员各级党委保证实现。

（二）为了贯彻"支部带领民兵"的方针，今后于本年四月底以前将支部中的军事委员及村区县的武工人员（村的指导员、区教导员、县的武装干事）一律脱离本会，改由村支书兼村团的指导员，[illegible]为分区书兼任，但须县以上领导的必须不得[illegible]政治干事系各级党委组织部的组织干事（[illegible]）在整训期间特别是[illegible]民兵中党员小组，[illegible]人民武装政治工作，要求能做到每个支部[illegible]村团[illegible]的主任。并[illegible]会的主要干部，[illegible]，在民兵中实现，以[illegible]人民武装[illegible]重要的方针之一，望各级党委[illegible]注意执行。

（三）为了达到"武装青年的大多数"及将[illegible]会员[illegible]青年[illegible]性能，[illegible]青年委员（[illegible]）[illegible]四月底以前须一律脱离[illegible]，而不[illegible]。

3

2

去前為人民武裝工作整頓時期，各級党委必須加強充實干部，不得隨便調動，分局區党委曾屢次指示人武干部不再調動或少調動，特別區級與村級尤須加強組織領導。

(四)最近分局發下關于加強人武工作中政治工作的指示，現一并發下，希各級委員作為思想的教材研究切實執行并傳達到下，另外區委將發出政治教育材料，在支部中進行傳達和教育。

(五)工作組織工作方式，關於問題總分區研究，於不久以後有明確的規定指示，望各級党委遵照執行。

(六)關于農民與武委会的關係問題，有些地區仍有些不清楚的現象，特再規定如下：

①武委会是群眾性的人民武裝組織，受政府及同級党委領導，為了工作便於統一領導，政府將武委会工作列入政府工作，但在組織上是獨立的，有它上下級的系統，區以上一般設立武委会，武委会干部由党委對工作上

4

不负责任；或不服从党的一元化领导闹独立性，全是错误的。

㈥关于各政府与武委会的关系问题，在分局五年工作总结上已有明确的指示，"各级武委会的负责人，应是各级各级政府的委员或常委，但各政府内不设武装部，武委会仍为军事性的机构"，所以武委会认为是各政府的一部份、受各政府的领导是不对的。

(七)各级党委接到此指示后，须认真的讨论、传达并将执行的情况报告区党委。

(八)附分局关于加强人武中政治工作的指示。

滨海区委

二月十二日

5

中共滨海区党委锄奸委员会关于一九四四年锄奸、公安工作的指示

（1944年2月15日）

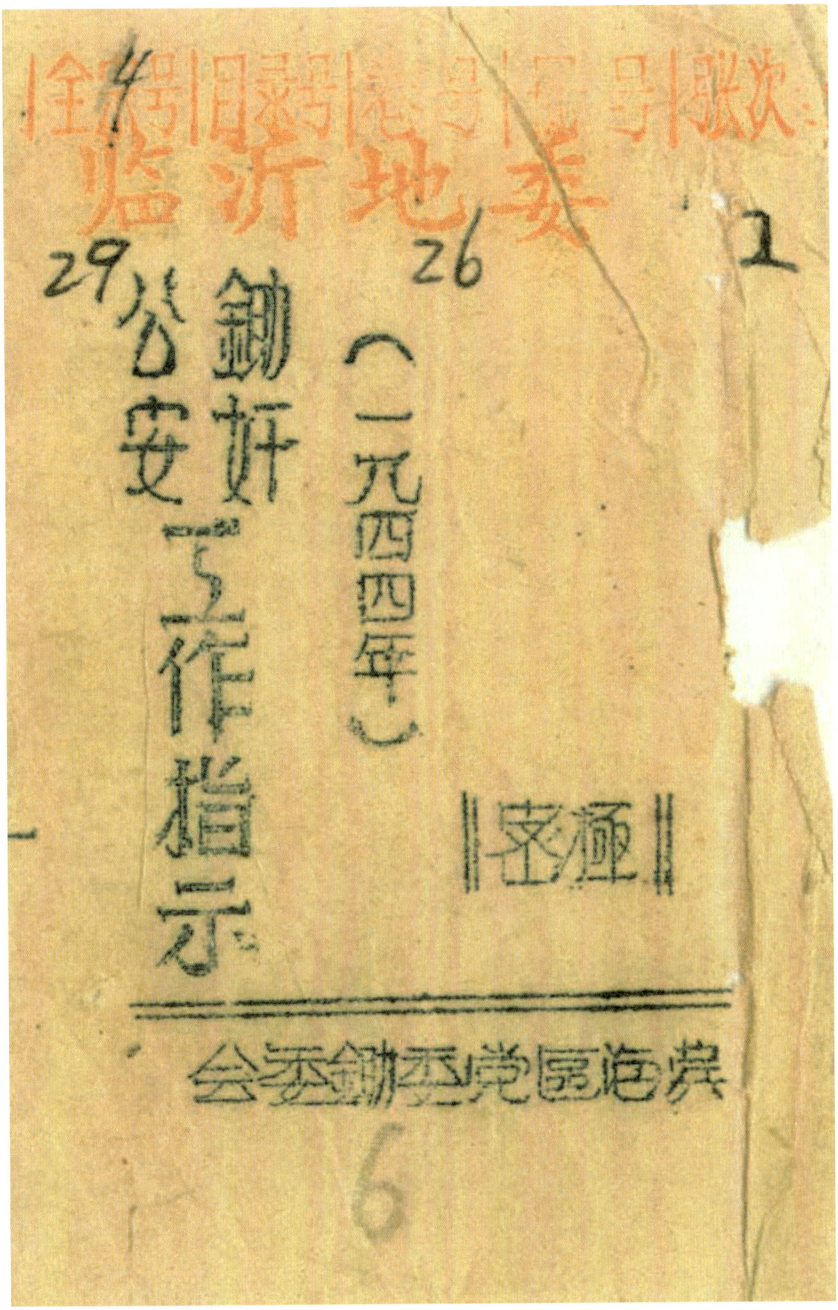

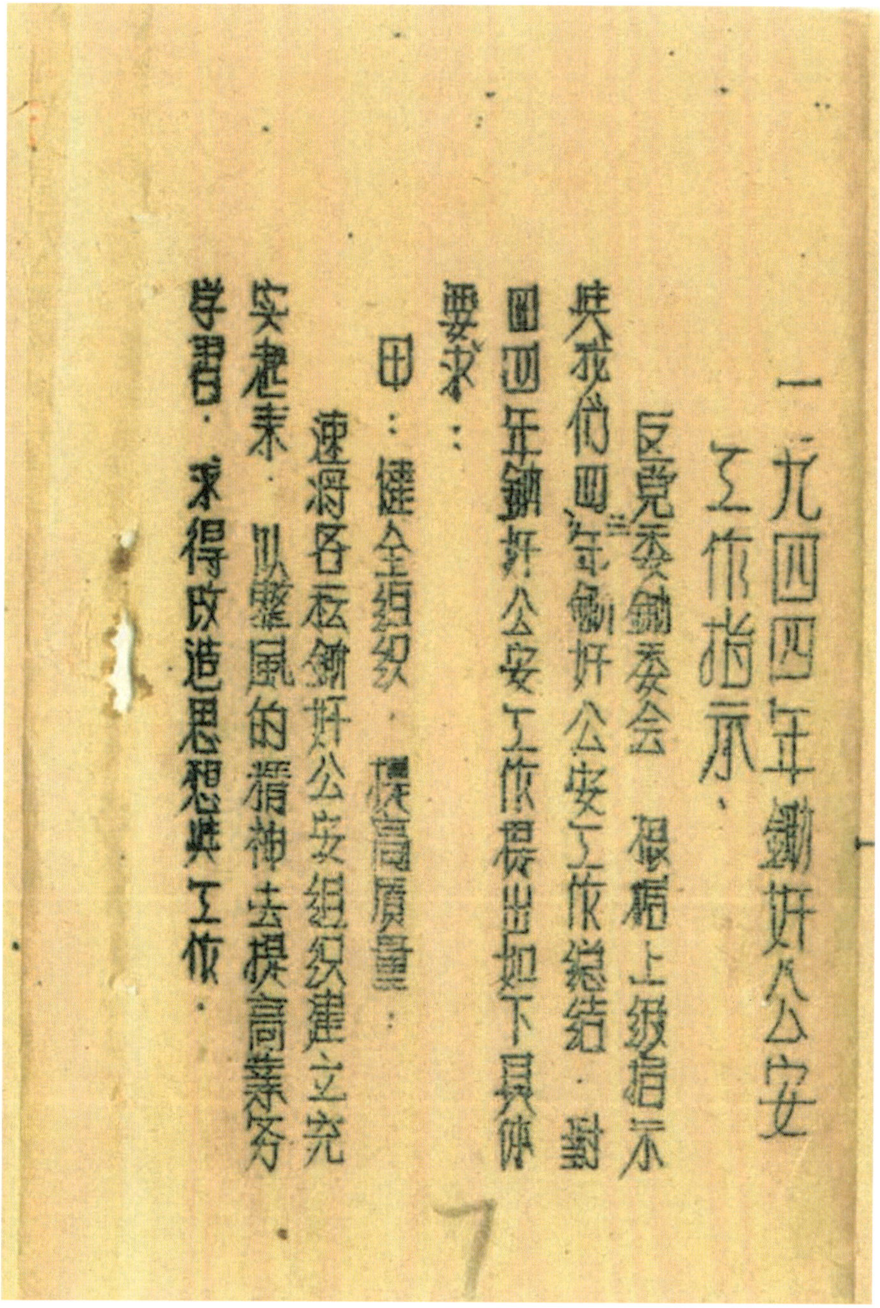

一九四四年锄奸公安工作指示、

区党委锄委会 根据上级指示与我们四三年锄奸公安工作总结，对四四年锄奸公安工作提出如下具体要求：

甲：健全组织，提高质量：

速将各区锄奸公安组织建立充实起来，以整风的精神去提高业务学习，求得改造思想与工作，

1.各级党委必须认真负责讨论设法解决各县公安局，股長，干事，区公安員，使各级公安组织健全。这在党政干部中抽调物色，区公安員在四月以前，村公安員在五月以前建立完善。在接敌区（如首临边等区域）一样建立村公安員的组织，条件是要基本群众及政治上可靠的积极分子。

2.干探组的组织，二、必须在各个

重要机关与单位發展干條組員，县公安局長应在县级各重要部门，特派員应在連以上單位，选备条件的干部，建立干條組員，关于教育領導問題，由各局長特派員親自負責管理（教材軍区供給）。

3、各主力兵团與后勤各单位必須整理工作組，將現有不稱職或不起作用的組員脫离其組织关係，重新發展具备条件的在群众中有信

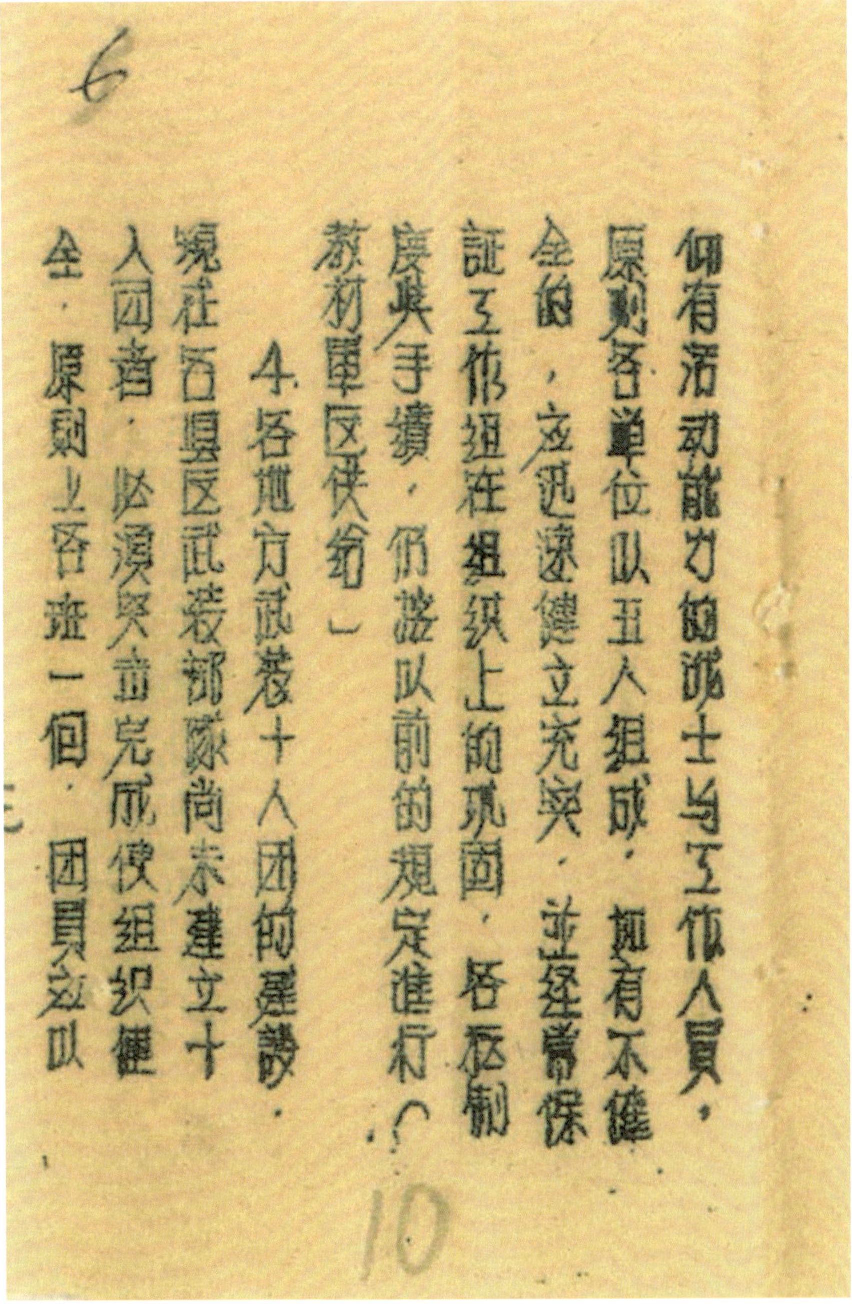
仰有活动能力的战士与工作人員，原則各單位以五人组成，如有不健全的，应迅速健立充实，并经常保証工作组在组织上的巩固，各级制度与手續，仍按以前的规定进行（參看單区供給）

4.各地方武装十人团的建設，现在各县区武装部队尚未建立十人团者，必须要立即完成使组织健全，原則上各班一個，团員应以民选方式产生，团长由支委会讨论，经总支审核决定，团员以半年改选一次。其任务：除公开号召组或发动斗争外，基本上与工作组的任务相同，必须在半月召开一次会议，定期的进行教育，如有对十人团认识不够；应及时进行解释说服，

3. 各级党委、政治机关首长人员必须在政治领导上去关心领

奸公安部門，同時注意解決鋤奸公安干部中的各種問題，堅決調動与撤換有嚴重政治病態的及工作能力太不稱職的干部；選調適当干部去充實鋤奸公安組織，如果對鋤奸公安工作採取一般化，不解決問題，實際就是麻木不仁的表現，必須首先在政治上負責，

6.加強在職干部的學習，每個鋤奸公安人員必繼續整風，去改造

思想提高自己，尤其對業務工作方门的研究，提高鎮好公安工作的各表新的知識，分頭開办短期訓練班：

㈠区公安員短期訓練班由专署公安局負責開办，各縣所有区公安員，应有組织的在三月廿八号送专区受訓練的時間暫定半月。

㈡村公安員受訓，由縣公安局負責派員輪訓方式開办，以区或单位集訓各村公安員在三個月內訓

察完畢（五月一日開始七月卅日結束．教育材料村公安員讀本）

㈢各縣及專分區鋤奸公安機关应組織業务研究組．研究了解自己工作經驗，鑽研反奸斗爭的藝術．尤其對審訊偵察等政策問題．目前事實上表現我們在偵察工作的落後　望各級負責同志抓緊時機進行．保證每天一小時的業務學習制度．多聯系已往的許多實際情况．

五

（四）各县大队（独立营团）应开办十人团长训练班，着重教育使他们了解十人团的重要与怎样进行锄奸保卫工作，及工作关系（都制自行选择）

乙：继续克服神秘观点，与发动群众性的锄奸运动。

目前敌特与国特是千方百计内外的来破坏我们，因此必须发动起全体军民担负起反奸斗争的任务

15

、認真的运用各种政治优势。

1各級領導公安干部，必須認真主动與党的去和各個有关工作部门求得工作上的密切配合，尽量争取参加組织、教育、敌工、侦察、貿易等部门各种有关会议，了解情況，提高适当的鋤奸工作具体要求，並協同組织教育在整风教育坦白运动中 澈底对各級干部作一番了解，对有政治面目不清的嫌疑份子必須在思想中密密海面段落。配合敌工貿易偵察等進行反特斗争，同時对單子偵察人員与各級偵察关係应协同進行審查与教育。

2.各級党委与政治机关首長人員，須將鋤奸公安工作許多具體措施政策進行精研，領会其反特斗争的一套新的办法，親自負責領导，根据不同的部门貫串鋤奸公安工作的具体内容，党政工作一般总结与

10

指示必须有锄奸公安工作的项目与中心。

3.加强军民的锄奸教育。主要内容关于反特务斗争报告，在方式上要具体，内容上要生动，在上半年，主要是进行反国特教育，平常可以突击性的提前一个时期进行上课讨论。地方党员采取报告方式，群众则以村民大会小学等办法进行（教育材料军区供给）。这每个教

七

18

七

特活动具体了实，对反奸斗争有功
的同志，及麻痹或有意识的放走汉奸
细的份子，前者必受到奖励，后者
必须给予处分，同时对敌特活动多
实际材料，必须具活的与得去作为适当
教材，以便及时揭发敌特活动的阴
谋，经常将许多有教育意义的各种
材料随时投稿到党报与锄奸通讯。
4.关于对违会门会组织，加有
破坏抗日记据者，应当明令禁止其

19

各种活动，摧毁其组织，在群众中要公開揭发这些组织的反动性，被敌人所利用，各级应引起注意，研究对策，如果发现案件，必要时应当给予镇压，次要的可以履行自首，取保，登记等手续。

5 对群众的私人各种武器，一律进行调查登记，并发给执证，以利安定社会秩序，在了先应先作一番调查动员工作，书写采取布告方式進行宣傳，但在各县行政委員会，必須在专門的討論具体实施，在六月以前总结上报。

6有組织的继续动員各個武装部隊与民兵自衛團爱護會的普遍的進行戒严，盘查来往行人，檢查村莊内的户口清查及查店，各级应有组织繼经常指导这个工作的進行，特别是敌人扫荡的前夜，戒严时期，更应当發出指令，以負打击敌人的

敌特土匪活动，

7.掌握与执行锄奸政策，严格禁止不经锄委会讨论批准，随便拘秘密暗殺，不经组织乱捉，与審訊工作中的刑審逼供，違犯政策的現象；各级政治犯材料的依据之强調現实性，各级罪案的处决必須通过群众路线集会，可能时巡迴方式進行公審，以資具實事实际的生动的反奸教育，各级干部中必進行寬大

九

与镇压政策，处理案的权限的的教育（军队排以上地方区以上干部专门的深刻传达讨论研究），同时有些案子的逮捕处理，在可能条件下多采取适当的民主精神（征求下级干部的一些意见）如再有发生破坏政策的现象，必受到严重处分。

8. 协同组织部门进行审查工作

各部在几次战役增进了大批俘虏成份 同时参军时期新的成份逐渐

增多，在后勤個别单位与有些区中隊由於成份複雜，在組织上思想上都是很不巩固的（松动發散現象嚴重），因此应徹底進行洗清個别坏蛋，以求部隊的巩固，各特派員应有計划的去進行。

9.派出得力的干部配合指导边沿区的反奸斗争，經常召開派遣工作隊等反特斗争人員的座談会，检討反特斗争的經驗教訓；研究反特斗争的具体对策，特别对政策之进行教育。各县公安局工作队应成为边沿区反特斗争的核心。

10.严格检查各私来往的信件，与绝对禁止各秘报及其宣传品随便传阅的现象。对于各地新华邮局必须派员专门负责检查。

丙：侦察与审讯工作：

侦察是锄奸公安部门的专门重要工作，没有细密的侦察审讯工作是

14

是来了解敌人的情况．与案件正确及时
及时的结束．过去这件工作的薄弱．一
．表现我们许多地方的无能．造成
坏是份子无法清理．有些奸细的漏
网．与案件堆集无法处理的错误．
必须引起各级乡村公安干部今后的
警惕．

1 各级特派员．公安局长对侦
察工作要集中力量有重点的亲自下
手布置．突破一点丰富我们的经验

十一

26

十一

、逐漸摧毀敵人的政治堡壘，與埋藏在很重要部門的奸細，把此專門任務簡單的交給下級同志是無法作成的，因此對現有嫌疑份子必須下決心進行研究，確定是非與輕重，決定偵察的方法，發展新的線索，同時對每個偵察對象的偵察，時間不要拖得太長，但操之過急也是不妥，每一個偵察案件的成敗，都要適當的總結經驗教訓，實際的培養干

27

部教育自己．

2各县公安局並選調派当干部採取有重点的進行偵察工作．了解敌人内部各派情况与发現暗藏在根据地的奸細．現決定各县進攻区域的劃分：

午寺县以青口為主．

臨沭沭水以臨沂城為主

海陵以新浦為主

莒中莒南以莒县城為主

日照以涛雒日照三城考生

郯城以马头考生

建立关系发展偽组织

3.灵活的运用政治攻势，善于适当使用当地天然存在的各种力量

只要几个组员要潜伏能侦察工作是很困难的，实际上还是一条很神秘的倾向，经验证明党员与群众破案来是超过组员破案三分之一以上

29

4.各种政治案的审讯，必须系于具公安机关及部队特派员，但别重要案件公安局长应亲自动手主审，每个案件的具体了解，在未审以前与发生以后，都应依靠门的研究与分析，得出是非轻重的结论，并求得在有些案件中去了解整理敌特的各种材料，总结自己的经验教训。

5.掌握犯人的心理，适当採取政治动员感化原则，必须去从许多生

十三

活待遇去表現我們的關懷寬大，減輕其怕死的恐怖心理，糾正任何急于求功感情衝動過快，或者長期關押的嚴重現象。

6對看守人的教育，除一般教育外，必須有別的指导（飲食与衛生）适合于感化政策的要求，犯人有些急待解决的困难，应当有适当的帮助解决，有些看守人員对犯人態度惡化，报私仇打骂的現象，都

17

会影响審訊工作的進行，关于扣犯人的伙食錢更应当制止，最低应当給犯人吃飽飯。

7、关于偵察審訊干部要在現有的基礎上去提高他們的工作能力，有些不称职政治上落后份子，应調換，做其余工作，經常注意這些干部的培养，逐漸提高他們各種新的知識。

丁：建立各種制度

十四

32

十四

迅速纠正过去在工作中秩序中的混乱现象，适当建立各个工作制度，密切上下级的工作关系。

1 总结报告：各县公安局、各县大队（独立营团）每月向行署公安局作月终书面报告一次，各军分区锄奸股、各主力兵团和后勤每季向军区保卫科作书面总结报告一次，如有紧急特殊问题及时反映。

2 各区会议：各级锄委会每月

应召開一次（总结决定工作）各县公安局長，部隊特派員，每月終召開区公安員、指导員、教导員会議一次，总结討論鋤奸公安工作。（区公安員及連隊政指召開村公安員十人团員相同）各軍分区每季召開各县公安局長特派員会議，進行研究工作，各县公安局每星期召总结開局務会一次，討論工作解决问題

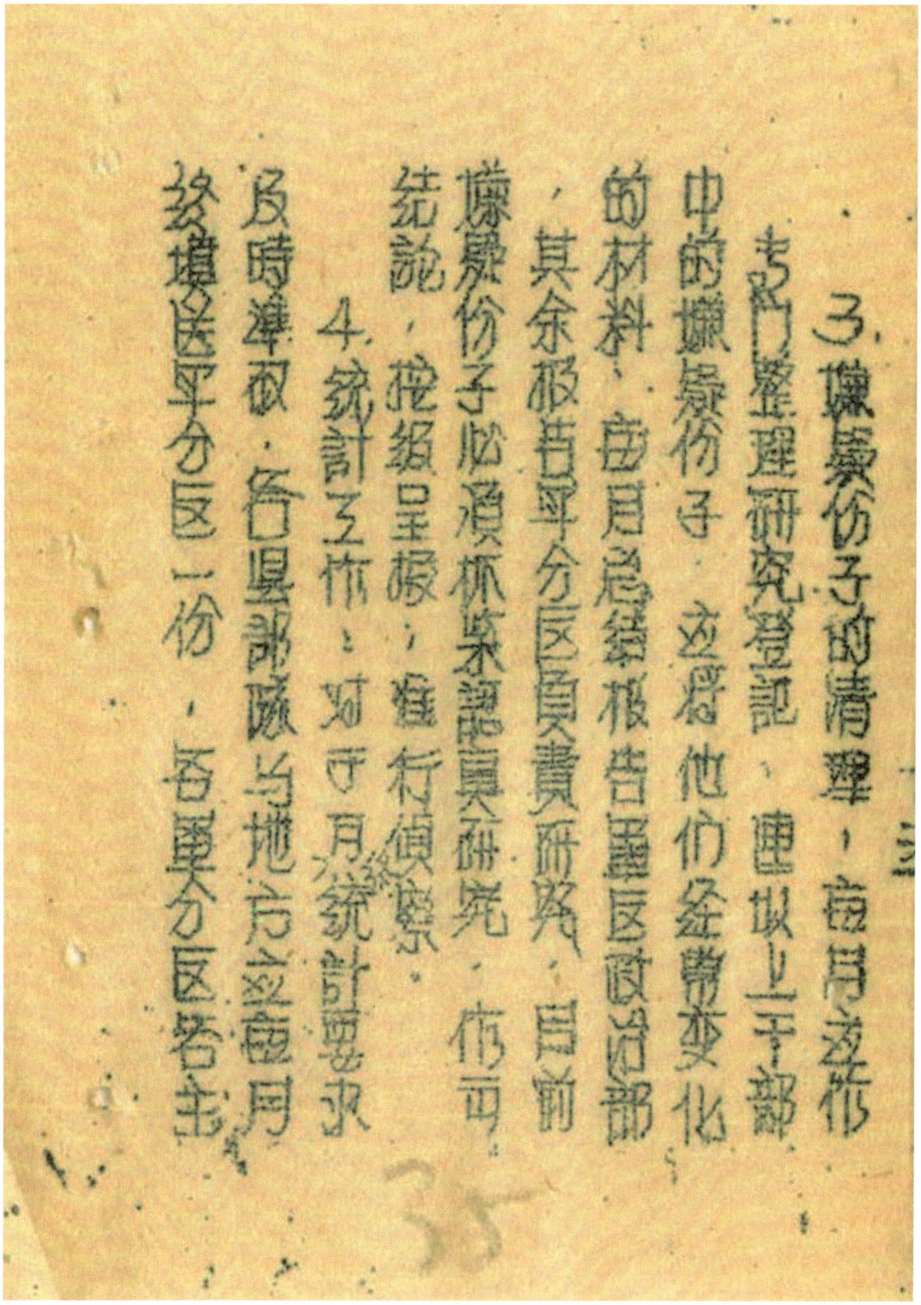

3.嫌疑份子的清理，每月应作专门整理研究登记，由县以上干部中的嫌疑份子，应将他们经常变化的材料，每月总结报告军区政治部，其余报告军分区负责研究，目前嫌疑份子必须抓紧认真研究，作可结论，按级呈报，进行侦察。

4.统计工作：对于月统计要求及时准确，各县部队与地方应每月发填送军分区一份，各军分区要办团的后勤由季向军区填写一份。

5.各县活动经费的报销，统一由专署公安局支发，各县经常活动费保持五千元，同时将彻底清算现有经费，各县由三月份开始每月结算的收入支出总结分县经县勤委会讨论呈报军分区审核送军区报销实报．如有经济不清及浪费现象以贪污论罪。

6.政治犯的处搁手续凡是相等

子連級干部，及有名望的士紳，经地委鋤奸委会討論有處罰权，但应把討論情形报告呈区。

7.政治犯的处决，一般敌探汉奸土匪有确实證据者，地委鋤奸委会有处决权，事后要呈报备案，有关重要案的处决，仍由地委会討論，呈报区党委鋤奸委会决定。

8.会議问题，十人团員至伍組員每星期向团長組長会报一次，至察組員半月向特派員公安局長会報一次，村公安員十天向區公安員会報一次，區公安員半月向縣公安局会報一次。

9. 業務学習時間，係每天一小时的学習原則。

10. 各縣公安局，這設實設立各股工作制度：一股設員負責進行对所有地方武装和各級武装組织内部的鋤奸工作，並進行宣傳教育等，以及内勤工作。二股负责地方锄奸，及特务政治侦察，和领导工作队对特务斗争。三股负责审讯及看守犯人的教育等。至于各级统计与报一股有联系的报告，一股填造。

戊：锄奸公安干部的作风：

1.大胆慎重，不盲动，不乱干，而是政治上与对敌斗争的尖锐，须机性，及周密负责的处理各种情况。

21

、

2.埋頭苦干，克服困難，掌握工作中心，面向下層，接近實際解決問題，真正同群众打成一片，

3.嚴肅緊張，發揚政治風度，糾正嚴重的工作亂談病态，上級任何決議指示，都必須有堅決迅速貫徹到底的精神。

4.發揚民主精神，克服簡單包办獨斷專行的現象，有關工作密切

十八

40

配合的问题（案件的逮捕处理）应主动联系，集体研究。

滨海區党委锄委会

二月十五日

斗争生活编委会印发中共滨海区莒南县委关于拥军参军工作具体总结

（1944年5月25日）

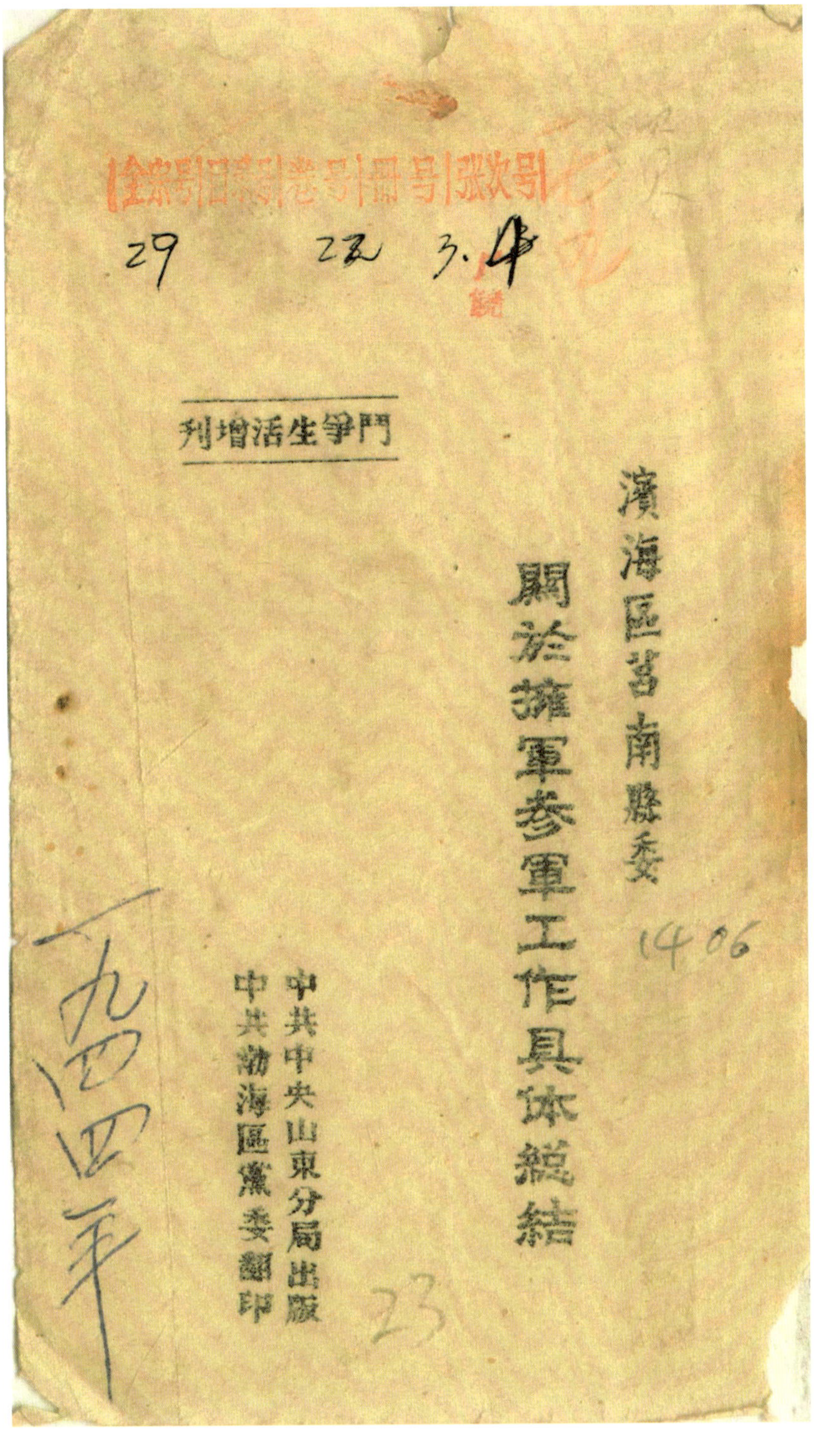
全宗号 | 目录号 | 卷号 | 册号 | 张次号

鬥爭生活增刊

濱海區莒南縣委

關於擁軍參軍工作具体總結

中共中央山東分局出版

中共渤海區黨委翻印

一九四四年

通知

濱海區莒南擁軍參軍工作具體總結，是我山東党縣級党委一個比較有系統的總結，其所以比較有系統，是因為這個總結本身是由實際中發展的。從這個總結可以看到莒南党的工作已經開始大部深入村，部份深入群衆，而且開始運用組織，開始克服上級包辦下級，下級包辦積極份子，積極份子又包辦群衆的現象，同時也開始注意幹部思想領導和組織領導。而這些，又正是我山東党，尤其是濱區党委所最差的。從這樣一個意義上來看這個總結，就不僅要從這個總結中學習一些擁軍參軍工作的辦法，（當然這種學習也是重要的）而更重要的是從這個總結中來体驗我們党和群衆的關係，即党如何聯系群衆，以及我們怎樣領導群衆，又怎樣向群衆學習的重要性。莒南這次擁軍參軍工作成績，所以能超過區委任務幾倍，除了一些客觀原因之外，正是在以上這些方面有了進步，而值得介紹的除了一些擁軍參軍工作的具體辦法外，也正是在這方面。

印發這個總結的目的主要是在這裡。固然，這個總結本身還不能算很完備，還存有缺點，如對有些問題，像「正統觀念大大削弱，學會運用領導方法，只看到基點村的一般規律，忽視了特殊規律，特別是政策的掌握，群衆路線的貫徹，群衆作風的運用」等，還多少有些估計過高，這些，莒南縣委本身應該繼續研究，特別是在大生產和查減中進一步去考驗和改進。但從接受經驗方面來說，這個總結是比較完整的一套經驗，尤其是其中所指出的最基本精神「擁軍教育時期要長，參軍工作時期要短」，並抓住有利季節，而不是不顧情況機械搬運，這對我們各地最近將來就要進行的擁軍參軍工作，將會起具實際的作用。所以各地應該好好的重視這個總結，並在實際工作中補充和修正。

為更完備擁軍參軍工作的經驗，我們并將劉興元同志寫的「濱海軍區接受新戰士工作」一文附上，作一個不可缺少的補充，這對部隊同志更加重要，希望各地一并研究、運用、補充和修正。

鬥爭生活編委會、五、二十五

附：本文件地方發至分區，部隊發至連。

24

目錄

濱海軍區的接受新戰士工作

劉興元

濱海區莒南縣委

關於擁軍參軍工作具體總結

（一）環境特點與參軍成績

本縣位於濱海區的中心地帶，包括五百二十七個自然村，分十個區。人口二十五萬。一九三九年開始有工作，截至一九四三年底為止，有組織群衆，包括工農青婦兒及民兵自衛團，佔全人口百分之四十除自衛團則佔百分之二十八；沒有群衆組織的自然村佔百分之四。党的組織（包括支部獨立小組及個別党員），佔百分之六十九弱，根本沒有党員的自然村，佔百分之三十一强。群衆文化水平極低。生活一般都得到初步改善，尤其是一九四三年十一十二兩月份，一百多村查減工作的完成，更為此次擁參工作奠定了必要的基礎。但一般工作的發展不平衡，大部份地區群衆力量尚未佔絕對優勢。平時因為沒有主力活動，也未經歷過殘酷的戰爭考驗，所以群衆的戰爭觀念與主力觀念很薄弱；但另一方面，由于濱海區一年來反敵偽頑鬥爭的勝利，我党我軍政治影響的空前擴大，群衆對敵鬥爭的勝利信心及擁軍觀念也因之而日益提高。每個分區有脫離生產之党政民幹部八人至十五人，縣各部門雖不十分健全，也有最低限度的幹部可以支持工作，但均缺乏擁軍經驗。

就在這樣的主客觀條件之下，我們根據區党委的指示，以三個月的時間突擊擁參工作，結果完成

1

參軍任務425%，超額一千五百七十一名，精簡八千三名實撥一千四百八十八名，參加主力一千三百三十九名，參加地方武裝一百四十九名。戰士來源：升級九十一名，佔6%；歸隊一百二十八名，佔8.0%；從地方上動員者一千二百六十九名，佔86.4%。戰士年齡：十七歲至十八歲者佔8.5%；十八歲至卅五歲者佔80%；三十五歲至四十歲者佔5.5%。戰士成份：雇工佔22%；貧農佔64%；中農佔8%；富農佔0.1%；其他佔5.9%。有組織群眾佔95.5%。黨員支委佔20%強。公開區村幹部，會長一級以上包括兼任公開工作的黨員支委佔7.5。全縣參軍村莊四百零三，佔78%。

（二）工作的佈置及進行的簡單過程

這個工作的正式佈置，是在今年一月初才開始的。在這以前，區黨委曾於去年九月間召開縣書聯席會，指示下半年五大工作任務，包括擁軍參軍工作；十月間中央發表「十一指示」，分局發表「雙十決定」，強調查減，生產，擁愛三位一体；因此，我們在工作中就常常考慮如何開展擁軍工作，如何動員參軍，而佈置查減工作時，更直接通過黨的系統，具体佈置了支部的擁軍教育工作，強調在查減中貫澈擁軍教育，建立群衆擁軍參軍思想，且有個別地區，如××等，在查減中直接拉起工人游擊隊來，作爲過渡主力的物質準備。

一月三號在××召開分區書區長各救會長聯席會，開始正式佈置擁軍參軍工作，重點放在打通區幹思想建立擁軍觀念，佈置擁軍工作。在打通思想上，採取檢討方式，強調武裝第一，初步克服了區幹中太平觀念忽視武裝建設等等不良傾向。在擁軍工作上，則以支部擁軍教育群衆良心檢討，勞軍運動優抗工作文娛活動及主力聯關六項爲主要內容，強調思想教育與實際工作相結合，把勞軍運動及優抗工作，當作開展擁參教育的主要方式來佈置。會議的主要缺點是：第一：沒有充分了解擁參工作

27

的發展規律確定擁軍階段一個月，參軍階段兩個月，形成擁軍時期過短，因此，擁軍教育尤其是支部教育不够。第二：參軍工作缺乏經驗，具體辦法不多，因而未能充分提高幹部信心，雖經發動挑戰應戰，由各區自己提出數目字，也只能保證完成四百五十五名。而在勞軍競賽上，則信心極高，「每個行政村保證一口猪，不成問題」。第三：對文娛工作强調不够，未能引起各區充分重視。第四：在總的佈置之後，沒有完全分系統佈置部門工作，只有縣政府方面接受了過去在查減工作中，區公所單獨搞土地陳報，影響了中心工作的教訓，在大會結束後，另召集區長開會佈置，强調服從中心發揮系統作用，糾正獨立傾向。會議結束後，各區普遍召開全區村幹聯席會，發動檢討反省。佈置擁軍工作，除××區以外，一般也沒有通過系統佈置保證工作，說明當時我們發揮系統作用的觀念還不够明確。但佈置到村就普遍的分系統了。

一月九號，區党委在××召開全濱海區分區書聯席會，傳達群衆工作總結，附帶動員擁軍參軍工作，直至一月底才結束，我們縣區大部份幹部都參加了這個會議，主要的收穫，是進一步的打通了擁軍思想，但由于會議召集的太晚，時間過長。集中幹部過多，當前許多工作，如勞軍擁抗文娛活動等等就不能很好掌握。在會議快結束時，縣委又召集各區幹部，做了一番補充佈置，着重强調第一：利用軍區及特務團在××區駐紮的機會，組織部份群衆的慰問慰勞，加强群衆教育，密切軍民關係，第二，接受×××經驗，加强支部擁軍教育，在擁軍教育中，貫徹階級教育党性教育，這一補充佈置對整個擁軍參軍工作的開展，實是不少作用。

在××開分區書擴大會時，我們發現了華中的拂曉報，覺得裏面有些參軍經驗，值得參考，同時還從個別同志口頭上得到關于太行區一些參軍經驗，深深感到以前工作佈置，缺少具體辦法而今天有加以補充的必要，于是借了拂曉報，集中精力加以研究整理，首先發現了一個規律，參軍運動是群衆擁軍思想高度發展的結果，必需經過相當期間的醞釀和教育，才能形成，于是一方面指示各區延長教育時間，直到擁軍節以後，再開始行動，另方面則加緊籌備開大會，做第三次的動員佈置，大會是二

3

28

月三號召開的，主要特點是，第一，着重佈置參軍工作，基本精神是强調教育，掌握時機，反對急性病，同時又根據本身實際情況，具體傳達了華中的經驗，如怎樣造成熱潮，怎樣動員對象，怎樣做家屬工作等等，因此，幹部信心空前提高。第二，是大胆的召開了全縣幹部會，普遍而且澈底的打通了幹部思想，并在總的佈置後，分別召開系統會議，佈置部門工作，進一步發揮各系統作用。會議結束後，各區分別召開村幹聯席會，由全體到各系統進行檢討佈置，發動競賽，但有個別地區，小手小脚，不召開全區會而召開聯防區會，而××、××、××則採取訓練班方式來佈置工作，即以聯防區爲單位，召集所有村幹施行訓練，以工作計劃爲教育內容，不吃給養，每天早飯後，集合到一個中心村，由區幹進行動員佈置，然後展開討論發動競賽，并按村按系統確定具體執行辦法，晚飯前即回原村進行工作，次日又集合起來，進行回報檢討，重新佈置討論，重新回到村裏工作，這樣不斷進行直至任務完成爲止，三五天不等。這第三次的計劃佈置到村以後，不過幾天，就進入行動階段。

整個擁軍參軍工作進行的時間，若從××會議算起，僅有兩個月，若按擁軍參軍工作應有的發展規律來說，若從十二月間還未查減佈置支部擁軍教育時算起，至三月五號大體結束參軍動員爲止，則將達三個月，並可分爲三個階段。第一階段是黨內教育時期，從十二月十號起至一月十號止，約一個月，主要是在支部中進行擁軍教育，並連系冬學進行一些群衆擁軍教育，不過當時由于我們對擁參工作的規律，對黨內思想教育的重要性認識不够，沒有明確把它當做一個工作階段來處理，沒有鄭重佈置支教工作，加以查減工作的影響，所以整個黨的教育工作都做得很差。第二個階段是普遍的群衆擁軍教育時期，即把支部擁軍教育過渡到群衆中去的時期，從一月十號起至二月十號爲止，時間也佔一個月，主要工作內容是群衆良心檢討，勞軍運動，優抗工作，文娛活動，主力慰問團等等，同時繼續貫澈支部擁軍教育，並以支部爲核心，來開展這些工作。第三個階段是行動時期，從二月十號起至三月五號止，約二十五天，主要是動員參軍，在參軍動員中，加强群衆擁軍教育，提高群衆擁軍觀念，把擁軍經常化。

4

29

從此次擁參工作的佈置及進行過程中，我們關于工作佈置，獲得以下幾點經驗：

第一：要有準備，不僅是思想上的準備，而且要有物質上組織上的準備。有了思想準備，才能有遠見，有方向，才能隨時考慮工作，做計劃，籌劃組織，才能在當前實際工作中注意連系未來的工作，打下必要的基礎，（如進行擁軍教育，拉小隊伍，培養參軍對象，調查抗屬情況等等）免得臨時抱佛脚，感到應付為難。為此，就必須細心研究上級的指示，而上級則應盡可能把未來的工作方向告訴下級；這就必須虛心接受人家的經驗，向群衆學習；就必須善于把上級的政治原則及人家的經驗連系到自己的具體情況中加以分析研究，然後得出新的行動方針來。

第二：要善于掌握時機，劃分工作階段支配工作時間，平常時搞擁參工作的時機最好是在年關前後。大體可分兩個階段：擁軍節以前為擁軍階段時間要兩個月，擁軍節以後為參軍階段，時間約一個月，不能提前，亦不宜過于延長，因為擁軍節以前，老百姓不願離家，過于延長，又易影響春耕生産。在擁軍階段中，又可分為兩個小階段：一個是黨內思想教育的階段，這個階段在初次搞擁軍參軍工作的地區特別重要，必須鄭重佈置進行，時間大概要一個月；另一個階段是普遍的群衆的擁軍運動的階段，包括群衆擁軍參軍教育及勞軍優抗文娛活動等等具體工作，時間也要一個月。

第三：在中心區比較和平的環境裏，無論縣區村，佈置工作都要盡可能採取大生産方式，召開全體幹部會，先做總的動員，然後通過各系統佈置保證工作，才能普遍而徹底的打通思想，廣泛發揮組織作用與群衆力量，保證步調一致，力量集中，任務完成，區對村的佈置可酌量採取訓練班方式，但必須先做全區性的總動員後再辦，才能使動員深入普遍。我們深深體驗到：縣對區的佈置，不開全縣幹部會而開少數幹部聯席會，然後由他們回去傳達，往往傳達得不具體不深刻，不能達到普遍而徹底的打通幹部思想的目的。同時，若只做總的動員，不做系統佈置，也不能充分發揮各系統的組織作用，如××會議。區對村的佈置，若不召開全區大會而按聯防區分別召開，則往往因主持會的幹部能力強弱不一，動員的深度參差不齊而造成工作發展的不平衡，同時區幹力量分散，不能很好掌握系統。

5

30

進行系統佈置；而到會村幹不多，也不能廣泛發動競賽，互相推動，互相影響，以達到普遍提高村幹情緒的目的。採取訓練班方式的優點是深入具體切實，但事前若不經過一番全區性的動員，也會產生上述的缺點，如××區。

第四：要隨時補充，隨時佈置，不斷動員不斷指導，不要滿足于開始時一次兩次的定期性的佈置，尤其是擁軍參軍工作，在擁軍階段結束，快要進入參軍行動階段時，重新動員補充佈置更感重要。因為擁軍與參軍事實上形成兩個階段，各有不同的工作內容，在擁軍時期，既不宜過早提出參軍口號，支部黨員群衆當然就很難正確掌握擁軍的長期性、結果在擁軍階段快結束時，他們就往往認為任務已經完成，若不重新動員佈置，參軍運動就很難迅速開展起來。

第五：在內容上，要强調思想教育與具體辦法并重。光有思想教育而缺乏具體辦法，就不易提高幹部完成任務的高度信心，如××會議；反之，光有具體辦法沒有充分的思想教育，思想打不通，任務也完成不了，尤其是在參軍運動中，對村幹部更應注意思想教育，强調幹部模範作用，否則他們不能以身作則帶頭參軍，甚至不去動員別人，任何辦法與計劃，不管多麼具體，也會落空。

（三）支部擁軍教育

在整個擁參運動中，全縣×××個支部，普遍進行了教育，由一次至二十次，這說明我們的支部教育較前有了進步。但平均起來對每個支部支委只教育四、六次，小組則不過兩次，這又充分說明我們的支部教育，尤其是小組教育，距離應有的要求還很遠，這與組織形式的限制（如不能召開支部大會），黨務幹部少，而且對支部工作重視不够是有很大關係的。

教育方式，曾經幾次變更，大體可分為以下四種：

第一是講授支部擁軍參軍教材，這是最初一個時期的教育方式，也是一種失敗的方式。一般都是

31

順本宣讀，由分區委組宣幹事及少數識字的支宣負責進行；部份採取沒該討論的辦法，事前組宣幹事先在區裡上準備課，每週一次，然後到支委會上講授，再為向支委到小組講授。但因教材內容太大，縣又沒有抓住中心指出幾課叫分區去教，區也原封不動的照講，且因查減工作影响，故全縣只有三分之一的支部講了幾課，而且大部停留在支委會上，沒有深入到小組中去，收效極微。一般老党員覺得無味，怕麻煩不願聽，少數新党員覺得新奇，往往要求「再講一遍」，但沒有全部講完，只開始知道「八路軍是從那裡來的」。

第二種：是通過冬學講授擁參教材，即把党內擁參教材改為冬學擁參教材，把党員和群眾放在一塊進行教育。目的在于擴大教育範圍。避免縮手縮腳限于小數党員，但結果仍因查減工作的影响，仍因幹部重視不夠，不願親自去講，交給小學教員講，則因教員質量低，不能講，也講不好，而且即使普遍講授起來，把党員和群眾放在一起，泛泛的講，不能提高到階級與党的原則高度，對党員的教育作用也並不大。但對群眾方面還有必要而且如果好好講也可能有些效果。

第三種是通過党訓練班，佈置擁軍參軍工作，把工作與教育結合起來。辦法是先進行一番思想教育，說明八路軍是我們自己的党軍，党軍與党血肉不可分離，然後組織學生反省並討論如何擁軍如何動員參軍，同時，分頭找各種類型的支委和党員，進行個別談話，徵求他們對擁軍參軍工作的意見，對党軍的認識，對參軍的態度，加以分析研究，並總結出幾種不良傾向來，如只願動員別人不願動員自己，認為党員參軍會影响地方工作甚至垮台，怕離家，願幹地方不願幹主力，企圖抗戰後升幹等等，然後召開娛樂晚會，把這些傾向寓成題目，叫學生辯答展開爭論，最後給他們總結，逐一批判，進行教育，並把縣委擁參工作計劃，搃要傳達給他們，結果一般學生都認為這個辦法比上課强，尤其是在總結批判各種偏向時，他們都一致反映，「這些都說到咱心眼裡」，印象特別深刻。而且有個別党員當場報名參軍，因此一般回家之後，都能夠立即展開擁軍參軍宣傳，到處「吹呼」「八路軍是咱老百姓自己的隊伍，現在快反攻了還不幹」，同時積極的推動了參軍擴軍工作，有的還自動的在支部

7

32

程佈置起擴軍參軍工作，有些黨員的帶領了群衆參軍。如××之支組支宣韓公惠等。經驗證明，在中心地區通過縣一級的黨訓班佈置中心工作，可以補充支部教育之不足。今後每個中心工作到來時，可提前開辦全縣支書支委訓練班，以工作計劃爲教育內容，幾天後就結束，等于各開支書支委聯席會，對推動中心工作，極有作用。但須注意保守秘密，避免發生横的關係。

第四種：是思想檢討。這是一種最有效的方式。也是擴軍參軍運動中，支教工作最深入最普遍的時期。

辦法是先提出「八路軍是誰的隊伍」，「八路軍是幹什麼的」，「爲什麼要擴軍參軍擴軍」等問題。來詢問黨員，啓發黨員檢討自己過去對黨軍的不正確認識，然後給他做總結， 進行階級性的擁軍教育及前途教育，着重說明「八路軍不但是老百姓的隊伍，而且是無產階級的隊伍，咱們自己的黨軍，不但要打鬼子，而且要建設新中國，沒有八路軍，就不能建立新中國以及將來的共產主義社會，就不能過更好的生活，現在抗戰快要勝利了，爲了準備反攻，必須加緊擁軍擴軍」；這就是說在擁軍教育中貫徹階級教育黨性教育。簡單扼要提出幾個基本概念，打通黨員思想，然後佈置他們對外展開宣傳，教育基本群衆，積極在良心檢討會上，做示範檢討，在參軍優抗及參軍運動中起先鋒模範作用，而一般的問題，則拿到公開場合中進行教育，吸收黨員參加。這樣，根據黨員與群衆的不同需要，根據由黨內到黨外的原則，把支部教育與群衆教育適當的區別開，而又適當的連系起來，就一方面把黨員的認識提高到應有的水平，發揮了黨員的先鋒模範作用，發揮了支部的核心領導作用，另方面又廣泛的教育了群衆。既不同于第一種方式，把支部教育孤立起來，什麼都在黨內講，結果什麼都講不了；也不同于第二種方式，把黨員與群衆放在一起，「一鍋煮」，降低了黨員的水平。——這是縣委在××支部中實驗出來的辦法。經過通知指示，並在××會議上補充佈置以後，全縣就普遍採用起來。

在執行中，有些地區還能够適合當前的具體情况來進行教育，如××連系打死頑匪王樂田，漢奸謝秀字，××連系到鬥爭惡霸劉元安，杜鳳山，給黨員的印象更深刻，因此收效就比較更大。

33

一方面是普遍的轉变了党員對党軍的認識。過去一般党員都認為八路軍是老百姓的隊伍，部份新党員還認為八路軍跟五十七軍一樣，甚至不如五十七軍；因現在則認識到是自己的党軍。這就是說由老百姓的水平提高到党的水平了。例如××街一個党員檢討「從前我看到八路軍，像看到老虎一樣，罵上就跑開，藏起來不來，現在才知道是自己的党軍」。又如××××一個党員檢討：「從前看見八路穿不好吃不好，背有主麼五，還不如五十七軍，所以我就偷偷的幫過五十七軍和漢奸」。又如×××党員在初期思想檢討中，問他「為什麼說八路軍好」，一般都答道：「不打人不罵人，對待老百姓好」，再問他為什麼好，就答不出來，個別英雄高大的党員，則說：「我向來瞧不起八路，因為我知道八路軍是共產党領導的，我是共產党員，是領導八路軍的」；個別落後的党員則不但不檢討，反之檢討出党軍什麼時候「拿過他家一隻猴子」；個別青年党員，問他為什麼要參軍，則答道：「人家抗戰的隊伍，拿來苦苦，鍛鍊一下是應當的」，後來進行了階級教育，才普遍認識到：「八路軍是自己的党軍，像咱手裡一把刀」，有的還自己打比喻說：「党員對待党軍要像過年時候見到自己下關東剛回來的親兄弟一樣的熱和，老百姓對待八路軍就像過年過節走親戚一樣的親熱。」

另一方面的收穫，是保證和推動了良心檢討、勞軍優抗及參軍運動。在這些運動中，許多党員都發揮了自己的先鋒模範作用，檢討最深刻。勞軍最踴躍，捐錢最多。優抗最積極的就是党員。例如×××婦救會長在婦救會上做示範檢討後，又做總結，窮衷數語，意義很深刻，對群眾教育作用極大，他說：「八路軍是咱自己的兄弟兒子，咱這樣對待他，就是後娘心腸，咱以後要反對後娘心腸對待主力」。××街支組魯××則在思想檢討後，就宣佈自己要帶領群眾參軍。××××党員兄弟二人，檢討後就爭着要去參軍。××參軍的党員，普遍認識到是參加自己的党軍。

一般的缺點就是原則性不高，泛泛檢討，不善於把党員檢討出來的許多現實材料瑣碎事件提高到思想的原則高度來進行教育。另外一個偏向，就是個別區，如×××，把階級教育運用到一般群眾中去，該區宣委在村民大會上進行階級教育，大講其共產主義。××參軍党員王傳康在歡送大會上高呼：

9

「打倒大肚子」！「衝鋒在前退卻在後」等口號，這就無形中孤立了自己。照理是只能在基本群衆中進行。

(四)群衆良心檢討運動

一，進行經過和統計：××會議以前幹部重視不够，力量也不集中，大部份未進行；只有××區做的較好，全區五十三村，完成村民檢討五十二村，完成系統檢討半數以上。××會議以後在××區影响刺激之下，特别是×××會議重新佈置以後，全縣就普遍的開展起來，形成一個熱潮，一個群衆運動。截至三月十號參軍行動開始為止，即完成村民檢討四百一十九村，佔百分之八十，訂村民公約。依八個區統計共二百二十四村，佔百分之五十四；系統檢討完成三百六十五村，佔百分之六十九，訂系統公約，以××區為標準，完成百分之四十強。

二，檢討內容：

一般都是以擁軍公約為主。即從日常軍民關係中，把群衆實際行動上某些偏差，歸納為幾個問題，如交公糧，擁糧秣，幫助洗濯縫補，配合作戰，動員歸隊參軍等做得怎樣，或以當前所須備之擁軍公約作為檢討的準備，檢討後，再綜合群衆具体傾向，訂出改正辦法，形成新的擁軍公約。這就是所謂「從群衆中來，到群衆中去」。

但在不同時期，具体內容亦略有變更。在初期擁軍問題，只當做公約中一項提出。因為教育未成熟，過早提出，易引起恐懼；在後來接近參軍階段，則擁軍問題即參軍教育的比重就愈提高，以至形成主要內容。

在執行中，有些地區還善於運用具体情況，善於做對比，從過去到現在，從敵偽佔區到根據地，從國民党中央軍到我党我軍，針鋒相對，給群衆印象很深刻，對基本群衆則盡可能與階級教育，故

10

35

收効更大。例如××區在鬥爭劉元去以後，分別召開各村農救會，檢討鬥爭優缺點，着重進行階級教育，擁軍教育，強調沒有共產黨八路軍就不能鬥爭，就沒有基本群眾的地位和利益，就不能過太平日子。××區在反徐中誘鬥爭中宣傳八路軍，號召參軍，結果就有六個青年起來響應，當場參加了主力。

三、檢討會的程序：

（1）幹部先做思想動員，進行一般原則教育，並做個人示範檢討啟發大家。

（2）普遍檢討，連系實際工作，如勞軍、優抗、參軍等等，發動競賽。

（3）做總結，加強思想教育，在村裡則附帶訂出公約。——但這一點，一般都做得不够，原則性更不高。

四、檢討的步驟

（1）一般的步驟是：

（甲）先在黨內，主要是支委會上發動檢討，佈置黨員在群眾會議上起模範作用。但由于黨務幹部少，大多沒有普遍佈置，故黨員的骨幹作用表現不够。

（乙）召開全區村幹會進行檢討。個別地區按聯防區召開，作用較小。

（丙）系統檢討。——按工、農、青、婦、武、村政、各系統進行。

（丁）回到村裡，再通過支部，深入小組進行檢討。

（戊）召開村會分頭檢討，並訂各系統擁軍公約。——但進行不够普遍。

（己）開村民大會檢討，並訂全莊擁軍公約。

（2）幾種特別組織的步驟：

（甲）公民小組的檢討。如××區，因為村政較健全，大部份在系統檢討後，村民大會檢討前，通過公民小組進行檢討。這樣對於組織群眾的教育較深入。

11

36

（乙）系統幹部的檢討。如××及××部份村莊，在村裡召開系統會之前，党內檢討之後，又通過各系統組長班長以上幹部分別檢討。在發揮幹部模範作用骨幹作用上，收效較大。

（丙）群衆團体小組檢討。如××區群衆團体健全，政系統檢討首先必經過小組檢討，然後再開系統會，對有組織群衆的教育較深入普遍。

（3）總之，一定要由党內到党外，由幹部到群衆，由各系統的群衆到無組織的群衆。如有村政系統，則應廣泛運用村政系統，如公民小組等。只有這樣，才能充分發揮支部的核心作用，發揮党員幹部的模範作用，同時又能廣泛運用組織深入群衆，走群衆路線，使領導與群衆個別與一般結合起來。

五、幾種擁軍公約的介紹：

（1）村公約，以×××為代表：

（甲）按期繳公粮，不摻沙，不摻糠。

（乙）隊伍來住，要開聯歡會，村幹部要主動去找工作做，老百姓要自動讓出房子，民兵自衛團要加強崗哨讓隊伍休息。

（丙）辦給養不使假，烙煎餅要細要薄要乾，反對後娘心腸對待主力。

（丁）給隊伍縫衣衫，做鞋襪要結實要快，不要工錢不偷留東西。

（戊）戰時要配合隊伍作戰，送情報，抬担架，掩護傷病員。

（己）逢年過節，打完了仗，要發動慰勞。

（庚）幫助抗屬拾草担水，組織抗屬參加紡織開荒變工，運莖打油，訂農家計劃，不讓一個抗屬挨餓；尊重抗屬婦女，像尊重自己的母親一樣；愛護抗屬學生，像愛護自己的兒女一樣。

（辛）動員在鄉戰士歸隊，發動青年參軍，打走鬼子建立新社會。

（2）系統公約，以×××為代表：

37

（甲）農會擁軍公約：

（一）幫助抗屬耕種鋤割，拾草挑水。

（二）軍隊來住，房子要打掃乾淨，鋪要打好。

（三）交公糧保證不掺沙，不掺糠，不使水。

（四）愛護榮譽軍人及傷病員。

（五）動員青年參軍。

（乙）民兵擁軍公約：

（一）配合主力作戰，抬傷兵送茶飯，偵察帶路送情報。

（二）隊伍來住時，替隊伍站崗，讓隊伍休息。

（三）動員好民兵參加主力。

（丙）婦救會擁軍公約：

（一）自動給隊伍縫洗衣衫。

（二）保證給抗屬烙煎餅，縫衣衫。

（三）愛護傷兵員。

（四）軍隊作戰，自動募捐慰勞。

（五）動員青年參軍，保證不扯腿。

（丁）商聯會擁軍優抗公約：

（一）隊伍買東西，保證不抬高物價。

（二）逢年過節，軍隊打勝仗，自動募捐慰問。

（三）幫助軍隊帶東西到敵佔區，購回軍用品到根據地。

（四）動員會員參軍。

13

38

（五）凡本照有參軍者，一律贈送必要用品
（六）抗屬買東西，論明價錢後，一律按優抗證打九五折。
（戊）醫務會擁軍優抗公約：
（一）軍隊作戰受傷，眠離衛生機關者，一律負責醫救。
（二）主力抗屬中農以上者，一律按優抗證收藥費廉五。
（三）主力抗屬中農以下者，一律按優抗證打八折。
（四）抗工屬，中農以下者四六收原本。
（五）貧苦抗屬一律免費。
（六）普遍施行義務種痘，進行社會衛生教育。
（乙）小學擁軍公約：
（一）給抗屬拾柴火。
（二）動員抗屬兒童上學。
（三）創動募捐慰勞。
（四）宣傳主力勝利消息。
（3）各種典型的個人公約：
（甲）擁屬模範鄭信公約：
（一）多交公糧三十斤。
（二）給兩家抗屬固定代耕。
（三）動員一個青年參軍。
（乙）×××醫生尉景山公約：主力抗屬有病，一律免費治療。
（丙）鐵匠劉見中：主力抗屬有騾馬驢子上掌，一律免費。

14

39

（丁）木匠村零匠：主力抗屬買小車，牛輪車等，只收成本，修理免費。

（一）良心檢討的結果：

（1）提高了各階層的擁軍觀念：基本群眾認識到八路軍是窮人的隊伍，上層認識到八路軍有力量與群眾聯系好，正統觀念逐漸削弱。在檢討中，過去各種擁軍不够的現象，大都被坦白檢討出來，如交公糧摻沙、摻糠、使水，辦給養使假，給壓貞餅，縫衣服一針當兩針，偷留東西，住房子不叫住，潑水放尿罐，村長看見隊伍就躲空子，走彎路，瞧不起抗屬，污辱打罵抗屬等等。這裏且舉幾種典型例子說證：

工人方面，如××街職工會四十六人開會檢討：「從前瞧不起八路，看他背着土壓五一不管用，現在才知道這是咱工人自己的隊伍，沒有八路，工人就不能解放」。「還瞧不起抗屬，常常欺負抗屬」。檢討後，即互佈給抗屬做一百輛紡線車，木材用官樹，不要工錢。此外並推動全區工人做了四百輛。

農民方面，如××區×××農會檢討：「沒有八路軍，誰敢鬥爭劉元安，這口氣壓了好多年，今天才能出，有八路軍在，要大胆幹，使勁鬥」，「還要擴大八路軍」。××區×××農會長，檢討從前「給莊西三帶路，給自己的隊伍對頭」。×××農會員檢討自己「劫過隊伍的粮食」。××區××農會員朱正遂檢討「過去通敵，給敵人買子彈」。

青年方面，如×××青抗先隊長，在村民大會上無情的揭發了他母親，「用臭脚布床蓆放在空屋裏，不讓隊伍住」。

婦女方面，如××區×××婦救會長對待隊伍和工作人員特別好。在檢討會上，人家問他什麽原故，她很鄭重的說：「你知道我過的是誰的日子，我一輩子也忘不了啊！好多年的氣，我壓着不敢說，現在回了十幾畝地，還有幾個錢，不是八路軍那能這麽幸福」！

兒童方面，如××兒童團檢討：「從前瞧不起窮八路，因爲八路來了，不大買東西，連煙袋也沒的拾」。

15

40

村幹方面，如××區××村幹部檢討：「從前咱不敢做工作，因爲人家都盼晴天，說不定八路很快就走，打了黑家廟以後，我才相信中央軍不會來，才敢做工作」。××副婦救會長過去很皮條，在檢討會上說：「早以來，我瞧不起八路，當他說人話不辦人事，所以就不好好做工作，以後要改」。現在工作却很積極了。

上層方面，如××區×××富農劉之學檢討：「八路剛來時，我當真要共產共妻，所以成立識字班，就不叫我妹妹去上，又怕中央 要來，村上叫咱當自衛隊長，咱也不敢幹，心裏愁，不知八路幾時就走，給他出這個力幹什麼，我做買賣，本錢不小，都是自己的，可是我怕共產，都說是大家合伙的。這些都不對，以後要好好改」。「游擊小組沒有棉衣衫穿，到我家裡拿了布拿棉花去做，都是一家人，不用客氣」，次日果然送給民兵六套棉衣衫。××區×××上層檢討：「從前對待八路軍都是應應付付的，因爲咱想八路軍是站不住腳的，早晚總要走，現在證明這種想法不對」。

（2）推動勞軍優抗及參軍運動，改善與密切了軍民關係，因爲勞軍優抗及參軍工作。都是在良心檢討中發動起來的，良心檢討成爲這些運動的先決條件，詳情下面再談，這裏且舉兩個密切軍民關係的例子爲證：

個人的例子，如××街婦女識字班一個十六歲的女孩，在良心檢討後，有一個戰士生病，路過××街，想喝水找不到人，躺在路旁休息，被這小女孩發現了，她很抱歉的說：「咱莊擁軍真糟」，「哥哥你到俺家去」，結果她把戰士帶到婦救會長家裏，自己跑回家裏拿了兩個雞蛋冲給他吃。戰士臨走，拿了一張根票要還她，她堅決不收。

全莊的例子，以××區×××爲代表。這村工作原來不算好，只是擁軍時期，加强了教育，才有了轉變，這可以代表一般的情形。二月初，六團五連移到那裏，村民事先得訊，非常高興，村幹馬上開會討論，讓出房子，打好地舖，大部是讓出堂屋群衆自己住灶屋。隊伍一到，村幹吹哨子集合，民兵農救會婦救會識字班兒童團馬上列隊到莊外歡迎，不斷呼口號鼓掌，隊伍很驚奇，停下休息時，村長農救會長即走到跟前慰問，接洽住宿辦給養等問題，其他群衆，不分男女老少，都爭先恐後的拉攏隊伍到自己家裡住，拉不到的就不高興。隊伍住下，婦救會員馬上就燒水送到班上給戰士洗脚，向他們要衣服洗；青年兒童則打掃街道；民兵自衛團則佈置崗哨，不叫隊伍自己動手。隊伍很高興，次日集合，全體通過給全莊老百姓，每家担滿一缸水，表示愛民。晚上群衆準備開聯歡會，隊伍有任務要開走，老百姓感到很掃興，百般挽留，戰士也有戀戀不捨。過了幾天在××參加參軍大會，又收到這個村慰勞的雞子二百多個，花生四十斤，紙煙二十盒，一致承認：「幾年來在濱海區走，没有見過一個莊這麼好的」。

由此可見：良心檢討確實是一種從實際出發，教育群衆動員群衆打通群衆思想最好的方式，是自我批評在群衆中的具體運用。誰能夠把它搞好，誰就能夠動員群衆的大多數。今後每一個中心工作到來，都要根據不同的工作内容進行檢討，着重是檢討村幹部，打通村幹思想，而且要及時的不斷的檢討，不要停留在一兩次的定期性的檢討，如果檢討後没有很好糾正，還要適當的運用群衆力量，檢查督促以至開展鬥爭。

但有一種偏向，必須注意糾正！這就是說，群衆自己過于强調擁軍，對部隊有意見不敢提，而部隊方面，則往往以擁軍不够的帽子來批評群衆，或者愛民不够。例如六團二營在××時，向老百姓定做豆腐，一直隔了兩三天才去拿，豆腐乾了而且餿粁，群衆不滿，找村幹，村幹則說：「忍就是，現在是擁軍，不許使勁」。又如二營伙夫在×××打了村長，村長及群衆都不敢說話，採取單純忍讓態度。××機關在××，馬吃了老百姓的菠菜，老百姓提意見，特務員把他訓了一頓，並且說：「你們就這樣擁軍嗎」？群衆不高興說：「你有意見就提不要說咱不擁軍」。「咱擁軍是擁軍，你就這樣愛民嗎」？背後又說：「那些扛槍桿子的來，咱就好好招待，他們很和氣，就是這些不打仗的，老訓人」。

17

42

（五）勞軍運動

一、統計：從十二月初慰勞獨立營起至擁軍節為止，各區發動慰勞由一次至十次，平均每區四次。其中以舊曆年關慰勞主力一次規模最大，全縣五百二十七個自然村都參加，慰勞品達三十五種，形成一個熱潮，一個較普遍的群眾自覺運動。據不完全的統計，物品種類數量如下：

現錢	一〇九三七元
豬	四二九口
羊	九〇頭
雞	九九〇隻
雞蛋	三一九二二個
兔子	四隻
牛肉	五八斤
白菜	二六二四三斤
花生	一五一五斤
粉皮	四五七斤
煙	一〇盒
茶葉	一五斤
小米	六〇斤
蔥	一七斤
花生米	三七斤

43

手巾	一七一六條
婦女自製小手帕	三六九五條
鞋子	五二雙
襪子	二一三雙
鋼筆	三支
鋼筆套	六八九四個
茶缸套	二一七四個
手槍套	一〇個
手套	一二個
旗子	一九面
墨水	一二瓶
日記本子	二二〇本
婦女自製日記本	二五二二個
本子封面	二四〇本
慰問袋	一八〇個
牙刷	三一把
牙粉	一三二包
肥皂	五一條
草席子	二百五十張
小床	四十一張

慰勞醫所

19

44

二、募集慰勞品的方式方法：本來決定一律採取募捐方式，但結果仍形成兩種：

（一）樂捐——與良心檢討并行，檢討會即發動募捐勞軍，採取這種方式募集者有佔全縣自然村數百分之七十。這是群衆自覺的運動，最好的募集方式。其具體辦法又分以下五種：

（甲）在村民大會上，由各莊戶自己報名——這是最普遍的辦法。

（乙）按工農青婦系統募捐——每家幾口人分幾個單位出錢，以組織觀念代替家庭觀念，代替家長制，有反封建的教育意義。但不普遍。

（丙）集上號名——事前佈置部份積極份子响應，影响頗大。

（丁）街上放箱——檢討動員後，由群衆自己開條子報名物品數目，投到箱裡，然後由村幹收集起來。

（戊）到辦公處自由登記。

（2）變相攤派者佔百分之三十。

（甲）變相攤派的方式有兩種：一種是區公所召開村長聯席會或下通知，聲明「不准攤派」，但要求「每個行政村完成一口猪」。另一種是佈置貧民報名捐款時，聲明自己沒有地或者只有幾畝地，捐了多少錢，藉以刺激有地戶，結果有地者就不得不的量自己的地畝增加捐款。

（乙）造成攤派的主要原因是：（1）工作基礎差，沒有開展良心檢討進行教育，或者教育不够。（2）幹部集中在××開會，區公所掌握領導不够。（3）區村幹部，尤其是政權幹部群衆觀念差，單純完成任務，追求數目字，習慣于老一套的攤派方式，不了解新的形勢。例如：×××副村長吳維宗，在檢討會前佈置勞軍，硬採用攤派辦法，規定每畝地一塊錢，結果只能募得八百多元；後經制止，採取檢討後發動募捐的辦法，即募得二千八百多元，這時，吳維宗才服氣，說道：「這回可看透了，早一來咱以為非攤派不成。」

（丙）攤派的結果，有些群衆反映「負担重」，「東慰勞西慰勞，」表示很勉強。還有的存在看㤞観點，如×××個别群衆說：「窮八路、富鋼軍，」「凉槍桿，熱肚子，不容易」。

由此可見：攤派是一樣最壞的方式，不但不能達到教育群衆的目的，反而造成了許多壞影響，破壞了擁軍，應嚴格禁止，一定做到寧缺勿爛。有時為了完成一定的任務，主要應靠深入的擁軍教育，達到群衆的自覺自願，并在党内先提出任務討論保證，然後在群衆中號召，由党員及積極份子以群衆面目出來響應，推動群衆共同完成。

三、勞軍方式：

（1）集中——由村募集到區，開大會歡送到部隊。這種方式，影響最大。最初我們還准備募集到縣開大會，後因專署在莒南台開，故停止。

（2）分散——個别的或部份的直接送交部隊，影響較小；但容易發生直接連系，融洽軍民關係。

四、勞軍運動中各階層的表現和反映：一般的反映，都認為八路軍是老百姓的隊伍，慰勞是應當的。其中尤以基本群衆最積極；上層較差；婦女最熱情；青年羡慕；隊伍高興。

例一：×××一個雇工，賣了粮食，湊成三十元，捐出來，人家問他為什麼捐那麼多，他說：「咱是窮光蛋，捐三十元，看那些大肚子怎麼辦，這些傢伙過八路軍的日子，還不知八路軍的好處呢？」

例二：××區××地主劉照堂捐一塊毛餅，民兵立即對他根氣憤的說：「八路軍不是猪，不要你的。」

例三：××區××××青年，為了勞軍，專門上山打兎子，打了四隻，兩隻打爛了，第二天又再上山打了兩隻湊成四隻活的送去慰勞。

例四：××××一個小女孩在大會上，偷偷拿出自己的紡綫賺錢十元送到會上，怕被她母親發覺。因為她母親已經捐了。

21

例五：×××一個老大娘，過去很頑固，不拿公糧，在檢討會結束後，問人家：「現在還有鬼子沒有？」人家告訴她有，她說「早先我當八路是吃閒飯的　！」于是拿了三十元去勞軍。

例六：×××一個新媳婦，要做手帕勞軍，一時買不到白布，很焦急，後來把自己出嫁時帶來的紅綢褲撕了一塊出來做。

（六）年關前後的優抗工作

一、優抗辦法：歸納起來有以下十六種：

（1）拜訪與座談：普通以區為單位召開抗屬座談會，先由區長做自我檢討，然後徵求意見反映困難。解答問題，最後即請抗屬吃飯。還有的以村為單位召開，如×××，×××。會前舉行拜訪，縣長區長親自出馬，拜訪目的是為了調查，為了準備座談會，為了擴大影響，提高抗屬地位。拜訪時，村幹部一同出發，在拜訪中進行調查。內容包括家庭狀況，困難問題，對各方面的意見，政治態度等等。同時預先告訴他們要開座談會，叫他在會上發表意見，但不要哭，要做個好榜樣。在拜訪中，抗屬反映：「這回真光榮呀，縣長（區長）也親來咱家，從前的縣長可不容易見到。」拜訪後召開座談會，一般內容與全區座談會相同，另外，還佈置村幹在會上解答抗屬困難問題，培植村幹威信，佈置抗屬互相教育，糾正個別要求過高，或不團結不規矩，想兒子，寫信到部隊裡扯腿等傾向。結果抗屬的反映也很好。列如楊心培同志（縣長）在×××抗屬座談會上檢討，「俺沒臉見大家。」抗屬很驚異很受感動，當時就有趙勝蘭藥房掌櫃自動提出：「抗屬治病不要錢。」

（2）隆重送光榮牌優抗糧，一般都是以聯防區為單位，組織村幹民兵，小學，婦女識字班，

22

47

高蹺隊，敲鑼打鼓熱烈歡送。村幹在前頭，組成慰問組，挨戶慰問，並對不該優待者進行解釋。糧食挨戶用口袋裝着，貼上大紅紙寫上「某家多少斤」「抗屬光榮」等字樣，由民兵農救會員或上層抬着，跟在村幹後面。小學婦女識字班則沿途呼口號唱歌。高蹺隊則辦耍助興，熱烈異常。慰問組的慰問工作很重要，必須認真去做，否則不該優待者可能發生反感。例如×××一家抗屬不該優待，沒有很好解釋，看到人家呼呼隆隆，反而傷心生氣，終於把光榮牌摔碎，給群眾影響很壞。

（3）縣政府發賀年信：由縣長親自簽字，普遍發給抗屬，虔擎的抗屬就感到很光榮，常常引以自豪。

（4）一碗糧運動：與良心檢討及勞軍運動同時發動，收穫很大。僅××區即募得六千斤。內有麥子千餘斤，最壞的也是高粱。有的送多至一百多斤，頂少是一斤。募集的方式有兩種；一種是挨戶募集，一種是動員後，放個大筐在大街上，吹哨子叫各家送；大家愛面子，送出門外，就不能不多拿些。這比挨戶募集為妙，募集後，由區公所統一分發，××區每戶抗屬分得三十餘斤。

（5）替抗屬寫信慰問前方戰士。

（6）年關送禮：普遍發動群眾募集油菜子，花生，豆腐，猪肉，白麵，魚，雞子，掃帚等等分送抗屬。

（7）發動非抗屬學生慰勞抗生：不但對學生本身是一種深刻的擁軍教育，而且可以推動他們向自己的家庭進行擁軍教育。

（8）貼光榮聯掛光榮燈寫上「抗屬光榮，人人尊敬」之類的聯語。

（9）過年請抗屬吃飯。

（10）減價優抗：如×××，×××商號會醫救會，公營商店。另外某些個人，如十字路量斗的，也不要佣錢。

（11）組織生產：部份做到固定代耕租地，組織紡織合作社，貸款優先權等等，最好是在大會

23

48

上討論通過，這可以教育群衆，擴大影響。

（12）拜年：全縣普遍進行，有的還隆重舉行團拜，村幹領頭，縣區幹部也參加。

（13）給烈士掃墓：××，××兩區採用。

（14）解决臨時性困難：如担水拾草，極其普遍，×××農救會長送督抗屬刁大娘蓋了一間房子。×××抗屬許某有病，村幹輪流照顧他，醫院給他打了兩針，也不要錢，「直照顧到死，全体村幹部給他治喪送葬。

（15）介紹抗屬兒童上學。

（16）經常提高抗屬地位：如開會看戲坐前列；設抗屬席，請抗屬講話，幹部到每一村，先問候抗屬等等；還有的鬥爭欺侮抗屬的壞蛋。有的把優抗和改造二流子連系起來。

二，特點和優點：

（1）方式方法多樣全面：由政府到群衆，由經濟到政治、文化、婚姻。但過去則較單純、狹隘，限於政府一點優待糧。今後如能把上述所有的辦法都普遍運用起來，就完善了。

（2）幹部親自動手，擴大了影響也改造了幹部本身：例如××區長徐洪祥，在後泉龍頭給一家抗屬挑水，抗屬不認得，則鄰居說：「這是罰誰家的苦力?!」鄰居告訴他是區長，他說：「可！原來是區長，這是窮人的區長，比×××（從前的區長）好得多，×××是富農呢！」××區級幹部在這方面做得最好，完全出乎至誠。而過去則一般都是高高在上的。

（3）與良心檢討擁軍運動相結合，加以政府法令（優抗條例及優抗証）及擁軍公約的保証，推動了各階層各組織踴躍參加，形成一個比較普遍的群衆的自覺運動。在進行良心檢討時，群衆自覺的提到優抗，各區各村的各種擁軍公約，都有優抗一項，上下各組織各階層，都規定有一定的責任：農民負責代耕；民兵青年小學生兒童負責挑水拾柴；婦女幫助烙煎餅、縫衣衫，村幹經常徵求意見，解决困難，上層租地借糧。而過去則是單純的政府優救。從這一點說明，只有真正實行領導與群衆結

49

合，教育與法令配合，才能真正造成一個群衆自覺的優抗運動。

（4）聯系了生産，從積極方面保障了抗屬生活，也推動了生産工作。過去則僅限于積極的代耕救濟。

（5）經常性：從舊曆年前一直到擁軍節都在不斷進行，而且日益向普遍、全面、深入發展，尤其是到了參軍階段，更加經常化。而過去則正如一般抗屬所說的：「過年才想着俺。」

（6）强調優待主力，因而主力觀念較明確，而且部份的深入到群衆中去，便利了擴大主力。例如，婦救會、商聯會，在擁軍公約優抗項目上，都明確區别主力抗屬與抗工屬的不同待遇，并且區分貧富。過去則主力與地方不分，主力觀念很模糊。群衆團体不必説，就是政府也是如此。

（7）在優抗熱潮中建立了各區及部份村的抗屬協會，代替優救會，起了一些作用，如反映抗屬困難，幫助解决困難，教育抗屬等等。過去則是「三管三不管」。

（8）部份地區由于注意了教育抗屬，開始做到物質優待與政治教育并重。例如××通過座談會佈置了抗屬互相批評，坪上婦救會長，好吃懶動，被批評後，就堅决背起了糞筐。××區××鬥爭要求過高的抗屬曹福春。×××鬥爭破鞋抗屬，教育了其他婦女。十字路經常運用抗屬協會進行個别教育。過去不但物質優待不够，政治教育更差。抗屬中不滿、高傲、自大，脱離群衆的現象很嚴重。

三，收獲與反映：

（1）安定了抗屬情緒，使抗屬真正感到光榮，生活有保證，因而在參軍中成爲家屬工作的主力，且有少數成爲擁軍英雄，過年時一般抗屬都没有哭，也没有想兒的。××一個老大娘就説：「多少年來，這是頭一回，我兒出去七八年，每逢過年，我就要哭，要難過，現在有人抬草担水，有人優待，比兒在家還好。」××區××村幹部九人之中八個是抗屬，完全是擁軍英雄，動員參軍很積極。且有三人繼續送兒送弟參軍。

（2）教育和提高了群衆，直接打下了參軍工作的基礎，所以參軍運動中，家屬工作一般都容

25

50

易做，許多老大娘都歎惜着「兒子太小」。

（3）鞏固了部隊。年關前後，莒南參軍戰士很少，發現有開小差的，而且這些新戰士有寫信回家也都表示很高興。許多戰士還幫助動員別人或動員兄弟參軍。例如××各救會長韓玉德，父親較落後，二弟在獨立營，三弟在家，開始動員參軍時，即與三弟商量：「你去還是我去，」後來他父親發覺，叫他三弟去走親戚，躲避參軍，路上遇着二哥從獨立營回來，把他批評了一頓：「什麼時候，還不幹，你回家叫哥哥一塊去。」結果回家，自己就幹起來。

由此可見：優抗工作確實是擁參工作中的重要一環。是一種最實際的擁參教育。優抗工作是否做得好，對家屬工作對整個擁軍參軍工作具有決定的意義。

四，缺點與偏向：

（1）調查研究不够，個別村莊主力與地方不分，甚至優待錯了。例如××區××竟把下關東的當主力優待。就說明優抗工作，必須提前進行週密的調查研究。

（2）有此法令沒有切實執行。例如按抗戰人數優待，兩人抗戰優待兩份，有的就沒有實行。二畝地以上不優待，有的就沒按中中地算，不分好壞，一律看待，參加抗戰者當一口人計算，有的也沒有實行，結果形成一人參軍可得到優待，兩人參軍，反而得不到優待。××村一家抗屬有七畝地，原有一人參軍，家裡剩四口人，平均每人不够二畝地，應得優待，此次再去一人，反而得不到優待，于是個別群眾反映：「光說不做」因此今後必須切實的具體的執行，真正做到說到就辦到。

（3）原有優救會領導成份差，多屬上層份子，形成統戰機關，政府也抓不緊，不起作用，在優抗熱潮中也沒有抓緊機會建立新的優救機構。現在抗屬增多、群眾提高，優抗變成經常工作，抗屬協會應迅速轉成優救組織，以適應客觀需要而避免抗屬協會形成特殊。辦法：可改組縣區優救會，吸收抗屬榮譽軍人及個別自然領袖參加，並設專職幹部，或先責成民政科長付區長兼任。村一般設優救委員，歸村政委員會領導，大村或抗屬太多的村莊可以成立優救會，實行集體領導。

（七）春節文娱活動

一、娛樂形式：主要是戲劇、高蹺，秧歌。全縣六十七個劇團都出演過。但舊的形式也還個別存在。如××區×××糊一隻大輪船，花了三千多元，××、×××、×××也還有要龍要船的，這說明舊形式的禁止，仍是一個教育過程。

二、内容：主要是擁參軍，如活捉朱信齋，送兒送郎參軍，擁護主力軍等等，生產次之，如觸漢回頭及鄭信開荒等等。其他内容很少見，這主要是由于事前有了佈置掌握。但材料供給不及時，縣曾一度强調自力更生，組織一部份小學教員寫了幾篇，却因印刷技術不好，弄得不起作用，上級發下的又多過時。不過群衆本身富于創造性，所以還補救了一下，石溝崖戰役一結束，活捉朱信齋的戲劇和高蹺很快就普及全縣。今後一方面要求上級及時供給材料，一方面强調下級自力更生——着重是發揚群衆創造性。有時可把劇團負責人召集起來，告訴他一些中心内容，教他們自己去創作也可以達到目的。

三、活動方式：

（1）全區大會——××區各閙過一次，娛樂兩天，二十八個村參加，影响甚大。

（2）聯防區辦要——這是最普遍的方式。××區且發動競賽，幹部親自參加，着重團結青年，培養參軍對象，進行擁軍宣傳。

（3）一村或幾村配合部隊演劇辦要——以××、××、××最普遍。

（4）組織春節宣傳大隊，向外進行擁軍參軍宣傳——如××邊緣十村即成立此種組織，向河西活動。

四、効果：

52

（1）配合参軍優抗参軍大會，活躍了群衆情緒。每次會議，都有文娛活動的配合，如踩高蹺，跳舞，識字班献花演劇等等，增加了會議的隆重與光榮。群衆反映：「沒有八路軍，那有這種年頭。」

（2）團結和鼓動了部份青年的参軍情緒。××區好多参軍的青年都是在文娛活動中活躍起來的。××區部份青年與部隊配合辦要，建立了密切關係，當特務團要開走時，他們非常難過，不讓走。

五、缺點：主要就是領導上重視不够，沒有真正把它當作一個工作來做，加以文協取消，文教幹事不健全，教員質量差，又多回家過年，形成無人管，由群衆自動搞。此次我們深深體驗到春節文娛活動不僅是一種季節性的群衆運動，而且是一種適合民情的天生產的宣傳教育方式，自然而然的形成一個工作，領導上一定要抓緊。而且最好由青年幹部協同文教部門去掌握領導群衆，配合部隊進行娛樂。否則不但無補于工作，而且也會脫離群衆。

（八）主力慰問團

（一）工作佈置與慰問經過：××會議時開始計劃佈置，接受去年經驗，企圖把慰問團變成培養参軍對象的流動訓練班，實行宣傳政策上的群衆路線。主要的任務是教育。教育的內容主要為擁軍参軍，貫澈階級教育，并根據各機關部隊的特點，確定具體內容通知他們做準備。正月初四携慰勞品出發，經過半個月的時間，慰問了莒南獨立營，××濱海軍區，特務團，六團，××六個單位，正月十九開始参軍行動時即回到莒南。

（二）對象的選擇：原定計劃主要為参軍對象，不超過二百人，但結果各區送到三百多人，半數不是参軍對象，經精簡一部份到專署参加擁軍大會後剩下二百三十七人，據各區估計有百分之八十是参軍對象，百分之十是升級對象。百分之十是積極份子，但最後只有百分之二十七参軍，足見當時

53

選擇不慎重，有些主觀，只有××區較認真，經分區委研究後，又通過支部討論確定，故有半數以上參軍。

（三）慰問團本身的組織：有團部，設正付團長教導員管理員，文娛委員各一名，由縣政府及縣宣派人組成。下有中隊部，設中隊長，政指，事務長文娛幹事各一名，由各區帶領幹部兼任。中隊部之下有分隊，設分隊長一名，分隊之下有班，設班長一名，均由團員自己負責。所以要這樣做，就是為的採取戰鬥組織，實行民主集中制。

（四）．慰問過程中的教育工作：

（1）教育的方式和內容：

（甲）聽報告然後討論：在獨立營報告邊緣對敵鬥爭故事，然後討論莒南人民與獨立營的關係問題。在×××則報告抗戰前途問題，在特務團則由團長張仁初報告自己的鬥爭歷史，強調八路軍是工農群眾的隊伍，在濱海軍區則由陳司令報告八路軍一年戰績及戰術問題，着重打破群眾怕死心理。由劉主任報告擴軍問題，強調反對「瞪眼英雄」，打破群眾投機心理。在六團則由吳政委報告六團鬥爭史。在××，則報告部隊學習生活。

（乙）實際教育。主要是參觀部隊生活武器，在六團並把團員分散到班上與戰士過了兩天共同生活。

（丙）個別教育：抓緊參軍對象，隨時鼓動參軍，提高情緒。

（2）部隊的配合：一般很好，事先接到我們的通知，即做動員準備，加強紀律教育，整理槍支服裝，給了團員，尤其是青年印象極佳。不少青年就是因為看到六團槍支好，「都是捷克式」「幾十挺機關槍堆起來像一個山」「還有老頭子咳嗽槍」而參加了六團，臨時招待也很週到，每餐幾個菜，麵肉，煙茶不離口，六團還發給每人一雙鞋，兩個手寓，一本日記本子，兩支鉛筆，每區并發幾條鋼槍。這影響很大，同時在招待上。首長親自動手，官兵一致的作風，給群眾印象更深刻。

（3）收獲與反映：

一方面是轉變與提高了團員對我軍的認識。另一方面更加明確了党員的党軍觀念；群衆則進一步的認識了八路軍是老百姓的隊伍，直接打下了參軍動員的基礎，且有個別當場報告參軍。例如ＸＸ一個党員回到村裡開小組會時說：「這回我可相信是党軍了。」人家問他什麽原故，他說：「當官的都和當兵的一樣。」最後他終於參加了六團。當場報告參加六團的八名，參加特務團的二名，參加ＸＸ的一名，其中有三名要求立即留在部隊裡，不願回家，經再三勸告後始回來，一般則說：「這回回去非幹不成，還要號召大家一塊幹。」

另方面則直接鼓舞了隊伍，教育了群衆，密切了軍民關係。慰問後六團戰士情緒極高，一致要求到莒南來住。駐地群衆反映：「咱長這麽大，頭一次見到這樣情形。」因而對慰問團對主力招待更周到。路北群衆受了影響之後，馬上也組織了一個慰問團到六團去。

（4）缺點：主要是政治領導思想領導差，不善於抓住中心組織討論，加強教育。例如在ＸＸＸＸＸ聽了抗戰前途問題的報告後，卻討論：「學習八路軍艱苦作風。」在濱海軍區聽了戰術問題的報告後，卻討論：「怎樣採用實際行動回答首長的愛護。」真是牛頭不對馬嘴。其次是慰問品樣太多，行軍疲勞，印象龐雜，幹部少，掌握困難，許多問題都沒有組織討論。個別教育更差。

（五）慰問團歸來後的掌握和運用——

（1）掌握運用的方法

甲、從縣到村，普遍開會歡迎，號召參軍，組織他們進行宣傳動員，着重宣傳六團，不宣傳其他部隊。

乙、佈置外圍力量，動員團員本人參軍。

（2）結果：

甲、宣傳主力，着重宣傳六團，掀起了全縣參加六團的熱潮，打破了群衆的地方觀念，造

30

55

是一個極大的收穫。

乙、直接參軍者六十二人，佔百分之二十七，且有部份帶頭群衆參軍，如××魯從剛帶領十八人，就是慰問團員之一。

丙、動員參軍者九十四人，佔百分之四十，同時還有百分之十六起了一般的作用。

丁、挽救了部份村莊的工作，有些村莊如×××，×××工作一度遭受挫折，都是在慰問團員歸來後，發揮了宣傳動員及帶領作用，才使全村工作馬上轉敗為勝，造成熱潮。

（3）缺點：

甲、歸來的時間，雖恰好是參軍的開始，但沒有時間多留幾天進行教育，故收效還不够大。

乙、掌握運用不够，不起作用者四十二人，佔百分之十七。而不起作用的即起反作用，影響了全村工作。例如××區××長[redacted]，回來後即「逃難」，結果幾個逃兵也相繼逃難，全村沒有一個出來參軍。××區×××[redacted]，聯防大隊長，回來後說：「這一次到那裡吃得很好，吃這一肚子，就要參軍，」開會後就躲藏起來，群衆反映：「參軍好！[redacted]親眼去看的，為什麼也不幹？」結果全村也沒有一個參軍的。

由此可見：慰問團確實是宣傳主力，培養參軍對象，及擁軍英雄的好學校，發動群衆親身體驗主力的好處，用群衆的面目來宣傳主力，從群衆中來到群衆中去，從主力軍來到主力軍去，這就是所謂宣傳政策上的群衆路線。正是因此，慰問團的作用與反作用，對整個參軍工作的影響特別大。因此選擇慰問團的對象要特別慎重，少而精，寧缺毋濫。計劃更要周密。領導更要加强。教育更要抓緊。部隊配合更要密切。慰問目標要單純，要參加那一部份，就看重慰問那一部份。掌握時機要準確，最好行動前幾天就回來，回來後訓練幾天，行動開始就解散。切實掌握運用，對個別不起作用者，要設法孤立其壞影響。

31

156

（九）參軍行動的開始，各組織各階層力量的運用。

一，行動的時間與條件：

原定的計劃：時間是在正月二十號即二月十三號前後，具體條件為：甲、擁軍教育已相當成熟，一般群眾認識到參軍必要而且光榮。乙，參軍模範已下決心，部份對象教育成熟，可能跟着參軍模範走。丙、在地區上相當平衡，至少有幾個村可以互相呼應。

但實際上却出現了幾種不同的情況：第一種是時間條件，相當符合于上述的要求，一下子，就造成了全區性熱潮的。如××、××兩區。前者十九號開始行動，動員了九十八名，分佈二十餘村；後者二十號行動，動員了九十二名，分佈十餘村，原因是在行動前分區委會召集全區幹部回報工作，了解情況，確定各聯防區統一行動時間，時間確定後，即集中力量突擊參軍對象，使各聯防區各村，發展比較平衡，第二種是條件不十分成熟，發展不平衡，只形成部份熱潮，但又非行動不可的。如××、××、××、××、××、××等六區。例如××區第一批十號開始，只有××××六名。××區十一號行動，動員八名，分佈三村。這主要是因為領導上計劃性差。但如果不馬上把現有對象動員出來，則夜長夢多，可能發生變卦。第三種是條件很不成熟，一個一個抓，沒有馬上造成熱潮的。如××區這主要是工作基礎薄弱，同時也與領導上沉着不夠有關。第四種是客觀條件已成熟，主觀估計不足，結果也造成了部份熱潮的。如××區，十五號開大會，準備與估計只能動員一二十名，結果動員了六十三名，但僅分佈九村，如果當時主觀估計得準確，延遲兩天，集中力量加以組織動員，可能動員更多，造成更普遍的熱潮。

由此可見：參軍行動的時機，雖有其一般的規律，也有其特殊的情況，領導上要善于把特殊變成一般，這就是所謂製造時機。製造時機的關鍵，主要是在領導上的正確了解情況週密計劃以及組織

57

量，運用力量。如果了解情況，計劃得好，組織力量及時，運用力量恰當，就是掌握了時機。

二 支部工作：

1、運用支部的辦法：

甲、進行參軍教育：在擁軍教育結束，參軍行動快要開始時，便在支部中進行參軍教育，說明抗戰快要勝利，為了準備反攻，必須加緊擴軍，好党員要起模範作用，領導群眾參軍，自己實在脫離不開，有兄弟兒子夠格的，也要動員兄弟兒子去，沒有兄弟兒子的要動員群眾參軍去。××區、××區作的最好，故党員參軍的最多。××區佔百分之三十八；××區佔百分之二十五點五。

乙、一切工作通過支部討論保證，由支委党員分工負責，并以群眾面目，通過群眾團體來保證執行党的決議與任務，嚴格每天碰頭，五天一會的制度，且加以檢查督促。

丙、支部党員發生偏向，即堅決予以糾正，必要時就開展鬥爭。如討論對象時，光討論群眾不討論党員，即加以制止，非先討論党員不可，××區、××區作的較好，故党內偏向能夠及時糾正，而××區且成為攻堅克服偏向的模範。

2、運用中的缺點和偏向：

甲、參軍教育一般不深刻不普遍，部份進行過晚，落在群眾動員後面，形成內冷外熱，党員只知動員別人不知動員自己，缺乏先鋒模範作用，變成群眾尾巴。少數進行得過早，沒有群眾熱潮的配合，沒有農會保護代耕，婦救會保證反扯腿，形成「內熱外冷」，党員感到孤立，夜長夢多，就容易中途變卦。

乙、個別區，如××幹部嫌支部皮條，一開始就抱着不依靠支部的觀點，「自己下手使勁算了」，「從党內到党外太費勁」，因而沒有很好實行一切通過支部保證的原則。

丙、掌握立場、原則差。遇到支部党員發生偏向，不能及時糾正，不敢開展思想鬥爭，或者鬥爭不貫澈，怕「党員情緒不高」「工作垮台」。這種現象在初期相當普遍，每個區都有三兩個幹部

33

58

犯這種毛病，尤其是群眾工作幹部犯得更普遍，甚者如××區幹部自己檢討初期竟沒有確定動員黨員參軍的觀念。

3、支部黨員的偏向：

（一）運用組織差，黨員光桿子跳舞，這是數見不鮮的現象，例如××區××支書，動員三人，根本沒有經過支部討論，動員成功後各救會長不知道，而自己則裝病了。××副支書姚學夕動員了十四人，沒有通過支部保證。××區×××農會長李正風動員了四人私自送走，人家不知道，後來家屬跑到六團鬧了一頓

（二）討論對象不討論黨員，怕工作受影响，這在初期也是較普遍的現象，有的光討論逃兵，如××區之×××；有的光討論沒飯吃的不起作用的落後群眾，如××區之×××；有的光討論街滑子，流氓，難民，如××區之×××；××區××支書張克路則公然說：「動員參軍，老百姓還可以，黨員領導參軍，走了工作垮了台怎麼辦？」

（三）自己有條件不幹，光想動員別人。有的且公然宣佈：「殺我頭，我也不去！」（如××區××一黨員）有的則說：「叫我去再等一輩子吧！」（如××區×××村團長王中良）

（四）中途變卦。如××區×××農長李長庚宣佈要帶領一個班，後來因母扯腿，就堅決不幹了。

（五）不動員自家人，例如×××村長，在支部討論對象時，先發制人，聲明：「我兒要在眷外頭，不能動員！」××區×××副農救會長王照勤說：「誰叫我兒子去參軍，鬼子來了，我一定放他一把火。」××區×××支委楊從仁，兄弟四五人，三個是黨員，一個也不動員，××來直影把他兄弟送到親戚家去躲避動員，××區××××支部，都是娃紀的，光動員外姓人。

（六）亂嘁嘁，開玩笑：例如××支宣劉樹文，本來不幹，區幹部去動員時，他抽着桌子說：「不去還不算了！」大家買了東西，動員了群眾快要歡送他時，他說：「我是開玩笑的。」××區

×××××開支委會，動員參軍，支書不在，村團長劉錫金說：「要去，大家都去，我領頭！」大家備了東西，第二天要走，他說不去，以支書沒有到會爲理由，背後即對人家說：「我是開玩笑的」。

（七）党員扯党員的腿，例如××區××××支書（是個富農兼小商人）扯入學黨員徐耕田的腿。召開農救會，徵求大家意見：「區裡要動員他歸隊，你們同意不同意。」群衆說：「不同意！」他很高興的說：「大家敢于歡迎啊！」當人家批評他的時候，他說：「成績好也有缺點，不做工作也有缺點。」××××支部六個党員拜把子，農救會長村團長民兵隊長，都是他們的兄弟，互相扯腿，影響了整個支部，十五個党員都沒有起作用，後來把他們解散，重新建立支部。

（八）怕負担重，不敢多動員，例如××區×××支書唐致合，中農成份，曾任鄉支書，對党員說：「參軍的多了，就是咱莊的負担！」××區××××支書，在第一批動員五名後說：「咱莊還要嗎？到底要去多少？」

（九）逃難：××區×××支組董村團部指導員，參軍開始即長期走親戚，××區××××支組董農救會長聶洪鳴，跑到道口住了一個月，參軍結束才回家。

（十）裝病，例如××區×××支書陳茂生（小商人成份），參軍一開始就裝腿痛。

（十一）改頭換面。例如××區×××全体村幹改換上老頭子。

（十二）想帶領群衆去，然後跑回來。最初不少。後經糾正，例如××區××××陳兆謙，向區幹要求去了再回來，經批評後說：「去就去吧！」

（十三）怕得罪人，認爲擁軍是好事，不敢動。例如××區××××党員說：「動員人家參軍，傷天理！」××區××××支組高鳳莊送六個青年參軍時，大淌眼淚，不敢作家屬工作。

（十四）破壞，扯群衆的腿，例如××區×××支書鄒向功，在群衆大會上說：「咱莊那有對象，不好辦！」對參軍對象則說：「朱信淵還有兩個兒子在中央當官，將來回家來真要命！」××區××××支書兼民兵隊長拉攏了八個青年民兵，不叫他參軍，並且說：「作工作的太沒良心，把

60

青年都提去：咱的官怎麼當法？」

4、克服偏向的辦法：

首先而且最重要的就是克服區幹運用支部上的偏向，如不敢動員党員，不敢開展鬥爭。一方面接受××區的失敗教訓，××的成功經驗，在××區的展開攻堅鬥爭取得經驗，迅速傳播各區，提高區幹信心，另方面則發動各區本身進行檢討，打通思想，糾正偏向，如××、××等區。

其次，則由各區向村幹進行統一的思想教育，召開村幹大會，表揚參軍模範，批評壞的偏向，強調幹部模範作用，如××區第三批經過這種教育後，在大會上即有三個婦救會長自告奮勇送兒參軍，三個青救會長送弟參軍。

最後，則針對支部不起作用的關鍵，及党員的不良傾向，直接展開各種鬥爭，這就是所謂攻堅鬥爭。

以下介紹幾個克服偏向的實例：

甲、×××、×××幹部動員會，這是思想教育比較成功的例子：

×××是×××的基點村，而×××又是縣區參軍的基點，其工作的成敗，對整個局面有決定的意義。

這個莊在縣府歡迎主力慰問團的大會上，即提出完成一個班的任務，但花了十多天還沒有成績，幹部光釋跳舞，方式生硬，到處「參軍光榮」到處碰釘子，青年都躲藏起來，不敢見面，幹部束手無策，情緒低落，乾着急。

關鍵在那裡呢？在於民兵指導員林浩仁，慰問了主力，自己不幹，光動員別人，群衆等着他看他如何，不相信「參軍光榮」。領導上了解了這個情況，就決定以林浩仁為目標，進行思想動員，打開這樣的僵局。

首先在党內開會，檢討為什麼動員不成功，歸結到沒有幹部領頭，強調幹部模範作用，會後又與

36

41

林浩仁個别談話，直接啓示他：「你是慰問團員，不去就影響了大家，」同時又對支組李春曉及民兵隊長進行個别動員，準備培養他們做候補的中心人物。

次日召開村幹會，主要是党員。也是採取回報方式，檢討失敗原因。由于事先有了党内動員的配合，支組李春曉很爽直的指出：「主要是沒有領頭的！」于是縣區幹部就趁機進行動員，着重加強階級教育前途教育，强調八路軍與基本群衆的血肉關係；抗戰快勝利，須要擴大隊伍，發展自己，準備反攻，反攻時轟轟烈烈，大家都起來幹，也需要大批人材；青年人要看得遠；不要想在家裡當一輩子村幹部，八路軍是個大學校，參加了八路，個人就有前途。這樣村幹們的前進心開始波動起來了。林浩仁緊接着說：「咱青年人想進步，真是到幹的時候了，可是俺母親老扯腿，不讓走，我想先上管理局，以後再去主力！」其他幹部立刻抓緊這機會，聯系個人前途，進行「過關」教育。說明：「一個人要進步，必須「過關」，不過關就不能進步；過關主要靠自己有決心，家裡綁着也不行！今天你就是這一關，能不能過，決定你的前途，你如果有決心，大家保證把你母親動員成！」楊心培同志等就相繼以個人過關的例子來教育他，他受了感化，心裡正想着：「人家要不堅決過關，那能當縣長！」又想起昨天党内的會議，個人利益與党的利益的關係問題，這時大家就問他：「行不行！」他馬上從床上跳起來說：「我幹！只要家裡沒問題，我堅決幹！」大家興奮起來了，一面表揚林浩仁，一面進一步的强調幹部模範作用，動員其他幹部，「到底是青年人有志氣！」「參軍是好事！可是老百姓落後不想幹，幹部覺悟高，要做模範，大則為國家人民，小則為個人前途，無論是放足，組織民兵……沒有幹部領導就不行」，接着支委李春曉和民兵隊長相繼宣佈：「我幹！」「沒有領頭的，我堅決領頭」一連五人，還有好幾個正在「咬耳」「打算盤」。

大老趙興奮極了，宣佈：「我每人送一支援手鋼筆！」還有的送這送那。因為當天已經很晚，討論了如何擴大戰果，如何動員家屬之後就散會。結果擴大到九人，包括七個村幹部，六個是党員。還推動了整個×××，第一批動員了五十名。

37

62

這個動員會的優點，也就是經驗：（1）党內教育與党外教育，個別動員與集體動員相結合。（2）採取檢討座談的方式，靈活深刻，比長篇大論的講授方式好。（3）在思想教育中對林浩仁開展了鬥爭，教育了大家，也反映了幹部教育的規律：首先發動思想檢討，接着進行階級教育，從過去到現在，從敵偽佔區到根據地，提高幹部階級覺悟，最後進行前途教育，把階級前途與個人前途聯系起來，適合青年進取心與幹部的自尊心。（4）運用了典型，進行了示範教育。

乙、××區×××的党內動員，這是党內思想動員與紀律教育相結合，轉敗為勝較好的例子：

這個支部歷史較老，一九三九年就建立起來，支書是一個老鐵路工人。整個支部的作風也比較踏實，党員大多受過幾次訓，政治水平較高。

但是一直到第二批參軍戰士歡送後，這個支部還沒有一個參軍的，關鍵在于支部武裝委員楊玉貞不幹：而武委楊玉貞的不幹又與支部動員方式的生硬有關。

第一次討論對象時，以武委楊玉貞為目標。因為他是個貧農青年，家裡沒人，有充分條件參軍。于是支書說：「我老了不能去！」支組說：「我是抗屬，已經出去一個了！」支宣說：「我家裡離不開！」村長說：「我有肺病！」最後剩下武委還沒有作聲，大家就異口同聲的說：「楊玉貞行啦？」類似表決方式，把他通過做參軍對象，他發急了，堅持「不幹！」，大家不歡而散。次日佈置了工農青婦來包圍他刺激他，青年和婦女識字班一見到他就說：「楊玉貞！你為什麼不去參軍，參軍光榮啊，男子漢，不幹還成！」結果把他刺垮了，不敢出面見人，一見就紅臉，到了第三批就集中力量來進攻他。

辦法是在党內發動自我檢討，各個支委嚴格檢討自己，來影響楊玉貞，同時適當對他提出意見，強調帶領參軍是党目前的最高利益，有條件不幹就是違反党的利益。一直檢討到半夜，他受了感動，當場哭了起來，開始有了轉機。大家問他怎麼辦？他表示：「考慮考慮再說」，分區委就宣佈給他處分，暫時不叫他參加支委會，並把決議傳達到小組裡去。

在這一教育之下，幾個認識較好的党員，受了很大的影響。

副農會長楊玉義，貧農成份，平時開荒很積極，準備培養成勞動模範。受了教育之後，生産很不安心。第二天開荒，很早就回家，心裡若有所思；第三天回得更早，一進門見到母親，就把钁頭摔下，很嚴肅的說：「我不開荒了，要參軍去，」他母親想了一想，也很沉靜的說：「去就去吧！反正在家開荒也是受罪！」

支組支宣聽到了楊玉義要參軍的消息，也很興奮的宣佈：「我也幹！」「我也幹！」于是支書召開了支委會，徵求楊玉貞意見，楊玉貞也答應去，一共完成了八名，大家興奮起來了。

可是次日送光榮牌和優待糧時，支宣兼農會長突然變卦，宣佈不去，群衆很不滿，自發的將他的光榮牌摔掉，拿起一塊破片，用粉筆寫上：「說人話，不辦人事！」七個大字掛在他的大門口。結果就只完成了七個。其中有六個是党員，包括兩個支委，質量很高，成為模範村模範支部之一。

這又再一次證明在党內思想鬥爭上，原則要嚴峻，方式要緩和，最好就是漫談和檢討。這證明了在老支部党員認識較高的條件下，配合紀律教育是必要而且行得通的。這證明了開展思想鬥爭不僅可以挽救一個中心人物，而且可以影响大家，提高整個支部。又證明了，對中途變卦的份子，要馬上設法，最好是運用群衆力量來孤立他，才能避免影响其他對象發生動搖。

丙、××××的幹部動員，這是運用外力，採取刺激辦法與思想教育相配合。消除醫院影响比較好的例子。

這個莊工作開展較晚，基礎差，幹部成份不好；且為醫院駐地，群衆怕死心理極嚴重，剛動員成功六人，恰巧石溝崖戰鬥結束，抬來十幾個傷兵，即把群衆嚇壞，把對象嚇跨了；同時還有外莊一個逃亡戰士跑到這裡來進行破壞活動，把中心人物：支宣兼村團長中柱安砥垮了，一直到第二階段還沒挽救過來。

但過去這莊曾進行了一些思想教育，縣的幹部在這裡養病時，曾不斷在支部裡進行階級教育；同時團區各村都有人參軍，這是有利的條件。于是領導上就決定着重運用外力，採取刺激辦法來攻下這

39

64

倘碉堡。

這莊要演戲，到××××去借衣裳。該村村幹不借給他。并且說：「你莊一個參軍的也沒有，還要演戲，」到虎園去借鑼鼓傢俱，虎園村幹則說：「我們準備送第二批參軍戰士了，送參軍比辦要重要，你們如果要送參軍就來拿，不要光說不作，留下我們用用吧！」次日到××××借鋼帽，也沒借到。因而受了刺激。

第三天××××劇團到這裡來演戲，一個小學教員和一個醫生組織了一幕雙簧，內容是動員參軍，唱道：「××是第一個模範村，頭一批出來十四人，第二批又在準備着。×××是第二模範村，出來了十個人，明天又送第二批，×××××，平時人家瞧不起，現在也動員了六名……」周圍七八個村莊都有參軍，都被提到，只留下一個×××不說。台下有些群眾就問：「還有那個莊沒有？」×××的群眾急起來了，村幹部們偷偷的說：「俺這不知道呢，就是說的俺。」

醫所幹部又從旁邊打了一趣：「好好幹！不然你們出去就要披上小狗皮了，」他們感到難受，又知道這是一個光榮的任務，于是便下決心積極活動起來。

縣區幹部抓緊了這個機會，召開支委會，挽救支宣申桂安兄弟，企圖動員一個出來領頭。內容主要是階級教育，以本莊新近發生的一件事為中心鼓動材料，告訴他：「不幹？窮人那能翻身，你看人家財主，老婆剛剛死，就有七八個來說親的，你們兄弟兩人，年紀這麼大，老說不到媳子，再不幹那有出息？」同時又在群眾中進行教育，克服怕死心理。說明打仗犧牲是不可避免的，但為了抗戰，雖死猶榮；」并用本莊幾個戰士參軍幾年沒有一個犧牲的事實加以說明，最後指出八路軍戰術巧妙，犧牲極少。隊伍愈擴大，犧牲更少。

第四天又從×××找了一個投脾氣的抗屬申桂紅的母親來幫助說服家屬，又恰巧縣政府經建科長吳漢生到他家裡去，申桂安的母親問他：「參軍好不好？」吳科長答：「怎麼不好呢！現在什麼時候，還不幹？」又面對着申桂安兄弟說：「青年人不幹就沒有出息啊！」因為他是申桂安的姐夫，全家

65

都相信他的話，所以馬上就同意中桂安出來領頭。消息傳出後，立即有三個青年出來响應，村幹們喘了一口氣說：「咱可攻了頑固皮了，」情緒特別高，加了一把勁又完成了九名，周圍各莊的態度也馬上變了，并且加倍努力的去完成自己的任務。

這就充分証明了利用外圍村刺激中心村的辦法，是行得通的，同時反過來又可以進一步的推動了外圍村。但必須有相當的思想教育做基礎，才不致于形成對立。還要廣泛的運用力量，那怕是點滴的偶然的，也要盡可能的運用起來。

此外還有用党外鬥爭與党內鬥爭相配合，來克服党員偏向，完成擴軍任務的例子，如×××區××，原有一個支隊，兩個党員，決心帶領兩個青年參軍，後來全部垮台，原因是一個党員變卦扯腿，這党員與婦女識字班一個不大正派的婦女有關係，于是決定由党內到党外開展鬥爭，加以挽救。在党內鬥爭中，影響了村長彭立珍，他自告奮勇出來領頭，即把破壞參軍的党員拿到村民大會上鬥爭，并由村長帶名參軍，馬上就帶了四個青年。次日又拿到婦女識字班來鬥爭，又擴大了影響，帶上了三個人，最後被鬥爭的党員也覺悟了，非參軍不行，共完成九名。還有從反挑撥鬥爭中來加強幹部團結，克服党員偏向，完成擴軍任務的例子，如××區×××××，幹部不團結，支部度條，鬥爭了挑潑份子尹士信之後，支部就活躍起來，完成了五名。還有從反扯腿的群眾鬥爭中，來克服党員偏向，完成擴軍任務的例子，如××區××××支書呂福全，本來準備參軍，因被壞蛋扯了腿而中途變卦，後來鬥爭了壞蛋，才帶領了四個人出來參軍。

5 克服偏向的結果，支部核心作用的表現：

甲、參軍党員：在一千二百三十九名參加主力戰士中，党員二百七十人，佔百分之二十強，佔全縣党員百分之七強。其中有三十四人起了先鋒模範作用，帶領群眾參軍，共帶領一百八十五人，平均每人帶五個半人。有的完全出乎自覺，而且經歷過許多很艱苦的家庭鬥爭：例如××區××××小組長王照鼎帶領三人，當他母親和老婆對他扯腿，用死相威脅的時候，他不但不為所動，而且用「死

41

」用「不回家」的口實來反威脅他們。對母親說：「你要死兒還是要活兒？要活的就讓我去參軍，如果不讓我去，我就要上吊，」對老婆則說：「你要是讓我走，我就常常請假來看你；不讓我走，我就永遠不回家！」結果母親妻子都沒有辦法，只好送他走，××區的兩個支部書記參軍，也完全是出乎自覺的。

乙、普通的黨員動員別人。其中動員三人以上，成為擴軍模範，包括送兒送夫送兄弟親戚參軍者，有三十六人，共擴一百五十三名，包含有許多動人的故事！例如×××支委徐志動員了十六人，好幾夫沒有睡覺，過去他曾一度被提拔為分區組織幹事，後來被精簡，自知「成份不好，要好好在革裡幹，好好鍛鍊自己」。××區××農會長徐先惟拿棍子追打他兒子去參軍。××區××婦救會長徐大娘，丈夫徐月恩為村政委員；兩個閨女，一個嫁在×××，一個嫁×××，均為該村婦救會長及擴軍模範；大兒在獨立營；二兒徐壽奇為青救會長；三閨女在識字班，「全家參軍光」。在參軍中被選為模範家庭。在第三次村幹動員會上，自告奮勇送兒參軍，回到支部開會討論對象時。她強調：「幹部要起模範作用，能幹的就堅決去幹，不能幹的要送兄弟送兒子去幹！」結果他兒帶領了五人去參加六團。還影響了×××婦救會長也送兒參軍，她動員兒子的口號是：「養子為養老，參軍也是孝」。又影响了×××婦救會長何大嫂送夫參軍，先是她動員了一個人去參軍，戰士走後，家屬傷心，常到墳上哭，何大嫂跑去勸告她，被她刺激了一下：「參軍光榮！你為什麼不叫你男人去？」何大嫂說：「我叫我男人去，你就不哭嗎？」她說：「不哭！」於是何大嫂回去動員丈夫參軍，丈夫不同意，何大嫂就設法威脅他：不作飯給丈夫吃，最後她丈夫沒辦法，答應去，何大嫂便很高興的煮了雞蛋給他吃，並送他到參軍大會。××街曾適成的閨女，在參軍動員開始時，就叫她父親去動員她的未婚夫參軍，一度失敗，又叫農會長去動員，也不成，最後自己帶領了識字班，到未婚夫的大門口呼口號：「大家進步了，不參軍就不嫁給他！」終於把未婚夫動員出來了，××識字班隊長蘇公英，黨的小組長，動員了七人參軍，×××××識字班隊長代公英，也動員了三人，××區×××農長李高尚送弟參軍。

丙，掌握組織，建立核心領導，部份做到建立每晚碰頭、五天一會的制度。來掌握各系統幹部，檢查各系統工作，同時各系統也有定期會議，如××區之××，××之×××等。

綜合全縣支部，真正起領導作用，形成核心領導的有三十個（其中有二十二個被選爲模範村），佔百分之十五強；□起一般作用，完成動員任務的有九十八個，佔百分之五十二強；根本不動或動不出成績來的有六十二個，佔百分之二十三弱。

由此可見：支部的核心作用，党員的先鋒模範作用，在整個參軍運動中起着決定的作用，對于這一點我們許多幹部過去認識都很模糊，今天才有了深刻的體驗。

由此可見：支部能否發揮核心作用，党員能否起模範作用，主要是決定于領導幹部的成份，思想意識，能否掌握原則；決定于平時是否重視支部工作；決定于行動前是否認真進行參軍教育；決定于支部党員發生偏向時，幹部能否深入去了解情況，把握關鍵，運用一切有利條件開展鬥爭克服偏向。只要領導幹部的成份思想意識好，能掌握原則，平日重視支部工作，臨時能進行參軍教育，發生偏向時又能堅決進攻，則無論何種支部，何種偏向，都是可以克服，都是能起作用的。

由此可見：克服偏向，攻堅，就是最實際的整支，就是支部的整風，同時也是區幹部一次嚴格的考驗與鍛鍊。領導上要善于抓緊這種時機，加强教育，整理組織，進一步的提高支部，提高党員幹部。

由此可見：支部的參軍動員應與群衆的參軍動員適當結合。應與擁軍教育密切聯系，不要過早或過晚，致形成脫節。最好是在擁軍教育結束，參軍行動快開始之前，先在党內進行參軍教育，明確提出「好党員參加党軍」的口號，討論對象首先討論党內，然後討論党外，佈置党外動員，使党內熱潮與党外熱潮密切相結合。以党內熱潮推動党外熱潮，又以党外熱潮來鞏固擴大党內熱潮。如果進行得過早，形成「外冷內熱」党員情緒發生動搖時，就應當迅速開展党外動員，造成群衆熱潮加以配合保證；反之如果過晚，形成「外熱內冷」党員不動，甚至群衆熱潮也掀不起來時，就應當集中力量突擊

43

68

党內對象，發揮党員的先鋒模範作用，支部的核心作用，加以挽救。

由此可見：在小組不能發生横的關係，不能各開支部大會的情况下，要造成党內熱潮，充分發揮支部核心作用，党員的先鋒模範作用，像華中一樣是不容易的，必須設法解决；否則党務工作必然落後于其他工作。解决的辦法，我們建議如下：一個辦法是容許個別中心村，群衆純潔，党員精幹，或者党員面目多已暴露的支部，各開支部大會，其他各開小組長聯席會，同時加强紀律教育，注意保守秘密，防止過度暴露；另一個辦法是：更廣泛的吸收群衆工作中党的幹部，與一定的支部發生關係，增加党務幹部，不要拘泥于舊的編制。

三、各救會的運用：除了縣區作統一的動員佈置外，有些組織并根據了本身的特點，提出具體口號，採取某種特殊辦法加以運用，這也相當的發揮了各個組織應有的作用，茲分述如下：

（1）工會：個別地區如×××，曾按聯防區各開職工會，進行階級教育動員參軍；動員口號也很生動，如「扎一輩子活，窮爲輩子！」「扎兩年活，放二年牛，拉二年棍子就到了頭！」，因此工人階級覺悟都提高了一步，知道八路軍是自己的隊伍，要翻身不受罪不受壓迫就要參軍。參軍工人共達三百〇六人，佔全體參軍戰士百分之廿三。未參軍的工人也積極幇助抗屬拾柴挑水，壯崗工會且給抗屬做了四百輛紡車。證明工人先鋒作用大，尤其是冬春兩閒動員參軍，正是工人下工的時候，必須特別抓緊運用職工組織，發揮工人骨幹、先鋒作用。缺點，就是：工會組織不够健全，尤其是冬天，一下工就垮台，工作佈置到村就落了空，這説明今後的工會必須加緊發展組織，或抓住一些固定性的組織，如木匠工會、鐵匠工會、石匠工會、包工隊、運鹽隊等，加强掌握領導與運用。現在由于工人大批出來參軍，工人自己覺得有了依靠，「有地方去！」不輕于就雇，故有的富農雇不到工人，××區雇一個工人要一千斤粮食，這就工人覺悟提高方面來説，是一種好現象；但對工人必須加强教育，防止過分傲慢，要求過高，影響生産。

（2）農會：各區普遍注意運用，而且比較深入，有些一直運用到小組裡去，並善于聯系實際

69

鬥爭，聯系農民本身的利益來進行動員，故農會在保証優抗代耕上普遍起作用；且有部份起了動員參軍的作用，如××農會幹部自覺送兒送弟參軍的達二十餘名。劉會送子參軍的，依八個區統計共二百四十九名，說明了農會是老大哥。

（3）青救會：縣青救會發過一封信，號召青年參軍，並組織過××、××兩區青年慰問團去參觀主力；加上村幹自覺抓緊青年作爲參軍對象，好青年要參軍的口號，喊得很響亮，故青救會員參軍達二百五十八名，佔全部參軍戰士百分之十七；且有個別起了帶領作用，如××青救會長帶領四人。未參軍的青救會員和兒童也普遍起了幫助抗屬拾柴的作用。缺點，就是：縣區青救會的領導不够深入，缺乏具体指導；同時青年組織不够健全，有的與青抗先分不開，有的根本沒有組織起來，兒童團的組織更少，而且缺乏具体工作與經常任務，故作用還發揮得不够普遍。今後要大量發展青救會，兒童團，組織兒童參加家庭生產，優待抗屬，參加文娛活動，站崗放哨，起自衛團的作用。

（4）婦救會識字班：由於各區普遍注意運用，來而逆歸個老媽媽會，講人道主義，××區還普遍的成立婦女動員家屬的小組，反拉腿的口號喊得更響亮，而且有的很具体生動，例如：「動員的是恩人，拉腿的沒良心！」「好婦女不拉腿，好男人不說嘴！」因此婦女組織，發揮作用特別大，特別顯著。尤其是在反拉腿說服家屬上，普遍起作用，成爲家屬工作的主力，對整個參軍運動貢獻極大。還有部份送夫送兒動員別人參軍，據八個區統計，母親送兒者二百二十八名，送郎者六十五名。婦女模範八名。婦女識字班的主要作用還表現在普遍的配合歡送會歡迎會，獻花抬轎……這是一個空前未有的創舉，在鼓舞新戰士，提高青年參軍情緒上起了不少作用，如××區第一次動員參軍，就有二十多個青年是在婦女識字與跳舞獻花時「蹲不住」而自動跳上台去的。同時我們還看到各區婦女組織在發揮本身作用，保證參軍工作過程中，普遍的活躍了自己，進一步的打破了封建束縛，發展了組織，轉變了忽視婦女工作的觀點。例如××、××兩區婦女組織本來很疲條，到了動員參軍就空前活躍起來，××村婦女識字班在歡迎新戰士時，沿途跳舞唱歌，活躍異常，××婦女反映：「××婦女發瘋了！」××婦女聽了很生氣，把她大嚷一頓，並宣佈：「非把你們這些頑固婦伕組織起來不成！」之後果然就派人到××把婦女識字班組織起來了。××區則在參軍中成立了二十個婦女識字班。從區到村許多男幹部都普遍的自動的做了婦女工作，知道非做不可，經驗證明：婦女的確是受封建壓迫來得最厲害的群衆，她們迫切要求解放，過去我們的放足運動，反婚姻自主的口號的確給婦女解除了一些痛苦。婦女也体驗到了這種好處，更加依靠我党我軍。缺點就是：婦救會不够健全，沒有運用到小組，深入到廣泛的會員中去，形成少數幹部跳舞，開會常常到不齊；青年婦女也有些獨立主義的傾向，接受婦救會領導不够；部份幹部運用青年婦女有些過火，什麼都叫婦女識字班去，覺得「好玩」似的。

四，武委會系統的運用：由于上級武委會害怕運用武委會系統動員民兵參軍，會引起壞蛋造謠，說武委會是拔兵機關，因而口頭指示縣區武委會不要公開運用系統進行動員，結果縣武委會就集中精力去總結工作，區武委會則普遍當作一個突擊隊員使用，故武委會的系統作用，沒有充分發揮起來。但是村支部一般都懂得掌握運用這個系統，群衆普遍自發的喊出「好民兵好青年先參加主力」的口號，故結果民兵參軍仍佔全体參軍戰士百分之四十四以上。未參軍者也普遍的經常的幫助抗屬拾柴挑水，所謂拔兵論害很少發現。證明民兵確實是群衆組織中最積極的一部份，也証明了上級武委會那種恐懼心理是不必要的，沒有認識到今天的工作已有了新的發展，民兵群衆的覺悟已提高了一步，在參軍運動中不但不應限制武委會系統的運用，而且應當進一步的加強民兵活動，發揮民兵群衆的先鋒作用、把民兵運用與參軍運動結合起來，並成為參軍運動的主要基礎。

五、政權系統的運用：縣區政權系統大多數幹部能够親自動手，執行党委的指示及本系統的工作計劃，深入領導，推動村政，擴大影響，並能及時轉換部門工作（收田賦）服從中心，故政權系統在優抗慰勞抬轉新戰士及團結上層，運用外方上都起了不少作用。特別是在及時優抗上發揮作用更大，黨知顯紳，還有部份小學配合了文娛活動及參軍動員。例如××實驗學區自己動員了兩個學生參軍，

×××××小學教員劉道杜，日夜奔跑動員參軍，完成三人。也正因此，縣區政權的領導作風也有了轉變，部份的克服了官僚漂浮現象。深入到區村，聯系了群衆，提高了威信。缺點就是：由于幹部質量差，黨委尤其是分區委和支部掌握不够，本身系統動員不够深入普遍，×××會議有些幹部沒有參加，所以個別科長科員和助理員還是忙着他自己的部門工作，力量不够集中；村政系統不够健全，很少運用到公民組中去；「好青壯公民參加主力」的口號很少提出；與各救會的配合也差；參議會，優救會及大部份小學都未起作用。

六，主力與地方武裝的配合：

由于我們曾經一再提出要求，加以慰問團的影响推動，主力部隊曾給了我們一些配合，如六團直接派二十多個幹部來縣幫助管理招待所，組織新兵營；六團和特務團在參軍行動時還派過部隊前來活動，紀律一般較注意，群衆爭着「老六團」，在加强群衆主力觀念上起了一些作用；同時許多後方機關借給我們馬匹槍支服裝，也有了不少的幫助。但一般的說，配合還是不够密切，不够主動，沒有貫徹在整個擁參運動中。最好是從擁軍運動開始，就經常派一部份隊伍來活動，幹部親到各村組織聯歡會，講話，做群衆工作 進一步的聯系群衆；但要派就必須特別注意質量，隨時加强紀律教育，否則倒會發生許多壞影响。例如六團派來幫助動員新戰士的幹部有一個在××偷老百姓的東西，被老百姓送走。同時武器服裝也不够整齊，××區一帶群衆反映：「不見得比獨立營强，就是多幾挺機關槍罷了。」有的參軍對象就寧願參加獨立營不參加主力。年關前後更要有計劃的派遣得力戰士回家宣傳，找熟悉的民兵啦呱，介紹部隊生活及勝利戰績，這比我們幹部的宣傳收效更大。對可能開小差的戰士要嚴加戒備，開了小差時不要輕于派人到村裡硬抓，方免影响群衆擁軍參軍情緒。

地方武裝方面的配合，主要是整訓部隊，加强擁愛教育，改善軍民關係，幫助群衆，堅持邊緣，配合主力帶領民兵會攻縣（趙家嶺馬坡下莊） 加强群衆對敵鬥爭情緒， 掩護參軍運動。至于動員參軍方面，往往因為害怕動員上自己的部隊，頗有使不上力之感，一般的說，配合也是不够密切主動

47

72

的。

七、擁參委員會的運用，縣一級根本不動，區一級大部份不動，成立的一天往往就是垮台的一天。這主要是由于我們不重視這個組織，一開始就不想運用它，怕麻煩，以為一切有党委計劃佈置，各組織保證執行，何必運用擁參委員會；也估計它不會起多大作用。這是宗派残餘，不善于運用各階層力量的表現。但村方面，則大多自發的成立起來，吸收上層參加，負責優撫與慰勞，起了很大作用。證明這種組織在村裡特別重要，必須普遍成立。縣區方面，如果好好運用，至少在號召與運用上層力量上，也可以起一些作用。

八、上層力量的運用：

（Ⅰ）運用上層的辦法：

（甲）在動員佈置力量時，隨時隨地打預防針，動員反謠言反破壞。例如××副區長臧玉普每次會議就宣佈：「咱要動員參軍，大家都贊成，只有個別壞蛋不高興，可能造謠破壞，咱已經收拾好了房子等着他，大家要注意調查。」

（乙）開上層動員會，部份地區從區到村從有組織的如商聯會到無組織的都動員遍。例如××區，×××動員失敗，三起三伏，各種組織力量都用光，失掉作用，最後召集起商聯小組開會，先檢討後分配任務。有的說：「人家說俺頑固，」就告訴他「好好幹，動員成幾個就不頑固了。」結果領受了任務，就積極活動起來。停止做生意，不趕集，白天叫老婆去說服家屬，夜間自己動員對象，終于完成了四人。這影响了支部出來兩個党員，共六人。

（丙）以區為單位召開「壞蛋」會，以××、××、××三區做的較好，內容是：（一）戴高帽子，稱他們老先生，開明等等。（二）分配任務，說明群眾運動的規律，現在已發展到參軍階段，也符合于準備反攻的需要，根據地每個老百姓都有動員參軍的責任。（三）揭露國民党罪惡，肅清正統觀念。（四）打預防針，針對他們的具體情況，揭穿一切可能的破壞陰謀。（五）強調群眾力量加以威脅。（六）表揚好的，打擊壞的。大埠南開過一次，壞蛋劉寶春回到屋裡，召開小會說：「今天開這個會，你說算什麼會呢？上層會嗎？不是。農救會嗎？咱不是農救會員，……總而言之，是壞蛋會，你叫那些召開會的說，恐怕也說不出來，他不好意思說是壞蛋會呢！」結果一般壞蛋都不敢積極活動，而且有的還幫助完成了擴軍任務，如延賓後泉龍頭徐洪一許蘭田開會後完成一人，大山前完成一人西里河完成四人。

（丁）以村為單位成立擁參委員會，吸收上層參加，主要負責懸勞優救。有時也號召和動員參軍。

（戊）開老頭子會，組織老頭子動員小組，派人跟着他們去動員家屬，這是莊園朱家窪子採用的辦法。

（己）把上層和破壞份子同村幹部混合編成擴軍組，按街道分對象進行動員，村幹一面協同他們進行工作，一面加以監視防止破壞，這是園林崖上採用的辦法。

（庚）個別爭取利用，主要是由村幹利用私人感情關係去進行拉攏，收効也不小，如蘭坡官莊地主莊惠武在文書[illegible]拉攏之下，整天帶着參軍對象趕集喝茶，很積極。

（辛）寫信含着威脅分配任務。如延賓區幹張曙同志，寫信給石門亭一個頑固地主，分配他任務動員參軍，告訴他「你該脫脫頑固皮，不然人家又要說你頑固了」。同時呂家溝子村團長也寫信給他一個腿子，叫他幫助動員：「這次好好幹，將來也許會提拔你當村幹部，」結果他們很起動，完成了三人，打開了這莊的僵局，還影響了外村。良店和魚台的村幹們聽到石門亭完成三名的消息之後，很不服氣的說：「我不信咱非搞成幾個不行，你看人家石門亭這個頑固村也動員了幾個，咱不好好的幹，太丟人了。」證明採取威脅辦法，突擊落後村來影響先進村是可能的。

（壬）利用上層風頭心理，給以適當表揚。

（癸）開展鬥爭，打擊最壞的，爭取其他，全縣在參軍中開展反扯腿反謠言反破壞鬥爭共五

49

74

十三次，在鬥爭中鎮壓了壞蛋，爭取了大多數，動員參軍將近一百名。

（2）上層的表現：

（甲）一般的表現，是破壞少幫助多，而發揮的作用主要是慰勞優救，八個區慰勞新戰士用費約六十七萬八千八百九十六元，大部是上層樂捐的，還租了二千四百三十五畝地給新抗屬。章馬指籍救送新戰士，據八個區統計，有五十一人，動員參軍依××、××兩區統計共十九名，××區參議員劉奇秋一人即動員八名。

（乙）各種不同情況下的不同表現：

（子）在群眾力量佔優勢的地方，無論是已被鬥爭，或未被鬥爭或準備鬥爭的都一律表示積極。以地區說如××、××一般都是如此，以村莊說如××區××，幾個壞蛋開小會，翁彥老先生對他們說：「你們老昧着眼，看不開事，現在是共產黨的世界了，以後辦事要開明些。」果然以後這一伙都積極起來了。××區××莊地主臧孝廷，曾被鬥爭三次，連小孩也鬥爭過，此次拿出了幾枝鋼筆四畝地給新戰士新抗屬，還給新戰士抬轎，在新戰士全體面前宣佈：「全區抗屬那一個沒飯吃來找我臧孝廷。」

（丑）在群眾優勢不明，或未佔優勢的地方，有兩種表現：已被鬥爭的表示冷淡觀望，不說話，或者破壞，而未鬥或準備鬥的則表示積極。××、××、××、××四區都是如此，尤其是××區，上層最不活躍。××區所有被鬥爭過的地主都表示緘默，只有準備鬥爭的莊英夫表示積極，拿了三百元出來慰勞新戰士。

（寅）在已經開展過鬥爭，群眾初步佔優勢，但鬥的不澈底，或鬥後未拉的地方，則表示兩面態度，去年圖搞查減的××區，一般都是如此。以村莊說，如×××[redacted]，一面拿五百元慰勞新戰士，宣佈「脫褲圖皮」，另方面則抓住××運回一名傷兵的材料，造謠「六國打仗咒，死傷大。」破壞了幾個逃兵的歸隊。××區××[redacted]一面宣佈「誰參軍我拿三十畝地。」另方面則拉攏參軍對

50

75

眾：「到我家扎路吧！」結果破壞了兩名，群眾發動了第二次鬥爭，宣佈他一百多條罪狀。

（卯）在外莊優勢力量積極幫助之下，本莊群眾雖不佔優勢，上層也表示積極，這證明群眾優勢本來是不可分割的，而領導上必須善于運用，先進村幫助落後村。例如××區×××參軍前，群眾還處劣勢，但在動員參軍時，由于×××村幹及群眾的積極幫助，許多剛被鬥過不久以前還在進行「復辟」活動的壞蛋，如「五半截」等，也表示積極，在「壞蛋」會上，要求不要稱他為上層，「我是無產階級，要進步要脫離國民。」并立即募捐了四千元，幫助動員了四個青年去參軍。

（3）幾點體驗和檢討：

（甲）上層的作用與群眾的力量成正比例，群眾力量愈大，上層的作用也就愈大。但作用的發揮，主要須靠于我們的靈活爭取與適當運用，因此，領導上就必須善于把握上層態度變化的規律，確定自己的對策。在群眾佔優勢，我們有力量掌握上層的地方，就要大胆有計劃的運用上層，不僅是消極防範，而且要積極推動他，不僅運用在物質幫助方面，而且要運用在宣傳動員方面，不然就是右傾的表現，反之在群眾優勢未建立，我與力量掌握的地方，如果妄想爭取運用上層，也會造成右的結果。我們初期不了解這種規律，不敢運用上層，後來摸到這種規律，逐漸運用起來，但也是消極防範多于積極推動，物質幫助方面的運用多于宣傳動員方面的運用，這是一種缺點和偏向。

（乙）運用上層要與打擊壞蛋聯繫起來；同時又要把上層和壞蛋區別開，不要一律看待。不適當的打擊壞蛋，就不能順利的爭取運用上層，××有些村莊就是如此；反之若把上層與壞蛋一視同仁，也不能達到運用上層的目的，而且會孤立了自己。例如××區公所召開一個會，把所有的壞蛋和上層都請來，進步士紳劉吉叔也在其中，心裡不高興，很少發言，會議結束後，追問分區書記「為什麼召開這樣的會也叫我去？」分區書記臨機應變，告訴他說：「準備請你來幫助教育他們，」他才轉變態度，很惋惜似的說道：「為什麼不早告訴我，我知道是這樣該多講幾句。」

（丙）爭取、表揚運用之中要有適當的批評和鬥爭；鬥爭之中，要有適當的爭取；同時在這

78

種鬥爭與運用過程中，還要不斷教育村幹部，尤其是在我們積極爭取上層而上層表示靠近我們的情況下，更要看重教育村幹，了解我們的政策，站穩立場，認識上層本質，不要爲上層的一時表象所迷惑。這一點我們做得不够。有的單純表揚拉攏，批評鬥爭不够，也沒有適當的教育村幹，結果上層就得寸進尺，而村幹則模糊了自己的立場，有事就找上層。讓上層跑在前面，出風頭，提高威信，爭取群眾，自己甘願做尾巴。××就是如此，並且在選舉生産委員會時，有些村幹就不執行支部決議，隨便提上層名單，其他党員雖明知不對，又舉手贊成，覺得「不選他不好意思」。反之有的則單純打擊，團結爭取不够，例如××街地主曾玉堂，曾經被鬥過了兩次，兄弟親戚都参加，現在有些轉變表示積極，但總沒有人和他接近，在行政上，變成了「獨立閥」，變工也沒有人和他變。××工人郭緒紀，参了軍，上層給他牽馬，他很不客氣的說：「從前給你當奴才，當勤務員，現在叫你當一當勤務員，不算多。」這是群衆階級覺悟鬥爭性提高的表現，也是我們教育還不够的反映。

八、關于運用各階層力量的幾點經驗教訓：

（1）在工作發展到一定的階段，參軍運動成爲各階層的共同要求。領導上要大胆運用組織，運用各階層，使它真正成爲一個全民性的運動，反對小手小脚保守關門傾向，我們此次堅決的運用組織，較前有了不少進步和收穫。

（2）運用組織運用各階層，首先必須進行擁軍參軍教育，打通思想，思想沒有打通就運用不起來，因此領導上必須善于掌握規律，掌握時機，同時集中力量進行教育，穩紮穩打，這一點我們一般是做到了，但個別區如××、××、個別組織如武委會及初期的支部，却有急于求成，放鬆教育，及拖拉皮條，坐失時機的偏向。

（3）運用組織運用各階層一定要自上而下的做統一的佈置，同時又根據各組織各階層的特點，進行具體切實的動員指導，提出具體生動的口號，才能一方面統一了各組織各階層的目標和步調，同時又充分發揮各組織各階層的特殊作用。這一點，我們是逐步做到了。缺點就是個別組織，如武委會擁參委員會，沒有自上而下的貫澈下來。

（4）在工作發展到一定階段，尤其是今天，運用組織，一定要運用到小組中去，把小組會和全體大會結合起來，才能真正做到深入普遍。大部份不深入小組而停留在少數積極份子身上，這是我們目前的主要缺點。

（5）運用組織，運用各階層，同時也就是考驗鍛鍊提高各組織各階層的政治覺悟，組織觀念及戰鬥力，培養與發現積極份子的過程。因此在運用過程中，領導上必須隨時隨地注意整理組織，開展鬥爭，教育群衆，吸收積極份子參加各種組織，加强組織建設。愈整理，愈鬥爭，組織愈堅强，群衆愈提高。沒有堅强而充分的組織，就不能發揮各組織各階層應有的作用。在整理上我們一般是注意了，但有的整得過火，例如××在參軍中一下就撤了十六個村幹部的職，在生產運動中又繼續撤了好幾個，容易造成一種恐怖空氣與官僚作風。在發展上××較注意，發展黨員三十二名，工會會員一百三十六名，農會員三十六名，其他一般都注意不够。

（6）參軍教育與參軍行動雖有區別，但在時間上並沒有多大的距離，不能把參軍教育與參軍行動截然分開起來，也不能進行得過早。最好是在行動前幾天中，集中力量進行，尤其是在支部，更要早些進行，着重講明為什麽要擴軍，以及擴法等問題，把支部黨員參軍思想打通後，即可進入行動階段。一般的說，我們支部的參軍教育，是進行的過晚，群衆方面還差不多。

（十）參軍對象的選擇培養動員與鞏固

一、對象的選擇：

（1）選擇對象一般要經過支部討論，分工掌握培養教育。這一點我們一般都做到。故一千六百七十五個對象，僅失敗五百九十七名，成功者佔九百二十五名，還有意外收穫一百五十三名。但也

53

78

有個別不通過支部的現象，例如××區之峪新支解增成在下河代對象，不讓支部及村幹知道，「自己動手」偷偷摸摸的找，結果找到幾個老幼殘疾，大部失敗。

（2）對象條件一般是認識好，家庭生活困難，有解放要求。最好的是工人貧農民兵及青年。但也不放棄其他一切可能的對象，只要教育得好，其他階層如中富農也是可能參軍的，我們此次參軍戰士中就有一百一十名中農，兩名富農，都是經過相當教育，認識較好的份子。

（3）討論選擇時要嚴格宣佈對象條件，防止湊數現象。尤其是發動競賽情況之下，村幹好勝心強湊數傾向可能就嚴重，更須及時注意掌握糾正。

（4）討論對象要保守秘密，不要過早暴露，防免過早引起扯腿遭受破壞；但個別地區如群眾組織健全，也可在群眾團體中討論培養。我們此次失敗的對象中，就有二十多名是因為過早暴露，引起扯腿破壞，無法挽救的，工作基礎愈差，愈要保守秘密。但××區農救會一般健全，故有些參軍對象在支部討論後，又介紹到農會討論，始終沒有遭到破壞。

二、中心人物的掌握培養。

（1）中心人物的培養掌握，在參軍動員上具有決定的意義，必須切實注意鄭重佈置。我們初期一般都注意不夠，不是疏忽不注意培養，就是有了中心人物，也不善于掌握，終至影響了全村參軍工作的失敗，妨礙全區參軍熱潮的迅速形成。例如×××支書范慶廷，遠在良店擴軍大會上即宣佈要帶領參軍，分區還不注意培養他，村裡落後黨員則刺激他，用大姆指表示他「老子天下第一」，「過年又窮得沒有吃，動員了幾個對象又碰了釘子，家裡知道，又不斷扯腿，始終沒有人過問他，最後堅決不去，全村就動員不起來。×××支書的哥哥，群眾都盼他，區幹不加以動員，別人也就不出來。結果××區第一批就只能完成三十四名，限于七八個村而沒有形成全區熱潮。其他大部份區也有同樣情形，後來碰到困難，才認識這一重要性，抓緊培養與挽救，有了部份成就。只有××、××兩區，一開始就注意這一點，故能迅速造成熱潮。

（2）中心人物一般都是村幹、黨員，主要的條件是有威信，與群衆有聯系。選擇時要特別注意這點。

（3）中心人物有兩種，一種是你們覺悟的，一種是可以培養製造、可以說服的，兩種要加以區別，確定具体不同的培養和掌握方法。

（4）培養中心人物應有主要與次要之分，以便一旦發生變化時可以機動轉換。

（5）中心人物的掌握，一般要由支部負責，個別特殊人物，或支部掌握不住，則應由區幹部負責掌握。

（6）中心人物一般都有自尊心，要多加鼓勵体貼，少加批評刺激。同時對他們的動員方式，也應與一般群衆有區別，多講大道理，如階級教育，前途教育，把個人利益與階級利益革命利益聯系起來，不要多談個人問題，更不要涉於低級趣味，影响對方自尊心。

（7）為了培養中心人物，必要時可與提拔幹部的工作聯系起來，例如××區為了培養劉紀湘作為××××參軍中心時，提拔他為支組，並在支部裏舉行隆重儀式，進行教育，擴大影响，提高威信，號召通過劉紀湘去掌握一組可能參軍的青年黨員，終於勝利完成動員十九名的計劃。

（8）培養中心人物，強調幹部模範作用，應與教育一般對象，動員群衆結合起來。一面培養中心人物，對村幹部強調起模範作用；另方面則教育一般對象，動員群衆獨立自主，要有自己幹，不要「盼伴」。不要單純直線的在群衆中號召「跟某人走」，加強群衆「盼伴」心理，以致中心一動搖就影响全体。更不要在群衆中亂喊，「村幹部要起模範作用」的口號，以致造成群衆藉口幹部恐慌或幹部孤軍突出的現象。

（9）中心人物中途變卦時，要針對他變卦的具体原因，盡一切力量設法加以挽救，着重運用群衆力量與組織力量，必要時應適當開展鬥爭，貫徹到底。

（10）萬一不能挽救時，要迅速轉換中心，另找對象，或就次要中心人物，加以培養提高，並

55

80

在群衆中孤立第一個中心人物的影响，不要一垮台就灰心放手。

三、對象的動員：

（1）對象的参軍動機，是錯綜複雜的，但每人必以一种為主。領導上要善於把握各種對象的参軍動機，進行具体動員。我們的参軍對象有以下幾類動機，可作為今後動員上的参攷：

甲、快勝利了——這是一般的動機，佔大多數。

乙、快「實行了」要翻身，不受壓迫，打倒大肚子。——這是一般党員和工人的動機。

丙、八路軍生活好。

丁、為了學習求進步——這是一般青年的動機。

戊、羨美國武器好——這也是青年，尤其是戰鬥團員的動機。

己、抗戰後找個好老婆——這是沒老婆或夫妻不和的参軍動機。

庚、家庭壓迫——如兄弟父母叔伯等等壓迫。

辛、升官——中農成份及少數英雄思想較濃厚的村幹部，都有這種動機。

壬、報仇，或怕鬥爭——這是個別的。

（2）動員對象一定要找脾氣好的人，在一定條件下最好的是：

甲、新老抗屬——他有資本，可以用自己的情况說服人家，理直氣壯，收效最大。例如××區助理員吉喬齋送兒参軍到處宣傳：「人家說参軍是苦事，我為什麼送兒去呢？我在民主政府幹了四五年事，還不懂得好壞嗎？」結果很順利的動員了二十多名。

乙、参軍戰士——把最堅決的組成擴軍組，進行動員。

丙、開明的家屬——有威信，通過他們去動員對象也最有效，例如××××一個農會員動員兒子参軍，兒子不願意而且哭，就不讓他吃飯，最後他兒子沒辦法，只好找村幹向父親說：「我去好了！」

81

丁、在群衆力量佔優勢，破壞份子一般怕鬥，能協他完成任務，利用他去動員參軍，收效最大，如×××××，×××，×××，×××，都是利用這種人幫助了任務的完成。

（3）要有耐心堅持到底，例如×××民兵在動員民兵中一個對象時，下了很大決心，大家輪流跟着他睡覺，一連幾夜不斷動員，最後該對象說：「我看大麻煩了，去吧！」結果他又動員了另一個民兵一塊去。

（4）幾種動員辦法：

甲、大包圍。即大家分工一齊動手，這主要是對較成熟的對象。

乙、慢抽絲。即對不大成熟的對象，慢慢動員。

丙、跟蹤追擊。例如×××魯綫全，為着動員兩個賣油果子的，自己挎花生跟着他去賣，一面賣一面動員，結果成功。××區×××，因對象常砍柴，支部急了，派出三個黨員跟着對象上山拾柴火，結果完成三人。

丁、先解決困難，後進行動員。例如×××東南部，于某家裡有妻及小孩，沒人幹活，村幹動員他丈人到于某家裡幫助幹活，看門，看小孩，解決了他老婆的困難，結果就動員成功。又如××一家難民，住在山頂上，沒房子沒飯吃，婦救會長在莊裡替他找了一所房子，請他下來住，還借了糧給他吃，然後就動員了他兒子去參軍。

（5）要有組織的動員，大致採用以下幾種方式：

甲、個別動員。即一個對一個，特別要求投脾氣。

乙、小組動員。即幾個人負責一個對象，確定一人作中心，負主要責任，一旦失敗，即迅速轉換中心人物。

丙、個別突擊，集體動員。即秘密佈置，公開報名的方式。這種方式的優點是富于鼓動性，能使群衆有出于自覺自願的參軍，對我反映好；同時有些不成熟的參軍對象，也可能在這種影响之下

57

，迅速成熟起來，自動報名參軍。例如××區第一批佈置十二名，結果報名的有五十二名，一般老頭子反映：「到了什麼時候，八路軍真有天份，從前誰都催不上，現在一喊就上去好多。」婦女識字班反映：「咱要是男的，一定也跑上去！」報名參軍的青年則說：「人家都幹了，咱還不幹？」党員反映：「參加自己的党軍，還用得着動員？」抗屬則覺得更光榮。第二次動員時跑上了十二個小青年，不叫他幹，他們再三要求：「咱幹點別的不行嗎？」臨走又跟上。報社動員他們去做工人，他們回答：「要幹就作主力，不幹你那一伙子！」缺點就是有些自動報名參軍的新戰士家屬，可能因為事先家屬工作就沒作好，臨時發生怨言，甚至吵鬧，影響群衆情緒。如××區第一次報名後，就有一個家屬跑到區公所啼哭，把他兒子拉回去。以後，全村老頭子都警惕起來，不許兒子出門，不讓村幹部和他兒子談話，一談話就警告他兒，「你也想參軍嗎？」因此採用這種方式時要注意：

（一）切實佈置一部份堅定的對象首先報名，起領導作用。

（二）大會佈置要極其隆重。富有吸引力；口號講演要生動有力，富于鼓動性。最好是佈置各種類型的參軍戰士號召同類對象參軍，如民兵號召民兵，工人號召工人，收效最大。×　區第一次大會，有二十多個青年，就是在婦女識字班跳舞，獻花時跑上去的，會後問他們為什麼跑上去，他們回答：「在下面蹲不住了」，還有的說：「慰問團講話，首長那麼好，隊伍那麼好，還不去？」證明大會隆重，確能發生吸引作用。而××區之所以失敗，沒有意外收獲，且有部份預先佈置他報名的對象掉了隊，其中原因之一，就是大會不夠隆重，台子太高，人跳不上，講演口號不夠生動。

（三）開會號召參軍時，要說明參軍條件，防止老少殘疾份子跑上去；但也不應當場限制得過嚴，致使夠格的參軍對象不敢大胆的跑上去。

（四）對象到會，擴軍人及村幹部要切實分工掌握，同他坐在一塊，隨時利用生動材料鼓動他上台報名，不使一個對象變卦掉隊。××區失敗的又一原因，就是沒有這樣去掌握對象，號召報名時，擴軍人走開，對象沒有人督促。

83

（五）報名後要立即調查家庭狀況，分別送光榮牌，優待糧，把他家屬「釘住」。同時還要發動各該村群衆團體，立即回村討論佈置代耕優抗，及家屬工作，以穩定新戰士情緒，並防止家屬扯腿。

（六）萬一家屬來扯腿時要耐心說服，熱烈招待，同時另一方面還要加强新戰士的教育與招待，堅定其參軍决心，必要時可成立支部或小組，馬上開會動員，運用党的力量，鞏固他們的情緒，並分配他們任務，去團結非党戰士。只有把這兩方面的教育與招待密切結合起來，才能達到堅定新戰士，說服新家屬的目的。××區採取這種辦法：開支部大會進行教育時，党員情緒極高，一致的說：「參加党軍，好孬咱要負責，好好擁護他。」當西夾河兩個家屬來扯腿時，兩個青年党員很生氣，把他母親嚷了一頓：「咱參加自己的隊伍，你來幹什麽？」他母親哭了，區長親自動手加以招待，吃麵吃肉，戰士看了很安心；家屬看見新戰士也吃着肉和麵，照顧得很周到，也就沒有意見了，人家問他來幹什麽，她就轉口說：「我來望望，不好嗎？」臨走給她小驢騎，并派人歡送，她心裡很高興，回家對人說：「人家在外頭，比咱照顧的還好呢？」

但是這種方式不能機械搬用，必須區別具體情況，如在教育較成熟，參軍空氣較濃厚，或家屬扯腿較厲害時就可以採用，而且最好是在第一次動員時運用。因為第一次對象較多較成熟，容易號召起來，而第二次就可能缺少這種條件。

（7）動員中幾種偏向，要注意糾正：

甲、方式生硬直線，到底參軍光榮，不會轉彎抹角，缺乏耐心，初期較嚴重，後來逐漸糾正。

乙、單純遷就對象落後心理，教育提高不够，類似引誘。如單純强調物質優待，戰後享福等。缺乏充分的政治動員，强調和平順利，不敢談戰爭問題，宣傳：「誰去參軍，二年後政府保證給說一個媳子！」，宣傳：「一個月請一次假！」，宣傳：「三年退伍」……等等。尤其是三年退伍問題部份地區曾經動員宣傳過，後來很快就糾正，很少要求發保證書的。證明只要領導上注意，任何落後

59

84

心理，任何偏向，都是可以克服的；群衆是可以提高的。也證明了還就落後是必要的，但必須及時進行教育，加以提高。

丙、湊數傾向：初期在村幹中比較普遍，個別區幹也有此傾向，例如××區第二批戰士中有六七個小孩，縣叫他考慮精簡，分區書記說：「不要緊！去吧！湊湊熱鬧精回來再說！」南甘林第二批動員了七個老少殘疾份子。區幹不要，支書說：「這回無論如何要講講面子，叫他們去！」。但一般的說並不十分嚴重，且能及時發現，及時糾正，故無多大影響，全部只精簡了八十三名。

丁、個別的收買現象，全縣有七個村收買了八名，經發現糾正者，有××區之××、××各一名；×××用二千二百元買了一名，××區之××莊用三百元買了一名，未給錢就送走，他母親跑到區公所叫喊：「他（指村幹）不給錢就把我兒送走了！」××區之××收買兩名，××區之××收買一名。

四、鞏固對象的辦法：

（1）及時送優待糧。一動員成功就送，把他「釘住」，為此區公所必須授權各村機動處理，不要拖拖拉拉錯過時機，讓對象隨便變卦。

（2）對象不十分堅定，易發生動搖，或家屬不堅定，壞蛋太多的，要「接着瓜就摘」，立即歡送。方免夜長夢多，發生變卦。

（3）動員成功後，即在村民大會上宣佈他參軍，或以報名方式出現；同時在會上討論他們家屬問題，使群衆都知道他參軍，不好意思變卦。

（4）新戰士編成擴軍組，集體吃飯，集體教育，集體活動。

（5）分工輪番掌握，如白天帶他趕集，晚上開晚會，閑時就拉呱，喝茶，使對象沒有一點空子胡思亂想，或跟壞人接近。

（6）請吃飯，安定情緒。

（7）中心人物領頭宣誓蓋手印，堅持幹到底。

85

五、升級工作：第一次佈置時，根據上級指示，把區中隊升級當作參軍來源之一；第二次佈置時，由于信心提高，堅持從地方上動員，不強調升級，個別可以容許，個別升級後，再抓緊參軍餘波，擴大區中隊，加以補充。但在初期執行中，却發生一些偏向，反映着縣區武裝與縣區黨委的相互關係：

第一種偏向是個別分區委，如××區，初期對參軍工作缺乏充分信心，想走彎路拉游擊隊，并決定大量過渡區中隊，結果參軍對象不少向着游擊隊看，主力觀念不強。

第二種偏向是部份區中隊副職幹部鬧本位，反對個別升級。如××、××區中隊在參軍熱潮影響下，個別質量較高的隊員，未經動員，積極提出升級要求，區幹根據縣委指示，一再加以解釋，強調暫時不升，但是他們仍堅持「非幹不可！」自動往台上爬，區幹不能不容許；而區中隊副政指則不高興，甚至鬧起別扭來，如××副政指戒少山，竟因二名區中隊員升級而公然在區中隊中進行動員，并趁大會未散，帶隊伍交給分區書，宣佈不幹，強調升級非經獨立營批准不可，一時造成爭執，引起懷疑，認為獨立營與縣委鬧意見。

第三種偏向是個別區中隊員，未經部隊同意，私自升級；甚至自動跑回家跟群众一起去報名參軍，忘記了自己原來是戰士，甘願先降格後升級。而分區委也沒有及時加以糾正，同意他去。

以上傾向，曾經縣委及時發指示通知，分區委開會檢討，故只限于初期的個別表現，且能及時糾正。最後全縣升級共九十一名，佔全作參軍戰士百分之六。升級後又擴大了一百一十六名補充區中隊。証明我們沒有強調升級是正確的。也証明了中心地區堅决從地方上動員是完全可能的。

六、歸隊工作：

（一）參軍運動中逃亡戰士的表現：

甲、積極參軍——少数本質較好的，自知：「參軍後，還不理呼俺？」「再拖拖不了！」「不如趁早參軍，反而光榮好看。」

61

86

乙、消極抵抗，等待，圖僥倖，不動員他。他就不動——這是少數落後份子的表現。

丙、假裝積極，動員別人參軍，高呼「好青年要參加主力！」的口號，企圖「將功贖罪」，這是少數滑頭份子的表現。抓住他們的口號來動員他，他就無話可說。

丁、破壞——一開始就到處宣傳「參軍好，我為什麼不幹？」或者開小會直接破壞。這是少數最壞的表現；也有的主觀上是為了掩飾自己的醜態，避免人家的動員，但客觀上同樣起了破壞作用。群眾只看現象不看本質，常常以過去的眼光來看今天的軍隊，以逃兵來衡量參軍，故容易接受其壞影響，必須嚴防。

（2）動員歸隊的辦法：

甲、派專人監視，防止破壞——這主要是在參軍初期對付少數壞份子的辦法。監視的人最好找黨員。

乙、把逃兵當新戰士看待，動員參軍——這主要是為了避免逃兵怕人家叫他做逃兵的心理。

丙、良心檢討——在參軍末期，由區幹村幹配合上層及抗屬，召集逃兵開會，講良心，問他：「青年踴躍參軍，你們不歸隊對不對？」最好事前佈置一些好的，先檢討並起模範作用，報名參軍，或歸隊，以影響旁的。

丁、群眾封鎖刺激——如有的到處要飯吃，吃地瓜乾不歸隊，就開會宣佈不給他，不和他說話、來往，沒有一個說逃兵好的，最後他沒辦法，只好宣佈：「不受這個洋罪，去吧！」

戊、辦退伍手續——宣佈多少歲以上，或確是有疾病者，可到縣政府領退伍証，免從歸隊。這樣就把不够條件的先爭取過來，讓他們也幫助動員，孤立其他。

己、轉[illegible]甲——如[illegible]的[illegible]附家，而有兄弟兒子可以參軍者，商得同意，即由他[illegible]動[illegible]許可[illegible]，實行交換。×××一個[illegible]的，一個[illegible]大[illegible]的，都是用這種法

[illegible]大[illegible]

62

87

庚、行政命令的配合——最後沒有辦法，即由區公所下命令召開逃兵會，宣佈一律歸隊，使他們如通過政府法令非歸不可；隨後提出通融辦法，如不回原部隊等等。最初要硬，才能使他接受除待辦回家。這辦法與良心檢討配合進行也可。

結果與反映：我們採用這些辦法，動員了一百二十八名歸隊，原有逃兵尚無確實統計，但一般估計已剩餘不多，尤其是一九四三年以後逃亡的本質好的更幾乎沒有了。群眾反映，一般都說：「應去！」，人家都來了嗎，開小差還能不歸隊！」有些村幹更說：「不去？老百姓會把他抬走呢！」個別落後群眾則反映：「當兵還能當一輩子嗎？」還有些落後逃兵在動員中以死相威脅，如×××在舊的群眾街上買紅礬，對人說：「誰動員我，我就吃！」×××一逃兵跑到廟裡逃避，宣佈：「我到廟裡死，不如死在這裡」

由此可見：逃兵一定要留在最後動員，否則會引起不好反映，就會影響整個參軍工作；但個別特殊情況可以例外，例如中心村逃兵過多，歸隊動員是否勝利，對全村及各村的參軍工作將起着決定作用，那就必須首先集中力量去動員歸隊。××區之×××，××區之×××就是這種情況，最初碰到了釘子，逃兵開小會：「死也不去！」，群眾反映：「參軍好，為什麼這些人不幹？」後來集中力量進攻，才打敗為勝。

同時我們還深深体驗到：動員歸隊也要進行教育，打通思想；也要區別對象，實行各個擊破，也要注意培養中心人物；也要做家屬工作，不能單純用法令來推行。

（十一）家屬工作

我們的家屬工作一般是成功的，社會影響極佳，據八個區不完全的統計，家屬到會歡送者達六百八十七人，佔參軍戰士總人數百分之七十，內有父母送子四百七十七人，送郎六十五人，送兄弟一百

63

88

○八人，父子參軍一對，其他如送姪送女婿送小舅子共三十六人。歡送人在大會上講話者一百三十八名，內有父十二，母二十三，妻七，其他九十六。其中尤以××區做得最好，自覺動員參軍者四十一家，佔參軍戰士百分之二十，到會歡送者百分之百，有的全家都到會歡送。全家參加抗戰，經群眾公認之模範家庭，全縣已選出八家。個別扯腿者也往往因為臨時說服得好，做到：「哭着來笑着去」。

我們家屬工作成功的原因和條件，主要是良心檢討與優抗工作做得好，婦女工作有相當基礎，發揮了應有的組織作用。這些原因和條件，也就是我們測驗各區家屬工作好壞的尺度。

這裡且舉一例為証，這是一個家屬工作的典型，也是一個黨員參軍的模範故事：

××區××××黨員劉紀湘，現年二十四歲，雇工成份，一九四一年入黨，歷任小組長，工作認真積極，虛心學習，富於進取心，前年冬天才結婚，老婆年青愛漂亮而落後。在擴軍時期中，分區委就確定他為該村帶領參軍的中心人物，曾經對他進行過相當教育，并提拔為支組兼村團長。

×××開會歡迎慰問團時，他先和支書（兼各救會長）商量：「八路軍是咱們自己的黨軍，要動員參軍，別先動員旁人，咱先領頭幹吧！我下決心幹！」支書起初有些猶豫，怕他離不開家（即老婆），後來看他很堅決，就表示贊成，并決定送他跟他一塊去，於是劉紀湘就在大會上報名參軍，并代表該村與××村挑戰，保証帶領五六個青年參軍，并幫助周圍各村進行動員。

劉紀湘參軍的消息傳到家裡，劉大嫂很生氣，馬上約着另一個參軍對象劉正柱之妻一致扯腿。同時莊戶也把他的家屬工作佈置好了。

劉紀湘回到家裡，劉大嫂馬上就哭叫起來，婦女識字班一起擁到他家裡去動員，方式生硬直線，一開頭就是：「俺二哥參加主力軍，二嫂子真光榮啊！」劉大嫂說：「光榮俺不要！」婦女識字班又是：「參軍真光榮。二嫂叫俺二哥去吧！」而且唱起送才郎歌來，她聽了更生氣，終於大哭大罵起來，把婦女識字班趕出去。劉紀湘親自動員也不成，甚至被她關在屋裡，不許出門。可是這時劉紀湘的父親已被村幹動員好了。

次日清晨，劉大嫂跑回娘家，把她母親拉來「幫忙」，劉紀湘就抽空跑去參加了一次支委會，支部怕他動搖，特地開會來堅定他。他堅決表示：「我說一是一，說二是二，我已經下決心非幹不成，你們放心！」接着又參加了一個聯防區裡的幹部會。分區委有計劃的運用××參軍模範韓公家來和他重新挑戰，堅定他。

丈母娘來了，扯腿更厲害，她繼續把劉紀湘關住，並用死相威脅，但劉紀湘滿不在乎的說：「那邊有刀子，這邊有繩子，你愛怎麼死就怎麼死！」她哭了，他就笑。婦救會不斷來動員，不斷碰釘子：「丈母！為什麼不叫你家裡去？」特別是他丈母娘扯得更凶，劉紀湘氣極了，告訴識字班隊長吹哨子集合婦女，敲鑼打鼓，把他丈母娘送走，後來村幹部覺得這辦法太過激，便停止了。

支部認為這個堡壘非堅決拿下不成，不然會影響全村甚而周圍各村的參軍工作，于是又開會討論。劉紀湘接到了通知，想出去，「家裡」把守住門口，扯住他的手和棉襖不叫走，最後他狠激動的從身上脫下了棉襖，鑽了一個空就跑出去參加。大家對他進行了黨的教育，強調要進步非冲過這關不行，並研究了他「家」的心理，重新確定了動員辦法，並拿到識字班，婦救會上去研究檢討佈置。

研究的結果，認為他「家」心理有以下這幾個特點：

（1）怕男人走，受氣。因為她公公是個老衙役，脾氣不大好，姑姑在鄰居，也和她不大和睦。

（2）青年人怕沉寂，又怕丈夫不回家，沒小孩。

（3）家裡窮，又愛漂亮，沒人照料。

（4）愛活動，又怕人家說閒話。

對策是：

（1）說服她公公，然後開家庭會議，保證不欺負她。並拿一部份錢，給他帶着零用。

（2）答應常常請假回家，就誤不了生產，並找一個投皮氣的識字班員給她作伴，又可幫助她

90

進步。

（3）縫一件花袍給她。

（4）告訴她好好守本份，走正路，村幹保證沒有說閒話的。誰說就鬥他。，這也是堅定劉紀湘的重要一着。

辦法決定了，從何着手呢？先叫劉紀湘回家採取「緩兵計」實行「假支差」，對「家裡」說：「我現在不去了，這幾天黑夜哭了好多眼淚，真倒霉！」她聽了很高興。晚上睡起覺來，劉紀湘就慢慢的從反面來進攻她：「不去，有好處，也有壞處。因為參軍是好事，咱在×××老早報了名，縣長給帶花請吃了飯，好幾千人都知道。現在不去，人家會咱不當人看，耕地也不借牛給咱使了，還要在咱門口掛上「要協牌」。我出去，人家叫要協鬼，您出去，人家叫要協鬼的老婆，您說好不好？」她開始動搖了，但是劉紀湘很沉着，不再說下去了。另一方面村幹們剛把他父親說服好了，願按照大家討論的辦法，給她提出保證。

次日識字班和婦救會開會，吸收一部份抗屬參加，劉紀湘全家都去，好像個擴大的家庭會議，大家很愉快，識字班隊長說：「現在婦女再落後，人家不要了。」一點一點的比到劉大嫂身上，但是她還沒覺得。大家又歡迎隊長啦啦×××開會的情形，隊長便說：「人家說好婦女不怕人，好水不怕混，好婦女要上識字班來進步。」她聽了很高興，宣佈要上識字班，劉紀湘就乘機答應給她做個花袍，好好上識字班學習。她更高興了。接着隊長又說：「人家還說：咱婦女要不受壓迫求解放，還得動員參軍。大家想一想，不是人家男的進步，參軍，打鬼子，光咱婦女在家還能解放嗎？」大家都說：「是啊！咱以後可別扯腿啦！動員的是恩人，扯腿的沒良心。」于是她公公又提出「劉紀湘早在×××報了名，現在非去不成，您在家好好過日子，保證拿您當人待，不缺針線，也不用下湖上坡。」識字班又說：「你怕寂寞嗎？咱找兩個投皮氣的給您作伴」。村幹部又提出保證沒說閒話的。最後，她很高興的說：「叫他去吧！俺不扯腿了。」抗屬劉大娘抓住了青年婦女風頭的特點，進一步鼓勵她送郎上戰場，她也答應了。而且回頭就把劉正柱的老婆說服下來，「我不扯了。你也別扯吧。」

這個碉堡一拿下，×××馬上就成功了九名，這推動了周圍各村。臨走，劉大嫂果然到全區大會上去送夫參軍，並登台講了話。劉紀湘在支部裡總結這一勝利時說：「別光怪人家落後，還得檢討咱教育不夠。」「青年人要進步，主要靠自己。」

從這個典型及一般家屬工作過程中，我們深深體驗到家屬工作的規律，一般的動員對象相同，而以下幾點尤為重要。

（1）說服家屬的人，一定要看對象具體決定。一般的說：抗屬，尤其是新抗屬，進步的婦救會員及堅定的參軍對象本人為最有效。青年婦女除少數老成者外，一般方式生硬率直，不宜多用。

（2）一定要有組織的進行。最好是在對象決定之後，根據具體情況，討論幾個投皮氣的人，組成家屬動員組，具體分工進行說服，不要亂抓一把。

（3）說服家屬，也要抓住中心。首先集中力量說服中心人物或其他有決定意義的家屬。最好是當中心人物確定開始培養時，就同時着手進行中心人物的家屬工作，從側面去教育她，爭取把她培養成積極家屬。

（4）要看對象說話，一針見血，打中心坎。例如×××包彥春，中農成份，好花錢，悃幹活，常常要賣田地，同人家借錢花，老婆很不滿。婦救會抓住了這個特點，告訴她「妹妹，叫他去吧，他在家也不過日子，」結果成功。

（5）戰士臨走前，是家屬情緒最緊張最容易變卦的時候，家屬工作要特別抓緊，最好是輪番進行，使她沒有一點空子胡思亂想，不要以為她答應了就萬事大吉。

67

92

（十二）參軍運動中的慰勞與優救

參軍運動中慰勞與優救的主要方式是：

（1）送新戰士用品和錢。用品有鞋子、襪子、帽子、衣服、包腳布、包袱布、背包、皮帶、煙袋、手巾、鋼筆、鋼筆套、鉛筆、墨水、肥皂、牙刷、牙膏、茶缸、匙子、印色盒、小鏡子、日記本子、紙煙等等，每人都有，至少五種。多則二十三種，應有盡有，據八個區不完全統計，送錢及用品共花六十七萬八千八百九十六元，每個戰士平均六百十四元。

（2）請新戰士及新家屬吃飯。在全區歡送大會上，影響最大。

（3）租地這主要是上層擁軍的表現，對外宣傳尤應注意。全縣初步統計共租二千四百三十五畝，都是上層自動拿出來的。分三種形式，最主要的是按二五分租，地主保存地權，如××、××、××及××之一部份。其次是不分租，也沒說明地主是否讓出地權，如××、××及××之一部份。再次就是不分租但立契約，寫明戰後或戰士回家時即歸還原主。這對鞏固部隊有相當作用。

（4）解決新抗屬臨時性困難。包括募糧。九個區統計，計十四萬一千四百零九斤；拾柴火，七個區統計，計八百零四十七斤；募錢八個區統計，計二十四萬八千一百八十三元；蓋屋十六間；安葬死人兩家用費三千元；代還債務兩家，四千元。

（5）經常的組織慰問，三五成組帶點東西慰問新戰士及新抗屬，對安定情緒有極大作用。參軍運動中，慰勞優救中的特點與優點是群眾更加自覺，上層相當積極，優救更加經常化，如××區村幹每晨必到抗屬家裡問候，×××抗屬劉一安很感動也很不耐煩的說：「這樣送行，有事咱去找你，還不好嗎？」不論新老，每家抗屬平均都有二畝以上的土地。××民兵經常給抗屬挑水，並且建立檢查批評制度。××群眾更拿出了一個場給抗屬用，稱「抗屬場」。說明參軍運動已經進一步提

93

高了群衆。

因此，抗屬生活，有保障，情緒更加安定，戰士也很少想家的，行軍經過家鄉，也不想進去，一般進去看看都很快就歸隊。我們深深体驗到，優救與慰勞是擁軍工作中的重要一環。尤其是戰士走後的善後工作特別重要，可以說是鞏固第一個熱潮，發動第二個熱潮的中心環節之一，必須特別抓緊，否則戰士情緒不安，「身在部隊心在家」，家屬有怨言，就會影响第二批戰士的動員。

但優救慰勞的東西，一定要從群衆特別是從上層中募捐。發動群衆募捐慰勞優救的過程，同時就是教育群衆的過程，也就是擁軍運動的深入發展。因此必須堅決反對攤派或官辦。關於攤派我們發現了六村，區公所也花了許多不必要的款如補充戰士鋼筆牙刷牙粉，過多的請客等。八個區共花了一萬九千零八元。這是一個缺點和偏向。

適應慰勞優救送要與物質收買區別開來，原則是自願的而不是強制的，部份的而不是平均普遍的，必要的而不是過高的要求。我們有些地方花的太多，個別形成物質引誘。例如××區×××參軍四人，每人送二千元。

同時政治教育應與物質優待並重，特別是在優救工作更加提高經常化的情況下，對抗屬的教育更加强。這方面我們做的很不够，所以抗屬新戰士中要求過高的現象相當嚴重。有些戰士到了部隊以後還寫信向村裡要東西。××區×××一個抗屬，有十七畝地，沒有勞動力，還要求給他二十畝地，人家問他為什麼要這麼多，他說：「以後有人幫忙了。」群衆無條件的給他，分區要也只準備抽回千畝，這都不好會助長抗屬的落後。

(十三) 歡送大會

歡送會的方式：最主要的是集中歡送，即在村裡動員成功後，先開村民會歡送，然後集中到區開

69

94

大會歡送。其次就是報名方式，先報名，後遊行，事前準備好一切用具。再就是報名與歡送混合。最後就是個別送，影响較小，但在特殊情況下，如家屬扯腿利害，對象不堅定時，也非採用不可。總之，方式要多樣，靈活運用，不要千篇一律。

歡送會的情形，一般是在村開會後，沿途佈置群眾，設席置茶煙餞行。前面打着大旗，跟着高蹺隊，戰士騎馬，坐轎，士紳幹部婦女識字班牽馬抬轎，家屬騎毛驢坐小車跟在後頭，群眾配合部隊集會場歡送。會場佈滿頌軍旗幟標語口號，會上設新戰士新抗屬坐位，台側設抗屬席，中間留着一條丁字形的大路。戰士到時，鳴炮、鼓掌、敲鑼、打鼓表示歡送，繞場一週，然後由中間通過登台。開會時，全体起立，向新戰士新抗屬鞠躬致敬，新戰士新抗屬相繼講話，婦女識字班跳舞献花，献慰勞品，會後請客。群眾爭着不散，由區送縣時，沿途各村佈置歡送餞行，上層親自招待。總之：形式與內容要嚴肅而又活潑，民間形式與新內容相結合，適合群眾口胃，同時又能教育提高群眾。

結果，一般群眾都感到參軍光榮，有的深深受了感動，當場捐錢勞軍，或者發奮求進步。「好人不當兵，好鐵不打釘」的觀點，基本上是打破了。而且直接鼓動了參軍。每次歡送後，就有許多參軍對象湧現出來。過去猶豫不決的也很快下決心幹，一抓緊進行動員，就迅速完成任務。××更有不少戰士是在大會直接影响之下自動參軍的，如××一個賣糖稀的，在大會結束，舉行遊行時，突然把糖稀撂撂，跳上馬去，宣佈：「不賣了抗戰去」。只有個別落後份子，認為這是我們耍手腕，存在着「拔兵」觀點。

我們深深体驗到：隆重的歡送會，對造成熱潮，提高熱潮，確有很大作用，要大胆的搞，不要小手小腳，但次數也不能過多，否則群眾過於疲勞，情緒容易低落。據不完全統計，在二十五天參軍行動中，每個老百姓平均要參加六次歡送會。缺點就是個別區如××，過於遷就戰士虛榮心，三十多名戰士也分三個小地區開歡送會，抬着轎，跟着一群家屬，歡送三五十里路，真是小手小腳，形式鋪張，勞民傷財。

95

（十四）招待所工作的幾點經驗

一，招待所工作的重要性大小，决定于家屬工作之好壞。家屬工作差，可能發生嚴重的扯腿現象時，招待所工作就特別重要；反之就沒有多大關係，但也不能根本忽視，個別的扯腿與不安心的現象還要防止，還要認真去做。最初我們不了解這一規律，根據華中經驗很强調這一工作，半個月後覺得家屬工作好 扯腿及不安心的現象很少，便把招待所改為新兵營，以便加强軍政教育。但不重視的傾向是沒有的。

二，招待所要分兩種，一種是長期性的，從參軍開始到結束，由縣成立，設在最中心的地區，如地區太大可設兩處。一種是臨時性的，由各區成立，集中後再送縣，免得零零星星的送縣，沿途住宿招待不週影響戰士情緒，而且勞民傷財。

三，招待所的幹部，尤其是縣所的幹部，必須下本錢配備齊全。最好由縣政府與部隊（部隊為主）負責配備，有所長，文書，管理員，文娛幹事，衛生員，理髮員，伙夫，還要有營連排班各級幹部幫助掌握。我們的縣所就是配合六團這樣配備的。

四，日常生活要盡量改善，伙食要好些，多設備些文娛器具，對安定與活躍新戰士情緒有很大作用。

五，所部要設在工作基礎較好的村莊，有計劃的發動群眾配合所部進行工作。如組織聯歡會，發動群眾慰勞慰問，幫做針線，幫做家屬工作等等。如果扯腿現象比較嚴重，更應有計劃的組織一批進步的老媽媽老頭子，青年婦女，士紳，村幹，最好是抗屬專做家屬工作。男家屬來就叫男人招待他，說服他，女家屬來就叫女人招待她，說服她，以群眾說服群眾，效果特別大。

六，戰士入所，要馬上成立支部，接上關係，加强党的教育。這對鞏固党員情緒，與掌握非党群

71

家有極大作用。他們在地方上過慣了三五人的小組生活，到所裡見到大批同志，很奇怪也很高興，也就更加相信「參軍是好事」。

七，要嚴格看望手續，防止意外。最好規定抗屬來看望戰士，須經所部登記，營連部負責人先行接洽，認為無問題者，始准他直接到班上去，到了班上還要派人跟着，防止他隨便說話，影響雙方情緒。××區×××四個抗屬，因為兒子被農會長偷偷送走，很不滿，準備來扯腿，可是經過了這些手續，不斷動員說服，最後也就很滿意的回去了。

（十五）參軍工作與其他工作的聯系

一，與群眾鬥爭的聯系：在最初進行支部擁軍教育時，工作尚未正式佈置，聯系查減較差，大多單純突擊查減，以後正式佈置，强調密切結合，一般都很注意，故聯系較好。全縣發動鬥爭大小共九十七次，在鬥爭中動員參軍一百四十二名，聯系的方法與步驟是：

（1）參軍行動前對落後村莊及皮條地區，有計劃的佈置開展鬥爭，作為動員參軍的具體準備。如在××開展反徐中諾鬥爭，在××區開展反杜風山反劉元安鬥爭，參加群眾均達數千人，包括幾十村。結果××在鬥爭中及鬥爭後發動了十八人參軍，××區在鬥爭後很快就掀起了參軍熱潮。我們深深的體驗到，在這種地區動員參軍，一定要從發動鬥爭，解除群眾痛苦入手，否則很難造成熱潮。

（2）在參軍運動中隨時搜集破壞材料，發動鬥爭，把反破壞鬥爭變成發動參軍的關鍵。個別壞蛋的破壞辦法，主要是造謠，例如說：「肉飽子打狗，有去沒有來」「六國打仗真好，就是死人太多。」「以後要拔女兵，挨着來。」而較普遍的則是抓住婦女活躍的特點，謠傳「過了三月份，婦女識字班不准說婆家，要排起隊來，和八路軍拋手巾，誰給拋着，就是他老婆」，而實際破壞則多採取隱蔽而巧妙的方式，如分糧食給參軍對象吃，分地給參軍對象種，請參軍對象吃飯等等。但群眾警惕性也很高，隨時發現、隨時鬥爭，情緒很好。把反破壞鬥爭變成發動參軍的關鍵是可能的。例如XX區XXX鬥爭破壞份子胡某後，立即就動員了九人參軍，鬥爭對象的義子，原與父不睦，鬥爭後重認識父親罪惡，積極要求參軍。群眾疑其企圖為父報仇，堅持不要；跑到區公所要求，區公所也不接收。又在一個聯防區群眾大會上提出要求，宣佈「我不姓胡，要改姓，」而且放聲大哭，大家見他動機純潔，要求迫切，乃佈置一老頭子提條件給他做保人。(甲)保證與父脫離關係。(乙)永遠不回家，(丙)改姓。結果他完全接受。群眾反映：「現在當兵可不容易呵！」因之參軍認識大大提高。但這種方式不宜強調，一般非不得已時可不必採用。次日又有三人報名參軍，遂推動了周圍各村。又如XXX壞蛋鄭金亮試圖分地給參軍對象種，群眾發覺，即開會鬥爭他。一直堅持了四個多鐘頭，發言五十多人，七十多次，比過去任何鬥爭都要熱烈，而且完全講道理。這說明參軍運動進一步的提高了群眾，也說明了參軍運動中的反破壞鬥爭，乃是群眾經濟鬥爭向政治鬥爭的變化，二者互相交錯互相推動，容易發動，也容易取得勝利。主要是因為我党我軍的政治影響在參軍中更加擴大，群眾覺得有依靠，壞蛋不得不低頭。

(3)在鬥爭中加強擁軍參軍教育，貫徹階級教育，提高群眾政治覺悟及擁軍情緒，鬥爭後趁熱打鐵，發動群眾檢討，加強教育，突擊對象動員參軍。XX區XX抓緊了這一點，故收效很大。徐為一在檢討會上談到自己過去因為借了徐中諾幾百元，就被逼下關東，流離顛沛，辛苦備嘗，不禁放聲大哭，高喊「共產党八路軍救了我，是我大恩人，我一定叫我二份去參軍。」對群眾的教育意義很大。

二、與生產的聯系：這是一個實際的困難，經過幾度研究討論後，決定採取如下辦法，結果證明正確，也獲得相當成績：

(1)集中力量突擊擁軍參軍工作，爭取迅速結束參軍，迅速轉入生產。這一點一般都注意，故三月五號以前即大體結束參軍轉入生產，不致耽誤農時。經驗證明：參軍是一種緊張戰鬥的突擊工

73

98

作，非集中力量去進行不可，如果平均使用力量，一面擁軍一面生產，結果，二者都不能完成，春耕到來，參軍工作不結束，更會耽誤了生產。

（2）在擁軍參軍特別是擁軍工作中，通過優抗（如代耕），做些必要的準備工作（如變工互助等）。結果，據不完全統計，六個區成立互助隊五十八村；婦女互助自衛隊一村；開荒隊四十九村一十一百四十七人，開荒二百三十一畝；紡織合作社一處；消費合作社三處；租地兩千四百三十五畝；這些對春耕運動的開展，都起了一定的作用。證明在擁軍參軍工作中部份組織生產，不僅必要，而且也是可能的。

（3）從縣到區普遍找一兩個基點村，全面開展生產，積累經驗，以便在參軍結束後，作為領導上推動全盤生產工作的思想準備。結果縣方面在××提前完成了變工隊及紡織合作社的組織工作，總結了初步經驗，對全縣生產工作，起了很大的指導作用。區方面一般都未能很好照顧，有的觀點上不重視，光突擊參軍，「寧受批評，將生產向後拖，也不做基點工作。」只有××區方面完成了三個基點村的初步準備，取得了經驗，在推動本區生產上，也起了不少作用。經驗證明這一着很重要，誰不重視，誰就沒有資本，生產工作就要吃虧。

最後，參軍運動活躍了我們的群眾，提高了我們的組織、幹部和領導，更為生產工作造成了一個極其重要的條件，這一收穫實在足以彌補某些具體工作上的損失而有餘。現在我們對這點有了更充分的認識與體驗。

三、與整風的聯系：在擁軍參軍運動中，書面上的整風一般是停止了，但實際的整風卻深入了一步。因為參軍運動嚴格的考驗了我們的幹部，在這一考驗之下，我們看到一般幹部工作積極性空前提高，幾天不睡覺。忘吃忘穿的極其普遍，有的甚至累出了病，這是值得大大表揚的。同時我們也看到許多幹部，暴露了不少的歪風，如主觀潦草，情緒忽高忽低，工作漂浮不深入，個人英雄思想，不遵用組織、原則立場不穩，鬥爭性差等等。在三十六名表現最好的幹部中，本地幹部佔二十八名，外來

99

幹部佔八名，工農成份佔二十四，學生成份佔十二；党務幹部佔十五，青年幹部沒有。反之在二十五名表現最深的幹部中，外來幹部佔十三，本地幹部佔十二；學生成份佔二十，工農成份佔五；青年幹部佔九，党務幹部沒有，這就是說：地方幹部好，外來幹部差，工農幹部好，學生成份差；党務幹部好，青年幹部差。我們根據這些表現，曾經不斷的提出糾正，打通思想；區本身也不斷的發動檢討，幹部本身在工作中碰了釘子，也不斷在碰釘子中學習。因此這些不良傾向都有了部份糾正，幹部團結進了一步；工作積極性繼續發揚。我們深深体驗到整風運動，對我們的幹部也是一次最實際的整風，是整風運動進一步的發展。同時這種實際的整風，又為今後的整風學習充實了內容，打下了基礎。缺點就是原則指導差，泛泛檢討不夠深刻，思想鬥爭開展不夠，沒有真正把理論與實際，把學習與鬥爭結合起來。

（十六）基點工作

一、基點村的作用，不僅在於積累經驗，擴大影响，推動外圍，而且也是縣區委深入實際掌握全面，貫澈個別與一般、領導與群衆結合的重要環節。因為基點村的工作規律與一般村的工作規律大体是一致的，從基點村中分析研究問題，就可以把握到全盤工作的規律，有了基點村的工作經驗作基礎，對全盤工作的体驗就特別深刻，容易看出問題來，可以起着領導機關的助手作用。因此領導上必須重視基點工作，認真去做。我們全縣七個基點，有兩個陷於失敗，五個一度遭受挫折以後設法挽救過來，其餘都較成功的起作用。

二、從勝利與失敗的發展過程中，我們覺得基點工作的基點村最低限度，必須具備以下三個條件：

1、組織健全，幹部好，尤其是支部。

75

100

2 群衆活躍，最好是剛從鬥爭中發動起來的。

3 青年多，進兵少。

三，基點村發揮作用的幾個辦法：

1 從頭到尾，注意吸收外村幹部參加基點村會議，如動員會，幹部會，歡送會等。

2 及時傳播經驗，分口頭與書面兩種。縣府重書面，如指示通知通訊等；區則口頭書面并重。

3 在幹部會上組織基點村幹部做示範報告。

4 派幹部直接幫助外圍村。

四，基點村力量必須集中，數目不要太多。縣以兩個至三個，區按聯防區選擇，每個聯防區以一個為宜。同時幾個聯防區基點中要確定一個主要基點，由分區主要幹部負責。太多則力量過於分散，不易迅速突破，取得經驗推動全盤；太少則領導無重心，經驗亦易於陷於片面狹隘。我們有些區選擇太多，如××、××、××每區五六個，每個基點攤不到一個主要幹部，因而就不免遭受挫折或失敗，這是一個缺點。

五，基點工作要特別強調調查研究，及時總結經驗，否則就不能充分發揮其指導作用。為此，領導幹部必須親自動手，不能經常負責，也須配備得力助手幫助工作，隨時叫他回報，幫他分析研究，那怕是點點滴滴的經驗，也要及時傳播出來，對於這一點我們許多區都注意得不够，又是一個缺點。

六，參軍工作富於突擊性，故參軍基點不能是固定的，在工作任務完成或者失敗時，應迅速轉移。同時轉移後，對原來基點仍應適當照顧，不要完全放手。在轉移方面我們一般都注意，但轉移後照顧原來基點就做得不够。

七，基點工作要盡可能提前進行，跑到一般前面。尤其是縣更須早搞；否則就不能及早取得經驗指導一般。我們在這方面還比較注意，故指導作用比較顯著。

76

101

八，基點與基點，基點與外圍之間，必須經常互相聯系，交流經驗，尤要注意和區一般的規律與特殊的規律，并善于使一般的規律與特殊的規律結合；否則基點孤立形成基點主義，經驗陷于狹隘片面，就不能充分發揮其指導作用。我們縣的兩個基點之間，都會犯過這種毛病，各搞各的，老死不相來往，大大的阻礙了基點工作作用的發揮。

九，基點工作要特別强調發揚民主，運用組織。否則幹部多、任務重，急于求成，就特別容易造成嚴重的包辦代替的現象，結果幹部一離開，村支部養成了依賴性不能獨立工作，就很容易垮台。我們縣兩個基點都曾犯過這種毛病。

十、對基點村的表揚要適當，并與批評教育適當聯系起來，不能提得過高，或單純表揚不加教育，我們縣兩個基點都曾犯過這樣毛病，結果高大特殊，村幹部脫離群衆，群衆也相當自滿，瞧不起外圍村群衆，以致陷于孤立。

十一、基點工作要與快報工作密切聯系起來，在參軍運動中，因爲工作特別緊張，情况瞬息萬變，傳播經驗指導工作，主要依靠快報。但快報的材料首先要從基點村中去吸取，以基點村爲依靠，才能發揮快報本身應有的指導作用；同時基點村應以快報爲傳播經驗的工具，并從快報上所反映的一般情况中吸取經驗充實自己，才能發揮基點村本身的指導作用。二者好像黨委領導的兩隻手，不可分離。我們的參軍快報與基點工作就是在這個原則下結合起來的，所以基點村創造了一點經驗，很快就通過快報傳播出去，又從快報中吸取外圍村的經驗來改進基點村裡的工作，或者在基點村中加以實驗，然後再傳播出去，不致形成基點主義，而快報方面也不愁材料。常有許多寶貴經驗發表，就會真正起着指導工作的作用。

77

102

（十七）參軍熱潮的掌握

一，芝南參軍熱潮的運動過程：二月十號××區××××六個青年參軍，十一號主力駐間團回縣，在×××召開歡迎會，××區送來新戰士八名，十二號××區送來十名，這是參軍行動的開始，是參軍熱潮的波動時期。十五號××區完成三十四名，××區送來六十三名，這是熱潮的初步形成，接着十八號××區完成三十四名，十九號××區完成九十八名，二十號××區完成九十二名，二十二號××區又完成五十多，一直到三月二號××、××等區大多數均已完成第二批，工作中心轉向生產。這是全縣參軍的高潮時期。三月二號以後××、××、××、××不斷取得勝利，直至九號全體結束，這就以上各區本身說起來，也是他們的高潮時期；但就全縣範圍來說，却是高潮下降時期。因此我們可以說：全縣參軍行動是從二月十號開始至三月五號大體結束，共二十五天，而參軍熱潮則是從二月十五日開始形成至三月五日結束，共歷二十天。

二，各區參軍熱潮的表現形式及其成因：

第一種是「壯烈緊張」，一下就形成全區性熱潮，很快就結束，熱度特別高的形式。以××區為代表，××區屬之。××區從十九號開始至三月二號結束，十三天時間分兩批完成二百六十四名，分佈五十五村，只有六個小村沒有參軍。造成這種形式的原因和條件：主要是群衆活躍，參軍空氣高，擁軍參軍教育基礎打得好，幹部情緒一開始就高張，領導上計劃性好，行動前會召集各聯防區幹部回報工作，了解情況，決定一致行動期間，抓緊突擊。

第二種是「由小而大」，由部份到全區逐漸深入，富于堅持性的形式。以××區為代表，××、××、××、××、××區屬之。比方××區，從二月十五號起至三月九號止，經過二十四天時間，分三批完成二百一十一名，分佈五十村，只有三村沒參軍。第一批三十四名分佈七村，形成部份熱潮

103

）第二批五十七名，分佈十餘村，開始形成全區熱潮，第三批一百二十名分佈三十村，進入高潮。原因是工作發展不平衡，加以領導上計劃掌握不够，後來才逐漸走入正軌。群衆參軍空氣略顯不够成熟，在缺乏經驗，第一次發動參軍的地區，都可能犯這種毛病，採取這種形式出現，所以說這是一般的形式，也是較正常的形式

第三種是「頭大尾小」的形式，以××區爲代表，十五天內分兩批完成一百一十名，第一批六十三名，第二批二十九名，連區中隊昇級共四十三名，這是一種特殊形式。原因是第一批獲得了意外的勝利，冲昏了頭腦，過分樂觀，沒有抓緊第一個熱潮，繼續搞下去。

第四種是「一個一個拔」，熱度不高的形式。以××區爲代表。這主要是由于工作基礎差，領導上又不善於運用組織所致。

三、關於參軍熱潮與掌握熱潮的幾點体驗：

1、熱潮是不可分割的，全縣熱潮是由各區參軍浪潮構成的，他們之間是互相聯系，互相推動的。十五號以前××、××、××區的波動，對整個熱潮的形成，是一個必要的刺激。十五號以後××區一起，推動了全縣，作用極大。在××區直接刺激之下，爆發起來的××、××區兩起，反過來又刺激了其他各區，使整個熱潮發展到最高潮。××、××區雖然熱度不太高，也是整個熱潮的一部份，不能孤立起來看，因此領導上必須善於掌握情況，聯系各區，加强各區之間的互相刺激，互相推動。

2、參軍熱潮是一個短促的運動過程，時間的長短，決定了參軍空氣濃厚的程度，與擴軍教育時間成反比例，擴軍教育時間愈長，群衆參軍情緒愈高，則參軍時間愈短促，時間愈短促，則熱度愈高。一般的說，最長不過二三十天。過長了一個一個拔，就不一定是熱潮，而且疲勞了群衆，反而會形成冷潮。因此領導上必須善於掌握時機，加强教育，盡可能的縮短行動時間，提高熱潮。

3、熱潮的發展是不平衡的，由小到大，由部份到普遍。這是工作基礎不平衡所決定的，因此

79

104

領導上必須適當使用力量。特別是在第一個熱潮掀得不夠普遍時，從縣到區更應迅速轉移力量支援薄弱地區，使其發展趨於相對平衡。不要憑主觀願望提出千篇一律的要求；也不要死守硬堡，聽其自然。

4、兩個高潮間的空隙也是不長的。大概不過一週，過長也會變成冷潮。因此在第一個高潮掀起後，領導上必須抓緊時間，趁熱打鐵，突擊對象，鞏固第一個高潮，掀起第二個高潮；不要拖拉鬆懈，讓他冷下去。

5、熱潮是人造的，造成熱潮與鞏固擴大熱潮的基本環節和具体辦法如下：

第一個環節是正確掌握幹部情緒，充分發揮黨員幹部的先鋒模範作用。為此，第一必須自上而下的認真進行思想動員與思想鬥爭，而且要反復不斷的動員，不斷的鬥爭，不要滿足於開始時一次兩次的動員。因為區村幹部黨員各據一方，互不了解情況，往往在第一批行動後，完成任務則自滿，過分樂觀；失敗則灰心喪氣，向後看；有的還怕麻煩嫌疲勞，怕負担重不想再搞，故每一批結束後，必須立即開大會重新動員，內容着重進行思想教育，強調黨員幹部模範作用，表揚好的批評壞的；方式以檢討回報總結工作為宜，遇到偏向，還要繼續糾正，直到最後結束為止。否則熱潮就無法鞏固提高，甚至會很快變成冷潮，像××區一樣。第二必須不斷加強各區各村各個人之間互相刺激，互相督促，互相推動。如傳播勝利消息，發動競賽，按聯防區抬轎互幸，寫信挑戰應戰……等都証明有效。第三必須不斷的提高任務，引起各區各村不斷前進，但也不能提得過高，使幹部喪失了信心。

第二個環節是大生產方式的群眾動員，把黨員幹部中的擁參熱潮迅速過渡到群眾中去。為此除普遍召開群眾會議，開展良心檢討運動，進行參軍教育與參軍號召外，還必須大胆搞大「呼龍」；第一，組織隆重的歡迎歡送會，特別是有特殊刺激作用的大會，如××區的父子參軍大會，對造成熱潮起極大作用。第二，及時表揚模範村，模範家庭，模範人物及擁軍英雄。第三，適當的開展群眾鬥爭。

第三個基本環節，是深入細緻，緊張戰鬥的組織工作。為此除在參軍行動前切實選擇培養對象外

105

，還要：第一，抓緊歡送前後的時機，集中力量突破對象，說服家屬，第二，及時的進行優撫慰勞及善後工作。

6、熱潮餘波要繼續抓緊，不能輕于放棄，但我們各區都犯過這個毛病。

7、縣以上領導機關，掌握熱潮的主要辦法，是掌握情況，交流經驗，報導消息，克服偏向。在各區熱潮形成的情況下，縣如果採取開大會的方式來推動熱潮，反而會影响各區熱潮，而且勞民傷財。我們預見了這一規律，故沒有召開過全縣大會。

（十八）幾點基本總結

一，三個月來的擁軍參軍工作，不僅使我們在參軍數目上勝利完成了上級所給的任務。而且空前有效的考驗與鍛鍊了我們的群眾，提高了群眾對我党我軍及民主政府的認識，因而更加密切了我們的軍民關係，同時也就更加活躍了群眾，鞏固了部份地區的群眾優勢，提高了一般群眾的勝利信心。

我們在擁軍參軍運動中，看到廣大基本群眾已經從「普通隊伍」甚至「不如五七軍」等等觀念轉變到初步樹立「階級隊伍」的觀念，並進而踴躍參軍優抗，動員參軍以至直接參軍，結成血肉不可分離的聯系，在全部參軍戰士中，工人貧農中農成份，共佔百分之九十四，而未參軍之廣大基本群眾在參軍熱潮影响之下也更依賴我們了，例如×××一個貧農．過去還不大進步，在擁軍運動中回到了幾畝地，別人勸他寫文書，他說：「還用文書？八路軍就是文書，有八路軍就有文書！」××區××河西一個貧農成份的老大娘在參軍運動後，對分區書記說：「現在快實行了，咱是受窮的，是無產階級，叫我兒參加共產党去！」××一個貧農過去很頑固，在參軍中看到群眾踴躍參軍，很興奮的說：「現在行了！八路壯起來了！」××區基本群眾說：「咱好好把八路軍擴大就不怕什麽「晴天」，要不就要「切瓜」！」

81

106

我們在擁參運動中，逐看到許多中間力量已經由懷疑我們「是否站住脚」進而認識我們有力量，「有天份」，是老百姓的隊伍，更進而積極學軍擁抗，獻田獻款慰勞新戰士，牽馬抬轎幫助動員參軍，現在我們可以說中間力量是更加信任我們了，例如××區一部份富農在參軍中說：「八路軍有天份，天下是八路的不成問題！」×××主一個進步士紳說：「從唐宋元明清以來，土匪如毛、民不聊生！就是八路時代，一個土匪也沒有，還有己動手開墾田，男的女的，當官的當兵的都一樣幹，真是老百姓的隊伍，難怪許多青年都要參加八路！」。

我們在擁參運動中，還看到一般落後份子，由仇視我們轉到靠近我們，由造謠破壞轉到積極參加勞軍擁抗慰勞動員參軍，現在我們可以說一般落後份子的正統觀念是開始削弱了。例如××區×××，向稱頑固村，上層很多，經常開小會，有一個外莊的工人，在那裡扎活，常常聽到他們一些議論，他在三個不同的時期，聽到了他們三種不同的論調，反映着一般落後份子態度轉變的過程。去年秋天李仙舟入魯時 他們到處宣傳：「中央軍快來了！」然後打走了李仙舟，他們開小會說：「別看眼前，再等一年！不行再回頭好好幹！」最近動員參軍時，他們又議論着說：「一個區就動員這麼多，不得了！中央軍又沒有消息，回頭好好幹吧！」果然以後就表現積極，幫助動員參軍，進行慰勞優抗。

二，三個月的擁參工作，逐空前有效的考驗與鍛鍊了我們的組織和幹部，提高了我們各地各種組織的戰鬥力，各種幹部的工作積極性， 工作信心，與工作能力， 踴現了大批模範幹部、模範莊，模範支部，模範村會，成為今後推動工作聯系群衆的重要橋樑。例如××區許多老支部過去很皮篠老大，瞧不起區幹，連分區書也曾被×××村幹哄走過，而現在則很活躍，執行任務很堅決，給他提出任務以後，他們自動開會討論，並按步就班由党內党外佈置執行起來，用不着費力督促，××莊支書過去工作情緒不高，辦法也少，在參軍中，動員了二十八名新戰士，提高了情緒，又學會了許多運用上層的辦法，參軍末期準備開展回地鬥爭時，他自動的成立了回地委員會，吸收一部份支委和上層參加，區幹問他為什麼要吸收上層，他說：「拿他當牌使，辦好的就說咱同志辦的，壞的就推到他們身上，

107

不叫他賺好名譽，還要叫他們都一伙吵吵架給咱看！」至于區幹方面，一般都學會了運用參軍運動的經驗，尤其是××區在生產工作的佈置上，表現的最明顯。因此生產工作，從縣佈置到村，不過一週就馬上造成一個初步熱潮。缺點就是進度極不平衡，有的還很少進步，如××，××兩區。

三、三個月來的擁參工作，還空前有效的考驗鍛鍊與改造了我們的領導方法與領導作風，從縣到區各級領導都有了不少的進步，同時也還存在着不少的缺點：

首先從思想領導上來看，我們第一個進步表現在：縣委比較虛心客觀的鑽研上級指示，接受華中及太行的經驗，把握了擁參工作的運動規律，聯系當前實際情況，訂出了比較正確的行動方針和工作計劃，因此大家對整個擁軍參軍工作的運動發展，有了相當的預見，行動上有了比較正確的指南，就不致于迷失方向多走冤枉路，多受挫折。缺點就是初期有些地區對縣委的計劃和指示，重視鑽研領會運用不够，還有的拿過去對待決定指示那種主觀主義自以爲是粗枝大葉不求甚解的態度對待，結果工作上就不免發生了許多毛病，如急性病，不運用支部等等。後來大家深刻體驗到：「一切都沒有超過縣委佈置的範圍，」才進一步的鑽研運用才形成了普遍的轉變。

第二個進步表現在我們確定了方針，訂出了計劃之後，能够堅持自上而下比較普遍澈底的打通幹部思想，克服一切阻礙運動展開的錯誤觀念，如太平觀念，忽視武裝建設，擁軍信心不够……等等，因此大家都有了一個統一的目標，一切爲着擁軍參軍；因之完成任務的信心也不斷提高，由無信心完成三百五十名的任務，到自動保證完成四百五十名，再二倍三倍四倍的超過任務，這就保證了行動上的步調一致，力量集中。缺點就是有些地區對村幹對群衆的思想動員仍然重視不够，或者小手小腳，不敢開大會進行普遍動員，一直到參軍結束，才有了普遍的轉變。

我們第三個進步表現在工作進行中能注意掌握實際情況，吸收經驗，補充修正計劃，開展鬥爭，克服偏向，教育幹部，因此工作就能一直向着一個正確的方向前進，領導本身也隨之而逐漸提高。缺

83

108

縣就是有些地區對縣委這種補充指示和經驗介紹，特別是書面材料重視不够，非開會面談不能引起普遍注意。總之我們在思想領導上，已開始學習運用一切從實際出發的客觀方法，運用「從群衆中來，到群衆中去」「集中起來又堅持下去」的原則，初步糾正了主觀教條，理論與實際脫節的毛病，這是領導上一個比較顯著的轉變，也是工作取得勝利的主觀原因之一。

其次從組織領導上來看，我們第一個進步表現在注意廣泛運用組織，運用各階層，走群衆路線，加强党委一元化領導，發揮支部核心作用，使領導一般深入到村，部份深入到群衆，初步貫澈了領導與群衆結合的原則，克服了党委一元化領導與各組織系統作用、中心工作與部門工作、領導與群衆脫節現象，辦法是：（甲）在中心任務之下，明確確定各部門應有的任務，實行具體分工，（如組織部主要負責党內組織保證及党外一般組織問題，宣傳部主要負責党員思想教育，章擁擁軍參軍工作與整風聯系，辦參軍快報掌握党外一般宣傳動員，群衆團體除統一保證動員參軍外，還根據各團體特點，確定特殊任務，如婦女負責家屬工作，民兵農會保證代耕，青年兒童幫助抗屬担水拾柴，政權則統一整個工作的公開領導，着重負責優救慰勞招待歡送團結無組織群衆，地方武裝則加强擁政愛民，宣傳主力動員參軍。）同時各部門之間又互相聯系，適當照顧全面，避免任務單純化，把各系統幹部變成突擊隊員，造成中心工作孤立，部門工作停頓或個別部門閙獨立的傾向。（乙）在計劃上，党委只做總的計劃，附帶從原則上提出各部門的保證任務，另由各部門訂出自己具體計劃，避免計劃一般化，党委包辦一切，各部門無計劃的傾向。（丙）在佈置上，先做總的佈置，後做系統佈置，由党內到党外，由幹部到群衆，由有組織到無組織群衆，避免「一鍋煮」党民不分或本末倒置的現象。（丁）在執行上，强調各部門幹部站穩自己崗位，深入具體指導，幹部親自動手，着重發揮支部核心作用，運用組織，推動群衆，避免離開崗位亂抓一把，官僚事務及幹部光桿跳舞包辦代替的傾向。這樣就在一個中心工作之下，建立了各部門的具體工作，發揮了各組織各階層應有的作用，同時也就進一步加强了党委的一元化領導及支部核心作用。經驗證明：只有大胆發揮各系統的作用，才能健全党委的一元化領

109

導及支部的核心作用；同時也証明各系統只有服從党委的統一領導，在党的中心任務下來建立自己的部門工作，才能充分發揮自己的系統作用。我們的缺點就是大部份組織的運用沒有深入到小組，也就是說沒有普遍深入群衆，依然停留在少數村幹及積極份子身上；個別部門如武委會系統作用發揮不够；群衆團体與政權及武委會配合聯系不够，地方武裝及主力對整個擁參工作配合不够，群衆幹部對支部核心作用及支部工作重視不够。我們第二個進步，表現在開始學會掌握基點推動全盤，掌握小組指導工作，通用典型推動一般，初步貫澈了個別與一般結合的原則，解決了過去常常引為苦悶的深入實際與照顧全面集中與分散，跑腿與坐機關等等統一而又矛盾的問題，辦法是：縣對區的領導主要通過基點工作，縣委親自動手掌握兩個基點村，着重幫助一個區，辦一個小組，經常從基點工作中吸取經驗通過快報傳播各區；又通過快報規定各區五天一次書面回報，加强縣區聯系，掌握全面情况，豐富基點工作；同時又適當分工領導各區，定期跑腿來加各區必要會議，直接了解與幫助各區工作，作為基點工作的補充，各部門幹部在基點工作中，着重研究本部門的工作，同時適當照顧全盤。這樣就一方面深入了實際，掌握了典型，另方面又照顧了全面，推動了一般，集中與分散，跑腿與坐機關也有了一定的規律。不像過去那樣分兵把口，死守碉堡，整天忙着跑腿，參加會議，沒時間做實際工作，既不深入，也不了解全面。區對村的領導，在各種村組織比較健全的地區，堅決取消工作組，而以基點工作為主，每個聯防區找出一個基點配備各種幹部，負責本聯防區工作，但不固定在那裡，而是經常流動轉移。裡面各部門幹部，主要照顧該聯防區中本部門的工作，適當照顧全盤工作，另外還要定期通過跑腿寫信調人來談等方式去了解其他聯防區中有關本部門的工作，還要定期召開本部門的工作會議，討論佈置總結本部門的工作。在各個村組織不健全的地區，雖保存工作組的形式，但工作的性質，已轉成聯席配合的組織，逐漸向着上述方面發展，而不是包辦一切，老死不相往來的碉堡，這樣就相當的貫澈了深入實際，同時照顧全面的方針，經驗証明：只有真正深入了實際，掌握了基點，才能做到掌握全面，同時掌握基點，深入實際，又必須在掌握全面，適當照顧全面的原則下來進行，

85

110

才能達到深入的目的。發揮基點工作應有的作用。我們的缺點就是部份地區掌握基點不够，照顧全面也就差。個別組織健全的地區，沒有堅決取消工作組形式，尚在死守碉堡的傾向。

我們第三個進步表現在發揚了民主實行了集体領導，加强了党委本身的團結各部門及上下級的聯繫。這主要是由於組織領導的改進，各系統的組織作用與個人作用，有了進一步的發揮，幹部積極性空前提高，大家認識了相互間的長短，認識了群衆的偉大力量，同時也認識了自己，個人英雄思想受到了打擊，不暴會以為是鬧宗派，鬧意見，包辦代替，實際上也包辦不了，因而多方互相商量，互相尊重，互相聯系，加强了集体領導與又開始了民主作風，進一步加强了幹部的團結，缺點就是：個別區幹包辦村幹，村幹包辦群衆的作風，仍未完全糾正；幹部間思想鬥争開展不够，仍有一團和氣的現象。總之：我們在組織領導上已開始學習運用「領導與群衆，個別與一般結合」的原則，初步糾正了官僚主義包辦代替不民主等等毛病。這是我們領導上一個顯著的轉變，也是工作取得勝利的另一個主觀原因。

最後，由于我們一開始對整個擁軍參軍工作的發展規律就有了相當的認識，所以我們在政治領導上也有些進步和轉變。主要表現在第一，掌握政策，原則立場較穩，一開始就强調主要為了教育，不單純追求數目字，所以在執行中左右偏向較少，收買現象僅發現七村，且有二村及時糾正，湊數現象在村裡較嚴重，但縣區部能掌握糾正。第二，掌握了時機，爭取了主動，是人支配工作，而不是工作支配人。第三，各個工作及整個擁軍參軍運動中的各個環節聯系較好，脫節現象少。這就是說，我們在政治領導上開始學習運用馬列主義的立場觀點方法，運用党的原則和政策來推動工作掌握全盤。初步糾正了事務脈絡狹隘，宗派，左右擺動的毛病，這是我們領導上的又一個轉變和進步，也是工作取得勝利的又一個主觀原因。

總之，擁軍參軍工作是一個高級而艱鉅的任務。三個月的擁軍參軍運動，空前有效的考驗和鍛鍊而且提高了我們的群衆，組織，幹部，和領導；而我們的群衆組織幹部與領導的逐漸提高，又成為主作取得胜利的主观原因。但工作胜利的主要原因还是由于我党我军政治影响的扩大，由于滨海一年来反蚕食斗争的胜利影响，由于上级的领导及先进地区具体经验的帮助，没有这些也就没有我们的成就。我们没有任何理由可以自满。发扬优点，巩固成绩克服缺点；防止自满，更加深入实际，完全克服官僚主义，形式主义，填平空白，进一步发动群众组织群众大多数，争取全县工作的平衡发展，这就是我们今后努力的基本方向。

（完）

87　112

附：刘兴元：滨海军区的接受新战士工作

濱海軍區的接受新戰士工作

劉興元

在黨的一元化領導下，全體黨政民一致的努力和部隊本身的配合，濱海區一二月份比較普遍的造成了群衆性的擁軍參軍熱潮，超過了區黨委的參軍計劃。

這裏，我們特介紹一下部隊是如何進行協同地方擁軍參軍運動與接受鞏固新戰士工作的。

第一個問題軍隊怎樣配合擁軍參軍工作？

一、編寫主力兵團的光榮歷史與優良的傳統的材料，發給地方作教育材料。這在參軍中起了很大作用。如介紹六團歷史和傳統中，不僅使群衆欽佩六團過去的光榮歷史而且使她們體會六團在濱海區所付的代價以及和人民的血肉關係，造成「沒有主力就沒有俺」「是俺的老六團」「好青年要參加老六團」的輿論，特別拿最新鮮的戰例——石溝崖活捉朱信齋的殲滅戰，來擴大政治影響，鼓舞群衆的參軍情緒。

二、抽調幹部，加強地方下層動員工作，他們完全以地方工作人員面目，統一由地方黨分配下去。各兵團對所抽調的幹部都經過了嚴格的挑選，一般思想意識比較好，能夠深入群衆和學習虛心的連排的幹部和戰鬥班長，集中在團裏進行了一個多月的教育與訓練，主要內容為加強群衆觀念，如何團結群衆和依靠群衆，如何服從黨委的領導，遵守與執行政策法令，如何協助地方群衆團體幹部進行參軍工作，以及如何與群衆團體幹部團結，如何運用群衆的力量，實行群衆路線，以及如何鞏固新戰士

88

113

和新部隊管理教育方式等等實際問題，這也起了很大作用，部份派下去的幹部能得到群眾信仰，成了群眾的朋友，因此參軍運動一開始，就一批一批的順利率領參軍。

三、部隊開展擁政愛民工作來密切配合，使軍民關係進一步密切了。

首先在部隊中普遍進行了擁政愛民的思想教育，在擁政愛民月中與地方擁軍運動互相推動的開展起來，部隊方面普遍進行了自我反省，組織紀律檢查組，到過去駐村清理舊案，補償群眾損失，實行反省道歉賠禮，深深的感動了群眾，嚴格支差條例，自運糧食，減輕人民負担，同時幫助群眾勞作，以戰鬥保衛人民利益，使群眾進一步體驗到八路軍是自己的隊伍，因此各地群眾都有從內心中擁愛我軍的可歌可泣的例子。

強調部隊進出宣傳與作群眾工作，並做為經常的政治任務。在這一工作中主要是部隊深入群眾中去教育群眾，使群眾更加了解我軍，並幫助地方進行對民兵的教育，用講故事方式介紹部隊的戰績和生活，啓發他們的參軍思想。如六團在擁愛月中開群眾會八十五次，村幹部會二十二次，給民兵上課二十八次，十三團且組織了勝利品展覽會，對于地方擁參軍工作都起了不少的作用。

春節中開展文娛工作，強調與群眾同樂，娛樂節目以擁軍參軍為中心，以部隊的活躍生活影響駐地的青年群眾，並利用這一時機選擇參軍對象，進行個別動員，如直屬隊電話班在×村動員三個積極份子率領十多個群眾參軍；同時軍民互相拜年，慰問，請抗屬房東和村幹部吃飯，召開軍民聯歡大會，進行一般的參軍政治動員，進一步的密切軍民關係。

經驗證明，部隊以實際行動來貫徹擁政愛民，軍民關係更加密切結合，是完成參軍任務的重要因素之一。

第二個問題，參軍運動開始前後，我們做了些什麼工作？

一，地方除廣泛進行擁軍參軍思想教育，發動勞軍之外，還組織參觀團慰問團到部隊中來，以便給各地群眾代表以真切深刻的好印象，再通過他們去宣傳號召力量是很大的，因此事前軍區政治部即

89

114

發出招待群衆參觀團具體工作指示，各部隊招待得都比較周到，這對推動參軍工作上也有極大關係。

1、首先周密準備，派人到各參觀團的縣區去和党政民幹部具體商討：那些人來？到那個部隊來？應注意一些什麼問題？雙方進行動員，部隊準備好招待的地方，指定專人招待和接談，因此參觀團一到部隊，馬上就感到部隊待人的親熱。

2、參觀要整個的有計劃有步驟的進行，在招待所歡迎招待後，再分到各個連隊去，連部幹部又熱情接談，再到班裏去，使他們感到部隊處處都好。

3、談話的內容要事先準備，且要根據參觀的不同對象，分別和他們談各種問題，但都要有中心的，談到部隊的生活、學習、戰鬥、自由愉快和官兵一致等的情形，還要讓他們實際的接觸部隊的實際的愉快生活，使他們羨慕軍隊，增強他們參軍的熱情。

4、群衆見到滿眼的新鮮東西，特別是青年的好奇心理，對他們的每一問題，都要耐心的解答，例如他問什麼槍什麼炮，馬上就拿來詳細的告訴他如何使，是怎樣來的，有的青年就動心了，說「咱們什麼時候也來試試這個傢伙？」

5，他們的生活問題各方面都要照顧到，吃飯睡覺都很重要，同時還要有專人跟他們閑嘮嗑，問問他們的生產情形，家常吃穿，隨時徵求他們的意見，使他們絲毫不感到寂寞，臨別時要熱誠的歡送，部隊代表集合在一起，幹部與代表分別講了話，部隊列隊歡送，使他們非常戀戀不捨。

由于如此，代表們對部隊留下了真切的好印象，有的說「幹八路真快活，」「大夥兒比親兄弟還强」，「真開了眼界了」，有的由羨慕的心情而想到自己參加，例如在一次歡送會上，就有八個青年自動要求參加六團。可見部隊招待參觀團的工作對于參軍是極其重要的。

二，在參軍過程中，部隊與政權機關共同組織了新戰士招待所，各莊參軍新戰士能馬上得到招待，立刻穿上新軍裝，領到新被服。在招待所的組織上要嚴密，生活照管要周到，文娛工作要注意，負責同志一定要抓緊進行談話訪問，使新戰士情緒一點不感苦悶，並解決其具體問題，大家都很安心，等到集中到一定人數，即分批帶到部隊中來。

三，凡是在各地召開各種大會上自動報告參軍的，當時就要在大會上由部隊首長，縣長或區長親自去給他插花披紅，或者換軍裝，拉馬或抬轎送，使之感到自己的光榮，這樣，一般群眾都反映說：「今天參加主力比中狀元還光榮」，「參加主力，光宗耀祖」，這對擴大參軍熱潮的意義也很大。

第三個問題，新戰士到部隊中來時的工作

一，新戰士到部隊時均舉行了歡迎大會，有的派馬出去迎接，部隊整隊到駐地莊外去歡迎。如莒中第一批參軍戰士來時，曾專門派騎兵連到莒中去接，來到時並配合駐地群眾鑼鼓出去歡迎，一軍分區曾首長跑出五里路迎接新戰士，群眾都反映「多排場」，「中狀元也不過如此」；新戰士到部隊後，首長親自招待，派專人照管生活，補充被服，連隊派代表慰問，使之安心，情緒穩定。

二，編隊

1、均不拆散各地區來升級和參軍的原來建制，各班排的編成大部份也按照他們村莊與一塊來參軍的建制組織，一般不過分勉強拆散，六團的新兵營也是如此編制好的，因為新戰士一般有比較濃厚的地域鄉親觀念，願意與熟人在一塊，起初在編隊時是需要照顧到這方面的。

2、關于幹部的選擇與配備問題，應對新戰士作迅速的詳細了解，發現人材提拔積極份子與自然領袖任初級幹部。如二軍分區警衛營建隊成立後，均曾派了政指副連長等幹部，由于他們了解參軍中有區中隊副，民兵大隊長。村團部指導員等幹部。他們有的即可提拔為排長或副排長，游擊小組長、青抗先、農村主任或積極的小組長，有的可任班長或副班長，組織機構可以很迅速的健全起來，而且這些幹部都是群眾領袖，和群眾有密切聯系，威信較好，也有些管理經驗。了解一般新戰士心情，能掌握新戰士情緒。派去的幹部就應該積極的幫助培養這些幹部，經過具體的指示他們的工作，不發操不怕麻煩，不使新幹部精神上受到絲毫刺激。

3、支部與小組的組織，一般的均按原先的組織。因為參軍的黨員不少是率領群眾參軍的，他

91

116

們對群眾比較了解熟悉，在群眾中有信仰，不拆散則易團結教育群眾，只要在黨的生活作風上，逐漸改變過去的嚴漫秘密作風，當然過急的改變也是不適當的，一下子憑主觀願望用老部隊的一套辦法是不行的。

三、生活問題

1、首先是要把給養搞好，不能認為老百姓在家裡吃的地瓜乾棒子夾餅而忽視給養的改善。因為一般參軍新戰士都對部隊抱着高度的熱望，給養搞不好是會影响他的情緒的，其他如被服補充等也是很注意的。

2、加強文娛活動，每一批新戰士入伍，都開了歡迎會，連續組織了晚會；還要對新戰士本身的遊戲、唱歌、下棋、頂牛……等加以領導，學不會新的，就逐發揚他們所會的舊玩意，如「下方」「老虎吃羊」等，配合農村劇團演戲組織晚會，使之在日常生活中感到非常活躍愉快。

3、在管理上多用啟發民主討論決定，少用命令式的規定，但可多用動員和支部的保證作用。因為他們剛離開家庭，如過于嚴格，就會感到是很大的束縛，正確發揚了民主是可以解决問題的。如二軍分區警衛營X連缺乏伙伕，自己各班做飯，大家不滿意，但無人願當伙伕，經過開會動員民主討論後，一個過去的農救會長自己報告當伙伕，接着三個同志願意當，炊事班就成立起來了。

4、新戰士大部從小沒離過家，家庭觀念自然比較濃厚，到部隊後不少要求回家看看，對這問題如果處理不得當會使新戰士情緒低落甚至說怪話，因此，一般不應拒絕，但須有民主討論決定之規則，如有的新兵連隊民主規定一次不能超過幾人回家，回家的人回隊後，別人才能准假，理由講清楚，大家道遍執行，因此，大家都囑咐回家的新戰士按期回隊；也有的連隊用派代表辦法，如有一個村莊或距離近的可派代表回家慰問，帶信告訴他們在部隊的生活情形，叫家裡放心，同時回隊時把家裏生活和優抗的情形告訴新戰士。再就是發動群眾團體派代表來慰問他們，如莒南澇坡區有的村莊來慰問，告訴他們新戰士家庭情形，並鼓勵他們安心學習好好工作，不要惦記家裡，不但提高了新戰士情緒

117

，且請假的也大大減少了。

四，編入老連隊時的工作

1、派進新兵連的活動份子正副班長皆爲預定計劃，他們在生活中與新戰士混熟，非常的親熱與團結，因此，當分到連隊中時，他們都願意跟着某班長或副班長到這個連或那個連去；又如十三團三營沒有成立新兵連，都分到連上邊就其原來組織，成立新兵班，則有計劃的發動老戰士去接近慰問他們，甚至送一些日用品給他，經過認識熟悉，感情上融洽，使他們自動要求到這個班或那個班去，因此新戰士分散到班裡時未發生問題。

2、在新戰士未到連隊之前，在支部中在老戰士中進行了動員與工作佈置，具体規定每個党員要找新戰士談話，召開座談會，專門研究如何鞏固新戰士問題，同時聯系到老戰士本身要起那些模範作用，要改正那些毛病，幹部並分工進行個別教育，這樣把鞏固新戰士的工作當做是連隊群衆性的政治工作。

另一方面在新戰士連隊支部中進行深入的政治動員，週密的佈置，在群衆領袖積極份子中進行討論研究，經過他們個別的動員新戰士自動的到老連隊去。對個別不願拆散原來建制的，仍不過於強制，這就又可採取十三團連隊新兵班的辦法，再有計劃的分散到連隊中去

3、新戰士分到老連隊班排後，均舉行歡迎，會餐，開晚會，請他們報告參軍經過，新老戰士交談，到班排後，發動老戰士熱情招待，在生活上幫助他們，關心愛護他們，使他們受到友愛的感動，僅在物質上十三團一三營送給新戰士的物品就有二四一件。還要強調老戰士以身作則工作積極的模範作用，如工作勤務帮助學習等，來影响新戰士，所以在各方面新老戰士都能融洽。

五　招待抗屬工作

新戰士到部隊後，來往的抗屬便增多了。有的是爲了想來看看的，有的則是爲了家庭困難問題沒有解决而來的。家屬來到部隊對戰士的情緒有很大影响，因此，部隊對抗屬問題的處理，都引起了注

93

118

意。

1、家屬來部隊未見戰士以前，負責幹部即進行談話，了解他的來意，告訴戰士在這裡的情形，設法適當處理其困難問題，對態度不好的要進行教育與解釋。

2、根據對抗屬的了解，利用新戰士教育其家屬，或者利用家屬教育新戰士，這必須在家屬與戰士見面前地準備工作做好。

3、家屬來到部隊在飲食與住宿方面要好好識題招待，不能認為家屬來太麻煩而表示冷淡，使家屬處處受尊敬而感到光榮，這也就是做了鞏固部隊的工作。

六 審查工作

1、新戰士入伍以後，衛生部門即進行對新戰士的體格檢查，對老弱殘疾不適服軍役者，即進行了洗刷。在方式上都是用個別的動員說服，分別介紹到各該政府處理洗刷的。

2、在政治方面的審查，初步進行了入伍動機的審查。如六團的審查，為革命為抗戰參加主力光榮佔大多數，入伍動機不正確者，計有如下種類：好受優待解決家庭的，好混春荒來餘幾個月，為了治病，生意賠本失業難以為生 賭博輸了錢無法辦，看到參軍得慰勞眼熱而參軍，為了去接觸周名義，或脫掉二流子名，為升官的，為了不交公糧，到八路軍來上學讀書，做模範作用的……我們都根據了不同動機，分別進行了教育。

其次進行了成份，年齡，文化程度，參加各種團体的審查了解，用下面幾個統計表來說明：

119

（一）成份統計：

	×直	×團	×團	×團	合計
僱工	17.9%	37.9%	38.5%	20.94%	30.16%
手工	1.2%	2.17%	1.61%		
貧農	79.04%	44.7%	50.8%	61.29%	60.02%
佃農	1.79%				0.12%
中農	4.49%	8.51%	2.62%	16.08%	10.4%
富農			0.4%	0.63%	0.37%
地主				0.18%	0.08%
行		1.36%			0.37%
學生		2.43%			0.60%
小商人	0.59%	1.67%			0.49%
其他			5%		1.03%

（二）文化程度：

	×直	×團	×團	合計
不識字	75.24%	62.3%	88.9%	74.03%
識二百字	17.17%	34.4%	4.8%	21.44%
識三百字	0.95%		2.6%	1.12%
識五百字以上	5.71%	2.4%	3.6%	3.28%
高小	0.95%	0.15%		0.18%

（三）党員佔参軍人員的百分比：

×直 14.3% ×團 21.8% ×團 7.9%

×團 15% 合計 15.7%

95

120

（四）新戰士年齡統計：

	×直	×團	×團	×團
17 以下	19.55%	3.63%	4.64%	10.7 %
18—20	31.58%	31.6 %	52.42%	21.67%
20—23	17.29%	20.36%		
23—25	7.46%	13.88%		49.14%
25—27	5.26%	8.36%		
27—30	6.77%	6.23%	40.62%	
30—32	2.26%	3.99%		
32—35	2.26%	4.1 %		14.87%
35—37		2.11%		
37—40	5.26%	2.89%		
40 以上	2.26%		2.62%	3.63%

（五）參加各種團体統計：

	×直	×團	×團	×團	合計
游擊小組	16.21%	36 %	2.97%	25.47%	22.84%
青抗先	13.17%	19.1 %	4.44%	9.88%	11.5 %
自衛團	1.79%	23.1 %	16.1 %		9.69%
農救會	20.91%	4.86%	4.63%	30.09%	11.07%
職工會	5.39%	1.22%	0.8 %		0.87%
兒童團或農村劇團		0.46%			0.12%
青救會	1.19%				0.08 %
村閭長	1.19%			10.89%	0.59%
區中隊		5.68%	2.08%		2.1 %

121

第四個問題：教育工作

一，確定新戰士的基本教育以紅四軍九次代表大會決議中關于對新兵教育問題的規定為主要內容，各部隊均按照這一內容聯系實際情況進行了教育，並編寫新戰士教材，專門進行教育。

二，在軍事教育上首先從基本動作開始，多望獨進行操課，在文化教育上，均以他們的文化程度，分别插入老戰士各組上課。政治教育方面，因新戰士一般在根據地群衆運動後，已具備了一些政治常識，都可與老戰士一起上課，有的部隊編臨時教材，專門加强教育。

三，教育方式上：

1、掌握新戰士特性來進行教育，A、愛學習前進心大，部隊一切都新奇，見到什麽就想學什麽，看到什麽就想做什麽，教育時抓住這特點，來加强的教育他們；B、農民的散漫性，不慣于集體規律的生活，管理教育上就逐漸嚴格，在實際生活中，耐心的説服教育，慢慢建立集體生活的習慣，加强組織觀念和紀律觀念，正確發揚民主，防止極端民主偏向的滋長，C、克服封建感情，樹立正確的政治關係；D、爱面子好勝心强（尤其青年）可先少批評，多鼓勵，多表揚，抓緊積極份子教育其他。

2、個别談話，進行教育是對于新戰士的最重要的方式，可以分配黨員老戰士找對象，經常負責對新戰士的個别談話。

3、以老戰士的實際行動來影響教育，操課、生活、學習、群衆工作各方面都作出榜樣，來教育新戰士。

4、利用會議來進行教育，針對新戰士發生的問題，採用座談會等方式，一方面可以互相批評，另方面可以互相推動幫助學習，這種方式教育收效是很大的。

5、利用新戰士教育新戰士，認真抓緊積極份子，加强教育培養這些積極份子，也以這些積極份子的模範作用去教育新戰士，號召新戰士們向那一個模範學習，提起比賽，可以使一般新戰士

18

122

都能進步很快。

特別是以他們過去所信任的村幹部或党員（如民兵隊長等）來教育他們，收效比連隊幹部還大，他們有威信，易于反映出心裡話，易于說到他們心裡去，也就易于接受和轉變。

第五個問題　鞏固工作

一，因為做了以上各種工作，克服糾正了過去對新戰士的急燥簡單的現象，禁止了打罵現象，幹部能虛心聽取下層的意見，實行群眾路線，問題及時解決，傾向及時克服。所以新戰士一般都愉快的工作學習着。

二，在支部中動員佈置，党員和老戰士要從經常教育中做到團結每一個新戰士。

三，進一步進行審查工作，為防止敵特奸細混入破壞，又團特規定檢舉對象的標準：

1、政治面目不清，來歷不明，行動鬼祟，言論詭詐者。

2、參加過其他党派軍隊及封建組織者。

3、土匪流氓二流子成份。

4、剛從敵佔區來者。

5、與敵偽有親朋關係者。

根據以上幾個問題進行了深入了解工作，發現可疑份子五人，並及時揭發了謠言，追究了謠言來源，並且做了好多解釋。

四，加强軍政教育。

五，適當處理家属問題。

中共滨海区党委关于目前支部教育工作指示（1944年5月28日）

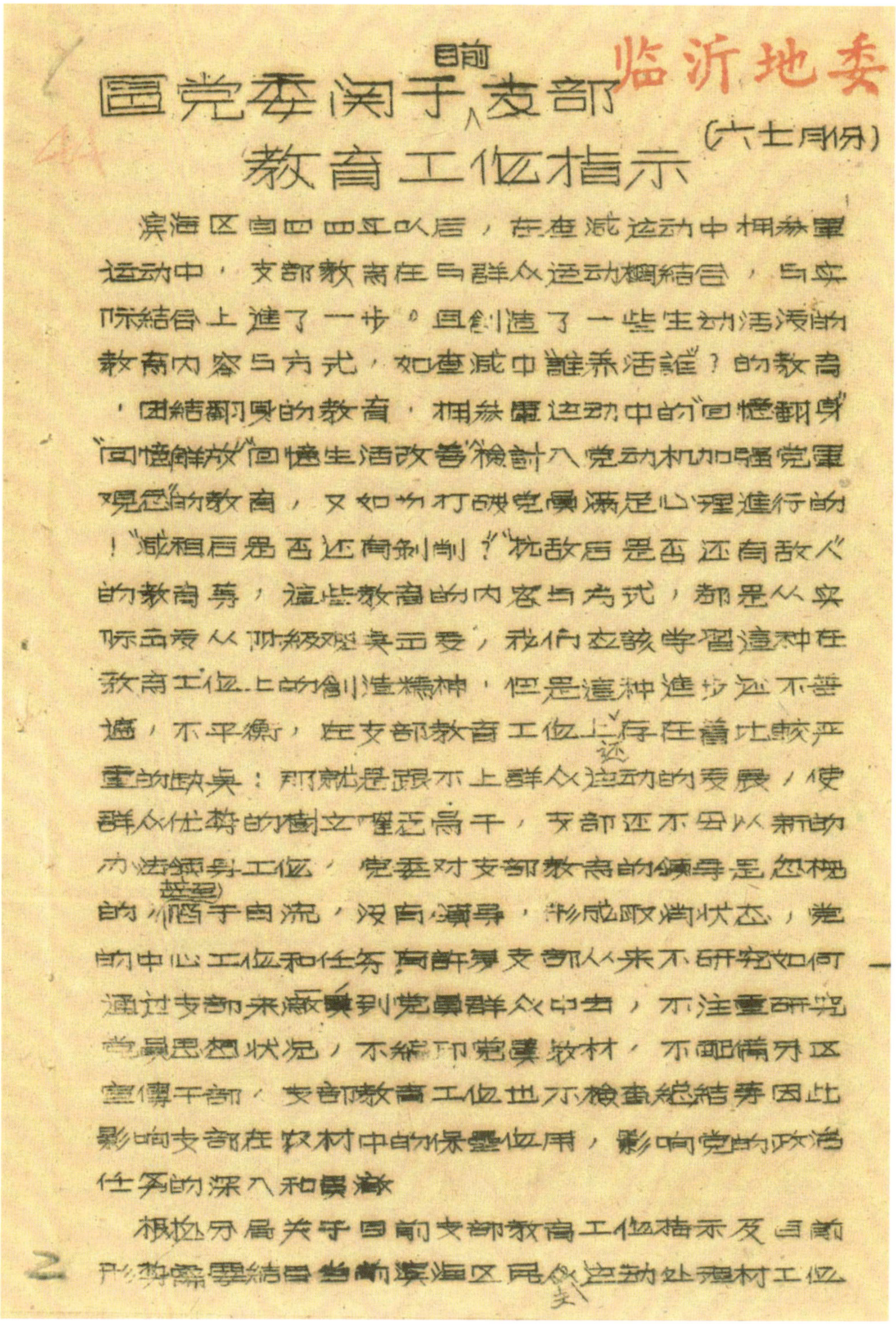

临沂地委

区党委关于目前支部教育工作指示（六七月份）

滨海区自四四年以后，在查减运动中和参军运动中，支部教育在与群众运动相结合，与实际结合上进了一步。且创造了一些生动活泼的教育内容与方式，如查减中"谁养活谁？"的教育，团结翻身的教育，拥参军运动中的"回忆翻身""回忆解放""回忆生活改善""检讨入党动机""加强党军观念"的教育，又如为打破党员满足心理进行的"减租后是否还有剥削？""抗敌后是否还有敌人"的教育等，这些教育的内容与方式，都是从实际出发从阶级观点出发，我们应该学习这种在教育工作上的创造精神，但是这种进步还不普遍，不平衡，在支部教育工作上还存在着比较严重的缺点：那就是跟不上群众运动的发展，使群众优势的树立远高于干，支部还不会以新的方法领导工作，党委对支部教育的领导是忽视的，普遍陷于自流，没有领导，形成取消状态，党的中心工作和任务有许多支部从来不研究如何通过支部来贯彻到党员群众中去，不注重研究党员思想状况，不编印党课教材，不配备分区宣传干部，支部教育工作也不检查总结，因此影响支部在农村中的堡垒作用，影响党的政治任务的深入和贯彻。

根据分局关于目前支部教育工作指示及目前形势需要结合当前滨海区民众运动与农村工作

本减等问题，及一般党员思想状况，区党委提出出工作教育中心，必须在全党支部中（基本区）贯彻（一）民众思想教育，包括：A 支部和党员是为谁干的并怎样去领导工作，领导群众。B. 内团基本群众优势，同时团结地主富农统战，（二）继续贯彻谁养活谁的教育，（三）靠谁反攻的教育。

进行民主教育：主要是教育支部党员达到团结内部（包括党员与支委，党员与党员，党员与基本群众的团结）团结外部共同对敌的目的，A 进行为谁干的教育主要是为团结内部团结基本群众是要党员树立为群众实利保障的观点，要党员群众了解现在翻身了，大家的事大家办，经过民主讨论，遵在自己组织选举积极份子为大家办事，许多支委与党员在口头上教条的了解自己是为基本群众服务的但是进一步问为群众服务的程度如何了便知十分不够，这要启发党员作思想检讨，特别是群众运动后把持斗争果实不分给群众，要在支部讨论，回来马上联系改正，以及因生活改善经济上升甚至发展忘本在作风上脱离群众，包办代替在思想上自高自大（特别民兵中党员的特殊高人一等）狭隘宗派，自私自利等现象联系进行教育，再满向方向教育要和共产主义教育结合起来，以防止单纯的发财观点，并从而启发党员反省入党动机，检讨为啥干的，进一步联系讨论本地广群众喜欢什么，反对什么？上级任务在村中先办什么？后办什么？并把这种性质的会议回报 3

作为经常制度，党员要经常联系群众，并在这
些问题上成为模范，在进行为谁服务的教育中
，要搜集好坏干部典型，编成教材，作成对比
的教育，启发其讨论联系实际纠正给党员支委
以生动具体印象，已〝加强基本群众优势与正确
团结地主讲统战〞的教育，主要是为团结外部
，即民主团结地主上层，使了解今天为新民主
主义社会为村里子为向将来向三边大利益，要
团结地主共同抗战，这种教育要达到二个目的
：(一)为民主运动打下基础，加强群众优势。(二)
使党员站在基本群众利益上懂得讲统战政策。
要斗争要团结〞，(二)使基本群众了解站在远大
的利益上去团结地主首先要检查谁养活谁教育
的进行，在党员思想上彻底弄通。教育以革命
远大前途，与目前革命的领导，使之懂得党的
政策，不是无原则让步，但也要教育党员懂的
新民主主义政策，只是削弱封建势力，不是消
灭封建势力，要团结地主抗战，使之能生活下
去，可以从过去斗争中找些典型事例教育党员
，如斗争对象或策略上搞错了（如对中农富农
，斗争一般化斗争中捆绑打骂乱罚等）说明地
主只要不压迫我们，我们就与他讲平等，一道
生产抗战，建设根据地共同对敌。应从其自觉
检讨中认识纠正，从思想上解决这些问题，不
强调责任，更不要在群众中随便开斗争会，在
教育中联系到今后如何在生产中三三制政权中
去团结地主富农与他们讲民主平等一道抗战，

不使为敌人利用，（讨论一些办法）使支部能发挥更大作用，在斗争艺术上提高一步

继续“谁养活谁”的教育，启发党员阶级觉悟从过去对这一教育的经验中，了解只进行“谁养活谁”的教育还不够，只能算进行了一半，必须在这教育之后，继续进行“团结翻身”的教育才能成为一种完整的教育，同时另一个经验就是在进行“谁养活谁”的翻身教育中，同时要注意到斗争策略的教育，斗争后还要团结地主一致抗战的教育，给党员支部思想上以事先的准备，以便掌握群众教育，免的重履过去斗争中毛病。

靠谁反攻的教育，主要是达到组织我党光明前途组织我们力量组织中国命运将由我党决定，打破正统观念（等待变天思想）与单纯等待盟国反攻，以加强战斗观念的目的，要用各种方式揭发与解决党员思想上各式怀疑，和幻想，特别打破目前因形势发展，欧战结束而生长着的太平享乐，和麻痹情绪，说明时局虽然有利，但正因为如此，日本为防盟军登陆，才控制沿海，故我们滨海区环境因之更紧张坚苦

二 ，但是这艰苦是短时间的，过此即为胜利，我们应有思想准备，从具体行动上想办法，克服这种艰苦，这种沿海的人民的思想是日本强盗给的，我们应领导人民领导民兵，保护物资，虽然滨海形势紧张艰苦，将来变成游击地区，但整个其他根据地是好的，同时滨海形势也与1942年形势是不能相同的，对这种形势，我

5

们不能留恋环境，更不能观悲，胜败出不动，我们应积极克服这种困难，因之应使我们作战经常化，我们作风要战斗化，以便从克服艰苦困难中，保存物资保存人力，迎接行将到来的反攻任务：

以上三种教育，应分别地区，分别时间结合中心工作，抓住重点进行，比如在查减已经较彻底的地区，在六七两月应以民主教育，生产教育，靠谁反攻的时事教育，三者互相联系进行，但为结合民主运动进行民主教育是基本的，在查减未彻底区，仍需继续贯彻靠谁养活谁的教育，查减较彻底时则进行民主思想教育，靠谁反攻的教育可配合七七七一宣传要求在当中进行，在边缘区可着重进行靠谁反攻教育，另外谁养活谁教育，民主思想教育，亦应根据工作需要进行之，三种教育内容，主要是看一区一村工作发展情况，与群众党员思想情况，从实际需要出发进行之，

总之各级党委应纠正过去对支部教育忽视现象，必须把支部教育加强起来，并使之经常化，从研究党员思想情况出发，实行从党员群众中来，到党员群众中去的教育办法，教材的编写也应如此，并同区村中心工作结合进行，联系党的基本教育，以提高党员的党性，目前工作教育中心，必须普遍贯彻，地委县委应抓紧典型支部创造经验，编写教材，推广全盘各地进行情形应随时回

极区委宣傳部

濱海區党委

5，28，

7

张晔在“三八”纪念大会上关于生产问题的总结报告
（1944年5月中共滨海区党委印）

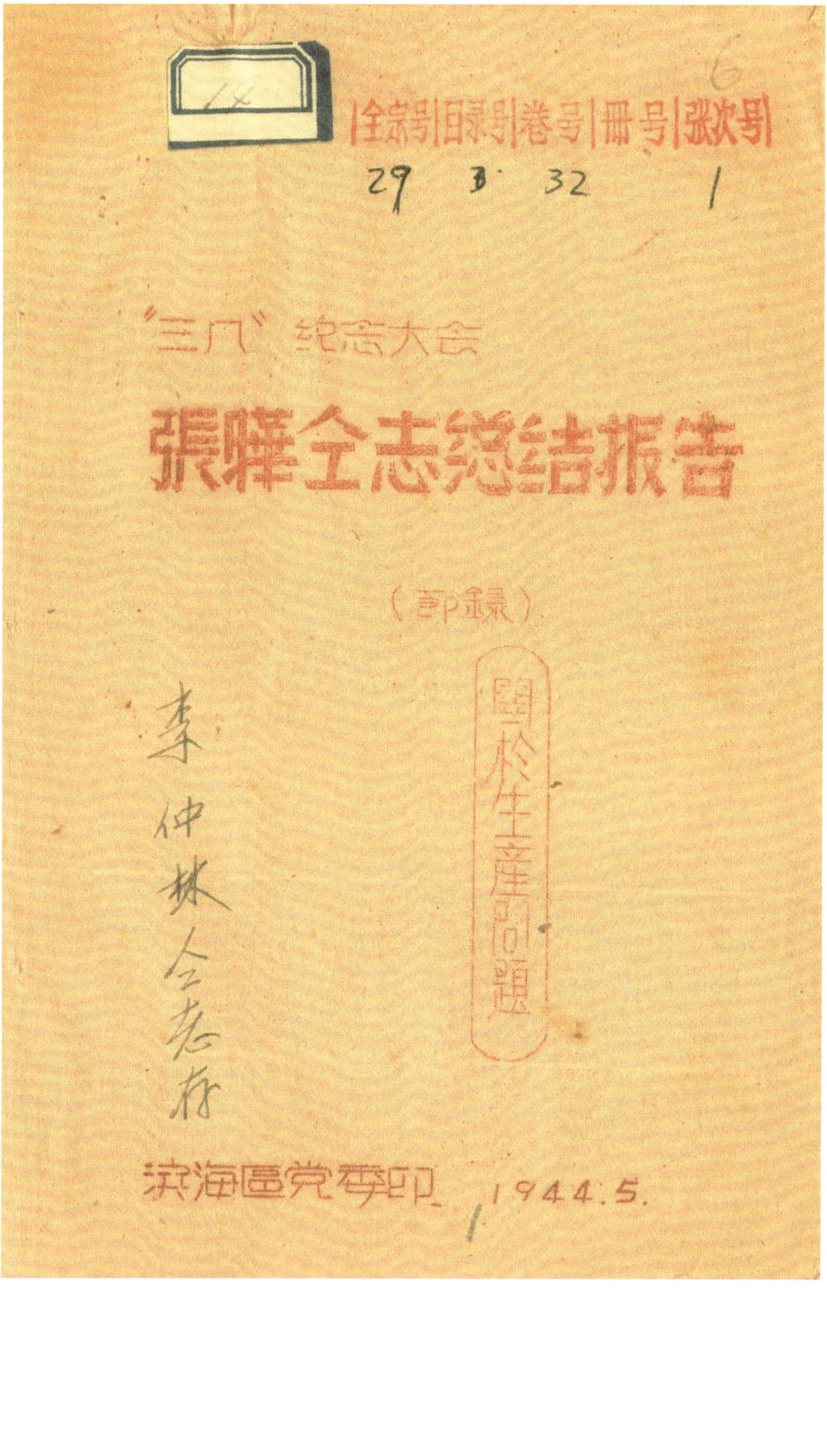
全宗号 | 目录号 | 卷号 | 册号 | 张次号
29 3 32 1

“三八”纪念大会

張曄仝志總結报告

（節錄）

關於生產問題

李仲林仝志存

濱海區党委印 1944.5.

『三八』纪念大會

張隆同志總結報告

I 貫徹生產工作上的思想準備

甲 為什麼革命，建設從什麼地方下手，如何掌握革命時間與空間？

(1) 三八，五一勞动紀念節我們勞動人民要检阅自己的力量到底干什麼呢？解决什么问题呢？在这里我们要認識一個問題，社会是劳动人民创造出来的，没有劳动者的创造，世界什麼都是没有價值的，土地没有人种就没有价值，但是过去劳动者创造出来的东西，被一些少数地主资本家拿去享受了，因此产生了世界上的剥削阶级，工人创造价值得到一点工资，完全是为资本家個人而生产，地主资产阶级愈来愈苦了，当着资本主义集中在有农奴制时，他们以攻击欧美工人，当着资本主义中来的帝国主义的崩溃阶级，资本家就更大极了，美国资本家为了提高市价，把麦子倒到海里去，也不愿救济的工人吃，致使美国工人失业一千万，没有东西吃，上海英美烟草公司因生产过剩，就暂停停工三月，三千多妇女工人都离了[illegible]，但在这种情况下，工人阶级就学会了团结世界的本领，起来反对资本家的剥削统治，进行革命，推翻资本家建设社会主义国家，苏联工人就是世界的先导者。我们过去是给人家劳动，今天则是为了自己需要而劳动的，所以我们今天如果没有劳动观念认为劳动可耻，就应该检讨一下，要知道我们革命的阶级都是生产劳动阶级，是国际同志的阶级，我们用老观念劳动观念又要做奴隶将是多么危险的事啊！

(2) 十月革命证明列宁斯大林党领导无产阶级革命不仅打倒资本家，而且建立起幸福的工农的国家，同时把农民引导上正确的革命道路。

俄国经过彻底的民主革命，无产阶级领导把地主要除了（和中国的情形一样），俄国的农村仍是散漫落后的农村经济，农民必须要求解决土地问题，没收农民土地是搞不通的，列宁曾说："无产阶级对于农民是团结争取的，而且农民是无产阶级永久的同盟军"，列宁的路线与托洛斯基的路线（把农民剥削变成无产者才能革命）是不同的，农民是劳动人民不是剥削者，列宁主张把土地分给农民，他认为依靠我们有十分强大的机器制造的话就可以把农民的思想改变，集体农庄，国营农场与手工业相比之下，农民就不要他那小块土地了，在共同劳动共同享受共同娱乐的情形下，他还为什么要留恋几亩地来耕耘呢？农民不是剥削者，而能够跟着无产阶级走。列宁不但是无产阶级的领袖，而且也是农民的领导者。

十月革命证明无产阶级的力量，能推翻沙皇建设社会主义国家，它是不为资本家，完全为无产阶级及农民的劳动价值服务的，他们在资本主义国围攻中建设起自己美满幸福的国家，现在苏联城市和乡村化一了，农村也集体化了，是彻底解决了农民问题，农民的观念意识改变了，苏联用自己的力量建设自己的国家，自己完全享受，这是十月革命的实质，假使没有劳动观念起码都是吃闲饭的剥削者。

(3) 毛泽东同志的方向是列宁斯大林革命原则在中国的发展，即是从新民主主义到社会主义革命的具体道路。

3

中国革命不是孙中山的解决"议会执行"的办法，中国革命性质与欧洲也就不同，中国是半殖民地半封建的国家，今天中国革命一方面是打倒日本帝国主义，一方面是反封建阶级的资产阶级民主革命。

a、目前中国革命对象：

中国是处在半殖民地半封建的地位，阻止中国发展的是帝国主义与封建势力，目前最大的危机是日本法西斯企图灭亡中国，给全中华民族带来了灾祸，所以目前革命打击的对象主要是日本法西斯，反封建是处于附属地位，虽然也是中国革命的策略问题，但是为了发动组织群众，战胜日本帝国主义，削弱封建势力是必须的或需要的。

b、目前中国革命的性质：

由于中国资产阶级的两重性与软弱性及中国资产阶级的微小与其领导者的不坚定变化等等特点所造成，中国不是要资产阶级领导的旧式的民主革命，而是毛泽东同志领导的资产阶级性的新民主主义的道路。

中国资产阶级反对封建势力的时候，中国就实行社会主义革命是不行的，同时中国资产阶级还不能领导革命，今天只有无产阶级领导才成。一方面由于资产阶级的妥协性的摇摆动摇不坚定对帝国主义封建势力进行反革命，一方面则由于无产阶级强大与共产党领导的有坚强变化。帝国主义在华的久压迫，无产阶级数量就多，帝国主义资本家压迫剥削方式较之欧洲残酷得多，就造成了无产阶级革命的坚决，坚强不屈；今天是苏联社会主义建设成功的时代的中国，由于共产党领导者有坚强变化，我们更要学习苏联无产阶级革命经验，中国无产阶级革命少走了许多弯路，尤其是毛泽东同志把列宁斯大林原则具体化到中国来，经"个体经济集体劳动"的方式一定达到集体化经济的目标，把农民组织起来发展生产，彻底解放农民，中国革命是资产阶级性的民主革命，但是属于社会主义革命范畴的。

C、目前中国革命的经济性质：

由于以上中国革命性质特点所决定中国农民经济前途，不是大地主大资产阶级残酷剥削的封建去向的奴化——即过去资本主义革命农民所遭受的境地绝大多数赤贫化，而是新民主主义的经济性质，是逐渐铲除封建经济的，解决农民的土地问题，走上资本主义大生产的方式，但是不受资本家压迫和剥削他们的痛苦，是经过依靠基本群众力量用合作社经济革命方式完成的，这是列宁斯大林的革命原则在中国革命的具体发展，是毛泽东方向的经济基础。

中国现有的落后的生产方式，不能搞飞跃集生产，必须走向大生产方式，毛泽东同志指出两个革命；一个是消灭减轻剥削封建地主，一个是生产的革命，就是个体经济集体劳动的办法，其经济性质是资产阶级性的，但他不依靠资本家，生产工具没有改变，生产关系改变了，今天完成劳动集体化，将来就靠着向机器化，你如不靠着外蒙古在苏联帮助下的机器生产，我们今天使耕牛，抗战后使用机器犁，地主须改造为不反革命农民并不过于剥削别人，必须以扩大生产，现在我们彻底解决农民生活的过程中，这把新民主主义的经济步步提高。

D、目前中国革命的动力与可能争取的同盟者：

革命的主动力就是基本群众（工人、雇农

中农小手工业者革命的知识份子）中农是個小資产阶级，因此过去有個争论，中农是基本群众呢还是中间力量呢？过而把中农打到中间力量去是不对的。毛泽東同志說：中国社会是两頭大中間小，中国今天的小資产阶级（中农贫农小手工业者）拉跟着毛泽東同志走是不成的，中农的數量大，是無产阶级永久的同盟军，他们生活富裕點，主要是靠自己的劳动力，而且只有在共产党领导的根据地新民主主义制度之下才有好日子过，才能解放，他與共产党不矛盾的，所以說他是基本群众之一。為什么革命知識份子也是基本群众呢？這是時代的造成，現在是資本主義的時代，他不製造生产的东西，主要是為了战争服務因此畢業就是失業，没有出路，他革命不可，只有在社会主義和新民主主義的社会里知識才能發展，所有說個农是基本群众是有毛病的，因為個农中是有地主富农也有中农貧农，所以說個农不是一個階級的。

中国革命主动力是基本群众，無产阶级是領導者，把基本群众組織起来才行。

可能争取的同盟军是中間力量（中小地主，中小資本家，富农）中小地主資本家富农有在我们根據地才会有好日子过，但是我们在抗战中争取他们并不是無条件的让步，要站在我们的立場上团结他们，只要我们不犯错误，不左不右可以争取他们的。

對大地主大資产阶级则争取其抗日一致，对反动顽固派孤立他打击他。我们的策略方针是团结革命力量，争取中间力量，打击顽固力量，這是毛泽東同志所說统一戰綫三個环節。

日本帝国主義進攻侵略中国以後的阶級关系發生大

地主大资产阶级本身是[illegible]过来，所以蒋介石才反对他，正因为如此，日本帝国主义时常可以诱降他，因为他地成坚决心，投降又吃不开，因此共产党不但是无产阶级先锋队，而且也是民族先锋队，不但是无产阶级领导者，而且是民族救星，大地主大资产阶级其本质就是必须反对中小地主资本家的，所以我们只要能掌握统一战线，大地主资本家到何时也是吃不开的。

2. 中国革命前途：

是根据本主义的前途，是由新民主主义走向社会主义的前途，中国革命决不会再走痛苦的道路，但我们不能跳过资产阶级民主革命的这一步，过去我们认识模糊，毛泽东同志的"新民主主义论"和"组织起来"给我们指出一个明确的方向——由个体经济到集体劳动。

蒋介石对日本帝国主义有矛盾，但由其本质决定想投降日本帝国主义与英美有矛盾，国民党内部有矛盾，他还和共产党有矛盾，和中国人民有矛盾，他的这些矛盾是不能解决的。但由于共产党正确领导，他越到害怕共产党，他有什么条件可反对共产党呢？不但现在就是抗战胜利后反动也是吃不开的。今天在华北华中各一块根据地就是新民主主义建设的根据地，我们有办法有力量，蒋介石五十万大军不敢进攻陕北，主要就是他怕吃亏，我们的前途是光明的，道路是艰苦的，斗争

三 是残酷的，胜利是有把握的，我们必须努力学习毛泽东同志的领导法，今天的问题是力量对比问题，毛泽东同志号召我们，"为我们打下铁的基础"，就是在于组织力量。

3. 当前的中心工作任务：

开展大生产运动，充分组织群众力量，就

7

是以生产组织群众力量。

（一）"使抗日民主根据地一面大旗树立起来，成为别些大後方的政治区"，这不是一句空话，民主政权有其充实的内容的，一方面给人民以经济民主权利，更重要的一方面是使广大劳苦群众不受饥寒交迫，有吃有穿的物质生活的基础，如果不关心满足群众利益，不解决群众痛苦，还说什么革命，主要是从群众切身利益出发，把他们从饥饿的边缘上提高，他们感觉到只有革命才是出路，如果革命的结果是饥寒交迫，谁还赞成革命呢？对于民主还有什么兴趣呢？没有吃的连饿都不耐烦。在这个经济不断向前繁荣，民主才是有功用是真切的。革命主要是靠大家的力量，群众组织起来就能战胜敌人，我们有的干部这样说："我们还不是为你们，我们难道也不是穷人，你们还不积极"，这个观念值得检讨，天下不是靠少数人给群众打的，而是要靠大多数群众自觉地组织起来才能革命。我们同志偏偏群众观念不够，跟群众情绪不能一致，整天想吃和穿，解决自己的问题，不跟群众保持一致，看不起劳动是危险的。大生产运动是今天最具体而又切实的任务，是我们革命的物质基础，同时也是改造小资产阶级思想意识的具体步骤，如果思想上打不通是不行的。

（二）从群众运动规律来说，从群众觉悟到意识要先引导群众走向阶级觉悟，群众才能认识到"共产党是我们的先锋队，为我们谋利益而斗争，参加抗战参加八路军才能拥护我们，才不致使受大损失的影响和欺骗，比如中国有一句话"君子，坏小人"（君子是士大夫，小人是工农阶级的）这句话是如何麻醉群众呢？统治阶级一方面给我们打巴掌，一方面者拨我们，这样麻醉我们愚弄欺骗统治群众治者的剥削才是办法，为什么还说群众落后呢？我们如果能把落后群众组织起来，才能解决群众问题。群众不是傻子，要是我们不深入下去，空喊几句是没有用的。我们有些認为发动群众搞生産計划劳动互助就是革命成功了，那是不对的。認為我们生产是手段是目的，那更是大錯而特錯了。而我们為了广泛深入發動群众，达到群众政治优勢，開展生产群众运动是不能動搖的，不經济上提高政治上是不会進步的。

（三）為了克服災荒與敌人的掠奪，以及為我們反攻準备下充实的物質力量，全靠我们自己下手，組织群众性的大生产，否则只向群众要东西，加重群众負担，群众就会脫離我们。

在今年战争下，災荒可能性很大，不要只看到敌人收編偽軍，他主要是為了加强对我之掃蕩，以後他用戰爭鎮壓群众，掠奪一來就是三光政策，会削減我们的力量，這是敌人死亡前的掙扎，假如我們不自己生产，將來吃什么呢？準备物質就是準备自己力量、克服困難，今天大生产运動是革命勝利的有力保證。

由上所說的說，誰不深刻認識生产工作，那就是脫離群众，只講光靠喊口號，也是不光榮的。你我们的水平就是我们就是勞动者，我们不提高这样就是错误的。

乙、克服干部與党員中对生產勞動中不正確的觀点念。

① 認為勞动是不光荣的

為什么会产生這样的想法呢？同志们都是從封建社会出来的，多半是知識份子或家庭出身，如果不革命的話，同志们都可能是封建社会

9

的观点。家庭叫我们念书，那個不是为了扬名显祖，不说求個一官半职，也能当個小学教员。那能有劳动观念呢？这并不奇怪。统治阶级把劳动就故意糟蹋坏了，认为不劳动者为君子，劳动是小人，所以"劳心者治人，劳力者治于人"的思想，就是把劳动看成奴才，不知不觉着。狱中从要我们去先知先觉着，是如何改动的指导。这样资本社会的教育，就养成了我们今天轻视劳动的观念，因此我们今天非革命不成，不然就不能出路，没前途。同志们应发出豪感，当八派打天下的英雄派观点，想做個英雄或风头，脱离群众以上，不深入群众之中，这样由于先天传染和後天教育就養成了封建社会的等级观点，尤其我们同志都在乡下，没见过资产阶级社会的伟大，只看到地主当权的兴盛，在这样环境中养成轻视劳动观念，这和封建社会的等级观念是联系着的，所以我们有些同志组织上入党，而思想上并未入党，这种同志非常危险。

(2) 怕下苦力轻视劳动。

我们工农出身的干部，过去是给地主资本家出力，果实都被抢去，因此今天就怕再下苦力了，一提起生产就不愿劳动了。要知道今天不是给地主资本家干的，现在我们是自己干自己享受，我们干部没有树立明确坚定的革命人生观，没有新的劳动观念，就错误的想把地主土地没收了，[illegible]地主给自己干，自己享受。这种报复观念是不好的，如果农民没有共产党领导，一辈子就想当个地主，譬如有的同志想："我的能力大你就得服从我，什么事你们干什么苦你们受，我就[illegible]来了"，这些同志没养成新劳动观念，认为革命是享受来了。

③ 地位观念与劳动观念是矛盾的：不管什么出身的人都染有地位观念，认为干革命只为了当官"我背着粪筐子群众看不起我"；还有的背着粪筐子为了出风头，顾虑和地主拾粪是一样心理；这种"丢人""不如""自卑"的倾向，基本是有了地位观念就轻视劳动的表现。

④ 我们要生产比老百姓好，不然就没有革命性。其实我们是生产财富的，不过是我们不剥削人罢了，我们革命是为了幸福，并不是为了受苦，有的同志看见人家干活就说："你这伙光为自己，"生产比我强"总是怕当落后人，要是先发动，在农村先锋中是如何危险的思想。

⑤ 联系生产工作如何发动生产工作领导，就是我是领导者工作责任重大，生产是事务工作是伙伙人员的事，这是领导干部中的偏向，要从生产领导的问题。毛泽东同志说：一个好领导者要学会全套领导生产本领。

丙、克服群众中障碍生产运动的观念：

这就是靠天吃饭生产自流，保守观念很浓厚。因为如果不在群众中进行教育说服，要开展大生产运动也是不可能的。老百姓常说"靠的天吗，香不下雨还不是白搭"，"穷是命里注定的"懒汉是老年人，如打不通群众思想，新的劳动观念就不能树立。

前發下張晔同志在連子坡会議時的报告內"对大会坦白整风意見"一文，由于我们整理不慎致有些错字，請按此勘誤表改一下。

頁	正	行	誤	正
1	正	9	以自白的思想意識	以正风的思想意識
1	正	19	来妨害革命	来進行工作
1	背	4	不一定就会把完全把	不一定就会完全把
1	背	5	肅 清 了	肅 清
1	背	10	我们有坚定認識	我们要坚定認識
1	背	13	然同志们在社会	不然同志们在旧社会
1	背	13	請感下，不然，	請感下，必然，
1	背	15	必偷九	会偷九
1	背	22	他还是有	他们还是有
1	背	23	集中起	集中起来
1	背	27	反省中我们同志	反省中我们有的同志
2	正	4	从資产阶級地位不定	从資产阶級的地位是不定动
2	正	17	不但在平事上，	我们不但在平事上
2	正	7	达到这目的，必须揭露統治阶級对以夫的罪恶	不许用暗藏去达到她的地位

2	背	29	正是法门	他正是私法门
2	背	32	進攻	但進攻
2	背	33	收拾北洋军阀	收拾北洋军阀则何以
3	正	7	我们在	全擦去
3	正	8		全擦去剩"这样的"三字
3	正	9		全擦去剩"这样的"三字
3	正	27	私有社会	这是私有社会
3	正	28	处处须为自己	处处为自己
3	正	29	就可以不被害人的事实了，不被群众负担	就是害人的事实，就给群众增加负担
3	背	5	诱惑，我们	诱惑我们
3	背	25	路条	条路
3	背	27	当你运用的時候	但是當你运用的時候
3	背	30	陷害呢！	陷害我们！
4	正	29	作的斗争	作斗争

13

13

五、加強生産物質上的準备

甲、群众生産物質準备，是彻底查减與增資（目前強調繳庄问題）以此扩大再生産的資本與提高群众生産热情。

未减租增資地區，尚存在地主高利貸的剥削，在這種压迫情况之下，群众生産热情是不会提高的。毛澤東同志說，彻底查减是第一次革命，有了這個基礎，才能有第二次革命，就是大生産运动。生産运动是組織群众最有力的武器，群众生産觉悟改進，經济地位向見提高，基本群众抬头，才能提高群众生産情绪，捲入生産热潮，才能使農民由一年餘余的單純再生産，走上年年有余的多下資本的扩大再生産。像王家埠所謂三貧如能养活一定的人口，清减經济消剥削，他才会提高情绪，好好生活。滨海區虽然在分局直接領导下進行了增减斗争，但是离中央指示組織群众百分之七十的任务相差很远，我们各區的同志回去，要好好研究情况，解决繳庄问題，貫彻查减，开展生産运动。

乙、政府的貸款问題：

全滨海貸出貸款五百万元，這個数目不算少了。过去我们群众都是很少向這個要他的，我们只是批評政府人員走上層路綫，但也要檢討我们是否了解群众，須要在組織群众生産中和在家計划其他副業中與他的貸給群众，最近千榆就有一個區貸不出七万元，多给一個不可靠的助理員，騎上車子跑了。

除此以外，就是錢的问題，工商管理局也該做一

14

部份款贷给纺织事业，虽然有一些上层赚了钱，可是我们收到了布，还是有些利益，但是我们的妇女工作，从去年中央指示之后才注意纺线问题，有的妇女过去是模范，现在倒垮台了，如果我们能把多数的基本妇女群众组织起来，纺线织线是最适合的，这是解放妇女的基本问题，也是对敌斗争的重要问题，我们注意的非常不够，如果只注意发展妇女识字班，单从文化上提高，一定会变成不顾生产，与家庭对立，成了二流子。因此识字班要与生产结合起来，才符合彭德怀同志所说生产与教育结合的原则。所以我们妇女同志不要想当女政治家，主要是到群众中去，学她们劳动生活的劳苦精神，在大生产运动中改造我们自己，我们今天开展纺线运动，不仅是解放妇女的问题，也是给将来农工业的生产奠定基础。

过去光照八家走上层路线，可是我们的下层路线也未走好，以后我们男女同志都要注意贷款问题，慎重处理。

丙、群众积蓄的组织与斗争果实的运用：

今天组织合作社，主要把群众积蓄组织到合作社，每个农民的积蓄很少，但集中起来是很大的，把它放到生产中来，斗争果实的数目也相当大，一定把它组织起来，在自愿的原则下，组织合作社是最好的。

五、深入组织上的准备工作

①怎样订生产突击计划？（已由农村生活社刊印单行本）。

㈣实行有组织有领导有计划的劳动互助。

（一）我们在帮助群众订农家计划中，应当推动开展组织各类农户的劳动互助，首先我们要认识劳动互助的意义，告诉群众劳动互助的好处。

甲劳动互助的意义：

1.是生产中的一大革命，在农民群众方面，几千年来都是個体经济，一家一户就是一個生产单位，这种分散的個体生产，就是封建统治的经济基础，而使农民自己陷于永远的穷苦，克服这种状况的唯一办法，就是逐渐的集体化，而达到集体化的唯一道路，依据列宁所说，就是经过合作社。

所以组织劳动互助，必须掌握一個基本原则：因我们的经济是新民主主义的，我们的合作社是建立在個体经济基础上（私有财产基础上）的集体劳动组织。

2.是開展大规模生产运动，保証军食民食并发展反攻力量，结合各种工作，加强对敌斗争的力量。

所以这种劳动互助的办法不是凭空想出来的，而是根据各种群众旧有的互助形式来加以改造，加上共产党的领导，根据群众平等的互利帮助的自愿的组织，造成了新民主主义的集体劳动。

乙劳动互助的好处：

1.大大的提高了劳动效率。

2.可以节省劳动力。

3.可以提高劳动热情，增强完成生产任务的信心。

4.这可以节约粮食。

(二)组织劳动互助的办法：

甲.深入的调查与研究过去群众自發的互助组织。

在各地都有些分散的零星的群众自發的互助组织，这是他们從不断的斗争中自然形成的，因为没有领导，便没有發展和進步。据我们的了解有几种形式和办法：

1.搭犋子：

一种是長年搭犋，就是牲口合夥輪流耕种，牲口是一家的，大家帮他喂，如各家都有就各喂各的，还有的合夥買牛，华中叫「官牛小组」，临沭叫「夥牛腿」牛是大家輪流喂，他们耕种办法就是在春耕和秋耕中，其余都是各干各的。

2.换工：

一种是临時搭犋，在农忙的時候或耕地的時候，有牛的帮無牛的耕地，無牛的帮有牛的人工，也有的叫「大合夥」收割庄稼，有的人工牛工交换也叫「换工」或「帮工」。

3.短工隊(包工)：

集体的人力交换，在农忙收割或锄草的時候组织起来，过去有的地方叫短工隊，现在我们应该叫包工隊。

4.还有的地方叫「扯工」，不仅牛工人工互相帮助，連婚丧大事盖屋等也都帮忙，也有的根据各地情况的不同，内容形式也有不同的，只要我们深入的调查，是会知道是怎么样的形式的。

17

綜合以上各種形式，大都是農村根據地的勞力相等的户或者自已兄弟爺們親戚朋友的，多年形成習慣，覺得相互間合得來，吃點虧也不要緊，這種固然有不少不能等價交換與不合理的辦法，使不能得到更新的發展。所以我們要廢除「情互」「幫互」中的不合理的地方，加上我們的領導與經驗的組織加改造。

如臨沭根據調查已有百分之八十的中農以下的農民參加了搭犋，其他地方也不少，但未發揮更大的作用，現在臨沭縣已有七十幾個莊子組成了搭犋隊，這是很好的，不過還應加強黨的領導，在現有的基礎上應逐漸組織實行合理的換工。

乙、在自發的互助組織的基礎上如何進行改造？

1.首先克服幹部中的官僚主義傾向，樹立正確的勞動觀念，在幹部中可能存在的幾種傾向：（在思想準備中已談過）。

2.發展擴大搭犋隊等各種互助組織，使其合理化。

介紹一個村的初步經驗（這是沭中下位區的一個村莊）。

第一步工作，首先對該莊進行了深入的調查研究（包括人口地畝、人力、農具、牛力等）從調查中看出幾個問題：

A.富農地多而且集中，用的人力牛力都少——如二十八畝地才用一犋牛，貧農土地分散零碎，用的人力牛力就多——十一畝地就需一犋牛。

B.富農地多人少，地種不过來，貧農地少人多地不够种的。

⑵富农牛力多，贫农牛力少，经调查，全村牛力人力能组织起来适当调济，就会存的地就够种的。

调查后，便在党内动员布置，每个党员首先起模范作用，团结群众参加互助队，接着又召开农救会的小组长联席会，动员会员要团结非会员组织互助队，有的群众反映："俺以前就盼着这个，还要你来宣传干啥?"以后又召开农救会员大会，并举实际例子，多数会员一致赞成，一会就有五十九人自愿报名参加互助队，全队共有中地三百九十八亩三分，牛十九头半，耩子六把，犁十二把，耙十四张，伙犁十一把。

第二步工作，把所有参加互助队的编成六个小组，并讨论互助中的具体问题：

(一)互助的原则：

⑴自愿的结合与组织条件的结合，以及劳力与武力的结合。

⑵调查研究——了解全村的土地人口，土地关系，劳力、畜力、半劳动力、阶级成份、农作情形、剥削情形、历史概况、减租情形、群众组织、群众要求、抗属情形。

⑶运用原有的群众组织形式——原始的群众组织形式，当地群众劳动合作的各种各样形式，研究其优缺点，从群众原有的基础出发，再把他提高并合理化，反对凭空捏造，也反对千篇一律。

19

16

③由小到大——由于農民的保守性及多年的舊習慣，要從小而大，由藍頭而普遍，這樣容易使群众接受，不要妄想一下子把全庄都組織起来。

④要有核心領导——建立支部的核心領导，通過党員幹部及積極分子模范作用，推动群众实行起来。

⑤自願的結合——強調耐心教育，使群众自願組織，选择合得来的及土地靠近的，或像良好的組織在一起，要糾正強迫命令，或按名册湊數目的形式主義傾向。

⑥等價交換——在組織起来中要掌握人力、畜力、地畝多少，要互助等價交換，使双方互不吃虧。

⑦联系优抗——在集体生產劳动互助中要联系优抗，解決抗属困难，巩固扩軍参軍工作。

⑧強調劳力武力結合，尤其在边沿區。

⑨在組織过程中，把握加強政治領导與政治教育（如变工小組，可組織識字小組……）。

(二)什么活互助，什么活不互助？

耕地以組為单位夥着干，鋤地撥苗子原則上是夥着幹，如果都長起来時，就各人撥各人的，如天降大雨，怕荒苗子，鋤過的可帮助大苗的先撥。耕地都夥着耕，種小地堰子可各人種各人的，割莊稼遇大風時，可各人割各人的，無風就帮着先割熟的，刨地瓜如遇凍天，就各人刨各人的，天暖不凍夥着刨，挑莊稼送糞挑草可夥着挑，開荒也夥着開，蓋屋及遇紅白公事可互助，打場挑土墳墉可各幹各的。

20

(三)互助的办法：

①互助时吃饭原则上是各人吃各人的，如果自己没饭吃，就给谁家做活在谁家吃，或者大家帮助他。

②谁多做了工夫，到湖净场光时算账支工钱，管饭每天二斤半，不管饭五斤，平时每隔十天算一次账，采用三方记账（队长组长队员都记）的算账办法。

③每人每天只顶一个工，做活比较好的快的不能向做活孬的慢的多要工夫（人家的活也要当自己的干）平时工还工，秋后还粮食。

④一犋牛一天换三个人工，带牛去者顶四个人工，如还粮食时是十五斤，草一百斤，当时吃了饭就减去一半。

⑤组内如有家贫与病者，全组讨论帮助，不可吃饭，也不要工钱。

⑥耕牛由牛主先使，无牛者后使，由队长负责调剂，这组的牛闲着那组也可以使，有老感情者，牛主不要还工时，别人不得干涉，外面亲戚借牛可通过队长。

⑦耕地时可先耕朝阳地，后耕阴坡地，再按穇子、高粱、棉花地、谷地、地瓜地、花生地、按次序耕。

(四)对抗属村干鳏寡孤独者的帮助。

①先给抗属耕种，民兵如遇战斗或训练或其他劳役可与抗属同样看待，不要还工管不管饭也不在乎。

21

③村幹工作地時可不还工，不出時也还工，鰥寡孤独者富者可管飯，穷苦者可不管。

(五)生產工具：這組帮助那組工作時，小工具（如锄、鍬、镢、镰……等）可各人自备，鏵头[illegible]耕地者負責；犁子绳索牛主負責，如損坏時也主負責償还。

(六)天下雨后，如有的地未耕完，有的又要耩，双方發生矛盾時，可看那样要紧先幹那样，或者分開牛力，有耕的有耩的，耕地時保証不用伙犋伙（不能耕的地，各組負責集体伙），耩地時，保証不用人拉耩子。

(七)互助制度：

①小組会、組長隊席会均五天一次，隊員大会半月一次。

②小組会幹部会可晚上開，隊員大会尽量利用陰天下雨開。

③開会内容：主要是檢討，解决問題，檢討佈置工作。

以上只是初步經驗，可供大家參考。

還需注意的几個問題：

①具体困難具体解决。

如勞動力强的弱的，可按勞動力的强弱折工，使强弱都不吃虧，穷富怕吃虧的可实行計工制度。

②各家的飯食好坏，我们要解釋飯食的好坏沒大关係，同時有办法的農家，可以鼓励他做好飯，沒办法的貧苦人家，大家都应原諒。

[illegible]，原則上覺悟幹部要能

群众，大户要帮小户，再就看他的需要。

②订立互助纪律，改造完全感情的结合，使其更合理化。如有的是亲朋，爱情面讲义气，一些事不能当面说明，或者你瞒他他还嫌太小气，说什么："忍受伤心"，如吃饭换工、损坏赔偿等，说什么："不要紧，不在乎"，看起来很好，可是一遇到损坏自己的利益时，便会翻脸无情，因此我们要耐心说服要去"先小人后君子"，别"先君子后小人"，因而对农具耕牛不致妨碍了生产。

③贯彻自愿结合的原则，如村干部情投意合愿意组织在一起的，应当耐心说服其分散团结领导各组，并如遇三伏过忙，大家生产会受影响，不过亦不应强迫，如有与外村搭组的，亦不应强迫其脱离，在便利于生产的原则下，可以说服其自愿。

④改造二流子，培养劳动英雄，树立基本群众的领导。

具体对象具体的方式：会后的刺激，本村的感化。莒南大山前会后都反对二流子，尽力争取改造。

从改造以后不断提高劳动模范人们的热忱。

互助劳动要树立基本群众的领导，否则，基本群众会吃亏，不积极参加劳动互助的组织。

⑤劳动互助要与合作社结合。

与群众组织结合起来。与对敌斗争结合。

总之，在劳动互助真正巩固时，能紧密的联系合作社，使合作社奠定了稳固的基础。

⑥合作社：（略）

四建立与健全生产建设部门的组织机构。（略）

23

中共滨海区党委关于开展“七一”“七七”宣传周的指示

（1944年6月8日）

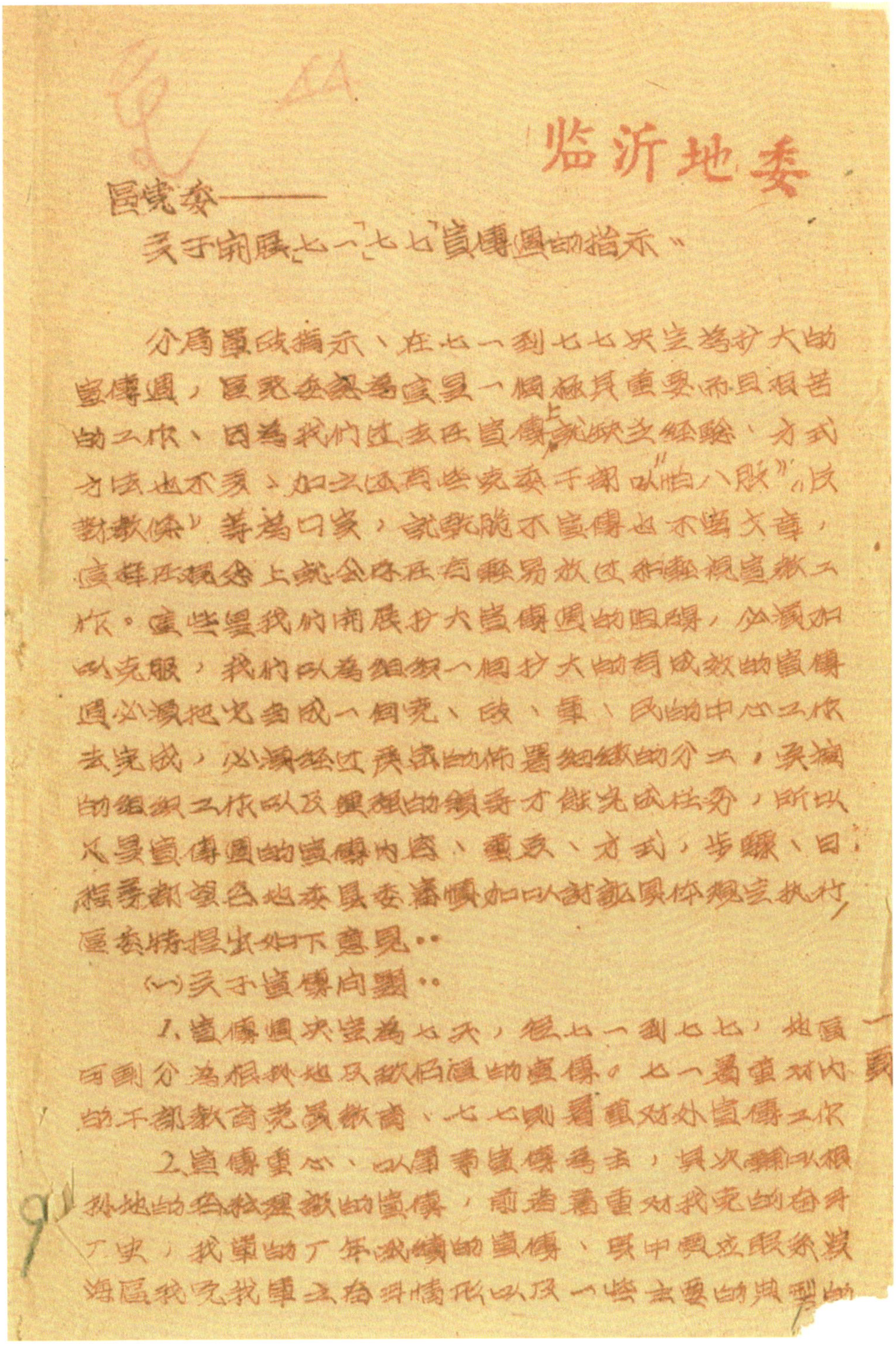

临沂地委

区党委——

关于开展“七一”“七七”宣传周的指示

分局宣传指示，在七一到七七决定为扩大的宣传周，区党委认为这是一个极其重要而且艰苦的工作，因为我们过去在宣传上缺乏经验，方式方法也不多，加之还有些党委干部以“怕八股”、“反教条”等为口实，就干脆不宣传也不写文章，这样在观念上就会存在有轻易放过和轻视宣教工作。这些是我们开展扩大宣传周的困难，必须加以克服，我们以为组织一个扩大的有成效的宣传周必须把它当成一个党、政、军、民的中心工作去完成，必须经过具体的布置细致的分工，负责的组织工作以及思想的领导才能完成任务，所以凡是宣传周的宣传内容、重点、方式、步骤、日程等都望各地委县委谨慎加以讨论具体规定执行，区委特提出如下意见：

（一）关于宣传问题：

1.宣传周决定为七天，从七一到七七，地区可划分为根据地及敌占区的宣传。七一着重对内的干部教育党员教育、七七则着重对外宣传工作

2.宣传重心，以军事宣传为主，其次则以根据地的各种建设的宣传，前者着重对我党的抗日史，我军的七年成绩的宣传、其中更应联系滨海区我党我军之抗日情形以及一些主要的典型的

戰爭，戰爭中的模範同戰爭英雄的指導、同時并应联系到扩大苏联的軍事宣傳。後者則着重我區关于拥軍参軍运动及生产运动的指导去有系统的对外宣傳。

3.宣傳方式与步驟：(一)七一為我党誕生廿三週年紀念日，是日凡党、政、軍、民各級机关一直到連隊、農村支部均可普遍召集紀念会，机关由負責同志作報告、農村支部可用小組、討論会上党課的方式進行系列的党性教育，此級教育党校、实訓班尤应隆重紀念，对農村支部可先發簡單的宣傳教育提綱，从党史联系到目前工作、对連隊支部則应着重目前形势教育及思想教育。(二)七七為抗戰七週年紀念日，可以分區為單位召開一個比較大規模的群众紀念大会，在这個会上即可聯系到公祭烈士等，駐軍或駐在机关可以與同敵區邊村、不另召開群众紀念大会，并可以村為單位進行儀式簡單的紀念会，主要内容為群众的良心檢查，用自我批評的精神方式檢查，自良心檢討以后，群众对我党我軍的認識以及放下包袱的程度。(三)部隊可以連隊為單位开紀念会，着重拥政愛民工作的檢查、(二三兩項內須要聯系我軍的軍事宣傳，時間不一定在七七当天召开并以連為單位組織臨時的宣傳組，在駐地五里路以內進行群众的宣傳工作。(四)并可以部隊為主進行慰勞當地的軍民聯欢而发动群众在自覺的基础上進行慰问而去假小学教员集训，各区应利用此时机加强对他们的教育，以便他们回去推动此工作。㈣关于宣传品标语口号等传递问题，由各县及各地委的交，各区可不必另行翻印以收统一之效，如数量不够时，各区可以翻印，目前各地已有之报纸刊物要必须完全合乎宣传国策手，出版刊物组织宣传凡宣传品等不得擅自随意使发，看完后即销毁或剪，并喷给群众，现要指出过去各地区或机关擅自发件，不负责任的态度，如经查出必须予以批评或处分。

4.对敌后区宣传，各县可由前线地方抽调一至二个以上的武装宣传队，（条件武工队亦必须参加此工作）部队抽出一部力量协助，插入敌后区去从事武装宣传，将宣传品散至各地委宣传部会同敌工部共同制订，除按我区具体情形规定内容外并应解释以下宣传要点：㈠胜利的国际形势与第二战场的开辟日寇必败必然的前途，加强敌后区人民胜利信心。㈡宣传党的政策，其中着重土地政策、三三制政权，对后政策的不变，以及我党在战争中及敌后团结人民抗敌建国的方针等。㈢我军对反正投诚敌伪军的宽大政策等的宣传与解释。㈣对与当前对敌斗争任务有关系（反抢粮抓丁反编组等）应宣传之意与问题的联系应宣传的内容，此项时间不要延迟了，以一些去特别应注意着重对于今年开展一个大规模的宣传攻势。

（二）关于纪念烈士问题：

1.为完善以前牺牲的主要干部宣传就须主要收集烈士之生平事迹及县级党政民以上之主要干部生平，由各县负组织立纪念手，据实写入县志详细情况，於六月底送交区党委宣传部，此外对于抗战以来一般干部牺牲的状况加以统计，简要编成烈士光荣战役英勇牺牲事迹等送上以便发表。

2、关于烈士公墓烈士塔因时间仓促目前暂不兴修，但应各县区自行举行公祭，仪式应庄严隆重，区党委与军区并决定于七七在马鞍山举行对所有同志及抗日烈士的大祭，完全一个伟大的全滨海区的公祭大会，故各县均应届时组织公祭团到会致祭，详细办法另有通知。

3、在扩大宣传过程中，对抗属烈属应向党政军民各界对他们的慰问或为之解决困难问题，在进步的前提下对他们进行教育，注意纠正抗属烈属依靠生产的工作中发展的特殊化倾向，把他们团结组织到大生产运动中去，办法可以参照拥参军过程中所运用过的一些方式。

（三）为了系统的对外宣传，请各地委、区委立即将此种材料（另有通知）材料并于六月廿日以前汇寄区党委宣传部，以便编成小册子及大众报社发表，同时这一工作务必以最大决心去完成。

为检查此次宣传周所达到预期的目的，各县委应于七一以前召集分区县委宣传部开会，时间两天，除具体布置这一工作外，并初步总结查减反[illegible]，及大众日报六三社论在查减检查中存在的策略、纠正偏向。

此致

区党委

六月八日

中共滨海区党委宣传部、滨海军区政治部关于开展“七一”“七七”宣传周的补充指示（1944年6月8日）

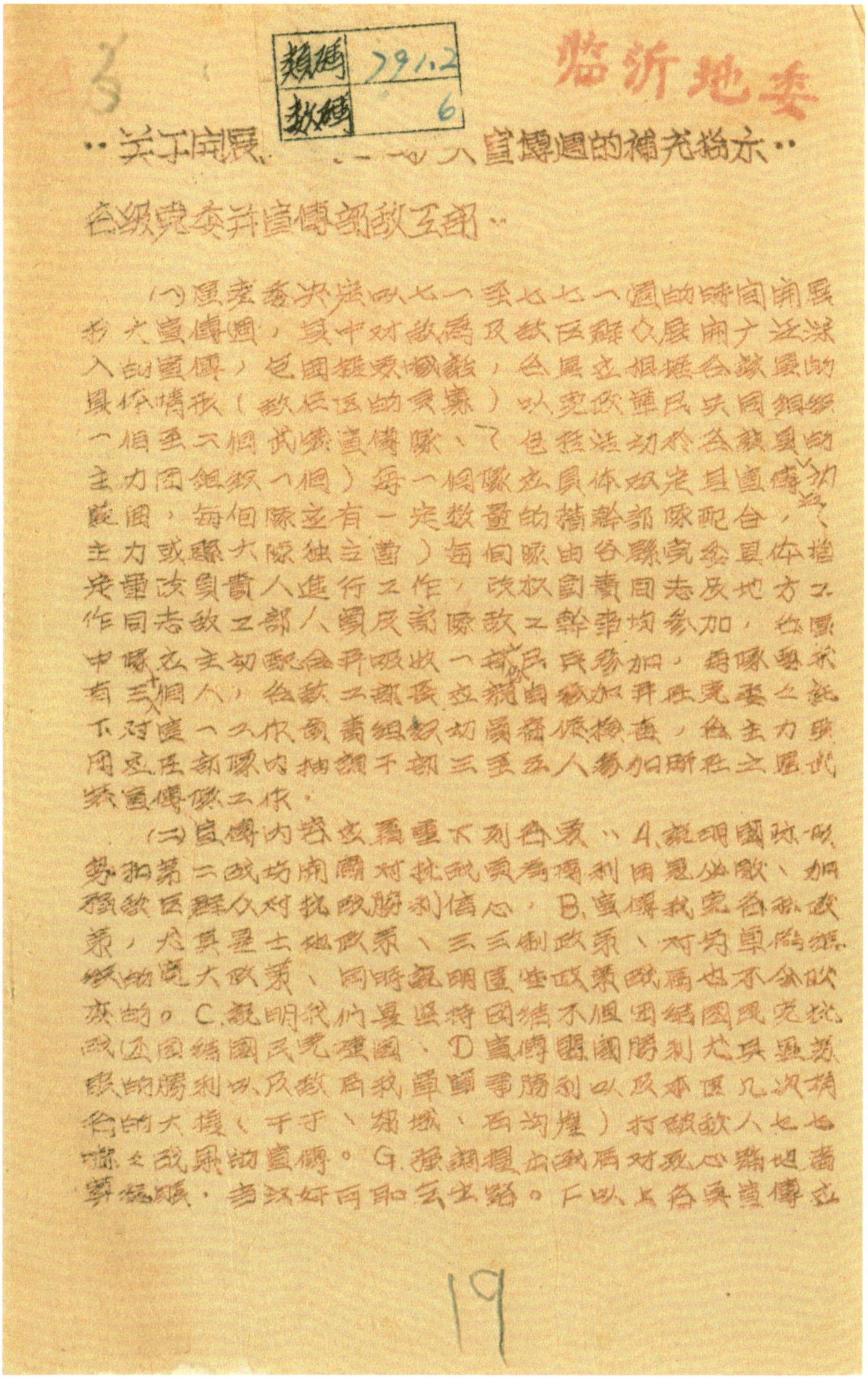

临沂地委

类别 791.2
数码 6

··关于开展“七一”“七七”宣传周的补充指示··

各级党委并宣传部敌工部··

（一）区党委决定以七一至七七一周的时间开展扩大宣传周，其中对敌伪及敌区群众展开广泛深入的宣传，包围据点喊话，各县应根据各该县的具体情况（敌伪区的大小）以党政军民共同组织一个至六个武装宣传队、（包括活动于各该县的主力团组织一个）每一个队应具体规定其宣传活动范围，每个队应有一定数量的精干部队配合，（主力或县大队独立营）每个队由各县党委具体指定专负责人进行工作，政权负责同志及地方工作同志敌工部人员民兵敌工干部均参加，各区中队应主动配合并吸收一部民兵参加，每队要求有三十个人，各敌工部长应亲自参加并在党委之统一下对这一工作负责组织动员检查，各主力兵团应在部队内抽调干部三至五人参加所在之区武装宣传队工作。

（二）宣传内容应着重下列各点：A.说明国际形势和第二战场开辟对抗战更为有利日寇必败、加强敌区群众对抗战胜利信心，B.宣传我党各种政策，尤其是土地政策、三三制政策、对日军俘虏的宽大政策、同时说明这些政策战后也不会改变的。C.说明我们要坚持团结不但团结国民党抗战还团结国民党建国、D宣传盟国胜利尤其是苏联的胜利以及敌后我军事胜利以及本区几次精彩的大捷（千子、郯城、石沟崖）打破敌人七七[illegible]战果的宣传。G.揭穿[illegible]敌伪对我心[illegible]，与汉奸同即去出路。F以上各项宣传应

19

与当前反抓丁反扫荡的任务联系起来、一切要尤应着重于争取和平的宣传攻势。

（三）事前对武装宣传队应有深入的准备和教育与分工，最好对武装宣传队组成时、加以短期的训练、然后派出工作、应依据宣传提纲（另发）并联系当地具体情形依据群众觉悟程度的了解宣传内容、并进行敌伪区政策，争取群众纪律的教育、很好的研究宣传的方式、在七一前应将敌区情况充分加以调查了解、这样我们宣传的内容及方式才能适合具体情况、而游击的部队亦应负责宣传，不能单纯靠专门将这一任务放在少数干部身上。

（四）各区各区亦应利用宣传週的时间开展对敌伪区的宣传，武装宣传队是一种突击力量、我们也不能将这一繁难艰巨的任务单纯委诸宣传队身上、以后平常工作的普遍展开各该区同时应有计划的布置推广及扩大。

（五）武装宣传队深入敌人心腹宣传在行动上应绝对保守秘密加强警戒，以免遭受意外损失，其工作方式应视具体情况采用喊话、个别谈话、散发传单与标语结合别样各种方式，七七敌人必大肆宣传其所谓"中国事变"之胜利成果、应于小部队突袭扰乱宣传与破坏其活动，这一宣传工作，是一个紧张的突击的任务，县区政府民众团体负责人均应充分加以动员、具体规定任务、宣传内容、活动地区工作时间及工作步骤等都要一一加以研究布置、不应只把这一工作放在宣传部门几个工作同志身上即算完事。

（六）这次经验的总结，除由各级党委负责外、各级宣传部或工作团更应负责具体组织的责任并分

20

别报告我们。

此致

敬礼

區黨委宣傳部

六月八日

21

中共滨海区党委、滨海军区政治部关于夏季政治攻势的补充指示之二——新形势下对敌斗争工作的一些值得研究和转变问题（1944年6月13日）

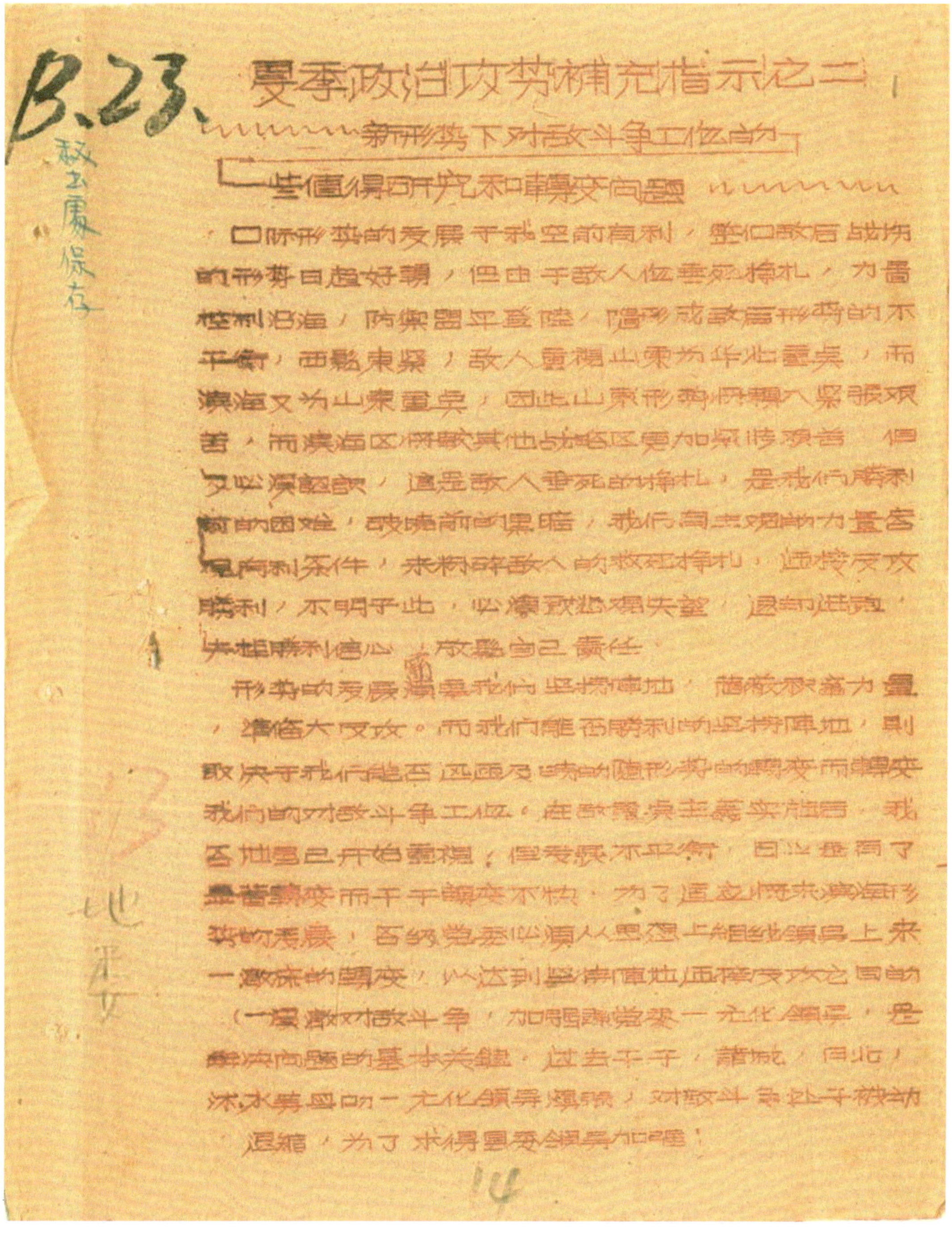

B.23.

敌工处保存

夏季政治攻势補充指示之二

——新形势下对敌斗争工作的一些值得研究和轉变问题

国际形势的发展于我空前有利，整个敌后战场的形势日趋好轉，但由于敌人作垂死挣扎，力图控制沿海，防御盟军登陆，以形成敌后形势的不平衡，西松東紧，敌人重視山東为华北重点，而滨海又为山東重点，因此山東形势将轉入紧張艰苦，而滨海区将较其他战略区更加紧張艰苦。但又必須認識，這是敌人垂死的挣扎，是我们勝利前的困难，破曉前的黑暗，我们有充分的力量与有利条件，来粉碎敌人的垂死挣扎，迎接反攻勝利，不明于此，必導致悲觀失望，退却逃跑，失掉勝利信心，放松自己责任。

形势的发展需要我们坚持陣地，蓄积力量，準備大反攻。而我们能否勝利的坚持陣地，則取决于我们能否迅速及时的随形势的轉变而轉变我们的对敌斗争工作。在敌寇积极主义实施后，我各地虽已开始重視，但发展不平衡，因此显得了[illegible]轉变而[illegible]轉变不快。为了适应将来滨海形势的发展，各级党委必須从思想上組織領導上来一澈底的轉变，以达到坚持陣地迎接反攻之目的。

（一）坚决对敌斗争，加强党委一元化領導，是解决问题的基本关鍵。过去[illegible]，諸城，日北，沭水莒县的一元化領導薄弱，对敌斗争处于被动退縮，为了求得党委領導加强，

14

①首先在能从思想上認真檢討，县委本身的战争观念薄弱，是不是关起大门建設根据地，过去的麻痹、集中，今天的自卫，所以能够取得坚持边沿斗争的胜利，主要是县委在思想上重视对敌斗争。

②以党委为核心，組織結合各种力量，县委親自下手，明確分工，对敌开展政治攻势普遍經常化，过去麻痹、集中，今天自卫都是這样做，都得了很大成績，自卫原来退縮的边沿区現在站住脚，相持的边沿区向前推進，掌握了敌進我退，敌不進我不進的方針。

③县委对边沿区的党政干部交实心的帮助，加强据点区的独立自主坚持斗争能力，經常督促檢查其工作，檢查边沿政策的执行，及時纠正偏差。自卫在傳达区党委坚持边沿斗争扩大会議總結以后，边沿区干部普遍加强了联係。

④根據分局区党委关于坚持边沿斗争的指示，及時总結斗争經驗，組織各級党委在十一以前再作一次思想檢討，总結对敌斗争的組織領導，并研究如何将对敌斗争作为中心任务与生產工作結合起来。自東海干卢山前工委应隨時總結，作完一件工作，成功或失敗都要找出經驗教訓來。

(二)为適应今后斗爭形勢的变化，必須及時的改变組織形式，我们应接受四三年的教訓，当時根据地区斗争形勢变化了，而我们的領導未及時改变組織形式，以致遭受損失，重複錯誤，为此今后在

15

新的严重形势下不重复错误，不走弯路，就要根据情况的变化，在不同地区採取不同的组织形式。斗争形式。

①在以对敌斗争为主，坚持斗争阵地，隐蔽，积蓄力量准备反攻的原则下，已被敌蚕食而我尚不能立刻从敌人手里夺回来的边缘游击地区，应立即改变组织形式，以区的党政军群众工作干部，统一组织武工队干部为骨干，区中队精简后编入武工队，并吸收但不过于暴露的村干部，地方党员参加武工队，但区公所名義依然存在，区长任队长，分区书任政委，除妇女会等干部外，其余一律不应撤退，民兵分散隐蔽，不脱离生产，受武工队统一领导，统一适当安插民兵中积极份子的家属。村以支部为核心坚持一村的对敌斗争，党员和群众打成一片，村支部本身必要时可以改组，重新配备干部，党的组织力求精干隐蔽，武工队的非法活动与区，村党的组织应严格分开，以免暴露。在这种地区应把民族气节提到高度，团结各阶层一致对敌，但必须分化敌人，对我积极破坏的坏份子应坚决斗争，

②在敌我长期尖锐争夺的地区，如海干，日东，莒县等地区，地方党的组织要更加隐蔽，（海干已有两个地方党员是敌暗线）基本上仍把各方面力量组织起来，坚持自治以压缩敌人中内圈圈子，活动于该地区之武工队，及党政干部要进一步的依靠群众，与群众打成一片，使群众把我们看成自家人，能够同生死共患难，真正求得广

能坚持阵地，保存党的旗帜插在敌占区而不被敌人扑灭。这种地区要强调开展秘密村工作，从一家做到另一家，挨门挨户推广到全村将群众团结到党的周围，组织形式斗争形式要灰色，不突出不暴露，不刺激敌人，以达坚持阵地隐蔽积蓄保存力量之目的。

③在我群众工作有基础，部队活动积极，我有很多斗争胜利影响之地区如莒县，临沂，郯城。在敌人可能重新占领之某些区村组织形式可以改变，而组织工作不能放松，以我平原的优势力量封锁围困敌人，相机克复据点。

④在群众工作薄弱，部队活动亦少之地区，我们要有进取的工作准备，不能望洋兴叹，抽调地方化的干部从组织群众保家做起，进行组织群众的工作，进行宣传教育工作，以便逐渐变成根据地或游击根据地。改变组织形式斗争形式总的精神是保卫群众利益，积蓄保存力量等待时机，这些地区的一切工作必须与群众利益结合起来。我们坚持斗争的目的是与敌人争夺群众，敌人虽霸占了某些地区，但群众他是一抓把不去的，这给我们很多空隙可以将群众隐蔽组织起来，与敌人进行斗争。

㈤武工队工作转变问题

地委对分区，县委应贯彻分局营政，区党委对政的指示，对武工队工作作全面的检查总结，并具体研究在新形式下，武工队如何转变，如何坚持阵地。武工队工作转变的关键在于明确树立群众

17

須急進一步依靠群众，不从基本上去转变，而單純调整工作方式，活动方式，是解决不了问题的，一旦形势变化必然要损失，要法坚持阵地，目前有些地武工队能武不能工者多，因此不能在敌區与群众结合起来，形成严重孤立现像须得很快纠正。

四、伪军伪组织工作在新的形势下要与坚持边沿斗争结合起来。

①下决心把打入派入工作做起来，各级党委在广泛物色外围人员，地方党员，没有暴露的纲站干部，用各种方式向伪军伪组织内部打入，通过关係派入，强调内线渗透，长期埋伏，不要急于求功，加强政治交通，选择品质好而又有敌区活动经验的地方党干部或纲站干部担任政治交通，打入派入人员了解敌人内部一切情况（特别是当前的扫荡计划）应及时供给党委和县，小站干部及时供给内区委的情况，以便党委及时了解敌人研究敌人，领导上要有办法争取主动，如对打入工作不作去立有成绩将给我们今后在更紧张的情况下的斗争，以更多的困难，我们必须要有这个認識和準備。三

②整顿審查关係及外围人員，準确的估計关係，政驗关係，应估計并偏敌人将施重点主义后，特别是今后紧张恶化的形势下，关係外围人員可能有变化（日照中部據表信三個内在伪军内部委員秘密特务14○余名）由于我干部思想麻痹，对关係外围人員，估計認識不足，某些地区已遇

18

要损失。对原审查过成为组织工作，因此审查不一定要重新审查，应估计其几个关系，外国人员可能有变化，应立时进行审查，研究分析，经过审查或证实不可靠的关系可以暂时停止，提高必要的警惕性，但应留下将来时机有利时再利用的线索。

㈢对国敌特提高关系，从实际斗争中考验提高一般关系为骨干关系，这种提高不是一般的普遍的提高，而是有重点的抓紧个别的提高。估计今后形势的变化，可能使某些关系起变化，如敌人的统治动摇对敌人失去信心甚至对口号发生怀疑的，我们应争取其投机心理，并告其戴罪立功赎罪，对他们应严格考察，为其最后出路着想，要他去对付敌人，不积极参加内战，不向我进攻，不破坏根据地物资。

㈣对海外发展关系工作，不能像过去在重大军事胜利后要加以对他威胁情况下的大力开展的发展关系，而要求细心慎重，真正深入，先从能够大量有用的社会关系，对每一个对象都要经过调查研究分析，反复考虑再批准，估计建立关系以后是不能起多大作用，会不会使得受对我们损害，这样可以避免吃亏。对目前在保密条件中建立中人的海外关系要经过组织研究批准，大胆地要经过批评分区研究批准。最近沪，平，日　敌特地均发现秘密情报主动地找我们关系，我们交站干部，分区特派干部在后备中场，凡属特务关系与有可能为特务嫌疑关系去均须经过与主管保卫部门研究批准后再与其接头。

19

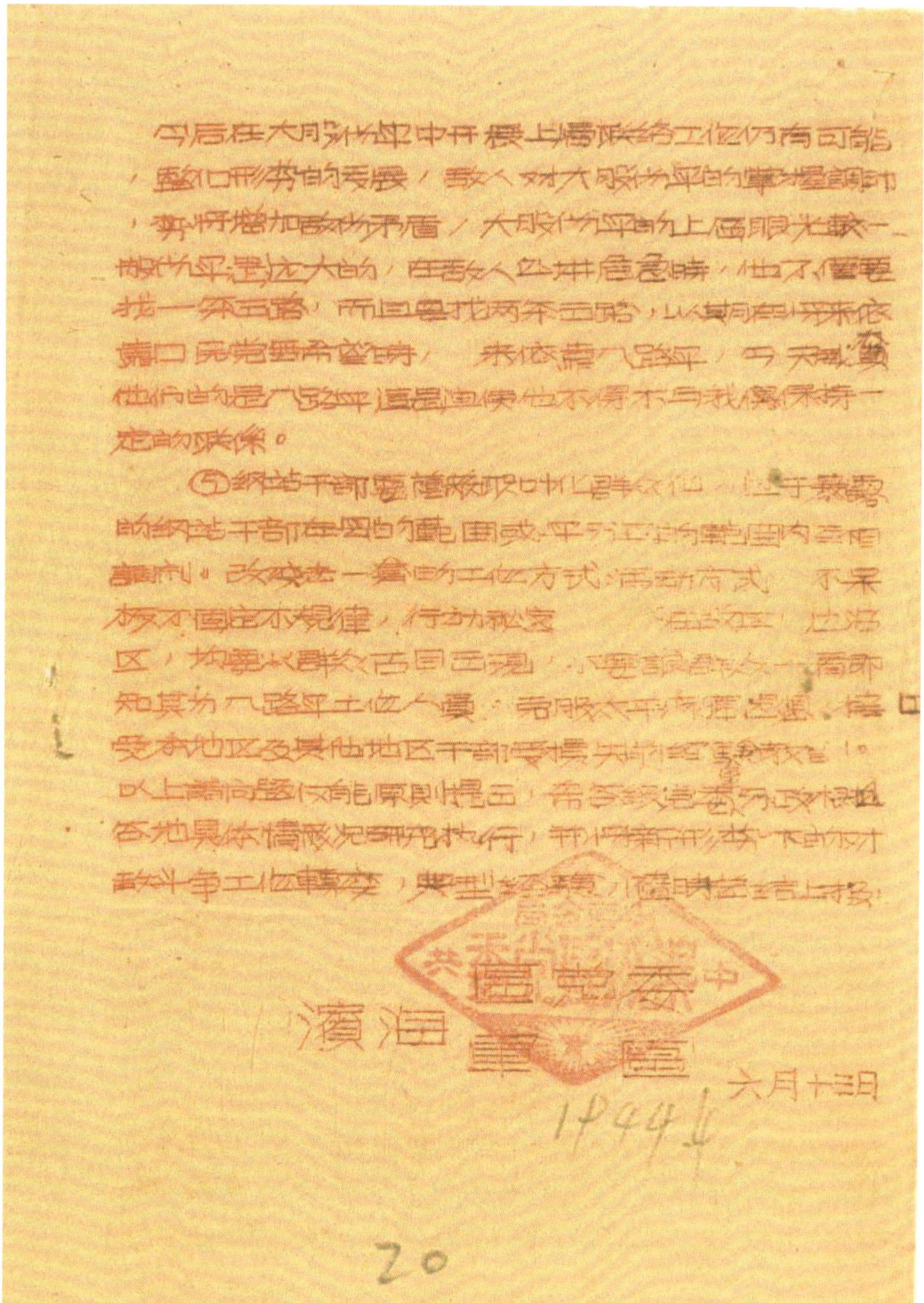

今后在大股伪军中开展上层联络工作仍有可能，配合形势的发展，敌人对大股伪军的掌握调动，势将增加敌伪矛盾，大股伪军的上层眼光较一般伪军远大的，在敌人必将危急时，他不仅要找一条后路，而且要找两条后路，以期将来依靠国民党与希望将来依靠八路军，今天我们对他们的是八路军这是可使他不得不与我们保持一定的联系。

⑤经站干部要随敌伪和群众化，过于暴露的经站干部在四边伪据点周围或伪军行动范围内要调开。改变过去一套的工作方式、活动方式，不呆板、不固定、不规律，行动秘密……在游击区、边沿区，如要以群众面目出现，不要让群众一看即知其为八路军工作人员，克服大干部作风习气，这应受本地区及其他地区干部受损失的经验教训。

以上几点问题仅能原则提出，希各级党委、政权根据各地具体情况研究执行，并将新形势下的财政斗争工作事实、典型经验，随时总结上报。

滨海区党委

六月十三日

1944年

20

中共滨海区党委关于今后开展普通教育的指示（1944年6月18日）

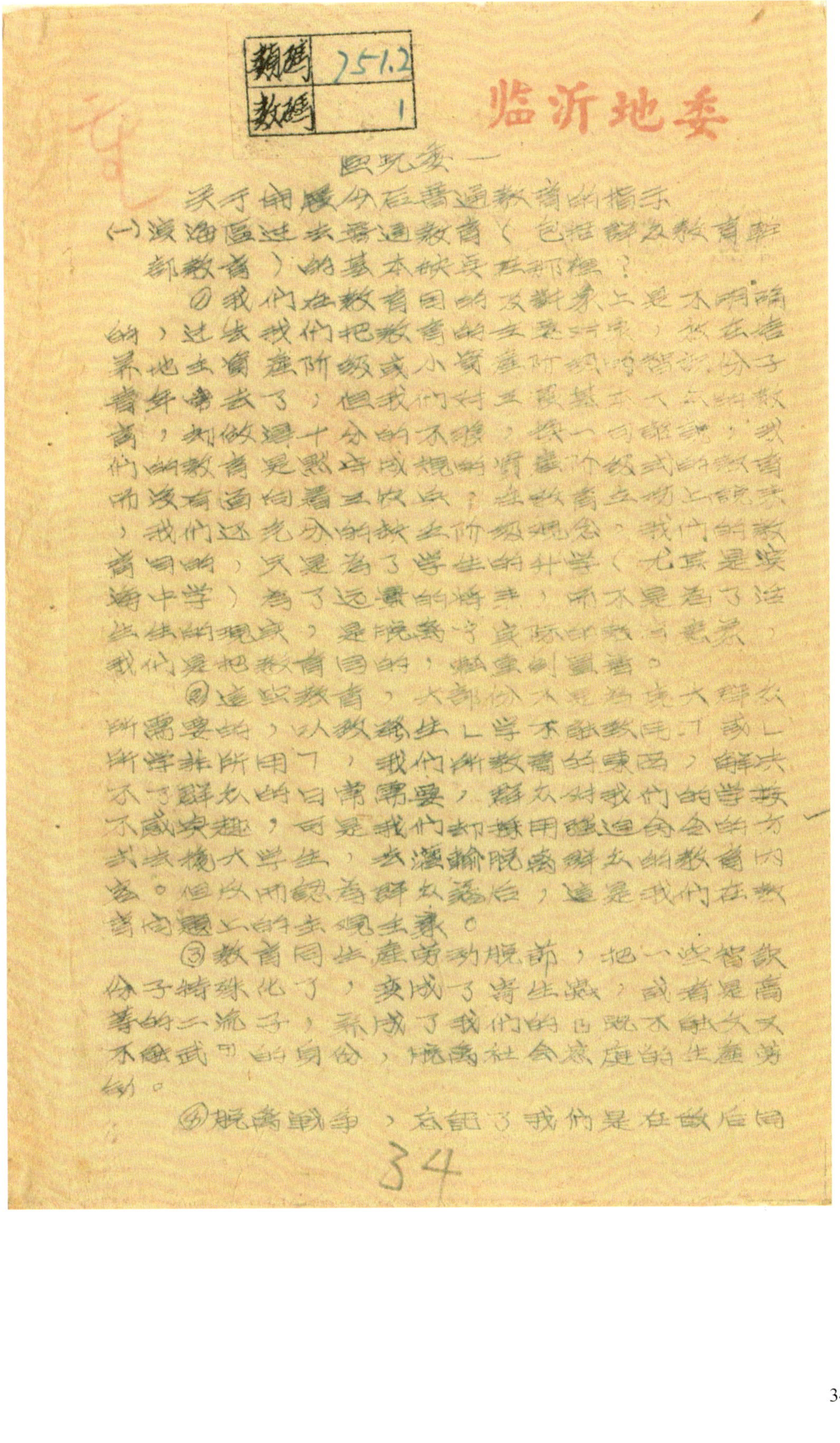

临沂地委

区党委一

关于开展今后普通教育的指示

(一)滨海区过去普通教育（包括群众教育干部教育）的基本缺点在那里？

①我们在教育目的及对象上是不明确的，过去我们把教育的主要对象，放在培养地主资产阶级或小资产阶级的知识分子青年身上了，但我们对工农基本群众的教育，却做得十分的不够，换一句话说，我们的教育是照旧成规的资产阶级式的教育而没有面向着工农兵；在教育立场上说来，我们还充分的缺乏阶级观念。我们的教育目的，只是为了学生的升学（尤其是滨海中学）为了远景的将来，而不是为了目前的现实，是脱离了实际的教育意义，我们是把教育目的，整个倒置着。

②这些教育，大部份不是为着大群众所需要的，以致学生上学不能致用了或上所学非所用了，我们所教育的东西，解决不了群众的日常需要，群众对我们的学校不感兴趣，可是我们却采用强迫命令的方式去找大学生，去灌输脱离群众的教育内容。但反而总是群众落后，这是我们在教育问题上的主观主义。

③教育同生产劳动脱节，把一些智识分子特殊化了，变成了寄生虫，或者是高等的二流子，养成了我们的四肢不能文又不能武的身份，脱离社会家庭的生产劳动。

④脱离战争，忘记了我们是在敌后的

34

武装到牙齿的敌人作斗争，我们是在残酷的游击战争中进行教育，我们所需要的是既能打仗又能劳动同工作的干部，但事实上我们却并不是完全如此，所培养出来的人都是"秀才"，会说不会作的"半瓶子醋"。因此才发生空喊"正规化"重视建国轻视抗战，学校课程很少包括军事战争常识，学校教员学生一到了扫荡风声来时，就会都关门或者紧急放假，私手麻痹充满了我们的思想中。

③更重要的是没有认识到掌握"思想阵地"的战略意义，故始终没有把普通教育当成一个极其重要的任务去执行。党还不关心过问文教系统大部份放在抗协手中，小学教员中抗协会员、国民党员、三青团不在少数，某些小学已经成为国特活动的机关，在小学教员中，我们也不注意去发展党，正确的树立新民主主义的思想。在教员中，还认为不是知识份子就不能当教员，所以无怪乎我们的教育是与生产战斗脱节的。

(二)今后的教育新方向应该是什么？（参照大众日报载六月五号解放报社论）

①在方针原则上来说，应该确定为工农兵服务的教育的新民主主义方向，这些教育具有群众的现实的实际内容，一切为了应用，使教育内容与群众劳动、战争、政府、家庭相结合。

②在教育的分类上来说，一般是属于广大的群众性的教育（小学社会教育等）而这些教育必需适合于农村生活，家庭生活，换一句话说，一切为了解决战争并依生产所需

他们

35

要。

当然，我们还要指出来在幹部教育同群众教育中，幹部教育在今天是佔主要地位的，因为幹部是群众的先锋，在群众教育中成年教育又比儿童教育还重要，因为农村中的成年人是目前紧张的战争与生产任务的主要担负者。

(三)今天应该发展的几种教育组织：

①幹部教育类：主要包括高小、中学、及其他幹部学校，这些机关的教育主要应适合于工作的目的，也是政府应该集中精力去领导的。

②群众教育类：主要包括初小、在广泛民校、冬学、识字班，以及带一般社会教育文化娱乐组织的俱乐部、剧团、宣传队、秧歌队，小先生制、识字牌、见物识字等的活动。这些组织，主要由群众自办，而政府只加以监督与指导。这当中尤其应该提倡私人办学或"民办公助"学校，这不仅于教育事业上有很大贡献，即从发展社会统战上说来也极有意义。

(四)应该在这些组织中教些什么？

这里有个基本原则，不论幹部教育与群众教育均应以生产所直接需要的智识同的教育，应该重于其他的所谓一般文化的教育，大致上我们可以提示以下这些内容：

①幹部教育方面：

甲、生产智识：以农家的手工业的智识教育为主，而且我们还要提倡理论与实际的结合，劳动上的亲自动手，养成劳动观念。

乙、政治智识，包括社会科学，政府法令政策，当前的中心任务及中国历史（从近代到

36

远）中国地理（从眼前根据地扩张到山东华北中国）等。

丙、军事体育）包括中国革命战（武装斗争）、游击战术实地演习、军事生活以及打球运动跳舞唱歌等。

丁、艺术类（美术）包括笔算、珠算、记账、统计（主要教他们从中日战争苏德战争中找寻生生的统计材料学会统计）画画（有关生产智识战争的图画）唱歌等。

乙、群众教育方面：

甲、公民课——有关政治常识、政府法令、当前任务的教育。

乙、常识课——主要是生产智识、破除迷信、一般常识及家庭教育（对儿童妇女教以必要的礼貌、和睦、正确婚姻观念、服务家庭等）。

丙、文化课——主要的包括国文、习字、珠算、记账、写信、写路条、收据、契约、合同、请帖等。

丁、军事体育——军事主要讲授枪瞄准、地雷、炸弹、地形地物、麻雀战、备战防奸等。

二、关于幼小教育并可参照干部教育一项斟酌执行。

(五)关于领导问题：

①由各级党的宣传部、政府文教科、群众团体共同分别负责，但文教科应着重干部教育的领导，而群众团体应该负责群众教育，党的宣传部门在政治上应该全面负责，特别应注意纠正过去不甚关心国民教育的现象。

②在群众教育中，特别注意民校的推动，并要由各群众团体负责（其中青救会更应

37

负文娱责任）发动会员入民校，群众团体干部可以任校长、教员、职员等，并可聘请劳动英雄战斗英雄等来讲课。

③对于农村剧团要加强领导，以后应交由青救会负责，剧团的剧本，必须经过区级机关审查，农村剧团不能脱离生产，而且在农忙时不要排演，以免耽误农时或养成农村中的一批变相的二流子。

④为了加强群众教育的领导，各级青救会的负责干部可以兼政府的文教工作，区的青救干部适当的可以兼任中心小学校长、村校长，民校校长教员等职务，把青年工作组织工作同文化工作结合起来。

⑤为了保证党的领导，分区宣委可以兼任区的文教助理员或好的文教助理员（党员）兼分区宣委或宣干，支部强的宣委可以任民校长、教员或由他们兼文宣工作。各地可按具体情形规定，支部并应须发动党员上民校，而且支部要讨论怎样领导民校工作。 三

⑥为了实行教育的新方向，各县可在每个分区创办"生产学"一处到三处，并使之逐渐推广（生产学的经验以后另有通知）。

⑦在推动教育工作中，各级应注意培养教育模范同教育英雄，由政府奖励广为提倡。

以上指示，并可摘要在这次小学教员集训中

38

編印雜誌讀物，列為必修課之一。

此致

布禮

39

中共滨海区党委关于七、八、九月份群众工作指示（1944年7月15日）

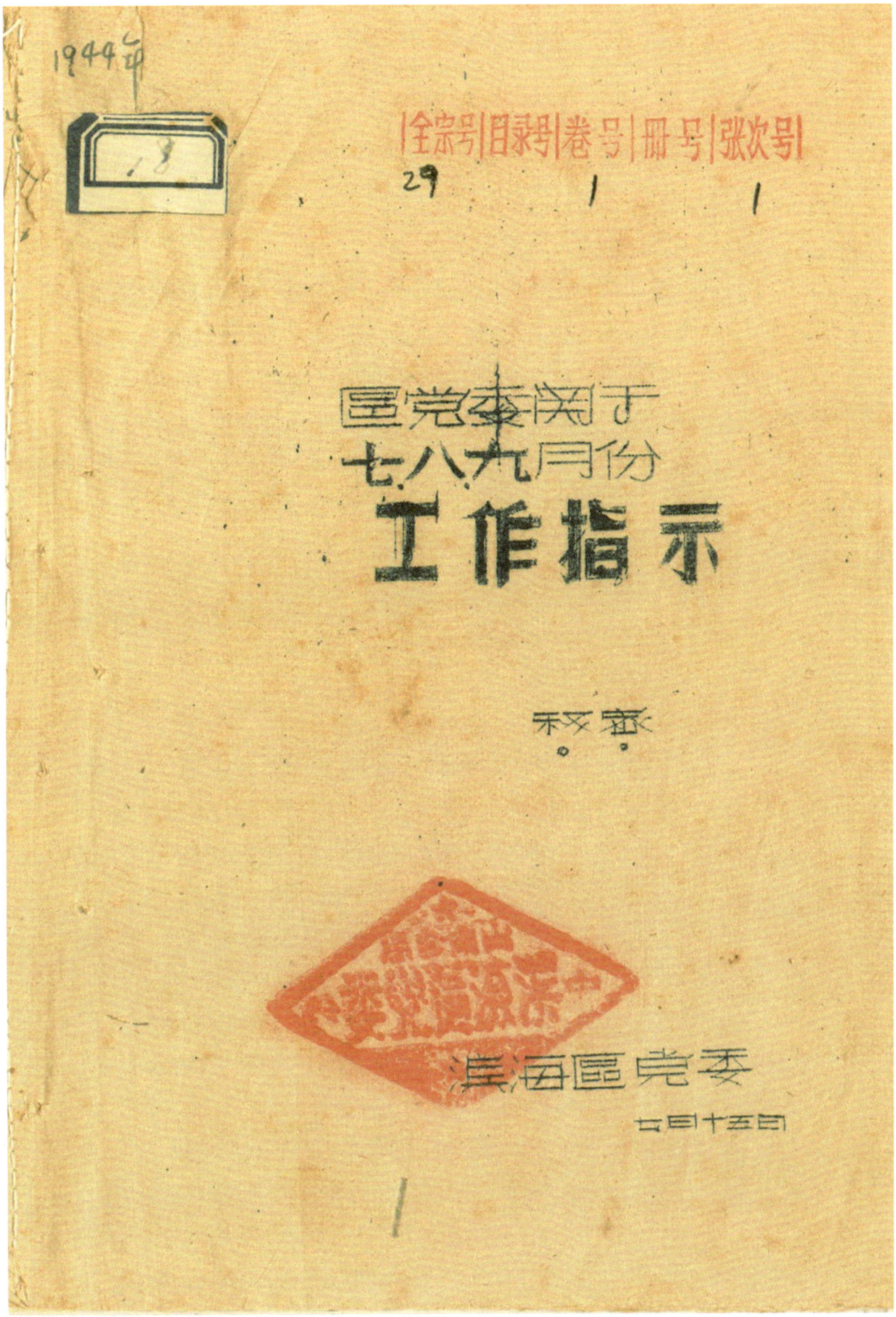

區党委関于

七八九月份

工作指示

秘密

滨海區党委

七月十五日

區党委關于七八九月份工作指示

自中央十一指示和分局十十决定以来，滨海區群众运动有了新的開展，但是还非常不够，一方面各村群众优势还不普遍确立，另一方面我们工作中还有很多认识上的缺点，为了彻底完成毛泽东同志所指示我们的第一個任务，我们必须虚心检討自己，在七八九月份中，在纠正偏向，把工作提高一步中来完成我们发动群众大多数的任务。

(一)斗争中的立場與策略問題：

甲：掌握策略的基本精神与立场：

1 群众斗争策略的問題，是服从於：在政治上削弱封建势力在农村的统治，在經济上削弱封建地主對农民的剝削，使农民達到經济地位的改善，政治上摆脱压迫，以此提高群众的政治覺悟，組织群众的大多数，根据群众的利益與切身經驗為出発点，教育群众服从目前大局的利益，团结已經能够開明的地主（不破坏群众運动能执行政府法令的）共同抗戰，否則，不仅不能彻底发动群众的大多数，更不能爭取地主抗戰。

2 在策略运用上，首先必须很透彻的了解，几千年来根深蒂固的封建专制的勢力，决不是輕而易举一下子就可以攻破而使其就範的，也不是靠着千百干部的能力所能奏效，而决定于千百萬有組织群众自覺性的高度發揚，才有力量去解決問題。如朱莊斗爭，初時因對封建地主根深蒂固的統治估計不够，未能充分發動群众（只發動了骨頭，帶頭群众向地主拿帳亦只臨時表面的發动参加），所以斗過后，地主聯合打反攻，收買了走狗，欺騙了一部份落后群众，再以這些人威脅其他群众，開了百余人的救災會，又麻痺我们說仍斗前已斗過的坏蛋，使我召開群众大會，在會上反過来斗我们，事后还要組織人打我们區干部（未成）。這時才接受了這一經驗，深入到帶頭群众進行爭取与瓦解的工作，方式上是說服与威嚇並用（這只是特殊情况下的方式，一般应說服教育，只有對少數走狗才如此），最后不但落后群众爭取過来，及連其累犯的走狗也爭取与瓦解了，在會場上自行檢討与互相揭發，末了只剩了三個走狗在群众面前原形畢露。這一次斗爭之所以又戰取勝，是真正很好的深入了地主所掌握的群众中去，耐心的作了說服教育工作，終久把群众爭取過来，由此證明，組織与教育群众是基本的环節，同時，只有在斗爭中進行才能實現。

其次所謂農民斗爭过分的問題，其根源即是封建惡霸不法地主历来憑着势力，残害農民所造来的，其責任应由他们自己去負。農民起来翻身伸冤，就免不了出些乱子，而且反抗最大的地方都是他们罪惡最甚的地主，農民的眼睛是全然沒有錯的，誰個正直誰是惡霸，誰個稍次，誰個應當要严，誰應從輕，農民都是最明白的，不糊塗的，在這種情形下，你說農民过火了，農民必定會仇視你，向你提示反問。比我們过去所

3

受的冤屈还厉害吗？显然的，过火的提法，不是一手封涂观念，必是别有立场，即便你主观上出发于策略的观点上，群众也会给你個闭门不纳，正确的态度是：应該坚决的站在群众立场上，以群众的利益為主，說明是非，教育群众，其实群众并没过分，而是今天只能缓和的部份的解决问題，超此限度，整個地主阶級便會移敌依顽，中间力量會由恐慌而脱离我们，我们反陷于孤立，这样以来，毛澤東方向不能实現，革命就会失败。其实群众才不幻想，最会以实事求是的精神處理斗爭问題的，只要我们把利益說明白，群众是會体會的。今天的问題在于我们的干部，如何研究上級正確的指示，集中群众正確的意見，首先武装了自己，然后才能把群众运动推到正確的方向，真正的在現有基础上提高一步。

最后，以彻底查减，發动群众的大多数的尺度，来衡量今天滨海的群众工作，那还差的很远，地主並未老实的执行政府减租减息的法令，或明或暗的仍然在許农村统治着农民，廣大农民刚刚抬頭而没有大动起来，初步有組织的群众，不論從质與量上来說，都極不平衡，封建堡壘的攻破，仅是才開其頭，距离削弱封建統治势力，真正發动起农村進步民主势力（基本群众）来推翻頑强的封建統治，達到新民主主义經济政治的初步目標尚远，且由于形势的需要，非在今年几個月內完成不可，我们要明白確定，非經过艰巨的斗爭，运用群众偉大的力量，决不能達到目的。

基于以上的認識，才能来檢查斗爭策略的运用，与展開群运中反左反右的思想斗爭。

4

所以，不是斗爭了的問題，而是封建地主是不是已斗垮了，封建勢力是不是已摧毀了的問題。也不是過火了的問題，而是群众是不是已真正有組織的自覺起來，已從封建压迫下翻过身来的問題，更不是群众斗爭破坏了社會秩序違反政府法令的問題，而是封建統治的社會秩序是不是已經打碎，封建地主是不是已能老实的执行政府法令的問題。

乙：偏向的認識与糾正——今天主要的偏向是輕易的斗爭，輕易的完，表現為形式上的「左」而实际上的右，這是由于對封建地主的历史統治与社会力量估計不足，和許多干部高于群众之上的恩赐观点及小資產阶級包办斗爭的狂热性所產生。這種形式的「左」並不是真正的左，他沒有从根本上摧毀封建統治与削弱封建經济基础，他沒有深入到群众中做艰苦的教育組織工作，他沒有啟發廣大群众的自覺力量，總之他沒有依靠群众去决定斗爭的勝利，而是相反的，要群众依靠他来取得勝利，這样，企圖從輕易的一斗来压下地主的兇焰，解决群众的問題，其結果，地主兇焰並沒有真正压下去，群众的問題也不能徹底解决，所以他实質上是右的。

因此，今天的偏向不是在自群众的身上，而是在干部身上，不是指的群众自發的过火行為，而是指的許多干部風頭的冲动行為。所以糾正偏向是糾正干部的偏向，而不应指責群众，群众的过火行為是可以根据其切身利益与切身經驗說服與照顧長远利益的。

糾正偏向，首先必須从領导上肃清右的思想，站穩立场，不要怕反映（如說太左了，違反政策，脫离团結的方針等），不要存有幻想（如覺得地主不敢頑抗了，問題就能解决何必斗）不要过高估計自己的成績（如認為堡壘基本上已摧毀，地主已老实，也斗的不少了，該拉了，該以团結為主了）具体總結每個斗爭的經驗，研究斗爭策略，掌握策略的原則精神与灵活性。

其次，必須糾正干部的盲目英雄思想，与包办代替的作風，明確群众观念，樹立从群众中来到群众中去，集中起来，堅持下去的正確作風。同時更应加强干部的策略教育，斗爭方式的教育，領導斗爭的全套办法的教育，不应消極的指責与一般的提，更不应泼冷水；召開全縣干部会，邀請一些地主代表与党外人士来参加糾正偏向，這是失掉立场的。

丙：斗爭中的团結——团結要有立场，即必須經过艰苦斗爭，地主老实了（不在合法权利以外压榨群众）才有团結，斗爭要有節制，即最后仍保障他們合理的人权地权財权，斗到他不至倾家荡产，同時，打擊主要的，团結其他的，因為只有把主要的封建堡壘摧毀，地主才会老实，而在斗爭中团結其他地主，才能有效的孤立与打擊主要的，這也就是統战政策的两方面的解釋。

有的同志片面了解扩大民族团結的方針，認為今天開展着的群众斗爭，是和此方針相違反的；还有的人片面了解統战政策，認為斗爭是有碍团結的。另外，有些下面干部，由于不善于掌握策略，不会灵活运用打擊与麻痹、孤立、中立、爭取等办法，把斗爭与团結机械分開，因之形成斗爭的簡单化。

所以，今天的問題是堅決斗爭的問題，是在斗爭中善于運用策略的問題，而不是同時並提的問題。

丁：斗爭的方式——基本是有理有利有節的原則和斗理斗力斗法的方式。所謂有理，是指選擇對象，要有目標有步驟的斗，不亂斗。所謂有利，是指群众已發动起來，地主联合陣綫已經分化，爪牙被瓦解，被斗地主已陷孤立與被动地位，即应發动堅决斗争，也就是斗争要有组织有準备的進行，不要輕易發动。所謂有節，是指斗爭的開展要有限度，在合理解决群众的問題之后，仍保護他的人权地权財权，让着他仍留在抗戰的建設内，不投敌依頑。在這個原則之下所發动的斗爭，要靈活運用斗理斗力斗法的方式：用斗理来压服被斗地主，爭取社会同情，並教育群众（這是任何斗爭所必須遵守的基本精神），但斗理必須有力量做后盾，如斗理能解决問題，可不採取直接的硬性斗力（仍須动員組織力量以為斗理的支持及準备随時進入運用斗力的方式），但斗理不成只有斗力（這种充分斗理的斗力方式，就為廣大群众甚至落后分子所要求及同情），斗力不但是以力量压倒地主無理的頑抗，而且是群众檢閱自己的力量，教育群众只有有組織的集体力量才能取得勝利。同時，對中间力量就是一种爭取。而所謂斗法是使向上發展着的斗爭最后導入統战政策与政府法令之内，以斗法来保障群众的利益，並教育群众尊重目前与長期的利益，向中间力量解释，斗爭是有原則並合乎政策的，对被斗地主既是打擊又是爭取，他的違法行為政府是不容的，他能老實遵从政府法令与解决群众的問題，是保障他的人权

7

财权地权的。

在具体运用上，有直接的谈判，代表的交涉，有和平的讲理会，也有硬性的示威以至斗争大会，还有对表示开明的表扬鼓励，对悔过的让其反省检讨；至于各村基本群众的联合斗争，则只能运用于这三种情况：A.斗争对象之政治统治及经济剥削所能达到的村庄，可动员各庄群众以联合斗争方式进行斗争，B.各外围村基本群众已动员组织好，为了帮助一薄弱村之斗争，自以兄弟之谊交换斗争经验时，可动员外围村群众参加薄弱村之斗争（但该薄弱村参加斗争群众必须动员其大多数）这也是一种联合斗争。C.为了传播基点村经验，各外围村的积极份子可参加这一基点村较成功的斗争，以提高干部及积极份子（但不能任意调动外村一般群众）除了这三种情况外，一般不须要联合斗争，尤其应严格纠正不经动员只下命令调动外村群众，喧宾夺主，其目的为了干部出风头的所谓联合斗争方式。在新地区和边沿区更有在斗争后的疏通解释（要取得群众的谅解）总之，要依据各种不同情况与不同对象而应有不同，如在莒南，主要堡垒基本上已摧毁，地主反攻力量削弱，群众已有基础，斗争方式可更多的采取软性的群众性的讲理会其他区地主反攻仍极顽强，群众基础薄弱，斗理固是基本的，但斗力是决不可缺少的。最近的大店斗争是相当成功的，对主要坏的实行坚决的打击，对一般的做了争取，对个别表示开明的还给以表扬（在群众中应解释表扬的策略意义）这样使许多地主觉得如再不老实的执行政府法

8

事，花难看，跟着坏的走没有好处，如此，群众真正發動起来，地主兇焰打下去了，最后才能走上民主团结，今天必须認識，只有普遍徹底的斗争，才能达到徹底查減完成组织群众大多数的任务，其他想法都是幻想，但在斗争方式上必须掌握灵活性，糾正千篇一律的方式，尤其是干部包办的斗争会，與从恩施观点示范的调解会，这些都是脱离群众的表现。

为要能灵活的掌握斗争战術，各縣須将典型斗争經驗总结，從总结中研究交換經驗，再根据每一农村现实具体佈置与领导斗争，在斗争中豐富經驗，只有這样才能提高干部，提高群众。

(二) 要求和步驟：

甲：七八九三個月份，以徹底查減為中心工作，作到以村為单位，確立基本群众的优势，摧毀封建統治，削弱封建經濟剝削，並把斗争貫徹到底，發动組織群众到人口50%以上，一切工作必須從此出發，围繞这一工作而前進。要認識查減是生產的物質準备，查減生產是分不開的，在查減中不联系生产，甚而不顧生产（耽誤）斗爭是不對的，不僅在查減过程中要進行生产工作，尤其在查減勝利后必須馬上轉入生产，組織勞动互助，不然就是為查減而查減。反惡霸須在查減中進行，在反惡霸中能發动群众的大多数，在查減斗争中就組織基本群众的骨干，另外在查減中要强調民主作風和民主教育，才能給今后民主工作打下基础，一切包办代替相持大乘的領导方式是脫离群众的。

乙、莒南在七月底以前，沫边、路镇、延宾、大店四個区徹底完成查減任务后，可轉入改造村政，提高生產工作，整理群众組織。縣委除留几個干部在這几個區領导民主生产，創造經驗外，可集中精力加强對其他區的領导，求得在八九兩個月份中徹底完成查減任務，然后全縣轉入民主运動，爭取在十月前徹底改造村政，民选縣參議員。其他各縣除在一個區选擇已經徹底查減的一二個村庄，創造民主經驗，以便在全縣徹底完成查減任务后，指导民主工作外，一般不应强調民主运动，应轉入生产运动，徹底改造樹群众团体，强調教育。十月前爭取村區縣三級完成民主选举。

丙、必須做一村总結一村，养成艰苦深入实際的作風，糾正干部粗枝大葉，急躁自大的現象，才能前進一步，巩固一步，完成查減任务。

丁、為了服从這一任务的完成，縣區干部在進行查減的过程中暫不集中整風，並在工作中貫徹整風精神，抽空閱讀文件，局部反省，随時笔記。在工作的實際中着重檢討檢查群众观念（群众要求，群众利益，群众經驗，群众情緒），只有這样才能改造干部完成任务。

戊、為了貫徹查減任务，各部门須具体分工，区級宣传部门应搜集典型斗爭材料，交流经驗，進行策略教育；組织部门应做巩固支部計劃，審查支部斗爭堡壘作用，保証任务完成及培养干部。各級政权应注意進行馬錫五的審判方式，学習其精神，掌握这個斗爭的武器，解決群众的問題；部隊应加強擁政愛民工作，參加查減斗爭，机关学校亦应進行駐地工作。

（三）組織与教育工作

甲：組織与教育工作应是貫徹整個斗爭过程的中心环節，过去在斗爭中對這一工作是最忽視的，結果斗过后群众消沉下去，地主因而又組織反攻。

乙：教育的方式，应從干部到群众，從党內到党外，有系統分門按步進行，成為有組織的教育內容，斗爭前着重「誰養活誰」的階級教育，斗爭中着重「為何斗」的策略教育，在斗爭后着重「是群众力量而不是少数份子一手搞成」的民主精神与民主作風的教育。

丙，斗爭前必須有組織工作，如整理組織，改造干部与領導建立制度，個別的發展会員，斗爭中審查与挑选干部，培养积極份子，特別在斗爭后，公開号召大量發展农协会，建立民主集中制的委員會的領導，力求得有組織的群众佔全人口百分之五十以上，從中建立或整理工、青、妇的系統組織，改造与扩大民兵組織，提高戰斗力，進一步召開區代表大会，成立區縣級各級領導机関。

丁：干部問題是極重要的，光依靠上級想办法是不正確的，必須從群众中提拔与培养，条件不应高，斗爭中的积極份子和自然領袖就是干部，看不起他們是官僚态度，須糾正，培养干部的主要方法是民主，要運用各級委員的集体領導作用，随時教育他們不要風頭英雄、高大、官僚、脫離群众。定期的上課與研究問題，並可以縣為單位開办短期訓練班，進行阶級策略教育，養成民主作風，討論生产，調查典型。

戊、有支部的地方，必須以支部為核心，領导斗爭，從斗爭發揮其堡壘作用，進行教育，改造領导，洗刷坏份子，吸收积極份子入党。在沒有支部的地方，必須从斗爭中公開進行党的教育，慎重發展党，建立支部，巩固斗爭的勝利。过去整支與斗爭脫離的及只管發动群众不管發展党不整理支部的現象根本糾正。並根据不同支部注意不同的工作。

1.較好支部在領导群众查减斗爭中，要注意改善領导（集体領导、民主作風等），加强阶級教育，及更進一步的团结群众。

2.不好支部，則注意在斗爭中，洗刷坏份子，改造新官僚份子，和处理宗派斗爭問題。

3.沒有党員或党員少的村庄，則在斗爭中掌握審查教育积極份子，發展党員，建立支部，以樹立支部对群众組織的核心領导。

12.

中共滨海区财委会第六次会议记录（1944年8月5日）

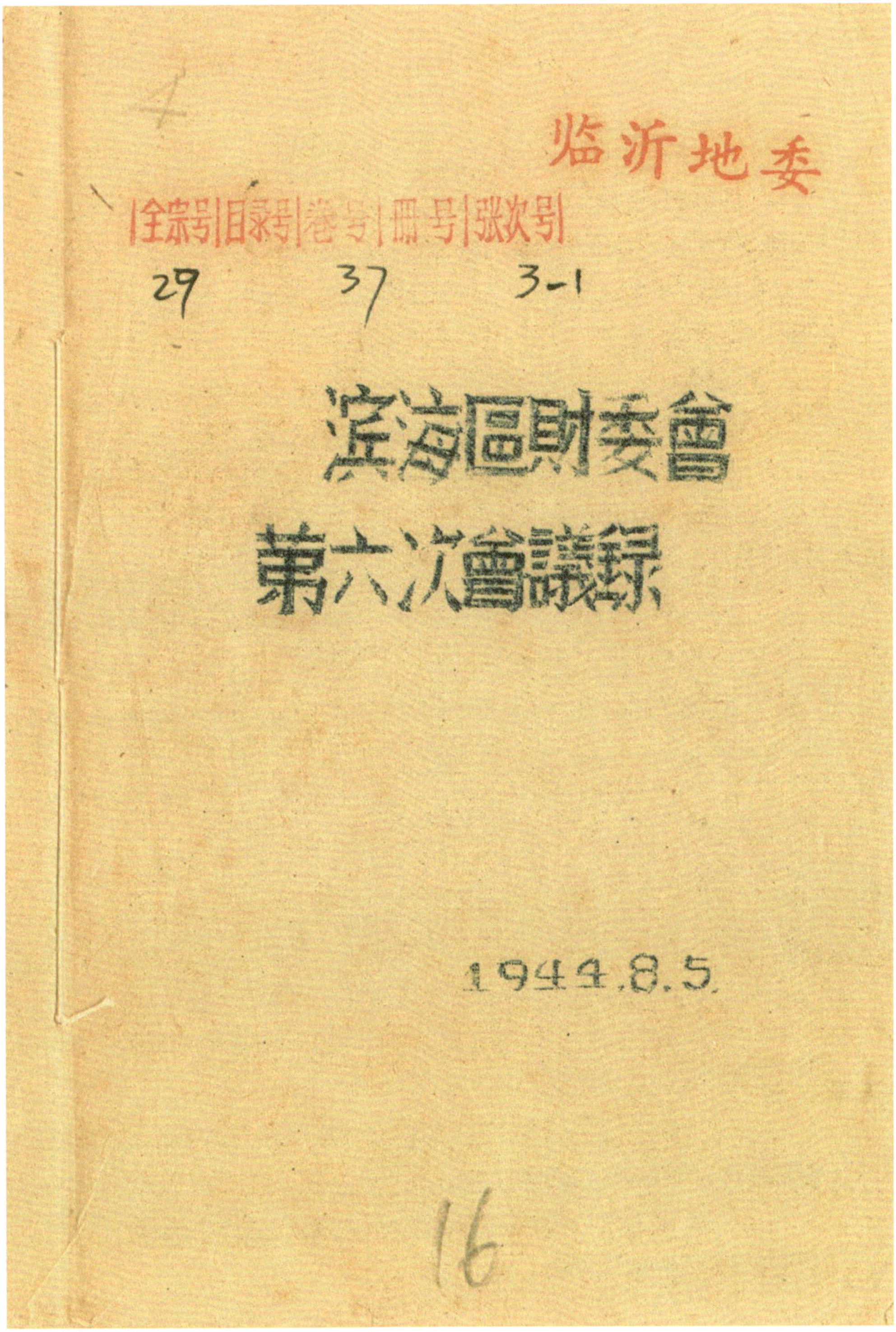

4

临沂地委

全宗号	目录号	卷号	册号	张次号
29		37		3-1

滨海區財委會

第六次會議録

1944.8.5

16

滨海區財委會第六次會議錄

財委會于八月五号進行會議，到會同志張曄、高輝、石英、周純全、潘漪秋、呂麟、彭显倫、王子誠、李元善，並有黎玉、艾楚南二同志参加指导，由張曄同志主持會議。

△ 检阅上半年財政收支與軍隊政府的預决算。

1. 上半年的總收入根據各方報告統計共為五千萬元，總支出五千三百萬元，再加上医药和軍工器材原料的購存數七百萬元，上半年總計共超支一千萬元。

2. 上半年軍隊和政府的支款，沒有按照預算數標準，超支了預算數三百萬元。對預算制度执行不嚴，失掉了預决算制度的作用，如超支之款項並未追加預算，成為無制度的自流開支現象。由下列預算核准数与實支数之比較中可以看出：

	預算核准数	實支数	超支數
上解款	6,287,210.	6,287,210.	
百十一師	1,500,000.	1,589,654.	89,654.
政府	4,024,783.	6,511,715.	2,486,932.
滨海軍區	32,487,527.	34,707,124.	2,219,597.
共計	44,299,520.	49,086,783.	4,787,163.

3. 上半年的收入与支出不能作為最后清算，今决定重新審查，整理办法如下：

①收入各项款項要整理统計總結出来，上半年每項實收若干，填表交財委会備查。

②支出款項要正式造报决算，重新審查，超过數目作下半年经費。

17

③不在经常开支之採購多余药品及軍工材料的款由財委會另行核办不算入正費開支

B 下半年預算确定：

1.上半年財政工作在支付方面，既没有站在節约原則上，更没有長期打算，致使預决算制度鬆懈，支付自流，造成虧欠現象，在目前形势開展，反攻快到的時候我们没有一些資材準備（如医药、軍工器材弹药等）就不能适应有利時机，完成我党我軍之任务，因此，我们下半年財政应該要：

第一，據分局决定，经常費要自己生产自給，軍隊经常費自給百分之八十，政府自給百分之二十至百分之五十。

第二，下半年預算要緊縮，要弥補上半年的虧欠數，並要有积餘款子，大量的準备購買西药和軍工材料。

第三，要開展財源，整理教育官産，下半年应整理完成一百五十萬市斗。

第四，整理税契和田賦征收，中心区应献征五萬元，边沿区和游击区及类区酌量情形增减之。

以上第三、四两点，由政府行政會商討办理，注意动員的方式与办法。

2.下半年的收入与支付：

①下半年的收入估計要完成五仟八百萬元，其劃分：

工商局	40,000,000
田　賦	15,000,000
公産及其他	3,000,000

18

②下半年支付批准四仟八百一十萬元，其詳數如下：

		（原預算数）	（批准数）
上解款	每月三十万	6,000,000.	6,000,000.
	冬衣費	8,480,000.	3,000,000.
百一十師	每月廿五万	1,500,000.	1,200,000.
	冬衣費	1,400,000.	1,200,000.
政府		7,000,000.	7,000,000.
濱海軍區	經常費	4,065,870.	3,000,000.
	医药費	2,121,924.	1,700,000.
	电料費	440,800.	440,000.
	軍工	6,770,000.	6,770,000.
	子弹費	1,500,000.	1,500,000.
	民兵子弹	900,000.	900,000.
	優卹費	300,000.	300,000.
	鞋子費	5,012,460.	4,090,000.
	冬衣服装	13,508,675.	11,000,000.
合計		54,017,729.	48,100,000.

下半年收入支出相抵剩餘九佰九十万元，以上確定之開支預算数，無特別情形不得超支，必要補充開支時，須造追加預算，經財委会批准才得支付，否則不准报銷。

C. 几個問題的決定：

1部隊採購大批軍需材料，应先向政府領款然后交由工商局代購時，一切均以現款交換，以便专署与部隊能掌握預算，不再作轉賬手續。

19

2燒柴問題連隊照省軍區新規定執行

3吃麦粮之菜粮按省軍區新規定之定量外，增菜粮每人每天二两，如由公家發菜金不另發菜粮。（休養員工人另算）

4海防隊一律建归工商局，管理指揮，一切裝備由工商局發給，部隊建設教育归警備团建制。

5柘汪去年鹽業合作社向群众之股息，按各部隊机関当時入股实數一律按股分紅。

中共滨海区党委组织部关于目前反扫荡支部工作的总结

（1944年9月1日）

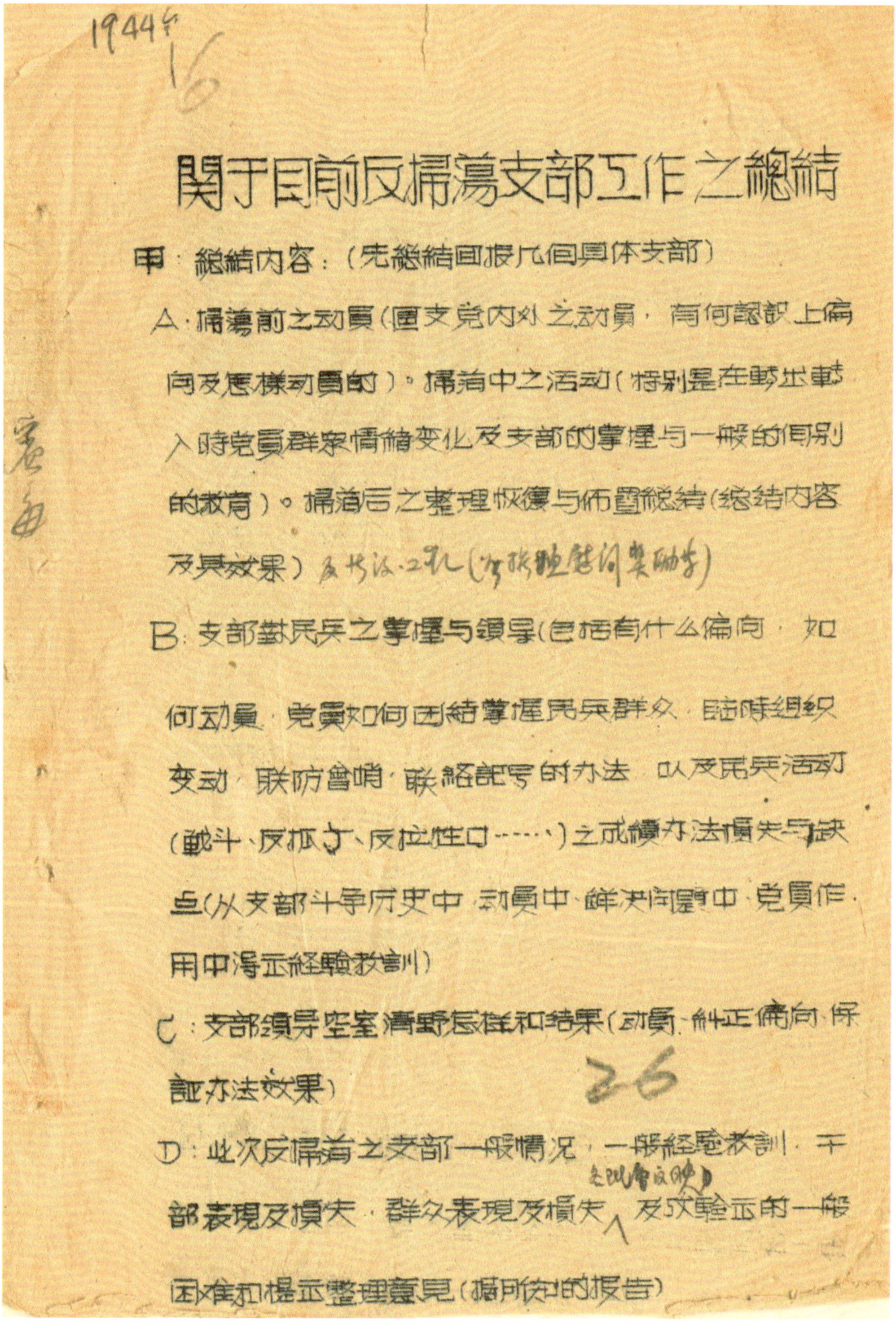

關于目前反掃蕩支部工作之總結

甲：總結內容：（先總結回報几個具体支部）

A：掃蕩前之动員（包括支党内外之动員，有何認識上偏向及怎樣动員的）。掃蕩中之活动（特别是在敌出敌入時党員群众情緒变化及支部的掌握与一般的個别的教育）。掃蕩后之整理恢復与佈置總結（總結内容及其效果）

B：支部對民兵之掌握与領导（包括有什么偏向，如何动員，党員如何团結掌握民兵群众，临時組织变动，联防會哨，联絡記号的办法，以及民兵活动（战斗、反抓丁、反拉牲口……）之成績办法損失与缺点（从支部斗争历史中，动員中，解决问题中，党員作用中得出經驗教訓）

C：支部領导空室清野怎樣和结果（动員、糾正偏向、保証办法效果）

D：此次反掃蕩之支部一般情况，一般經驗教訓，干部表現及損失，群众表現及損失，及所發現的一般困难和提出整理意見（據所知的报告）

乙：總結办法：

A：各級党委即時總結几個好坏支部，立即傳達下去交流經驗及定期再進一步作一普遍總結，並即時將几個支部以报導方式向上級报告，以后各縣委地委總結支部工作，都要在每個中心工作的执行中和每一爭变后（如掃蕩或組織变动，採取报導方式先把几個好坏典型支部總結报導，然后傳達下去進一步作普遍總結，便于新的經驗之及時交流及历史經驗之接受，已往則只想和只等全面總結，而往往都成了历史陳跡了）

B：此次反掃蕩，地委縣委組織部都須負責親自總結好坏支部（須說明為第几類支部）各兩個以上，于九月廿号前随报告區委组织部（總結一個报告一個）亦同時傳達下去，俟秋季反掃蕩后進一步全面總結，各分區亦須报導縣委或地委几個支部。

C：上次組联合時之提綱仍適用，関于支部領导查減工作可于此次中心工作后全面總結，届時再発補充提綱，但目前各级組織部门必須立即报導某些支部之查減情況，并向下傳達（這一工作目往已經佈置請各縣委地委組織部必須作到（或于月終報告，或隨時報告都可），其他一般問題（如干部整風，一元化領導机構，及研究的問題仍按組聯會時要求來總結）

此致

地委組織部

區委組織部

九月一日

28

中共滨海区党委组织部关于莒南县一支部领导反扫荡情况介绍

（1944年9月2日）

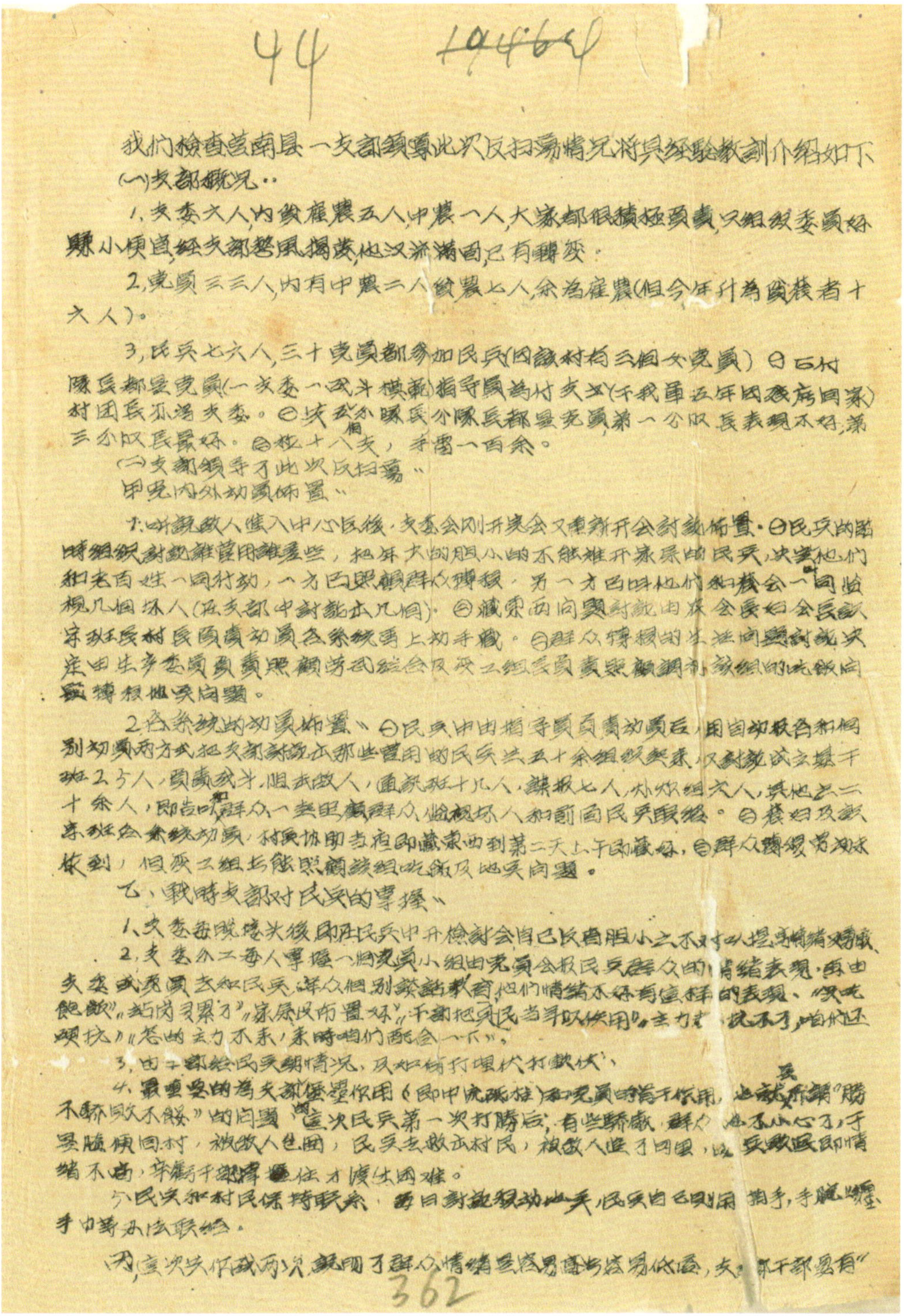

44

我们检查莒南县一支部领导此次反扫荡情况将其经验教训介绍如下

(一)支部概况：

1、支委六人，内贫雇农五人，中农一人，大家都很积极负责，只组织委员好赚小便宜，经支部整风揭发，[illegible]，已有转变。

2、党员三三人，内有中农二人，贫农七人，余为雇农(但今年升为[illegible]者十六人)。

3、民兵七六人，三十党员都参加民兵(因该村有三个女党员)。㈠正副队长都是党员(一支委一战斗模范)，指导员为村支书(在我军五年因残病回家)，村团长孙为支委。㈡三个分队长都是党员，第一分队长表现不好，第三分队长最好。㈢枪十八支，手雷一百余。

(二)支部领导了此次反扫荡：

甲、党内外动员布置：

1、听说敌人进入中心区后，支委会刚开完会又重新开会讨论布置。㈠民兵的临时组织讨论谁管用谁差些，把年大的胆小的不能离开家属的民兵，决定把他们和老百姓一同行动，一方面照顾群众转移，另一方面叫他们和农会一同监视几个坏人(在支部中讨论出几个)。㈡藏东西问题讨论由农会长、妇会长、识字班长、村长负责动员各系统马上动手藏。㈢群众转移的方法问题讨论决定由生产委员负责照顾劳武结合及变工组长负责照顾调剂该组的吃饭问题、[illegible]转移出兵问题。

2、各系统的动员布置：㈠民兵中由指导员负责动员后，用自动报名和个别动员两方式把支部讨论出那些管用的民兵共五十余组织起来，经讨论成立爆炸班五个人，负责战斗、阻击敌人，通讯班十几人，谍报七人，侦察组六人，其他的二十余人，即告诉和群众一起照顾群众、监视坏人和前面民兵联络。㈡农妇及识字班会系统动员，村民协助老百姓即藏东西到第二天上午即藏好。㈢群众转移[illegible]，但变工组长能照顾该组吃饭及出兵问题。

乙、战时支部对民兵的掌握：

1、支委每晚睡觉以后即在民兵中开检讨会自己反省胆小之不对以提高情绪及勇敢。

2、支委分工每人掌握一个党员小组由党员会报民兵群众的情绪表现，再由支委或党员去和民兵群众个别谈话教育，他们情绪不好有这样的表现、"吃不饱饭""站岗受累了""家属没布置好""干部把民兵当牛马使用""主力也抗不了，咱们还顶抗""恐怕主力不来，来时咱们配合一下"。

3、由干部给民兵讲情况，及如何打埋伏打敌伏。

4、最重要的为支部堡垒作用(即中流砥柱)和党员的骨干作用，也就兵所讲"胜不骄败不馁"的问题，如这次民兵第一次打胜后，有些骄傲，群众也不小心了，于是随便回村，被敌人包围，民兵去救出村民，被敌人堵了回来，以致民兵即情绪不高，幸亏干部撑住才渡过困难。

5、民兵和村民保持联系，每日讨论组动出兵，民兵自己[illegible]手，[illegible]手中等办法联络。

丙、这次共作战两次，说明了群众情绪是容易高也容易低落，支部干部要有"

362

胜不骄败不馁"的精神，来事后民兵才能免受损失，保护群众，而群众的情绪则以民兵情绪为转移。

1、第一次作战敌人要过这庄的情报得到后，支部即决定打一埋伏，由指导员动员民兵抽出的十二名及爆炸组6人参加，这次共打死汉奸二名，爆炸一次（查牛群的因汉奸赶九头牛，响地雷后汉奸吓回放下九头牛）。

这次胜利后，大部有些骄傲，民兵打得眼红，见了人即打，险些打着了自己及我们侦察人员，村民也见人即捉，以为汉奸，以后则敌人烧杀，民兵胜利就骄傲"轻敌"也要讲究知己知彼，而有些村民白天回村作饭，结果被敌人包围村中，民兵打枪救出，被敌追出四里于是进行第二次战斗。

2、第二次战斗敌追四里即停止，村民及民兵则退下十余里，村民有些埋怨民兵，找民兵成为百人左右的队伍，于是干部情绪不高（因地理不熟，四面都有情况，且百人的吃饭成大问题），民兵情绪更不高，有的说"家属不知上哪里去了"、"枪也打不响"有回村的要求。

于是支部决定（是一关键）①仍回本村周围坚持不行即脱离生产，②向民兵动员不要充当"八路枪手"③召集家属开会如何避法，分别作到后，大家情绪重新振作起来，又回到本村周围，这时敌情也缓和了。

丁善后工作：

支部开会讨论整理民兵，表扬与批评对村中妇救会员立场好的予以表扬慰问，清查丢的东西指定民兵及除奸委员会清野等。

（三）检讨及教训：

1、民兵虽采取分散作战原则，但到战时分散，则大家要争抢不离及能打的人都不愿分散，因此支部需要平常即考虑好，哪几个不离及能打的人适当分配，但又保持一较好的小组，到时才能分散活动。

2、胜败都是支部领导的关键，如不注意则民兵……易招致损失。

今以老县委转即区组织部总结报告区委组织部，并传达下去，以交流经验完成九月份的中心工作。

此致

布礼

区委组织部

九、二、

363

中共滨海区党委关于执行中共中央及分局对城市工作指示的指示

（1944年9月2日）

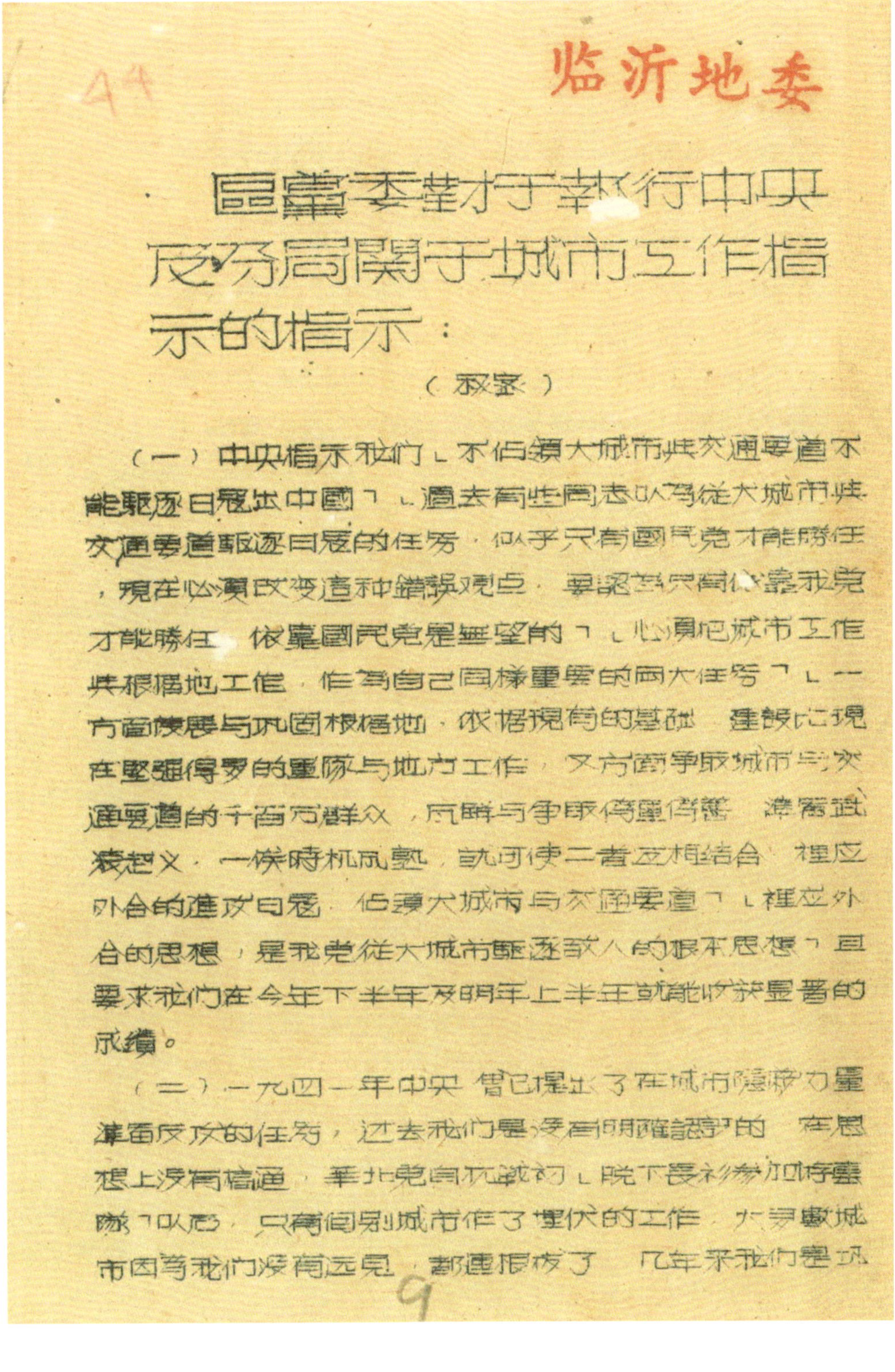

區黨委對于執行中央及分局關于城市工作指示的指示：

（秘密）

（一）中央指示我们「不佔領大城市與交通要道不能驅逐日寇出中國」「過去有些同志以為從大城市與交通要道驅逐日寇的任务，似乎只有國民党才能勝任，現在必須改变這种錯誤观点，要認識只有依靠我党才能勝任，依靠國民党是無望的」「必須把城市工作與根據地工作，作為自己同樣重要的兩大任务」「一方面發展与鞏固根據地，依據現有的基礎，建設比現在堅强得多的軍隊与地方工作，又方面爭取城市与交通要道的千百万群众，瓦解与爭取偽軍偽警，準備武装起义，一俟時机成熟，就可使二者互相結合，裡应外合的進攻日寇，佔領大城市与交通要道」「裡应外合的思想，是我党從大城市驅逐敵人的根本思想」且要求我们在今年下半年及明年上半年就能收獲显著的成績。

（二）一九四一年中央曾已提出了在城市隐蔽力量準备反攻的任务，过去我们是没有明確認識的，在思想上没有搞通，華北党自抗戰初「脫下長衫参加游擊隊」以后，只有個別城市作了埋伏的工作，大多數城市因為我们没有远見，都連根拔了，几年来我们是从固發展了根據地工作，但是對于城市工作一貫的不够注意，尤其沒有裡應外合，武裝起义的戰略观点，有些工作，只是為了保持組織，渡過黑暗，或是為了获取情报与購買物資了，這是不合乎中央指示的基本精神的。过去由于對于反攻思想的不明確，對城市工作認識上的片面的軍事观点，所以大城市分局作了，小城市我们也沒有注意，在工作上只進行了爭取瓦解偽軍，沒有足够注意爭取城市與交通綫上的工人苦力工作，沒有看重群众力量，進行組织群众的工作。在郯城干榆戰役時，我们爭取了軍事的勝利，也沒有建立群众的基础，基本就沒有作群众工作，甚而建党的工作也沒有佈置。我们在思想上沒就有認識到建立城市革命秩序和掌握城市问题。从过去的工作証明我们不但缺乏政治远見，尤其缺少群众观念，這是我们应該深刻檢討的。

目前世界反法西斯戰爭与中國抗戰，均已確切接近完全勝利，國民党的極端腐敗與我党我軍在廣大敌后戰场的勝利堅持，全國人民對國民党更加失望，而對我党我軍則抱着無限希望了。全國人民注望着我们，夺取大城市的重担落在我们肩上，狂風暴雨的形势的發展是不會等待我们的。今天主要是爭取時间，站在解放敌区城市的同胞的立场上，準备有力的裡应外合的武裝起义，以待有利時机之到来。今天如果沒有充分的準备工作，反攻時的困难是不堪設想的。因此，我们不但組织、宣傳、公安、情报、敌工部门有步驟有計劃的有組织的具体佈置工作，尤其從區党委

10

至各级党委必须加强领导城市工作。

（三）我们过去工作的微弱，主要因为我们没有远见，轻视城市工作，对上级指示不研究，依赖分局去作，在敌伪情报锄奸等工作中即便有些关系，也被我们忽视了，因此今天我们祇要在思想上武装起来，有决心有计划的进行工作，我们是具备着优良的胜利条件：

①世界法西斯死灭迫近，日寇正在没落过程中，我党我军胜利的坚持敌后，世界同情，人心向我，顽军给人民留下的只有反共反人民投敌的印象，敌区人民对国民党收复失地失掉希望，国特日特的合流，只能给敌区人民以严重的灾难，城市人民在我军不断胜利影响下，看清了只有依靠我党我军才是驱逐日寇解放城市的道路。

②今天我们的城市工作，主要是对民族敌人，能得到社会各阶层的同情，在敌人的黑暗统治，敌区人民都体验到了，学会了共同欺骗敌人的本领，我们的工作与干部最易受到群众的爱护。

③根据地几年来的建设，和减租减息政策的执行，人民生活逐渐改善提高，根据地人民自由幸福繁荣的生活，敌占区人民是在渴望着我党我军解除他们的痛苦，城市广大人民经济生活恶劣到不能继续生活的程度，斗争在尖锐发展着，人民不但能共同的欺骗敌人应付敌人，而有时逐渐走向反抗敌人，不断爆发着自发的抢米粮食与罢工，敌人的统治已呈现紊乱的徵兆了，敌区广大群众的革命高潮，今后必然有趋

迅速高漲，目前去進行這一工作，比以前更有寬廣社會条件与群众条件。

④敵人控制下的点線城市交通与我根據地犬牙交錯，构成被我包圍封鎖形勢，而我根據地是巩固發展的，敵人是逐步退縮的。由于几年来我敵偽軍工作的基礎，大股偽軍工作的建立，樹立了開展城市交通線工作的有利條件，同時也在城市交通線建立很多的工作關係，和人士關係，我各個部门（如情报、敌工、鋤奸、工商等）業已打下和發展了一些力量，這都是我们進行工作的很好条件。

（四）工作對象方面：

我们工作的重点，应在青島、隴海路（×××至××）連云港，工作範圍是從濱海區有关的大城市交通要道，到小的城鎮、據点、交通線，另外濱海区以外的城市交通要道有关係亦应進行工作。

①濱海區之大城市有青島、連云港，中等城市有臨沂、新浦、諸城，小城市有莒縣、日照、石臼所，青口、贛榆、海州、郯城、高密、膠縣，以及許多小市鎮及敵偽據点，交通要道有隴海、膠濟，及台濰公路等。

②我们已知情况

連云港有苦力五千余，隴海路自新安鎮到連云港有修路工人二百人，工頭多為日本人，每站有十余人不等，新浦南有發电廠，工人數目不詳，附近尚有礦山工人百余，市内及大浦有苦力車夫四五千人。

③一二地委及各县委支部可能有更詳細的情况。

12

各級組織部門应速調查統計此种材料，以便進行工作

（五）目前急需解决的问題，是打通思想，抽調干部建立机关 訓練干部進行工作。

甲 建立机关建立工作问題

①區党委已根据分局指示，建立城工委員会（配合研究工作机关）建立城工部門，並建立隴海路連雲港工委及臨汴工委，由區委直接領导進行工作。

②一二地委，除深入討論中央北局分局指示，並堅决执行佈置工作外，在組织部下設城工科由組织部長兼城工科々長，縣委由組织部負責進行工作，并选择得力干部建立附近城市交通綫工作，必要時得建立工作站及工委会。

③區党委已建立工作地区，地委县委仍应進行工作，要本着中央指示的精神，根据秘密工作原則，在統一的工作方針下密切配合，開始不强調統一，以免防害工作發展。

④在城市近郊及鉄路两侧建立武工隊问題，首先由現有武工隊加以調整訓練，進行工作。

⑤接近城市交通要道的部隊均给以一定的政治任务，不应貪圖一時利益，不经上级同意，隨便去打，暴露秘密关係，注意進行群众工作，掩護帮助開展工作。

乙、抽調訓練干部问題：

①初期開闢工作建立机关須要大批干部，分局首先要求抽調現有干部百分之三到百分之五的数目，作为開展工作的資本，一切本位的观点残存，都是

13

阻碍我们完成任务的敌人，各级党委要决心抽调"与城市有关系的对此工作有经验的同志或能打入城市和联系上苦力的同志"到区党委来。

②训练干部应由城工部门及组织部门负责，不仅训练抽调来之党员以及党干部进行打入工作，并且还要训练敌区及城市之工人、苦力、学生、商人等建立我之工作桥梁。

③党的组织部门，应立即召集有关部门，以速完成配备干部进行工作的任务。

丙、中央指示我们"在根据地中各级党政军民的负责干部均应认真研究与学习城市工作，研究城市的武装起义及里应外合的斗争技术，研究建立城市群众秩序，掌握及大的工商业，作为将来夺取与管理大城市和交通要道的准备"

（六）党内动员与教育问题。

①首先各级党委要深刻讨论中央分局和区党委的指示，反省过去认识，彻底打通思想，完全了解由我党领导里应外合的占领大城市与交通要道，以便最后驱逐日寇出中国的可能性必要性与重要性。要将分局区委三个指示向全党传达，"使党员感觉到去敌区和艰苦而伟大的工作为至上光荣"，"都能自动自觉的不畏艰险的去进行工作，这种紧急而艰巨的任务必须动员全党各方面去进行，才能迅速地开展起来。

②根据中央及分局指示，由宣传部拟定训练教育大纲，在干部中进行讨论、座谈，编成教材课本，有计划有步骤有要求的在支部群众中进行教育。

14

（七）工作方法與敵後宣传，要研究中央分局指導要的經驗，各地委縣委研究文件，配备干部進行工作的具体情形由地委縣委組织部負责同志於九月初向區党委报告来。

區党委 9.2.

中共滨海区党委关于大城市铁道线工作的指示（1944年9月9日）

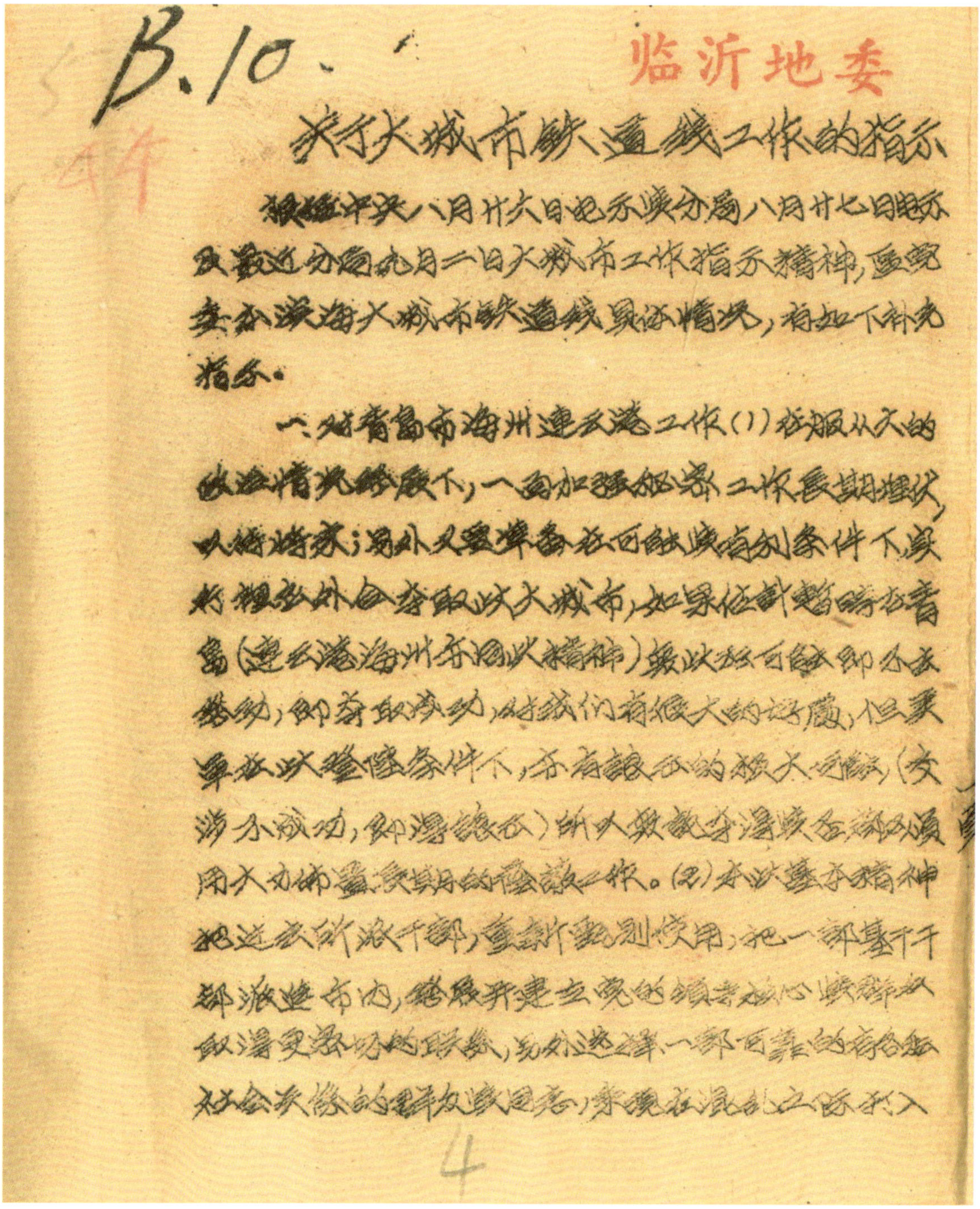

B.10.

临沂地委

关于大城市铁道线工作的指示

根据中央八月廿六日电示暨分局八月廿七日电示及最近分局九月二日大城市工作指示精神，区党委对滨海大城市铁道线具体情况，有如下补充指示。

一、对青岛市海州连云港工作（1）在现在的敌我情况条件下，一面加强秘密工作长期埋伏，以待时机；另外又要准备在可能与有利条件下实行里应外合夺取此大城市，如果仿武装暴动夺取青岛（连云港海州亦同此精神）虽此时可能即不去暴动，即夺取成功，对我们有很大的好处，但要准备此种条件下，亦有很大的可能（交涉不成功，即得放弃）所以要在争取各方必须用大力开展长期的隐蔽工作。（2）本此基本精神把过去所派干部，重新个别使用，把一部基干部派进市内，能展开建立党的领导核心与群众取得更紧密的联系，另外选择一部可靠的有合法社会关系的群众或党员，准备在混乱之际打入

4

市内各工厂、矿区、交通要道，市政、银行、学校、工商机关、群众团体等，争取长期隐蔽，蓄积力量，同时利用合法及灰色面目进行半公开的活动；对一些以灰色面目出现、搞清楚有特务嫌疑的可以利用的份子，也可以打进去工作，让他按指定的人联系单线关系，但绝对隔绝他与我们市内工作的同志关系，或领导机关发生任何关系或丝毫联系，即市外工作亦切忌他知道，以免破坏。(3)在沧、崂山、薛家岛、胶城一带以及海州周围连云港附近的城郊地带，配备干部加强力量，迅速的发动组织，并武装群众，造成包围威胁城市的有利条件，同时亦必须注意城乡工作结合，并能更好的配合城市工作。

六、组织领导武工队，地方武装民兵以及充分发挥敌工城工人员的争取瓦解政治攻势的力量，尽量造成配合主力解放胶济路上的胶县、高密所有青岛以西的大小车站以及陇海路上海州以西的大小车站的有利条件，用一切办法彻底摧

5

瓦解沿线地带的伪军伪组织，以打破日寇」「伪蒋」合作对我的阴谋。

三、彻底的经常的破坏胶济路陇海路，组织领导武工队、地方武装、民兵，分段督促加紧破坏，每日一回报，每周一总结。报告破坏的程度与成绩，何日能全段全路彻底破坏，要按时计划督促并报上级，并把铁轨枕木运到根据地内地保存。

四、加强铁路两侧的群众工作，下本钱求大胆放手的发动组织并武装铁路沿线的群众，要切实洞察群众的切身痛苦，把夺得敌伪的粮食衣物发给群众一部，发动群众参加并提出群众最痛恨的汉奸，搞一定限度增资（不超过七八斤）减租（废除额外剥削），进行二五减租，但不要造成农的旧账帮工）切不可迟延时日，我们以后能否控制与占领铁路交通，是取决于我们群众力量的强弱。

五、占领了铁路上据点以后，要切实的掌握

各級政權，恢復與建立革命秩序，立即組織工人貧民，聯合商人說明我們貿易政策，把能搬運的公共的機器物資搬到根據地內，不能搬運的公共建設不要破壞，但要鎮靜的搞，不要惹起群众的驚惶與不安。

總之我們佔領城鎮一日，即对群众有一日的好處，造下工作基礎良好的影響。否則我們的損失是無法計算的，並給將來有利佔領城市的機會，造下惡果，万分注意。

接此指示後，與中央廿六日指示，分局廿七日及九月二日指示一併討論，迅速佈置工作，並把佈置的情況電報。

濱海區黨委

九月九日

中共滨海区党委锄奸委员会关于锄奸公安工作的指示（1944年9月20日）

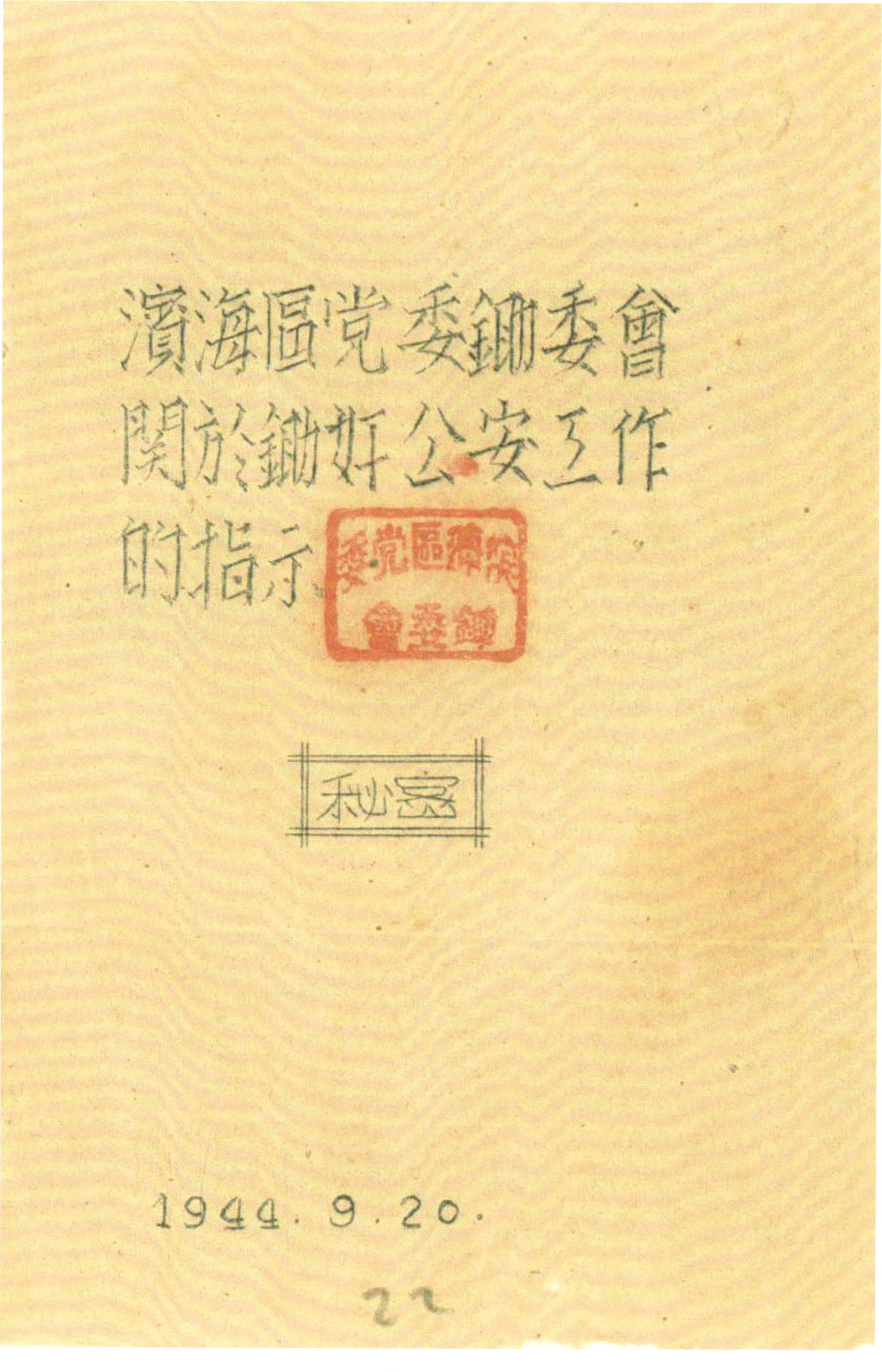
濱海區党委鋤委會
關於鋤奸公安工作
的指示

秘密

1944.9.20.

22

濱海區黨委鋤委會關于鋤奸公安工作的指示

各地委縣委書記：

根據分局鋤委會指示，特提出如下几項工作，望討論執行。

一　展開敵區反特務斗爭

目前形勢急劇变化下（西方反法西斯戰爭不久可獲勝利，東方問題正在發展過程），中央、分局指示我們要以足够的精力，去展開城市交通要道的工作，限在今年下半年至明年上半年做出顯著的成績出来，爭取千百萬在日寇壓迫下的勞動群众与市民群众，瓦解爭取偽軍偽警人員，待時机成熟，實行內应外合，才能奪取城市及交通要道，驅逐日寇出中國。因此，各級鋤奸公安机関要把這一工作和根據地鋤奸任務同等重要去做，担負起準备奪取府縣一切大小城市交通要道的責任，特提出如下几点：

1 活動地區的劃分：在濱南各縣公安局，应依原来規定的同樣進行，濱北各縣公安局，請地委鋤委會具体研究規定，一行署应設法向青島市進攻。

2 内線人員：在敵區發展，在我區派出，只要可能選調的人員，就应該設法調出，只要可能利用的関係，就应設法利用，具備這种條件的人員不調出、不利用，對群众和爭取抗戰勝利，是會有

23

莫大的損害，因此，凡是革命陣營内有城市人員的干部和偽軍偽警人員過去有社會關係者，应忠誠調出，凡是偽軍偽警家屬及其内部的動搖份子，敌我區來往商人，释放的犯人，共存債务之關係，都应大胆慎重的去利用，使其為革命服務。

3掌握人员，凡是任何一個準备派出或者利用的関係，必須給以適当的教育，提出前途的光明，要站穩立场，這是無名英雄，注意秘密，如何工作，從政治上去掌握，同時須給予適当經費開支，在不浪費，不養成依賴觀点，有成績的原則下，可以大胆開支，並隨時总结經驗，研究辦法，以指导今后。

4進攻的任務是爭取群众，掌握偽軍偽警，待機实行武装起义，同時確实了解敌人公開与隱蔽的特務（白團）組织，現在急需消滅敌人派送根据地的奸細，将来夺取城市交通要道時，徹底摧毁敌人一切明暗的特務組织

5發揮工作隊的作用，要堅持边沿區，活动到敌佔區，主要是打擊敌人的任務，公開武装特務（便衣突擊隊）和秘密的特務，為此必須進行宣傳組织团結群众（建立秘密基点）要依靠群众，团结群众去調查了解敌人的特務，要真正打到敌人特務的身上（当然除到少數偽軍偽組织外面人員，同時要設法打擊逮捕進行教育爭取积极工作）。糾正過去工作隊出外活动的发財觀念和脱离群众的現象，濱北各縣应迅速成立工作隊。

24

二、展開群众性鋤奸运动的主要関鍵是各級党政軍主要負責同志自己动手組织領导的问題，同時要求各級鋤奸公安干部，应主动向党委、政府和政治机関提出工作意見，动員各级系统干部，進行反奸斗争，使鋤奸工作與目前建軍查減等任務相結合起来，以保証勝利（貫徹告會门同胞書、防奸佈告、鋤奸工作四大要求的精神，采取普遍組织戒嚴工作，尤其是在備戰時期，要不分晝夜的在重要的要道盘查來往敌探，重要的鎮压、检舉奸細等等）。不要将此重要的政治任務，神秘的看待，不發動大家动手，孤立的劃給少數鋤奸公安干部去执行，因此在党政方面，任何一個任務的提出，和工作總結，都应有鋤奸工作的項目，要在干部大會、党員大會、軍人大會、群众大會、公審大會上採取多種方式進行报告，只有经常進行活的鋤奸教育，才能造成全体軍民实行防奸运动。

三、掌握政策要深入了解情况，同時更須注意寬大政策的灵活运用，採取感化教育的方針，爭取一切可能爭取的特务失足份子（尤其在整風期内所發現的特務更須貫串此种精神）。同時如何与鎮压政策相結合起来，团結自己，孤立打擊敌人，一切都应以貫徹群众性斗争為出發，不要简单化，注意实事求是，不夸張，不苟慎，不亂干，不武断處理，嚴格执行逮捕手續，絕對禁止不經組织自行處决犯人及刑訊办法，虐待犯人的錯誤（郯城某区干隨便處决犯人，干榆沭水某区区干刑克犯人，均為嚴重錯誤）。並責成各级党委徹底检討對各级干部政策的教育，同時地方各级

25

党政在区以上的干部中（县区武装连以上干部在内）应重新传达讨论分局锄奸会议，关于政策问题的具体决定。今后关于重要案件的处理，应经过锄奸委会及县行政委员会讨论，按级呈报。要贯彻群众路线，组织群众性的公审大会，宣布罪状，使广大群众了解奸细对根据地人民的危害和争取与镇压的意义何在。

四、健全组织，提高质量。在当前新的形势发展下，望各级党委迅速将公安组织机构健全起来，以适应当前斗争的需要。现决定各区普遍设立付区公安员，尚未健全起来的区公村安员，应下决心调剂提拔。已经建立的村公安员，要进行短期训练，使其知道如何团结群众及了解自己工作范围，进行领导人民实行防奸斗争。各重要市镇，除建立公开的镇公安员外，应建立秘密网的组织（组长一人，下设组员三人至五人），由区公安员直接领导。同时为了加强根据地的侦察工作，决定各县一律设付股长一人，专门进行根据地的侦察工作。

五、反奸斗争要与整风相结合。各级党委和政治机关特派员、公安局长应在整风期内，对干部应作一番深刻的了解，望注意以下几个问题：

1. 各级特派员公安局长应参加各级学委会，以便及时了解整风中的各种情况。

2. 对现有干部中的嫌疑份子，应有计划的布置，在整风中求得弄清问题，得出结论。

3. 注意在整风坦白运动中去发现反革命嫌疑

份子。

4 各級主要負責同志应親自动手組织研究在整風中發現的兩条心的奸细份子，辨别眞偽輕重，（對未經研究者不应随便下結論。）

5 在整風中坦白出来的兩条心的奸细份子，如在原来工作岗位不適当，应逐渐的調动其次要工作。

6 各级鋤奸公安机关，對于反革命嫌疑份子或發現奸细的材料，应進行研究，整理登記，保存，继续進行定期的工作佈置。

濱海區党委鋤委會

27

反扫荡中支部工作材料（一九四四年秋后）（1944年9月）

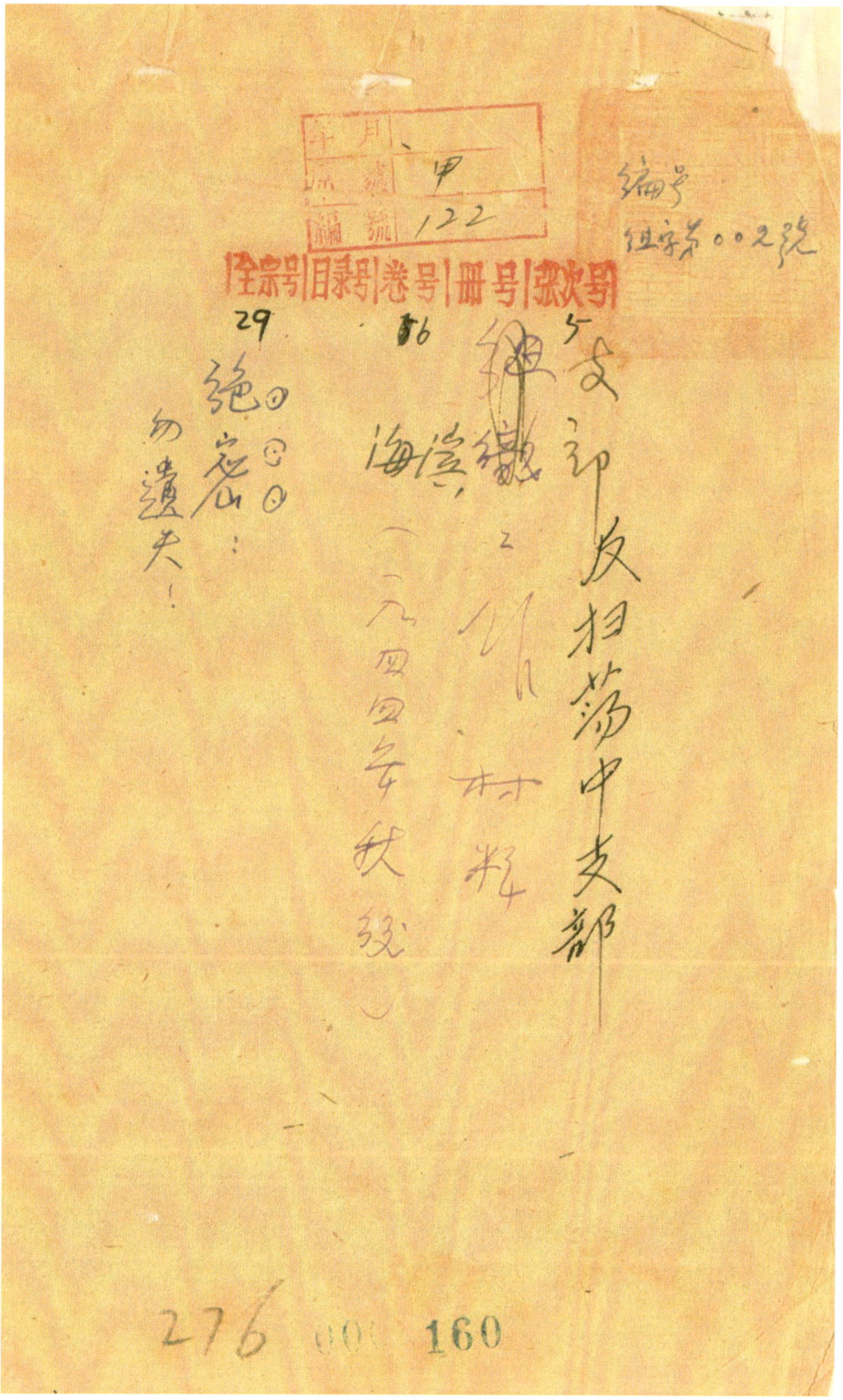

战时支部学校民兵（第十二号）

（各县调查报[illegible]的材料）

莒南县

温水泉

石泉湖

孙家钓鱼台

× × 庄

前泉龙头

西店头

东集西

西集西

小山前

日照县

桥南头

临沭县

石埠子

南沟头

[illegible]县

东村

附注

这本材料完全根据

原报告录稿抄下来的。

277 161

温水泉支部在反扫荡中的活动

(一)、支部情况：（在扫荡前）：

本支部有党员27個（三個女党员）、六個組，是今年三月成立起来的。村支部三個支委，支書李风池贫苦中农，僱活五年，兼任村团長，能团结群众，很有能力和威信。支宣蒋风德，贫农，任农会長。支宣小学教员張玉会（很会办庄户学）。

民兵共73，内有24個党员（除三個女党员外，全部参加民兵）支書李风池兼任村团長，付团長李子本，是一個很好的群众。指导员王文田是個很热情很积极的干部。

(二)、在反扫荡中的支部工作：

一、反扫荡中的支部活动：

廿一日听到西南炮响的很近，支部即刻派出五個民兵，由指导员和一支委领着（宣委蒋风德）配合十字路民兵到西南板泉崖白家岭一带侦查。家中由支書和小学教员佈置工作，掌握群众。由情况紧急，时间倉促，故没有召开各种会議，進行动员佈置，只于当晚分藏了公粮，号召群众藏了東西，叫群众早吃飯，準備应付情况。

侦察的五人，探正南正西两股敌人向根据地裡边前進，立即断定敌人扫荡无疑，于是当即写出情报，傳送到庄，他们仍监视敌人的行动。

廿二日敌前進，民兵便跑步回家，到沟头庄，碰到道口来敌，被骑兵发现追赶，指导员便連发三枪，将敌打退，阻止了敌人的追赶。到家发现十字路有了敌人，就一气搶上了家前寨眉山。

家中村团長（支書）李风池見敌已到十字路，叫小学張老師领导群众轉移北山，並有一部份徒手民兵率领保護，他又便出

278　162

頗大個精干的民兵，佔領了赤眉山大小兩個山头。與偵察回来的四個民兵（五個跑散一個）会合了。民兵的力量增大了。

民兵在十字路山头等了一会，不見动靜。村团長李以池便下山到庄北偵察，發現敌人正隱蔽的向温水泉前進，已經离庄不远，于是便飛跑回山，对着進庄的敌人打一排枪，敌人立刻轉向十字路。十字路敌人听見枪响，便分兩股搶佔山头，手炮排枪一齊打来。民兵不支便机动的轉移到南山头。敌到赤眉山头，包围着山顶，对到土墖進行了破坏。于是民兵便在南山头沉着瞄準，排枪射击。打的敌人爬到墖後乱打枪，很長時间不敢动彈。民兵也便向東轉移。到北高庄見民兵枪枝已揮，很慷的把他们的子彈借出几排。又轉到杜家峪吃了一頓東西，買了八双草鞋给民兵解决些离時困难问题。到芦家林即進行重新动员。民兵战斗組便由~~十個~~扩大到十三個。这十三個都是经过动员教育後，勇敢自愿較精干的民兵（内有十個党员、七個群众）当開始动员号召自抱奋勇参加战斗組時，一般民兵还有些胆怯，後来干部便用領头干的办法後，战斗組就組成立了。徒手胆怯的民兵看到战斗組的英勇杀敌，便自动把自己帶的给养给战斗組吃，而且自报奋勇给战斗組背行李，供给给养照顧家屬。同時以温水泉的民兵為基礎，又把本联防的民兵組织起来，战斗組又扩大廿七人。当敌從十字路出三路東下時，他们又掩護了群众，有1/3的群众逃出敌人的包围。他们始终没离開本庄和赤眉山头，敌人来就打，敌退即攻，敌攻即退，敌走即回，始终保護和掩護群众，與群众同生死共患难。

廿三日晚，他们又去配合独立营，扰襲岳间敌人。

廿四日敌一股由相地西去輸送搶掠的東西，这庄的民兵大人便秘秘的埋伏在大奥崖的小嶺，等敌在相地通十字路的大路休息時.他们便瞄準射击.連打三排子枪.把敌人打的亀叫鳖爬.到处無目標的乱放机枪,当有二個敌偽受伤.打下了一头驴子.叫北高庄牵去.到敌人發現目標向民兵射击時.民兵早已洋洋得意的走远了.

第五天敌人又從東来住十字路.民兵便又在赤眉山上開了枪.敌人便分两路包圍山头.民兵便不慌不忙的掩護着群众向北撤退到石汪沟小嶺上(离温水泉有半里路)监視敌人.天晚温水泉的敌人也回到十字路休息.在敌刚行动時.民兵便追上给他一排枪.把敌人赶出庄外去.打下一头驴子並駝有白面粉条小鸡.还得了廿多個手榴彈和手榴彈包.民兵是多麽高兴呀!于是民兵把勝利品欢天喜地的会了一顿餐.当晚專署特务二連接十字路.他们又随着打了一仗.

敌人在十字路接兵三天不动.快気人.第六天.莒中独立营要接十字路.于是民兵便给领進路去.有一個民兵(薄风先)一夜進出十字路就是三趟.家的民兵听着独立营机枪手雷打了好一陣.不見动静.他们听不到消息.不知是独立营退走了还是把敌人打跑了.于是在支書李风池的领导下.帶了六個民兵.從十字路的東南角翻牆後悄悄的爬了進去.远远的看見敌人的崗哨同時又看到一個牆根前拴了一群大水牛.于是他们便慢慢的走到牛跟前.用刺刀割断了牛绳.用手拉着牛鼻子.終久把三個肥胖的大水牛牵回来了.天明群众一見民兵得了三個大水牛.都興奋的手舞足蹈.人人都稱讚民兵真有本事.于是全庄群众对民兵的依賴更厉害.民兵也真的成了群众的靠山.十字路雖住着敌人.温水泉離十字路也不过二三里路程.但在民兵的监視之下.温水泉的群众始終在家坚持.敌人一有行动.民兵便在赤眉山上打击敌人.群众也便安全的在民兵掩護下轉移了.第七天.敌人最後東撤

又叫民兵打了一顿。群众仍安全掩蔽转移。

支部不但对民兵的活动掌握的极好。而且对反扫荡工作也是有成绩的。因第一天敌人来的突然。又加探信的没回来。所以没来得及在支部和各系统中进行有力量的动员。佈置只是一般的号召。空舍清野。公粮分散了。因此这庄早在42年24号已经受到了敌人奔袭烧杀的苦头。平日即有准备。因此敌人一来。他们便很警觉的作了准备。第三天在支委的领导下召开了村干联席会。检讨了前两天的工作。重新佈置了工作。

成立了指挥部。村团长。付团长。指导员在前方领导作战活动。庄长农救会长在后方工作。教员作情报联络工作。明确分工。同时民兵也根据战时经验。进行了重新编制。编成了战斗组，情报联络组。爆炸组。徒手民兵负责带领群众转移。给群众站岗警戒。减少战斗组民兵的负担。

同时民兵与群众又规定了记号。民兵终天在东眉山上放岗。把苇笠一摆放在地下。就是鬼子走了或没有来。就摇就是叫老百姓跑。后来又规定敌人来即在山上打枪点火。周围十来里路的庄子都看这庄的动静。好领导庄内老百姓转移。

干部又把几天来的反扫荡经验教育了民兵和群众。有一天，敌人从正西来。坏蛋们向正西跑，口呼吃了亏。发觉了立即叫群众向北跑。免了危险。有一次敌东进，群众都向东跑。村团长止住了。也免受敌之抓丁包围。因此后来民兵和村干的威信百信提高。在最落后的群众。都不轻视民兵了。都能听指挥部的指挥了。另外有两个青抗先乱跑。叫敌人捉去了。经过对民兵的教育后。民兵都清楚的了解了。乱跑不保险，勇敢真干都确很保险。以后便不敢乱跑了。

281　　165

在群众中揭穿了謠言，如鬼子来專提放脚的、識字班等。规定了專人監视坏蛋，防止其活动。

以後又在农救会進行了动员，分配其照顧抗属和民兵家属。如有一次情况紧急了時，一個抗属急得乱喊没人照顧，农救会员李会清立即答道："跟我，東西我给你担着，以後再跑時，咱们可在一塊"。老媽得到人的照顧，很喜欢，很感激。村干又看到群众每次跑反時，都趕着帶馱很重的東西，既不方便，又不保險，在农会动员後，群众也很听話的藏起来了，而且以後逃难時很輕便。

随後識字班、兒童团也都作了系统檢討，所以以後在一般緩和的情况下都能作到站岗送信，情况紧急時，还由民兵负责站岗。

敌人走後，在支部領導下，便從党内到党外總結了工作，進行了檢討，批評教育表揚，同時又深入的佈置了反扫荡的工作，並立即轉入了生产。

(三)、经驗教訓：

1. 民兵情绪始終高漲，对敌斗争勇敢積極，以及和群众同甘苦共患难，始終坚持赤眉山，其原因：

a. 本庄有着42年敌人奔襲殺燒的仇恨，群众都清楚的了解敌人和中国人是誓不兩立的，不打他也燒殺，今天打了他，还一点東西没有損失，而且还得了不少的勝利品，非報42年的血海深仇不行。

b. 支委党员真起了核心作用，他们不僅能团結群众，而且

168

282

还能领导群众，并能及时掌握群众情绪。干部、党员一般都能团结群众，主要是在危难中起先锋模范作用领头干，于是群众也便跟上来干。民兵常对支书说"李凤池放心吧，你能干俺就能干，你干什么，俺干什么，你到那里去俺到那里去"。

C. 干部能关心民兵的生活，并能及时的给民兵解决问题，如给没有鞋子的民兵买草鞋，叫农会负责照顾其家属，民兵减去了对家庭的顾虑。民兵背的东西多，打仗不方便，便把东西交徒于民兵舒一部份，没饭吃吃地瓜干，并动员要艰苦。

同时对民兵还能抓紧不断的进行教育动员检讨。他们情报联络工作作的很好，能及时向民兵解释情况，故民兵情绪始终稳定高涨，没有怨言。

干部在领导上也很民主，在一般情况下，送信站岗等工作村团长都问"谁去干"用自觉自愿的办法，抱奋勇的办法而去，这种商量办事的法子，比强迫命令强的多，紧急情况下可用支配的办法，这是村干的宝贵经验。

2. 这庄在此次反扫荡之所以表现比较好，主要是本庄群众发动起来了，支部、干部起了核心作用，特别是干部起着决定作用。支书李凤池威信很高，在反扫荡中她母亲帮助民兵办饭累病了，所以敌人走后，识字班便动员帮助他干谷子打谷子。这次考验中就看出了那庄发动了群众和支部好，干部好，那庄工作即好，否则均坏，这三者缺一不可 167

283

反扫荡中的石泉湖小组：

一、扫荡前情况：

石泉湖是路铁区虎园西边山沟的一個小小村。全庄共29户，是姓李的父子庄。人口155口人，男74，女79，壮丁22人，农会27人，妇会31人，识字班5人，儿童23人，民兵8，青抗先6人。全庄除3個老头和幼童没参加组织外，其余都参加了一定的组织。在阶级的划分上，中农3户，贫农6户，贫农20户。本庄地土瘠薄，多为山高薄岭，农民生活很苦。全庄共地524亩，折中地101亩。今年号召大生产后，群众开荒五十多亩。为了拥军开荒户主自动声明将开荒所种花生缴出300斤交公粮。经减租减息开荒生产后，群众生活群众生活得到很大改善，生活一天天的上升了。

庄虽小，今年有五個青年自动参军了（均是党员），连以前出外抗战的共8人（后减下2人，还有6人，另外还有一個当伪军的）。

本庄共10個党员，参军出去五個，又发展了两個，还介绍四家一個，现共八個党员，两個小组归虎园支部领导，本庄有一支委，参加虎园支部领导，分区和支书对小组领导较弱，但由于均为基本群众，在减租息和生产中得到利益不少，在政治上解决了大庄压迫欺侮，因而这庄基本的农民觉悟较高，认识上较好，工作上很认真很积极。

二、反扫荡中的支部工作：

1.动员准备：

284 00 168

廿一日听到敵人要東西来扫荡的消息.立即召開了小組会.在党员中進行动员佈置.在群众中展開了宣傳.号召党员要在反扫荡中起骨干作用.並具体的分配党员的任务.叫每個党员通过变工組.掌握几個到几家群众.然後因情况緊急.不能系統的动员.便召開了村干联席会作了动员準備工作.村团長指揮前方民兵战斗.村長农救会長(支委)照顧後方.于是全庄男女老幼都动员起来了.一個拉(都干的意思)的各人都掌握了自己的工作.

2. 反扫荡的行动開始:

廿二日,敵到十字路.八個民兵立即派出去三個配合別庄民兵打麻雀战.曾两襲長河敵人.家中留五個民兵警戒.送信掩護群众轉移.保護住本庄的机关人员和伤号.五個民兵晝夜送信不息.有時一两夜不得睡觉.但毫不訴苦.民兵送信跑不来時.几個村干便親自下手.但一般的信件.还由自衛隊轉送.

情况越加緊張了.後方机关轉移到这庄.共有七大部份.計有残廢所六七十人.十字路商店.專署一部份.生产股.一所纸工廠.大众报社一部.共约百七八十人.这時困难来到了.各部內有散東西.还要招顧七個伤号和一二百人的給養.庄小人少.而且許多群众都跑到山沟逃难.只干部几個人.力难勝任.于是廿三号.便在緊急情况下.召开了村民大会.联系到拥軍.該庄進行了动员佈置.並把滑头的.躲避和說坏話的.進行了批評.表揚了好的.並把群众全部組織

285

169

起来，日夜集中在两個场中（群众自較的）机动使用。公家有物太多了。（計纸场纸五車，四箱子彈，八個背包，七個包袱，独立营三個挑子，大众报社大堆衣服）立即藏妥，重要者由村干自己藏。

為了供给各部给养茶水，在村干党员的領导上，使老婆小孩子一齐动手，而且应用了一切可以应用的力量，全体妇女識字班推磨烙尖餅，六個儿童团推磨看磨，老媽媽看孩子，曾有五個老媽媽集体看七個孩子，自卫团农救会除進行一般站岗放哨，送飯，準備抬运伤号等外，还和村干負責燒茶水，在三四天中，廿来家的庄子，共烙煎餅八百余斤，数目相当警人。

全庄能跑路的只有廿三人（民兵在内），為了進行工作，不能不把老人小孩組织起来，民兵自卫团送飯跑不过来時，便由老头小孩轉送，並且都是自抱奋勇，七個伤兵都有專人負责照顧，無微不至，準備情况一来，便抬起轉移（後差走四個）当人不够用時村干下决心情况一到，每人背一個，保証伤号無损失。同時並用好話安慰伤号，四家抗属和在外打游击民兵家属，準備了四個半劳动力（老头）背東西，一個抱小孩的。

在全庄群众普遍站岗除奸盤查行人之下，共捉從敌人出来的夫子卅余名，内有懷疑者十人，送交政府处理，一般的廿多人，経審後自行放走，还查出針七包，给妇救会使用，一個茶鉄子，交民兵使用。

空舍清野作的也不錯，全庄在百忙中，把公粮公物妥妥的存藏外，並把自己的私粮私物也存了個大概，並有五家作的較

286　000170

澈底.

全庄群众在村干和党员的领导团结和不断的动员教育下．情绪始终高涨．而且很听指挥．男女老少始终集在规定的几個场中集体工作．集体休息．一呼即应．听從分配．而且好多难事（到接敌近地方送饭）多自抱奋勇．在这個扫荡过程中．涌现了好多積極份子和模範人物．

3.善後工作：

a.從党内到党外．召開了各系统和村民大会．總結了工作．從總結中進行了党内外的教育．表揚了好的．批評了坏的．

b.継續号召備战並具体的佈置了空舍清野．民兵外炸站岗鋤奸．和前途教育．

c.立即開始生产．鬼子来時．秋收多没开始．敌人刚一撤退．村干即召开了村民大会．号召快打快藏．全家老少来了個大变工．全劳动力割谷子．割二亩算一個工．妇女拧谷子．拧四十個計工一個．14個兒童負责翻地瓜秧．翻六亩算六個劳动力．這样边割边打．耕三天．突击完了庄稼．（收打完了）四天即耕完了秋地．

为什么這庄收割這样齊正呢？原来他们生产组织較好．如其中有一個变工模範家．共12家．5家中农．7家贫农．共地228亩．裡边顶多的是56亩．顶少的3亩．全劳动力11個．半劳动力3個．壮年妇女13．他们集体养牛．四犋．七头牛．四驴．牛驴按地亩銭亩草．粪亦按地亩分配使用．一老头每天

287　000171

按半劳动計）專门負责，喂养，犁耙車子都是公的，这样便可以分工合作，各有專门工作，喂牲口的專门喂牲口，收割的專收割，耕地的耕地，按劳动計工（如耕一天算一工，全劳动割一天算一個工）耕割换工，分工分明，随割随耕，割完也耕完，同時抗属的地也交给各变工組（或抗属参加变工組）負责耕割。

三、这庄反扫荡工作為什么会取得这样較大的成绩。

1. 主要是这庄党的組织起了骨干核心作用，干部党员起了模範先鋒作用，几個村干工作抓的很紧，工作有高度的责任心和热情，他们在五大天的反扫荡中從白天到晚上休息睡觉很少，反扫荡结束，有一两個都累病了，而且他们能很好的团结群众，在群众中有着很高的威信，所以他们說什么干什么群众都相信，都跟着他们干，我们的八個党员，除一個不起作用外，均能团结领导群众，这是村工作获得成绩的基本原因。

2. 他们組织掌握了群众，他们能把全庄老幼男女組织起来，集体起来，根據工作的需要和各种群众的能力，适当的分配工作，而且作到科学分工，机动的使用力量。

3. 他们掌握了群众的情绪，及時的纠正偏向，和不断的進行动员，在这個反扫荡过程中，大会动员了多次，当各部来住，工作需要，而群众逃到山沟，在有個别落後群众說：「到别家去，可少麻烦些」和有些扯皮捣乱時，他们立即召开了农救大会進行了动员，說明了"养兵千日，用兵一時"，拥军

288 172

抗战的大道理，和批評指责了坏的，表揚了好的，接着群众情绪便趨于穩定，都回到家中，自动的听從村干部的分配了。

289

000173

(一).孫家奥乡反扫荡中的支部工作總结：

一.反扫荡前支部的概况：

甲.組織情况：

全村共94户，502人。民兵40人。各村会都建立起来。支部共十個党员。六個男党员。四個女党员。经过反悪霸斗争及查减工作，工作一般是活躍的。党员中有兩個中农。八個贫农。支部在1943年建立起来的。支部書記孫风序（中农）任村团指导员。付支書孫奥業任村团長。党员孫风臻任付村团長。孫奉平任农救会長。孫奉肖任付庄長。孫奉平任农救会長。孫奉和任民兵分隊長。六個男党员都是担任村的主要工作。四個女党员有两個是識字班负责人。其余两個是識字班学员。

乙.支部發展过程：

自查减斗爭以后，党员都積極起来。全村的工作他们商討進行。但不会推动系统。有些孤立，另一方面，几個頑固的富农商人與他们对立。庄裡的斗爭是比較開展的。群众在斗爭上是跟着党员走的。因之基本上是团结群众的

支部招呼節药。这村的民兵從未吃过给养。一年到头僅麥收時發给一個簑衣。还進行了教育。群众很满意。他们。

290 000 174

可是由于这支部的斗争开展，党员内部基本上是团结的，所以在反扫荡中表现积极活动，创造了成绩。

丙、反扫荡以前的偏向：

支部干部，自参加讨袁战役后，觉得疲劳，注意休息；可是发生轻敌思想，认为鬼子来不了，因此对反扫荡准备差，民兵的战斗准备不够，听到鬼子来了的消息还认为不可能，敌人来到庄近前，虽仓促打了几枪，在领导上没有主张，到处碰敌。

二、在反扫荡中的活动：1.反扫荡战斗及掌握民兵情况经过：

八月二十一日夜晚支部接到了区的消息，敌人一股到十里墩近河，从支委到党员都认为敌人来不了，在太半麻痹的情况下，布置了反扫荡的工作：

1.召开了村团部会议，讨论了敌情及布置。

2.民兵中抽出十个人，准备下半夜活动警戒。

3.告诉群众听见枪声就跑出庄，东西要准备好。

4.与区武委会联系听指挥。

到了下半夜，警戒的一部份民兵向西活动，刚出庄半里多路，即与敌人遭遇，立即打了一排枪，敌人即分四路向东扑去，民兵开始向北墩，碰上了一伙鬼子，马上打起来，又往南墩又碰上了敌人，立即又开枪，这样就陷于敌人夹击之中，领导上就有些着慌，没有办法，也来不及判断情况，只有坚持一阵，以后终于拖出敌人的包围，又

291 006 175

看到渊子、良店的民兵从后面追击敌人，他们鼓起了勇气，一直追到安地西湖，打下一挑子包袱及牛二头，大家都很高兴。中午回到庄裡，下午县武委会即来集合民兵追击敌人，这時召開民兵会，村团付孙奉臻（党员）及指导员孙奉序（支書）付村長孙奉昌（党员）自抱奋勇，这样一号召，民兵出发就没有问题了。当時本调了五個（又去了二個群众）五個人就随着全区民兵向東追击敌人。村里留下村团長孙奂業（付支書）来進行備战。

在嵋山一带，他们五個人和尹刘集各的八個民兵编成一個班，一連活动了三天，支書孙凤序提出大家要服从命令，勤换岗，互相照顧，大家都觉得很好。配合独立营袭击岳河一次。在平時注意了遵守群众紀律，有一個民兵採了老百姓八個煙葉，孙凤臻（党员）立即温和的提出来說：「咱大家在家是老百姓，出外是民兵，要爱护老百姓的東西」大家都說很对，那個採烟葉的民兵也悄悄的將煙葉放下。　在活动的時候，两個党员和支書共同来起模范作用，主要是有工作跑到头裡干，白天晚上吃飯睡觉都关心大家，隨時隨地向好向歹。孙凤昌說：「孙凤序很关心大家，都要好好的干，我自己觉得很好」。

到了第三天，一股鬼子和伪军往臨沂送東西，他们在县武委会領导下，勇猛之追，到了十字路西，县的干部說：「追不上了，大家休息一下吧！」，他们不同意，就立刻继续追下去。一直追到葫芦沟。听老百姓說：「敌人刚走」。
孫凤昌他悄悄的走到庄跟前。看到敌人正在大胆休息。他馬
上带着民兵冲上去。到了离敌人百余米。即向敌人打了几枪。
鬼子小隊長站在高地用望远鏡四下看。被孫凤昌仝志瞄
準一枪。将敌人打倒。馬上有三個敌人提机枪上来。孫
凤昌对大家說：「不用怕，打手榴弹」。他先打过去一個手雷。
三個敌人倒下去。两個敌人死了。机枪被炸倒。敌人愤
怒。以两挺机枪，一挺重机向他们射击。这時很危險。
大家有些动摇。孫凤臻喊「不要动，咱要干，不能退」
凤昌說：「好！一定打」。这样大家才穩定下来。这時有几
梭子机枪都打在奉臻的跟前。他没有战斗经驗。就
滚到附近的沟裡。这時七八個民兵看不見他。又动摇
起来。若一退就要吃虧。凤昌立即進行动员說：「奉臻的
枪打坏了。他下去修理枪。咱还要坚持」。個别民兵跟着
說：「服從命令」。孫凤臻领导民兵想法退下去。他通知側
面离他几十步的民兵打排枪。他领导民兵向敌人打去一排
子手雷。在爆炸的响声中他们乘机退下来。孫奉臻從
沟裡往下退。被敌人打死。还有一個人受伤。
葫芦沟的敌人当天白天未敢走。孫家奥岢在家的民兵由
村团長带着去增援。配合他村民兵。把敌人包围起来。

293 000 177

2. 支部对民兵進行的工作：

(a) 支部对民兵進行动员解釋：

a. 在扫荡一開始，民兵是有人怕死，情绪不高。支委即以前良店民兵怕死，脱离大家，自己牽牛背包袱逃走，被敌人打断脚的事情向大家進行动员，又解釋說：「敌人越利害咱越不用怕，多年扫荡都没打跨，鬼子快完了，咱还怕什么？」经过集体动员後，民兵情绪就好的多了。

b. 整理民兵組织：把民兵重新組织与分了工，挑出九個勇敢的成立战斗班，六個人成立通信班，其余廿多個民兵配合自卫隊站岗放哨，查汉奸，负责群众轉移。

c. 党内负责招呼民兵给养，由孙吴業负责给民兵办给养，掩護群众轉移。

(b). 在葫芦沟战斗之后，村团付孫奉臻牺牲，支部开会進行了鼓动员工作。

a. 自從孫凤臻牺牲後，民兵情绪不高，别個的懼怕。支委提出「孫凤臻牺牲是為口爭光的，咱们要為孫同志报仇」的口号来進行动员。各小組開会討論了「这样死是光荣的，危險是少不了的，不参加民兵全区死的群众也不少，我们不能泄氣，要多打死敌人，為孫同志报仇」。討論結果大大增加了群众民兵的仇恨心，鼓起了高漲的殺敌情绪。指導员在全体民兵会上也这样的提出来，進行鼓动，大家一哄声說：「不充熊种，要报，要听指揮」

178

294 b. 在群众中進行了解釋，只有個群众說：「不当民兵死不了」

党员立即进行了説服工作，提示不当民的群众死的死叫敌人抓去的抓去很不少，这样説不对」個别群众接受了这意見。

C. 慰问受伤的内夫及烈属家属，提示「大家养老不愁，慰家属由公家殡葬，識字班给死者缝衣服，民兵播坟，群众团体與民兵全体送湯送葬，这样群众反映很好，都説：「不干民兵死了白死，这样多值得」，民兵情绪也提高

三、善后工作：

支部没進行很詳細的檢討，只是交换了意見，主要是你党民兵的反省，民兵檢討大会上，大家都檢討了，结论是：「打的太猛，硬打硬冲不講战術，虽然勇气很足，到底心裡有点害怕」，「民兵比平時好掌握听指揮，群众自动依靠民兵」

四、檢討：

1. 民兵四十人，只有三個没帶起，党员在民兵中起了積極領导作用，民兵情绪很高，作战四次，都一貫勇敢。

2. 民兵的威信空前提高，第一次战斗后，不少群众説：「民兵打仗，汗以才不能安穩翻東西」，在葫芦沟战斗後，群众都向民兵问吃问喝，自动送飯送水，群众自动依靠民兵。

3. 扫揚的準備太差，动员不差，事前麻痹輕敌，突来敌情有些慌張。

4. 在扫揚中没加强彼走联絡工作，敌人一来，民兵四处碰到敌人，在指揮上表现了没有办法。

295 179

（二）．莒南一個支部領导反扫荡的情况

（一）．扫荡前支部概况：

1. 支委六人．内贫雇农五人．中农一人．大家都很積極負責．只組織委员好賺小便宜．经支部正风揭發也汗流满面．已有轉变．

2. 党员三十三人．内有中农二人．贫农七人．余為雇农（但今年升為贫农者十六人）．

3. 民兵七六人．三十党员都参加民兵（因該村有三個女党员）㈠．正付隊長都是党员．（一支委，一战斗模範）指导员為付支書．（干我军五年因残廢回家）村团長亦為支委．㈡．共五個分隊長都是党员．第一分隊長表現不好．第三分隊長最好 ㈢．枪十八支，手雷一百余．

（二）．支部領导此次反扫荡．

甲．党内外动员佈置：

1. 听說敌人進入中心区後．支委会刚开完会又重新开会討論佈置 ㈠ 民兵的臨時組织討論誰能用誰差些．把年少的胆小的不能离开家屬的民兵決定叫他们和老百姓一同行动．一方面掩護群众轉移．另一方面叫他们和农会一同监視几個坏人．（在支部中討論五几個）㈡ 藏東西問題討論由农会長．妇会長．識字班長．村長負責动员各系统專门动手藏．㈢ 群众轉移的生活問題．討論決定由生产委会負責招顧劳武結合及变工組長負責照顧調劑該

296　180

组的吃飯问题.轉移地点问题.

2.各系统的动员佈置：㊀民兵中由指导员负责动员
后.用自动报名和個別动员兩方式 把支部討論出那些
堪用的民兵.共五十余組织起来.又討論成立基干班25
人.负责战斗.阻击敌人.通訊班十余人.諜报七人.爆炸組
大人.其他共二十余人.即告以和群众一起掩護群众.监
视坏人和前面民兵联络.㊁.农妇及妇字班各系统动
员村長協助当晚上即藏東西.第二天上午即藏好.㊂群
众轉移.劳动未作到.但委工組也能照顧該吃飯及地
点问题.

乙.時戰支部对民兵的掌握：

1.支委每晚接头後即在民兵中开檢討会.自己反省胆小、
的不对.以提高情绪及勇敢

2.支委分工每人掌握一個党员小組.由党员会报民兵群众的
情绪表現.再由支委或党员去和民兵群众個別談話
教育.他们情绪不好.有这样的表現."没吃飽飯","站
岗多累了","家属没佈置好","干部把民兵当軍隊使用","主
力都抗不了.咱们还硬抗","老的主力不来.来時咱们配
合一下"

3.由干部給民兵講情况.及如何打埋伏 打軟仗.

4.最重的為支部堡壘作用.(即中流砥柱).和党员
的骨干作用.也就其所謂"勝不驕.敗不餒"的问题
这次民兵第一次打勝后.有些驕傲.群众也不小心
了.于是隨便回村.被敌人包圍.民兵去救出村民

297 000 181

被敌人追了四里，民兵败退即情绪不高，幸亏干部撑住才渡过困难。

5.民兵和村民保持联系，每日討論移动地点，民兵自己则用拍手、手腕上缠手巾等办法联络。

丙．这次共作战两次，說明了群众情绪是容易高涨，容易低落，支部干部要有"胜而不骄，败不馁"的精神，来掌握民兵才能免受损失，保護群众，而群众的情绪则以民兵情绪為轉移。

1.第一次作战，敌人要通过这庄的情报得到後，支部即决定打一埋伏，由指导员动员，兵报名的十二名及爆炸组大人参加，这次共打死汉奸二名、爆炸一次（為牛蹄响因汉奸追九头牛，响地雷後，汉奸吓回，救下九头牛）

这次胜利後，大家有些骄傲，民兵打得眼红，晚上见人即打，險些打着分区書及我们掉隊人员，村民也見人就捉，以為汉奸，上層则見敌人燒殺，民兵胜利就說"要地雷要贯枪和鬼子拼。"而有些村民即白天回村作飯，结果被敌人包围村中，民兵打枪救出，被敌追出四里，于是進行第二次战斗。

2.第二次战斗敌追四里即停止，村民及民兵则退下十余里，村民有些依靠民兵，使民兵成為百人左右的隊伍，于是干部情绪不高（因地理不熟，四面都有情况，且百人的吃飯即成大問题）民兵情绪更不高，有的說："家属不知上那裡去了。"「枪也打不响」，有换枪的要求。

丁．善後工作：

298 182

支部開会討論正理民兵. 表揚吳批評对村中一妇救会员之気節好的予以表揚慰问. 清查丢的東西. 布置反謠言及除奸, 並進行空舍清野等.

㈢. 検討及教訓:

1. 民兵要採取分散使用原则. 但到战時分散. 则大家要爭枪子弹及能~~适当分配~~打的人都不較分散. 因此支部需要平常即考慮好. 将枪支子弹及能打的人适当分配. 但又保持一較好的小組. 到時才能分散活动.

2. 勝敗都是支部領导的关健. 如不注意则民兵的情绪即飄忽不定. 而容易招致損失.

299

000183

前泉龍头支部反扫荡工作總結：

一、扫荡前支部的概况及偏向：

1. 支委三人，支書貧农，政府委员中农，还有支委是貧农。党员廿四人，二個妇女，二個不起作用的老干部不作工作。

2. 这支部在去年整支時，整了很長時間，支部建設制度較好，因提拔了干部及出了些恋爱問題，支書对区抱成見，高大英雄，对支部工作有很大的妨碍，工作不活躍。村長是支書的老婆，也工作不作，悲观，对区抱成見，还撤支書的腿（以前調支書受訓他不叫去）因此这庄工作非常皮条，对区抱成見，支部委员只剩下支書及他老婆和付村長，支部也形成垮台狀態。

3. 干部群众太平麻痹心理非常严重，如支書曾說：「咱军隊天天打据点，还能来鬼子嗎？」其他干部扫荡的事根本没想到。

二、扫荡中支部掌握民兵情形：

(1) 扫荡中的活动：

1. 一見到区裡去信鬼子到了河東湾了，馬上即召集了民兵及干部会討論反扫荡的工作，擦了枪，發了子彈，並分了掩護群众轉移、战斗及輪流站崗等。

(2). 支部掌握民兵及領导備战工作：

1. 党内先分头佈置了二個工作，一党员保証一個群众不掉隊，二、有的在自己家領导掩護群众轉移。

2. 掩護群众轉移，鬼子来時，还没来到，即把全庄群众集合到庄後沟裡．準備鬼子来時順沟上山．民兵掩護組掩護．其他分為四班．在北西南三面站崗警戒之．但以鬼子来後枪一响．民兵即走了．群众各走各的了．在這時群众皆依靠民兵了．因為不了解情况，天又黑．民兵还能站崗．在這時候群众不听[illegible]指挥．驚慌失措．民兵掌握不了．也顧不的掌握．

了掌握民兵：

①．先在党员中佈置了每個党员保証一個群众不掉抢．並在民兵中醞釀誰胆大誰不听命令．还提出誰保誰．誰不掉抢．这样互相一提．民兵即巩固一些了，差不离的不是他保人家．人家即保証了他．如村团付（群众）也保証了一個．只有村团長．文書没有的保証了．这主要是鼓励那些胆小的意志不好的．

⑵．民兵不听指挥．倉皇受敌欺騙，丢抢一枝：

鬼子没来即分四班集体站起崗来．规定在南边来敌人到后集合 在西北面發生敌人到南林集合．打枪為令．然後率领群众轉移．鬼子一来冒充民兵．首先接觸的即是村团長．村团長放枪後即撤走．有一青年班．班長徐廣亮率领一班向東跑．敌人乱喊說"不要跑．我们是游击小組也是民兵．你不是吃给养的嗎？"就有徐[redacted]．徐[redacted]．徐[redacted]住下．不跑了．以為自己人．結果敌人靠近打枪了．这三人才知道是敌人．才向后跑．徐[redacted]跑不

301　　185

及把枪上的大栓扔了就跑.

(3).整理了民兵,把胆小身小的简下去了.

民兵的口号是胆大不掉枪能保住武器的.在民兵会上即把徐虎超等三人简下去了.因為年令小胆小,不能掌握武器.原来民兵31人,现简去三個,还有廿七人.在简当中把民兵更巩固了.有一民兵徐虎遵,他父母不愿叫他干,怕打死了.这時村団部允許了.并和他説明.徐虎遵扛着枪回家把他爹爹爸爸雄了一顿.他説:「我不干民兵你保我的險.鬼子扫荡死不了呀」非干不行!他父母見如此也允許他当民兵了.

(4).党员的作用及活动:

開小组会開不起来,只是支委唤党员説一下,即是

1.起模范作用.这就是真正抗日.

2.每人保証一人不逃跑,不掉枪,不当俘虏.

党员一般的能作到这几点.表现好的有徐虎运.徐玉秋.楊從礼.杜永德等

徐玉秋是支書.他隨時能鼓动民兵情绪.打氣等.徐虎运非常勇敢,跨北战斗模範.在家工作積極胆大.还有楊從礼是小学生.他因走晚参加了丢枪的青年班.也起了很大作用.他曾这样动员説:"咱們这些人能一個心吧!"大家説:"能!"他又説:"能在一塊死吧!"大家説:"能!"这样他出了一些主意.才把这一组拐了斜着绕

186

302

到敵人一邊了.否則恐難安全.

(5).群众反映.威信提高及本身的提高:

1. 群众一般的說都相信民兵了.看着民兵真能起作用.如杜長慶他素日不大服氣.這次全依靠着民兵.又如杜長謙斗爭了也靠近民兵向信事.還去主意.特別是徐虎雄了他父數回教一次.

2. 比扫蕩前活躍的多了.以前不甚活躍.皮条.經过這次鍛鍊考驗,都有這样一個心理.以為有抗桿比没有抗桿.民兵也要叙条,干部之间小矛盾也没有了.後来在得以脱难.

4. 偏向:

(1).干部經驗差,指揮無办法,如发现敌人即没法跑了.

(2).民兵听指揮差.青年班不听指揮乱跑去了乾.

(3).胆小害怕的杜[redacted].徐[redacted].杜[redacted],楊[redacted]等,到這後去集合.長[redacted]即不敢去

(4).整理民兵剔班不坚决.只剔去一班為爆炸組.二三班為战斗班、掩護群众分配各班任务不具体.

表现好的:楊銳善.徐玉秋,徐广恒.杜永德.杜洪見.

表现坏的:杜[redacted],楊[redacted].徐[redacted].杜[redacted].

三.善後工作:

1.總結檢討了工作:

首先在村干会議上每個人進行自我檢討.然後展开自我

303 187

批评：在这会上只有各救会长徐[redacted]，[redacted]政委员徐[redacted]二人不坦白，不检讨自己，因此这检讨会不甚好，原因未在支部里及党员中很好的进行检讨与布置。

2. 表扬好的民兵及村干部，如徐玉彬、徐虎运、徐虎敏，杜洪先能团结群众，勇敢带领民兵。

3. 现在重新布置了备战工作，在党内进行动员，重新总结，批评教育那些坏干部，表扬那些好干部。

304

188

西延滨支部反扫荡工作總結：

甲.反扫荡动员：

一.由于敌人行动突然.事前没有情报及準備动员.对员工作是敌人進入後的連續动员：动员的主要内容是掌握民兵動空室清野與对敌扫蕩之認識：扫荡开時.党员與群众有下边的四种心理：

1.輕敌認識：認為敌人的扫荡是給宫城解围.是短期的报復扫荡.

表現：(1).民兵與干部者不收拾家裡的東西.都帶起自己的武器與個人的東西.準備战斗.株[illegible]家裡擺設像机关样子他也不管.

(2).敌人走後.馬上回村.没有警惕失措.

(3).敌人向湯头运東西.住在葫芦沟.民兵都毫無顧及.輕敌的說：「到那裡.馬上就消滅了.

(4).刚示發的敌情.村與村民兵之间都要求联合行动.统一规定集合场.集中打击敌人.我们在领导上掌握这一点.除了追击敌人配合主力外.民兵要單独集中.敌人不来不离本村.敌人来了.灵活活动.

2.僥倖：「隨他去了」.他们看到敌人扫荡一時即可结束.特别是敌人在扫荡清剿之可能.一方是僥倖「敌人不会不来的」「不会被主力打垮的」即使不会损害着我的"僥倖心理",僥倖心理別一表現形式"隨他去了","楊上了"的孤注一擲.听天由命等唯心的宿命思想.

在扫荡中.有先提示出种反扫荡的思想.說明敌在東区清剿的特点.给以敌人清剿的思想準備.召集农会小组

189

305

長，自上隊班長以上的干部会，声明我们並不是希望敌長期扫荡，但希望大家"有備無患"，多一分準備，少一分損失等动员口号。

3. 盼望主力。党员的干部與群众盼望主力打击敌人，示警，敌人[illegible]本村政委员等听到主力来的消息，又到区公所要大批给养的条子，非常高兴，都跳起来了，說："馬上办，送大餅，晚上来条，半夜即派人送到。"

4. 群众开始一致的非常仇恨敌人，恐懼敌人，個别民兵被敌偽抓去進行欺騙宣傳，回来散佈敌偽宣傳，麻痹了部份群众的仇恨心，只要敌人不殺不燒就行了等对敌妥协的心理，这些我们党员干部自然懂的这是敌人的欺騙，但这些对群众的动员及对個别坏份子的教育，决定由公安员負責個别進行教育，只是村長支書作了一部份。

对此回民兵，一方面告訴他这是敌人借刀殺人，借你们的嘴来替他宣傳，你们不要为敌人利用，你们这样說，欺騙了别人，被敌人利用，假如你们再第二次叫敌人抓去，那你就有坏的嫌疑。

乙、扫荡時期的活动：

一、支部对民兵的领导掌握及其活动。

1. 对突然情况的领导掌握及应付战斗活动：

廿一日午後，西边发现敌情，支部没有時间开会，所有支部委员及参加民兵的党员，除了收藏各家衣服外，下了紧急通知，三四点即将民兵全部集合起来，晚飯後，支書進行了战斗动员外，說明敌人初次進来，一定不敢大胆進入战斗我们要坚决抵抗，咱都不装孬，我们打枪，敌必卧倒，枪炮打的怎样也不要惊慌，要听服命令，马上带领全体到東西集西，联防放哨，回来後放出二個班的岗哨夜十一時左右，听說下河村住有敌人（离此八里）即派一個班去武装侦察敌情，村团付带一個班去後，发现确有敌人，打了五枪没有打响，回来後，加紧了西北的岗哨，并通知全村群众离开本村（村長挨家傳到）有的主張民兵也离開村庄，村团付即說，我们已经声明，群众唉鄰村敌人来了，一定打枪抵抗，我们定下怎样转移群众联系别村，大家都說对，拂曉前，岗上报告，发现敌人打枪，除一部民兵撤到庄外，支書即带大個民兵到庄西北站岗，游动迎敌打了十一枪，即撤回庄内，他们看群众在村内还没有走，又二次带大個民兵到原地打手雷九枚，時敌人已到庄跟前，庄外的坊屋裡，原撤到庄東民兵中的几個党员懊悔说去没打枪看一看，徐志还没有来就急了，說：咱领导的人还没有来，咱怎么来了呢？赶快回去，接着他就有五大人向庄裡冲，刚迎着徐志回来後，还没有說話，敌人向庄東北迂迴敌人，机枪即向着群众打来，打落了許多树葉，高任又马上撤上了東南山，全部集合起来，民兵离合，準備在山上伏击敌人，敌人过去了，民兵又回到了庄，事後下家樁唉王家庄又被敌抓去的民兵說：在西边一個背匣枪的伪军肋部受伤，敌德在民兵二次打去下，进庄没有敢留，只走了一趟，群众也没有受损

307 000 191

失。这股敌人，同时行动到辛庄的敌人，在离此三里路的辛庄吃早饭，大肆抢掠。

这次战斗群众反映：说「民兵二次出去打枪，真不善」"辛庄没有打枪，敌人就在那里吃饭，还亏了民兵打枪"

2. 民兵中问题的解决及情绪的掌握：

由于二次抵抗敌人，群众没有损失，民兵情绪继续高涨。

1. 第一次武委会根据检讨不彻底民兵的会上检讨了徐洪勋（武委会指导员）领导方式上的强迫命令，如派一个班到下河侦察，不说明意义及动员生硬，直接派去，连走亲都不叫走。支委村团干部参加班的勤务，班中站岗出差，克服干部命令多不实际的作风，在这一点更加影响了全体民兵。党员在民兵中的模范作用多出现，战斗在前，传达到各小组及民兵中。

2. 第一次支委会，根据敌人清剿的中心的特点，及向回运送物资，县的指示及党员群众，指示轻敌的侥幸心理。

进行了思想动员：纠正轻敌侥幸心理，提高对付敌之常期残酷清剿扫荡。民兵方面，加紧东西两面警戒，估计敌最少有三个可能，(1)西边后续部队的进入 (2)东也敌人的回兵 (3)清剿望海楼山及马亓山区，加紧西，西北，北三方面的敌情，找出两个脚踪在有来人侦察，供给县区及自己了解情况，继续检讨武装委员的领导方式：支委俟村干部分工领导各班，各班每夜间轮站夫班岗哨，用香记时

308　192

強調宣傳动员.民兵的三大作用.(1)民兵在高村掩护群众轉移.二次打枪阻敌為例.(2)侦察警戒維持地方治安.安定人心.敌到西岩泉.群众很警慌.民兵馬上派人侦察.自已担任村的警戒.否則民兵也跑了.或無民兵即慌亂無头绪.(3).與敌战斗用枪打殺敌人.用地雷炸死敌人(以打伤一個偽军為例).这樣对民兵要求起到这三個作用.尽到真的名符其实的抗日保家之作用.以鼓励其情绪.加强其责任心.对群众説明民兵工作用.讓群众爱護民兵.與提高民兵的威信.

召开自卫队班長以上变工小组長以上的村干部会.檢討継續藏粮.正理自卫队的岗哨问题.

3.第三次支委会:佈置埋設地雷.建立爆炸小组.用一個具有地雷常識的民兵班長负责.但黨觉一個班负责这样的任务太重.他们的信心不穩.

第四次支委会工作 研究提出每班先装備一個石雷.一個飛行雷.班與班競賽条件:A.明天十一時一律装備停当.(药.板子.绳子)並叫那個班作的精巧.B.將来看那個班作用大殺伤敌人多.第一班到下河侦察敌情.平時工作最積極的村团付徐進有八個人除表揚外发一盒烟.村团付发一盒.各班发一盒.领着敌的自我檢討.進行殺敌牺牲是最光荣的动员.召开民兵会.

309　193

提出競賽，研究偽裝地雷的及埋設的办法，第二天十一時即全部完成了。

4. 第五次支委会以民兵的空室清野為中心的總結檢討，得出如下的總結：

这回的備战與反扫荡过程中，通过支部佈置工作，发挥这回的民兵工作，村团干部到班中站岗，紧急佈置埋雷的競賽，但这还是区的同志帮助，支部本身还不習慣，这样作特别是小组的傳达佈置。

提出以後任务工作，一切通过支部保証一切任务的完成是今後支部工作的基本領导原则，否则個人作对了也是錯了，因為是通过組织作用。

作到一切通过支部，要從两方面注意转变：(1)、支書主动召集支委会討論研究一切中心工作，並保証傳到小组保証执行。(2)、其他支委把自己看成是委员之一，对这個工作负责，不放棄支委权利，可以提意召集关于中心工作全村工作、及自身所负之工作。

在支委的領导下進行不断的动员鼓动競賽奖励等工作

(1)、支委使酒店送来慰問民兵的酒，晚上作飲酒坐談，提出民兵须出去打救、保护村的安全，酒店送酒我們喝，今後好好的干。

194

3/10

(2)、村團部召开民兵檢討会、提出村团干部到班下站崗起模範作用．用香記時，各班輪流的合理制度。

(3)、班與班提出了炸炸比賽，爭取炸炸模範班。

(4)、提出民兵的三大作用，進行了動員，提高民兵情緒與覺悟。

(5)、表揚戰斗勇敢，二次打仗與積極負責的村團付。

(6)、進行了黨員與民兵的戰斗及表現的檢討，戰斗勇敢的表現好的，以犧牲精神的表揚，並檢討了首先領着走的是不對的，讓大家自我良心檢討，大家在会上都認為先領着是丢人的。

311

195

東集西支部備战工作総結：

一、扫荡前支部概况：

整個支部共有党员23人（男党员19人，女党员4人）内回民党员8人（男党员5人，女党员3人）分五個小組，支部4個支委，一個回民党员支委，男党员中有16人参加民兵，只有一個党员郝文成（是村政委员）没有参加民兵，大部党员都起作用，服从指揮。

A.支部的几個特点：

A.干部之间的自私自利不团结，形成支委與口之间的两夥，以支書為首，团结了两個小組，以小組長武成祥為首（村团長）团结两個小組反对支委和光彩，战争中也表现了这一点，在領导備战中支部对民兵及空舍清野不能很好的统一領导。

B.支部这次領导民兵打响枪，是靠支書尹丕修、支委和光彩的積極領导和推动，在民兵中靠自己的模范作用和刻苦耐劳的精神影响大家。

二、扫荡中支部領导備战及掌握民兵：

1.战斗活动：

A.八月廿一日晚敌人進攻根据地边沿沙王庄一带，支部当晚集合了民兵编了三個臨時的战斗班，党员适当分配為三個小組，支委分别参加了三個班内，具体掌握領导，分為"東、西、中"三班把庄的東面、中部、西面規定了联系記号，和集合地点。

B.民兵整編妥当後，由支委親自分别带到岗位上去，支部中提出鼓动口号及动员："敌人来了，我们要打枪為令，抵抗敌人，掩護群众轉移，咱民兵要沉着氣抵抗。"

C.通知群众轉移，接到敌人运动的消息，支部决定讓农救会長

312 196

领导群众转移，支委亲自督促检查群众转移，在不妨碍掌握民兵的情况下，採取负责人专胡同的办法，一面督促群众转移，一面了解村中坏人，並告诉群众敌情和转移方向，免受损失，有不转移的群众，解释后督促他转移。

2. 掌握民兵：

敌人鸣哨打枪作集合记号，支委马上提示："战时别讲究，只要大家听一人指挥，要沉着，不要慌，大家就不受损失""养兵千日，用兵一时，来了咱出力的时候了，沉住气干啊！""好好抵抗，一面打一面退，就没错"来鼓动大家。

先在支书领导的班裡发现敌情，刘元、张学建领导着打了两枪，郝文印及王桂打一枪，支书打了一手枪，打枪后由支书领导转移集合，支委纪光彩领导的班裡也打响了，彭立年（西民支部委员）领导班也在西头打响了。

等群众转移完了，民兵才转移，支委都去后面作掩护，告慰大家不用害怕，有次序的走，民兵也不惊慌了，很听指挥，群众刘[redacted]在民兵打枪时想自己走，让支委拉回来了，並告诉他自己跑危险，要他打枪。

民兵转移时很听指挥，规定了联络记号，谁在头裡走，谁说："尹圣修（支书）或其他民兵名字）在这裡"失联络的就跟上了，支书提示了"有事一块走保险，没事坚持走""咱地理熟，慢慢转不要紧"安慰大家。

党员支委都打响了（有枪的）并领导了部份群众打响了枪。

三、支委党员的表现：

A. 支委，四個支委，三個领导了民兵，只有范[redacted]自己着老婆孩子

313 C 197

去了，大家对他不满意。

B. 党员：彭[redacted]，打响的第二天害怕起来，自己早走了，不在民兵了，并說："你不知道，俺們他吓死了"自己心裡不想当民兵了。

郝[redacted]（村政委员）不發群众，自己就早早的跑了。

郝[redacted]：不加入民兵早跑了，杜[redacted]：早跑了。

彭[redacted]，彭[redacted]，陳[redacted]（四民党员）害怕早跑了。

这些党员和支委主要是驚慌害怕，不但不作積極活动，不参加民兵，掩护群众，而自己比群众跑的还早。

四、民兵中的偏向及纠正办法：

A. 偏向：a. 干部不团结，村团干部分为二，村团長武[redacted]（党员）向支部闹独立性，不受支部领导，支部要的小組会總结備战领导民兵，他领导着民兵开民兵会，并把民兵分作三個地方睡觉。他與另一小組長刘[redacted]感情团结，抱在一起，反对范[redacted]（支委）不接受支委的领导和指挥，只有八個支部委员能抱在一起，在有情况時领导着打。

b. 驚慌失措，胆小害怕，在党员和民兵中情绪上受較大影响，在五個党员有这樣情绪的。

c. 大吃大喝：三四天的時間，在民兵中即吃了三百多斤白面，油盐菜尚不在内。

B. 纠正办法：

a. 在党员中進行检討，开展批評，提出："大家要有革命心腸"来教育党员起模範作用，批評坏的，表揚好的。

314　198

d. 干部和党员在群众中檢討，鼓励大家的情绪，群众党员都表："只要领导人领着干，牺牲也不怕""领导人干，咱就干"特别强調了干部的模範作用，親自领导大家干。

五、支部团结群众，掌握民兵：

A. 支部团结群众办法：

a. 佈置党的小組每人作团结群众的工作，着重动员説服，如王桂小組裡的党员不起作用，经王桂的影响和教育，大家都作了些团结群众的工作，特别王桂，他的一道胡同的群众都听他的話走。

b. 胆小的党员去到自衛隊裡，团结几個自衛隊積極份子领导群众轉移。

c. 掌握積極份子，鼓动团结群众，如支部把群众都欠功夺着換党员使換，战爭中群众非常相信这些積極份子。

D. 支委党员一般号召团结群众，具体親自作起团结群众的工作来，特别鼓励表揚支部和党员中团结群众的模範。

B. 支委党员团结群众的例子：

a. 支委：尹登修：不疲倦的耐心説服，如对王玉亭説："咱虽然过去被忘掉，战時咱得更好好的干"王玉亭感动的説："好好的干，干個样給大家瞅看"別外是自己親自动手告訴群众情况，轉移方向，关心群众利益。

尹光彩：靠着自己的勇敢团结群众。

b 党员：

王貴：党的小組長，观心群众利益，夺着群众的東西像自己的東西一樣，待着群众像自己家裡人一樣，他动员群众藏粮："咱得听上级的話，没有錯，不吃虧，把東西藏好，包管失不了"

王玉亭：模范作用：群众恋恋挂要丢枪，他說："你把槍给我吧！咱俩使" 民主作事："有事大家討論着作，大家很拥护"给群众解决困难："战時告訴负责人，你的事事胡闹，叫群众去"，自己則对群众說："把東西藏好，有事俺和你說，不要怕"

C. 掌握民兵经验：

a. 干部親自领导，親自动手，就能领导起来了。

b. 战時民兵不缺给养吃（情况急紧，活动起来時）要作不断的动员。

備战 c. 解决民兵困难（如家属安插）。

[illegible]

316 20

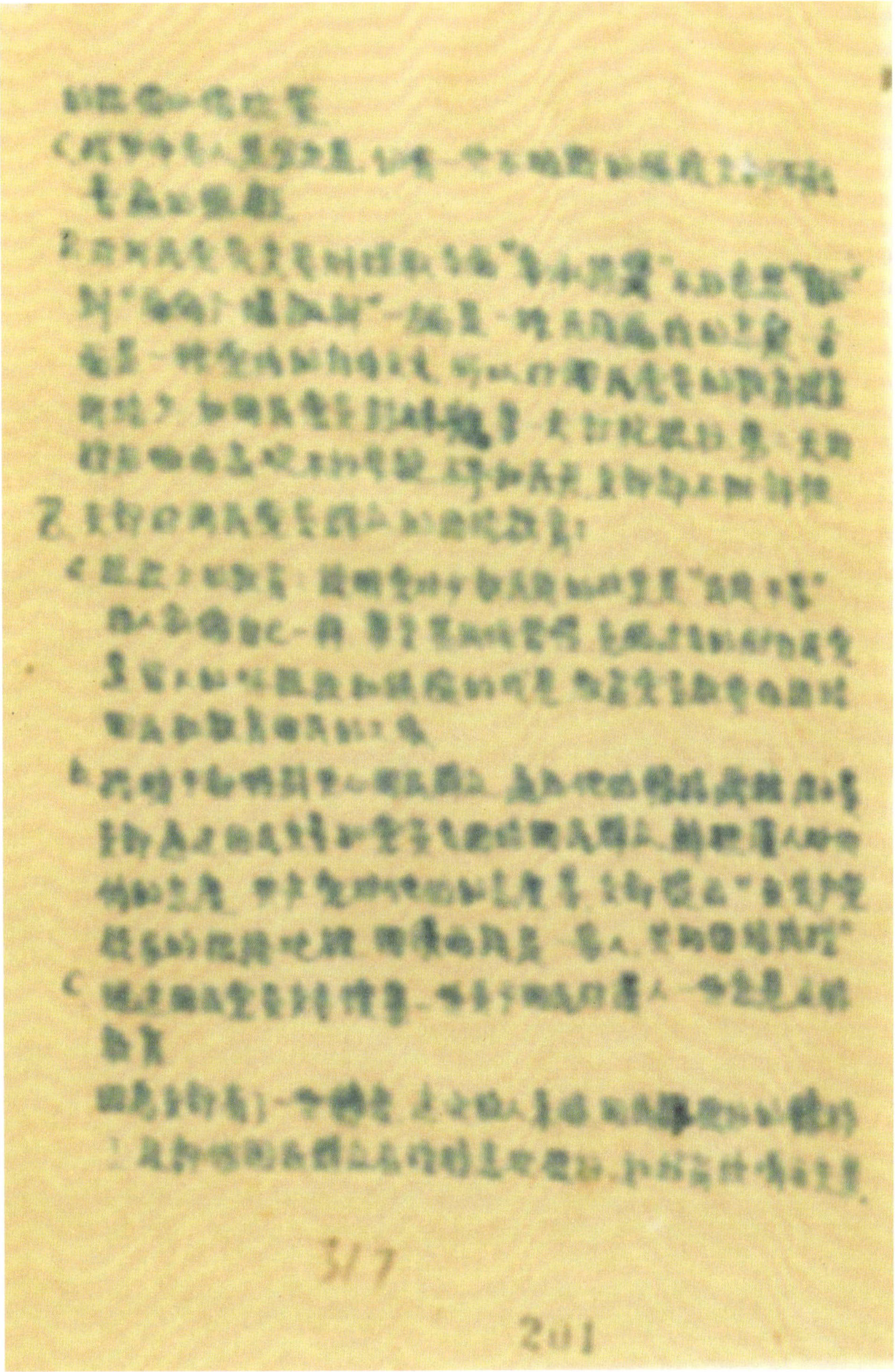
317

201

西集西反扫荡支部工作总结：

(一)敌人扫荡中的支部工作：

一.扫荡前的动员工作：敌人日黄昏迅速進入根据地沙窝头下河一帶，支部没有来的及作党内党外的动员工作，僅作了以下几個简單的工作：

A.認識上的偏向：

党内：支委認為敌人来的这样快，是过草小扫荡，并不要紧，思想上有着僥倖麻痺的想法，感到一躲就过去。

党员外半是存在着"害怕""恐懼"的心理，只準備自己的東西和自己的家屬，并未全部進入战斗，領导民兵，認為敌人这一来就不輕。

群众：当晚得到敌情后，皆慌恐不安，認為来了敌人是個了不的扫荡，所以天一黑，全庄群众大部逃往東山躲避。

B.全村和正個支部没有一点战時準備，支部没掌握武装，空舍清野没作，根据这個情况，当晚支部佈置了几個工作。

二.支部佈置的工作：

1.支部馬上掌握起民兵来，全部民兵出动設崗警戒，挑出臨時通訊员作通信联络，与沟头及莛道联系，与延边归定了统一口令，及臨時集合地点及被圍時暫時突圍方向——尤念安庄大山后，干部查崗帶哨。

2.通知群众未轉移者，準備轉移（由民兵自衛团负责）

3.臨時迅速掩藏公粮公物及纺机、彈药、器具等。

318 202

三.扫荡中的活动:

1.轉移轉入的群众党员情绪的变化及支部的掌握:

(A)群众情绪.敌人未来前.群众情绪是相当麻痹(支部亦然)存在着"咱这是小庄敌人不会来,就是来也不住咱庄"的猜臆经验的侥倖观点.大部群众只準備躲一躲.没從残酷对敌斗争和对敌反扫荡反清剿上去認識.所以大部群众有情况即轉移.尚有少部份群众留在家裡.情况一来始倉促轉移.

敌人一过去.群众即回家.在第二三日中.敌人住十字路.加之来往西去東来.群众轉麻痹為警慌.第二夜大部又到湖裡去睡.第三夜有少部群众到湖裡去睡.一日数驚打炸.

群众反映:"敌人扫荡来了,三十六着,走為上策"一般是抓洪丁地主反映:"得早跑不能叫敌人弄着""怎没法往那裡去"的無法可想.一般群众提出了:"军队工作同志說備战,没来得及備战敌人就来了.我们对敌人不了解.""汉奸来侦查,路條不管用.没有暗記.敌人可隨便走"

坏人活动:敌人一过.并未住下.坏人没敢公开活动.

(B)党员情绪:

轉移:四個妇女党员在轉移時.都是各走各的.并未帶領群众走,在战時团结群众很差.李[redacted]單身跑到大山老残廢员那裡住了两天不回家.因情轉移.存在侥倖的想法.等敌人过去再回来.

男党员在轉移時.大部跟民兵活动的.不隨民兵活动的.两

個党员是相当麻痺的.群众都走了.他家还全部都在家.待敌人出始离开.

轉入以后的几天.在党员中存在着三種偏向及想法:

A.驚慌失錯. B.麻痺没有事了,过去了. C.听天由命.郝明兰說:"人該死才死.該叫敌弄了去.反正是露不了.听他去吧"的等待观望.

(C).根据这些活动和偏向,支部提出了.

A.坚定群众及党员反扫荡胜利的信心.說明侥倖麻痺是自己找死.敌人绝不宽恕我们.驚慌也不行.只有积极的準備空舍清野.民兵积极活动.瞪起眼睛来與敌人轉打麻雀战.才是好办法.說明我軍根据民兵及国际胜利消息鼓励群众.

B.說明我主力轉入外线主动作战.打消群众的依赖主力的观望.自动在内线作战.打击敌人.

C.支部通过全村工农青妇.自衛團干部和积极份子的會議動员佈置掌握群众情绪.领导群众轉移.每個党员要带领二家以上的群众.并照顧其生活"食.住.行"

D.教育:在党内及群众中進行了一般的氣節教育.空舍清野.除奸.民兵的教育.表揚了尹成.郝明札.郝清古.批評了郝明江.丁立忠.郝清林.尹萌叶.

(D).善后工作:(1).總结教育:

A.内容:扫荡中的表现.支部领导战爭.领导民兵是否关心.空舍清野.团结群众備战.

B.方式:先由支部總结(着重纠正偏向)到小组再推到

320 204

群众中去（民兵、干部、群众）支部提出敌人扫荡是锻金炉，一滚就看出好坏来。

总结后，一般表现好的更加积极。（如郝明礼、尹成）坏的也积极起来（如郝明联，胆小说怪话，郝明兰，郝明江）表现站岗积极负责，活动积极了。

(2). 对被难的家属，有一个民兵，两个村民，由支委分头到他家安慰解释，党员轮流去安慰，以鼓〔励〕民兵及群众情绪。

(3). 恢复生产，速收速打速藏。

四. 支部对民兵的掌握与领导

a. 民兵中的偏向及怎样纠正的：

1. 偏向：(a) 紧急情况时，民兵惊慌失措，右的害怕思想的产生，如转出时一部民兵闯入敌人队伍，有一群众被敌人俘虏，即有三个民兵丢枪，不沉着，丢了一支枪，也有民兵丢手榴弹的，丢了七枚。(b). 极端民主不服从领导，如有情况，民兵个别落后份子提出不打枪，到底通知村民跑，有的说，有情况不能坚持，部队都不能迎头打，民兵还行。郝[redacted]，郝[redacted]，有情况不敢打枪，个人单独跑，晚上站岗，分队长分配不动岗，自动换岗位。(c). 三种绝对的战术偏向：一种是"堵口子"的战术，二种是"跑"的战术，三种是"说堆"战术，均是不正确的。(D). 领导上软弱无力，没决心，怕落〔个〕励害了，民兵更不受领导，因此产生放任的态度。

2. 纠正：a. 党内转变：强调支部领导战争，掌握民兵，不领、

321　　205

导战斗，不掌握民兵的不是好支委好党员。在支部小组中开展了思想斗争和检讨，批评了支委郝明江、党员丁立忠、郝明芝、徐庆張、尹接叶、尹士真等。表扬了尹成、尹莭贤等。在群众中批评了尹坚全（丢枪）、郝明联（説怪話）。表扬了郝明礼、郝方清、尹圣朱。

b. 强調了战時的服从命令听指挥，遵守纪律，从民主的动员説服到执行纪律的集中服从命令。

c. 战术上强調打麻雀战，放冷枪。

D. 説明对敌人害怕是自己找死，只有肉敌人干，敌人才能怕你。

3. 党员的表现：

a. 支委：坚持斗争積極活动者3人（郝[redacted]、尹成、王怀亮）。强調敌人力量害怕者，只跟民兵活动者一人（尹莭恩，不跟民兵在屋裡睡觉，怕叫敌人逮上，开会不够積極，丢手雷，公款五百元）。胆小害怕，不敢和民兵在一気，單独跑者一人（郝[redacted]在紧急時單独走，别人批評他，还説"您看我不行，把我的名勾了吧"）。

b. 党员：坚定而胆大而積極活动的四人。

胆小怯懦的：丁[redacted]吃乾粮，早下岗，不关心民兵，自己回家睡觉，不服從領导，個别行动，單独跑给人家担東西，不顧及民兵。郝[redacted]：胆小害怕，不敢打枪，單独行动。徐[redacted]，不在民兵裡睡觉，單独活动，听見鬼子头皮麻，不打枪，不打手雷。尹[redacted]丢枪，害怕，不派岗。尹[redacted]：装病丢枪，村公安员不服気。尹[redacted]（胆小，装病）共六人。

322

206

根本不起作用的一人（郝[redacted]）。平常的1人。

C.党员团结掌握民兵群众：民兵中发生的偏向多是党员所作，故党员对民兵群众团结很差，未被支部引起特别注意，在团结群众上，支部仅作了：

(a).转出后，支部专门布置了党员在外边活动时的模范作用，每班的党的小组及党员，至少要每人团结掌握一个民兵群众，并在活动、生活、战斗中起模范作用。

(b).党员要每人团结两个群众。

(c).团结掌握方式：用精神上的安慰家庭，招顾解决其困难，来团结他。

(D).组织变动及战斗活动：仅在民兵中划分了通讯组、爆炸组、战斗组，敌人在葫芦沟去参加一下，并未打枪即回来。

(e).损失及缺点：步枪一支，手雷七枚，公款五百元。

缺点：(1).战时组织性不强，平时对民兵过度放任，战时不服从领导。(2).支部党员掌握领导民兵的观念不强，放松民兵，缺乏及时教育，情绪不定。

(f).经历：西集西从历史上即存在着两头本事的毛病，过去支部在领导战争中，也是形成两个单位，分别领导，指挥不统一，意见不一致，互不相关，这在备战中，也还存在着这个毛病，东头民兵在东头，西头民兵在西头，在这种情况要统一指挥领导，在支部和村指挥部中开展活动，要轮流执行即

327　　207

克服这种毛病。

a.從發揮党员的作用中去克服民兵的偏向。首先在党内严格起来，才能保証不发生问题。实际上群众跟我们走的，只有少数落後党员表现不好，才影响了群众。如[redacted]……要在支部和小组中严格批評，進行教育，始能在群众中克服偏向。

b.适合战争的强有力的组织是很要紧的。

c.对民兵的战時教育及动员解决其问题，由支部深入的進行討論研究，党员保証才能解决。

五、一般经常教育：

(1).反扫荡与生产联系：武装下湖秋收，号召群众积極秋收，随收随耕，禁止在湖不动。

(2).支部掌握武装，要在支部深入進行教育，克服村团長成有能力光一人掌握武装或支部根本不掌握武装的偏向。一切武装问题及困难，经支部討論解决。

(3).爆炸运动事先要有詳細的準備，周密的分工，坚强的领导才行。

(4).战時的党员一律参加领导战争的工作，根据具体情况分配具体任务给党员，如有的党员在民兵不起作用，不如分配到群众中去领导群众团结群众转移。

324　208

某庄支部反扫荡总结：

（一）．支部的简单状况：

1．支部是经过借粮减租增资反恶霸一连串的斗争建立起来的．现有党员十七人．（女党员三）九个贫农．八個中农．支委四人．（在党员数内）三個贫农．二個中农．在过去的斗争中支委立场比較明確．斗争性强．在党员及群众中較有威信．

2．全村共159户（附村29户）共人口605口．农救会约108人．青救40 工救17．識字班80．模外儿童团50．各村会在去年村选中．经过組織上的正理．今年在民主教育中经过較深入的檢討．比較活躍巩固．

3．全村民兵50人（有自救先25人．干部7人）指导员是支委．武装委员．村团長是党员．民兵中共有党员十二人．（干部在内）三個女党员及农救会長是党员．未参加民兵．民兵是在支部掌握之下．

二．支部对反扫荡組織上的傾向．及所進行的準備工作．

1．支部对战斗没有经驗．因從未與敌人战斗．对敌人战斗信心不高．由于经常無情况．便经常处

315

在太平麻痹的状态之下，当八月廿一日晚，听說敌人已進沭河，進駐夏河的消息，还是有存着，严重的太平观念，这表现在：

a. 敌人不一定来，来了也不一定到小山前，这是普遍的認識

b. 枪也不擦，手榴弹也不検查，还是和平常一样。

c. 正在進行村选，党员在極力進行动员保証工作而对備战十分輕視，但是敌人究竟离的不远，而集西一带群众又連夜纷纷逃难，支部也認識到敌人有從小山前経过到十字路的可能，就作了两种準備工作。

a. 立即集合民兵，全部住在学校内，將精銳的十来個人帶到庄西北沟警戒，并分班向延宾一带去活动。

b. 当晚因天下小雨，很多群众不知道敌情，支委分头帶領民兵们各家通知，规定听锣声轉移，因為支委的太平观念又普遍的存在，在支部内及群众就毫無动员工作，也未佈置党员的保証進行战斗的工作，党员及群众一心

326

關注的还是明天的村莊，這樣有準備也是很不够的.更没有去進行反对太平观念的傾向.而党员及群众直到敌人已向十字路出动時还有在認為「敌人是扰乱的，牵扯我们打舊城的」.「我们天天打据点，鬼子还来嗎?」等太平麻痹的幻想.直至枪响了，敌人在延寞打開了机枪，才知道敌人是毫不客气的来了.

三、在反扫荡中的活动：

1.在轉出轉入時的群众情绪是慌张失措的.平日表现進步的，如农救会员等都是拚命的逃出.而某些被斗争的对象，对敌人还抱有幻想，個别的犹疑不定.在枪响之后，全村成为混乱状态.

民兵事先是集体的，枪响之后都散了.只有村团長帶的五個民兵在沟邊抵抗，青年班八個人及几個党员未散去.民兵散去的原因是因為各人回家掩護家属走.民兵一般的恐慌不知討論.党员一般的無主張.未参加民兵的逃跑了.参加民兵的不知如何行动才好.而

327　~~210~~　211

青抗先队長[redacted]及公安员各人照顾家属（党员）同群众一起跑了。这時支委拼命叫喊集合也無人听

这是由于太平观念到惊慌失措的情形。

当時支委立即決定了主意「集合民兵」支書帶領党员到各巷口去叫民兵。結果在街上集合起大半还有五六個人找不到。除了前面的五個民兵外。其余均集合在家（東场裡。指导员及支書立即進行动员提出"抱在一塊""不充惡""掩护群众"掩护前五個人退却。同時規定集合场在庄東北角。退却方向是東北果。并分别暗示党员要起核心作用。这样才穩定情緒。这庄西枪声更近更紧。支委立即分配五個民兵到前面去联络。并掩护退下来。另外一部份在庄内把所有群众找出来。其余到東北沟掩护群众。就在这時又发生了危机。后来就是一部份民兵向東跑去。民兵又存不着气。立即跟着跑。硬喊乱叫才拉回来。能拉回来的原因是由于党员领导着回来。否則又跑散了。

以后就穩定下来。支部又控制了民兵。有秩序的退却。全村群众完全退出。只有一家难民死

328　　212

不退出，而敌人已大队进庄，民兵就完全退出了。后来由指导员带领大家到岗北休息，支书带五个人在敌腹里坚持，庄长（支委）立即准备民兵给养，这样民兵就喘过一口气来，比较巩固了。

以上是转出时的情况，完全是惊慌失措的，依靠了支委的决心及党员的服从，才做到掩护群众转移及控制了民兵。

敌人过去之后，立即回到庄内，民兵立刻散了，连党员也散去，各人回家看看损失怎样，好半天才又集合起来，假若继续有敌情，这是一个很危险的情况。这时群众情绪是这样的。

a. 群众惶恐不定，半天之内连炸二次，闻风就要逃跑。

b. 由于敌人之抢掠拉丁杀人，许久很怕敌人，部份群众（落后一些的）怕民兵打仗，引起敌人的烧杀，企图在隐蔽中幸免于难，还有希望敌人过去就完事了，侥幸不再来。

c. 仇恨敌人，盼望主力，企图硬拼，这是部份民兵及基本群众的反映。

d. 某些上层如五大门，一般的采取旁观态度

329　213

对敌人幻想，但不形于色，只有什么事不作声不接，
在党员中表现了 插

a.缴倖敌人不再来的思想，有先紧后鬆的味道。
b.和敌人硬拼，消灭敌人，有妄想。
c.盼望主力，害怕的是少数。

支委在回来之后，立即谈了一下，總结起来，有这些问题须要解决。

a.当民兵退出时，民兵家眷普遍痛骂民兵，使得民兵情绪不安。民兵[redacted]的老婆说：「你走了，老婆孩子都死了，你还有什么过头」。[redacted]低头不语。民兵[redacted]他老婆抱着孩子一路骂出来。[redacted]偷跑了去跟着家眷走。这是一個严重的现象。解决的办法，由几個好的党员来负责照顾民兵家属，同时在民兵中进行教育，说明"这次民兵未有吃虧的，不干民兵的抓走的抓走，殺死的殺死""一個人照顾家属不了，一個人抵抗不了鬼子，""鬼子主要是抓壮丁，当民兵打鬼子，就不怕抓壮丁，老婆孩子还不太要紧"还要对家属进行教育，不要再骂再扯脚。

b.对几個逃跑的党员进行批评，立即到民兵去

330　214

C. 民兵從前另编，半月的编制不起作用。一些徒手民兵没有任务想不干。徐永裔在转云时說："人多枪少，50個人6枝枪，目標大，很危险"。这次要分配一定任务，立即编为射击、炸炸、手榴弹、通信四個班。

d. 坚室清野，粮食要分散隱藏，東西要藏起来。

e. 安定民情，不要虚惊。

f. 号召党员起模范作用，推动大家進行。

这次意見，只有一個小组开会傳达，晚上黄居寒武装委员头痛，不能起床，结果召開了一個村干部会議。由居民提出大家通过执行，直至第二天才批評了两個表现不好的党员，又提出八個表现好的党员，如徐村一，贫农成份，在坚守陣地上勇敢，敌人到了跟前，还很沉着，晚上送信，别人都不去，他提出去送，别的民兵也就跟着他去，再就是徐众一，~~贫农成份，在坚守陣地上勇敢，敌人到了跟前，还很沉着，晚上送信~~团结八個民兵自始至终服從指揮，没有动摇，加以鼓励，号召各該小组党员学習。

这次动员佈置的结果是家属不扯民兵的腿，党员都参加民兵活动了，民兵各有任务，情绪高了，但是

215

331

群众还要驚慌．支部也未去認真克服．

直到三天之后．才開始要整自衛团強調配合民兵．

2．在继續正理民兵準備战中．

以后敌人連續的在十字路以東進行清剿．支部才開始認識到敌人是要長期扫荡的．在敌人第三次駐十字路時．進行了动員．強調打麻雀战．開始埋設地雷．按自衛团各班組织　　批准．

这時發生了以下的几個問題．

a．個別落后党員受坏蛋的欺騙号召．丙班民兵不集合．強調西南角與東北角之分．影响民兵情绪不安．支書說話不服從．后来经区的批評．同時在民兵中使用~~葫芦溝~~強調战時要服從指揮．才解决問題

b．由于民兵的集中使用．葫芦沟战斗中民兵的傷亡．民兵情绪不安．怕硬打硬冲．但敌没出来．当時支委也怕这一点．以為民兵不能與敌人的机关枪硬拼．后来強調地雷战．打冷枪．捉汉奸．扰乱敌人．說明民兵的基本任务之后．大家才高興

c．支委開始提出自己在战争中驚慌及少办法．没有区的依靠．几次都要失效．同時檢討这一時期没有正式的支委会及小组会，依靠接头單線傳

332　　216

弍、党的领导作用差，要经常的领导。

d. 最后敌人逐渐的撤后，支部情绪又麻痹起来，支书："敌人还来吗？没事了吧！"别的党员也松下来，各人去做活，在战争紧张时所规定的以民兵为单位劳动互助也拆了伙，又各回原来变工组，民兵也不完全集合了，这又是敌走则松懈麻痹的现象。

根据这几种情形，支委准备进行总结反扫荡，继续备战。

四、总结反扫荡进行教育：

1. 党内总结：主要采取反省自我检讨办法。

支委检讨是这样：支书检讨当时主要是"无办法""态度不好"，武装委员检讨了自己"无办法，有四天自己像傻子一样，后来听了区的说了民兵打仗的办法才好了。""在行动时自己同意民兵撂枪（撂一支不能打的枪）影响不好。"组长及宣传委员检讨了不安心，还在要改造，准备脱离生产之时而扫荡起来，就得积极反扫荡。

支委的检讨总起来是"无经验不安心"，但在转变时，大家警惕性高，只轻微的一提，接着布置了如下的工作。

a. 各小组检讨，几个表现不好的党员进行

333　　217

批評，動員保証備戰。

b.村级干部集体檢討，表揚好的，批評坏的，動員系统檢討備戰工作。

c.民兵普遍進行檢討，開村民大会动员动员備戰，强調表揚好的，提出坏的加以警惕。

d.備戰工作，按區的提出的進行（空室清野地雷戰等）

小組的檢討是：

a.几個表现不好的檢討：徐鶴斋（青抗先）檢討自己还不如一個群众，自私自利，照顧自己，下决心一定要改。王永高（公安员）懊悔自己再不单独跑。村团長檢討因看敌人来，没打一枪，一開始檢討，自己怕敌人包围，因打枪引起敌人燒房子"子弹不够了，節省子弹"指导员向他提出他是"他是不执行决定，应該打枪掩護通知"引起村团長的不高興，后来才檢討出自己怕敌人包围牺牲。王永成（班長）檢討了自己肘，改了要好好服從，支書及别的党员又向他們提了意見。

b.一般的檢討是害怕、驚慌，不知道怎樣办才好"

c.几個較好的党员，如徐村一（送信及掩護中

334　　218

表现了大胆能干）。徐家一（团结一班八個人，服從命令。檢討“办法不多”

小組除檢討之外，又討論了如何保証群众檢討及備工作。保証群众檢討是用（1）自己先檢討（2）动员几個不堅持村庄的干部及跑散了的民兵檢討。（3）事先以交換意見的方式和群众干部與民兵啦啦，指示其毛病使其準備檢討。

支委和小組在檢討之后，又总结了工作，主要几個經驗。支委原先說沒有总结，后来一討論，提起了过去的困难及解决办法，才有了明確的經驗。（1）民兵家屬要适当的安排，忽視了民兵就发生问题。（2）要事前动员保証。（3）要在緊要時候坚定有办法，不要猶疑。还有其他一些零碎經驗。

2、在村級干部会上的总结檢討，起团结作用。大家完全檢討了，大部是自私自利，怕死，不為群众利益去干。檢討之后，互相交換意見，大家都安心了，誰也覺得誰看不起，并决心要在今后来表现自己。民兵檢討主要是兩条（1）怕死，这是大多数（2）想家。徐彥华說：“我一給想着家小孩子，想着可不干民兵了。”此难時連家也不能顧，回来之后

335　219

听說拉走了壮丁,反被杀死了人,我想还是民兵危險.

(3).無办法,打麻雀战,打破仗,武器不行,也没胆量.

各系统主要检讨了当時不起作用乱跑,有的检讨了不抗战.鉄学班的一個学员說:"叫我爸爸去送信,我就闹着不要去,那封信始終未送,这是不抗战".

最后开村民大会討論,在大会上表揚了徐材一、徐众一等好的民兵,也批評了几個不好的,并佈置了備战工作.

3.这次反扫荡総结效果

a.干部决心要在以后的反扫荡中表现,要坚决的尽到自己的责任.

b.学習反共反扫荡经驗,特别是要在战時掌握民兵.

c.為今后備战打下基礎.

336

220

橋南头支部反扫挡概况

一、扫挡前支部概况

1.党员26名.贫农17人.中农5人.富农4人.妇女党员7人.

2.支委7人.贫农四人.中农2人.富农1人.支委一般表现都很好.工作積極.惟宣傳委员工作很拖拉.

3.民兵共33人(内有党员14人)共分四個組.有两個正班長是党员.两個付班長是党员.村团長和指导员都是支委.每班都有一個党员小組.因此在战斗中模範作用很好.

二.支部领导此次反扫挡:

I.支部对扫挡的估計與对策:

甲.平時與偽陳成功斗爭很尖銳,并給敌偽打击不小.該庄是附近敌偽的眼中釘.如敌扫挡時.偽陳部必然报復

乙.如果敌偽力量增加很大時.就灵活轉移.保存力量.掩護全村轉移.不多受损失為目的.

丙.几個具体工作:

1.佈置了密秘干部.如果变成敌区時.以便隱蔽作密秘工作.

2.徹底空室清野.因敌情紧張.由民兵在外站岗.偵察敌情.家裡安心藏東西.

3.抓紧掌握民兵.动员党员在民兵中起模範作用.每人要团结一個至三個群众.保証不投降不妥協.積極活动

白天放瞭望哨.派出一個班打伏击.夜间派上二個班游动监視敌人.以防敌人包圍.

4.工作领导的問題:

a.利用分头领导.干部以身作則.

337　221

b. 村干分工，到各团体动员掌握。武装委员负责动员民兵，自卫团。支書、政府委员召开村干会议。妇女委员负责动员妇救会识字班。

c. 战時民兵给养，由正付村長負責。情报由老年班负责。

Ⅱ. 進入反扫㩮的工作：

1. 由于党内外系统动员较好，不到一天工夫就藏完70%的東西。

2. 廿一号偽軍30余，带机枪两挺，小炮一门来進攻。民兵很沈着，很敌靠近時，就瞄準射击，連两枪毙敌一名。战斗模范一土砲又打伤一個敌人，敌人是敗退。民兵追击二里路。这次战斗勝利，提高了民兵群众信心和情绪。所以馬上又扩大了十個民兵。

3. 第一次战斗後，形势逐渐悪化，周围村庄被敌燒杀很厉害。敌人晝夜不断的活动，群众情绪很动摇，别庄都不能坚持。該庄有些孤立，群众民兵在信心和情绪上也受到影响。这時支部抓紧动员。「只要坚持就能勝利，敌人扫㩮不是永久的。党员要以身作则，保証大家有高度战斗情绪，沈着気，反对恐慌沈不住気的毛病！」

支委更進一步的在村干民兵中討論，敌人这次对橋南头扫㩮，反正不会轻的，如果都燒光怎么办呢？結果大家一致認為"燒光了也堅决的干"（以後果然被敌人燒了房子，因預先在思想上有準備，对情绪未受大的影响）。

燒了房子，把粮食東西藏起来也好，于是又継續検查空室清野的执行程度。

4. 廿八号拂曉——敌偽三千余包围虎山区，橋南头的形势很危急，支部向民兵提示「寧被打死不当俘虏」的口号。

338

222

敌人力量較大. 三面包围, 不能再在庄坚持. 支委会討論办法. 有人主張死守拚上. 有人主張灵活的轉移——两种思想斗争很厉害. 结果决定突围. 妇女委员即把青年妇女按组划分. 分散突围. 民兵個别掩护全庄突围. 当時只靠据点的北面没有敌人包围. 故决定向据点方向突围. 突围的优点是時机好. 决心快. 突围後. 敌人就佔駐該庄. 安東但有臨時据点. 形势恶化. 上層活动很厉害. 暗地鼓动资敌, 又加敌人的造謠挑撥. 经支部委员在群众中批駁解釋. 资敌的鼓动终被镇压下去.

支部就在这样複雜的(反不良傾向思想斗争, 反上層的资敌斗争與敌人的战斗)斗争局面下. 终于坚持到最後勝利了! 為什么能坚持到最后勝利呢?

甲. 有一年多的斗争历史(與敌人的战斗. 减租减息斗争了恶霸)有了斗争的决心和经驗. (灵活的游击战術)

乙. 由于平時经常战斗. 战争观念較强. 对扫荡有些準備. 一听到扫荡情况時. 就馬上抓紧动员與佈置.

丙. 「八一」大会战斗模範回来後. 革命英雄主义在群众中發展. 如在战時民兵都願爭取战斗模範. 已有的战斗模範就是寧死把自己的模範称号不丢掉. 对得战斗模範獎状者比任何東西都爱護. 在战斗中時常摸摸是否丢掉.

丁. 党员干部的模範保証作用好. 在緊急的時候. 都是党员以身作則. 在前头領着幹.

五. 善後工作:

1. 支部作了反省檢討:

339 223

甲.個人作用比較好.集体領导核心作用差.

乙.围剿後積極分散打击敌人不够.这主要就是起初对敌人估計有些过高.認為敌人在本庄扎営.支部对本庄有些放棄的想法.因此以後打击敌人不够很積極.

2.选举了战斗模範(党员支委).并在党内外都表揚了.

3.各种团体也都進行了檢討.并加紧了会後的工作.如站岗放哨更加严密了!

該庄在反扫荡中的坚持精神.对别庄影响很大.外庄群众这样説:「如果都和橋南头一样.鬼子就没办法了!」

340

224

臨沭中山区某支部領导反扫挡工作總結

一、支部一般情况：

这個支部只有正付支書，四，其他支委二人，都是雇工，都是去年入党，工作積極負责，但情性急燥，有時态度不好，有些民兵反映支書（担任村团部指导员）厲害，付支書（担任村团長）不講当面子，說話硬，他们虽有这個缺点，可是因他听对群众忠誠，群众都很拥护他们。

这個支部一共有九個党员，分三個小組，成份是僱工二人，贫农四人，中农一人，四二年入党一人，四三年入党一人，四四年入党者四人，党员都能進行工作，完成任务。

支部注意了掌握民兵，九個党员都参加民兵，共有五十九人，村支書任村团長，是個爆炸模範，支書任指导员，民兵隊長也是個党员，是個战斗模範，付隊長是群众，工作也很積極負责，但脾気不大好，性急直爽，青抗先隊長是党员，工作也很積極負责，但爆燥，多命令，少說服，民兵在反扫挡前分八個小組，其中一個是爆炸组（共四人都是党员）民兵在今年八月查減後發展起来的，有卅一人，成份較好，計僱工五人，贫农十六人，中农十人，情绪都很高，今年六月前沭西黄庙还是偽据点時，他们就不断的去襲击敌偽，半年来即單独作战六次，因此偽军說：「不怕隊伍，就怕游击小組」意思是說：「隊伍因据点喊話講道理，游击小組見了偽军就打」他们有步枪十四支，土匣子一支，手榴彈五十條，石雷九個，查減後这庄工农青妇組织也都建立起来了，除妇女外，都是党员担任。

341

225

在反扫荡前.支部虽然掌握了民兵并领导了各种群众团体.支委会尚未建立起来.有什么工作多半是在村干会上动员布置.支部的核心作用较差.教育也不经常.因此分区委确定这个支部为第三等支部.

二.支部运用各种组织领导备战:

扫荡前进行审减.整理和发展群众团体.根本未想到鬼子还要来扫荡.当八月廿号鬼子由临沂出动.认为不会到河东来.廿一号.鬼子到田庄.扫荡离这庄仅十八里.听传说鬼子已被主力包围.区上又调民兵去打敌人.于是十四个民兵到河沿打伏.这时还认为只是伪军.打了一点多钟.鬼子用机枪大炮掩护过河.民兵才撤退.敌人在邻近村庄住了一夜.第二天即向东北走了."群众认为这股敌人是败退下来的.是到青口海州去的.敌人是路过不是扫荡"支书在开民兵战斗检讨会时还说"敌人不会来扫荡"这可看出支部和群众轻视敌人力量.和太平麻痹的程度.但当敌人到朱蔷湖子.住了三四天.支部和群众知道敌人是来扫荡了.加紧了站岗.但其他工作尚未开始.八月廿五号.分区委向支书传达了~~敌人到湖子朱蔷住了三四天.支部和群众知道敌人扫荡~~.传达了扫荡情况和备战工作后.支书当即召集了三个党的小组长.开会讨论.决定将胆大沉着跑的快的民兵.编成两个战斗组共十人.一个爆炸组共九人.把沉着土庄户样的.编成两个情报组.共三人.其他民兵担任掩护群众转移.注意反奸细反谣言工作.党员进行了分工.支书为情报组长.付支书为爆炸组长.民兵队长兼任一个战斗组长.青救会长.青抗先队长担任一个战斗组正付组长.职工分会长及公安员领着

342 226

群众轉移.小组長会後即召開党的小组会.因地点未劃分好.党员都集在一地.於是形成支部大会進行傳达动员.党员起模範作用藏粮.在这裡可看出支部是進行与组织工作.这样才能使支部使党员發挥领导群众備战与反抢掠的作用.但动员的方式是不合適的.应注意组织秩序.不应召开小组長会議与支部会議.应分头在小组傳达討論.

党内动员後.村干商討了决定.召开村民大会.進行備战动员.於是工农青妇政权各部门负责干部负责召集会员村民到会.因而能在短時間内到了三百多人.是前所未有的现象.的村長和支書先後進行了动员.号召藏粮散草.空舍空场.加强除奸站岗放哨工作.並号召各组织起模範作用.保証作用.会後各组织干部配合村政分头检查藏粮工作.第三天全村全部藏好了.又动员好高粮穗子埋藏疏散.

当十九号.東方情情紧張時.一股敌离这庄僅八里.枪炮不絕.职工会長迎敌走去.進行偵查.一会回来报告一会.又出發到别的庄情况一紧張.即派人送信了.但这庄仍然能派人出發.送信解送汉奸等. 这庄藏粮較好.情况紧張時.还能偵查送信更由於支部起了领导作用.而群众组织动员又較普遍深入起了保証作用.

三.藏粮的办法:

群众藏粮的办法.有这几種:用缸盛埋在地下.有用摺子盛粮四周围草埋在地下.但这種藏法多因土不深大浮了样.大部被敌挖出.有的群众埋后种上菜.两三天出了菜.有的将粮食放在注边.蓋上席子.上面用[illegible]泥糊起来和糞堆一样.这種

343

办法引不起敌人注意未受损失.有的利用了这庄特别条件.藏粮将站岗.台子.土挖去.藏粮后.外面将石头补上.有的将粮放在林井裡.这样藏法.也一点未受损失.有的藏在屋裡.上面放着東西.被敌抓去.

这庄粮食大部被敌人抓去.损失四万多斤.主要的原因是埋在庄裡屋裡.没有埋在野湖裡.这样就被敌人安安稳稳的扒去来.如放在湖裡.有的民兵活动.就不敢四去扒粮了.

四.支部掌握民兵与民兵活动：

支部对民兵动员是深入的.动员会是在支部动员後.当天晚上开会.由村团長和指导员(支付支書)先後动员講話.說明敌人来扫荡我们就打.守住枪杆子就有办法.提高民兵战斗信心.动员後.民兵反映"我们一定要打.不能叫地主看笑話"說敌敌人打死了.也不能揷枪.~~「我们一定要打.不能叫地主看笑話」~~我们斗争的地主终日盼晴天.我们不能叫他晴天.咱就是晴天.不能再叫地主压迫咱!"动员後即用自动报名和提名單的方式成立了各种小組.民兵即到各村联络.互通情报.放哨站岗.党员干部以身作则的模範行动.坚定了民兵的战斗情绪.敌人進了庄要去埋地雷.在敌人到这庄前.不知敌人從那路来.需要去侦查才能埋地雷.别人不敢去.於是联防隊長說"我自己去侦查"看見敌人到臨青公路来.他就跑到回来告訴民兵埋在公路上.果然敌人踏上了地雷.鬼子死一名.伤一名.付农救会長叙事主力襲击.这庄的敌人直到用子门心裡.想"死了也光荣"当民兵很勇了.有一個民兵不敢背炸彈筐子.支書立刻說"我背"民兵一听很高興.也没讓支書背.民兵就在这干部的模範作用影响下坚持了战斗.

344 228

民兵掩護群众安全轉移.在八月卅一号.敌人竄这庄十四里.当夜支部討論了群众轉移問題.确定由支書村長付农会長.公安員負責領着群众向西南河沿轉移.告訴群众每人帶三顿給养.於是群众連夜弄尖餅.半夜時即安全轉移.民兵战斗組仍在这庄周围.放哨.掩護組和群众一起走.負責吃住放哨責任.因此当敌人下半夜進庄時.群众没有傷亡.敌退走群众回来反映很好.都説"虧了民兵.若不就跑不出去"民兵未好叫俺走了.还在家裡站崗"组织群众轉移.組織不好.没有劃成小組.分成几条路轉移.目標大人多不容易解决吃住問題.支部慰問家屬.進行鼓动.坚定了民兵战斗情绪.当敌人進佔了这庄.民兵有些掛念家屬.于是支書就到他们家屬中.説明民兵很平安並且向区公所借来粮食.救济了民兵家屬.支書回到民兵中.对民兵説明其家屬困难.都解决了.民兵也就安心了.有一天.民兵一天没吃着飯.发怨言.隊長馬上鼓动説"坚持到天黑.我们就能到××庄弄飯吃了.打走鬼子.我们全了餐"民兵也就提起勁来了.

在支部这样有力领导下.民兵坚持了战斗.取得了以下的成绩:迎击敌人一次(参加者十四人)配合主力扰乱敌人三次(每次参加者四五人)尾追敌人一次(参加者八人)配合主力作战三次(十一人参加者一次.五人参加者二次)抬伤兵一次.催夫子八個.埋地雷十一個.响了两個炸死鬼子一名.伤二名.查住汉奸和嫌疑犯五名.得子彈一排.钢盔一頂.土枪筒一個.茶壺子六個.手榴彈十二個.麥子一百五十斤.羊一隻.

345 229

五、反奸細反謠言反投降斗爭：

支部对党員和民兵進行了反奸細教育，因此提高了警觉性。当敌人扫荡時，有一騎車子的人路过这庄，对群众說：「皇軍明天從这裡回城。」民兵知道了，沒追上，認出了这是一個聖賢道头子。第二次他從这庄騎車子过去，民兵又去追了一趟，雖然沒有捕住，但使他不能公开從这庄裡跑来跑去。在这反扫荡的十几天中，民兵即捉到五名汉奸和嫌疑犯。当執筆時，听說这庄民兵將本庄聖賢道头子捕住送公安局。

这庄一個被斗爭的，暗中造謠說：「北鄉民兵一会被鬼子捉了八名都活埋了」，又說：「看他們的吧」（指本庄民兵），有着投降妥協要乘机报復的心理。付支書發觉了，馬上报告支書商議着怎样反駁謠言，並派家裡娘們繼續听取謠言並注意坏人行动。在第二次村民大会上揭發这些謠言，並說明反扫荡勝利的道理，当汉奸可恥無前途，並說誰再造謠就不客氣，誰投降就是大家的死对頭。当敌人来時，群众都轉移了，沒有一個坏蛋得到机会投降妥協，並為了防止坏蛋燒房子来报復了。有的群众看不清楚說：「埋的粮食还不如不埋好，沒埋的也沒有怎样糟蹋，埋的倒爛了。」於是支書在村民会上解釋說：「要不是主力不断的打，河水又漲了，不能远走，鬼子还不抢走嗎？鬼子扒出粮食不就為了要抢走嗎？再說：沒藏一点粮食，沒糟蹋，这还是鬼子的計，讓大家不藏了，他好一下子都抢走。」

230

346

六、善后工作與總結教育：

鬼子在这庄蹧践的不像样子，剩下的東西也破乱不堪。鬼子刚一出庄，一組民兵即進行了该庄檢查各家損失。為防止坏份子發洋財，在大街吆呼"街裡東西誰也不準拿，等村長回来处理！"第二次鬼子出庄有外庄一個坏蛋乘机翻東西。民兵即將他綁起来送走。

九月四日，民兵随主力後冲進该庄，干部發动着群众扫除街院的臟東西、鸡毛、猪皮、腐肉、臭糞以及尸具骨灰，各种臭気使人發呕。但他们仍然坚持扫除干淨了。第二天晚上，先开了民兵檢討会，有十五個發言檢討：有的看不起主力，個别的有的听見枪声害怕，要跑，許多人对这几個提示了批評。当晚支部又动員調查損失，第三天干部即分头調查，全庄共260多户，一天即完全調查了，統計如下：

公粮小麦2500斤，私粮41500斤，猪910，鍋610，牛7头，器具家具損失过半，小車廿輛，大車四輛，衣服大部丢毛。

支部總結後，經过各群众組织，召集会员村民联合大会，進行總結教育（由分区委講話），主要的說明反扫荡已勝利，但太平麻木吃虧不小。对民兵批評了個别动摇的，奖励了模範的民兵十七人，村長当時發奖。

一等奖一人：奖小褂一個，二等奖二名，各奖手巾一条，三等奖十四名：小手巾一条。並指示不会使用鋼雷，不敢將地雷埋在房子裡，怕燒房子的現象，应提高爆炸技術。会後各組织又分别开会，進行檢討，因此總結教育較深刻，群众表現足

347 231

有灰心更对敌仇恨。

總起来看，这個支部领导群众備战轉移，尤其领导了民兵战斗，取得了反扫荡勝利，並在反扫荡中得到了殘酷的鍛鍊，較前提高了一大步。缺点主要是支部尚缺乏自動的有計劃的、有組織的领导群众備战，反扫荡党员個人的模範作用，高於支部的組織保証作用，支部尚没有集体领导。現在这個支部正在着手準備选举好的党员充任支委，建立支委会的集体领导。

348

232

(三)　臨沭下庄区南沟头支部反扫荡工作总结

一、扫荡前支部工作概况：

1. 支部组织领导：这個支部共有党员十人，分為两個小组，有支委五人，支書赵友才，雇工成份，四三年入党，行政上担任村团部指导员及付农救会長。他的优点是工作積極、大胆、一般的任务能够完成。缺点是突击盲目，对民兵的领导命令多於説服，因此有的群众認為他"能行"，所以有些工作他自己就干起来，由此看来他與群众的关係是不密切的。支部组织高富善，中农分份，四三年入党，行政上担任村团長，在七月中旬分区書把該庄当做基点村以前，他是一贯的不做工作，怕得罪人，现在比以前較好。支部宣传高树振，中农成份，四三年入党，担任行政村長，他的缺点是怕得罪人，有些流氓習気，放小鹰，不相开小组会及支委会，怕批評，怕麻烦，工作是一贯積極，现在也比以前有些進步。除支委外，还缺四個党员，他们的成份貧农二人，中农二人，四三年入党者三人，四四年入党者一人，在分区委把該村当做基点村前，四個党员中只有一個能進行工作，其他三人皆不起作用，也不知道共产党是干什么的。

领导上支委还未成為核心，来什么工作，大都是不开支委会，有時开支委会，宣委很少参加，組织委员也很少发表意見，只是支書想些办法就把工作做了，支委的核心领导还未形成，只是支書的個人领导，支部还起不到組织作用，只有個别份子能起作用。自分区委把該庄当做基点后，支部在組织领导上比前已少有進步，但仍未克服支書個人领导的毛病。

2. 支部对民兵的掌握：

349　　233

在敌人未扫荡前，民兵共四十三人，有六個党员参加民兵，行政村長參加，指导员及村团長是支書及組织委员兼着。村团员高樹棠系党员，贫农成份，四三年入党，工作一贯消极，只是掛名的村团長而已。青抗先隊長高樹生一般能進行工作。民兵隊長為村团長兼。游击小組共十二人，分為两個小組，爆炸組七人（内有青抗先隊员三人）組長是青抗先隊長兼着。麻雀組八人，組長是支部書記兼着。除參加爆炸組麻雀組外，其他民兵皆為青抗先隊员。在过去区裡有人到该村，民兵便集合在一起，负责進行放哨等工作，如果没人来这庄就跑了岗。他们共有枪八枝，手雷十二個，石雷十余個，鉄雷两個。

3.群众組织：该村三百廿四户，所組织起来的群众数目很少。在敌人未扫荡前，农救会六十四人（游击小組十二人，青抗先三人在内）会長石春旭是党员，工作積極。在八月未進行查减前，农救会不起作用，会也召集不起来，主要原因是会長是新官僚，统治着农救会。在五年前，救会成立的時候，是南圩子高学五（流氓、干过土匪）高德通等人為主，他们自动成立起来的。他们不是為了穷苦弟兄的翻身解放而組织起来進行斗争，而是單纯為了自己的私利（即高德通的四亩的菜园被北圩子高克新等人强买去），組织了农救会。所以在查减前有些会员反映："干农救会有什么好處，什么问题也没解决，还得要飯"，"干了五年的农救会，未抬起头来"。在複减中，罷免了旧会長，分配了斗争果实，並选出了新会長，在会员情绪上比以前提高了很多，因而有些会员反映："现在的农救会不是以前的了"，现在有些会员反映"现在要好好的干"。在这次扫荡前根本未佈置他们的工作，在扫荡中也未起作用。

350　　234

在敌人扫荡后.新成立了妇救会廿九人.儿童团.识字班大十三人.新发展了民兵十五人.农救廿余人.

二. 反扫荡的经过情形:

在敌人未扫荡前.该村正在分配斗争果实.及正理农救会组织.根本未想到敌人会来扫荡.

廿号敌人已经到了该村八里路的姜屯.本日黄昏的时候.村团长到西湖里看敌人是否来了.刚一出庄.就看见乱草丛风在摆动.他认为是敌人的部队.便回头就跑.迎面遇见支书.即告以敌人已经进庄来了.赶快跑吧!支书也就跟在后面跑.跑到外面.才知道敌人还没有来.他们回到庄里.在分区书记帮助下.他们便集合了民兵进行动员.准备敌人来时和分区书一起撤走.并准备了些地雷.当时支书对民兵说:"咱们集合起来一块跑.在没有办法的时候就打一下".动员后民兵的反映是"谁不挂恋家","集合一起跑目标太大".当夜就集合民兵起来住了一夜.在这一夜当中群众已跑了很多.支部宣传也就跟着群众一起跑了.

廿一号早晨.敌人到了该村.民兵正在回家吃饭.听说敌人来了便四散奔逃.各顾自己.书组宣跑的更快.所准备的地雷.都未用着.并有两个民兵挨了枪.

廿三号.敌人在黑林扎了临时据点.这时才知道敌人是扫荡.就是不扫荡.敌人回来还会走临青公路.因此分区书召集了支委会.说明情况即进行讨论.讨论决定:(1)关于民兵方面.主要是把民兵集合起来进行教育.其次将地雷埋好准备.(2).关于藏粮.主要是由村长负责动员督促.其他人帮助.

351　235

会後在民兵中动员主要内容是：1.克服其恐慌心理，說明有利就打，無利就跑，这样一定能够勝利，因而不要害怕。2.加强对群众负责教育：說明我们民兵就是保护群众生命财产的，現在正是保卫群众利益的時候我们就应当真正干起来。民兵经过动员后，白天夜晚都集合在一起，並進行站岗放哨等活动。以后有的民兵反映現在正是忙的時候，这样集合就誤了生产，以後就只在夜间集合。区公所在廿九号离开該村，民兵及群众又恐慌起來，有一部份民兵夜间一集合不起来了。在工会农会也進行了藏粮备战的动员，可是群众藏的不彻底，僅把公粮细粮藏了，粗粮没有藏了。

在民兵集合的几天当中，有的群众反对民兵的反映是："鬼子来了，您千万不要在庄裡打枪，一打枪，庄上这几间房子就剩不大了。""您埋地雷到西湖裡远的地方去埋，千万不要埋在庄上。"從这裡可以看出我们对群众的动员是很不够的。

九月一号敌人從東北又到該村，这時支部宣傳仍像以前一样惟恐敌人捉去，自己就跟着家属跑了，当着有的民兵问组织委员，敌人来了怎么办時，组织委员的答覆是："你先背着我的枪走，我随後就到。"结果他领着自己的家属跑了。支書听到情况也是一样的害怕，而单独的跑了。民兵也大都是领着自己的家属跑了，並掉了四枝枪。在情况紧急時，有两個民兵去交枪给支書說："您的枪，给您。"支書的答覆是："我只能背我的枪，你的枪你得背住，你要丢了还得受处分。"民兵說："背着枪跑，目标太大。"他们争吵了一下，便各自跑了。绝大部份的民兵都攜枪逃跑了，而只有一個民，他是個党员

351　236

干時為人最看不起，而在敌人到来時，他和北沟头民兵在一起進行反扫掃工作，並且很積極，他說："在扫掃的時候不干，什么時候干"。

敌人在該庄住了两夜轍走，敌人走后，分区書召開了支委会進行了檢討，大都承認了錯誤，主要是恐慌害怕，分区書召開全区干部会議，在会上表揚了好的民兵，批評了坏的民兵，在开会之前支書没有臉去開会，他自已觉住丢人，只有村团長去参加这個会，提到"南沟头民兵掉枪逃跑時"村团長头也不敢抬，怕丢人。

干部及群众受到了外界的一些刺激，但他们並没有灰心，他们普遍的反映是"咱还要把这面子爭回來，一定要好好的干，因此他们在情绪上並没有什么低落，在工作積極性上比一前又提高了一些。

在十号左右，区裡叫他们把民兵趕快整理起来，並要把民兵分成戰斗偵查等組，首先在支委会上進行了討論，討論的結果是先开民兵檢討会，檢討此次掉枪逃跑的錯誤，並在檢討会上动员成立各個小組，用自动报名的方式先成立一個模範班，有班中再分出爆炸，偵查等組，又提出發展新民兵的任务。民兵整理后，又進行了站崗放哨的教育，在盤查行人中民兵大部不認識路条，以後在本村动员兒童教民兵認字，实行了小先生制，成立民校，把民兵分成四個班，每日晚间進行上課。

三、善後工作：

支委开会后，先在党员中進行了傳达动员，讓民兵進行反省，有的党员也做了檢討，大家一致認為此次掉枪逃跑太丢人了，以后要好好的干，一定要把这面子爭过来，最後支部佈置每個

353　237

党员要动员五個民兵，去發展新的民兵。

在党内动员后，即召开了民兵会，在会上支書及組织委员做了檢討，"自己不該先跑"，有的民兵也向支部提出意見，大部份民兵感觉太丢臉，並有把面子一定予以爭回来的決心。檢討後，支書即动员，要想以后干的好，就要好好的組织一下，誰個真能干，一定不怕犧牲，出来当個模範，成立一個英模組。动员后，自动报名者廿一人，在这廿人中又分出其他小組，計：麻雀组十人，由支書负责，通訊员二人，除参加各個組织以外，各個組员负責招呼民兵的家属及带领群众轉移。分配各小組动员民兵再發展新民兵，說明干的好只有人多力量大。在这個会上清洗了一個在敌人走后打搶、把群众吓跑、想發洋財的民兵。会后他们即進行發展工作，到现在為止，他们已新發展民兵十五人，大部份都是贫农。民兵正理后，又進行了站崗放哨等工作，在盤查行人中，民兵大都不認字，以後成立了民校，把民兵分成四個班，每日晚間進行上課。

四、两点檢討：

1. 支部不但未能领导群众進行反扫荡，而且在情况到来時，恐慌害怕，支委自己先逃跑，因而造成了該村此次反扫荡的完全失敗。支部的恐慌害怕，其原因一方面是他们未有經过大的扫荡及在战争中的鍛鍊，平時轻視敌人，太于麻痺，战時则張慌失措，估計敌人力量过高，和敌人的毒辣，这是原因之一。但主要原因则是支部对群众负责的观念不強，而在反扫荡中不能维護群众利益，就只有捧抱逃跑，以保全個人生命。

354　238

反扫荡过后，支宣檢討說：我听見情况后心裡就很害怕，恐怕敌人捉住，因為捉住就是死的。我一听見情况就跑，走上的什么事我也不问。支部組织檢討說：第一次敌人过去后我心裡想主力四团都没听見打响，咱民兵集合起来有什么用。支書檢討說："敌人未来的時候，我就未想到敌人会来，到了敌人来了，农救会長对我說：不要集合民兵了，赶快各人跑各人的吧！我一想也对，我就跑了"。從这檢討中已可看出，他们的恐慌害怕不顧及群众單独逃跑的錯誤是相当严重的。就在現在的工作中也可看出来。現在他们工作很起勁，正在進行发展民兵，積極備战。但他们不是在經过檢討后痛悔过去不能对群众負起責任来，現在的積極不是為了改正对群众負責任，而他们是在"丢人"、"不面子"，要把面子爭回来，别人才能看得起的意識下面来積極。由此看来，他们現在这裡的民兵，到战時还可能不起作用。因此該村支部加強对群众負責及克服恐慌心理的教育是很重要的。在平時在党员思想中就要貫通对群众負責的思想，並將其他支部領导反扫荡的經驗有計劃的進行教育，到战時才能有效。

2. 由於分区内来的太平麻痺，因而对支部只是一般的進行教育、一般的進行佈置，都没具体的帮助、深入的动员，这也是支部未起作用的一個重大原因。

在敌人已經進到根据地後，住在該庄的分区负責人还不認為敌人是扫荡的，因而在向支部及群众动员時說："敌人可能是扫荡，有可能还是走到这裡"，这样的动员就當然

355 239

鬆懈了群众的準備，有些群众反映"敌人不見得再走这裡"，在民兵的动员也極不深入，準備也不充分，民兵中掛念家庭"害怕敌人"的傾向始終沒有克服。民兵虽然集合不一起住了九天，進行了放哨等教育，但他们並不是自愿的，而是因为分区委住在該庄，是不得已集合起来的，所以分区委走后，民兵也就集合不起了。

3. 反扫荡前的準備工作，作的太差，例如民兵集合起来，但其家属無人照管，因而一般民兵反映：「打鬼子是行，家属無人管怎么办」支書的答覆"家属是死的嗎？人家会跑"，我们分区委虽然也看到这问题，但並給他们解决，總之由於思想动员不深入，实际準備不充分，而必然的造成这次的失败，这在分区的领导上應当好好的檢討。

356　240

芦陽東村支部反扫指總結：

一．扫指前支部概况：

本村民兵33人．青抗先38人．党員13個．村团長指导员是党员．支委成份：支書工人．武委貧农．指导员和村長是中农都是青年．　民兵成份貧农11人．雇工8人．中农4人 [redacted]

青抗先成份：貧农13人．雇工8人　中农14人　富农3人

二．扫指中支部怎样掌握民兵．

1．活动情况：

敌情来的很突然．午十一点后得到情报．村团長和村長商議了一下．馬上就帶了三個民兵到庄前嶺上．偵探离庄不到二里路．点多鐘的時候．敌人即到温家庄．他们打了二枪即退回到庄裡．庄裡的人这時已经跑淨了．在家裡的民兵听到敌人已到石橋子．他们也就轉移到斗沟去了．及至民兵．这時已经黑了天．就東村北嶺睡了一夜．及至天明．全部即拉到庄裡．馬上就动员了一下．敌人不到庄　咱就不要脱离开咱这庄．

2．能及時动员和掌握民兵情绪：

当扫指芦山時．有些小胆的民兵．他们就進行了個别談話．反正咱离不開東村．就算敌人来了．咱的路熟．怎么着也能跑出去．老百姓不在家．办飯無办法．动不动的吃不上飯．支部書記即親自保你．保証不忍餓．臨出的時候一般的都是說出去看看．区指揮部给他们任务的時候．他们都是召集党员談一下．然后再大伙的談一下．村

团長宣佈了任务.党员勇敢的都先掙着去.大家一看这种情形.即有些小胆的也都跟着.在小龍头放卡石头塘打火都是这样的.

3.劳武结合对民兵家属影响最好:

敌人扫荡了八九天以后.菜园子统统的荒了.高粮谷子也未割.有的民兵即有这种要求.他们商議了一下.每天早飯后即到庄头上修理菜园.听説那裡有情况即馬上放上了個警戒.群众看到民兵干部到第二天有些群众也都回家干起活来.

4.解决民兵中的小纠纷:

一开始時.民兵内小纠纷最多因為爭枪使.分配子彈吃喝不及時.站岗誰站的多誰站的少.还有的不投脾気的向題多的很.廿四個人头几天着站岗不好.時刻就有闹乱子的.他们除了一天開一次檢討会外.动员党员起模範作用.討論团结群众的办法.小事不在乎.吃喝先讓群众吃喝.特别村干部在这些问题上.時刻解釋有事先跑.在前边干.調皮的隊员陳永周最調皮.他们送了一個神枪手的名子.鼓励他在出發的時刻来回和他談怎样利用地形.地物.一發現情况.干部跑了前去.这样陳永周不得不贊成.日后調皮就比較差一些.

5.坚持地区鬼子不到庄他们不出庄:

鬼子到这庄两次.他们打了两次.都是老百姓走后他们才轉移.鬼子一边走了.他们立即回家.特别民兵家属看見民兵回家也就跟着回家了.因此民兵的情绪很高漲的.

358 242

对群众的影响.在这時候.群众都依靠民兵.有的地主自动的送粮送菜给民兵.民兵在家裡群众也都在家裡.認為民兵裡头消息灵通.民兵在石头塘子打火的時候.群众那時还不离開民兵左右.及至打枪的時候.群众才退到山前.

反扫荡勝利以后.击中给民兵买枪.买子彈更順利一些.

三.战斗成绩:

配合主力在石桥作战一次.在石头塘子伏击敌人一次.夜襲裹柘庄二次.白天到董家湖襲岗一次.在火线上背下一個彩号来.

四,善后问题:干部檢討会。

1.從这檢討会上看出的几個问题:

A.支部都是青年發揮青年的先鋒作用.敌人来了的時候,軍事委员首先跑到庄前面去一里多路偵探.及至發現敌人打了几次.大都能作到衝鋒.在前退却在后敌人扫荡十大天.沒有說疲劳的.他们没有什么顧慮.一個党员的父親扯脚得到的答覆.你不要管我的事.又动员他父親說:我在民兵内比跟着你跑.如这裡边的消息灵通.又說鬼子打死老百姓的例子:

B.成份比較好.三個支干.两個贫农.一個雇工.他们对家庭是没有顧慮的.行政干部村長和各救会長即回家一趟.各救会長从敌人来后.就没榜民兵的边.

C.支干的反省:

我们打了这一些仗.没有得到顯着的成绩.如依賴区的同志.区的同志不来.自己感觉不能活动.和老百姓联係还

359 243

不够。不能及时作宣傳动员工作。有一次抬彩号。老百姓一看我人抬他们都跑了。特别民兵住的地方。老百姓都不大对家属照顧不够。扫荡中家属有扯脚的。全村71個民兵。僅团结了24個。其餘的都没运用上。根据这些缺点。提出了几個主要任务。並具体分工。首先动员这次未参战的民兵。不要因为这次未参战难看。提出口号。这次咱都没经验。全時咱庄枪也太少。預先無準備。所以咱跑散了。

又具体分配了任务。劃了麻雀组三個。地雷组一個。情报组一個。其餘的20多個小青年和几個小胆的作照顧家属的工作。及時作揭穿謠言的工作。

支委反省后並將支部討論的決定。通过行政执行领导了村干和民兵开了個個檢討会。答救会長說：我怕死敌人来我即跑未来召顧民兵。有的队员也反省說我胆小怕打火。有的說我跑出去即没擦民兵的边。最后民兵队長說我在领导上無办法。所以这次。没有发挥大家的力量。就是我的缺点。宣誓后即散会。大家情绪都很高漲。一致說看下一回的。现正继续教育正理中。

360

244

中共滨海区党委宣传部反扫荡宣传教育提纲（1944年9月）

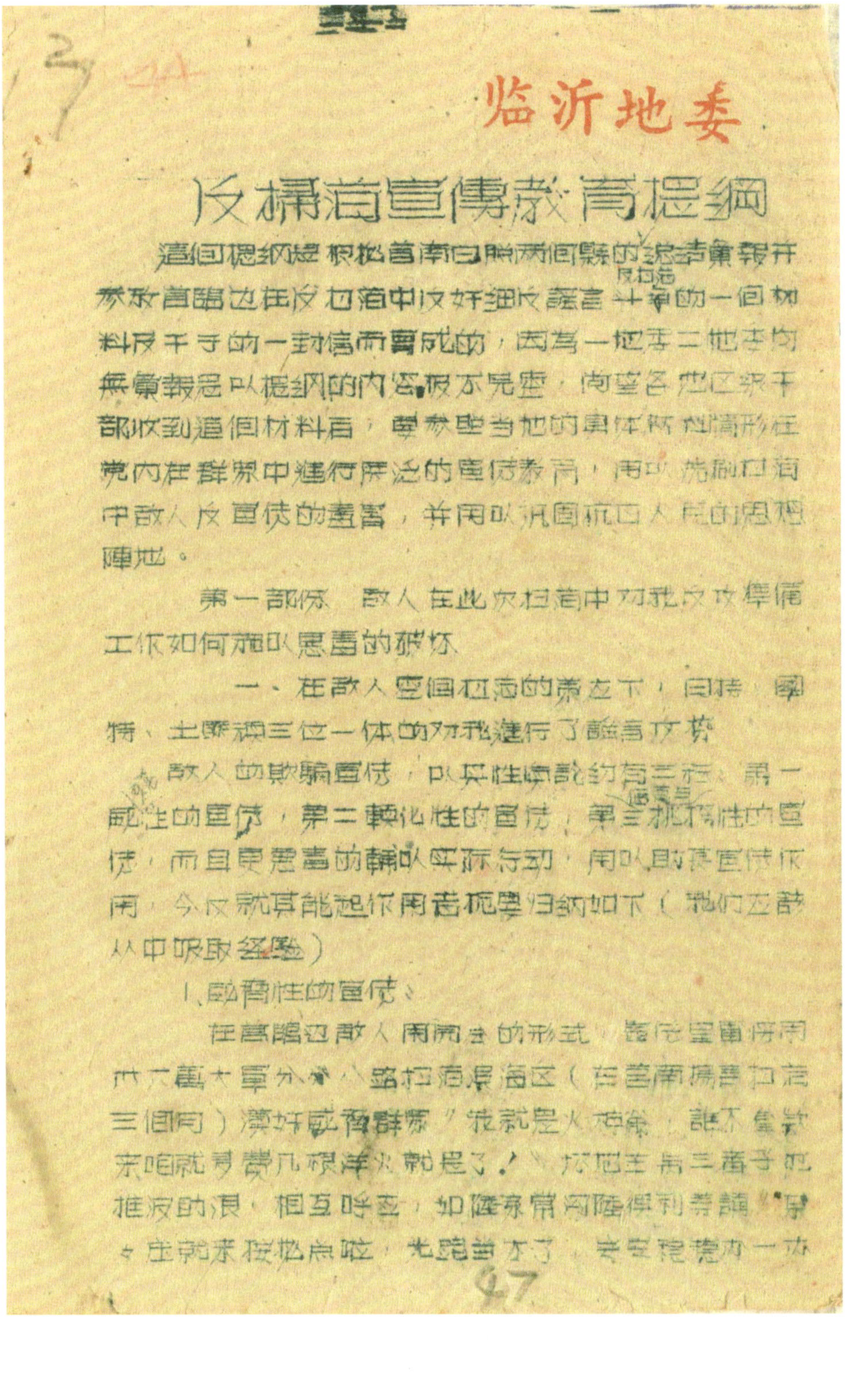

临沂地委

反掃蕩宣傳教育提綱

這個提綱是根據莒南日照兩個縣的總結彙報并參考莒臨邊在反掃蕩中反奸細反謠言斗爭的一個材料及干部的一封信而寫成的，因為一地委二地委均無彙報，所以提綱的內容極不完全，希望各地區級干部收到這個材料后，要參照當地的具体情況在黨內在群眾中進行廣泛的宣傳教育，用以洗刷掃蕩中敵人反宣傳的毒害，并用以鞏固抗日人民的思想陣地。

第一部份　敵人在此次掃蕩中对我反攻準備工作如何施以惡毒的破坏

一、在敵人空前掃蕩的掩護下，日特、國特、土匪頑三位一体的对我進行了瘋狂攻勢

敵人的欺騙宣傳，以其性質說約有三种：第一威脅性的宣傳，第二軟化性的宣傳，第三挑撥性的宣傳，而且更惡毒的輔以实际行动，用以助長宣傳作用，今仅就其能起作用者概要歸納如下（我們应該从中吸取經驗）

1、威脅性的宣傳：

在莒臨边敵人用開會的形式，誇張皇軍將用十六萬大軍分十八路掃蕩濱海区（在莒南傳言掃蕩三個月）漢奸威脅群眾"我就是八路爺，誰不拿款來咱就弄費几根洋火就是了！"於是三番子的推波助浪，相互呼應，如陸家常同陸傳利等說"月々生就来按地点啦，光跑当不了，要安穩着办一办

呢、别等烧了房子再办”，用以鼓励敌敌，匪徒傅和之妻假装被汉奸捉去，实则是跟汉奸去的，那天汉奸到敌去时，别人都跑了，她故意躲在芦荏里，等汉奸叫喊”有人吗”她就出来说“你来啦”就这样便领着汉奸去抢东西（当时曾被人看見）

南沟区前营子陳希思是個坏地主（国特）敌来時他假装跪不动，绕道南去受汉奸接治，领着汉奸回庄来烧了自己你分账的房子，并逼着庄中人欢迎鬼子，写了标语贴在街上，也故意弄一把烧了的秫谷秸，放在自家门口，表示要用火没点着，就这样国特坏地地主土豪勾通着汉奸，对抗日人民进行破坏威胁，就这样也就助長了敌人威胁宣传的作用。

威胁群众团体，散佈流言，东十二湖东继聪說、“你没听说这個鬼子在河東扣着，抓来五十多個识字班”在莒南破坏敌人也曾利用民兵家属瓦解民兵——不干吧！烧房子的都是民兵家里。

“小年幼的别能、脖子上快裂纹了，还有什么反光镜能照她三尺，东西捏的都给烧了！诸如此类还有很多，例如地主就民兵

我们对于这些威胁宣传，必须给以事先防範及调查清楚，加以处理并必须向群众解明的指出这些坏蛋的活动，迷不住抗日人民的眼睛，这些人的名字我们都知道，只要我们的防范锄奸防奸工作做得好，我们就一定能给这些坏蛋以应得的制裁。

2、軟化性的宣传：

48

利用当地坏人对群众说：不是打游，是中央军来接民的，圈子因此被骗，许多群众被敌人召集开会一下被抓去二百多人，牵去牲口七八十头（莒南）在临沂边沿还有这样的谣言说：“中央军快来了，你到临沂南了不用怕”（对上层有影响）伪军对群众说“鬼子没了办法也要跟着八路军学”要在×，×推光，各庄快去维持，不烧不杀”（工作不好的地方有欢迎敌人者）

敌人为了模糊群众认识，在十字路在（？）上面伪装参军运动，假装一部分群众喊着“参加主力军的口号（但和群众并未去者）

敌人到一地后，便注意找老年男女或上层进行其宣传工作，有些落后的老年人，尚存有顺民思想，便易受骗，甚而到村边大声呐喊自己的孩子的小名说：“鬼子走了回来吧！”借以欺骗群众回家。

这些软性的法子，敌人专用于上层坏蛋或老年人（特别被斗争者）我们必须注意。

5、污蔑煽动挑拨性的宣传：

对群众讲：抗日的嘴，兔子的腿，是八路军的原形，又说：“八路军不要这块地方了”，“专门打八路军不打老百姓”，“没有八路军，没有共产党就没有斗争”地方上的国特坏地主，土顽回来与敌人欺骗宣传相呼应，散布流言：“快变天啦”，“太阳发红啦”如此破坏军民关系，破坏各阶层的团结，有些工作较差，群众较落后者竟大发怨言，如××××一带群众反映“吃 二虧工商在這里，不然能吃這樣大的虧”特务团二营到××王家水喝，被騙群众痛說“你们怎么还有脸喝水来”

敌人利用了以上這些方法，来挑拨根据地中的军民关系，达到其抓捕壮丁掠夺物资目的，不容我们忽视。

二、对我经济建設的破坏：

此次敌人扫荡，破坏我各方经济建設，破坏我反攻力量之準備，這是敌人主要企图之一，今以日照一縣在扫荡中一個不完全的损失统計，来說明敌人的扫荡是如何残酷，而以提高我根据地内所有党政军民经常備战的警惕性。

①被烧房屋共584间（僅就六個区的統計）

②公粮损失24821斤，私粮354101斤，共計近38万斤

③牲畜损失牛324头（九個区的統計）驴485头（十个個区的統計）猪8270头（九個区的統計）鸡25980隻（八個区的統計）

④衣被44124件（九個区的統計）

⑤铜器农具的损失8121件

以上共合偽幣一千四百六十余万元

⑥人的损失：被抓去至今未回来者208人，全縣死亡89人（枪毙者49人，刺死者22人，铡死者3人，毒死者二人，水淹死者一人……）全縣被姦淫妇女264人，死伤俘去共計350人

50

扫荡的残酷可见一斑，宫南如此，其余各村之而言不及。根据宫南会报，可以了解此次敌人掠夺相当残酷，在村中所存东西，几乎被其全部抢掠，在小房间把新墙子有的掘开了，朱家[illegible]全部挖掘开。全河敌占残忍二三十人到宫南山上新挖[illegible]抓出了，白天用便衣侦察，晚上[illegible]。

三、敌人此次扫荡战略中的新花样：

1、打破以往季节性的扫荡规律，走我方总认我不备，已往大家都机械的了解敌人扫荡规律，以为麦收后，敌人不会来，然而敌人偏在我们麦收不防，在我思想麻痹而无准备时突然来一家伙，使我受到极大损失，这就教育我们今后对于，偶由心须经常化，如此便可以使敌人不扫荡，即使扫荡，也可以少受意外损失。

2、大股活动集团驻扎，敌人称之为"蒙村战术"，以中心的周围清剿，忽这忽来，飘忽不定，如坪上、圈子、北河、十字路，都曾三进三出，这教育我们不要以为敌人一走便万事大吉。

3、便衣活动特别厉害，孙臣的周围常有便衣敌人，常常冒充工作人员，不叫老百姓知道，杨家同志就吃了这种亏，敌人到了还不知道，把敌人当作工作人员。

仅宫南民兵便衣50多人，温水泉民兵扮便衣8人，便衣活跃，于此可见，这教育我们防奸工作应特别注意。

斗争長期动大众，抓出了一次抓几個故意欺骗和麻痹群众，以期下次再抓，正如欺骗群众、説稀粮款饶控群众的房子，說麦子藏粮食，故意不动群众的东西，用以破坏我们的政策，破坏政府與群众，為下次大规模抢粮打下基础，應該除許必须同群众揭破。

第二部分 我们如何采取了对策進行了反抢粮

一、反奸细反謠言的斗争

由於近邊区奸细的活动特别厉害，謠言也特别多，所以在边缘反奸细反謠言的斗争特别重要（這并不是說其他地区不重要），因此在此次拉粮中，对這一工作思想上都注意了。我们反奸细反謠言的斗争，采取了以下几种办法：

1.召開庄長联席会，揭穿了謠言的欺骗，比如：奸說“流失合作区十八村时草不动”，当時有不少的人将東西向治安区搬运的，我们便在庄長联席会上揭示：临沂城附近王家庄古邑庄粮食都抢了，仅古邑一庄就抢去粮食十四大車，用這些活的事实，說明治安区敌伪抢东西是假的骗人，要清楚的告訴大家“今年要交敌人一斤粮，明年春天我们就得多挨一次饿”。

2.镇压了最坏的份子，捕捉了一方之霸身为国特而又通敌的薛××，許多坏旦都吓倒了，抓紧了对坏份子的监视。

3.進行了五家保十家保，要庄衙將五六十個過去当过汉奸的，送人民政府使把他们带了去加以审訊，指示他们一定有错誤，叫他们良心检討，结果若干

人都向村民大会上揭過反的

二、主力軍积极活动打击敌人

八路軍連續的打下了郯城，打下了平邑打下了梁陆打下了利津，使敌人若干成为企图苟延扫荡，以动宅敌伪軍心，可見你們造謠說八路軍不打鬼子是没有根据的，就在此次敌人"扫荡"滨海区之前，我滨海区八路軍不正在公路北打垮了鬼子吗？鲁中区不正在打开了沂水城嗎？為了配合鲁中沂水战役，我滨海区八路軍不是正在莒县城南十五里消灭一战歼灭了守備伪軍一百三十余人嗎？

此次扫荡滨海之敌軍野清大队及伪三方面軍李師两個旅在回竄途中，行至莒南一带，遭我鲁中主力围歼活捉很多人，目前已将被俘的伪軍官一部解到滨海安义地区，令其向群众悔過赔罪，九月十七日首次在十字路召開数千人的群众大会（這些伪軍官在此次扫荡中，在滨海区曾犯下滔天罪恶）一個老大娘指着台子上的伪軍官，直想往上闖，他憤怒的向大家說：“那天在一個西湖里燒我的就是他，姨子兒這次你可回來啦”还有不少受灾群众带着小刀子要求報仇雪恨，当時一個伪軍官叫陳子玉的，向大家悔過求饒，承認他們在扫荡中的罪恶行為，并叙述他們在鲁南战役被八路[redacted]軍打敗与消灭的情形，一時群众压不住心头的仇恨与兴奮的情绪，都喊出激昂的呼声“根据地是铜墙鐵壁，到底是跑不了这些鬼子兒”“拥护老八路”“拥护主力”“感护主力”的欢呼，并不断的高呼口号：

"你们捡东西这么能，到底是有没有返光镜，隔地看三天""你们从前当中央军，以后为什么当汉奸？""为什么说捉住放脚的女人，要拿刀把脚砍了去""你们抢东西倒是光抢八路军的？还是见什么抢什么？""民兵打枪你们怕不怕""你们为什么到根据地里这样没天良的胡闹？""你们家里也有姊妹妹妹，为什么到根据地里来胡糟蹋女人""你们到十字路住了几天，你们的衣服是抢的谁家的？""你们为什么说北边草是魔鬼，你们还是一色袄一色裤的吗"这些发问，像是机关枪一样，对准了被俘的伪军。

经群众发问后，这些伪军官可耻的向大家揭穿自己的谎言，说了以下的良心话。

"中央军和八路军不一样，当官的不是真心为了抗战，倒是真心为了发财，所以一般官兵无斗志，守在不住的时候，就索性当了汉奸，我就是从五十一军里投敌的"。

又说"那里有什么返光镜，你们的东西都藏在洞口里门后面，用脚一踢用小棍一通都露出来了，那还抢不着，说有返光镜意思是叫有东西不要藏，藏也白费，等你们不藏了我们以后再来好抢""你们把东西藏在山里洞里，我们就没法抢了，说是光抢地下埋的，不抢地上的东西也是这个意思，光抢八路军这个也是假的，这是桃桥军鬼子作的办法，其实我们不管东西是谁的，见东西就要抢"

54

又說："我们最怕民兵，他们不按地形，不按時间到处乱打，找又找不着，躲又躲不上，白天胆害晚上不敢睡，在西边一過河的那片树林里，我们連里就被打死一個，脑袋瓜開了花，还不知道子彈是从那里飛来的，从五月起連裡就已经這样伤亡了好几個了"。

這時台下的民兵们兴奮的举枪高呼："打冷枪埋地雷，叫這些鬼子有来無回"。

以上的事实可以說明，只有八路軍才能为群众報仇雪恨。

三、反扫荡考驗了我们的民兵

反扫荡証明了我们的民兵是有偉大力量的，从以下两個不完全的統計中，可以說明這個道理：

1.营南民兵反扫荡战斗統計：

共战斗234次（壮岗未統計在内）打响的庄子共140個。

战績：打死鬼子13人，打伤鬼子12人，共25人，打死偽軍3人，打伤偽軍5人，活捉偽軍5人，共伤亡偽軍13人。俘汉奸18人，總計俘伤亡敌伪奸細56人，另外捉嫌疑犯244人。

缴獲：步枪3支，子彈104發，手榴102個，刺刀3把，指揮刀一把，砲彈68發。[illegible]共7件，洋車日輛，衣服64件，偽鈔3567元。

2.白朗民兵反扫荡战斗統計

共战斗110次，打死鬼子2人，活捉鬼子2人，共4人，打死偽軍3人，俘偽軍，各共10人。

捉汉奸31人，总計俘虏山敌伪及奸細44人

繳获：牛32头，驴14头，洋車1輛，大蓋枪1支，子彈30発，日本旗1面，救出被抓群众50多名。

在坦西中民兵参加了战斗，配合了主力，而且掩護了群众的轉移，使敌人少抓走去数的壮丁。

以往有的人头脑糊塗"以为敌人来了民兵积极活动没有好处，只能惹禍要好下去，事实証明這种想法是錯誤的，這次上石河中温水泉的民兵坚决打击了敌人，因为房子都没有烧毁一间，他们前后和敌人打了五六次，第一次掉到十字路街里去扰袭敌人去，把敌人抢去的三十五大水牛夺回来，便是証明。

敌人一次在良店以东抓捕壮丁，虧了民兵赶来把他腚后打了一下，大部数老百姓男々女々老々少々才得坚距开，没被抓去。

西坡口的民兵和敌人接連打了两次，掩護了群众得到安全轉移，而且鬼子和汉奸根本連店也沒敢進，全庄東西沒受一点損失

約岸白的九個民兵，尾击二三百敌人，到葫芦沟草中是聚得表揚的一個名叫孫富昌，他是個神枪手，也是個投彈手他九曾打死五個鬼子（其中有三個机枪射手，有一個戴眼鏡的指揮官）他们很聰明能干，臨退時他们有計劃的每人放了两個手榴彈，趁着烟雾他们安全的退下来，敌人在他们强有力的打击下也慌慌的逃跑了，臨走時丢下了四個大牛，六個大包袱，於他们胜利外边还放着一顶鲜血淋々的鬼子的钢盔。

56

120

無怪乎各村群众口口声声称赞着"咱们的民兵真管用，亏了他们，要不是民兵打鬼子，老百姓不知受遭多少灾难呢？"一位老大娘説："俺的牛多亏民兵给截下来，要不，今[illegible]怎么耕地呢？"有的老百姓講"亏了民兵才救了俺的命"。有的説："鬼子再来時我们要参加民兵和他干"。

反扫荡中到处都有民兵打击鬼子的故事，單就阜官南延边区来講，打死和打伤的鬼子汉奸九人，活捉带枪的汉奸两人，打下牲口十二头，打下衣服用具很多，都归还了原主，許多民兵在此次反扫荡中，得到了滨海武委会的奖励，而且得到群众自动的慰劳，這是我们民兵的光荣。

四、群众的战時拥軍工作

石泉湖是個廿九户人家的小庄，共計人口155個，在此次反扫荡中，他们掩護伤病員及后方人員竟有170余人，三四天内办了八百多斤煎餅給這些伤病員及后方人員吃，他们对七個伤号，都派有专人照顧，他们下决心到紧急時候，每人背一個伤兵逃跑，保証伤病員不受損失，這是一個战時掩護伤病号的模範庄子。

温水泉农救会長李自清，他在战時照顧抗屬很值得大家学習，当鬼子来時他給一個抗属老媽媽一塊逃难，而且对老大娘和小孩挑着東西和小孩，很親熱的講："我就是你的兒你放心吧，我照顧你，以后再跑時你就跟我在一塊"。当時老大娘非常感激，覺得到底还是抗战好。

57

崮子的一位老大爺張明善，他為了保護公家的大砲，一直被鬼子打死了，可是他為了祖國竟至死不說，他是個有血性有氣節的中國人，他光榮的為國犧牲了，我們除了对這位老大爺表示無限的敬佩與哀悼之外，我們还应該很好的照顧他的家屬，以慰忠魂。

鼓山村位老大爺于文山和識字班的正付隊長拚命冒险抢救公物，把公家几千個手榴彈抢救出来，這都值得大大表揚的。

白龍汪的兒童团給作战的隊伍抬担架、抬门板背被包，白龍汪的妇女識字班給作战的隊伍送茶水背伤兵，担架放在白龍汪庄头上，很多親愛的老大娘，親愛的姊姊妹妹，親愛的小弟弟很好的在照顧着从火線上抬下来的受了伤的八路军，最后抬下一個犧牲的同志，老大娘拿着一双新鞋，給已死的同志换上，拿着手巾給已死的同志擦脸，老大娘流着眼泪說"同志們都是為咱老百姓死的，咱的同志死了我就覺着心疼"

總之反扫蕩所以能够很快的得到勝利，第一是有主力的积极打击敌人，而且活捉的鬼子和伪军給群众報了仇雪了恨，這是军隊擁政爱民最好的說明，為了明年的反攻這就要求我們要更好的爱护主力并擴大主力。第二因為有民兵积极活动，一方面配合了主力，進行了反奸細反抓丁的斗爭，另一方面保住了家鄉，使敌人在扫蕩時到处挨打，使鬼子少

58

燒了房子，少搶了東西，少殺了人，為了保衛家鄉這就要求我們，要好的提高民兵作戰技術，要好的鞏固與發展民兵。第三因為有廣大的群眾擁护主力、帮助主力，掩護了傷病員藏了公粮公物，這也是群眾擁护主力愛护主力最好的說明。

第三部份、反掃蕩中我们暴露了一些什么弱点及今后我们应如何努力？

首先我们从群众中加以检討、

在抗日根据地内，在抗日這一点講来，应該是大家一條心，不应該說存在着兩條心的存在，但是事实上还有兩條心的人，隱藏在抗日根据地内，他们不但不抗战，而且反对抗战，這些人大部份是敌伪派来的奸細，至少他们是接近奸細的，他们暗地里和敌人勾搭着，已往（現在也还有）有不少奸細以抗日人民的面目，掩蓋着他们破坏抗战的鬼脸。

比如此次敌人扫蕩在东营第二次抓去的群众中，有七個坏份子送到臨沂去了，鬼子每人給他们80元及一背饃々，他们過去是有政治問題的，曾組織過"天下第一党"。

敌人在扫蕩前对我早有很多偵察工作，比如利用奸細冒充推擔的小販或逃难的难民經過根据地或住在根据地内，進行調查，我们竟不知注意奸防，因此這次敌人到下河時，竟能挨门叫着名字抓我村干部，在圍子台集開会，首先說出本村干部的名字模样，以威脅群众，叫群众供出来，欺騙群众說："你不說我也知道，快說吧。"

可見平素敌人奸細活动是如何利害。

此次扫蕩中，一般在行军佈列之前，總是放出很多的便衣，每一部隊常有假八路或冒充工作人員，楊家台可就是這样一個例子，五個伪军（有一個便衣）冒充八路軍，在大隊到達前一天鄉中先到該庄，叫飯吃，等後大隊將至時，六個人又向前進了，臨走時張先生和他們要飯票，他们打了個条子"上寫特务团二营"叩一私章，以后張先生被敌抓到庄上，又遇見這六個人，被他们打了一頓，才知道他们是敌人的奸细。

以上這些事情的發生，說明了我们在反扫荡中，群众性的锄奸工作做得不够，麻痹，今后要提高警觉性。

此外，這次反扫荡还暴露了我们群众中，对抗战还有存半条心的人，

敌人来扫荡时大家应該一条心想法打鬼子，但是有一些人趁火打劫，当村里人们都离家躲难時，他们便躲在庄上偷人家的東西或偷公家寄藏的東西，壮岗区下峪子×××平時装假進步，参加了民兵，可是鬼子一来，他就露出原形，自己怕死把手榴弹埋起来自在家里，人家都走了，他趁机偷東西，鬼子走后别人问他死也不承認，等从他家里翻出東西時，他才低了头无話可說，這样的人不配当民兵，当人，大家称他为三鬼子，他虽沒帮助鬼子干事，但這样的人很容易被鬼子抓住逼他領着找東西，那他就会作了汉奸的工作，不怨别人一致主張把他送交政府处理。有的庄子民兵当鬼子来時，掩護群众走完后，自己后离庄，当鬼子走了時民兵又先進庄，這是一個很好的办法，一方面可以掩護群众不受害，同時还可以防止這些小偷，应該学習。

还有一些人，不是什么基本群众，而是地方上過去特别是平素好欺負人，被群众斗爭過的地主（当然有的被群众教育后大大進步了）他们整日里在盼着頑夫，這些人虽然并不想投敌

20

因他们对国民党的正统观念很深，是以这次敌伪军散布谣言说：“此次不是敌人扫荡，是中央军来剿共的”，他们就很容易上当，他们忘却了“想中央盼中央，中央来了一扫光”的痛苦教训，我们应该把李仙洲入鲁后，蹂躏人民的事实多多讲给他们听，把国民党大屠杀的故事，多多讲给他们听，这些人是对抗日有严重半条心的，如不急早纠正很可能完全变为两条心，因为他们在抗日这点上讲来，是接近两条心的半条心。

总之，我们要使抗日根据地的人民在抗日一点上必须做到一条心，要参加民兵积极打击敌人，根据这次反扫荡参加民兵的英勇打击敌伪，结果并无一人被俘，而未参加民兵者的壮丁，被抓去者，竟有一百四十九人之多，以莲边区园林区东山区峡山区四个区的统计，此次被抓壮丁共有七百廿六人（除逃跑的卅一人未跑回外，其他大多数都跑回来了）可见敌抓捕壮丁是很厉害的，为了避免被敌人抓去送到南洋当炮灰，最好的办法就是参加民兵积极活动。

其次我们再简单从民兵中加以检讨：

一般说来这次扫荡，考验了而且锻炼了我们的民兵，我们的民兵能够保卫家乡，但个别庄子的民兵，仍然有脱离群众的现象，不照顾群众自己乱窜，我们必须纠正这种脱离群众的恶劣倾向。

有的民兵看不起原始武器，甚而想把土枪掉换钢枪，有的民兵打枪埋雷的技术还很差，特别我们要开展爆炸运动，但在这次反扫荡中，爆炸作用还起得太差，这就要求我们从技术上大大提高，更坏的现象还有捣枪的，我们必须把武器掌握在可靠的会使用武器的人的手里，使

61

之等坏作用，有的民兵非白糖不吃，生活走向浮华，不体贴群众在反扫荡中的艰苦，当然群众应该要了解自己的民兵因为民兵出战都为了保卫人民，积极的打敌人，但民兵也不应要求过高。

最后我们从区一级领导上加以检讨、

西南民兵在反扫荡中起了很大作用，其中有个重要原因就是干部积极掌握了民兵，然而有的地方干部竟有躲到民兵中避难的利用民兵作为自己的警卫队，这些人应该受到严重批评。

信赖提拔民兵干部局限于单纯的技术观点，因而忽略已往往用队伍之中坏分子提成做民兵干部，政治上没有保证，这是很危险的，已往有很多血的教训，这里必须提起警惕

情报工作，做得不好，因之许多人没有情报或对情报不相信。比如，沟头、大店正在集中开会时，得到敌人行动的情报都不相信，结果敌人闯入乱得一塌胡涂。

峡山区如不相信情报，带着两个民兵往前闯，敌人住在赵家村，他们到围墙上看见有穿黄军装的人正在做饭还不信，要爬过去看看，结果被敌发觉，两个民兵，一个被俘（后都逃回）当然这也说明了一般我们的干部的极度麻痹。

有的同志竟自己麻痹自己，听到临沂增敌，以为敌人可能搞沂水，听到日照增敌，以为可能向路北增援李永平，十号晚，敌人到达大坡区时，还以为可能搞北边，以为可能搞[illegible]修据点，以为不会到碑廓区，等敌人在碑廓放火烧民房时，还以为是老百姓疏忽了失了火，如此麻木不仁，无怪乎我们临到临头，手足无措了。

62

這就要求建立專門的情報組织，而且要依靠這种專門的情報组织，做為自己的耳目。

在整個反扫蕩過程中，我们要注意一個不容继續存在的毛病，嚴重就是麻痹，当然這种麻痹有時是以驚慌的形式表現的，總之一些地方是經历着這樣一個過程，敵人未到前是麻痹，敵人进到后就驚慌失措，走了敵人剛一走開，又恢復了麻痹不作为的老状态，這是違犯坚持敌后的一個最危險，它会使我们受到意外的損害。

敵人[illegible]大扫蕩可能馬上就來到，說不定今天还是明天就会來到，而且敵人在上次刺探性的扫蕩中，抓住了我们已經暴露的空隙，如果我们反時糾正這些偏向，敵人必將会給我们更沉痛的損害，這里我们就要求全党，要求我们所有的群众，要緊急动員起來，就是說在敵人未到前就要警覺起来，做好一切反扫蕩的準備工作，等敵人真個到來時，我们要把高度的警覺用沉着的方式表現出来，我们要避免受敵人的打击，并給敵人以沉痛的打击，即使敵人一時走開，我们仍然要求以無事常思有事的警惕性使備战經常化。

濱海區党委宣傳部

中共滨海区党委关于目前财粮工作的指示（1944年10月10日）

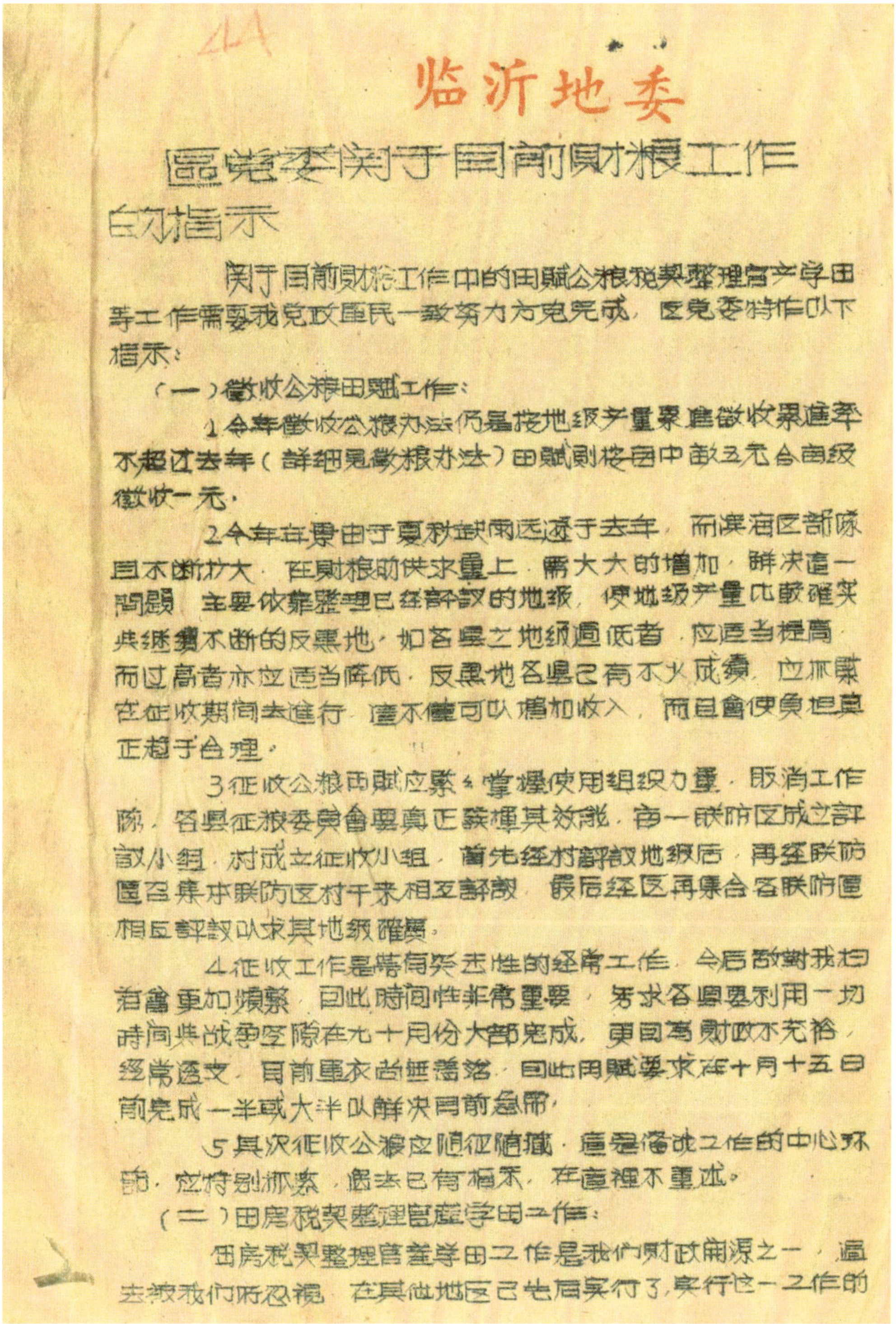

临沂地委

区党委关于目前财粮工作的指示

关于目前财粮工作中的田赋公粮税契整理官产学田等工作需要我党政军民一致努力方克完成，区党委特作以下指示：

（一）征收公粮田赋工作：

1.今年征收公粮办法仍是按地级产量累进征收，累进率不超过去年（详细见征粮办法）田赋则按每中亩五元合每级征收一元。

2.今年年景由于夏秋缺雨远逊于去年，而滨海区部队因不断扩大，在财粮的供求量上需大大的增加，解决这一问题，主要依靠整理已经评议的地级，使地级产量比较确实与继续不断的反黑地，如各县之地级过低者，应适当提高，而过高者亦应适当降低，反黑地各县已有不少成绩，应抓紧在征收期间去进行，这不仅可以增加收入，而且会使负担真正趋于合理。

3.征收公粮田赋应紧紧掌握使用组织力量，取消工作队，各县征粮委员会要真正发挥其效能，每一联防区成立评议小组，村成立征收小组，首先经村评议地级后，再经联防区召集本联防区村干来相互评议，最后经区再集合各联防区相互评议以求其地级确实。

4.征收工作是带有突击性的经常工作，今后敌对我扫荡会更加频繁，因此时间性非常重要，务求各县要利用一切时间与战争空隙在九十月份大部完成，更因为财政不充裕，经常透支，目前军衣尚无着落，因此田赋要求在十月十五日前完成一半或大半以解决目前急需，

5.其次征收公粮应随征随藏，这是备战工作的中心环节，应特别抓紧，过去已有指示，在这里不重述。

（二）田房税契整理官产学田工作：

田房税契整理官产学田工作是我们财政开源之一，过去被我们所忽视，在其他地区已先后实行了，实行这一工作的

目的一方面在于保障地權，另一方面又在于增加財政收入，我们有許多同志對于這方面的認識存在着很大的偏差，認為今天既為了保障地權而又何必要稅呢？這就不了解我们的財政政策不外開源節流两個方面，須要尋找財源不放鬆一個可開的財源，這是財政政策更积極的方面，何况契稅是財政上的一個正當源路，在群众之中已经行之有素認為应当的呢？因此這一工作必須抓紧進行。

1. 目前先举办验契配合征粮工作進行清丈土地工作，

2. 在田賦公粮工作大体完成之后，立即举办税契（十一十二月份）契价仍按原规定，

3. 在地区上由于中心区土地已大部清丈，故应先从中心区着手，边沿区土地清丈后即应進行（如土地未清丈群众有税契要求时亦应照税，待清丈土地后再给换契）

4. 县政府成立税契组輪迴到各区税契。

整理官產学田工作：

据一般的了解，吴志区过去的官產学田还不在少数，如能抓紧整理可以解决一部或全部教育经費，因此這也是一個不可忽視的財源，今后整理办法：

1. 中心区大部份官產学田已經整理，今后除了还須深入調查外，应着重整理没收之逆產及與黨財。新地区应配合群众运动加紧整理，将整理之土地分配给农民，借以發动群众，

2. 除了政府財務部门設专人来進行這一工作外区村党政民应切实协同整理，或帮助調查分配管理定租收租等。

3. 整理示之官产学田以及逆产财物等，应归政府管理，所有土地应一律分配给抗属荣誉軍人及贫苦农民耕种，但目前部隊机関还私了不少的公地甚至还有向外出租的现象，這种与农民争夺土地办法是应当纠正的，因此大部份应交给政府转租给抗属等耕，其他官校樹木器物部隊机关不经政府不得随意砍伐，

這些工作是比較艰巨的，完成這些工作要求各级群众团体政府应去作到。

3

①要認識由于國際形势對我空前有利，中國的反攻即將到来，我们的紧急任务就在于一方面克服困难，坚持阵地，又要迅速的準备反攻条件。

完成了上述工作，也就是完成这個任务的主要环節之一，因此不容我们有任何忽視及轻視現象。

党与群众团体除了有力的推动这一工作外，还須通过支部群众组织动員自己的党員会員成為交粮交田賦税契的模範，並积極推动全村完成这一任务。

政府本身除集中力量完成这一任务外，並須注意某些财粮干部的单純財粮观点，不注意群众疾苦，不给群众适当減免負担的現象。

2.由于土地改革还在改变，地权不断正改，土地数量是增加了，而产量亦會提高了，以及田賦公粮税契等工作的同時進行，群众會感到負担的加重，而引起不满，因此又要很好的向群众解釋，使群众了解勝利前的困难是必然的，如果不在群众还能負担的条件下积極作準备，打下反攻的物質基础，而在将来更困难的条件下去临渴掘井，失去先机，將会使反攻任务遭受到不可想象的困难。

3.上述工作必須与当前中心工作结合。

各级党委要切实掌握工作的一致性，在党的會議不僅要討論佈置中心工作，而且应討論佈置上述工作，这些工作主要应由政府去具体执行，而党与群众团体要切实给以宣传动員調查等的帮助，政府干部在完成上述工作時还必須围绕当前中心工作去進行，也同時要完成一定中心工作（如在查减時政府干部应检查法令的执行，从征收中了解明减暗不减的现象，並严格惩办不执行法令的顽固地主等）。

以上指示希根据具体情形討論佈置為要！

此致

地委
縣委

區党委

十月十四

5

中共滨海区党委关于举行劳动英雄大会的指示（1944年10月）

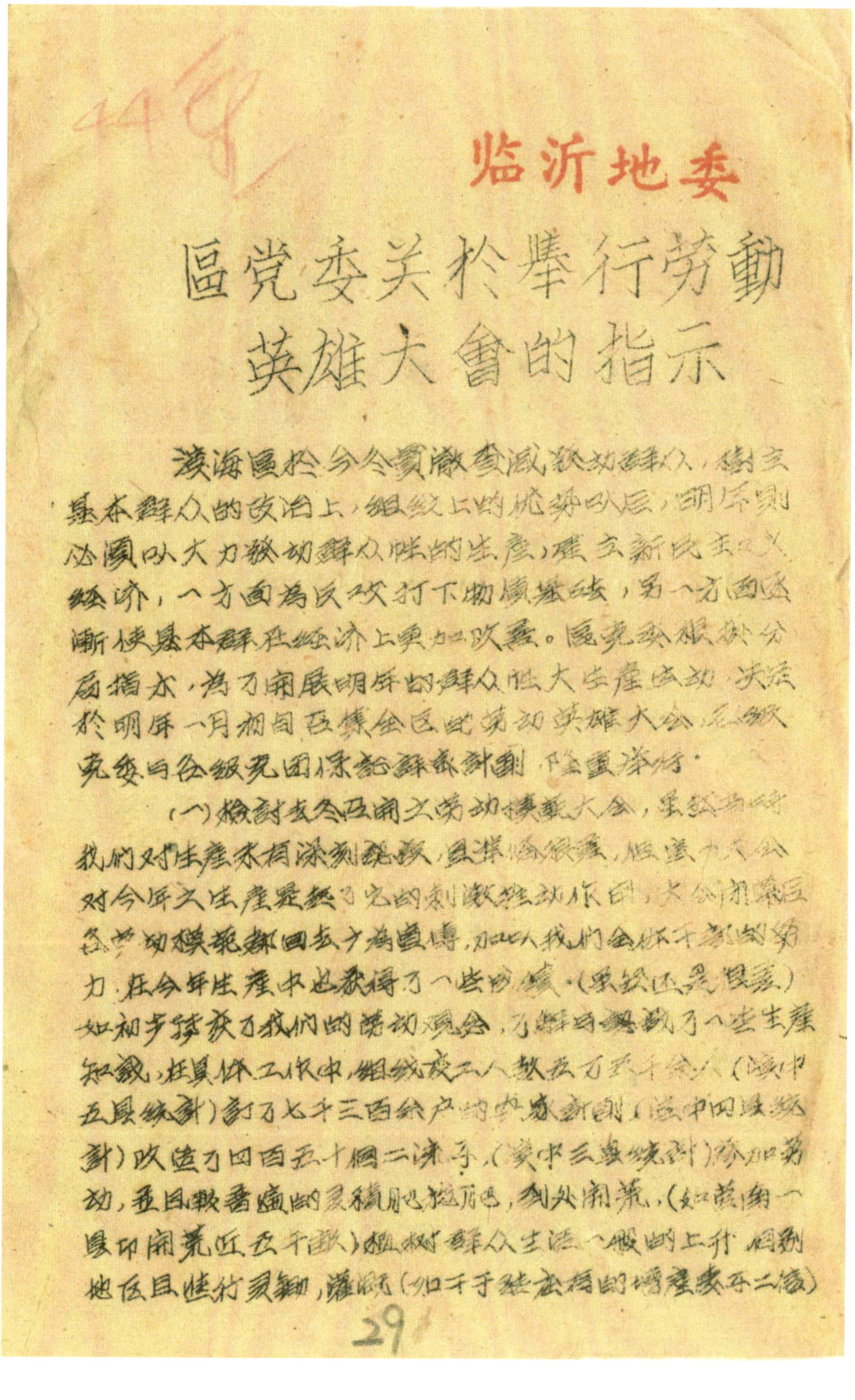

44年

临沂地委

區党委关於舉行勞動
英雄大會的指示

滨海區於今冬貫徹查減發动群众，樹立基本群众的政治上、組織上的优势以后，明年則必須以大力發动群众性的生產，建立新民主主义經济，一方面為反攻打下物質基礎，另一方面逐漸使基本群在經济上更加改善。區党委根據分局指示，為了開展明年的群众性大生產运动，決定於明年一月初旬召集全區的勞动英雄大会，各級党委与各級党团保証按計劃隆重举行。

（一）檢討去冬召開之勞动模範大会，虽然当时我們对生產未有深刻認識，且準備很差，但這个大会对今年之生產起了它的刺激推动作用，大会閉幕后各勞动模範都回去广為宣傳，加上我們全体干部的努力，在今年生產中也獲得了一些成績。（虽然还是很差）如初步轉变了我們的勞动观念，了解与學識了一些生產知識，在具体工作中，組織变工人數共万五千余人（濱中五县統計）訂了七千三百余户的農家計劃（濱中四县統計）改造了四百五十個二流子，（濱中三县統計）參加勞动，並且普遍的采積肥造肥，劃出開荒，（如莒南一县即開荒近五千畝）組織群众生活一般的上升，個別地区且進行爱劃，灌溉（如千千些农村的增產要至二倍）

29

换土等深耕细作办法以增加产量，且亦能运用了剩余劳动以发展副业（如纺线运输等）及解决了换工算账办法。

但这只是某些点的成绩，距离大生产运动，还相差甚远，去冬大会后，我们并未建立巩固的以农业为主的思想（如我们依靠特殊地区吃饭，若将来环境紧张，而不在农业上打算，则可能造成经济上的困难）同时对组织分段的生产具体解决问题作得也非常差，如有着粮账问题未得到解决，深耕细作未组织执行，捕蝗救灾工作，还做得不够。合作社的较普遍的浪费及缺乏统一规划，亦未注意处理，且在组织工作中，形式主义官僚主义还严重存在，如有些区的以前的模范代替组织起来，只注意集体劳动，而未有计划，结果使工会利而侵害，只有计划则订立不灵，检查尤欠总结，更会则更有甚者春耕一过（大生产运动）也随着停止，至于因换工及只有计划等缺点，使生产运动与组织群众大多数结合起来尤为普遍现象，这主要因为领导上未提到政治高度上来认识，因此未能贯彻这一政治任务，而在组织上则未能及时检查总结。

因此我们必须重视这一大会，准备这一大会以总结已缺点，把明年大生产运动，在现有的基础上，因政治上提高，组织到更高的阶段，这必须解决生产中的具体问题，同时在这一大会上对新地区进行思想动员，接受教训经验，顺利的开展大生产运动。

（二）大会的方针和具体内容：

30

由於此次大会是在去冬大会及今年一年生產工作基础上召開的，所以大会的总方針是在明叔的双送以農業為主發展群众性的生產合作事業，貫澈組織起來的基本方針下，來總結今年的生產工作，得出經驗教訓，並具体的解決生產中一些實际問題以認真的組織明年的大生產运动，各級党委必須根據這一方針，有領導的按村準備，組織工作，而大会的具体内容，除一般的研究解決变工互助，與農副及改造二流子等問題外，並強調提出研究解決：①深耕細作，多施肥料，增加產量，以正確的使用剩余劳动力，並在增資增產口号下加強生產團結，且實际上增加了根據地的財富，②強調灌溉換土提倡鑿井開渠，使施肥與灌溉配合，才能增加產量，且因土地分散，且瘠地薄地不能及不易鑿井的鹹碱土地，可提倡換土（如拉沙或沙石換粘土等）以改造土質，除個別地區外一般不強調開荒，一因山荒不多，且過於坡斜開荒亦不適宜，故仍應組織全村及鄰縣於河灘築堰開河荒，挖水渠以開發水利。③植棉自給，但不一般号召，而選擇適于植棉地區，動員全部植棉（有鎮[illegible]的[illegible]村几处）達到根據地所須要棉花數量）只有這樣集中植棉區，政府保證其銷路及生活問題，及技術上善於研究指導才能使產量增多，且指導容易，至于織布机師，亦可由工商管理局去机房大批訓練（各地區）並將紡织一九机，大量組織小机，以開展群众

31

性的纺织事业，④发展群众性的合作事业，我们农村合作社只有生产和运销结合，才能与群众利益相关，而成为群众性的事业，并准备组织本区经济的运输队，以公私合办方针来经营运盐，免得于农忙时参加运输，而使内地食盐缺乏，沿海则堆积如山的毛病。

合作社要开展以上问题，总结工作，并研究出解决这些问题的具体办法。

(三)选举标准及表扬鼓励的范围：

甲，劳动英雄，不论农业，工业，运输，军工，凡个人劳动努力而成效显著（以此为主要条件，）团结群众能模范帮助别人，且积极参加抗战工作拥军拥政（部队与人民之间的），都可当选为劳动英雄，但须注意以天旱未能恢复生产有成绩者，亦应根据具体情况选为英雄）。乙，生产模范工作者，不管干部群众及去年之劳动模范，凡能组织生产领导生产足够模范的（虽然他自己的生产不够标准。）及对生产有特殊贡献或发明某一种东西，以及模范的变工队，互助组等，都可当选而受到表扬和鼓励。丙，保护生产保护财产的模范或英雄，不管民兵或一般干部群众，凡在游击区或在扫荡时保护生产保护财产为模范的个人或组织都可当选其已牺牲者，亦由大会表扬。丁，凡抗属因劳动积极努力，补偿其参军所缺少之劳动力，甚至不依靠优待者，可当选为抗属劳动模范。

(四)选举问题：

32

甲、各村（今年开展生产工作之村）可根据以上条件由村民大会（经过支部的讨论及各系统之动员研究）选举本村之劳动英雄或生产模范者。乙、分区应依各村所选之劳动英雄开会，除总结外并选出本区之劳动英雄及各级模范（因各级模范有的不能在村中选举）但选出之本区劳动英雄数量不得超出本区现有村劳动英雄数量的五分之一（模范组织或团体可以一人为代表只称一人）并由分区负责收集传记及事迹材料写明一并带到大会。如本区因未开展生产工作或因开展生产工作之游击区村过少，致所选出劳动英雄不足三名的，可由分区指定三人至五人（但应为斗争中之积极分子，努力生产将来可培养为劳动英雄的），作为出席大会之代表（不是英雄）以推动今后生产工作。丙、县不选举，但应集会总结，各分区选出之劳动英雄及指派代表，直接到专署开会，由专署召集之大会选出一、二、三等英雄及生产模范工作者。

（五）会前之准备工作：

各县须将小传及事迹材料带齐，事前会报，则大会有了准备，选举进行会很容易，各县必须作到，并准备以下工作。①各级选举时，都要进行动员教育，在教育中联系「以我为主反攻」及「拥参军」教育和个人生产与抗战利益结合的教育，并说明群众翻身后以开展生产，从经济上巩固群众之优势。②各级党委（特别是各县委）要总结生产经验，采取座谈会，保证及开专门会议方式来进行总结，于十二月底以前交来区委，以便我们在大会上总

33

结，（各区除一般总结外，应分别注意典型的总结，如典型之人物家庭与家计划组织，合作社增产情形农村生产并注意公私统计，如秋工开荒亩数，农业现有亩数与家计划，劳动英雄，合作社等。）㊂各级宣传部门，及群委会，即须了解下边材料，向大众报社投稿报导，以加强宣传动员工作。

（六）和中心工作的联系：

十一、十二月份，不能离开发动群众之中心，须以相当力量准备这一大会，在准备工作中，应与中心工作联系：①实用冬学，进行宣传动员，并在冬学中总结本村生产工作，为冬学活动内容之一。②各村在改选村会中首先选举劳动英雄，则群众自然选举这些英雄为村会负责人（当然村团负责人例外）并且也进行了民主教育。③凡减完结村庄即进行生产总结，未完成村庄即进行生产宣传（通过冬学）以为明年打下基础。

只有如此，才能顺利的进行准备工作，同时中心工作也有了充实的内容。

各级接此指示后，应妥为讨论布置，保证执行。

三

34

中共滨海区党委组织部关于下半年总结组织工作的通知
（1944年11月3日）

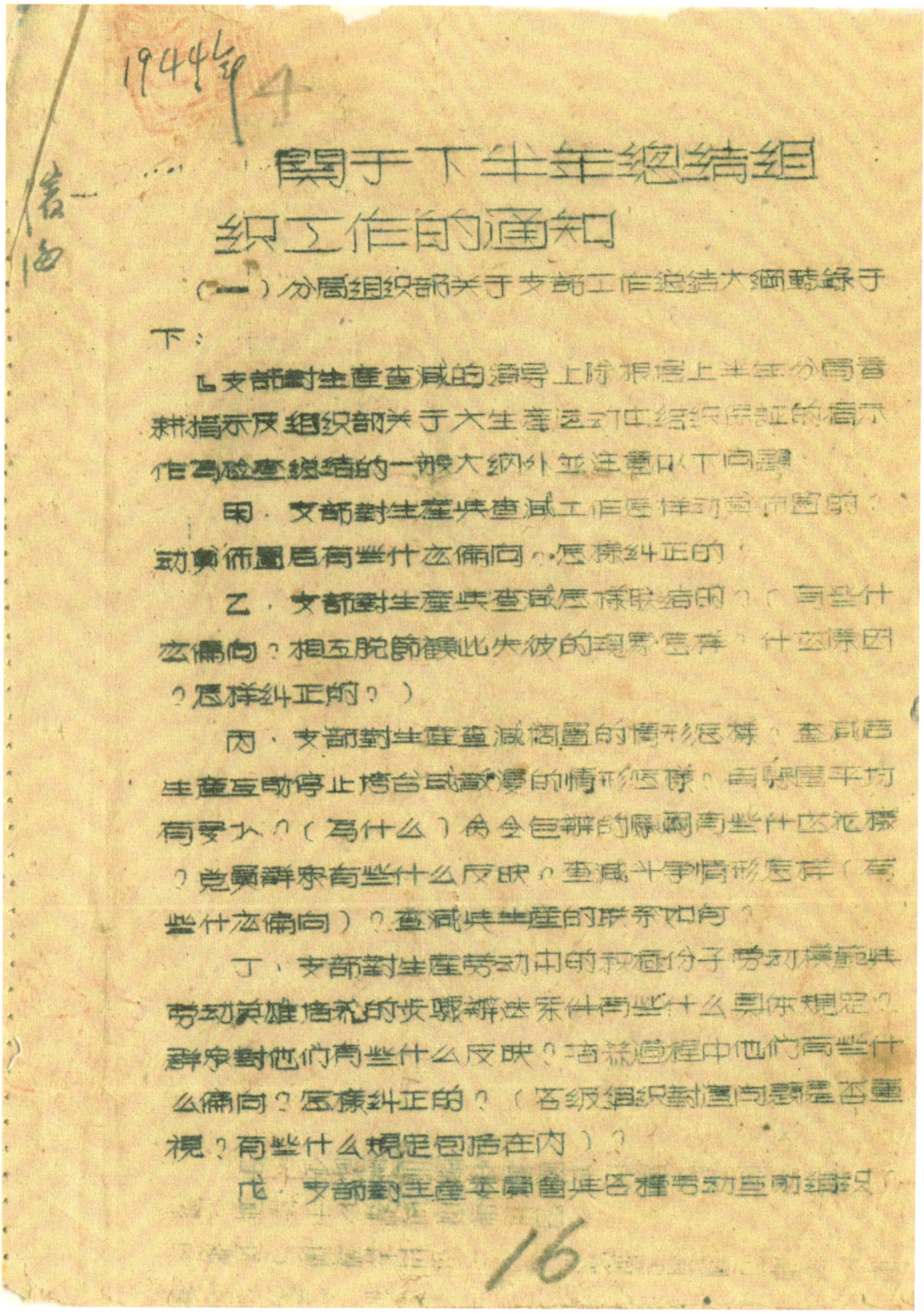

關于下半年總結組織工作的通知

（一）分局組织部关于支部工作總結大綱轉錄于下：

1.支部對生產查減的領导上除根据上半年分局春耕指示及組织部关于大生產运动中組织保証的指示作为檢查總結的一般大纲外並注意以下問題：

甲.支部對生產與查減工作怎样动員佈置的？动員佈置后有些什么偏向？怎樣糾正的？

乙.支部對生產與查減怎樣联結的？（有些什么偏向？相互脫節顧此失彼的現象怎样？什么原因？怎样糾正的？）

丙.支部對生產查減領導的情形怎樣？查減后生產互助停止搞台或散漫的情形怎樣？每戶平均有多少？（為什么）合伙辦的顧到有些什么花樣？党員群眾有些什么反映？查減斗争情形怎样（有些什么偏向）？查減與生產的联系如何？

丁.支部對生產勞动中的積極份子勞动模範與勞动英雄培养的步驟辦法条件有些什么具体規定？群众對他们有些什么反映？培养過程中他们有些什么偏向？怎樣糾正的？（各级組织對這問題是否重視？有些什么規定包括在内）？

戊.支部對生產委員會與各種劳动互助組织（

包括合作社）的领导与掌握有些什么偏向？怎样纠正的？（具体经验介绍在内）

己、生产委员会的组成成份与领导分工在生产运动发展变化中有些什么改进。

庚、各种劳动互助组织的类型（每县区平均有多少火）在什么条件下适用于什么互助组织形式？普遍什么形式是典型？有些什么好处或坏处？每县区平均有多少火走上了发展巩固的阶段？有多少火停顿或垮台的？（什么原因）？

辛、各种互助怎样分配使用劳动力？怎样记账与算账？剩余劳动力的使用（在什么条件下用什么办法最好）发生什么偏向？怎样纠正的？现有些什么问题？

壬、平均每多少户订了农家计划，执行中有无改进（改进的具体例子）？目前存在哪些偏向？

癸、目前支部整理的一般情形与其他问题的指导也要及时总结报告或传达下级的。

（三）下半年总结还应注意以下问题：

A、关于支部工作方面：

1.总结生产查减可参考分局组织部上述指示与区委组织部六月会议后所发之提纲与区委十一十二月份指示。

2.总结同时依照以前发之提纲个别县区进行

17

5

村选工作者亦可总结。

3 总结支部工作时，应将党员在具体工作中团结群众一些办法、偏向、群众反映，及支部在具体工作中，开始时，困难时，须要提高一步时，有问题时，经常进行时，所表现之领导办法、偏向，及其效果（即所谓堡垒作用如何）均忌单纯谈一些具体工作进行的表面现象，

B、其他工作总结方面：

1 一元化领导等问题，仍按组联会所发提纲

2 提拔干部（包括新的组织形式所提拔之干部）培养干部及整风了解干部等问题的总结，仍参照以往提纲总结。

C、地委县委对目前中心工作关于支部一些问题，希即具体总结，一面报告区委组织部，另一方面传达下去以交流经验。

各地须于一九四五年一月廿号前将总结报告区委组织部。

18

区委组织部

十一月三日

抗日战争档案汇编

滨海抗日根据地档案汇编

2

山东省档案馆 编

清華大學出版社

中共滨海区党委

中共滨海区党委关于开展拥参运动准备工作的指示（1945年1月7日）

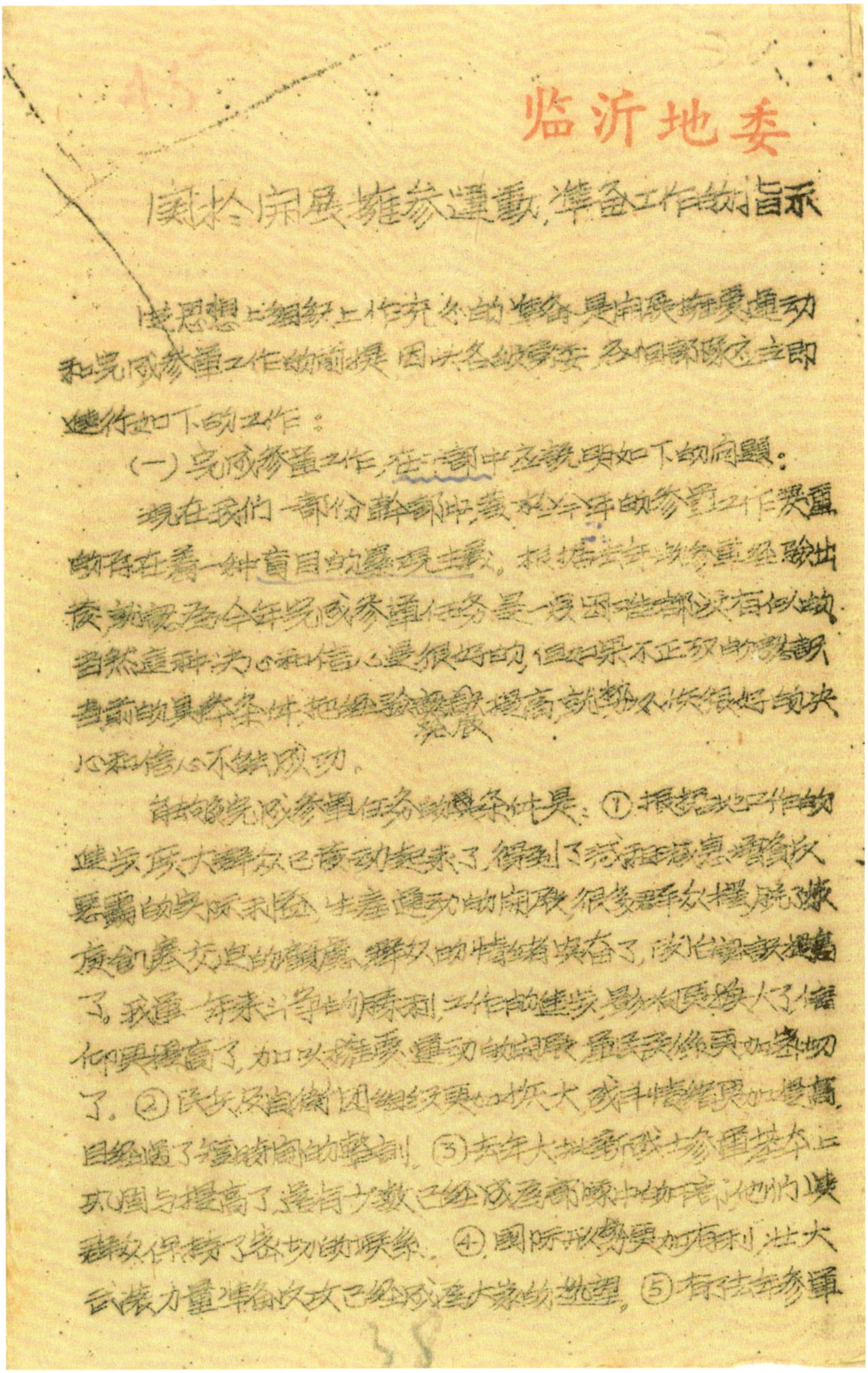

临沂地委

关於开展拥参运动准备工作的指示

在思想上组织上作充分的准备，是开展拥参运动和完成参军工作的前提，因此各级党委、各个部队应立即进行如下的工作：

（一）完成参军工作，在干部中应说明如下的问题：

现在我们一部份干部中养成对今年的参军工作要面的存在着一种盲目的乐观主义。根据去年的参军经验出发就认为今年完成参军任务是一及因性部队没有似的当然这种决心和信心是很好的，但如果不正确的认识当前的具体条件起经验的提高就都不快很好的解决心和信心不能成功。

首的完成参军任务的条件是：①根据地工作的进步广大群众已发动起来了，得到了减租减息翻身要翻的实际利益，生产运动的开展，很多群众提高了广念们庆丰足的转展群众的情绪奋了，政治觉悟提高了，我军一年来斗争的胜利工作的进步影响扩大了，他们觉悟提高了，加以拥军运动的联系群众更加密切了。②民兵及自卫团组织更加扩大战斗情绪更加提高目经过了若干的战斗。③去年大批参加我军参军基本上巩固与提高了是有力数已经成为部队中的骨干，他们与群众保持了密切的联系。④国际形势更加有利比大武装力量准备反攻已经成为广大群众的望。⑤有法军参军有了这些条件，今年的扩军工作有利的方面是主要的，困难也是有的，我们的办法也会更多的，但是不要忽略了我们的困难，一定要认识困难，采取有效办法加以克服。

工作一套比较成熟的经验。

新的困难表现在：①经过了去年的大参军，根据地的青壮年日益减少。②由于环境很好，群众生活部分改善，和平空气蔓延，思想更加散漫起来。③因作战关系，已有少数去年参军的新战士牺牲或残废（滨海区大部分是外来部队，过去的牺牲与伤残很少本地人）引起了某些人的害怕。④我们的优待抗属工作，安置荣誉军人的工作，部队中对新战士的工作，以及处理逃兵工作，对牺牲烈士的埋葬与烈属的安慰等工作，都还存在着许多缺点，并且在一部分群众中种下了些不好的影响。⑤去年的参军在任务上超过了计划，但在方式上仍有很多缺点的。（如用换给土地，代还欠债，大量的动员）而今年的参军主要是依靠政治上动员说服，因此是一个更艰苦更细微的工作。

(二) 在群众中的思想酝酿：

通过冬学、民兵集训、工农青妇自卫组织生活、新年文娱等机会，采用各种方式，在群众中宣传说明下面几个问题，使群众在思想上有所酝酿，逐渐形成自觉的热潮。

①宣传八路军一年来的成绩，并说明没有参军八路军就没有咱们的根据地，没有根据地，老百姓就活不成。要活命就要保卫根据地，要保卫根据地，就要扩大八路军，更进一步依靠共产党和八路军。并指出参军就是拥军的最高表现。

②各县要组织参观团到自己相应动员补充的部队中

39

去，收集该部队的历史及战绩等材料，在群众中作反映的宣传，以加深群众对该部队的影响与密切群众与该部队的关系，造成将来直接参加该部队中去的有利条件。部队除很好招待参观团供给必须的材料外，同样可以组织战斗工作队或青年团（尽量选拔一部份去参军的优秀份子加入）先加以教育整理，武装武器到自己的扩兵地区去，配合当地区政府组织到各村庄去进行宣传鼓动等工作。

③. 指出一九四五年是法西斯德国被打倒的一年，是盟国更大规模更加猛烈反攻日寇的一年，是中国人民抗日战争更大发展的一年，我们的任务是要更充分的进行反攻准备，将来好配合盟国打倒日寇。要反攻，做人争取抗日胜利，是须依靠自己有力量才行，侥倖取巧等待胜利是办不到的。

④. 以区为单位，组织公祭烈士坟墓和慰问烈士家属，结合部队亦派代表参加，并将烈士英勇事迹广为宣扬，目的不是单纯的牺牲，而是坚决为革命的英雄主义，提高大无畏的精神。使好男儿要学习真英雄的模范思想，要革命的建立起来。

⑤. 不同地区有不同的特点，有领导的去搜集加以研究解释，尤其要防敌人会采用什么内容与形式来破坏我们的参军工作，好及早想到对策。

（三）宣传认真对待各地的烈属与抗属，外来家属应当普遍

9

40

人、退伍军人的生活状况，现在表现，对我们的态度，要公开检讨我们的工作，用自我批评的精神，承认我们在以上工作上的缺点，耐心说服他们，取得对我们的谅解，不致在参军中起坏的作用。如果发现个别分子故意破坏参军和不满的事情，应该当众承认错误，发生影响，对其困难与安置不妥，照顾不周之外，应尽量设法解决与改善，不能解决的问题或带有普遍性的问题，应按级上报。

这一工作必须重视，如果搞得不好，将是我们参军工作中最大的阻碍。

(四)各部队要召开团结座谈会，发动自我检讨运动，干部检讨对去年参军战士的管理教育方法，老战士检讨对他们的态度与具体帮助等，去年参军的战士，除可以发扬民主，对干部对老战士提意见外，还要检讨自己一年来在各方面的进步与缺点。利用这个大会议来表扬模范新战士，了解他们现在的心理，得出规律，提高新参军战士的经验教训。

(五)具体研究领导参军的对象，事先加以物色和教育，培养他们领导起参军，这种形式在个别地区是可能实现的。

(六)党政军民武装会及其他一切组织，对于自己的工作应即着手布置，以免把工作推到扩参期内，大家有责各干各的，致影响扩军任务的完成，尤其在干部思想上要打通，首先就要克服本位主义和独立主义。

41

（七）需要新成立的单位，和将来收新成立的指挥所，立即着手配备干部，成立组织，开始工作，免致临时仓卒无法应付。

（八）最后，各地委对今年扩参工作有何意见，早日提来，以供参考。

渤海区党委

一月七日

中共滨海区党委群委会关于总结一九四四年群众工作给各地的指示

（1945年1月10日）

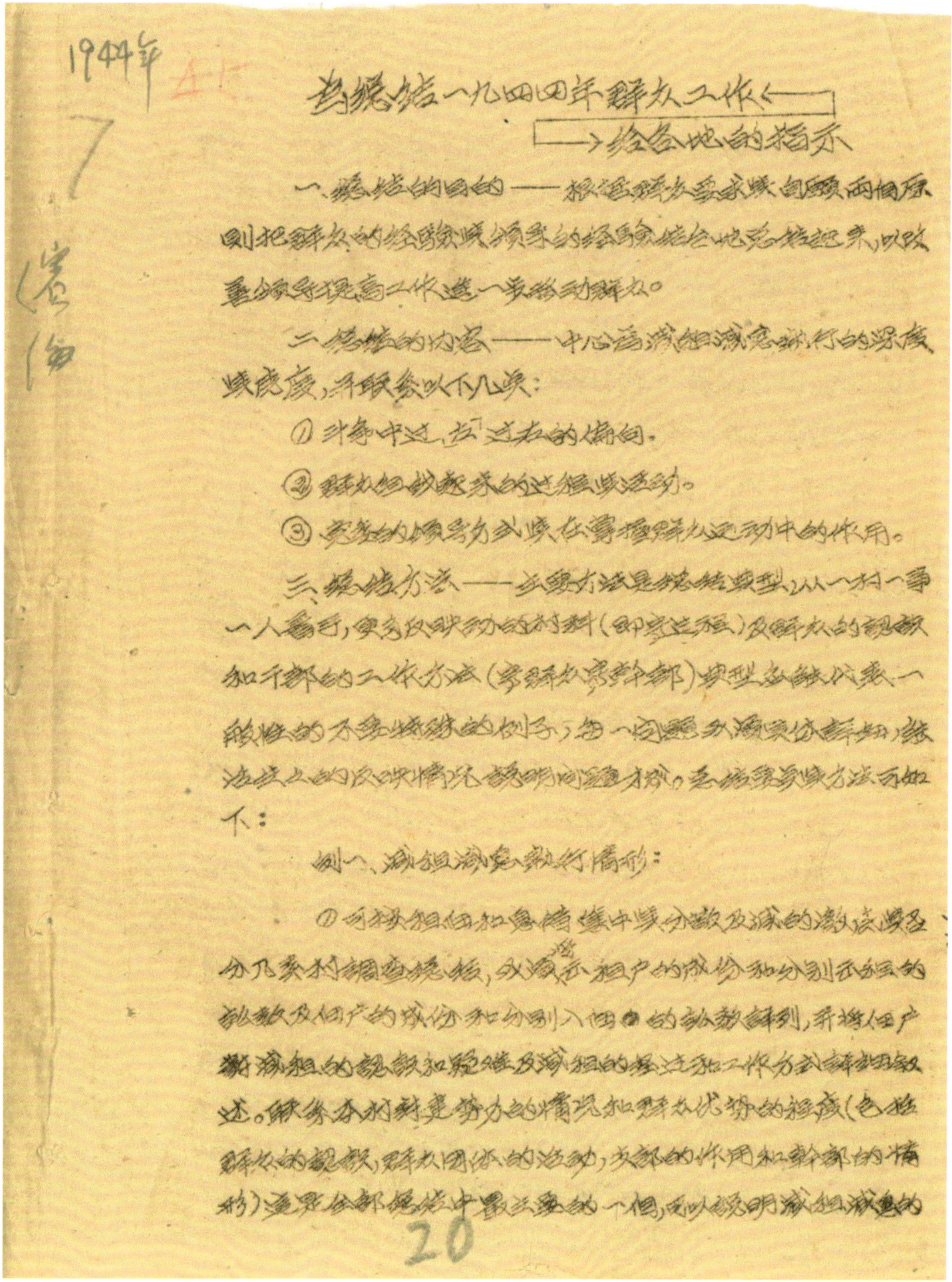

1944年 45

7

滨海

为总结一九四四年群众工作给各地的指示

一、总结的目的——根据群众要求与领导两个原则把群众的经验与领导的经验结合地总结起来，以改善领导提高工作进一步发动群众。

二、总结的内容——中心为减租减息执行的深度与广度，并联系以下几点：

①斗争中过左过右的偏向。

②群众组织发展的过程与活动。

③党的领导方式与在当地群众运动中的作用。

三、总结方法——主要方法是总结典型，从一村一事一人着手，要有反映动的材料（即发展过程）及群众的觉悟和干部的工作方式（党群众党干部）典型必须代表一般性的不要特殊的例子；每一问题必须实际材料，能说出人的反映情况说明问题才好。主要总结项目与方法列如下：

例一、减租减息执行情形：

①可按租佃和息债集中与分散及减的彻底与否分几类村调查总结，以减出租户的成分和分别出租的亩数及佃户的成分和分别入佃的亩数排列，并将佃户对减租的觉悟和疑惧及减租的经过和工作方式详细叙述。联系各村封建势力的情况和群众优势的程度（包括群众的觉悟，群众团体的活动，支部的作用和干部的情形）这是全部总结中最主要的一个，可以说明减租减息的

20

深度。

②为要说明减租减息在深度与普遍上的广度,可将整个减租减息的数目统计分几类村说明,各类村的典型即以上述典型村的调查说明。并须分县区对查减退的认识和掌握。

③追租找补回地减息的数字界限和处理的办法,并从不同成份的佃租户和借贷户所减的数量分别说明。以了解减租减息政策执行中的偏向。

例二、过左过右的偏向情形:

①反恶霸大体可分三种来调查,第一种是大地主而又在政治上统治一方者,这是属于封建侵略性质,第二种为中等以下的地主或富农,统治一村或数村者,第三种为小富农或富裕中农(仗势欺人者),还可按他们对斗争不同的态度进行典型调查,着重第二种富农成份而又对抗斗争的中间态度者的典型调查,但多录举几个,调查内容:a、他的经济地位与政治地位(在本村或一方地主阶级情况联系起来,不是只看他干过什么,或都怕他)b、恶霸事实种类的统计。c、斗争群众的成份(现在情况怎么)d、斗争的方式和群众的情绪(有意见和无意见的)e、善后问题处理的情形,被没收的财产和斗后余下的财产数目及公家分配的情形,这是反映斗争中策略偏向的主要部分。

②斗了多少人,必须按不同情由不同成份分类统计。不但要将一般反封建性的阶级斗争统计起来,且必将所谓"小恶霸""狗腿子"以及"破鞋""流氓"或称"顽固""落后"被斗被罚之

(一頁

21

不同情形不同成份统计起来，在分类统计中要有典型例子说明。这个统计的目的在了解我们在斗争中或因强迫命令的方式所产生的孤行或群众中的偏向，并要将县区对此问题的认识和掌握的情形反映出来。

③地主富农或其他成份逃亡的具体原因和数目分别统计起来，并联系斗争中地主的反攻的花样和我们的对策及斗争方式来说明。

④按雇主不同成份和雇工增资不同数目分类统计增资后工人生活改善的程度和雇主的全部产量该会并否能负担，以及把雇工劳动结果的产量划分。

例三、群众组织起来的情形：

①从几类典型村群众的要求不够，我们发动群众的口号，向同或方式及群众自愿自愿的过程，各种会员入会的动机和对其团体的认识，群众中的骨干及其群众结合的情形进而说明各种团体的活动与工作。（可与例一典型村结合）。

②党员的发展及党员团结群众的情形，和支部的领导方式。

③村干部的成份，作风及群众对他的意见和斗争界线处理的经过和办法。

④群众、党员、村干部的阶级觉悟和政治认识的程度从他们对地主阶级的态度和参加抗战各种运动的情形说明。

例四、党委的领导方式和干部的偏向：

①从党委对发动群众认识的过程和掌握本县本区群

和运动发展的具体情形来说明党委的群众观念和掌握政策的实际情形。

②从县区党委对群众工作的领导方式包括县对区、区对村的领导方式和党对群众团体的领导方式，及群众团体的干部对群众的领导方式，特别着重对干部脱离群众的偏向和领导方式的典型。（如领导方式中的命令主义与形式主义）。

③县区干部思想上和作风上的偏向，特别着重区委会十一、十二月指示下去后干部中强迫命令作风的检讨加纠正情形，以及对群众路线贯彻中好的经验与坏的偏向。以典型的干部与典型的事实说明。

四、各县接此指示后，所有计划的总结的问题由县委负责各区分工完成，主要的材料由县委直接下去，县委会亲自参加深入完成。县地委按各区情况将不同性质的问题具体分几个给他们来搞，并即帮他们研究具体的总结内容和总结方法；这一总结指示不要一般传达给区，在总结中发现的问题可即时指示各区，把总结与推动工作密切结合起来。边沿区县委根据他工作方针亦有不同，（以团结各阶层对敌斗争为主之下推动基本群众的优势，而在总结问题的原则精神亦应掌握这点，）即在贯彻减租斗争中如何采取小心谨慎的作法。

总结时，除具体研究这一指示外，并应研究分局关于今年春节中心工作的指示。主要材料（如例一各项和例二一二两项材料）必须于一月底以前交来，其他于二月十五日以前

23

9

交来。把總結群众工作方列為目前中心工作之一（分局指示）因總結只是實現正確具体領導的必要方法，不能像过去把總結看成負担，以致工作負責对推动目前工作無助，各县群委必須把建立經常調查研究的總結方法列為經常工作，以便實現及時正確的領导。

分局原訂一月召開群工会議，現已推至二月，為要使分局具体了解濱海區群众工作進度，并特別是在實踐及理論問給我们以詳尽的指示，推動山東群众工作以推動，所以各地必須抓緊時間，集中力量完成這一任务。

濱海區党委群委會

一月十四

三頁

24

中共滨海区党委关于春耕的指示（1945年3月1日）

春耕指示

一关于今年全年大生产运动的方针和要求，唐亮同志在劳模大会上曾明确的指出「黎玉同志所指示的大生产运动的方针和要求（在劳模大会上的演說）对於滨海區完全适用。今年滨海区的大生产，要特别强調軍民一齐动手和以农业为主的方針。」以及在农业上要求深耕细作，每亩增产十斤粮，一人种一分棉，部份地区还可开荒等，這一方針和要求，各地縣委要詳細研究黎玉同志与唐亮同志在劳模大会上的演說，明确的掌握起来。

二、必須指出去年的大生产运动中我们從思想上未建立下牢固的以农业为主的方針。（还有依靠特殊地区吃飯的思想）在领导上先紧后鬆有始无終，或注意查减（这是对的）放鬆生产，許多机关未認真建立生产的任务，許多干部怕劳动，对农业为主方針認識不明确，对于組織变工，不少地区满足于形式，区党委亦未抓紧，所有这些都是去年生产运动未能很好开展的重要原因。

三、因之各地縣分区党委，应進一步发扬自我批評，并組織广大干部的檢討。（不要开大会誤了春耕动員組織）把劳动创造世界的思想，明确的树立起来，使干部了解劳动是最宝貴的，是我们阶級的本色。还应发扬劳动英雄光荣的思想，号召与組織所有干部参加机关生产，進行必要的劳动，克服怕劳动的二流子習气，以求得体会到劳动的重要。对于吴满有方向問題認識上的模糊塗（如認为是与旧富农不分，不管用什么剝削投机办法，只要上升为富农就可以的錯誤观念。另一方面，有的認为把旧富农斗垮来建立新富农，还有的認为上升到富农就要被斗，而不了解被剝削的是他欺人太甚的剝削。）不了解吴满有是靠自己劳动变工互助，在政治上經濟上完全一般的对待雇工，按一定計划努力生产而致富的。這种勤儉致富，公私两利的新兴富农經濟：正是我们达到丰衣足食与家富口的方向，与旧富农完全不同，旧富农思想是带有剝削別人以及自私自利投机取巧等思想。这种压迫剝削別人致富的，必然遭受群众反对。因之应坚决克服党内对吴满有方向不正确的認識。至於大生产运动，是支持战爭打下反攻的物質基础的重要意义，亦应在党内進行充分的教育，这样来提高全党对生产运动的自覺性，来保証完成今

3

年生产运动的任务及要求。

四、目前即将到来的春耕运动，各地区应毫无例外的当做中心任务来动员组织进行，在春耕时间，春耕即是群众最迫切的要求，强调地区的特殊（当然因地区不同而有程度不同）因而放松春耕运动，是不对的。这是一个带突击性的紧急任务，应抓紧完成。过后再依据具体情况（从群众具体要求出发）转向其他工作。如莒南及其他县个别区，查减彻底，群众优势已经树立的地区，仍以深入推动生产运动为中心，联系教育群众教育；而我大部份未完成查减任务的地区，应以贯彻查减为中心联系生产。在路北新解放区，受敌伪摧残过甚，群众生产衰败，在春耕期间应由群众团体协助政府进行救济春荒，帮助群众积极春耕。春耕过后仍继续进行救济，达到迅速的恢复生产，解决恢复生产的一些具体困难。同时发动群众反贪污反坏蛋，来开展群众运动。在边沿区强调武装结合完成春耕任务。以后仍在团结各阶层一致对敌斗争中，来进步的减租增资，发动基本群众进行生产。

五、在春耕运动以及全年大生产运动中，政府应特别抓紧贷款（要抓紧时间进行，并可尽量多贷一部给抗属，以帮助其安家）及推动合作事业，并有计划的改造工具提高技术及改良种子等工作。对路北地区进行救济，武委会应抓紧劳武結合。在根据地内以群众与民兵双方兼顾的原則之下，組織劳武結合的变工組（莒南有以三個民兵集体参加变工組的办法，即便利生产又便利于战斗，如有一個或两個民兵参加一個变工組，可在其中发展民兵，求得保持三個，以保証民兵的战斗組織。在边沿区結合組織变工与分開組織变工均可，但必須做到当民兵站岗及作战時，群众代为料理生产，妇女应以紡織为中心，妇女識字班除学習外，争取主要時间進行紡織，不应強調妇女開荒。主力兵团及地方武装，一方面要支援民兵保衛耕，另一方面应本軍民一齐动手的原則，努力進行生产工作，特别是修築河地，植棉種菜等，認真保証部隊一定的生活水平，和减輕群众的負担。同時在不妨碍战斗任务与某些特别重要的工作情况下，抽出人力去帮助群众春耕。支部工作及宣传工作由組宣部门随時提出意見。

六、为了达到以农业为主及增产为目的的方針，应用集体的力量，政府与群众团体一齐下手，通过群众路線，和群众（或召集一部份）有経驗模範来座談研究，商量山谷地修地埋堵山沟雨水来防止旱灾，平原地修河滩植树壘堤挖河来扩大耕地面积，防止水灾。换土翻土拉沙，使坏地变成良田。深耕多鋤以及积肥等办法。從解决这些細小具体而又普遍的问题中，來着手求得实际的增产效果。

5

种棉问题，还是我们应该特别抓紧进行的，这是一坚苦的动员组织过程，必须具体的讨论本种棉面积及推动方法，以完成专署所分配的任务。对于解决群众中耕牛用具问题，除发动群众普遍进行伙养牛或组织养牛合作社之外，在春耕时要迅速解决，个别地方可能合理公平的进行人工换牛工，如再有无法解决春耕畜力的贫苦群众，要用集体力量帮助解决，（有牛的出牛帮助）以达到没有不耕或误耕之地。对于整理与发展变工组的工作，应注意严格自愿原则及等价，建立劳动纪律与制度，建立民主的会议，以及发展副业及运输来处理剩余劳动力，来逐渐巩固与提高劳力合作。

七、春耕期间，尽量少开会，什至完全不开群众大会，以求得全力来进行春耕（一般支差问题，另由专署及分区出布告） 三

此指示请合并黎玉同志及唐亮同志在劳模大会上的报告，一同讨论执行。

區党委 二月一日

6

中共滨海区党委、滨海军区政治部关于一九四四年冬季政治攻势的总结
（1945年3月）

2009

一九四四年冬季

政治攻勢總結

秘密

區黨委秘書科存

濱海 區黨委 軍區政治部

一九四五年三月印

濱海區冬季政治攻勢總結

目錄

62

通知

五月廿五日
於柳沟

一九四四年冬季政治攻势，於今年三月底即総结完毕，因各方关係，迟至今日始印出。除上報分局書政外，各縣委、各主力兵团、地委、軍分政及有关部門各發一本，以研究情况、研究工作的参考，并选择有关问题对下级進行傳达。此文件絶对秘密，并由專人保存，不準带出机关，更不準带到敌區。發出此文件之號碼，各軍分政秘书室負責登記，於今年年底由秘书室统一收回焚毁。

滨海區党委

63

第一部份：滨海区敌人皇灵主义实施的概况：

冬季以来，敌人皇道主义，在滨海区逐步实施，在军事上、政治上都可以看出与过去有些不同，从各地敌伪的具体措施中，可以看到下列一些问题：

甲、在军事上（敌人之「一元军事」）

一、兵力更加集中、机动，在冬季中敌人兵力增加一系，很多集份的伪军予以整理，编满便于指挥使用，形成突袭事件空前增多，从下列具体事实可以说明：

(一)平宁之青口原敌六十余，现有二十余，沙河原二十余，现六十余，郯马原有二十余，现增加新兵六十余，原伪临沂军营的一编为敌中西中队并伪中队统编混其番号为中西，内含二个中队的番号，人数增多，原平宁城的全部敌人，在年前突增百余人，看林若日脱年前不增一伯山口中队番号，居家店，其余滨海各敌据点虽增加人数未能详细查明，但都有数量的增加。

(二)临沂敌伪区大队，改为特务大队，并组织所谓经济讨伐队，并将临沂至县划分为四个军区，以临沂、大庄、苍陵、傅家庄为四个军区的基点，下并分为若干分区，这样是有重点的分散配备。

郯城原十五个中队，进至涂麻子处六个中队，其余改为四个大队，并将区大队升级为一个大队（在四

64

个大队队内）

平寺保安队、一个中队亦被编集于青口之敌人，改名为中原部队（因敌人叫中原部队）以五个中队编给滨海步兵，其余编编为三个中队。

（三）四十一年12月开始日伪警备团被袭，一年来已将各据点被袭，一三团二营及特务连被袭，鲁北东大队、滨支、支队被消灭，滨海敌伪在今年出动6次，每次兵力在200人以上）

二、守备加强，向我沂水、莒城敌伪据点，各敌据点大部三层，挖地下室，地堡，防我地雷与炮破，减少二次事件的死伤。敌为防止滨东（我军）在中日海岸登陆，在青口港成立六个兵大队，自青口沿海大河直通新浦以至沙河，北面在薛家岛设炮台，并在新浦以北增加有东平庄、小河口、下滩敌据点，数份扫往敌人保持其主要据点「新浦」之安全，其余日伪亦在城外增加小的据点，平寺亦加强碉堡以同意头修理营围沟炮楼跟进扩大在形成以县城为中心的据点网，求得其主要据点巩固。

三、在政治上（敌人之「九分政治」）

敌人所谓「九分政治」，不外乎是将我的活动更加反动复杂化，误将军事上要紧，敌我斗争是更加针锋相对，敌人以种种手段，以达到其「肃清内线」及国防已深入我地区，破坏我边沿区，广打入外线，以破坏我根据地的目的，敌人不但对我各种低进行破坏。

更進一步企圖造成群众性的与我对立，分化我军民关係，敌人这一套，確为甚陰險的毒辣，由於其花样翻新，而对我危害程度則更加严重，茲将敌人特务活动情况，在下列問題中説明之：

一、特务組織的多样性：

根据在各地所發現，特务性质的組織計有约十七种，如千子、海陵之突击队，后改为暗杀队，臨沂之铁血队、日照、千子鎮南区之特务队，諸城、日照、新浦之甲部队、路甲字（44部队亦名特警队）以上这几种即是武装特务組織。

諸城之回公館（即憲兵队类似組織）新浦、臨沂之憲兵队，隴海沿线之政治保安局（伪中央）警务段之保安队，郯城之铁路局，臨沂伪道尹公署战斗司令部之对敌情报处，日照之武队（甲部队直接領导吸收地方青年組織）諸城之特別檢查队及各锄奸团、密查队特务工作队，臨沂之密偵队，海陵之办事处（國际机关）以及新浦、新安鎮、日照城等地开設商號，收容逃亡地主的机关、日照之裕泰号）

以上这些名目雖有很多不同，但其性质一般是特务系統根据以上名义在各学以前只發現八种，今年以来增多了九种之多，这充分説明敌人对特务活动的重視

二、在不同对象不同地区敌人特务活动的手段方式亦有顯然的不同，茲分別説明：

（一）对伪军的控制，敌对大股伪军主要是收買拉

拢兼施分化，大胆的使用日特，以达其暂时依附於敌减低其叛离心理，对一般伪军则採取恩威并用，加薪加饷，欺骗教育，稳定军心，监视伪属，限制士兵与家属接近，防我瓦解，在伪军下层编入特务，暗中监视伪军下层官兵。（敌对伪军之特务统治，详见伪军工作中之伪军情况）

二对敌占区乡村之特务统治：

1. 普遍採用保甲制，十家连坐，互相监视，并实行良民証。

2. 对群众的欺骗宣传、怀柔群众，如临沂敌提出"爱民教民养民"在伪军中提出口号"冻死不住民房饿死不吃民粮"，笼络伪军伪组织人员，欺骗群众说是因为他们受冻，捐他们是为了群众，如临敌过年时，鬼子弹给伪军孩产给老百姓拜年等。

3. 敌对群众如果怀柔无效，则採取特务镇压小股特务部队活动，如日照特务商同活动，所门子听有谈话可疑的即逮捕，造成恐怖。去年十一月至今年二月，敌对莒山区涂山区建设清剿，以廿卅特务配合伪军中队白天包围村庄，进行搜索，以收集钢铁为名，到处翻箱倒柜。

4. 利用各种封建会门组织群众，三番子为敌普遍利用，这一组织在敌区群众中各阶层，伪军伪组织中普遍存在，並逐渐发展，如日照敌特加入三番子的很多，伪军加入的有之，群众加入的有之，这一组

67

织有其健全的社会基础。此外各地尚有各种各色的封建会门；一军分区有黄道会、佛教会（诸城）刀会（又名摹仙会、九宫道，营北、诸胶边境）天罡会，东和平会，万口道徒会，无佛子会（诸胶边）二军分区有一贯道（日照海陵）龙会（赣榆海陵）佛教会圣贤道（海陵）此外各地尚有伪组织之组织（如诸城南部，新安镇，海陵、日照、诸城、诸胶边新地）

敌人组织群众手段，在群众较落后、对我认识未除之地区，利用我执行政策中之空隙，给群众小恩小惠，抓住群众切身利害，欺骗组织会门与红团，一方面即以反共反八路来号召群众，如诸胶边的刀会、营北的刀会。在群众对我认识较好，不愿反对我们之地区，则使用阴谋诡计，由"以伪制伪"转为"以伪制我"，如东平之龙会未组织前，敌突击队在敌区到处抢掠，敌人在当"组织龙会突击队不抢，要以打突击队不打八路"组织起突击队不抢了，敌则提出"要打八路军"。还有的地区以防匪（保家）为名组织起来的，组织成熟后限制我军到敌区活动。如诸胶各大股伪军地区的自卫团系这样组织起来的。

5．敌利用有组织的群众做情报工作，如日照练训自卫团布置群众性的情报网（编成密码），向敌据点送情报，我们去了放火为号报告敌人。莒南五地区各庄自卫团的保队附，专门敌探情报员。

（二）敌人对城市之统治与分，以保甲制为基础

68

8

如青岛居住台湾籍的等经过保甲，专有居住证，除去警察宪兵以外尚利用外围组织，如新民会、合社封建会门作特务统治，此外并实行三分宣传七分教学，凡是火工厂工人，家住我根据地的是嫌疑分子，对重工人在需要时间的考察，在青岛有无家属，凡在一年以内的亦是嫌疑分子，在本市机关的警察局亦加以详细考查

（四）交通要道之特务活动：陇海路警务段，设保安系警务案，保安系内部又设情报股，特务股，新浦设政治保卫局，两岗、白塔、云山、陈家，均有头目派活动於两侧，新浦警兵队活动于铁路沿线，以化装推小车的买卖的隐蔽方式活动，利用地痞流氓做特务腿子

（五）在我边沿区以公开的武装特务或配合小股的保安队，突袭我民兵，打击我基点村，以一三五分区的日照北、赣城、日照等县较多，如千千之突击队，专以武装突击我边沿民兵，有时竟深入至我中心地区，我民兵村干部共损失人枪百余。民主区活动方式：1.内奸配合，利用伪属逃亡地主，常赴敌区来的，做些侦探，反正回家的伪军等作内线活动。2.为了我平已麻痹其候，以配合小部队连续突击，在行动飘忽，此起彼落，时紧时松，使我不易捉摸。3.集中力量突破一点，袭打我基点村。4.政治上欺化，孤立小数争取多数，日照之特务队亦于夜间出动到我边沿活动于打我民兵、基点村，同时亦打我工作薄弱的村庄及两个区区公所。赣城之伊部队（特警队）八十余人（

69

大部为白人，老兵多）配備輕机七八挺，手砲七八门，輕装便衣，向我边沿活动。

濱南敌特在我边沿之活动，多則以個別落敌为主，如海陵、新浦敌派去情各地尹乡以两面派五日去現，主动与我接头，要給我们作工作，乘机到我边沿偵察我（地址）各部门干部活动情形，企圖对我干部一網打尽，並利用逃亡地主、我逃亡战士，地痞流氓鼓动我边沿区個別民兵投敌。海陵、郯城敌对我边沿的村庄，使用三封信的手段，不管有用無用，对某一村某一人連投三封信，威脅其通敌內化。

（六）敌特在我根据地潜藏地進行內線活动，偵察我军情况，后方工厂，党政军民关係，与公开（特務）武装配合打击我民兵，组织民兵叛变投敌，進行暗殺活动，打入我主力瓦解部队。

日北街头区，敌人佈置偵察網，我军每次出动状况均敌人所知道，敌人利用內奸秘密组织建联络箭敌，進行內化活动，竟至中心区羅家凤台。

諸城敌人派出一批小特务，专门偵察我后方机关，已为我破获四五個。

臨沂敌战斗司令部之"对敌情报处"对我根据地了解很多，我某些机关的科長姓名也都知道。該情报處专门調查我党政军民各机关，干部，海陵之民主政治动向有內线配合，没有內线，公开武装不活动。日照、干、海內奸组织民兵叛变，日照敌特建立內线的对象为

70

退伍军人、坏村干、逃亡地主、流氓或组织民兵走私以通经济上的联系，使民兵逐渐与我对立，达其争取叛变之目的。找到对象后先以感情吃喝拉拢，继则造谣惘兵，威胁民兵叛变，干子突击队遭我打击后，转变为暗杀队，专向我一二人之我军机关驻地，刺杀我负责干部，我×团已被突击四次，伤四名，近在黄家庄乡、回头、半里村×团驻地及干子县政府驻地常于白天被放冷枪的，已有三人被击伤。

日照内奸打入我警卫团×连企图鼓动一个班投敌被我破获，后敌人以即公开造谣欢迎我×连×排长去东团长在我们这里吃了几次饭企图挑拨我内部团结，互相猜疑。

三、日国特更进一步的合流，主要表现在各大股伪军中，如诸胶张步云、吕宰光、杜瑞廷之、张洪丞、姬明忱、李伯众、李永斋等部，均有日特活动，日照保安队除原成功部为日特掌握以外，其余几全为日特掌握，敌人更加大胆的利用日特控制伪军，於他是有利的，这一问题在伪军工作中当注意。

四、敌特活动所利用的对象及欺骗的资本：

（一）敌特在敌区利用的对象，多为封建会门、小学教员、伪政权办公人员、地痞流氓，在我根据地内线活动，利用对象为被斗地主、逃亡地主之亲属狗腿子、流氓、伪属、退伍军人、坏村干、二鬼子的徒子徒孙、反正回家的伪军、赶敌区集的商人。

71

二、利用我执行政策的偏差，作其特务活动的欺骗资本：

1.我们执行减租减息中，忽视了民族矛盾，对地主上层乱斗争，只打击不争取，忽视了团结各阶层一致对敌，不分远近，中心、机械的执行政策，结果引起地主逃亡，滨海全区至少在千五百人以上，敌利用这一空隙，到处设立逃亡地主收容所，利用他们来反对我们，做特务活动的工具，并在敌区对群众进行欺骗宣传，说我们减查是"侵犯共产"有地必斗，有斗必光"

2.边沿区的经济贸易政策，单纯强调对敌经济封锁，而不与群众利益相结合，不照顾实际情况，乱没收的现象相当普遍，引起群众不满，敌人则乘机从中挑拨，扩大这一空隙。

3.到敌区活动的小部队便衣工作人员，殖民地观点严重存在，只顾自己方便，不顾群众利益，如沭水临东区对开庙，有几部份去要松，不给就打，某些部份队去吃了细粮并归嫁余子，群众反映说你们来了还不如从前好"又如干于七区活动的部队要给养紊乱，把菜蛋折合粮食，由群众负担，朱学宾部要大米要小鸡，加重了群众负担。

执行政策中的偏差，造成群众中部份人对我不满，特别是上层，敌人利用这一空隙造谣中伤，挑拨我群众与我之关系，欺骗利诱群众中对我不满的分子，作其特务活动对象。

12

第二部份：冬季政治攻势。

甲、宣传攻势：

一、冬季攻势的收获：

根据去冬区党委军政关于冬季攻势具体指示，各地在反敌“圣战”节与新旧年关三个有利的机的攻势执行中获得不少的成绩，具体的表现在：

（一）各地一般都比较注意根据不同情形布置工作，确定不同的攻势的具体内容，在对象及重点的选择上也比较慎重。如滨北诸赣以伪李香斋、张茯祁为主，李伯泉为次，从政治上打击国民党。诸莒边以张步云三四旅的张天海部为主要目标。日北以沈町程东本为中心。滨南临沂方面偏针对敌，当莒城胜利后，内部恐慌不安，并四出抢劫，敌伪向小杉之大肆欺骗，我则适系反掠夺开展攻势宣传，从政治上抓住个别典型坏蛋（如许宝生李从林等）造成群众的反特热潮。郯城以反梁麻子为主，沭水以周于巨为中心。海陵则向对敌之突击队活动，开展群众性的反特突击队的斗争。三军分区如日照以反汉奸成功为主，专门组织反汉斗争委员会，实行军民政党协同配合的攻势打击。其他如干于、莒临边等县，也都有一定中心的选择和确定。许多地区党委、政权、部队负责同志均亲身参加攻势具体指导（如临郯边罗主任刘革）比较广泛的动员各种力量参加攻势，如滨北每次攻势均注意与使用广播以军区地方武装为主，主力、民兵为辅的作用，或

73

組織武宣隊、演劇隊深入敵區宣傳，濱南許多縣份由於越過沿海中心區取得了較好的經驗，使攻勢規模具有廣泛的群眾性，一般的做到聲勢浩大，而攻勢進行得比較穩重，成績較顯著者，其中尤以諸、膠、莒、臨沭、海陵和日照各縣為好。

二、在許多工作活動上，表現了更切深入實際和聯繫群眾的作風，部分的並充分運用了通過組織群眾的力量，使政治攻勢的本身，成為群眾性的攻勢活動，具體表現在：

1、宣傳攻勢的普遍性和實際性

今年攻勢中的宣傳活動統計

各种會議三百五十六次（缺三五兩區）宣傳群眾八萬八千三百六十八人，散發敵偽宣傳品156500份（日文31150份，對偽12340份）的書信，至二四各年各區根據自己的具體情形，同樣對偽軍發出宣傳品31500份，較去年一倍以上。在內容上一般更充實，結合當地群眾等，印刷技術較前大為提高，形式活潑精美，一般改善了文件與有大量傳單日文宣傳品也較多。內容上比前具體生動，標語寫了4?次，（其中敵據點10次），個別縣份曾普遍進行對敵偽據點的喊話或深入敵據點到近的敵區宣傳，如臨沭深入到臨沂河西臨沂城郊區，諸膠邊對一個據點深入到三次左右（偽軍向我大隊喊話，喊話，予敵很大震動，並向敵據點示威扔了幾顆手榴彈外，多真實的……結果

74

各方面進行解釋，這就是說在個別敵佔區由於敵我殘酷活動的結果，已沖破了敵之思想封鎖，並取得了初步成績，我們的宣傳活動，對群眾多半是採取集會與個別宣傳相結合，臨沭則着重個別訪問座談，不拘形式，不強調一般民大會，並注意了對對象和宣傳的人員的選擇，他們還選擇了較好的（有些是新解放區）的村干部，民兵經經動員教育后參加宣傳，糾正了有些小學教員不切實際，高談其談的作風，因此在宣傳內容上是比較切實生動的，收到宣傳之效，一般都較注意情況，確定主要內容聯系實際，靈活宣傳，或抓住典型、集中目標、大力宣傳，如濱南郯城新年打擊以周洪赤子為主，展開了廣泛的宣傳，靈活的運用宣傳方式，除利用大會、集市、演戲等方式向群眾宣傳外，並結合冬學也進行反奸教育，在地方武部中也進行動員，沭水以反周宣傳為主，動員近二個區的群眾五千多百人的大集會，進行了反周千里的群眾大會，聲勢浩大，臨沭群眾也採取了反奸宣傳、李從林的示威遊行，只宰燕地許、平敬成等人，使宣傳攻勢，在沿海地區造成了群眾規模的活動，同時也創造和採用了不少靈活新鮮的宣傳形式，如：

①宣傳漫畫，用郯城的形式，把周赤子的罪惡畫出，用形象表达出来。

②演劇，郯城《武工隊在演》，周赤子的罪惡一幕幕演出，都在十人以上，群眾有被感動得流出淚來

75

並說"梁麻子的罪惡比這还很啊"。

②编小調歌謠，或把群众自己编的歌謠廣泛宣傳，如对梁麻子的："天红红，地红红，咱这裡有個梁中亭，姦淫燒殺又搶掠，到[illegible]酒[illegible]，[illegible]子吃三遍，你說苦情不苦情啊。"一个隨同會把漢奸梁麻子到處敲，南关（郯城南关）有個吉四哥，叫他敲去八十塊[illegible]，郯二區的群众送呈了八条罪狀。

④用演劇或"化裝宣"的形式出現，進行宣傳。

⑤開追悼會，郯城利用江沿一個民兵被梁麻子打死的事件，开会追悼，揭發梁之罪惡，群众[illegible]。

⑥利用"孔明灯"，在灯罩上貼宣傳品隨風飄去。（如苍山在我游击深入三共九区情况下，用此方式）

⑦利用民间艺人，說大鼓詞到集市上宣傳。

⑧夜深，群众不开门時，挨户靠窗喊話，或作廣播。

⑨黑板报，将汉奸罪恶写来，貼到街边，或写在墙上，任群众观看。此外，個別區還為瓦解偽軍运动，展開向敌區写信，或与白敌区干部配合宣傳，我們的敌工站也配合攻势給关係写信，或利用对面人員進行宣傳教育。

经过我們的宣傳攻势，個別地区才注意了一些組織

76

工作的结合，如沭水县僮店，通过部局发展了妇救广泛的组织了五户纺织，临沭组织了三个村子反磨捐反抗敌伪的斗争。诸胶边在宣传中注意发现积极份子，做为进一步发展友的对象，有的经过深谈，此后常常以出报。海陵武工队配合攻势，从调解群众纠纷（如赌博等）和困难中，组织了四五个庄的群众。同时在反抓夫的斗争中，敌区党配合敌工站进行了打入，在整个攻势中，我们建立各种形式的关系，单以二军分区说，即在二十二人。不过在这个一问题上，我们组织工作的成绩是太微小了，我们并没有引起对组织工作的深刻注意或认真执行，这从群众的反映中也可以看出来，如莒南边敌区群众说"电也知道组织好，就是离涝头太远了。""海州的知不道，就知道你公鸡。""鲁子汗好好去行，三洪九的庄长不好弄。"诸胶边有说"军队常住下才说法，跑了和尚跑不了寺，只等着死。"这就是说：我们讲组织还是在口头上，也很少经过宣传进一步为群众着办法，以达到组织群众的目的。但虽然如此，我们宣传攻势还是有成绩的。如郯城群众反映"六路军将来就是中央军。"宿东是我军将来也是正统有些伪军听到我宣传的事实后，乍惊满腹说"光说六路不行，人家等上满了。"海陵伪军流传着一句歌谣调"保安队，活受罪，想起来掉眼泪！"郯城伪军有说"当了枪头，跑也跑不了。"等语，有不少一个伪军抢到我地运行证后，偷偷的用布包好，谨慎的藏在

77

肉上，盼望着有机会就逃跑，这种悲痛的事实，说明我们宣传品在伪军中所起到的一定作用。

2. 有计划的逮捕训练伪组织人员，在整个冬季攻势中，各地有计划的进行逮捕两次，并经过教育后释放的共1246人。工作的进行，一般的还较慎重认真，大胆的深入敌区，搅乱其组织机构，或武工队化装深入，进行逮捕。部队也在深入伪区时，军民家属后，除大量逮捕伪保长等外，还摧毁乡公所六五、自卫队十余，如其他[illegible]资料，有些地区，由于这一工作的影响，过去已深入敌区，所以在逮捕中也比较容易进行。曰照在[illegible]年关逮捕的[illegible]人中，多半是由我方发去通知自动来的，而从未经我训练的占三分之一以上，训练的时间多为一周，在思想上比较注意，不打骂也不逃跑，教育的方式多採取座谈，根据他们所关心的切身政策、根据地建设等问题进行教育，或吸收我村级干部参加进行实际教育，我们利用拥参军大会、参观部队、演戏等方式从实际观察中影响教育他们。曰照在对敌抓了逮捕伪自卫团[illegible]人的一次训练，事先我曾派人打入，在训练中，宣传闹起反省，表示愿意在后，或要求向政府悔过，表明态度，并随之进行组织工作，建立了一定关系，防在时对其要求保密，杀鸡吓猴，由于我们指导的得力，三十受训的伪组织人员在参加拥军大会上，向村内我区长脱离伪中，曰照有两人当场参军，我用机组织了二十

78

13

大個村的灰色武装。

由於我在敌区大枪毙捕伪组织的结果，不仅部份的打烂了敌下层统治机構，相当的搅乱了敌区秩序，同時也部份的减輕了敌区群众的負担，据不完全的調查，滨海（南）分区村减輕負担3600000元，諸城仅長山区有10000元，莒臨边湯头附近節省負担一半以上数目。

3. 争取与解放伪军：冬季攻势中，伪军零星逃亡仅滨南102人，特别当我军事勝利影响和积极活動下，逃亡尤多，伪徐继太部去年于時千人左右，到今春去調時，仅剩二百余人。我們在進行这一工作中，成效較为顯著的是：

(1)伪属工作，从臨沭某些新解放的边沿区（如沂滨区）做得也好，該地过去許多地方都是敌伪据点，伪属很多，如李家庄就有伪属约多户，大嶺也有44多户，解放后，雖有部份伪军回家，但也由於敌区視扛平，或者逃跑不成等顧慮，大批伪军仍未回来，因此在許多村鎮中，争取伪军教育伪属已成了他們中心工作之一，村級干部对此做的很紧。工作方式一般採取这几种：A村干部輪流談話，有時开会也講，不耐煩時就責斥一頓；B教育群众說伪军不回来，边沿就不能巩固的道理，所以群众也很重視，新年决歡迎与抗属拜年，同時也到伪属門上亂鬧一頓，形成自發的群众活動。C伪属登記，不断的座談檢查。D政治上有事優待的待遇，如对許慧生、李从林等。

79

，向干商施大群众教育，并跟踪监视的结果，沂滨区的伪属，从去年中秋节到反敌"重战节"的时期中，五四的户减少到30户，争取伪军回家50余人。

③利用惯党薄、黑红关，郭城两政权名号进行登记，通过群众，进行伪属工作，用这种方式建立了三个伪军关系。有个别的不懂知道我们的底细者后也不能不受其影响和精神上的打击，如海陵民兵队长兼办事处主任的高志，由本湾的也向群众他名子上写了几個案点。

4.反敌伪化斗争：以海陵反突击队的斗争成绩较大，斗争开始，我们即争取了主动，及时了解情况，研究了突击队的活动规律：①经常出动，来我边沿，人数不过二三十，特晓敌匪。②战斗力不强，不恋战。③利用社会关系拉内线，插到一地，多由内线配合，勾引。④费用三封信的手段，挑拨是非，瓦解利诱。

我们采取的对策是：①深入揭发内线，布置群众内线监视其行动，截其回路给以袭击，这样突击队每次出动，都遭受到我们小部队的打击。②主力迎其行踪，赶到即给以坚决的打击歼灭。③边沿以武工队、民兵、区中队三位一体结合，经常不息，并部分户口清查成户，实行五家连保以断往来。④在群众中普遍进行政治攻势、除奸教育，动员和教育群众，高涨内奸，这样造成了群众的热潮，严密监视内线活动，对突击队争取的对象，用以信任态度说服动员其坦白，运用这种方式，内线承认了错误，並交代联系窝理，曾有这样的事情，一个小学生为敌利用，别的同学疑其言行，以开展突击争取，並进行了坦白，也有乾它争取就报告活动也，隐瞒嫡弟了他，並进行了坦白，有利用突击队与伪军建立的矛盾，表面上伪装与突击队友好，使其信任突击队，瓦解其工作。

斗争的结果，不但巩固了政治，打击了突击队之面，並且打垮了两个突击队，一部被清剿，另一部内走。

此外，在军事活动与政治攻势的结合上，部分的也取得些成绩，冬季攻势中，在军事活动上一般比较积极，共攻克大小伪据点10个，路楼四（大的战役不在内）

如诸胖孔屋、台庄的战斗，滨南地区的克复等，均以攻势有力支持，尤其是在一些小的动作的结合上，利用关系，配合在进行战斗中，不费一枪弹，相机克复了两个小碉堡，郭城也克复一个路楼；

日照宫庄李的胜部，我部队内装在处割电线，伪军部出，遭我打击，此后伪又专任通敌，使我要便於进行工作，又如反攻成功的斗争，一方面从政治上打击瓦解他的部署，另一方面，在军事上也有强力的结合以与组织同志便衣队，组成对他的封锁，和打击其特务活动，由于我积极活动的结果，瓦解成功的小股伪的小子，通过伪保工作，进行了们别伪军的瓦解，紧

81

伪保持……14，破获特务案件三次，这说明，根据不同的对象或具体情况，我们也灵活采取了不同程度的军事活动与政治攻势的结果。

在这个冬季攻势中，各地武工队的活动，是起了相当有力的作用，表现在他们积极大胆的活动，打击敌之剿清和小部队的活动等，如增城武工队配合部队作战，曾单独缴伪一个中队的武装，清远武工队配合区中队，在牛山附近击退伪五六十人的进攻，番禺武工队配合区中队击退伪军两个中队的突然袭击，在积极活动中，消灭敌上共五人，番北武工队在围困警备的斗争中，始终站在坚持斗争的最前线，武工四队在敌伪极端残剿的严重局面下，仍坚持斗争，东莞增城武工队大胆深入敌区，打破了敌之封锁，并积极配合部队活动，发动伪组织，打击了敌之特务活动。据不完全的统计，各武工队在冬季攻势中，共捕获敌伪特务10名，争取伪军6名，镇压敌军便衣队长一、特务二名，许多新生的武工队由于积极活动，已初步的在敌要害侧翼存在，组织了群众，建立了隐蔽的基点村。

二、冬季攻势的检讨：

（一）在冬季攻势中，各级党委在重视这一工作上，一般有了转变，成绩如前所述，像过去之突击……如增城之凤凰、从化及同十区、番禺北之紧张的反正扩大宣传等，都曾有相当规模的群众运动，其中大队、连南较有成绩，并有些新的创造，这是一方面。然而

82

至回說来老一套的对待政治攻势依然严重存在，表現在优柔不能坚持，缺乏周行重復，对上级指示的精神不去钻研貫徹，对现实情况茫暗，不去研究结合，形成例行公事，满足保守。固然各地在程度上不同，但却是普遍现象，因此应引起各层在领导上严重注意，在执行上急待纠正这些偏向，表现在具体工作中是些什么问题呢？

1、对政治攻势的工作在领导上很不健全，不够重视的偏向，在力量的组织和使用上表现得非常不够活泼，把上级的任务执行起来简单化，有的交付给敌工部门，或政治的区中队，或临时抽调组成宣队去进行，思想部门没有能够把宣傳的各种人吸收进去，成为群众性的运动，所以就有的干部（莒南边区小队长）装病不参加，人家借他的枪，他把子弹留下。临沂、海陵個別部门認为这是额外負担，也有認为是游擊利用的，或应当隔离到敌占区来的。又如沭水的副区小学教员認为是当着那时边沿区來进行宣傳的。由這許多不正确的認識與态度，就充分説明在力量的組成上是何等不够，之当然是缺乏和勉强，事前又不加组织动员，那就必然要形成宣傳的人少，警戒的人多。

在進行中不大胆不深入，在边沿游擊区多深入敌占區少，至於敌偽大城市交通线附近的各方面証明，对我之影响还很深厚，甚至有許多誤解，还不能衝破敌人的思想封鎖。諸城根本就不敢到敌占地區去开展宣傳攻势，怕惹事，尤其对日軍的宣傳表現要无信心。

83

傳達的題向變並傳達到不得反映、

負責同志作了計划，但不肯親自动手，不注意糾正偏向及時改進方式或內容，而頑固堅持這些錯誤觀念。

2. 对伪组织人員为逮捕而逮捕，沒有做到深入普遍的逮捕伪组织，来达到混乱伪秩序、减輕群众負担、使敌人要想打擊的目的，在训练过程中向有很多偏向。臨沭區積極分子（本前廿日）训练等九训练班回来，群众不但会減輕了負担，反而加重了。許多縣份捕来后训练中間留兩回去会計划的，大部沒能進一步的將其成为，在政治上提高一步（有的际提去次的）更好的组织起来，並有造成我开展政治工作的便利条件，甚至有的抓来不派人看管，押在公安局。再如沭水训练中間，不注意分别好坏，致坏份子暗中在纏住，当训练结束放時动員他们保守秘密，而坏蛋即乘机活动說"大家回去后什么也不要講"，並同有的更加坏了，武工队去活动時不接頭，反而开上路村。海陵釋放伪人員時，动員识字班、宪警团、快歌隊，歡送喧天的欢送，美得伪我不分，毋原則的抬高其政治地位。臨沭把城工委之武工队負指八伪人員到训练班去在了解情况，只想到有利的一面，而不知这是暴露自己，有一次武工队同志去臨沭城南关被鬼伪人員碰見，幸未遇險，從这些问题上的處理上都說明我们政治上的麻痹無原則，都会影响到我们政治攻势的开展。

3．在进行伪属工作中，一般是上当是为完成登记任务而做，不是为了达成争取瓦解伪军伪组织的活动，大多是偏重于边缘区别区，而根据地往往被忽略，进行起来不是过分侮辱伪属，便是简单的走过场的形式。临沭×村新年化装宣传队到伪属家门说"这是我的奴才的家"弄的伪属面子太过不去，这固然是群众自发搞的，但也说明我们今天的争取教育伪属主要是为了变成我们争取瓦解工作的桥梁，但这个问题在群众（这不是正确的执行伪属伪属政策的地位的标准，普遍的是在伪属）中是不深入的，并且滨海的村干伪属的目前还是不敢揭露其汉奸家属，而伪属便趾高气扬公开说"干汉奸也是为了混差使"不知这是自己耻辱。

4．开展政治攻势的被动等待。临沂颜向小山东区来伊的对伪军伪组织的离间政策，一度伪内部机构恐慌，干干，暗助敌人组织各门的阴谋，我们发现彻底部未及时掌握，直到敌人欺骗收买一般的内部安定了，和敌人通过群众性的落后性组织起来向我对抗了，这时我们才重视，但已错过时机。

我们的政治攻势大都远落在军事胜利的后面，不能运用胜利扩大政治战果。如年于于冬季打下八个据点，但不能乘机展开对敌的政治攻势在群众中广泛宣传。又如莒县两大股伪军的反正，这不但在我们滨海，且在敌后都是较大的事情，不建东调号口民党的曲线救国，打击和动摇伪军伪组织内部的情绪，本来是极有利的宣传资料，但我们却默然无声，尤其能城莒反正有两个月伪军尚不知道，可见我们宣传工作的一般，充分的表现了机械等待，不善於利用时机，开展攻势。

5.不從实际情况出發，脫离群众斗争（营面边）自国X据点喊話時，伪军在前一天穿上了棉衣，我们去喊話"你们不穿棉衣不冷吗？过年还吃饱饭？"答"誰説我们没有穿上棉衣，我们过年还吃白饺子，不用你们挂心"碰了個釘子，敵笑人家的話也都不好聽了。

对群众的宣傳時，係在洪九县某游击区群众觉悟較差，群众害怕不敢开大会宣傳，而我们不改变另外方式，偏去脫离群众的硬干，营驿边营面往不开门，用火把烧老百姓的门威逼群众出来聽講話，郯城用部隊伍包围着庄子，强逼群众开会宣傳，結果群众都體受到傷損的接済，引起对我们的埋怨。

沭水在边缘的舞台宣傳，固然这种方式还可以採用，但也必須体貼群众，事先讓群众檢搭台子，結果費了三天的功夫，群众非常失望。

6.在宣傳内容上一般化，不能打下组织工作的基础，我们的宣傳，口頭口内容多，標語內容在宣傳技术上八股教条多，当先生面前报告多，群众大多听不懂，因为你和他眼前的利益無关係要，也就不耐煩听，越講越少，講完走完，就是個别宣傳，也光是自已誇々其談，没想到要群众也来談，我们只知道吃飽飯去宣傳，但不知群众挖着餓肚子来聽你宣傳話，講完了就走啦！根本不想（想還沒想）了解群众的疾苦，去亲切接近群众，为群众解决什么问题，以下一步善于组织，只注意开多少会到多少人，散发多少宣传品（海陵离敌占区尚有十里路就散发了宣传品）重量不重质，这种脱离群众的宣传方式与作风仍属严重。

这次的宣传，在政治上还提的不够尖锐，例如揭发了日民党的丧师失地，卖敌罪恶，但对於以我为主的反攻思想的树立是不彻底的，对伪军的宣传不敢肯定的指明今年是立功赎罪年，使伪军为自己前途着想，这一点是不够的。

1.违犯政策破坏影响。

莒临边开展攻势深入到张蓄摧毁伪军据点后将其被子、短褂回，棉花乱扔在街道上，路上有的吃醉酒闹小摊花圈。

莒临边到敌区宣传不拥代金，吃饭骂人家，随队边连伪组织，浑水摸鱼，脱老百姓衣服，这些问题都是与我们开展政治攻势扩大影响相违背的，特别是专门进行政治攻势的去违犯纪律，就更加严重了。

二、政治攻势中偏向怎样产生的？

根据以上在冬季攻势工作中的缺点，可以归纳成这样几点种主要的带普遍性的偏向——

①在思想上的简单化与盲目性，声势不浩大。

②机械看待政治攻势不经常化。

87

③、宣傳攻勢与組織工作的脫节。

产生這些偏向的原因：

1、領導同志在思想上虽没認識到今天的政治攻勢是在希特拉即將死亡，日寇节节敗退，我党我军影响空前提高，国民党之丧師失地，威信大减的新形勢下来進行的，所以在要求上声勢要浩大，深入打破敵人的思想封鎖，降低群众的正統观念，樹立以我为主的反攻思想，爭取人心向我，在政治上打击伪军伪組織，孤立敵人，其意義是由宣傳到組織，扩大解放区，作为反攻准備的具体工作，而是經常反复的工作任务，由於对基本精神領会的不明确，在思想上仍保留着習慣的老一套的方式，陷在狹隘的圈子裡，所以就不能广泛的組織力量，成为群众性自觉的运动，也必然是形式主義的旧固的例行公事，不了解为我政治优势的樹立。

2、麻痹自满不調查不研究敵人，往往对情况似熟非熟，不及時了解情况研究对策，这应由敵工部門负主要責任，对敵斗爭参謀部門的作用向党委负責是不够的，特别被今天的不断勝利所鼓舞，不警惕，甚至否認敵人的陰謀花樣是日新月異的，而時刻不会放鬆对我们的進攻破坏、对群众的爭夺、对伪军伪組織的欺騙、収買，但假如我们隨时隨地注意研究敵人在一个時期的动态，而敵人的這些陰謀花樣反轉过来，就會成为我们向敵人展开政治攻勢的有力材料，所以我只依照材料的素材找敌人的罪害（宣傳攻势的题材）抓紧時機，不拘形式向敌进攻，才能使政治攻势经常化，才能更多的造成我们争取瓦解和争取群众的有利条件。

3．群众观念的薄弱，组织群众必须从群众利益出发，因此我们的宣傳攻势，又是了解（研究）群众的工作，但我们往（在）为宣傳而宣傳，不去了解群众的疾苦和心理，甚至不考虑我们宣傳后收获了些什么成绩，但从没从群众中去听取意见，有何不能解决的问题，对我们有些什么希望，他还有些什么问题不了解，我们和群众商量了些什么问题，提出了什么办法对付敌人，我们不是站在敌区群众的立场上，而是站在第三者的立场上说（什么）如何苦，如何坏……”，虚凉一阵就走了，在我们与群众思想行动上始终是隔离的，由于这种对群众不负责的观念，我们的宣傳始终是脱离群众的，形式主义的，空洞说明不体贴群众痛苦，群众便不接近你，你就更没法找到群众中的积极份子，便无法着手进行组织工作。

（四）结论：首先在认识上不要把政治攻势单纯的当做是宣傳攻势，而是宣傳与组织结合的，整体工作是全党的任务，不是那几个部门、更不是少数突击观点，抽调几个人所能做好的，特别根据今年的斗争情形，是敌人和汉奸主义提出了与我针锋相对的政治攻势，阴谋花样会更加翻新，所以我们在思想上必要警惕，随时准备打击敌人的阴谋，开展不间断

89

149

的政治攻势，操持主动权与进攻精神，在攻势的领导上，各级党委不但要有计划，而要看准机会，亲自动手，尤其要是对敌斗争的基本单位，必须把政治攻势看做是对敌斗争的环节，善于调剂力量使突击任务经常化起来。及时了解情况，研究对策，组织政治攻势，在力量的组织上要广泛，不但把党政军民的力量组织起来（这是政治攻势的骨干）而应吸收各种能做宣傳的群众参加，要在对象与组织中用群众结合起来把责任放在大家身上，一齐动手，利用亲戚朋友同学各种社会关系针对着敌区各所各区，各联系，进行经常及广泛不拘形式的宣傳，造成自觉的群众的性运动。只有通过群众的关系才能与敌区群众沟通，深入冲破敌人的思想封锁，口头宣傳或输送宣傳品，都会有适当的方法，自然声势就浩大有力了，从而克服我们长期存在的老一套方式。

我们强调宣傳攻势与组织工作结合，不是为宣傳而宣傳，宣傳的意义，不单是解析问题，而且指出道路，找到其执行办法，所以说宣傳攻势要为群众开辟组织道路，但又须从群众利益出发，要深入了解群众的痛苦，帮助协助敌区群众的对敌斗争（如反抓丁反抢粮等）不做脱离群众的宣傳，在群众的斗争中来发现积极分子，利用各种形式组织起来，对我们的宣傳对象进一步变成组织的成员，故检查我们政治攻势的成绩，以组织工作的好坏来评定。

90

为了政治攻势进行实际有力不一般化，就必须加强调查研究工作（敌工部门应多负责）选择好时机有重点的进行，克服无计划无目的的盲目性，在时机的选择上除了利用季节和经常的时事宣传外（当然也不是死板的）为了防止规律性，遇敌破坏仍可在时间上机动）在以下的几种情况下都可利用：

① 在伪敌矛盾（如查编伪军）伪与伪的矛盾（如利害的冲突）情况下。

② 敌伪严重摧残群众，我们为了解救群众痛苦（如反抢粮与镇压特务等）来发动和协助群众的对敌斗争。

③ 在我胜利影响下敌伪恐怖情绪低落时机，我为了政治攻势与军事胜利的互相变化和为了更造成争取瓦解工作便利条件，就要及时进行政治攻势。

④ 为了某些伪军的争取或促使关系的向上发展，我们可以选择坏的在政治上严重打击，达到我打草惊蛇的目的。

⑤ 当各谣言四起时（如江东口传的许多谣言）我可进行有力的揭发。

但这些机会都要靠我们深入细致的调查，分析研究工作，不然就是要重复"临江境征"、"马石炮"的错误甚至造成开展工作的更大困难。

乙、伪军工作总结：

一、滨海地区的伪军，数目相当庞大，自去冬十

91

凡右，吾有冀正民、张希贤二次大批反正及小批個別反正共計6140余人，此外被歼1000余人，目前只以能直接為我接觸之偽军計算尚有37900，一军分区26000人二军分区6780余人、三军分区5120余人（計莒县、日照、千于、郯城偽保安隊全部及東海、臨沂偽保安隊一部外，尚有大股偽軍張步云、张洪岳、吕寿先、李相甫、李伯东、楊名忱、楊步仁等七股，另有頑軍梁叔彦、王洪九及姜丽川，姜丽川尚未統計在三万七千九百人數目之內）如以膠濟路兩側尚未完全与我直接接觸之偽军計算在內則尚有大股偽军五股，如蔡晋康（1000人）杜耀亭（[illegible]000人）曹克明（2500人）高壁兼角時耀东（共1000人）則总數仍亦在46000左右，而個別零星的地方武装特务武装尚未統計在内，单从这以上數量上来看，这样多的偽军 争取他们依靠我党我军進一步使其配合我们军事行动，这是一個相当重大而艰巨的责任，由於我军軍事勝利（影）响及政治影响的扩大，偽军大批的反正，甚至正統性質的頑军亦投我们再加上敵人实行重点主義，在海濱地区的偽军中更引起了动摇不安，而敵人亦日益感觉这一形势的严重，根据这一情形在偽军中發生一些变化，根据偽军中情况分析，敵人对偽军在目前的措施，我们大致可以看到如下几点：

一敵人对偽军的对策因偽军之不同，在手段上和步驟上亦有其顯然不同，总的方面說來，对各大股伪军，敌人是以小恩小惠欺骗收买利诱为主，以求得其暂时尚依托于敌人减小其叛离心理，而对其他伪军尤其是保安队则"是采取所谓"恩威并用"一方面予以整编，一方面采取各种办法监视（如特务监视、家属等）而增加薪饷及家属食粮，亦不过是减少伪军对敌怨恨心理，求得便于为敌人所控制而已。除此以外敌人对大股伪军及个别杂保安队的统制更加大胆的利用口特。从下例事实可以充分说明：

1、自冀正民反扫荡战正后，敌人对大股伪军一般表示镇静，并且对各大股内部小部有些物资弹药的供给或给以方便，如张洪君、张步云均如此。又如敌人并派一个中尉到南京给张步云活动第七方面军的番号，尚稳进步作，敌人准备升为十六旅旅长，历徐继太调走。

敌人召开一年来区地区几个大股伪军首领会议，调整和彼此间矛盾，统一对我，以免个个击破。敌人配合伪军与张步云向我进攻，残杀群众，使其更积极与我对立。

敌人对我们与各大股伪军之关系，一般是知道的，尤其是张步云部，但是采取不闻不问，大胆的放纵态度张洪君接受横岸中行纵队的番号，李伯宗新来自大后方口特八人，均以教练名义在部队内活动。吕季光亦有口特自重庆派来，敌人整编郝成伪军后，三分之一以上的干部是与郝成有关或其亲信，伪军长亦为级之亲近。

2. 敌对各县的保安队进行整编，如郯城重新编成四个大队，干部亦改编一部份到县敌人指挥，一部编入杨杰仁部，一部编为三个中队。海陵已实行整编，对伪军薪饷均有增加，伪军食粮的配给数目亦有增加，家属食粮亦有增加（临沂去年每人33元，粮50斤，现增至120元，改为小米120斤，莒县每人增数90元，60斤小麦，日照由60斤马料增至90斤）伪军一般的不使士兵见家属，由伪军干部或什官处——或成立家属委员会统一接见，对伪军谈话者亦受监视。

在伪军中以便衣情报名义，监视伪军行动，或以日特合流分子派入伪军任何职（李宗乔部即有二个伪团长）在日照敌之特务部队甲部队（即特别警备队）有无上权威，伪军普遍害怕不敢动。

以上事实可以充分说明敌人对伪军的策略不同而手段和步骤上的差异，其所以如此的主要原因，还在于敌更加不利，在伪军更加动摇，大批反正情况下，敌对大股伪军深知是不能以军事力量或强大压力能以制止，使促成其倾向于我，如单纯采取分化或同样歧视的办法，又看到今天大股伪军对日特是反对的，同时又存在着相互敌对的实力观点与地方性，以急分化亦难生效，因此唯一办法是利用其正统观念大胆使用日特，即使伪军在日特掌握下，在日寇宪军队不能到达也是无可奈何，同时敌人也深知日特反共这一点上是有

94

他一致，并且积极，这就是敌人大胆使用口特的缘故，敌人更知道伪军有了口特的依靠，更加依我的心理是有某些程度上的減弱，在今天大股伪军，敌人認为是尾大不掉，除大胆使用口特外，还又須進一步欺騙收買以高官厚禄以利誉加以維繫，只要晚反正晚投降，对敌人都有是利的。

对一般的伪军再保安隊一类，因为敌人一手建成，一般很难找出能统一全的军首领（敌人也不使其如此）这些伪军，敌人一般是能够掌握，即使抓的紧一些亦不至發生大问題，但是完全不顧照其生活，亦又在強力压制下会生变化，因此不得不予以物質上少許的改善，以作進一步欺騙之資本，这也可以説敌人对一般伪军所以采取恩威並用的根据，这是敌人对内的一方面，更对我採取一切积极的办法来破坏我伪军工作（如諸城组织四公論，武裝特务捕捉工作人員，大量派特务奔走动員我拉关係棧头（新浦即派五百人）等等——口特係在积极的主动的和我争夺伪军，且口特合流，敌積我争夺伪军三角斗争的形势，更趋尖锐，再口日特作斗争亦为今后伪军工作重要问题。

除以上等点可以説明这一点外，其他如郯城我伪大隊的四個中隊投誠，一方面各大股伪军中普遍謠傳三個月中央军準年入魯，咬牙三個月以及种々捕风捉影的謠言，層出不窮，如中央军到了郯南了，到了临沂以南了，到了黑林了，又如某處來了部隊青衣青帽誰也打不如思

95

机配合中央军来轰炸了等等，无奇不有五花八门，固然有的谣言一般人是不会相信，但在一定时期一定地区也会起到他一定程度上的作用，尤其是在相对的稳定伪军情绪上，也发生一些作用。

自张希贤反正后，我们了解各大股伪军中尤其是一军分区口特在其内部活动或掌握是普遍的，而各保安队亦有统大内部份有口特的活动，在大股伪军中以李香斋部、吕芹先部及我县积极，基本原因即口特掌握亦最有力，其余各零部，口特正在开始求得掌握，但在我力量压迫之下，又不得不与我疏通。

这些口特所以能存在活动于伪军中，一般可以看来这样二个来源，一为成立伪军或投敌时即在伪军中存在者，一为口民党派来，这一点自莫正民反正后表现更加明显，在敌人之「反正叛背工作对策」一文中，亦特别强调提出我开展伪军工作基本不利条件就是「口共相剋」

(三)全滨海区的大股伪军，不论其为投敌之编军或其他大股其地域性特别大，即如梁麻子的部队，脱离地方亦不受拥包（如梁去年南下去兵大部逃亡只余三百余人回部后又扩展到数千人）极有浓厚的宗派观点，谁威胁着他们就反对谁，谁靠去他们又不得不屈服于谁，处处为保存实力着眼，因此虽然伪军中普遍有口特之活动，但他这种动摇性是给了我们工作以很多方便，除个别几股如梁麻子、李香斋、陈成功、杨步仁外，一般的伪军这一点表现得較为明顯，这种动摇一方之說明了伪军对敌人無信心和对日寇幻想不能实现有关係，但是另外一点，今天的伪军首領不論其过去成份如何，由於掌握一部武装乘火打劫，大発其财因此今天他们是都成了新兴的地主，資本家有了地有了钱，这也不能不促成他为了保持自己的财产而顾慮到将来的前途和所以能使他们"發财""坐官"的装武目前的安危。尤其是打了酉保之后，一般伪军深感雖是反八路就会吃眼前虧，敌人的支援是不能依靠。而在一般的伪军中如各保安隊，敌人仍以培植心腹之日特关外人求得掌握，全濱海区各縣保安隊除郯城敌人不得不利用日特外，其余各縣一般是如此的，如在莒城敌人成立三個中隊为模範隊，海陵敌人在地方上新成立的中隊每班派特务一人任班長或付班長。

(四)敌对大股伪军除上述办法外，能分化者尽力分化之，如张洪以被敌人抽调一個中隊至青島，坚决为敌奔走者，如楊步仁，敌人則更加大胆的培植使用如杨成立十六旅，並將保安隊一部充实其编制，对一般的保安隊除日特公开隱蔽的监视外，並力求稿干加以整頓（以上事实亦可以說明）大量採用外來人（关東人居多）作军官。

(五)伪军中的矛盾是錯綜複什的，一方区地区各大股之间都是各自盤据一方，相互排擠或吞并，促成自己势力，扩大自己党羽，張希贤反正后，曾有七大

97

股匪内部首領各領兵去，而各股之間又絕不能一致，因此敵人今天对他们之間矛盾，基本上是开始調整緩和使其一致对我，勉強合組織敵，而各保安隊之中本矛盾甚多，敵人主要是採取派系的分头掌握，將這些矛盾利用起來。如日照保安隊名雖統一，但實際分成三個派系，一為朱信三（朱信齋之子）一為厲成功（日特）一為丁介夫及縣長邢光家（日特）這三個派系相互之間矛盾極深，而敵人則分头利用，使其各据守一方，敵分头利用。如莒縣内保安隊整編后，一大隊付和一中隊長不睦，敵則允許中隊長再扩大百人另以另外大隊名义以便分頭掌握。總之敵人絕不扶養全縣保安隊一個能統率的人物，以免尾大不掉。

（下接二十頁）

98

二冬季以来伪军工作是有了成绩，這一時期中有較大的两批伪军反正及張步云一個營的投降，造成了伪军情绪更加动摇不安　在一分区地区的大股伪军工作是打开了大门，在军事政治的結合上，莒城战役尚属較好的一次　开始試驗了稽查外县，在伪军两面派工作中开始注意了群众路线的执行（以二分区較好一些）并开始关心了打入工作，以上這些成績的取得，是党的政策正確执行和具体化的結果以及全体敌工干部努力。

但這一工作还离我们的要求太远，在工作中尚有保守停留的状态在关係的数量上来看是有收获，但在質量上尚未能更多的提高並且两面派极少的关係数目与伪军数目相較工作程度還要求尚在工作中盲目現象仍然存在，以上這是冬季来伪军中两面派工作的概括説明具体问题分述如下

（一）两面派的发展，教育，与巩固问题：（办事处未包括在内）冬季前各军分区共有关係140個（伪军137伪組織3個办事处除外）冬季关係发展88個（伪組織7個其余为伪军）冬季断絶46個（失联系27個，回家10，投顽4個，被破坏3，与我疏远者2，）使用了81個（莒城战役），現有144個冬季前没革命两面派关係，現有真正两面派5個（在144人以内）

从以上数目字中看来，冬季来关係是有了发展但臨在发展的88個关係中，一般是見过面，除此以外还有大量的线索和未見过面的关係未統計在

内（只二分区则尚有59個）這說明了這种发展是扎仔群众路線的开始，但关係的断絕数量亦是驚人，在革命两面派的培养上雖还非常差，但还有了开端。为什么革命两面派未能更多的培养起来，关係的发展还不够快，為有关係还出大量的断絕呢？从這几个問題中，可以看到下列：

1，大量发展关係必須首先克服敌工干部的狹仄观点和神秘化的现象，深入群众中在社会各阶層人士中進行广泛的活动調查，闭守机关，或專门接近上層人士是不会有大的成效的。

过去我们很多敌工干部，不願作更多的活动，在一定地区很隱蔽的住起來，這种隱蔽是脫离群众的孤立自己，否则就是張揚旗鼓使自己住处类似小机关被装上近似上層，我们接近的人物也只是上層很少接近基本群众和其他阶層，結果很多的線索不能发觉，只接近上層对了解一些事情往往是很少的，使自己在群众中突出孤立，如海陵敌工干部在檢討群众路線之后，关係发展的很快，一个干部自己說一月的光景比过去一年的工作做的都多，如临泽找到了一个商人就发展了五个線索与关係，這就說明在专門工作上过去是缺乏重的关门现象，這种现象的注意糾正，今天在滨海区只是开始体会还很肤浅，這是今后值得更加努力的过程，再則我们一個小站的設立是为了开展一个或数个据点的工作，我们一般的现象是小站設到据点附近几個干部來往围繞据点，結果時向消耗了線索

100

也找不到，干部也发生了苦闷，我们并未能先調查某一据点中官兵的籍貫，何处人最多，一旦了解后即直找到他们的家鄉去找綫索去找关係往往是很好找而且很多我们发觉伪軍的故鄉而实行渍透利用伪属或親友是事半功倍的，如張步云部之張盟团在莒中渍透綫索很多可以利用，如張步云部之張天海旅多为蒙陰一带人，有些曾到蒙沂一带網罗結果收效很好，又如工商部门有很多貿易关係可以進一步利用，党内外大量接受綫索指示都未被重視，總之這些問題都是我们在領导群众路綫的不够，而自己孤立自己将這一工作加以縛束限制，這也是我们的关係还不能大刀阔斧的发展的主要原因。

2、关係能否鞏固提高能否及時使用，真確深入審查工作是決定的关鍵，同時也是对我们干部工作上思想上的考核，這样不但可以及時发現关係对我们的动搖欺騙造謡予以考驗而在工作中更可以使我们精力集中不被一般关係分散力量，使对策更明確具体不一般化，進而发現我干部中的思想上偏差及時糾正，加强思想上領导求得組織領导与思想領导更密切結合，這也是更实际的对干部進行实际的策略教育，今后的关係在上级已經提出要進一步考慮其应用，我们須進一步的真確審查工作将這一工作成为一种經常的制度。

在冬季中，在一、二軍分区進行了一次，但还不够深入二三分区尚未進行開斷絕关係的教育可以充分說明這一点，在一二三分区審查工作中可以看出下列几個問題。

(1)認為這是突击工作平時不满足于关係和平关居对关係人的一言一行不加分析因此在審查的時候毫無材料這样的審查必然是粗枝大叶的，带有浓厚的主观成份。如二分区認為是較可靠的关係反而投敌，一分区在審查关係時我干部將審查登記表帶到临桌中去一面问一面填写，這样的審查对工作帮助不会大。今后我們每一個同志不能满足于一定時期的審查，应在关係的一举一动中看問題。分析其动机，在一定時間將這些材料有計劃的对照从正面，从側面，从行动中从現象中，尤其是在各种情况变化的時机（如外界形势，敌伪內部，敌我斗爭，以及关係的快乐与烦恼等）經常不断的了解材料這就需要我們的干部有目的和关係見面，有中心的教育有計劃的去考驗，這样才能发現关係的本质。掌握其变化。

(2)審查关係应特别注意其出身成份及某投敌后之变化，這样我們才能深刻的認識到他所需要的，他的切身利害与目前形势之关係（动机）針对确定对策，如郑城十二中隊他的动机是依靠我们利用我们的力量打击田六，但我未能將田六消滅他又利用绿林与田六的矛盾，投绿林以打击田六另外他的財产在我一部在敌地区，一部在绿林手地区於是他又往两方分开，其父来根据地大量基于不考

102

应付我们保持其财产，八百短洋，结果我们未认识清楚，盲目的乐观迁就，结果十二中队为麻子争取去。这说明未认清其土匪成份反复无常的素质。

③克服对关系神秘化的现象，不说姓名，地址，性别，可以展开讨论，分析关系的动机与本质以便集思广益。更正确估计其发展的前途与如何使用。

④今天敌人大胆的使用口线口炮，敌人以革命的面目出现主动的破坏我们的工作，必然更会广泛采用，这也必须不断进行关系检查及时识破敌人诡计。

3、使伪军中的两面派工作求得更广泛的普遍的发展，还必须善于使用各种力量及争取培养更多的外围人员。

①在冬季以来外围人员有了较多一些的发展共有64名（一分区17，二分区38，三分区9），但如果以今天的敌工干部数量来说这些外围人员的争取还相差很远，我们三个军分区共134个干部则约两个人团结一个外围人员从这个比例中说明大量培养外围人员还只是仅仅开始，甚至说还未被我们严重的注意起来。如果今后我们仍和以往相同，不知培养大批工作助手工作是仍然不能打开停滞的局面，这是一方面，另外虽然在今天有了少数的外围人员的培养，但对他们使用上，还表示我们不够大胆（当然必须警惕）有些外围人员的具体切身问题未能解决或解决的不

103

（43）

适当，如地区开展后，对外国人员因与评奸有关群众斗争问题，或者我们利用群众反对甚至斗争，也有的敌工干部不分对象，对他切身问题的解决作了绝对性肯定性的答覆，（如有的外国人员因逃脱群众斗争或其他事项而愿为我工作者）结果这些问题都使外国人员中个别感觉到我们是过河拆桥，另一方面对外国人员的有计划的培养还未被更加重视（只一些分区有计划的训练了工作人；）不能使外国人员逐渐扩展更多的成为我们的打入干部或基本干部。

②对各种不同力量不同组织的掌握和注意还很差，这不仅是说明我们还不善于执行群众路线，也是敌工干部的单纯化，狭隘观点或不大细致，如参议会，敌区党的支部，工商机关，不善于推动这些力量，组织这些力量，尚未采用利用各种封建落后组织开展工作，敌工部门不是采主动的态度而是等待或不善于掌握各种不同人物一技之长，满足于单一个小的干部，如果不能使自己成为一个中心团结很多不同的人物共同进行工作，一个人的精力是有限度的。

四、关係的发展与巩固，在抓紧一切机会，这些时机一般是来自三方面，一是时局形势急剧变化时，二我们促进的或制造的，三敌人内部造成，如果抓紧这些时机，往々是事半功倍的。比一般的情况下好的多，如临沭一个大队长宋延邦因其妹与敌特务高桥德茂的关係曾疯狂一时，后高桥离开，则大受排挤，后我了解详情后即直接

104

派人去谈很成功并规定了关系，后不久即为鲁南解决，他们与我有关系立即交枪。从这一事实说明当其疯狂时关系是很难建立的，但在其四面楚歌之际不但可以树立关系同时很短的时间还表现很好，这就说明我们很多同志往往不了解情况主观的教育关系不看对象，一般的教条是不能提高关系的，正如一个敌工干部反省所说：第一次见关系人是只隔口内大道理讲讲其说一番，第二次东西是没的说了补充补充而已，第三次则更没话说了乱扯一阵，这样不切合实际的不分对象不分时机效果不会大的，而我们丧失时机的现象亦往往发生。

(二)应当是善于发挥一切关系或外国人员一技之长便于军事上的行动。

如临沭了解了一个人从张里九部回家者，他与许兰生有关系，于我们动员他回到张里九部去，写了一封假信，就说另外成立了一部份游击队，到张里九处去，让许兰生派部队送去，结果仲学要当我们部队开前去，但在许兰生正在开门之际，我部队发枪过早未能成功，这件事充分说明，我们对任何关系或外国人员不当的使用，和切合实际的估计，就会成功的。

(三)打入工作是巩固关系和使用关系的保证从冬季二大股的开展正中，充分予以证明了，在冬季打入工作已开始为我们所注意，计冬季共打入派入人员29人（一军分区4人二军分区15人三军分区9人办事处不在内其中党员4人其他的为

105

外国人員教育后打入）在這一点上來說成績是比过去較好一些的今后仍是我們努力方向之一，在打入派入工作中我們体驗到如下几点：

1、打入工作是絕对秘密的，打入進去以后，一般是在下層事实也不可能打入敌人中去就有高的地位，因此這种对象的选擇是着重于外国人員的培养教育進行他的作用：

①是利用打入工作者建立我不易接近的敌人建立关係。

②有些关係不易联係利用打入人員維繫

③了解情况在內部進行工作，因此除非在必要情形下，我基本干部（有能力進行敌伪工作者如今天小站的干部）不採取打入的办法，這様人員一般在敌友区选擇。

派入干部一般是經一定关係介紹進去后可能立即獲得地位因此以我基本干部为宜同時派入干部位置不論其公开的程度大小，這种干部的基本条件是政治坚定，忠实的人員，因他一個人的言行是代表我党我軍他本身的好坏，直接对我政治影响甚大。

2、打入的方式，一般是以社会关係为最普遍，其次則利用敌人拉了進去，其次是向控打入的組織中造新轉入了組織，或利用苦肉計为造假投降，如小、則利用假投降的办法打入失去联我們系統去除以有力打击

3、对打入人員事前必須進行保守秘密的教育，及应付敌人的技术，如臨沭一個打入合

105

志进去工兵即进行召开士兵座谈会，引起怀疑，使这一们关系解释又隐藏下去，又如打入敌特务一个同志，被敌特说了几句话而探出实情后回与特务关系时又说出，事前只有考虑到这种情况予以教育，以免暴露或不敢做工作。

4，对打入人员的工作要求应以打入人员之不同，地位之高低予以不同要求，否则不但影响打入人员情绪，不易暴露。同时应给与政治上地位使其能忍辱负重，如二里分区一个打入人员我们利用其与伪军官有仇报复心理打入进行刺杀，打入后伪军提防，他以为他不能报了仇，这都说明我们政治上动员的不够，问题谈的不深刻具体。应作列为教材使用。

5，打入人员的交通联系与领导方式是打入工作最重要课题，事前必须很全面的考虑到情况规定联络步骤的工作办法，否则往往失掉联络，打入工作无效。二分区即有二个人打进去后，即失去联络了，今后应设群众性交通站及设专门政治交通，并负责口头传达上级指示。另外在领导上应深刻注意必须是单线的转入内线领导，在外面领导亦会暴露，这一点应为我们的光荣任务之一。否则会影响打入工作的安全。在今天伪军生活条件低下，对打入人员应从政治上物质上更好的照顾，因为他们不能敲诈如是单只依赖伪军薪饷，甚至生活都不易维持，政治上应不断督教，以防止打入人员的善向与政治上受坏环境熏染。防止陷于腐化。

（四）上下层关系的组织问题应特别注意上下

層工作混淆否則对上層工作是一个刺激，使上層認为我们是不够仗义而下層則是抱着命自服从認为上級有办法不再和我们拉关係了，今天已經有些伪軍上層份子，利用与我拉关係来巩固其部隊为了上下層的發展必須上下層工作严分开同時在下層中去切实進行去强調当汗奸之不依靠别人找出路走自己争取光明道路的教育以免其上層对下層的欺騙使下層工作增加困难

2，上下層工作是相互发展相互保証的关係，上層打开不但保証了下層工作更便于开展亦保証了我工作活动及敌工干部的安全，而下層工作的开展，又能控制上層更多的了解上層，影响上層便于使上層的進步提高，只有上下層工作同時开展，這一工作才能真正做到得心应手，固然在今天新的形勢下上層工作是重要，然無下層工作基础往往是很难求得我们完全控制如冀南臣良的工作在去年秋季敌人大扫蕩時曾一度抄相和完服宫城，但上層是猶豫又無更好的中下層基礎，結果工作毫無保証。

（五）在目前形勢新的发展下对典型地方实力派的大股伪軍（地域性大，重視实力及身家财产，有很厚正統观念，口頭能公然持在活动，但不能完全掌握者）是我们爭取的良好对象，進步对象的爭取工作中有如下体会：

1，对敌人不信任深知不能作依靠，对中共党有好感又是这并不能說服对我本质上是反对但又不敢在這种极端动摇的情形下，它是应付

絶不敢走任何一条絶路在這种情形下，并經疏通即大胆的採取直接与其談判（当然經过一番了解）易能成功尤其是我們力量稍微的威脅逼他們的情况下，因此他這种动搖的本质，我們应充分認識并以各种不同的办法（軍事政治經济）促成他這种动搖的本质发展

2，派入干部的派遣及联絡站的广泛設立，应为任何大股伪軍必不可少的条件，但必須充分　解釋一般伪軍对這一点是有怀疑的，認一向國府发生的作用：

①督促推动其進步，广泛开展文明交工作扩大党的影响

②深入的了解情况及時确定对策

③以半公开工作上層工作，打开基層工作开展的門徑。

④便于与口頭伪斗争及協助一切公开工作之开展（如交通掩护，政治攻势，武工隊活动等々）

⑤解释与我各种糾紛，减輕其对我仇恨对立心理

3，這些对象的進步，是非常動搖的，但又不敢死不回头，因此对這些关係的掌握和運用使用必須是在我們掌握，還是，村長（当然方式应很好注意）因此必須抓紧時机選擇時机，有意的制造這些条件（造成其种々困难，如在經济上，地区上，与敌伪矛盾上等）促使其他幻想，他才能逐漸就範，給你為工才不亂之言，想

説服他，劝其他走上進步的道路，都將是幻想，正如冀西民某地山的説在反正前后誰都想投八路雖是王八蛋這句另説明了他的心理。

在今天新的形勢發展下，要求我们全体同志对伪軍工作应有新的認識，在中央号召树立内互外合思想，伪軍工作將成为任何战役組成部份之一，其實也必須將伪軍工作更发揮他一定的作用，因此這就不能不使每一個同志考慮到每個关係的使用，两面派工作更普遍的发展，只有两面派的广泛发展，才能有更多革命两面派的出現，才能在急劇的情况变化下一般两面派关係同樣也能更多的發揮其革命作用，（过去經驗証明在一般两面派在关鍵時候会变成革命两面派的行动）但進一步的考慮到关係的作用有保証除大量发展关係还必須深刻注意使其巩固，只有巩固的革命的关係才是“樹立外合真正資本。只有体會這种精神，我们的工作才是在发展中巩固在巩固中又求得发展。

第三部份冬季攻勢中的日軍工作，

甲，收获

日軍工作通过群众，這樣一种工作方法，已經在某些地方表現出來。过去我们在日軍工作中是不通过群众也不发展外围人員的，仅仅就是几个人進行一点不經常的工作，但冬季攻势中個别地区在摸索过程中已經开始发展外围人員与交朋友的工作。如三軍分区发展了一個土头的关係和一们[illegible]，[illegible]情况，送宣传品收集反映。虽然仅仅是萌芽状态，确是一条正确的道路，是一条进一步开展敌军工作所必须走的道路。

冬季攻势以来，我们散发了16000份宣传品，300个慰问袋，喊话8次，标语30条，当莒县战役我在城内街上写的「内容是当兵的，赚钱是当官的，牺牲的是人民，幸福的是大资本家」。二次被俘去的士兵看了之后曾很惊讶的讲（现在敌伪的士兵对我们这种宣传都有这种想法）。又十二月初一，我们把宣传品放在路上，敌官命士兵拾起带着，但敌以后再收回去，但有些士兵只把大的交上，小的自己私留下。在自我们送去慰问袋之后，敌人分遣队长回一信说：『谢谢你们的慰问袋，已收到了，你们很辛苦，望珍重身体。羊角未男（签字）』，第二次又送一慰问袋和酒，又收下，并回给我们两包点心，十二包烟。第三次又送去一桌酒席，但已被他们上级发觉，该分遣队长羊角未男被调回去了。这样我们一方面扩大了影响，而且也疏通了感情，引起士兵思想上的波动，因此羊角分遣队长才被调回去，在工作过程中不仅创造了方法，扩大了影响而且锻炼了我们的干部，进一步体验了革命真理，提高了工作热忱和能力，解放联盟的同志一边工作一边学习研究写宣传品，有的他们说过去在日本军队内不敢说话，现在在革命队伍中能够[illegible]，这就是革命真理，小林和田同志在当喊话中嗓子都哑了，情绪非常高涨。

51

乙、缺点：

一、我们的日军工作成绩不大，这主要是因由于我们信心不高，思想上未加重视，还有模糊观念！

（一）认为日军工作的对象是日本人，有民族隔阂，语言文字不一样，不如争取伪军那样容易，对伪军工作两拉就拉过来了，对日本人一个兵都不容易拉过来，宣传了收效不大，很少向我投诚的，由于这样就放松日军工作；

（二）以为不会日语就不能作日军工作，或者认为日军工作是敌工干事的事，是会说日本话的人的事，不会日本话不是敌工干事对日军工作就不积极了。

（三）认为日军内部统治严密，有高度的法西斯教育，不容易争取过来，

二、由于观念模糊，强调了困难，所以就忽视了连续深入的宣传工作，和组织工作，日文宣传品发下去搁很久散发不出去，虽然散发了也不是细水长流，真正的把宣传品送到日本士兵手里，发出去石沉大海不去耐心的搜集反映，跟踪追踪而是一下撒出去，有些落到伪官手里，甚而有被送宣传品的外国人员或是群众欺骗了，如曾北过去送宣传品埋在地下，群众耕地耕出一大捆，真正送到日军士兵手里搜集到少量的反映就感到满足，而不跟踪追踪，连续宣传，进一步寻找线索建立组织关系，这样就使我们的日军工作始终停留在单纯的宣传工作上。

112

三，由于不重视，所以敌工站的组织有的不要了，过去每区都建立日軍工作小站，有的認为建立了小站没事做，把力量浪费了，或者認为我们没有会說日本話的，日軍工作站就不能建立，目前各县日軍工作站是不健全的，有的县简直没有。

113

組織領導總結

一、以區為对敌斗争基本单位的一元化领导

（一）以积极的进攻的精神，（敌进我进的原则）坚持边沿开展对敌斗争在党的一元化领导上是首先掌握住的一個原则。在这一点上是有他的成绩如各武工隊的组成，有計劃的政治攻势开展，和区活动剧团的开展（如唱、剧、话、话筒、话剧等），这种精神今后应大大的发挥，但是这种精神还不是普遍的能够掌握和坚持，尤其是個别分区或县还未真正领会，甚至消极防御而退缩的干部，因此，还有很多的边沿分区不积极向敌区前进只活动了几個中心庄村，放弃边沿庄村工作的进行，如北上湖区已全部退出被敌人伪化，在凤台一带尽是伪化，这种现象是值得警惕尤其是今天敌人实施重点主义的情形下，

另外由于这种精神掌握的不够，往往表现了我们的斗争是时紧时松，敌人紧我也紧，敌人松我也麻痹，是极端有害的，如于寺反突击队就是最明显的例子，纳一总解而庄品被突击庄被突，这应当是我们的教训，不但松懈麻痹会吃亏，不采取进攻的精神就不能争取主动，

（二）敌人重点主义实施后，斗争更加尖锐複雜，过去的成绩已不能满足必须以新的姿态迎接去一套有群众性的对敌斗争，

1、任何边沿分区或县对敌斗争应是中心任务，重视边沿开展这一中心不足步骤不合重点

114

的深入工作如因前反特反叛门的问题应为任何边区高度重视起来。

2，不断的研究敌人，组织自己力量使边沿各区一元化领导加强起来這是加强统一元化领导的基础，边沿区任何工作部门对敌斗争的任务不能与其经常任务脱节，应認識中心任务不是那一个有关部门的职责，而是大家的任务任何部为与个别部门帮忙与不分部门经常工作分开是不对的，如过去在边沿有的和中心区一样佈置工作，结果不但影响了对敌斗争无力而其经常工作亦未作好（如查减与对敌斗争）否则就是轻重倒置，就不能使各种力量结合，這样结合组织力量的责任各级党委应很好的负担起来。

3，上级有指示进行突击，突击结束后就消云散，這样政治攻势就不会深入有力，必然是教条不实际的，今后要善于抓紧每一敌人弱点，不失时机的进行工作上级指示就动一下大的事务就动一下這样下去将打不败敌人，需要我们应当了解突击的发起的时机应从经常工作中去求得，不是机械的，

二，组织领导与思想领导的结合，是提高工作效率的基本办法只有工作上抓的紧不内流才能及时发现干部中思想上的偏差，只有及时纠正干部中思想上的偏差，才能保证工作的高度热情在冬季中我们对思想领导是注意了，但还不够這表现在：

115

(一)对敌工干部政治上的教育训练问题的解决

5）

还不够，但别敌工干部说自己是"残酷干部""独立团""夜行军"

(二)右倾思想普遍存在。

1、表现在工作中对关系人还就不大胆的斗争，欢喜和平共居怕纠纷，在关系面前表上被牵骗（如郯城十二中队工作其他这类例子很多），被麻痹不从本质上认识关系被关系迷惑过份相信关系。

政治上不能占上风，不能强调汉奸可耻过份原谅他的罪恶，在关系面前示弱将自己的关系人当面又不能讲了，

无原则的讲信义，平时不[illegible]斗争实在，说话无伸缩余地，只知拉私人情感忽视建立组织和上级威信严重的享乐观点有，在不顾环境去往[illegible]里唱着"一天[illegible]

2、根源：

在敌工干部成份上小资产阶级占绝对优势占70%以上，这是产生右倾思想的主要根源，再加上对敌工作环境政治上要留着，更缺少实际的策略教育。

环境艰苦引起了享乐观念的发展，觉的生活不紧不能及时觉悟于是产生了怕与关系决裂危害自己的安全因此而利于我们的据点也丧失了本来主动的地位而变成被动无力，对斗争的认识机械单纯忽视了政治上的斗争及斗争方式的多样性，认为只有军事上冲或严正的批评是斗争。

116

在客观上我敌工干部比较缺乏经验，不能应付这

些伪军中的能有杜丹经验的首领再加上在领执上未注意干部的思想领导工作的内的为谁工作不明确而回情去作。

3、这一倾向产生的结果，予我们的危害极为严重，使关係长期不能提高（如1937年的关係今天更疏远了我们，我们认为较好的关係投了敌）；另一方面在干部本身情绪不稳定，不安心，工作热情不高，今后必须每一个敌工干部深刻反省并从组织上加强，一切工作首先从思想上解决予以启发和鼓励，另外加强组织生活的管理与次强调工作与整风结合，反对在工作上不能整风的想法。

（三）技术观点神秘化，暴露突出的现象仍极严重，因这种情形在冬季来敌工干部被捕二人，牺牲二人，武工队牺牲四人，被捕一人，由于神秘化技术观点使自己孤立起来将工作限制到很小的范围，不能团结多方面更多的力量和依靠群众力量上去打开自己工作的局面。

三、敌工部参谋作用的发挥

（一）党委对敌工部门的领导上是有了转变，但这种转变尚不普遍，领导上的放弃和自流现象还在个别地方存在如××，而敌工部本身亦未能更多采取主动供给党委情况，提出工作意见，消极的抱怨现象还不少，这种不协调的现象对于统一化问题上是不会有帮助，当然有的县是有了很快的转变如日照，在冬季中党委在对敌斗争上是加强了领导。

117

（二）为了充分发挥敌工部的作用，首先要求敌工部门力求主动采取积极的协党负责的态度，经常向党委提出工作意见，联系各地部门，求得问题的基本解决一元化领导的加强要求我们敌工部门首先要积极主动地照顾全局，切实做到在对敌斗争上的参谋作用。相忽视是责任心不强的具体表现应克服之。

四、党委必须把对敌斗争与建设根据地並重的思想树立起来，要负有一定的时间和力量来领导对敌斗争工作。那些自己斗争实践而的党委负责同志说没有经验，不了解情况，是放松了自己党领导总任务中的许多工作一面，也同样是对党不负责的表现。因此我们希望各级党委（特别是县委）要切实做到以县为对敌斗争的单位向群众学习，党内开展对敌斗争观念教育，而一贯忽视对敌斗争或不领导这一工作者，我们必须从思想认清一切斗争为了战胜敌人平时水平过高有精神紧张不正当的病态。同时也得认识敌工部门是党的对敌斗争执行的部门，不去管，不愿管，不多管，不解决具体事情，不关心生活，不深入自己领导下的工作範围时，在生活上也不去相照顾，如是一般干部待遇问题也未给予解决致干部引为不满的情绪不高，所以我们必须在政治上生活上学习上，工作上加以重视，保证问题亦得以解决和政治条件经检查后应保健费，文件与组织部门也得同样待遇，勿分差别，求得具体问题能及时得到解决与处理，以发挥对敌斗争的积极性与主动性。

118

夏季政治攻势任务（四月一八[illegible]）

一、在夏季任务提出之前，首先应考虑到几个情况的变化A，希特拉（勒）最后失败及其对各方面的影响B，敌人重点主义亦将更有力的展开以挽救其垂死局面C，我们反攻前的准备……工作时间更短促，根据这种情况说明我们夏季工作，更有其重大意义，我们应当是争取时间争取一切机会完成我们反攻前的准备工作基础，打垮敌人重点主义，为此：

（一）继续深入的开展政治攻势，坚持边沿斗争[illegible]化敌人重点。

1、除纪念节、七七、八一三几个节进行攻势外，而主要要求各地善于不放松任何时机，有中心有重点有步骤的进行工作，在宣传的中心内容应强调宣传以我党我军为主的反攻以打击正统思想，政治上打击汗奸强调立功赎罪机会已不多，协助[illegible]争取两面派之开展。

要深入的作调查研究工作，打破过去一般化，老一套不与实际密切结合的现象，只要了解情况，详加钻研，与群众实际利害结合起来去一套一般化的现象会纠正，这也必然与细致工作结合起来，而后可针对每一具体事物、对象、地点，展开攻势如鲁中军区政治攻势是值得我们学习的

119 2、每次攻势的进行，步骤应具体，目的明确，反映的搜集应搜集一些对我攻势的意见才能看出我们的攻势是否与群众团结改进工作，而后有的工作应决心纠正，这样才能成为群众运动

要求群众回来而不是另外的。

3、争取出门工作应为各地重视注意，依目前敌人阴谋诡计来看，这一工作如果疏忽，而造成群众与我对立的危险各种党委尤其是有出门广大的地区，一旦发现应立即有对策组织专门攻势及干部进行工作已有的做到能掌握，开始萌芽者阻止其实发予以瓦解分化。

(二)、目前在形势新的发展下伪军工作有其更重要的地位已成为一般军事行动中不可缺少的部份这就要求我们大量的开展两面派更多的培养革命两面派克服关係大量断绝的现象。

1、在胆大心细的原则下大量培养外围人员使用各种力量，发挥各种组织的作用（如三教九流，从我们党的组织以至各种党外组织人员的作用积极参加）在外围人员的培养上每个区干部都能掌握二十人以上的外围人员并逐渐提高做打入工作成为基本干部，

2、打入工作是改变使用关係的关键各军分区应有计划的训练物色大量派遣，任务要具体明确，适当及时予以政治上鼓励，以其任务完成情形之不同予以适当物质待遇（应经上级批准执行）切忌收买观点。在数目上每个小组能做到掌握二人以上打入人员在打入人员的交通联络上应切实注意有几种不同的办法并建立群众性的交通站（不脱离生产为原则）或必要的政治交通，我们的干部尽可能争取派入工作，在领导的方式上不求转入内线领导。 120

3、敌伪关系审查，成为经常的制度，使每一关系的动机类型弄清防止敌人及动摇两面派的破坏，并从实际工作考验我干部思想加强时事教育，各军分区各县应依敌工手册制度规定建立档案制上报并不断与关系以考验使於将来之用

4、各级党委对各该地区所有的伪军应重新分析其类型（如顽伪伪军，杂牌伪军，地方实力派，及其政治倾向）作出方针对策与工作步骤。

5、各级党委对各该地区[illegible]策

5、敌工干部力求职业化和隐蔽，应经常变适当调动地区以免遭受损失，敌工干部本身加强时事学习，尤其是组织掌握伪军反正意义

(三)加强对伪军宣传工作并与瓦解伪军组织工作，

1、提高信心认清敌人今天的形势的不利反战情绪之增长纠正对伪军工作忽视的现象。

2、建立伪军小站每军分区一个县区一个，

3、物色培养能接近伪军的外围人员，

(四)开展反特斗争，加强武工队的调整与使用

1、小部队，民兵，武工队，三者密切结合打击敌人小股武装游击扰，（参考区党委军事政策指示）

2、善于了解敌特口特阴谋，不失时机的予以揭穿并慎重的进行打入争取工作，

3、武工队使用调整问题（另见指示）

二、为了保证上述任务之完成须在组织领导上加强

(一)各级党委应重视敌人蚕食主义的实施，警

61

暢起來，重新檢討过去对敌斗争的观念，深入研究掌握唐政委总結的精神，

(二)經常研究敌人研究自己，研究群众争取领导上的主动，独立自主的指揮，組織結合我们的力量，

(三)敌工部本身主动的供給党委情况，提出工作意見，請求指示，任何消极的拘促是不能解决問題的

(四)加强敌工干部的思想领导与工作领导結合起來，

以实际工作克服敌工干部的右倾思想，求得敌工干部政治上业务上提高一步。在实际工作中学習运用策略。

……

122

中共滨海区党委、滨海军区政治部关于夏季政治攻势的补充指示

（1945年5月10日）

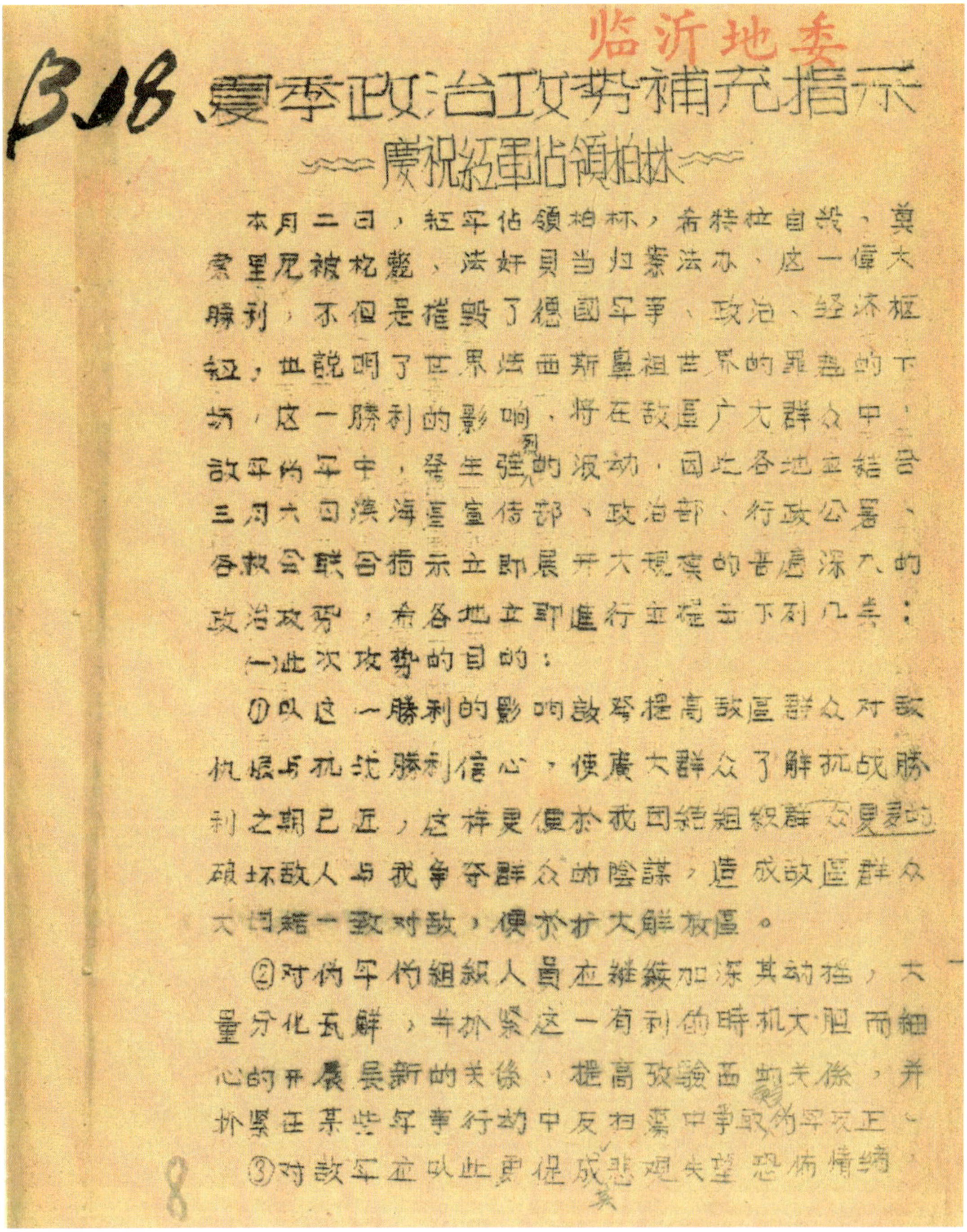

临沂地委

B.18、夏季政治攻势補充指示

——慶祝紅軍佔領柏林——

本月二日，紅軍佔領柏林，希特拉自殺，莫索里尼被枪毙，法奸貝当归案法办，这一偉大勝利，不但是摧毁了德國军事、政治、经济枢紐，也說明了世界法西斯集团世界的最后的下场，这一勝利的影响，将在敌區广大群众中，敌军伪军中，发生强烈的波动，因此各地应結合三月六日濱海區宣传部、政治部、行政公署、各救会联合指示立即展开大规模的普遍深入的政治攻势，希各地立即進行并注意下列几点：

(一)此次攻势的目的：

①以这一勝利的影响啟發提高敌區群众对敌仇恨与抗战勝利信心，使廣大群众了解抗战勝利之期已近，这样更便于我团結組織群众更多的破坏敌人与我争夺群众的陰謀，造成敌區群众大团結一致对敌，便于扩大解放區。

②对伪军伪組織人員应継續加深其动摇，大量分化瓦解，并抓紧这一有利的時机大胆而細心的开展与新的关係，提高改验西的关係，并抓紧在某些军事行动中反扫荡中争取伪军反正。

③对敌军应以此更促成悲观失望恐怖情绪，

8

以达到点滴組織工作的开展及发展更多的線索。

(二)关于工作方式：

①、各地应根据不同地區，不同工作情形，发揚鑽研的精神，总结採用过的一些有效办法，应普遍的採用和发挥。

②敌區党的支部，应切实負担这一宣传任务及收集反映对敌伪军应普遍展开喊話打电話，送宣传品。

③各不同部门利用各种不同的系統和关係，進行宣传，如工商部门，各級参議会、各救会，利用西的邮局，利用边沿區的村庄集市召开各种不同的会議老親戚朋友使这一消息向敌區、敌佔城市傳播。

(三)宣传中心内容：

除根据分局宣传大綱(五四大众报公佈)及毛主席的政治报告外摘要，各地应特别注意，使時局宣传与当地具体情况相結合，否則是不会更有力的，因此特別提出下列几点：

①說明国際的有利形势及法西斯的必然失敗并联系到国民党仍然执行其法西斯政策，丧師失地藉口害民并强调說明我党我军在敌后的功績和力量的發展(120万党员、91万大军、220万民兵)說明将来的反攻，是依靠我们身上，是以我为主，以

9

此时希特勒宣称要在三个月中结束中国事变，并宣传毛主席提出成立联合政府是中国唯一出路。

⑵世界法西斯头子希特勒和墨索里尼，已经死在几倚，他们不是被枪毙就是自杀，日本下打德国，帮助德国，打汪伪组织结果是同样无办。以此说明今天仍当汉奸的是最大的傻瓜，劝伪校文的亦急早不晏，企图今天当汉奸时机到来直反正，或就是大反攻之机，是为时火晚，结果必然也是同汉奸和汪日的那一样。

⑶揭发和粉碎敌人一切谣言，在这一点上去往往我们是轻视和麻痹的，认为敌人谣言不值一驳，结果敌人谣言在一定时间是起到他一定的欺骗作用，这须我们加警惕。

⑷对敌宣传其国内矛盾，英美军队将集中於太平洋，造成其士兵恐慌。

(四)加强组织领导的几点要求。

①克服老一套的作风、应付了事，这就须我们进行调查研究，虽然这次攻势是一個一般性的，我们还是应当有重点并联系实际情况使这次攻势与根据地的宣传教育密切联系起来，不能脱节。

②这次攻势应作到普遍，深入，广泛宣传，从部队到地方机关，从中心区传播到边沿敌区

並使这一勝利消息傳到人人皆知，这必須由各县区乡長很好支持配合这一次行动，各武工队应大胆採取宣传方式，深入敌人思想封鎖圈內，但必須照顧到今天敌人的具体实施，不能形成任何規律招致損失。

③各地各級党委必須很好的組织運用力量，应当的採用各種形式如宣文、化装講演等，造成声勢浩大，必須动員全軍的力量經过不同系統和关係，進行这一工作。

④根據各地情况，酌量的一定數量的兵力支持（但不是单純護送，亦同样担負宣傳任务）特別是敌占的据点。

⑤各級敌工部门，应抓紧这一有利時机，对每一关係应加以研究，考驗其动态，走进一步的巩固提高和开展关係的办法，将这一勝利消息傳播到各大城市中去。

（各城市工作部门应採取一切口头文字的办法）

滨海區党委 军政

五月十日

中共滨海区党委关于八个月工作中心及进行程序的指示

（1945年5月12日）

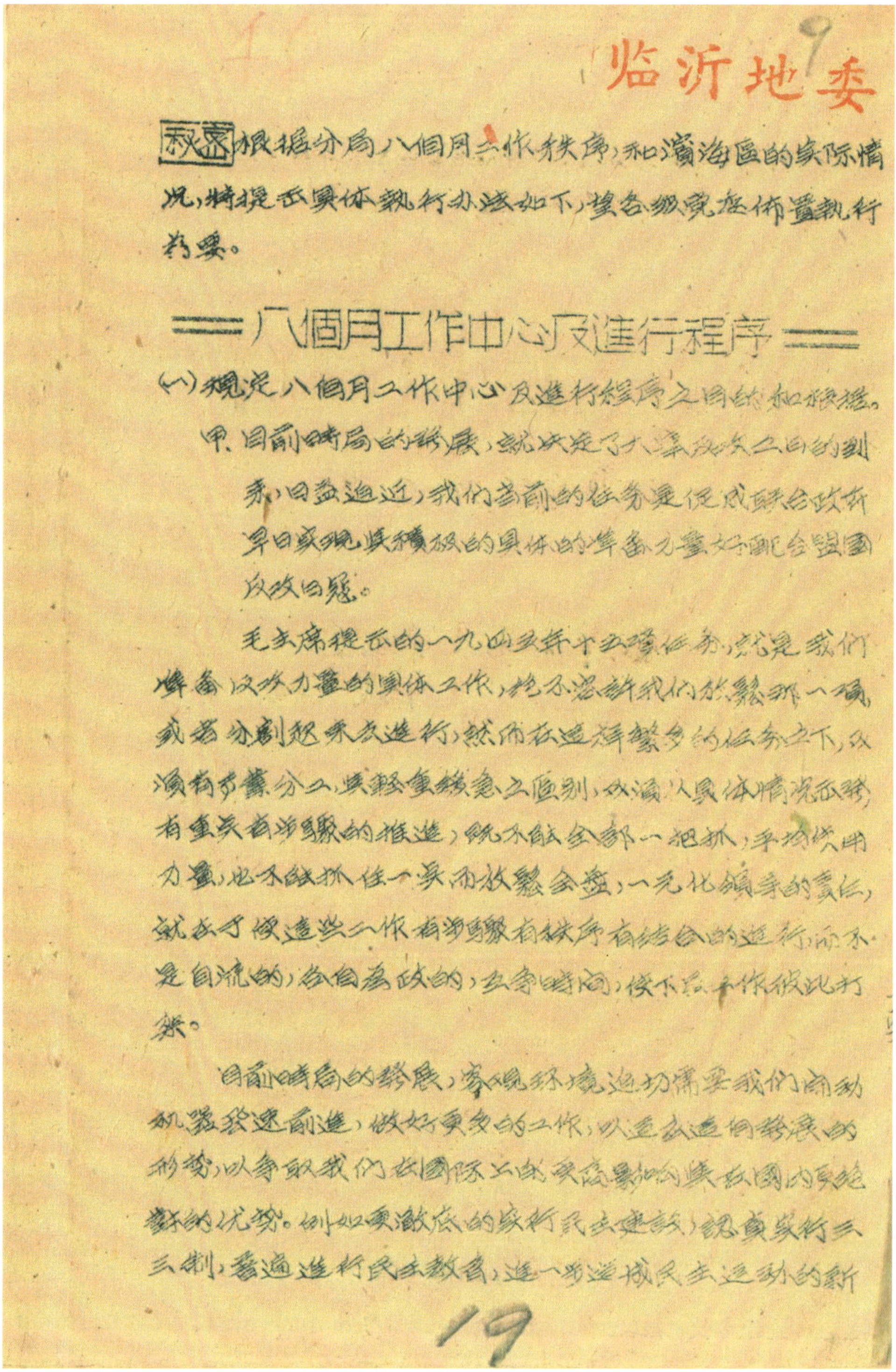

临沂地委

秘密 根据分局八个月工作秩序，和滨海区的实际情况，特提出具体执行办法如下，望各级党在布置执行为要。

——八個月工作中心及進行程序——

(一)规定八个月工作中心及进行程序之目的和根据。

甲、目前时局的发展，就决定了大反攻之日的到来，日益迫近，我们当前的任务是促成联合政府早日实现，与积极的具体的准备力量，好配合盟国反攻日寇。

毛主席提出的一九四五年十五项任务，就是我们准备反攻力量的具体工作，绝不容许我们放松那一项，或者分割起来去进行，然而在这样繁多的任务之下，必须有计划分工，与轻重缓急之区别，必须从具体情况出发，有重点有步骤的推进，既不能全部一把抓，平均使用力量，也不能抓住一点而放松全盘，一元化领导的责任，就在于使这些工作有步骤有秩序有结合的进行，而不是自流的，各自为政的，无计划的，使下级工作彼此打架。

目前时局的发展，客观环境迫切需要我们开动机器飞速前进，做好更多的工作，以适应这个发展的形势，以争取我们在国际上的更高影响与在国内更绝对的优势。例如要彻底的实行民主建设，认真实行三三制，普遍进行民主教育，进一步造成民主运动的新鮮空氣，养成抗日民主的思想作風和習慣。更進一步發动群众提高生產，繁荣根据地建設，改善人民生活，加强根据地各阶层的团结，建立根据地的正常秩序。鞏固建立地方武装和民兵，提高战斗力，建設軍隊必須的與可能的正規生活。

二、由于我们地區開展有迟早，斗争情况有緩急，本身力量有强弱，執行政策有好坏之不同，就產生了目前斗争环境與工作状况不平衡的規律。據此，虽然我们在準备反攻的任务是一致的，但在具体準备工作上，必须有其不同的特点，這就决定了不同地區的不同工作中心與工作份量，不能千篇一律机械地采取办法。不如此，就会犯左倾錯誤，不但給他的任务無法完成，也会造成失敗，就是連他們自己最近切需要幹的事情，也因此而受到破坏。

反攻愈是接近，山東的戰略地位愈提高，敌人也就会更加重視，斗争环境势必随之而緊張複雜，因此我們的斗爭任务，一方面是準备反攻，另方面还要照顧到當前的堅持，也就是說我们的準备反攻，不是和和平平來準备的，而是在堅持當前斗爭的基礎之上來準备的，没有當前的堅持，就没有将來的反攻。一切具体工作在某些特殊地區或特殊条件下，必须照顧到這样一個特殊性。但不能因此而保守而放鬆繼續提高在可能条件下的全面發展。

（二）八個月的工作中心及具体進行程序。

20

10

甲、全滨海区总的方针：

全年各分区的中心任务，仍以贯彻查减开展大规模的生产运动为主，发展开展民主文化建设，其具体进行步骤：

①五、六、七月份要完成地委区委县级的整风反省（另有指示）七月份须以一定时间大力分局八月份群众工作会议的总结，重新整理群众工作。

②五月底或六月初，合报群众工作（内容过去已有通知，时间要求到会人另发）

③八月初间召开全区参议代表大会，选举滨海区级参议会，并选举出席省参议代表大会之代表。八月下半月召开全区参议会，选举全区参议会，因此各地要选举群众团体和参议会时，应该同时选出参加全区大会之代表。

④八月份召开全区军属系统之群英大会。

⑤九月份召开党务会议，准备赴分局党务会议的材料。

⑥十一、十二月间召开全区群英大会。

乙、中心区：

第一类：查减基本上已经完成，基本群众已经相当发动，群众组织初步建立已经全面的地区，其中心工作是以贯彻大生产运动扩大经济建设为主，并紧密联系健全群众组织，打掉县系统作用和开展民主文化运动，加强经济及抗日民主政权各方面的会议，继续提高

21

群众，其具体进行步骤：除生产运动和整理村工作（另有专门指示）贯彻于全年外，五六月份进行民主教育，准备七八月份大选举的一切准备工作，七月份把群众团体选举完毕，八月上半月把参议会选举完毕，九、十两月县区干部整风学习，准备全区劳动英雄大会（另有专门指示）十一、十二两月县冬学运动和练武运动，总结全年生产。

第二种：查减没有完成，群众尚未发动，群众团体尚未健全或不健全的地区，其中心工作是贯彻查减，提高生产，发动群众组织群众大多数（改造民兵在内）健全群众团体，并注意联系整理村工作。其具体进行步骤：除贯彻查减，提高生产贯注于全年外，五六月份以贯彻查减，提高生产为主，进行民主教育，准备七八月份大选举的一切准备工作，七月份把群众团体选举完毕，八月上半月把参议会选举完毕，在进行选举运动中，亦不放松贯彻查减与提高生产为中心工作。九、十两月县级干部在照顾中心工作当中，进行整风学习，不过仍抓紧查减与提高生产，十一、十二两月以贯彻查减为主，并开展冬学运动和练武运动，总结全年生产与查减工作，准备全区劳动英雄大会。

在实验地区，年前应求得查减贯彻完成，并有系统的总结起来，在贯彻查减建立组织改造村政等工作中，应接受第一种中心区和本身已往的经验教训，与整理村工作结合，减少走弯路。

22

第三阶段、减租减息尚未彻底进行，群众还没有翻身，群众组织有名无实，各种工作还很薄弱的地区，其中心工作应以减租减息为主，连系开展生产工作，发动与组织群众（妇女与整理民兵在内），改造某些有名无实的群众团体，民主建立群众团体组织，部份改造村政权，建立村中正常社会秩序。具体进行步骤：除减租减息贯注于全年外，五、六月份全面进行民主教育，完成七、八月份选举中的一切准备工作，七月份把群众团体选举出来（村的选举即在减租减息民主建立群众团体时一并进行，不一定全部村都搞好了再选区的，区全部搞好了再选县的），八月份上半月把参议会选举完毕，九、十两月县级干部在现(?)有中心工作告一段落，抽出一定时间进行整风学习。十一、十二两月以贯彻减租减息为主，连系检阅公粮与整训民兵的工作，总结生产中的典型，准备全区劳动英雄大会。

丙、边缘区、

边缘区的中心工作，是以完整(?)为核心，在一元化领导之下正确执行各种政策，统一民族力量，以坚持对敌斗争为主，在团结各阶层一致对敌原则下，改造安定社会秩序与尽可能改善群众的生活，（有条件的进行减租减息工作，开展生产工作，为减少群众损失与减轻不必要的负担在一定条件下整理村政，开展群众性的剿除奸运动）继续的整理民兵，恢复联防组织，以上工作应贯注于全部工作中。此外，为了配合根据地内之八月份大生产运动，在五六月份内亦应普遍进行根据地民主建设和劳动政策的宣传，打破贫农思想、以主观为主反攻的思想，并动员被裹胁的参议员对象（在群众有威信的抗日民主进步分子）在群众中进行宣传（特别应通过公开告村民信）扩大根据地的政治影响。

应务留意充实政府之目前各地区对敌斗争实际的领导和办法，贯彻执行。

丁、新地区（另有专门指示）

新开辟的地区的中心工作，是要彻底摧毁伪化统治机构及其影响，迅速建立起新的秩序，加速形成为我之根据地，为此必须：

①在我党宽大政策基本精神下，彻底孤立顽固分子：扶持基本群众，把包括地方各地积极分子、谁属意强无觉的组织，团结各阶层开明进步人士，争取教育中间分子，打击（必要时镇压）继续为敌效劳坚决反对我之汉奸特务分子，打击因恐惧或怀着各种不进的各界人民（尤其对于地方势力的出路要进行争取教育工作）。据此，迅速建立起我之新的社会秩序，建立起三三制的抗日民主政府。

②…工作是开始统筹，在尚未在各的出行，去

266

12

、并用各分会将当地政策执行民主建设情况，号召大家向先进地区学习看齐，并按照主任规定的指示按步骤的参加演代表，要依靠群众工作收到实际效果，除实行工作本身应力求改进外，还必须执行各种政策与争取群众，必须坚决切实地贯彻坚决执行政府的。

③在保家自卫，保卫根据地的号召下，迅速发展民兵，组织自卫团，建立联防，加强对敌斗争，坚决支持出路，援助与游击争取同胞的解放。

④迅速恢复生产，设法救济灾难民，指出大家的生活出路。

上列工作做到一定程度后，即可参照第三期中心工作，配合当时的具体情况研究执行。

（三）附注：

甲、各个系统按照这一工作程序，具体布置本部门的工作程序和具体内容，但必须与本决定相吻合。

乙、这一工作程序的规定只能说明整个工作进行的道路，并不能包括一切全部内容，各地必须根据具体情况加以充实与发挥，有步骤有秩序的有组织的进行，但在限期完成工作，如发生特别情况时，一定要保证如期计划执行。

25

丙，还有一些工作，虽不在此工作程序之内（因为无法按时间上来规定的）但又是很重要的工作（如城工工作，支部教育、团结运动等）有的须各以分工进行，有的在上列工作进行时跟着进行（见各门指示）

丁，要尽可能用更大的力量去做这一工作（关于生产和整顿村工作的组织会）提前进行，以便创造经验。

戊，此外尚有一些临时性的工作，须根据当时具体情形随时进行，例如庆祝红军的胜利大捷，保证春收秋收，全党大陆涂展的宣传工作，悼致殉烈同志等等。

滨海区党委

五月十六日

26

中共滨海区党委锄奸委员会关于继续加强侦察工作的指示（1945年5月28日）

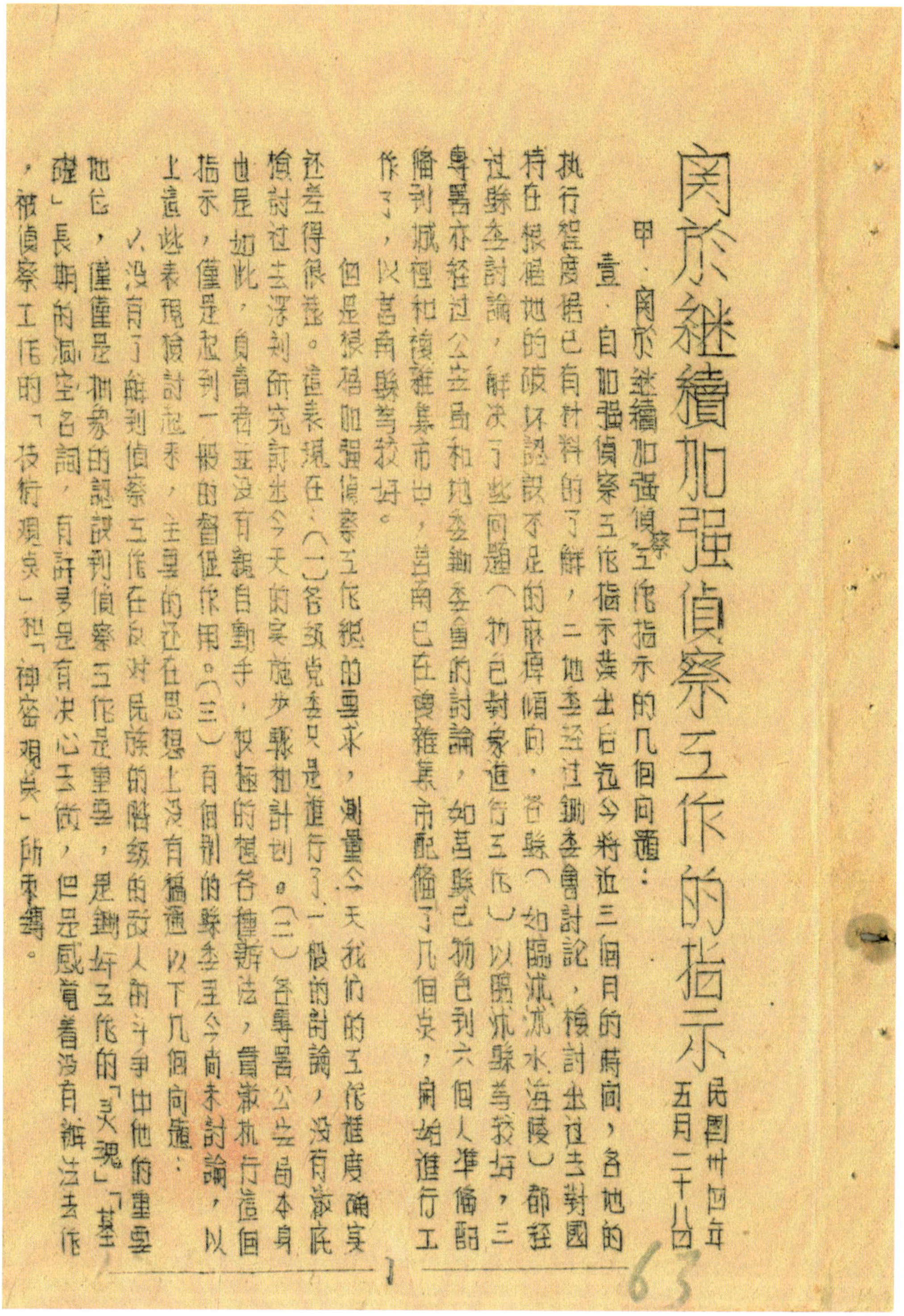

關於繼續加強偵察工作的指示　民國卅四年五月二十八日

甲、關於繼續加強偵察工作指示的几個問題：

壹、自加強偵察工作指示發出后迄今將近三個月的時間，各地的執行程度据已有材料的了解，二地委經过鋤奸委會討論，檢討出过去對國特在根据地的破坏認識不足的麻痹傾向，各縣（如臨沭、沭水、海陵）都經过縣委討論，解决了些問題（物色對象進行工作）以臨沭縣為較好，三專署亦經过公安局和地委鋤奸委會的討論，如莒縣已物色到六個人準備配備到城裡和複雜集市中，莒南已在複雜集市配備了几個点，開始進行工作了，以莒南縣為較好。

但是根据加強偵察工作總的要求，測量今天我們的工作進度確實还差得很遠。這表現在：（一）各級党委只是進行了一般的討論，沒有徹底檢討过去深刻研究訂出今天的實施步驟和計划。（二）各專署公安局本身也是如此，負責者並沒有親自動手，積極的想各種辦法，貫徹執行這個指示，僅是起到一般的督促作用。（三）有個別的縣委至今尚未討論，以上這些表現檢討起來，主要的还在思想上沒有搞通以下几個問題：

1、沒有了解到偵察工作在今天對民族的階級的敌人的斗爭中他的重要地位，僅僅是抽象的認識到偵察工作是重要，是鋤奸工作的「灵魂」「基礎」長期的空洞名詞，有許多是有决心去做，但是感覺着沒有辦法去作，被偵察工作的「技術觀点」和「神密觀点」所束縛。

2、正如二地委所檢討的「對國特在根據地裡破壞認識不足，沒有長期打算，認為有些問題不久就解決了，能了解一般情況就算」，沒有明確的認識斗爭的長期性複雜性，企圖一勞永逸或等待將來一起解決，而不從現在即着手這項艱苦細致的工作。

3、敵人蔣美主義的配備提出「確保佔領區，鞏固非匪區，深入匪區」其具体表現如各路特務組織的加強與統一，特務經費的加大，武裝特務的加強公開，特務人員便衣化，更加隱蔽等，特別是根據地裡大批地主的逃亡，散佈之謠言和利用積極份子向我們的解放區展開活動，搶劫、瓦解帶動民兵叛變，投敵破壞我們的團体，刺殺干部，某些邊沿區甚至村政垮台，有的地區斗爭呈現緊張，人民惶惶，社會秩序紊亂，這一些在思想上真正的清晰的認識仍是不足的。沒有認識到偵察工作在反特斗爭上所起的作用。

另方面當然在客觀上也存在着許多困難，如我們從上至下對偵察工作還很少，甚至沒有整套的經驗，對策略上的掌握還不靈活，斗爭技術上還有些原始和幼稚，同時今天環境的複雜，斗爭形勢的尖銳，而我們所自己的恰是隱蔽的堅戰，從自身中達到所需之目的。再者年來解放區的擴大，我們的干部缺乏等等……這些都影響我們工作的更大開展，但是須要我們回憶一下，我們研究竟想出了多少克服困難的辦法？這些困難在我們主觀的積極努力下能不能逐漸克服呢？所以在思想上還要解決以下几個問題：

一、今天整個動員工作是推動廣大群眾，走群眾路線，而偵工作也是

64

毫無內外的，全在群众路線，在积极的發動群众社里中，發現奸細份子，用群众自己的智慧調查研究查到破案，如今年在參軍中，二專署臨沭縣就破獲了二三十起特務案件，把多年所未能解决和發現的奸細份子，在群众的運動中，都得到了很好的解决，這就是最明顯最實際的例証，一些神密技術觀点，不但有加強群众動員教育，發揮政治优势，認為僅是動員部門或推到几個人身上，那麽我們的工作恐怕也是做不好的。

二、充認識到偵察工作的重要，是什么"基礎"呀！"灵魂"呀！並不等於作好了工作，更重要的是我們親自動手，积极的鑽研，接受成功失敗的經驗教訓，逐漸的提高，特別是偵察工作在一貫的沒有基礎工作無經驗的條件下，發揮每個同志的創造性尤為重要，望各級同志积极的行動起來。

三、對這個指示的貫徹，要與敵人今天重点主義配備密切联系起來，把党政軍群众干部有計划培养組織起來，单純強調一門工作就会孤立起來，收效亦就一定不會大。

貳、在組織建設上：各縣公安局二股共設四人，為了內外偵察的結合，原决定根据地農村集市偵察工作由一股負責工作，現在移交二股，（使一般便于集結精力研究佈置縣區人員中的偵察工作）在二股本身分工上，股長與幹事各一，多注意作点線工作，（這是对外偵察）付股長與干事各一，多注意作根据地區的工作，為了更加適合隱蔽的原則，对外点線工作人員盡可能在形式上脫离公安局，並以其他面目出現但这該在

65

地方上設立一個固定的小站，至於如何脫離，各地根据具体情况适当执行之。

叁、在工作上的九個具体问题：

1.关於职业化的问题（就是內地隐蔽偵察人員與工作建立问题），职業化的涵意，還是未有弄通，多半認為职業化就是開個小舖，当然這也是一種形式而我們今天所要求的职業化究竟是什么呢？他是如何来建立呢？就是在現有的群衆基礎上為了完成某一任务，或者長期埋伏，給某些人以特殊教育，仍以群衆面目出現，使其隐蔽進行工作，所以他的建設分兩種，一種是，对一個地方，先經过調查研究，發現具体对象，（如嫌疑份子）然后在天然條件下，物色一種适当的对象，經过特殊教育，專门進行其偵察，求得破案，這是一種帶臨時性質的另一種，就是事先在一定的固定地方，為了將来長期打算，在群衆中物色适一适宜人員，经过特殊教育，長期隐蔽進行偵察工作，這是一種帶長期性的。但是不論那一種人都要参加实际的群衆運動，與群衆運動緊緊的有机的相結合，從其中發現问題，了解研究问題，達到自己工作之目的，特别是第二種尤為重要，否則过去一套脫離群衆的公開偵探式的在群衆中搖搖幌幌的辦法是行不通的。

2.打入工作问题：大家對這一问题还没有被重視起来，对打入進去一個經过教育鍛鍊的同志所起的作用估量不足，以往這個没有作好，也有兩種偏向，一是急於成功，打入一個就要馬上能起作用，打到特务机

66

関裡去，馬上弄一套材料出来，不大考慮另外一些问题。一是下大胆唯恐变質，不敢派人材不合适，無尽善尽美的人材可派，其結果是每一樁只好算了，今天我们还要重提一下，引起各級注意，以下尋找对象的方法是可以採用的：

⑴從調查研究中發現内外敌人的社會关係，經过教育設法打進去。

⑵大胆的争取可能利用的犯人作據，和國特份子等为我服務。

⑶經过現有関係派入進去。

⑷各縣普遍登記該縣范圍内在我濱海附近縣城與較重要交通要道，有一定社会関係，或從前在过較長時間的不論在我党政軍民中凡經甄別認为能起作用的望詳报我處，（本縣范围的除外）再转交各縣。

3.对裝長関係政治與經济的結合認識问题：現在我们在裝長関係中存在着這样几種偏向，⑴对一個人本質未弄清楚以前，还不能判断他能5否真正为我们工作，亦没有一定的工作成績表現，就答覆他生活上的要求。這样不但工作做不好，反而使個別投机份子窜進来搗鬼。

⑵我们與在敌人营壘中建立的内線関係的談话中，还没有强調他是民族罪人，我们是为了挽救他，挽救他使他感激我们投擁为我工作，將功折罪，將来給他留以後路，從政治上遏其他的反動，提高对時局與前的認識，而多是見面就説"你只要能为我们工作，在生活上有什么困难，帮你解决"這样就使其得寸進尺，在我们經济困难的條件下，事实上是無法满足他的慾壑，反而會使他渐渐的脫离我们。

③還有的同志感覺着好久找不到一個関係，好容易找到一個他提出問題，若不答覆不是使他会脫离我們嗎？在小資産階級虚荣要面子在数字打圈子，而不從政治上出发，教育與爭取他，這種傾向我們嚴格的說，就是表現着我們在发展関係中的推，过分迁就，好像是求他一样，非他不行，迁就愈使他骄傲，容易落脫離我們。

怎样才算是正确的结合呢？对一個関係不管他找我或我找他，对他的本質須要了解，是反革命两面派企图利用我們呢？还是為了找出路呢？但是不論他那裡都要强調你是民族罪人，加着你能将功折罪人民还能原諒你，否則你是絕路一條，另在政治上揭发他提高他，使他能真正為我們工作，但是為了適應舊社会的風俗習慣，作必要的简单的应酬，或在一定工作成績表現下，生活上确实有些困难，及為了完成某一任务，給他解决一些經濟问题，是完全必要的，这样使他感激我認為是件能他，不是利用收買他，工作更加积極提高一步，所以經濟是一種附助的配合的而不是唯一的，也不是主要的。

同時我們还要認識一個问题，我們的動員工作與敌人之特务工作是完全不同的，我們是有真理為人民服务，是以人民作依託的，這是我們的政治优势，用揭发敌人的陰謀，加强群眾的革命教育，達到我們的工作目的，敌人是異民族，是反動派，是違背着真理的，完全為少数人打算，在政治上是劣势，專门靠金錢，收買拉攏欺騙愚弄群眾達到他罪惡的目的，所以就应当发揮我們的長處，善於掌握敌人的漏洞。

6

68

7

4.加强对國民党及國特的調查研究工作。今天我们对國民党和國特仍然是表現着摸糊一团，現在急需要我们想各種辦法進行工作，再不容忽視了，要認識這不僅是為了今天的斗争，而且也是今後長期斗争所需要。

五、根据半年工作總的要求和具体实施計划，各级要確实討論，再具体貫澈，按時總结报告我们，若有不同意見時，請及時報告訴我们。

乙、下半年工作總的要求及具体实施進度計划：

A.總的要求是：

1.要隨時的調查研究敌人，并根据所談的調查提綱，將現有特务机構要有一全面的了解，及對全濱海區共有特务（組織上人員上）應根据反動程度分别之。

2.國民党或國特在敌後的组织及其陰謀，各站要求得確实一点。

3.各小站年底要完成五個能起作用的真正的革命两面派关係，並要作到打入敌人內部，二個至三個能起作用的我方人員。

B.具体实施進度計划：

第一期：八月份以前要完成。

(1)继續思想檢討與組織建全工作。

(2)細密慎重的完成創造工作隊，戰斗英雄及模範工作者的號召。

(3)七月半以前完成对各該地所有日特和國特的机関的组织工

7 69

作也有 反其对我破坏的程度基本弄明白。

⑷二個月中工作總结。

第二期：九月到十月要完成：⑴在根据地内有目标的與有重点的建立兩個秘密偵察組。⑵完成对內條的審查，和全部特务人員的登記，應分別其輕重程度。

第三期：十一月到十二月要完成：⑶兩個月的總结工作（完成）繼續鞏固前兩期未完之工作。

对各縣工作隊工作上的几點要求：

⑴在調查研究工作上要善于能经常对敌人作比较，有系统的了解與分析。

⑵在群众工作上能经常深入敌佔區，立脚敌佔區有重點的創造基点村，发動群众积极（間接與直接的）支援我們執行反特务斗爭的任务。

⑶在每個時期反特务都有中心，有目标的打击敌人，同時我們对敌人不僅能武力而且能學會一套智斗爭的本事。

⑷在县局的領导上必須在業务上政治時事上生活待遇上給予经常的照顧，每月要抽出几天時間開会，县局主要負責同志親自主持，以達到适当具体總结各個時期的经驗教訓，與研究下月之具体工作，以資提高工作隊同志对敌斗爭的积極性。

濱海區党委鋤奸委員會

中共滨海区党委宣传部关于时事问题教育的要点

（1945年6月10日）

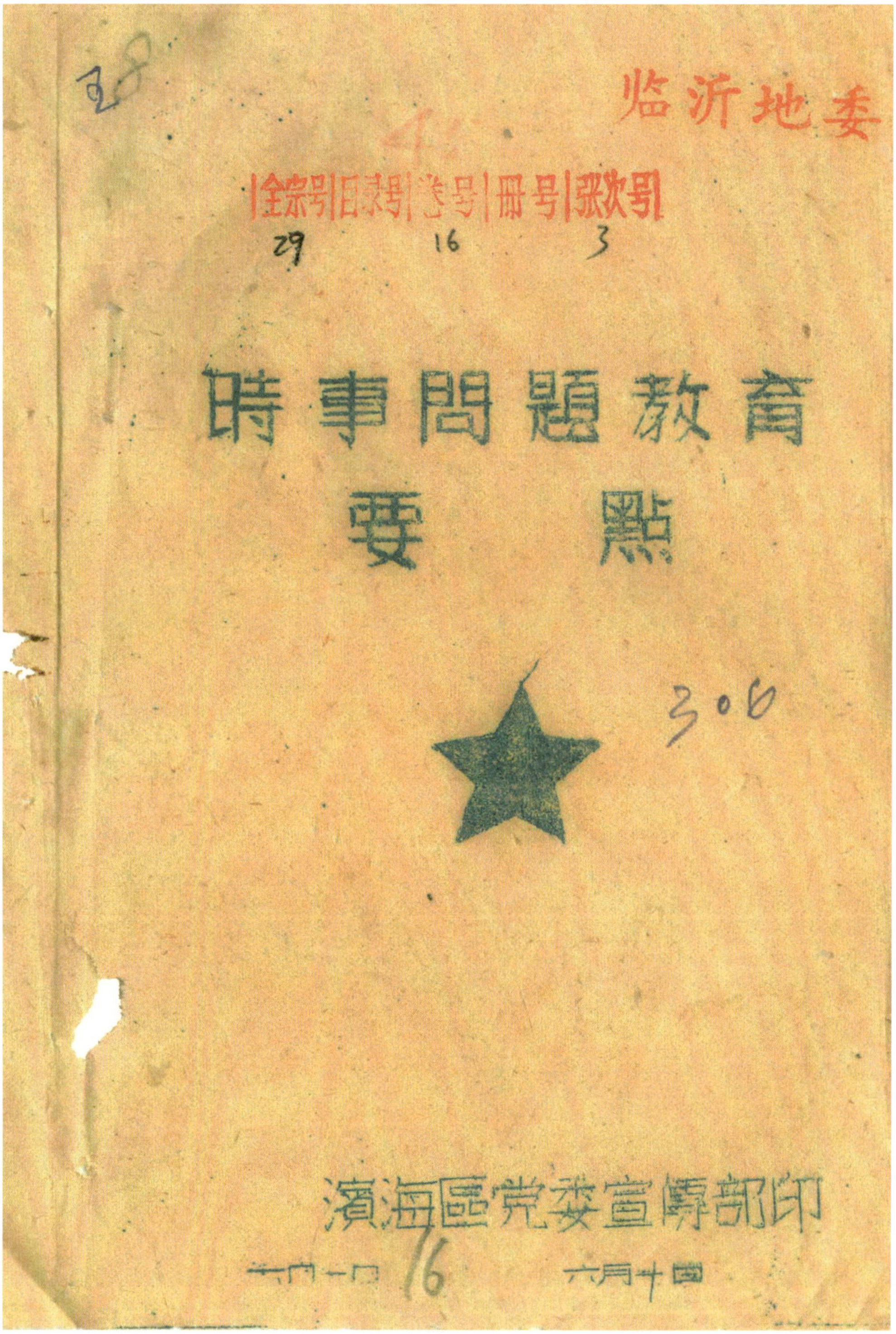

临沂地委

全宗号	目录号	卷号	册号	张次号
29		16	3	

時事問題教育

要點

306

濱海區党委宣傳部印

通　知

这個教育要点，是根据唐政委在區党委直屬机关干部會上报告、前一二三四部份的整理，希望各級党委接到后，在党內干部中認真組織學習討論，联系自己对時事問題的認識，檢查自己思想，糾正对時事問題認識偏向，加以研究糾正，使干部在思想上、為迎接新形势，有充分的準備。

各地委、縣委可根據此要点，首先調查瞭解党員群眾对時事問題之思想情况，加以分析研究，進行編寫更切合党員群眾思想情况的、對內對外的通俗教材，使這一迎接新形势的思想教育，深入到每個党員每個群眾中去。

區党委宣傳部
六・十・

17

時事問題教育要点

一、敵人临死前掙扎

世界大勢就眼前來說，有很大變化。德國已經無條件在柏林簽定了降書，歐洲的戰爭已經完結。蘇聯紅軍與英美盟軍，在西歐獲得了偉大的勝利，反法西斯的斗爭進到一個新階段。盟國現在正在集中大兵，準備大舉圍攻日本。但是他們要知道，日本不會乖乖來等死，他臨死前一定要做拼命掙扎。他會利用同盟國還沒有給他致死命的打擊，趁着盟國登陸還沒有準備好，中國內部民主團結還未很好解決的時候，採取先發制人的辦法，瘋狂的進行與盟國拼命的準備，想着多活一天算一天，他將以什麼表現呢？

一個表現，就是敵人戰略上已轉為採取了防禦，但是他這個防禦並不是消極的，是為了積極準備與盟國拼命決戰，所以他必然會更兇惡更殘暴。他打算把日本本土防禦加強，把中國沿海防務加強，對南洋不放鬆，在那裏多搶一些資材，因為他兵力不夠用，交通不方便，

他不能[illegible]

他不敢與共軍在南線決戰，所以敵人最近實行了重點防禦，把兵力集中起來，使他把南寧、福州、柳州先(自動放棄)這些大城市與解放區許多縣城(被殲放棄)都放棄了，使可集中這點。他為防備國內的進攻，又在沿海大量擴兵、擴建據點、修築公路。

第二個表現：他不贊成蘇聯特務如果出兵，於他不利，他說，「新疆問題所以失敗，是因為國內紛爭"，他看到這點，所以他採取避免與蘇聯衝突和挑撥蘇聯民盟國的关係；新疆問題後，日本也故意把他與新疆訂的"反共公約"公佈出來，同時他在各大城市要求結盟讀取消反共公約，對國一切盟友反蘇異議，他這些鬼把戲，都與盟國避免蘇聯打擊。但是他在軍事上又積極防備蘇聯，秘密向東北擴兵，使是陰謀。特別蘇日條約發表後，國內更對不安定的恐慌。

第三個表現：敵人對大後方國民黨，还是採取他的誘降陰謀，在軍事上还没有什么大的進攻，所以敵人對大後方基本上是個相持的形勢。

第四個表現：但是敵人對解放區八路軍新四軍是不斷加緊進攻的，他採取政治上、軍事上、双管齐

19

下不來，但是盟國對他進攻越近，他對我們軍事進攻越緊，甚至有的地方他就採取軍事為主（當然他也不放鬆政治陰謀）。只不對我們解放區的非常重要，因為這些解放區都是將來配合盟軍登陸最好的地方，咱們八路軍、新四軍已經成為配合盟軍登陸的強大[illegible]部隊。

二、中國抗戰現在怎樣？

1.希特勒德國一垮台，世界大勢於中國抗戰十分有利，整個中國抗戰形勢，現在已走上了反攻的前夜，但是越接近勝利了，敵人越採用[illegible]困難，咱們還有一段艱苦的道路，需要大家咬牙忍耐着克服困難，渡過這段艱苦，這個困難表現在什麼地方呢？

A.國民黨仍獨裁堅持他的那一套錯誤政策，弄的大后方政治上很腐敗、軍事失利、經濟恐慌，生產也停頓了，不許人民自由抗戰，人民抗戰力量不能發揮，尤其現在需要積極準備反攻的時候，國民黨不但不好好準備，他反而在那裡準備反共反人民，使的在抗戰勝利來臨的時候，國共關係與民主團結，還不能解決，

B.敵人還是很大的，敵人比我們強的形勢，

们坚决歼敌，敌人如果集中力量搞一个地方，还是有他的力量的。（只他出死命兵的地方是围攻的）

C、咱们解放区的力量虽然强大，但是因为长期战争，得不到国际援助与供给，又是处在一面对付敌人，一面对付国民党反共反人民的军队进攻，所以使咱们解放区里民的力量，不能更好的提高，不能使得更强大。

D、英美盟军登陆，不是一时可以办到，还得些时间，就是盟国登陆也不能很快就把敌人肃清，而咱们解放区反攻的准备也还不够，尤其是物资方面的准备还不够，所以时间可能会延长一些；再说盟国登陆以后，估计仍是残酷的，尤其是山东、滨海区靠海更会这样。

2、敌人计划想着把与盟国决战、与解决中国问题、扫荡咱们解放区来同时进行，但是盟国反攻时间很近，不允许他有此如意打算，同时他兵力不足，也就不能同时实行，所以他有重点的进行，首先把海防加强，把他的铁路公路交通线与东北西地方多的巩固住。但是敌人的军事交通线与东北西南的地方，大部份

21

在解放区，则以他就以对解放区为主，形成了正面战场缩小、敌后战场扩大，某些地方缩小、某些地方扩大的形势。

3、关于中国内部，在政治上、战略上，存在两条不同路线，明显对立。一条是国民党政府压迫中国人民，实行消极抗战的路线，一条是共产党主张的中国人民觉悟起来，团结起来，实行人民战争的路线。这两条路线，一条力量在发展，一条在减弱。现在民主力量在继续发展；解放区与八路军新四军，也不断的巩固与扩大。这决定了我们的力量发展，说明以后我们负反攻的责任更加重大，国民党与共产党在世界上的影响，也有改变。旧金山会议派咱们派去了一个代表，但是说明了中国共产党在世界上影响已扩大，但国民党仍要用我们配合，但是他不放松他的独裁的欺骗政策，去支持国民党，尤其他站在美国主战派的自己利益上去支持国民党，这点咱们大家要认识清。

和咱们以前在抗战反攻中来说，比较是曲折的。这样，一方面给我们带来了光荣任务，另一方面也给我们带来了严重困难，为什么

22

呢？

A、在华北来说，盟军登陆也就几个主要港口，都在山东，如连云港、青岛，还有其他港口，都是盟军登陆的最好场所。

B、山东将来是决战的战场，如果在连云港登陆，在此首先一场决战，山东又是日本门户的侧面，可以保护他们本土；又是华北联华中、华北联东北、陆地联海上的联络地。

但是滨海很重要，又是山东的重点，故敌人的重点也将放在滨海，他要增加力量，政治上也不会放松。

三、咱们的任务是什么：

根据敌人的情形与中日抗战的形势，咱们的任务是团结一切力量，坚持艰苦的斗争，在斗争中准备反攻，如果今天不团结一切办法坚持，将来便没法反攻；这样一来，咱们的力量都要照顾，一面要坚持今天斗争，另一面又要准备将来反攻，所以：

A、领导对敌斗争是滨海区今天的中心任务，但并不是唯一的任务，还有其他一些任务，必须联系进行；

B、咱们今天解决一切问题、做任何工作，都必须照顾到今天现实情况，及将来需要，如在执行政

23

上，尤其要强调团结，大胆发动群众，要以照顾今天情况为主，照顾将来的利益结合。

己、从团结具体情况出发：在对敌斗争这个总原则下，按各地区具体情形实行。比如边缘区，就一切工作以对敌斗争为中心，联系到其他工作；中心区就抓紧时间完成其他工作（如民主运动、减租减息、土地问题、生产等），而游击区环境恶劣，敌人想一下进行的问题也不可能（这种地方是可能的）。改变按自己具体情况，允许将来自己地区形势，各种地区，在思想上政治上都需要加强对敌斗争，如果有机械的划分前方后方，那是困难的，所谓不分地区不分工作，就是在对敌斗争这个原则下的不分具体分工。

四、粉碎思想阻碍，坚决贯彻任务

咱们今后全党的中心任务，是对敌斗争为主，这要咱们全党都要组织起来、动员起来，把各种工作，都是为达到对敌斗争胜利的目的。咱们今后要更加依靠群众、团结各阶层共同对敌，在军事上仍以分散的游击战为主，灵活集中分散。我们每个同志都要打通思想，加强战争观念，清算太平麻痹思想，反对右倾妥协情绪，发扬胜次精細，鞏固咱們已得的成績，擴大自己的成績。

A.深溝過去對敵斗爭的成績，咱們必須以鞏固這些成績為主，有机會就抓住机會擴大成績，因為勝利而自滿驕傲是不對的，但是不按現實情况，空想也不對，我們应反對兩種思想，一種是保守主義，一種是盲目的冒險主義。

B.太平麻痹思想已普遍全党全軍，自上而下都存在，主要表現在戰爭观念不強，對敵斗爭抓不紧，盲目樂观，脫離現實的享受主義，在作風上鋪張，在日常生活上沒有繼續艱苦奮斗作風，貪污浪費現象嚴重，执行政策上出了許多偏差，也顧到团結各階層共同對敵不夠，這些都是由于戰爭观念不強。

為甚麼發生太平麻痹呢。

主要是環境影响，二年以來的勝利較好，因际形势有利安全；老干部比較多，經驗多，不在乎，小資產階級的幻想安逸；少數人無所謂，個人主義發展，不关心大局，採取当一天和尚撞一天鐘的态度，不負責任，領導上雖然提出反對太平麻痹，但沒有貫澈到具体的組織工作中去，所以大吹大擂，未能具体工作上貫澈甚至在某些方面助长了太平麻痹，彻底清算太平麻痹的思想与行动。今后应加强思想教育，正确认识当前形势，认识敌人与我们力量，正确掌握战争发展规律，从具体组织工作上克服。

二、右倾情绪，在某些干部中生长，在有些地区对敌斗争中形成退却，产生贪生怕死的心理。比如，有的有一点小病就住医院，不愿返前方，有的不愿到环境紧张的地方去工作，愿到个安全保险地方；也有的情绪动摇，工作时紧时松。

为甚么产生右倾情绪，主要是太平麻痹种了种子后产生的。因为右倾的太平麻痹，包括个人主义与幻想空想，但是事实与他想的相反，不能满足个人主义欲望，就回头颓丧，又悲观失望，没有办法；其次是因为长期和平环境，没有严重的战争锻炼，有人政治上坚定，但没有经验与办法，缺乏应付严重情况的经验，环境一变化，就感到束手无策。

因为是由和平环境转入新的到来的艰苦环境，使比较优裕的生活转到艰苦奋斗时，今天正是转变的关头，所以我们全党全军，都要动员起来，发扬艰苦奋斗作风，发扬进攻精神，在此時右傾情緒對我們危害很大，他們强調我們這樣艱苦环境，鬆懈我们斗爭意志失掉信心，造成不必要的損失，所以反对右傾情緒是我们紧要思想斗爭。

D. 克服“左”右傾必須搞清下面几個問題：

1. 日本必然敗，但又不願敗，就產生了他在臨死前的最后拼命掙扎，他的掙扎是在他情况緊迫下進行的，他是在死中求生進行的，甚至他是在絕望的情况下進行的，所以預料到他的掙扎是殘酷的、殘暴的，正因為如此，時間不會很長久，地區也不會很普遍，這當中有許多空隙可以利用。

2. 抗戰最后勝利是一定的，但是眼前还不能馬上取勝，当中还有一段艱苦，在大反攻前还得渡过光明前的一段黑暗，雖然時間不久，但是如果不能忍耐坚持，便就会前功尽棄，结果無望。

3. 敌人揚言恢復一九四二年的形势，這對某些對他生死有关的地區是可能的，就不是對這種地區比那時更甚；但對整個解放區則不可能，整個解放區則是擴展的，較紧而移，有空隙可利用。一九四二年時所以那樣，也並不完全是因為敌人強大，也因為咱們在执行政策上有毛病，如當

27

14

游打仗時候挤，分散些游击戰还打不好，基本群众也没發動起来，咱们本量小，只是三角斗争，但是現在可不全了，我们現在各方面，比篇过去都立于不敗之地。咱们的政治影响空前擴大了，軍事上也很大，文化经济都有經驗，根据地扩大了，都联系起来了，基本群众已發動了，今后只要我们正確掌握政策，不犯错誤，發展提高，進一步学會经济生產文化，則便更有把握更快获得勝利。一九四二年的經驗教訓，应該领會，從斗争中戰勝了敌人，改变了敌我斗争形势的经驗，应該發揮他，運用他。但是有個别同志回憶四二年時就害怕，悲观失望，這是錯誤的，严格說就是政治上動摇，我们八個年頭的艰苦都渡过了，剩下的只是最后一段，這是黎明前的黑暗，我们应号召一切同志，冲破困难，渡过黎明前的黑暗，向最后勝利邁進。

4.坚持斗争、準備反攻，应把主要希望放在自己身上，甚么靠外来援助，苏联出兵等，這样專门依赖别的思想是不好的。我们抗战勝利這是肯定的了，我们须爭取盟国援助，但不应練養存着依赖思想，只有自力更生，自己有

第七頁

28

了力量，争取别人援助才是平等的。否然人家不会援助，就是援助也不会是平等互惠的。苏联将来出兵有可能，但不要等待，敌人强我们弱，这个形势已在改变，只要我们坚持斗争，会改变的更快，我们不应当丝毫想依赖依靠，我们应自己努力，来加紧准备。

5、我们处在敌后，又因经常处在严重的战争环境，所谓前后方、中心与边缘，只是在某种情况下规定的。因之大家应加强战争观念，不论任何战线，任何中心工作、任何地区，都是在战斗姿态下进行工作，我们如果脱离了这种环境布置工作，必然遭受损失。因此备战经常化，应贯彻到每个干部、党员、与群众当中去。

第七页

6、战争可以改变一切，也考验一切，我们应当毫不留恋的改变组织形式、工作方式方法，大家都要有决心学会领导战争，都要准备从战争中考验与锻炼自己。个别同志过去的马马虎虎的不在乎的毛病，应该纠正。

五、用我们的实际工作去迎接新形势

一、加强边沿区组织与领导，以分区委为中心，在一元化领导下，强化对敌斗争，实行敌进我进敌不进我也进的进攻精神、翻边战术，达到边

15

游击坚持太困难。

二、开展敌占城市交通线及农村中的工作，下决心加强武工队的组织与活动能力，加强小部队活动，正确执行政策，尽量深入敌进行工作，开展地下斗争，准备在反攻时求得"里应外合"配合行动。

三、加强中心区工作，在备战姿态下争取时机加速进行各项工作；继续贯彻减租减息法令（特别要注意贯彻政策）发展生产，加强人民武装建设，广泛开展爆炸运动，开展民兵运动，健全联防与群众团体的组织。

四、加强拥政拥军，坚决保证政府法令之实现与军队的供给，一切为了前线的胜利，为了反攻的准备。

五、全党团结一致，团结广大群众，共艰苦共患难、同心协力，坚持斗争，准备反攻。

——完——

第八页

30

中共滨海区党委关于传达唐亮在区级党的活动份子会上报告的通知
（1945年6月15日）

通知

唐亮同志在滨海区级党的活动分子大会上，关于「如何迎接新形势」的报告，是根据山东分局「目前战争新形势与我们的紧急动员」指示，并联系滨海区实际情形而作的。

这一报告，是我们滨海区由和平环境转入到开始到来的紧张环境时，一个思想动员与组织准备。各级党委与党政军民一切组织，均应重视这一报告，并组织传达讨论，尤其许多具体问题，必须根据新的形势与自己的具体情况，分门别类，加以讨论和解决。

现规定传达的办法如下：

（一）部队营级以上，地方分区书以上，全文传达讨论。

（二）以地委、军分区、主力团为单位，把报告中一些要讨论决定解决的具体问题，分门别类，提交各组织，专门开会讨论执行办法。

（三）由各地委、军分区、主力团为单位，根据这一报告写党内党外（有些问题不必都说）两种动员材料，分别进行，深入到各系统中去。

（四）在传达时要联系实际，展开思想问题与组织反省。

（五）传达之后，注意收集反映，及时解答问题，尤其注意掌握干部思想情况，并随时将情形报告我们。

区党委

六月十五日

附：唐亮：我们如何来迎接新形势（1945年6月5日）

壹．目前敌人的動向．

目前整個形勢的基本特点，就是德国無條件投降而勝利結束了西欧战爭，使国际反法西斯斗争已經進入到一個新的階段，即同盟国可以集中更加优势的力量来打击日本．日本死亡的日子，更加迫近了。

但日寇不願意束手待斃，在临死之前还要作最后的掙扎．他会利用盟国在太平洋上还没有給以致命打击之前，盟国在中国海岸或日本本国登陸作战準備工作还没有完成之前，以及中国内部民主团結問題还没有解决之前，採取先發制人的办法，瘋狂地進行其所謂「决战緊急措施」企圖苟延其垂死的命运。

目前日寇的动向，主要表現；

（一）敌人整個战略是已被迫採取防禦，但並不是單純消極防禦；為了完成「决战緊急措施」準備最后掙扎，在許多具体行动上還会更加積極，更加兇残的．他要用战役的進攻来达到战略的防禦．

敌人所謂「决战緊急措施」在軍事方面来說，就是重新調整佈置，進一步实行重点主义的軍事配備（加強沿海和交通干線、資源地区、战略要地等防务，加強本土存征）对于南洋，不輕易放棄，目的在拖延時間便于完成上述的措施，同時掩护在南洋的物資繼續掠奪，但又不準備在南洋與英美决战，因為交通不便，制空制海权均已喪失，敌人会知道这是没有什么把握的賭博，

敌人為了完成「决战緊急措施」实行重点主義的軍

事配備，每兵力不夠分配，交通運輸不便的情況下，就不得不自动放棄南寧福州御光（当然还有政治上的陰謀在内）及被迫放棄了解放区一部份城市，而沿海沿线及交通要道都大量増兵，对某些战略区不断扫擋，進攻、蚕食分割，这就是敌人目前軍事动向的主要表現。

（二）敌人深感苏联出兵参與東亜战争的威脅，故在政治上弁命向苏联要好，另外又極力挑撥苏联與盟国的关係，企图逃脱苏联給牠的打击，在軍事上積極準備对付苏联，防止苏联出兵，尤其，苏日協定的廢除更使日本不安，对苏联必須隨時加以警戒。苏联对日态度，在廢除苏日协定時的声明中，是很明显的，至于是否对日宣战是否出兵，当然还待整個形势的発展而定。

（三）敌人对于国民党，仍不放鬆其政治誘降的陰謀，在軍事上战略性的進攻，目前似無象徵。正面战場主要採対峙形势，国民党消極的观战、[illegible]战、避战軍事路線，仍被頑固的坚持着。

（四）敌人对于解放区及八路軍新四軍是不会放鬆其進攻的，是会更加緊施展其对我之總力战（軍事、政治、経济、文化、特务等）採用政治軍事双管齐下的方針。在某些地区以軍事進攻為主。敌人对于我们的進攻，是與其「决战緊急措施」一致進行的，因為解放区已成為盟軍登陸作战直接配合的内線基地，八路軍新四軍已成為配合盟軍登陸作战強有力的、一枝庞

59

大的迂迴部隊，尤其我们近年以来，解放区、八路军、新四军的坚强巩固与猛力扩大，以及不断的伟大胜利，更震撼了敌人。敌人不敢轻视我们的力量，不得不承認我们给予敌人的打击，不得不确定在盟军未登陸之前以我们为其主要的作战对象，而拼命想办法来对付我们。

總之，敌人目前的一切措施，都集中到如何完成「决战紧急措施」，如何强化战略防线体系，以集中力量，对付中国和盟军协同大举反攻時的决战。

貳。目前中国抗戦形势的幾個主要特点：

（一）国际形势的发展，对于中国抗战是空前有利的，整個形势来說是处在大举反攻的前夜。但黎明前的黑暗还未渡过，困难还是很多的，我们还须要艰苦奋斗，渡过抗战最后的一段困难，才能争取到抗战最后胜利。其原因是：

甲、国民党的專制独裁与錯誤政策，造成大后方和国民党军队佔領区政治腐敗、军事失利、生产停顿、经济困难、民主凋敝、民怨沸騰、民心不安、民变四起的严重现象。国共关係与民主团结问题，始終不能解决，人民抗战的力量，不能全部发挥，当此反攻在望胜利在即的時候，国民党反动当局，不積極準備反攻，反而準備反共反人民，借盟国援助的武器，来準備内战，企图乘反攻的机会，来向我「收復失地」，從此就大大增加了抗战中的困难与時間。

乙、敌人还是强大的，敌强我弱的形势还没有基本改变；敌人要集中力量搞一个地区（估计是对其生死有关的地区）还是有充分可能的。这就是敌我斗争紧张的根源。

丙．解放区的力量虽然强大，但因得不到国际上的援助，某些地区还在三角斗争的紧张情况中，使力量不能更高度的发挥，更有力的集中，困难也就更多了。

丁．盟军在中国海岸登陆作战，还得有一个相当的准备时期，就是登了陆，也不是短时就可以把敌人肃清的，当中还有一段紧张的局面与残酷的斗争。

（二）敌人准备与盟军决战，解决中国问题，摧毁解放区，本係三位一体的任务，但因时间紧迫，兵力又不够分配，就不能平均使用力量，同时并举，必须有重点的来执行。首先是从加强海防，巩固交通干线和资源区，控制某些战略要点做起。而这些地区，又绝大部份在我解放区内。因此敌人的重点，放在解放区身上。这样就形成了正面战场松，敌后战场紧，某些地区松，某些地区紧的敌我斗争形势。

（三）中国内部，在政治上在军事上，两条不同的路线，明显对立。各种力量都在消长的过程中，民主的力量，人民的力量正在发展，解放区和八路军新四军不断的巩固与扩大，这就决定了我们不仅有办法坚持斗争，而且有力量进行反攻，以我为主的反攻责任，更加落在我们的肩上了。

61

26

口共两党在口际上的影响，也逐渐有些改变，因为事实上盟军要在中口登陆作战，没有我们的配合是困难的。但因其阶级本质上的关係，故仍不放弃其传统的保守习惯，仍以扶持口民党为主。不过盟口大多数人民，已經認識到口民党腐败無能，对反攻不堪胜任。对我们有了比較好的影响。

（四）山東半島在战略地位上更加提高了。從此带来了很多光荣的任务，但同時也带来了很多严重的困难，尤其沿海則首当其冲，因为：

甲、有青島、連云港、烟台等大海港，和陇海路、胶济路、津浦路等大鉄路，这都是盟军最好登陆的场所和作战要地。敌人在华北的「决战紧急措施」首先就会從这些地方搞起。

乙、有泰山山脉之險，就是盟军登陆成功之后，敌人企图利用天然险碍来阻止盟军进展，来防止我们给他的重大打击，来拖延時间苟延残喘。

62

丙、山東是南連华中、北連東北，东靠大海、西連大陸的一個連系枢纽。

濱海区又是山東半島的重点，今后敌人的军事力量（当然政治上也会随之而加強）将大大增强）这是我们必须严重認識、足夠估計的。

63

甚。根据目前敌人的動向，和中口抗战形势的特点，我们的任务是用一切方法来坚持当前的斗争，從斗争中来　充分準备迎接反攻，因為没有当前斗争的坚持，就谈不上将来的反攻，為图乐观空喊反攻，不照顾到当前的实现情况，不敢正视将要到来的新的紧張形势，不在思想上組織上具体工作上作充分的準備，是不对的，将来是要吃虧的。相反如果只看到眼前，看不到将来，只照顾到坚持而放鬆尽可能的反攻準備，那将来就会失掉時机，完成不了任务，会延長反攻時間与減弱反攻中的勝利，同样是不对的，也是会吃虧的。

為了使坚持斗争与準備反攻的任务順利完成，特提出：

（一）确定对敌斗争為濱海区全党的中心任务，但不是唯一的任务，必須联系其他的任务，互相推动，互相因果。

（二）一切問題的决定与工作佈置，必須照顾到当前的利益，但同時又要照顾到将来的利益，只强調一面、照顾一時，都是不好的。

（三）從具体情况出發，在坚持斗争總的原則下，不同地区、不同工作，有的地方（如边緣区）則一切力量用在对敌斗争上，連帶進行其他工作，其他工作的進行，也是為了更有利于对敌斗争。有的地区則可在对敌斗争總的方針下，抓紧時机，完成其他重要工作，造成更有利适应严重斗争的条件。無論何种地区，在思想上、在組織上均須加强对敌斗争，把机械的劃分中心区与边緣区，或者固定的分成前方与后方，都是不妥当的，所謂不同地区不同工作，只是根据当時具体情况来說，只是在对敌斗争総方針下具体上分工上来說的，而不是机械的。

（四）如何才能达到保存力量、生息力量，就是坚持斗争準備反攻統一的基本原則，不積極对敌斗争也不能保存力量，主要是從積極对敌斗争中来保存與生息力量，如果不能保存與生息力量，也就無從談起準備反攻，但積極对敌斗争，又不是採取拚命主义，不顧一切，拚個你死我活，而是要周密的研究敌人，有力的組織自己的力量，密切的配合各种工作，成為全面对敌斗争，不是分割起来各自為政，灵活的運动斗争藝術，正確的掌握斗争指导，及時的改変組織形式與斗争形式。

肆，如何来坚持斗争準備反攻。

（一）坚持斗争基本方針：

首先緊急动員起来，动員與組織一切力量，從思想上，從組織上，加強对敌斗争，并強化各种主要工作，配合一致，以达到坚持斗争，準備反攻之目的。

在政治上应強調進一步依靠群众，並团結各階層一致对敌。

在軍事斗争的指导方針上，仍是以分散性的、集中性的游击战争為主，灵活的運用分散與集中，正確的掌握住主动权，使主力部隊的机动性，地方武装坚持性，人民武装分散性的优势。

黨正能夠提扛到更高度，並及地密切配合，形成一個支持全面對敵斗争的强大军事力量。

（二）打通思想，加强战争观念，清算太平麻痺思想与反对右倾情绪，發揚進攻精神，巩固既得成績，尋找机会继續扩大成績。

甲、我们过去的斗争是有成績的，（罗司令员在军工会上總結中的基本收获）今后仍还会有机会取得某些成績。在濱海区现实情况来說，是以巩固既得成績為主，而争取一切可能的時机継続扩大成績。因勝利而冲昏头脑，产生驕傲的情绪是不对的，不根据现实情况，作妄想的要求，也是錯誤的，因為这是消極的等待主义與盲目的拚命主义。

乙、太平麻痺的思想已普遍及于全党全军自上而下部份严重存在，其主要表现，即為战争观念不強，而产生輕敌麻痺、驕傲自滿情緒，对敌斗争抓得不紧；将对敌斗争與其他工作（如生产、練兵）脱節，盲目的享乐主义與脱离现实條件所許可的享受主义；在工作作风上，鋪張形式不战斗化；在生活上，对艰苦奋斗未加以強調，貪污浪費现象甚為严重；在执行政策上，照顾到团結各階层一致对敌不夠等等，都是太平麻痺思想在作怪。

產生太平麻痺的根源，一方面是环境較好的影响，近两年来斗争勝利的鼓舞（本区勝利和解放区整個勝利）国际形势空前有利的刺激，一方面是在干部在部队較多的关係，他们經广多，于是就滿不在乎，同時也由于一部份小資产阶級的思想空虛所致。还有少数人員個人主义的發展，根本不关心大局，採取当日和尚撞日鐘，不負責任的态度。在領导上来說，雖然也曾提出，但未能貫注于具体的組織工作中去，甚至有時某些言論與行动反而助長了太平麻痹空氣的生長與發展这是思想領导上的一個缺陷。

由于太平麻痹，已經給了我们很多損失，如，遭受敌人袭击，吃些不必要的虧；在反扫蕩中，増加一些伤亡和損失；工作只是滿足表面形式和一些数目字，不深入，不实际，致使某些地区工作經不起考驗，某些边緣区形成严重退縮現象；在执行政策上，掌握策略上，疏忽大意，致形成左右摇动，出了很多的毛病；在工作上有時拖拉迟緩，喪失了良机，形成工作的被动；在日常生活上，表現組織鬆懈，紀律廢馳，生活散漫；某些地区，在对敌斗争步調上，仍極不一致，存在各自為政的現象。諸如此類，究其根本原因，都是由于思想上太平麻痹的关係。这些損失，在比較和平的环境下，有時还看不出嚴重的惡果，如果再不警惕，將来的損失是無法补償的。

徹底清算太平麻痹思想與行為，当然重点在于使大家正确認識敌我的斗爭形勢，正确的估計敌我力量，正确的掌握战争進程，但在許多具体組織工作上，必須使之結合，只是空喊不能解决問題的。大家应来一个澈底的思想反省，并在执行政策上，具体工作上，实现领导上、对敌斗争上，来一个严格的自我检讨，从领导上自上而下，决心澈底纠正。

丙．右倾情绪在某些干部中，开始滋长与发展，其具体表现，就是个别地区对敌斗争严重退缩现象，消极的防御多于积极的进攻。少数干部把革命前途与个人前途对立看待，而产生贪生怕死的情绪，动辄要求退伍，有点毛病就长期住在医院，不愿到前方去工作，有人在分配工作时，不愿到战斗部队中工作，不愿多做一些工作；那个地方生活好些，那个地方不容易死人，就想往那个地方去。有的经过某些困难，受到某些损失，就悲观失望起来。情绪时好时坏，工作忽紧忽松等等。

右倾情绪之滋长与发展，主要原因还是左倾麻痹碰壁后的一种逆流。因为左倾麻痹者，包含着浓厚的个人主义成份，和幻想空想的观点，但事实的发展与自己的空想幻想相反，不能满足个人英雄主义的欲望，回转头来就走向极端毫无办法悲观失望的泥坑。其次是长期处于比较和平的环境，没有经过严重战争的锻炼，很多人政治上是坚定的，对党是忠实的，但没有经验，缺乏适应战争情况的一套，这些同志只要有人帮助他解决问题，带领他进入战斗，是不会有多大问题的，很快可以转变的。

67

目前是由比較和平的环境轉入到行将到来的严重斗争环境，是由比較优裕的生活，轉入到艰苦奋斗的时候，这正是一個轉变的关头，在这個時候，因此已經轉变过来養成習慣的時候更加重要。在这個時候，全党全军必须紧張的动员起来（尤其是领导机关與领导干部更为重要）坚定勝利信心，提高斗争勇気，發揚進攻精神和艰苦奋斗的光荣傳統是万分必要。在这個時候，右倾情緒是非常危險的，他会降低我们勝利信心、鬆懈我们斗争意志，放鬆我们的具体準備工作，造成我们更大的困难，甚至某些不必要的損失。

反对右倾情緒，主要是一個經常的思想教育。另方面在领导上要及時的先机的掌握情况想出办法，帮助下面解决具体问题也是重要的。同時為了保証对敌斗争的勝利，完成坚持斗争準備反攻的艰巨任务，就不能不对某些教育不改，坚持個人主义的份子，展開斗争和在不得已時的組織手段。

当然我们应該相信自從整風運动開展以来，絕大多数干部的思想是有所改造的，又加上許多有利的条件鼓舞着我们，只要我们加强教育，团結大多数优秀份子，对于個别或少数份子的右傾思想是可以克服的。

丁．克服太平麻痹思想與右傾情緒打通思想，必須搞清下列諸问题：

①日寇必然要死亡，但它不願意束手待斃等待死亡，從此就产生了敌人垂死的最后挣扎，这

個挣扎是在其極端不利與最恶劣情况下来進行的，也是從死里求生中一种絶望的挣扎，因此就可以預料到他的严重性與残酷性，也正是因為如此時間是不会很常久的，地区也不会很普遍的，有其一定的地区性與一定的時間性。

②抗战最后勝利大局已定，但还須努力去争取，当中还有一段艰苦斗争的过程，從此就产生了在大举反攻的前夜，还得渡过黎明前的黑暗，因為是黎明前的黑暗，時間是不会長久的，但是最后过劲的時候，不能忍耐這一着通过這一关，就会全功尽弃后果無望。

③敌人揚言要恢復一九四二年的形势（甚至更严重于一九四二年），对某些與敌生死攸关的敌区並不是没有可能的，我们应該從最坏的地方去打算，有的縱容应付，没有也並不吃虧，因為敌人的力量还是强大的，对整個的解放区来說是不可能的，因為我们具備了與一九四二年完全不同的許多有利条件。 69

一九四二年的形势之所以会造成，不完全是由于敌人的厉害，而主要的是我当時政策上有許多严重的錯誤，（过去有过結論）和对敌斗争没有一套完整的經驗，根据地小还又不巩固，本身力量还小，基本群众尚未发动起来等等；現在的情形就完全不同了，我们在政策上、在政治影响上，在军事力量上，在对敌斗争經驗上，在根據地建設上、在广大基本群众的发动上，都使我们已經立于不敗的地位，今后只要我们能在这一基础上坚持下去，正确掌握政策不犯錯誤，和進一步提高生产解决財政經济上的困难，那我们争取最后勝利的把握，就更加充分了。

一九四二年的教訓我们应該領会，並設法避免。但從斗争中战勝了敌人，改変了敌我斗争形势的經驗，我们应該發揮。個別同志，回憶一九四二年的形势感到害怕、表示悲观，是錯誤的，严重一点来說，也可以說是政治上發生动搖的一种表現。

八年的時間已經过去，剩下只是最后一段的路程，我们应該有决心有勇気来迎击任何的困难，冲破黎明前的黑暗而走向光明，全力為争取抗战的最后勝利而斗争。

④坚持斗争也好，準備反攻也好，将来建国也好，应該把主要的希望放在自己身上，不应該寄托在人家身上，不应該存侥倖、依賴、等待的心理。

勝利是肯定的，但必須努力去争取。

盟国的援助是应該争取的，但不应該存依賴的心理，必須自己有力量才能取得平等互惠的援助，才能把中国变成一個自由独立強盛統一的新中国。

苏联出兵是会有可能的，但不应該等待。

敌強我弱的形势虽然还没有基本改変，但經过八年斗争的結果，已經有了部份的改変，而面正在继续改变中，今后只要我们能够继续和它斗下去，这种改变是会加速发展的，我们不应該急燥與厭倦。

⑤今天我们同在敌后，是处在一個严重的战争环境当中，所謂前后方、中心区边缘区，只是在某种意义上来规定的，并不是机械固定的。因此大家都应該加强对战争的观念。不管你的中心工作是什么，你现在所处的环境是怎样，而共同的观念都是在战争环境、战備姿态下生活。离开了这個现实情况，必然会遭受到损失。

⑥解放区的斗争是一定要坚持的，则或因情况关係，对坚持斗争的形式会有些改变，但对坚持斗争的决心，则絲毫不能动摇，如果还有人存在着满天飞的思想，是錯誤的。

⑦战争可以改变一切，也可以考驗一切，正当这個紧急的关头，我们应該毫不留恋的来改变組織形势、斗争形式、工作方法方式。我们应該有決心在战争中来实际鍛鍊考驗自己各個方面，提高自己。個别同志，把個人利益與革命利益对立起来，是要不得的。这些同志，应該警醒，切勿一失足成千古恨。

（三）坚持反扫荡

中、今后的扫荡和反扫荡是会更加频繁的，扫荡一次后，半年没有了问题的估计就会落空的，扫荡之前来一大套的动员，扫荡之后又来一套善后讲讲拼拼再来整工作都是不行的，今后的备战工作必须经常化起来。坚持反扫荡的方针，在于保证群众、保证根据地物资资材，用一切方法疲劳消耗敌人，造成机会打击驱逐敌人，甚至歼灭其一部，但须防止分兵把口，死守硬拼，对于内线坚持，外线进攻的方针，必须主动灵活运用。估计敌人今后对我之扫荡方式是：

①反复扫荡，此起彼落，破坏我之反攻准备和扰乱我之社会治安，从积极的进攻中，达到防守沿海和维持交通线之目的，控制战略要地之目的。

②因机动兵力增多（连云港青岛及陇海胶济线将来会住重兵）敌人向我突然奔袭的可能性加大，但如果我们能有周密的情报，经常性的备战，广泛开展的对敌活动和开展群众性的防奸运动，对于敌人这种企图是会增加不少困难的。

③有重点的进行，不同地区不同时期也会采取不同的方式，我们不应该老一套对付它。

④特务活动和政治攻势也会随着军事上的加强而更疯狂起来。

⑤避实就虚，避硬就软，没有充分把握不轻易投入和主力作战（也须防止敌人有意在我准备情况下，寻找主力决战，寻求机会机关）但只要我能够及时了解情况，正确掌握分散和集中的原

则，机关不固定一地，民兵不死守村庄，敌人又要一定依战斗部署的限制，因此敌人的阴谋很难实现，我们寻找打击敌人的机会，仍然很多的。

乙．过去每次反扫荡也都多少取得一些胜利体会到一些经验教训，但亦有几个问题，仍值得今后加以注意，并切实改正之。

①．備战工作非常不認真不澈底，一般的对把備战工作看成是应付差事，認为是一种负担。其原因：一個基本的是太平麻痹轻敌观念。一個是鬼子的滋味还没有尝到，有些群众还抱着侥幸的快逃经验論。一個是平常没有充分的準備，情况一来，人心徬徨，大家只顾逃命，没有心事去妥善埋藏东西。一個是缺乏具体办法，困难不能解决，只有形式应付一下就完了。最后一個就是干部平常也是太平麻痹的（很多干部自己的備战工作就没有做好）一到情况来了，就去强迫命令，很多群众对備战是被动的，不是自觉的。

②．对敌斗争的方式与组织领导，还有些老一套，未能及时发现敌人的特点马上改变我们的斗争，寻求更多的机会去打击敌人不够。各种力量统合一致进行对敌的斗争更差，互相脱节，各自为战的现象还很严重。

③．分散的人员没有很好的组织，非常混乱，很多人既不与群众结合，澈底群众化，又不参加到民兵中去一同对敌斗争，只是单纯的跑扫荡，自己感觉困难，群众增加麻烦。

④．由于太平麻痹，对于防奸工作未能很好

的麻痹思想，致使每次扫荡都有些内奸活动，造成一些损失。

六、如何坚持反扫荡

①.在干部中在群众中都要展开深入的时局教育，使大家正确的认识敌我斗争形势和敌我力量的现状，一方面不要太平麻痹，一方面不要悲观害怕，灌注一些备战和反扫荡的基本常识，并发挥群众自己的积极性和创造性来想办法，解决备战中所遇到的困难，使备战工作经常化，号召每家老百姓，建立一个秘密家庭彻底实行空室清野（就是埋藏东西的地方）减少损失，以利长期和敌斗争。

在进行时事教育中，要反对片面性和打吗啡针的办法。强调好的一面，容易发生太平麻痹，强调坏的一面，会发展右倾情绪，又须把握从最好的地方去看（见到光明）从坏的地方去做（正视现实）的原则。

在号召备战中要反对听天由命的糊涂观念、有的人东西给敌人挖走了，不检讨自己埋东西的技术和是否村中有坏人指使，反而把敌人神秘化，有的人认为埋了也不一定保险，何必费事，他忘记了大家都认真来埋敌人就不一定能挖到，就是挖去一部份，也比放在外面给敌人全部抢光烧光要好些。要教育群众懂得要保存一件东西，一颗粮食，都是为了准备反攻的。

②.开展群众性的防奸运动，尤其是领导机关和指挥机关的住地，更为重要。又须严密站岗

放哨，盘查行人，建立清查户口与外来人登记制度。有重点的有目标的有准备的举行突然性的检举运动。严密监视嫌疑份子的一言一动（但注意不要冤枉了好人）进行不间断的侦察工作。对于斗争对象和受过严重处分的人，应加强争取教育工作，不要为敌利用来反对我们。对于谣言要跟踪追击，直到水落石出为止。对于证据确实，为众所痛恨的奸细份子，给以镇压，对于失足份子设法加以挽救，正确执行战时惩治汉奸条例，掌握宽大与镇压政策的运用。

③.注意研究敌人，不时发现敌人扫荡将会灵活改变反扫荡部署和定出对付敌人的办法。寻找一切可能的机会去打击敌人，增加敌人对精神上肉体上的威胁，减少根据地的损失，坚定军民反扫荡的情绪。我们的部队要善于分散与集中作战两套本事，要不但自己会打，而且能够组织大家一同来打，根据地内各种武装力量与武装人员，应自主作战，自动配合。

④.加强县大队（独立营）的建设，恢复中心区々中队的组织。

莒南由三个分区特务营抽一个较好的连为基础，组建县大队。（首先充实一个连建，其他有独立营的不需另成立）

各县中心区区中队，经过武委会的系统动员与支部的保证作用，在自觉自愿原则下，动员一部份好的民兵脱离生产（人枪一起）首先成立区民兵基干队（如果可以能直接成立区中队时则直接成立

765

区中队）归武委会领导，享受区中队的待遇，执行区中队的任务，到一定时期则正式升级为区中队，至于人数多少，要看各区具体情况决定之，一般是三十人至五十人左右，领导上应抓紧时机整训，迅速养成为全区武装斗争中心力量。（另有一详细决定）

⑤开展爆炸运动，大量制造石雷磁雷和一部份钢雷，具体解决困难，改进制雷技术和埋雷技术，研究保存法，专门开办爆炸训练班推广爆炸经验，培养爆炸人材，强调群众爆炸，奖励爆炸英雄模范，揭发个别坏份子的破坏行为（怕爆响了惹祸）组织爆炸和打冷枪结合。

⑥部份缩减机关学校（主要是减少可以减少的人员和行李）适当划分后方活动地区，建立经常的联系制度，减少目标，进一步群众性地方化。

一切生产组织，要逐渐做到企业化群众化，公营私营公私合营，虽然在同时注意发展，主要在专注意公私合营的方式，切实掌握统一领导分散建设的原则，严禁铺张形式，不要事情还没有做好先吹嘘一顿，应该埋头苦干，踏实建设，不是应该为绝大多数人所应该学习采用的经验，不必公开介绍，采取有关方面互相参观学习就行了。

一切后方机关，生产贸易和地方工作人员，要一部穿便衣，进一步群众化和地方化，划定联系地区，建立经常的联系制度，积极参加群众工作，树立他们依靠群众生存为基本条件，某些部份平时不依靠群众工作，甚至脱离群众，单纯依靠武力来保护，将来是行不通的，同时号召一切后方人员要学习自用的军事常识，和使用手榴弹地雷的本领，大家武装起来保卫自己，保卫机关，保卫资材。

彻底清查医院伤病员及散布在地方上尚未安置的荣誉军人，按照行署本区四月廿三日的联合训令，妥善处理，使各得其所，扎下根子，免致在情况严重时遭受损失。

各种学校应该精简，组织形式与教育方式，都应重新审定，基本上以轮训提高现职干部为主，采用小而精短的方式，不要作大计划和长期拖拉。并加强学校的组织准备在不得已时，能离开军政机关，独立行动，自主进行教育。

一切机关学校应对生产组织，在不致过去影响工作原则下，尽量精简，使组织严密，行动自如，工厂医院，都须把公开领导或营业的地方与秘密生产的地方分开，不要使什么人都能达工厂内部，致泄漏秘密，甚至为奸细所刺探，致造成严重损失。对於工人除加强教育外，应进行审查，洗清内部。

严格划分后方机关住地，一方面免致互相拥挤，另方面确定那些机关生根立足的观念，打破某些后方机关，不是依靠群众，而是依靠满天飞的观念（那里安全往那里去）以后不在特别情况下，一般不经常移动，事实上移来移去，你进我出，还是多余的一回事。

在一切地方工作人員中要進行拥政爱民的教育，要確立依靠群众生存的观念，要严格紀律，懲办违犯胡作乱为、無法無天的犯罪份子，密切軍民关係，同時在地方党民众和群众中也应該進行深入的教育，認識幇助后方机关部隊建設、爱護伤病員、保護公物公粮掩護干部等等，就是抗日的責任，就是拥政拥軍的实际行动。在抗战時期，当然应該尽量減少群众的損失与麻煩，但有些也是不可避免的，应該諒解，应以人民族国家利益为主。互相之間有什么意見，应該用一家人的态度来解决家庭糾紛一样来解决，不应採用敌对行为。如果有意損害伤病員和物資器材，故意暴露軍事秘密是一种犯罪的行为，是应該受国法制裁的。对於在这一方面有功的群众应該表揚獎励，如果因保護我们的人員和資材而遭受損失者，应該酌量給以撫卹救濟。

⑦加强临時分散下去人員的組織和管理，把单纯的躲扫蕩变为积极的反扫蕩。

过去每一次反扫蕩都有大批人員分散到农村中去，这些人当中，有的当然很好，不但没有給地方上增加麻煩，而且給了很多幇助，但一般的是缺点毛病多。一個是分散下去的人員没有很好的組織，头緒很多，混乱不堪，既不群众化，又不战斗化，吊在空中，非常危險。一個是有些人不顧战時情况，不体恤人家困难，还摆架子，吆吆呼呼，使人家为难。一個是没有計划的分配，大家都往几個村子裡擠，結果是名为分散隱蔽，实为集中暴露，将来是要吃亏的。一個是因为分散人員本身有毛病，再加上群众中教育又不够，怕惹火燒身，拒絕与我们的人員在一块行动，结果使分散下去的人員無依無靠，搞得恐慌害怕，情绪不高，甚至丢了不少的笑話。

根据过去的經驗教訓，今后必須是：

有些机关和個人，扫蕩時必須分散的，平時就把他固定起来，使好熟悉地形，連系群众，平時有所準備，免致情况来到没有办法，随其自流。

分散下去的人員，分为两种，一种是老的小的病的女的，他们当然是以隐蔽为主，故应該散头散尾的群众化，一方面求得自己安全，另方面使群众没有顾虑，減少群众损失。另一种是身强力壮的，他们主要是去加强下面領导同他们反扫蕩为主，故应該战斗化，与民兵结合在一起進行反扫蕩，一面可保存自己，另方面保证了群众，增强了民兵中的領导骨干或作战能力。但在群众与民兵中也应進行教育，使他们認識这是自己的責任，不是額外的負担，武装不是为私人所有的，而是有组织的对敌斗争武力。已往少数群众和民兵，拒絕帮助，或諷刺挖苦（如說平日瞧不到你们，有事就来了）或置之不理，这是要不的得，当然主要应检討我们的分散人員脱离群众的現象所致。

一切分散人員，在分散之前，要很好的了解環境，要组织好（三人至五人一組）要指定負責人，要準備粮票菜金，要向当地政府或党委作正式之介组。要规定他们的工作与学习任务，有组织的下去，有组织的回来。回来后要检查他们的情形和征求地方上的反映。

一切分散人员，不管其职务大小，除非经当地党政机关指定负一定领导责任外，不能摆起官架子随便指挥群众，干涉行政，但当地机关及民兵组织也应主动征求分散人员的意见，尽可能取得他们对各方面的协助，不应互不相干。

一切分散人员，如乘战时混乱，胡作乱为，破坏政府法令、危害群众利益或做出违法乱纪行为，当地政府得予制止，甚至逮捕起来，解交主管机关法办。

⑧在反扫荡中应加强政治攻势，因为这是对敌内部及敌占区群众最有利宣传的时机，大量印发短小通俗的宣传品，设法瓦解伪军及带来民众教育优待俘虏（但须注意时机与当前情况），及时揭破谣言，安定群众情绪，暴露敌人阴谋诡计，引起平民警惕，迅速传播口头内消息和反扫荡胜利战报，坚定军民反扫荡情绪。

⑨建立各地方（地方上以政府为主）都应建设区里的内外情报和纵横的通讯联系工作，在反扫荡时仍能保持消息灵通，行动自如，一切事件通知是危险的。

⑩要区村的指挥部，应成为经常的组织，平时注意了解研究情况，督促检查备战工作。扫荡一开始就应迅速集体办公，有计划的分工掌握

各个連級進行反扫蕩，並把一切閒置的人員組织起来，因材取用的支配到偵察建設管理指挥等組织中去。

總之敵人扫蕩和我们反扫蕩，这是一個非常之紧張的時候，絲毫不能兒戏，尤其各級干部要应有战斗精神，注視情况变化，正确領导反扫蕩。稍一不慎，就会造成损失和过錯，最少要丧失我们可以打击敵人的机会，而減少胜利。

（四）坚持边缘区斗争

对於坚持边缘区斗争，二月廿四日区党委扩大会已经作了討論提出了和解决了一些問題，作了一些具体决定，各地也开始执行中，有的地区执行的較好，有的地区执行的較差，今后仍須继續貫彻，尤其在新形势下，边缘区可能增加，某些边缘区可能更加恶化起来，故对於坚持边缘区斗争問題更应引起我们特别注意，除了前次会議已经談过的問題外，这裡只着重提出几点：

甲，武工队問題

⑴根據將来情况的發展，因須地制宜的調整武工隊活动範圍，並準備在某些地區設立新的武工隊，新武工隊的組织系统和領导关係，也應重新改變一切以适合一元化領導对敌斗争为原則；

⑵武工队中应适当調剂成份，增加本地干部和武工队員，使其更能地方化群众化，具体解決能武能文問題。

③.按照军区规定，立即补足弹药，调整武器，增加武工队作战能力。

④.分别检讨武工队内部情况，和地方上的关系，活动方式，严密其组织，加强其教育，以保其掌握，严防腐化和脱离群众及混入敌探口特，使武工队真正能起到将来地方骨干作用，对个别须要调回来学习或另行分配工作的，决心迅速调回来。

⑤.武工队以边缘区作依托，以老区群众力量作后盾配合一致，坚决发扬敌后挺进，寻机就进、乘机挺进的进攻精神。

边缘区的党，必须认识，要坚持边缘区斗争，就非再开展敌佔区工作结合不行，因此更应该支援武工队活动，配合武工队工作。

⑥清理过去武工队的悬案，该办的办，该赔偿的赔偿，个别和群众关系恶化，会造成坏影响的就调他地。

乙·开展城市交通线工作

①.决心抽调干部，完成百分之五的要求，地方上以工作需要而定，不机械限於此数字。

②.把任务具体分给各系去做，在统一领导下，分头並进，采用"水银下地无孔不入"的办法，这样能动员更多人去做，实行这一工作的比赛，尤其要打破中心区不敢做敌佔区工作的观点。

③.大胆使用干部及各种各色的人物，把内线力量、外围力量，利用力量都动员起来，打成

小手小脚的做法，把大力开闢的宣傳工作和精密细腻的組織工作相結合。

④加强調查研究工作，及時了解情况，掌握時机，隨時隨地提示宣傳口号和动員方針，使敌佔区人民隨時隨地能够得到昭示，能够正確認識和正確行动。

丙．严格执行各种政策，一切照顾到团结各阶层一致对敌斗争为主，把民族矛盾提高到第一位，除对敌奸特务正確执行寬大与鎮压政策外，其他各种矛盾，采用中裁調解等方式来解决。

严格执行关於边缘区减租减息增資的要求标準与方式办法的决定，在共同对敌斗争，共同求生存的原則下，来貫澈土地政策。

整理稅收，一切应以如何有利於对敌斗争为主，要打破单純的經济观点。

丁．对於被敌暂時佔領的原解放区

①教育干部，克服右傾情绪，团结大家共同对付敌人，是基本的要素。

83 ②徹底改变組織形式，党政軍民各個系統不但在領導上要加强一元化，在組織上也要实行一元化，採用武工隊形式（有深入敌佔区武工隊略有不同）去活动，区長为隊長（区公所名义仍保持）分区委书記为政指。內分成指挥組（区長分区委书記区中隊付区中隊付指政武委會主任）政府工作組，群工組（以各救会为主，吸收其他人参加）事务組（管理日常生活的）以及若干战斗小组（区中队及一部份民兵），至于系统工作，应尽能争取仍能继续进行，但互相协调彼此帮助更加需要了。

③决心调整干部，若干软弱动摇分子以及政治上不可靠或胆量太小的应撤到中心区工作或学习，另加强一些政治上可靠有斗争勇气年轻聪明的干部去（区中队应乘此整顿一下）。

④不能秘密存在的红党员、红色民兵、各种英雄模范等，应该把他们抽出来，或参加武装或到中心区来安插。

⑤在强力坚持、残酷斗争之下，如因某种情况又须时，应开辟发展周围革命游击区的工作。

⑥对于过去的工作和政策，要适时加以检讨，作为今后改进的依据。

戊、对于坚持边缘区斗争的组织形式，斗争艺术，工作方法方式，应该根据当时的具体情况，随时随地研究，灵活改变和改进，在以军事斗争为主的原则下，配合各种斗争，同时须要加强其他斗争的力量，以有力补助军事斗争，造成更加有利于军事斗争的条件。

己、在坚持敌后斗争的原则下，尽一切可能造就与寻找机会，打击敌人，拔除敌人兵站据点

84

，继续压缩敌人，以执行巩固根据地，扩大解放区之任务。

（五）加强中心区工作

甲，虽然全年是以对敌斗争为主，但对分局关于八个月规定的工作程序，力争完成。因为这是与对敌斗争分不开的。对于今后开始到来的紧张形势有帮助的。

乙，因为分区一级任务繁重，干部太弱，因此必须建立分区委的中心领导，以区为单位，於散于各种组织的干部，只是要在该区内真正能够成为核心就得调往分区去，还须由党委调剂补充，如一个区内部无法配备时，则由区党委调剂，总之每一个区要有一个中心干部。

丙，彻底检查与总结土地改革检查以往的经验教训，得出结论以便具体解决问题。教育干部与群众正确掌握政策，使减租减息工作得以发动，基本群众继续发动。

丁，整理村工作，做到村支部真正能起堡垒作用，村各救团体能有真正的工作与生活内容，支部真正能够很好的掌握全体村政毫不紊乱，村干部团结一致不脱离群众，村中坏人没有反攻的力量与机会。因为只有这样的村庄才能有基本群众的优势已经成立，新民主主义的社会秩序已经建立和巩固。

戊，在自力更生原则下，设法保证平民一定生活水平，使其能够坚持到底，这就必须把农业为主的大生产运动提高一步。

己，加强武装建设

地区与发展武装力量，是为坚持斗争与反攻之所必须，全党全军必须更加重视。两年来由于双拥运动的开展，各组织系统在观念上都有了一个很大转变和进步，但在地方党政方面（尤其是某些中心区）对于如何关心战争，领导战争，结合战争，仍有许多不够之处，甚至是忽视的地方，今后必须纠正。

①党委必须学会领导战争，党员应该成为拥军参军的模范，群众性对敌斗争的骨干。

②主力部队地方武装应该相对敌斗争，练兵运动，发展生产三者结合，进行因时因地制宜三者各佔的份量与结合的办法，不能相互脱节孤立进行。

取继续扩大

在不过分加重群众负担条件下，争[redacted]，最低限度使现有之兵团经常保持满员。

③发展民兵，健全民兵组织，加强民兵练武运动，克服某些民兵中脱离群众突出孤立的现象。

④对于小部队活动之指导，主任的报告研究执行并应加以学习和锻炼，打破某些兵团不愿意把部队分散活动的观点。要培养各个战斗单位自主作战单独工作的能力。但主力兵团同时应该相顾到在一定时期由游击战争转为正规战争的准备。

庚、争取进步地主回头，加强农村统战工作，以基本群众为主，团结各阶层一致对敌，但又要防止封建势力侵蚀地主乘机反攻。以妥基本群众怀疑恐怯，而引起新的混乱，因此对于這一工作必須正确進行。

①在基本群众中進行教育，說明团结合做届一致对敌的重要性，說明此時敌人对基本群众的好处，說明只要大家很好团结是不怕地主反攻的，我们自己应該搞好，使地主没有反攻的机会，說明党扶持基本群众的政策始终不变，說明逃亡地主在敌佔区或者投敌是没有出路的，只要大家做想办法去争取是可能争取一部份回来的。說明争取逃亡地主回家并不是向他低头，而是挽救他们我们应該站稳阶级立场。

发动大家来研究本村逃亡地主的本质，出路原因，是否有争取的可能，要用什么方法去争取，并提出专人负责领导這一工作，及時檢討与研究总结。

②因斗争而逃亡的地主，对斗争果实的处理应从寬大，較多留出其一部份财产，使其保持一定生活，如全家逃亡時其留下的财产可由政府按土地代管法代管何时返回，何時发还。过去某些地区地主一逃亡就把全部家产都没收甚至連房子都拆掉這是非常不策略的是錯誤的。

③对于逃亡地主家属，不应歧视侮辱，应該進行争取教育工作，没有反动証据時应与一般公民同等看待。

④对長期潜逃者，应寬大处理，解除其恐惧心理并加以争取之。

⑤对于已经争取回来之地主除政治上提高警惕性外（因敌人可能乘机混入奸细）不应对其挖苦讽刺，漫骂侮辱，安定其情绪，解除其恐怖心理，不致再逃，因为已经争取回来了的又逃跑出去，影响是会更坏的，对我们必坚决反对，继续争取逃亡地主回家也有很大作用。如果生活一时无法维持时，政府除指示其出路外（生产经商投资工业建设等）应酌量加以救济。

⑥欢迎地主参加生产与投资根据地经济建设事业。

⑦对個别受领敌人任务到根据地来进行阴谋的地主，如侦察获得人证物证，须要加以惩办时，必须把罪状公布，使上层人物明了不致因此而引起怀疑，恐惧，如果不是重犯对过去的事情一经坦白就算了事只要他们安分守己我们应实践争取时所允许的诺言，不负这样使他们不敢回来

⑧利用此次选举参议会的机会，利用召开党外人士座谈会的形式，重新说明我党政策（土地政策与宽大政策）指出逃亡投敌没有出路，我们愿意拯救他们并动员上层人物去进行这一工作，尤其利用被争取回来的地主去争取逃亡地主更为有效。

⑨对于已经投敌要经争取而始终坚决不回头者应取消逃亡地主的名称，列入汉奸之列，按照惩治汉奸条例处理之。

⑩敌人必会采用各种方式来破坏我们这一

工作，使此我们能够及时发现敌人阴谋加以揭露。

（六）加强对敌经济斗争大力提倡生产节约开源节流克服财政经济上的困难，坚持斗争准备反攻

新的紧张的斗争形势开始到来，并日益严重，以农业为主的大生产运动方针未能彻底贯彻，在近两年来军民生活已有提高在并部份人员中发展着享受主义，将来敌对我物质掠夺与摧毁会更加严重，因此今后我们在财政经济上还会遇到严重的困难，我们必须及早准备设法预防与克服。

今后在财政经济问题上，必须掌握"对敌经济斗争""加强根据地财经建设""保证财经供给"三者密切结合，打破单纯的经济主义观点，和不同靠幻想（靠天吃饭，靠注用钱靠投机取巧解决问题）树立亲自动手自力更生的信心与决心为此必须：

甲，对农业为主的生产方针，不只是号召而必须贯注于具体组织工作中去，大家要动向地里去想办法。

乙，提倡艰苦奋斗精神，奖励生产节约开源节流，缩衣节食军民一条心同甘苦共患难，一切为了渡过抗战最后一段困难，准备反攻。

丙，严格各种制度，整顿纪律反对贪污浪费和不负责任的现象，号召大家一齐对于个别损人利己慷公肥私屡经教育还固执不改的贪污分子，必须给以纪律制裁，因为他是经济战线上的内奸，是大众利益的敌人。

丁，重新审定生活标准，在不过分加重群众负担与经济能力所及原则下，尽量保证平民最低限度的生活水准，以巩固我区经济正常秩序。

戊，进一步的与敌展开全面经济斗争，扩展到敌占区去，海洋上去，以巩固我们近几年来对敌经济斗争的胜利。

己，保证物资资材，尤其是粮食与食盐，要运用一切力量加以控制，以达积蓄物资准备反攻之目的。

庚，提倡烧煤解决燃料困难，保护森林，鼓励植树造林。

辛，尽一切可能增强手工生产，增加手工业产量。

壬，根据地的现状和本身需要更好照顾大众利益原则下，重新审定征粮税收办法与生产自给方针。

癸，响应毛主席两三年内学会经济工作的号召，加强各级党委对财政经济工作的领导，全体党政军民要关心财经工作与自动配合对敌经济斗争，某些干部认为只有要求享受的权利，不必有做好财政工作的义务是错误的。要认识有饭大家吃，有衣大家穿（保证最低限度的生活水准）有钱大家管（经济公开）应该有事大家做，因此我根据地内每一个人对于对敌经济斗争，根据地经济建设，保证供给的任务都有一份。要耐心说服群众使其自觉自愿来支持战争保证供给为了战争的胜利，反攻的需要，公营略微增加當群众一点真相是完全有可能的，但不是無限止的，如果不关心群众不照顧到群众利益是不对的，同時把群众想得太理想化，思想化（光給不要的观点）也是不对的。

（七）轉变作風

新的形势帶来了新的任务，我们必須用新的思想与新的工作作風去貫徹，因此轉变作風就成为適应新的形势和保証完成新的任务的关鍵，为此必須：

甲，轉变和平的工作作風为战斗化的作風，反对铺張形式的作風为樸素切实的作風。一切要適合战斗环境，一切不应以形式为滿足而应以实效为標準。

乙，新的环境條件，任务繁重，这就須要我们动員与組织更广泛的力量，群策群力以求貫徹。因此建立經常的正确的民主作風，也就更加需要，我们各級干部必須正确领会民主精神与实质，必須正确的运用民主集中制的原則。

丙，环境的变化，要須要各級組织，在党的总路线下，能自主自动進行工作，打破一切依賴的心理，在領导上除更要照顧到原則方針的領导外，須給同級各組织单位与下級以一定的机动範圍。同時下級对上級又須忠实負責，不能藉此而形成对上級陽奉陰違。把領导負責与工作負責都加強起来。

丁，毛主席的九大方針，必須在今后領导与

实际工作中去贯彻。

四、加强党对战争的领导。

（一）环境的变化，我们某些具体政策自然也会引起一些变化，但对于我党的基本政策则丝毫不容许怀疑与动摇仍须贯彻始终。

但可能有些同志因受客观环境刺激与主观急燥忘西，在新的形势下而产生对政策疏忽的偏现象，因此如何掌握政策的问题，就成为我们今后在领导上一个重大的问题，领导与领导机关应该引起高度的重视，对过去各种政策的执行，要分别进行检讨与总结，得出经验教训，定出今后方针，具体解决存在的问题，教育干部和党员，正确执行政策。

（二）一元化的领导执行以来有很大成绩，也还有很多毛病（以后专门总结）为了适应今后的需要则须要加强一元化的领导，特别注意如下几个问题：

甲，强化各级党委领导，在集体领导分工负责的原则下，每一个党委都有其一定的权利与义务，大家负责，一元化领导不是一人化领导。

乙，发扬民主作风，正确运用民主集中制原则，发挥各级组织系统的作用。

丙，正确掌握中心工作与一般工作的联系，既要抓住中心，有重点进行工作不要平均使用力量，又要照顾到其他工作，组织全般工作环绕中心，同时各部门也应自动环绕中心，尊重一元化

領导，不能各自为政，或甚鬧独立性·

7.加強思想領导与組織領导，提高原則性反对事务主義·

（三）加強各級党委对戰争的領导：

各級党委及党的組織，必須加強一元化的对敌斗争，集中力量統一步調，团結自己对付敌人是非常重要的·

領导群众，進一步开展拥军优抗工作和参军参戰运动，充实軍队，強化军队是全党的任务、

把人民武装工作，繼續提高一步特别是強調支部領导民兵掌握民兵，民兵要遵重領导服从指挥，發揮群众性游击戰优势，到處打击敌人·

动員好党員到武工队去到小部队中去，以加強其与当地群众的連系，使戰斗与工作相結合能武能工，文武双全·

党委对军队領导必須加强，过去某些党委对军队不大管或認为不懂得就不管是不好的·今后一定要管要学習如何去管，同時过去有少数部队干部不遵重党委領导認为人家不会管就不叫人家管也是不好的今后一定要归党委管，要接受党委的管·

（四）我们基本上是团結的事实要求我们須要更高的团結，無論上級与下級区部门与部门，这种組織与那种組織領导者与被領导者军队与老百姓，

部须要進一步团結。在这裡一方面要反对官僚主義军阀主義，另方面又要反对個人主義本位主義宗派山头主義。我希望大家把毛主席在七代大会上的报告最后一部份，全党团結起来，为实现党的任务而斗争，很好学習一下，並遵照执行。

我们已經存在着可以坚持斗争，迎接反攻很多有利的优良条件，只要我们能夠有奋斗勇敢奋戰奋勇的精神继续奋斗下去，就能夠完成党和上級给我们的任务。全党全军必须紧急动員起来下定决心，提高信心，在山東分局与军區的领导之下，在全區人民支持之下，把党七代大会的决議变成实际行动，为坚持斗争，準備反攻，争取抗戰最后勝利而奋斗到底。

（完）

中共滨海区党委关于一九四五年下半年人民武装工作的指示

（1945年6月24日）

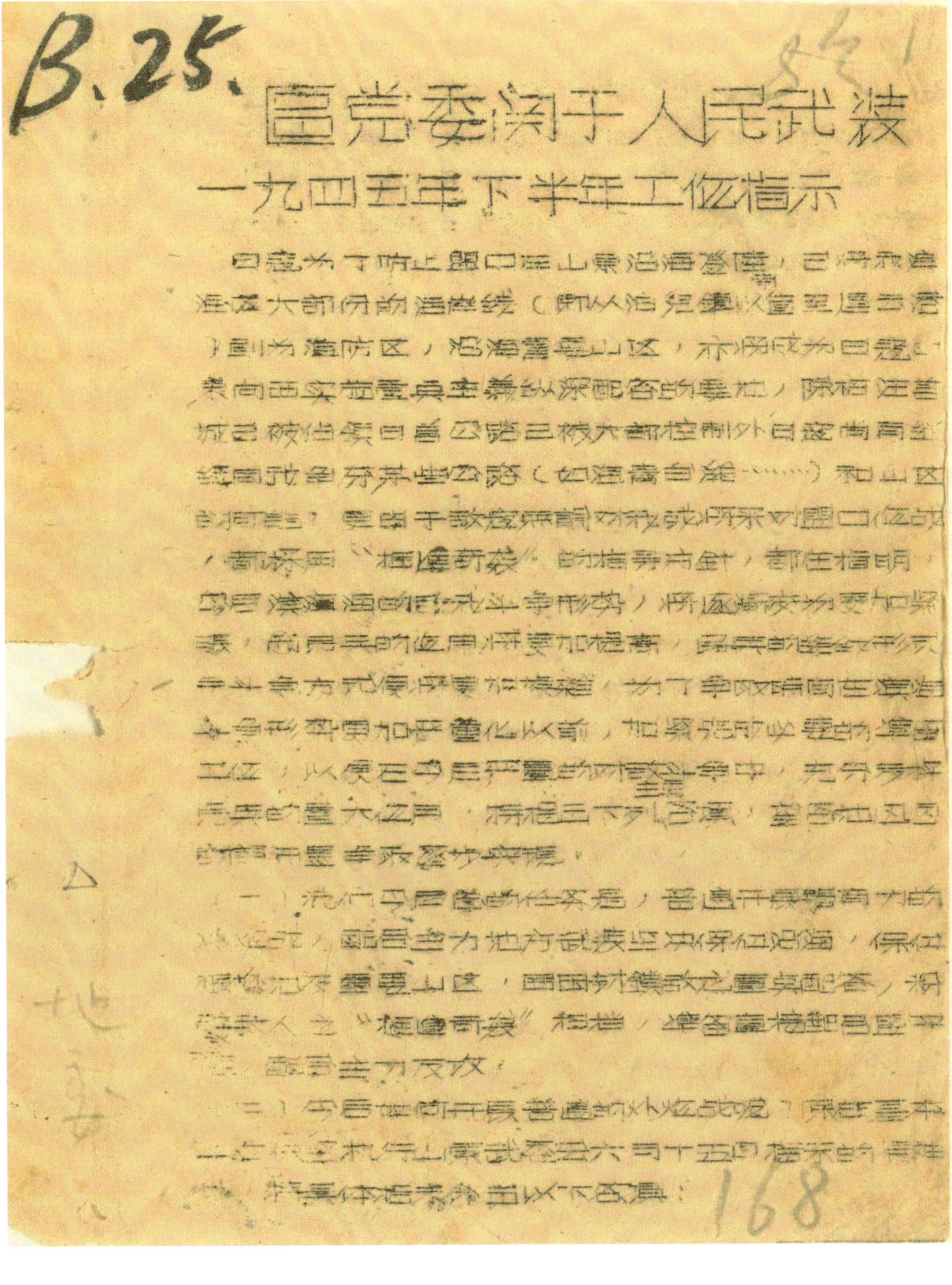

区党委关于人民武装
一九四五年下半年工作指示

日寇为了防止盟[illegible]在山东沿海登陆，已将我滨海区大部份的海岸线（即从泊儿镇以[illegible]至[illegible]）划为海防区，沿海岚山区，亦将成为日寇[illegible]东向西实施重点主义纵深配备的基地，除[illegible]城已被伪军[illegible]公路已被大部控制外，日寇尚有[illegible]经同我争夺某些公路（如[illegible]……）和山区的[illegible]，更由于敌寇无论对我或将来对盟[illegible]作战，都将用"[illegible]"的指导方针，都在指明，今后滨海区的[illegible]斗争形势，将逐渐变为更加紧张，民兵的作用将更加[illegible]，民兵的[illegible]形式与斗争方式便将更加[illegible]，为了争取时间在滨海斗争形势更加严重化以前，加紧[illegible]的准备工作，以便在今后严重的对敌斗争中，充分发挥民兵的重大作用，特提出下列各项，望各地区的[illegible]。

（一）我们今后的任务是，普遍开展[illegible]的[illegible]，配合主力地方武装坚决保卫沿海，保卫[illegible]岚山区，[illegible]敌之重点配备，将[illegible]敌人之"[illegible]"打烂，准备[illegible]配合盟[illegible]，配合主力反攻。

（二）今后如何开展普遍的[illegible]战呢？除[illegible]山东武委会六月十五日指示的[illegible]外，特具体指示如以下各项：

1、各级武委会应由上而下的，从检查与总结各地爆炸战成败的实际经验中来清算县区的村级干部对爆炸的认识，特别是加强纠正某些村的干部对爆炸无信心的倾向，并须将典型的成败经验及时通报传达普遍进行教育，对一般的民兵与广大群众应从地雷与步枪杀伤敌人威力与实用的比较及减轻群众对地雷负担的双方面，来提高群众对爆炸战的积极性，应立即在突击组中，号召以爆炸保卫生产，推动广大群众学习爆炸的热潮。

2、已被占领或继续可能被侵占的公路（如海青，台潍，日莒等）以及敌扫荡时来往必经的要道，应由各军分区各县武委会，有计划有重点的设置爆炸基点，或进行爆炸运动，应根据情况变化分别布置地雷封锁区，已被敌占领和可能继续被占的县城镇（如石臼，白桥，碑廓，大店，坪上……等）应分别布置地雷封锁圈，沿海边以北，沿海（特别日、平）沿日莒台潍公路两侧应分别布置地雷封锁线，并须按照当地联合对敌一致行动要求的需要协同部队，建立统一指挥部，或建立爆炸联防。

169

3、各军分区武委会应立即商同各地专署与工厂争取在最短期内制造出大量的小型地雷，外可采用先办公助的方针，每军分区设立一个或两个制造地雷及药捻火管工厂，以求适当广大群众的急需，但不致制造的地雷，应有计划的主要用于破坏爆炸，及对敌堡据点，山区的封锁，一般群众保卫村庄的固定防御爆炸则主要用石雷，硫，（统会，县委会爆炸委员会负责县以上武委会，以实用方式分别补助一部外，主要的还由群众设法自购。

4，各县应有计划有目标的从现行爆炸中培养几个爆炸模范，甚至在实际战斗中涌现成为英雄，在边沿区应号召民兵创造爆炸结合以实际爆炸的成绩以迎接八一大会。

县以上武委会，在青纱帐期间，应有计划的继续开办短期爆炸训练班，有计划有步骤的，训练爆炸骨干，受训学员应以优秀的干部党员或群众（老实可靠的基本群众）并须对爆炸有兴趣有信心的，此外还应注意首先以爆炸区爆炸英雄开始训练

有工作基础的地区，以区为单位，三十天采用上课的适合实际的方式，並发动村干部带头学习爆炸，并通过他们及有经验的爆炸积极份子去训练民兵（并搞以晚会前途教育）

组织爆炸研究会，并设爆炸研究奖金以提高爆炸技术，爆炸研究会可经常组织，研究小组五六人到各地巡回实验。

5，改良自制各种爆炸器材，与爆炸组里具体组织与别个编制的办法，使爆炸组里具体组织合编，使爆炸战斗具体化并根据山东武器等的经验，进行实验。

6，各县分区武委会应经常对爆炸情况和成绩，在青纱帐以前分别召开群众性爆炸比赛会，具体的研究情况，……

170

奸工作，因为这两个工作，对于开展爆炸的关系是十分重要，如不注意必然使我们的爆炸炸不到敌人反而炸到自己。

二、应通过县以上党委及县以上武委会，表扬通报表扬积极和实际行动爆炸有功的干部，民兵及爆炸有功的党委和支部（如莒南县委和苏家崖子支部）

（三）为了加强党对爆炸的领导，各级武委会应切实推动党委，彻底执行支部掌握民兵的方针，首先是通过党委动员最积极勇敢的党员加入爆炸组，争取在学习与实际行动爆炸活动方面，都成为群众的模范，支书或付支书兼政指，支部委员兼村团长不应只是形式上的兼职，应切实建立支部与民兵的密切关系，经常通过支部讨论解决民兵中各种问题，在目前的民主运动中各级武委会应通过支部改造和改变某些严重脱离群众的村团部，通过群众们[illegible]政策，最不易觉察的坏份子和坏份子，务必达到对人民武装的确实掌握，特别是沿海区和山区更应该注意时刻经常了解每一民兵及每个干部的实际情形，严格防止奸细特务份子篡夺领导，掩护武器，各级武委会不应[illegible]加强支部掌握民兵，加强党对人民武装的领导，只要自己是个党员都应在党的领导下积极在民兵中发展党的组织（沿海另有规定）（党员不做发展党的工作是不对的）

（四）、关于老弱民兵问题。应在[illegible]中发展[illegible]壮年广泛发展到十万至十二万[illegible]的任务，应发展至一万五，滨中六万，滨南四万五，除了在秋季参加秋季整训及目前的民主运动应取得各群众团体帮助发展外，武委会应直接深入到村实行以民兵发展民兵，纠正各级武委会忽视发展民兵，反而单纯依靠别人发展的错误倾向，但沿海港口附近及山区，应以支部为主，加强支部的领导与掌握，并同时以党员及可靠群众为基本核心，建立秘密游击小组，其已公开而保存秘密的民兵则应在必要时分别编为小游击队，坚持地区以为秘密游击小组的骨干。

滨北某些边沿尚未发动群众的新地区目前暂不建立公开的民兵自卫队（可利用各种灰色组织灰色名义）只以党员或少数先进份子为基础建立秘密游击小组，准备在有利时机下作为大量发展的基础，对群众自发建立的应特别注意争取与改造其机构。

为了加强沿海及边沿区的对敌斗争，凡沿海及边沿区的人武干部，只能加强不能削弱，其已具备初步工作能力且在群众中有相当信仰者，为防干部调动的混乱执行两级批准制的原则，不经上级或上两级党委及武委会许可者，不应轻易调动，其不适应新的斗争形式，且在群众中没有信仰者应由党委协同武委会适当调动。各级武委会的领导对党委决定之执行，应该是坚决的不允打折扣的。

（四）除今年另发指示外，关于坚持边沿沿海最激烈斗争武委会会议的总结精神，关于劳武结合则根

172

6

遵照山東戰委會六月十五日的指示普遍實行公私兩利的方針以農業生产为主大量开展手工業与战斗部份向结合至全部自给的生产运动。（具体的办法可参考本县鱼台及单县等的方式）

滨海区党委

六月廿四日

中共滨海区党委关于培养训练区村干部的指示（1945年6月30日）

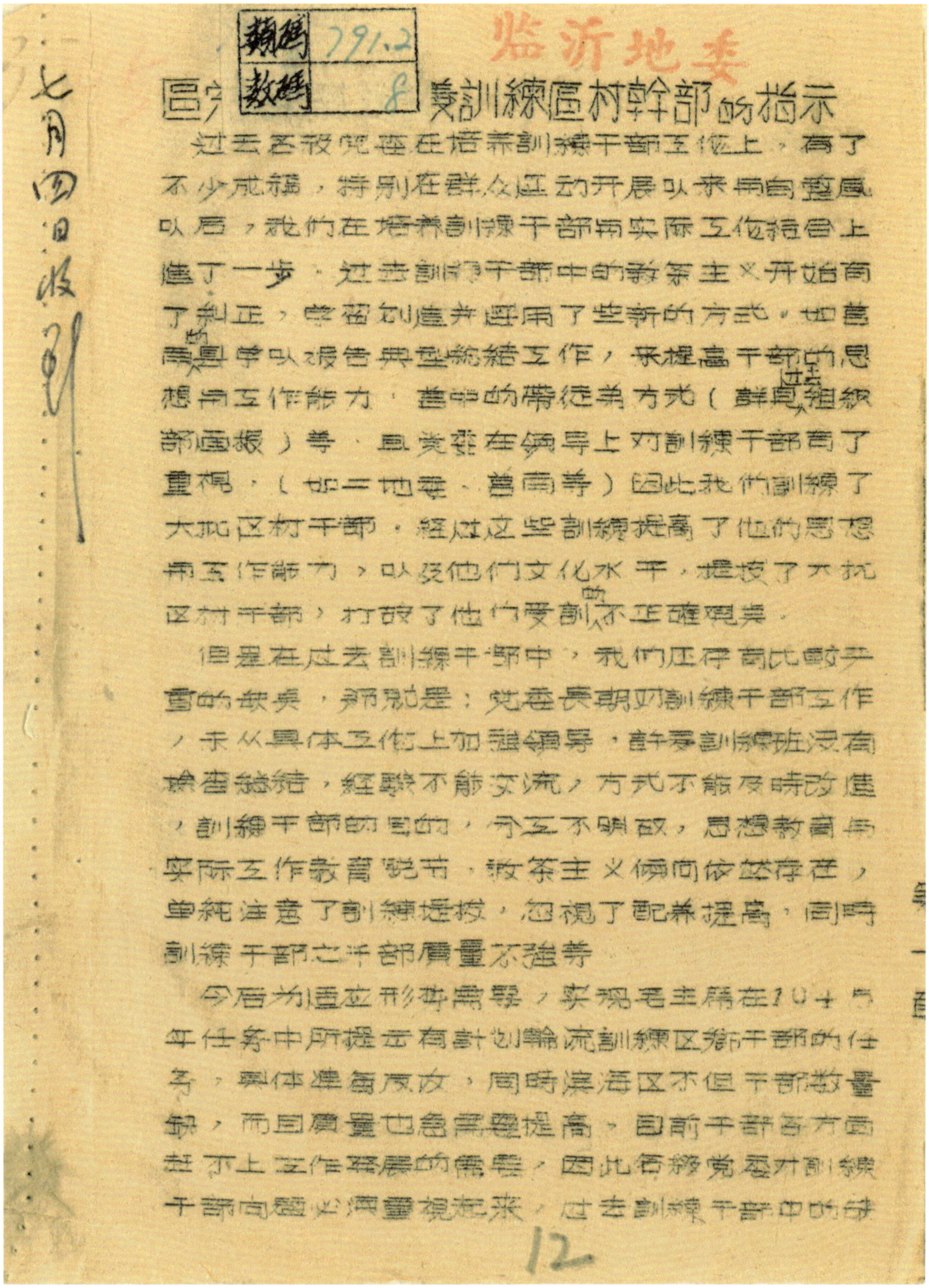

類號 791.2
数號 8

临沂地委

七月四日收到

區[illegible]养訓練區村幹部的指示

过去各級党委在培养訓練干部工作上，有了不少成績，特別在群众运动开展以来与自覺整風以后，我们在培养訓練干部与实际工作結合上進了一步。过去訓練干部中的教条主义开始有了糾正，并曾創造并運用了些新的方式，如莒南的典学以报告典型總結工作，来提高干部的思想与工作能力，莒中的帶徒弟方式（群眾选送組織部画报）等。且党委在領导上对訓練干部有了重視，（如二地委、莒南等）因此我们訓練了大批区村干部，經过这些訓練提高了他们的思想与工作能力，以及他们文化水平，提拔了大批区村干部，打破了他们受訓的不正確观点。

但是在过去訓練干部中，我们还存有比較严重的缺点，那就是：党委長期对訓練干部工作，未从具体工作上加强領导，許多訓練班沒有檢查總結，經驗不能交流，方式不能及時改進，訓練干部的目的，分工不明確，思想教育与实际工作教育脫节，教条主义倾向依然存在，单純注意了訓練提拔，忽視了配养提高，同時訓練干部之干部質量不強等。

今后为适应形势需要，实現毛主席在1945年任务中所提出有計划輪流訓練区鄉干部的任务，具体準备反攻，同時滨海区不但干部数量缺，而且質量也急需要提高，目前干部各方面赶不上工作発展的需要，因此各級党委对訓練干部问题必須重視起来，过去訓練干部中的缺

12

点必须进行检讨纠正，各县党委应于此青纱帐期间，有计划大批轮训区村干部，使区村干部为迎接滨海区艰苦到来的形势，在政治文化水平上提高一步，在思想工作上有充分准备。

其具体指示如下：

一在分工上：区党委党校训练分区委员与委员之培养对象，地委训练班在青纱帐期间可暂时取消。（一地委可保留）其干部可加强帮助一个县，进行对区村干部之轮训工作，其目的一方面为创造经验，一方面使干部训练与实际工作结合。（环境紧张不能开办训练班之县，可由地委计划两县合併，如莒山县可与日照或莒南合办）其训练对象为区村级干部与支书支委等。

二方法与内容上

区委党校，以整风打通思想为主，但非全面整风，是采取与政策学习业务教育，结合着进行的办法，纠正过去单纯审干观点，与整风一般化毛病，作到从政策业务学习中将干部思想与工作能力提高一步。在领导上区委应有一委员分工负责掌握，以加强领导，区委书记应分工负责，亲自作有关政治业务的报告，同时应将以前整风班党校中之思想未弄清之干部，应在青纱帐期间，进行清理思想上与历史问题者，应即速调其升入下届工作。

县委训练班，一般可用莒南训练方式（采取回报各村工作，研究典型，讨论典型，最后

13

归納總結，總結中貫串着思想教育，这種方式是着重了總結过去工作，今天我們应强調为目前新形势从思想上、从工作上作充分準備，这種精神应在今后每期訓練班中貫徹進去）但調訓干部時，不应影响村工作，使保持有中心干部，同時在調学員時每区作到調一二个主要干部参加学習，这樣一方面作学習骨干，一方面鍛練了干部，改進了分区領導作風，各县应研究学習西北局訓練干部方式，先調查了解干部之思想情況，工作需要及困難，然后根据其水平及接受程度進行教育，在县委訓練班的内容上以基本知識（包括共产党員干什么的，同群众区别在什么地方，支部的民主集中制，支部分工，工作任务範圍，工作关係等）政治業务斗争知識（包括形势的教育，糾正太平麻痺張慌失措，同時不仅使区村干部在思想上为迎接新形势有充分準備，更着重的是在組織上具体工作上斗争方法上都有充分準備，以便环境一旦变化，干部有信心有办法来应付。搞清生産參军與備荒方向的教育，阶級教育，民主团結各阶層與安天思想的教育，支部掌握武装，地雷炸炸防奸的教育與認識，教育糾正群众運动中的偏向，学習並能掌握政策）文化教育（应县時間不長，並坚持学習，以打下基礎）規定時間約一月左右，青紗帳期間要求尽可能將区分联干部與村主要干部輪訓完，因此县委应加強領導專人負責，經常研究檢查、回报、總結經

14

验把领导训练班同实际工作完全结合起来，与

改造学委、分区委作风完全结合起来。

滨 海 区党委

六月卅日

15

中共滨海区党委、滨海军区关于组织战略性武工大队及调整原有武工队的决定（1945年8月14日）

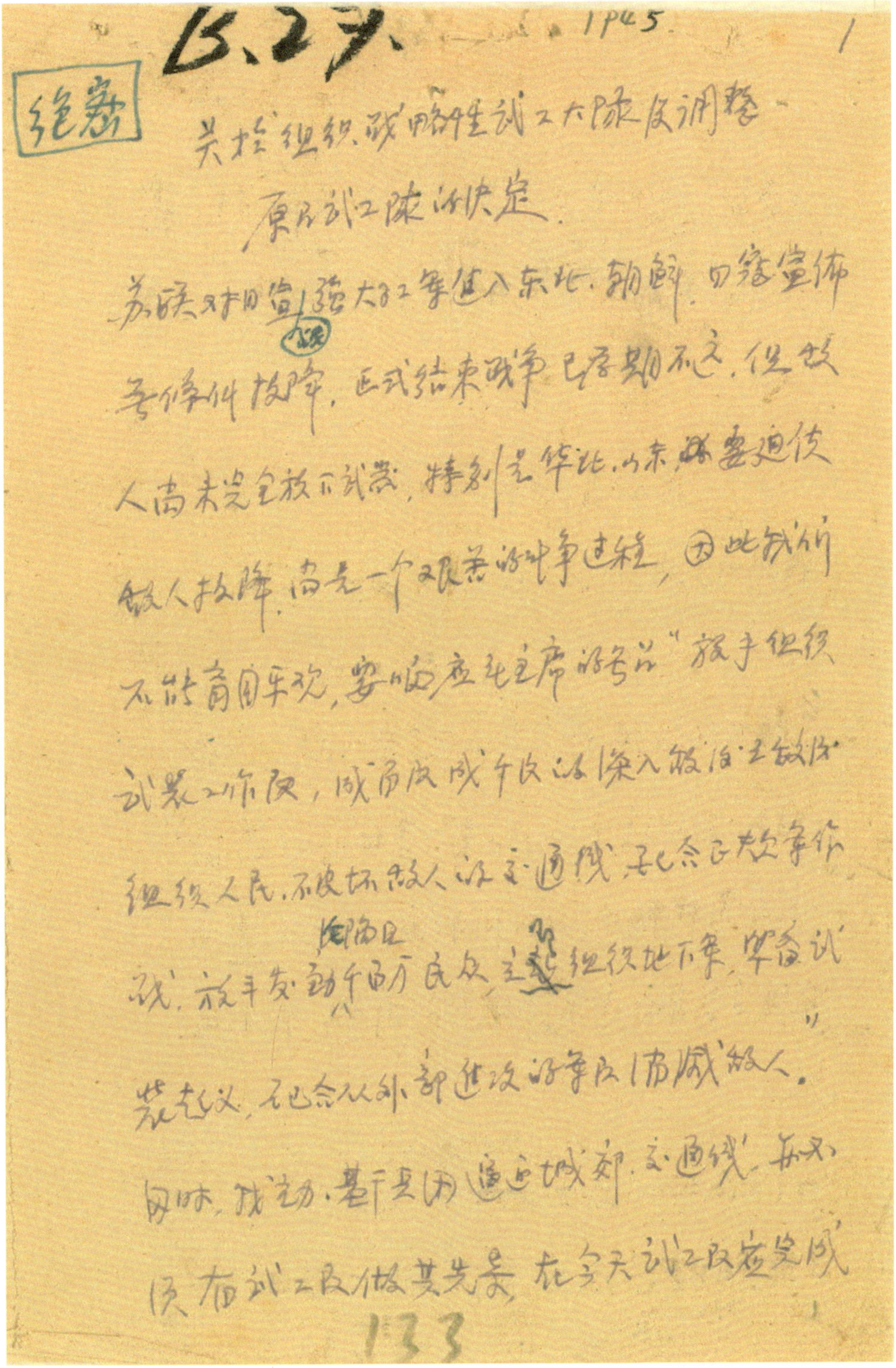
B.2.9. 1945 1

绝密

关于组织战略性武工大队及调整原有武工队的决定

苏联对日宣战，强大红军进入东北、朝鲜，日寇宣布无条件投降，正式结束战争已为期不远，但敌人尚未完全放下武器，特别是华北、山东，要迫使敌人投降，尚有一个艰苦的斗争过程，因此我们不能盲目乐观，要响应毛主席的号召"放手组织武装工作队，成百队成千队的深入敌后去打击敌伪，组织人民，破坏敌人的交通线，配合正规军作战，放手发动沦陷区千百万民众，组织地下军，准备武装起义，配合从外部进攻的军队消灭敌人。"

同时，我主力一部开来，逼近城郊、交通线，各地原有武工队做其先导，在今天武工队应完成

133

最近领导所说的"武工是先遣队的任务"，区党委军区决定调整原有武工队并扩大编制，成立五个武工大队。

（二）战略性的武工大队的组成及布署。

第一大队（武工）：由芝山武工队、武工九队（王汉璋队）六团抽调一个建制连组成之，并由六团抽调一营长或付营长任该队大队长，王汉璋任政委。第一大队活动地区以胶南地区为依托，向洋河以北，沿胶州湾西北岸、北岸胶济路南侧东进，向青岛市挺进。

第二（武工）大队由武工四队、~~十四队~~十一（铁镢山队）、七队（小珠山队）十三团抽调一个建制连组成之。诸胶路工

134

部长赵清如调该区任大队长兼政委，一作战部二股

干事赵西训任付大队长。以诸胶边区依托，

越过小珠山，向吴山纪，辛安镇，薛家岛发展，

以逼青岛，争取地区迫近青岛，

第三武工大队：由武工四队，廿四队，独立四团抽调

一个建制连组成之，并由独四团调一营长或付

营长任大队长，日东工委书记于镜涛任政委，

插入奎山五莲山区活动，威胁日照城，迫近石

臼所。

第四武工大队：由武工二队、三队，廿三队，独立一团

抽调一个建制连组成之，依托海边，向新

135

浦、海州、连云港发展，武工一队队长王绍明调任该大队大队长，滨海工委书记李钢任政委，武工二队队长罗光任副大队长，

第五武工大队：由武工一队、十九队、六队，郯城独立营之各抽调一个至两个建制排组成之，四团抽调机关干部充该大队，临沂工委副书记阮克调任大队长，海陵独立团部副团长杜继贤调任该大队政委，依托郯南、[illegible]新安镇，展开铁路工作。

深入各武工大队所在地区，县公安局工作队编入武工大队，可保持其原建制，不必拆散，归武工大队统一番号，编入武工大队之公安工作队人员，暂不动，于完成战略任务后归还原建制”

136

（二）其他原武工队之调整：

原武工五队、十八队合并，张光贵任队长，张筹任政委，纪昌任副队长，仍在沭海路牛山阿湖带活动

137

原武工廿五队（京临队）由独立三团抽调一个建制排、附机枪一挺编入该队，在京城纪家庄子之间活动。

原武工十二队（白曼武工队）由十三团抽调一个建制排附机枪一挺编入，插入大珠山区白曼东南沿海地区挺进。以灵山岛为目标。

原武工四八队（诸城队）由诸城县大队抽调一个建制排编入，在诸城柴沟之间活动围困诸城。

原武工十队（诸高队）由诸高独立营抽调一个建制排编入，改归济潍高密方向挺进。~~孙仁贵~~
~~任瑞良、纪富佳、孙瑞农、马佳、倪勇~~

（三）干部配备：

各武工大队坚持干部配备~~军区另有命令~~除李俊英、方传森外，余由各军分区自行配备

原武工队调整后干部配备由各军分区自行决定，各武工大队由所在地区之

138

6

县党委补充十个以上的地方干部（党、政、民）

其余各武工队由原来所在地区之县党委补充三个至五个地方干部（党政民）

（四）目前武工队的新任务：

由于目前形势的急转直下，隐蔽的时期已经过去，各武工队应以大力调养勇往直前的精神来完成新的任务；但地方党的工作仍须隐蔽秘密。

①为主力兵团的耳目，成为主力部队的前哨，要随时准确的侦察敌人，打入敌人内部去了解情况，随时随地供给所在地区的军区指挥机关，敌据点情况，抓紧时机逼迫敌人投降。配合战役战斗中，消灭敌人，打击小股之敌，扰乱部队，但要防止脱离

139

7.

②、广泛开展群众性的政治攻势，及组织的大量散发宣传品，瓦解敌伪军，公布黑红榜，动员伪属争取伪军火速回家，利用当地各阶层的人物及一切外围人员送命令送通牒（要有可靠的介绍的社会）发动他们救亲戚救朋友，

③、逼近敌人监视敌人，作为主力的外围，切断敌人的补给线，封锁敌人物资给养的来源，动员敌以外的群众停止供给敌伪给养，逮捕当地伪组织人员，伪首要大犯伪军政及首恶极坏的伪组织人员经群众告发，在群众的要求下，经县以上机关批准可以公审枪决。侦察破坏敌人的地下特务组织，摧毁

140

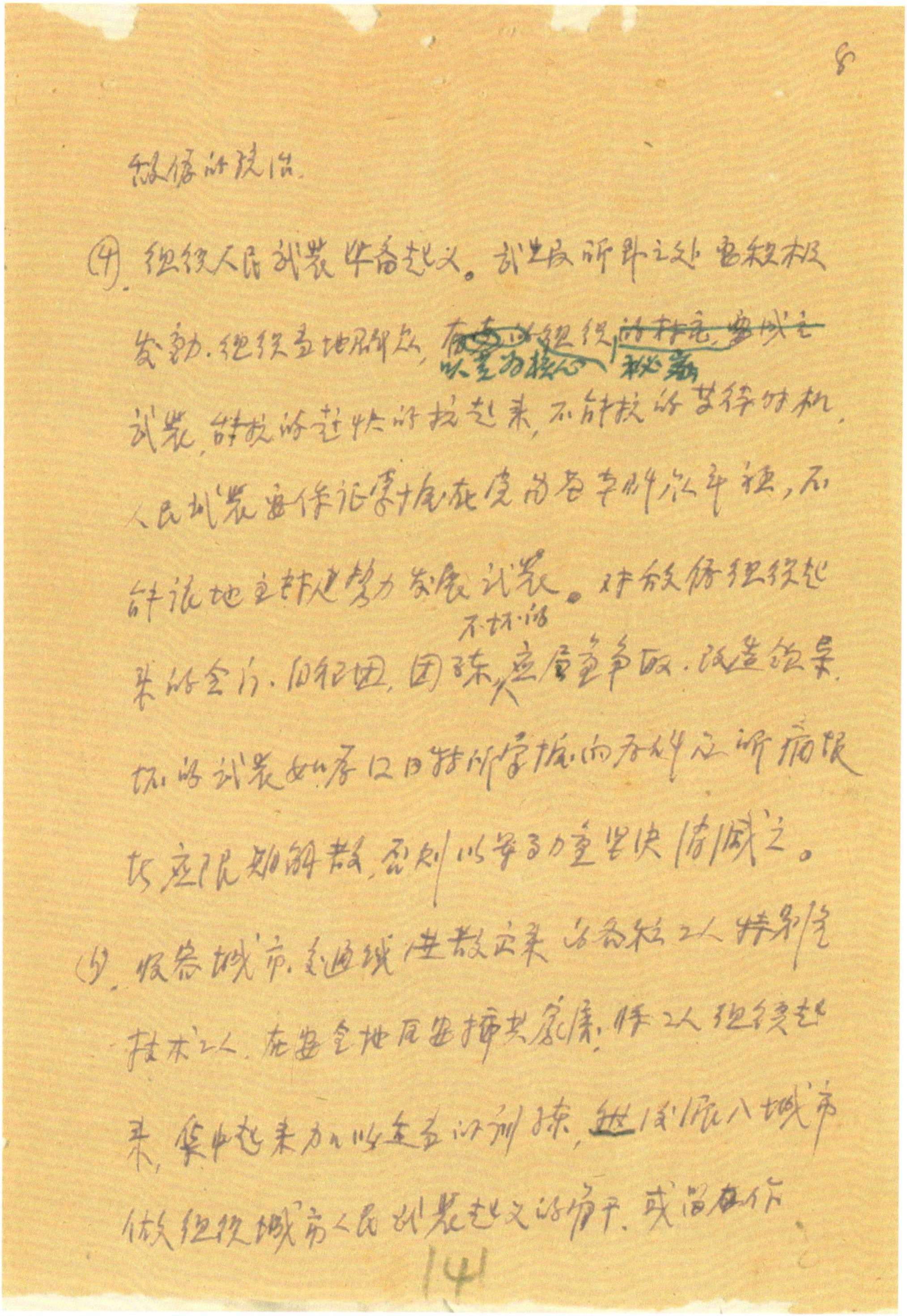

8

敌伪的统治。

(4).组织人民武装准备起义。武装所到之处要积极发动、组织当地群众，以党员为核心组织秘密武装，能拉的赶快的拉起来，不能拉的暂待时机。人民武装要保证掌握在党与基本群众手中，不许让地主封建势力发展武装。对敌伪组织起来的会门、自卫团、团练，不妨碍的人应尽争取、改造领导。坏的武装如系以日特所掌握向我们之所有报，应限期解散，否则以武力坚决消灭之。

(5).收容城市、交通线涣散下来的各种工人，特别是技术工人，在安全地区安插其家属，将工人组织起来，集中起来加以适当的训练，然后派入城市做组织城市人民武装起义的骨干，或留在作

14

7.

（四）城市进军时的先导任务。

抗战胜利已到了最后胜利的阶段，但斗争仍是尖锐的，复杂的，我工队的任务更加繁重，我工队全体干部，战斗员要明确认识，不可忽视三角斗争的形势仍然存在，并防止特务阴谋破坏活动。游击涣散时期已成过去，我们要改变以前的，但还要精细，要做细密的组织工作，不可粗枝大叶。必须忘掉。学习新的工作方式方法，坚决执行新的任务。

〈五〉组织领导：

①、五个武工大队建制归军区，指挥、领导、供给统归各地委、军分区，要接受当地的具体任务，这五个大队在完成战略任务后，仍归原建制

142

10

军区命令不准解散。

(2) 主力各个团（营）抽调下来之民兵制连（排）在完成战斗任务后，仍归还原建制，编入部队之大队时要一律穿便衣，原有干部一律不准变动连（不加强），排中老弱残疾及不坚定份子可以转到后方，经过临时训练工作，但该连排归还原建制时再归队。

(3) 各兵团所抽调之连（排）事先要深入动员，依次说明其所负担的战斗任务，并进行秘密教育和形势教育。

(4) 五个大队以外的各武工队按照新任务扩大，建制不变，供给经费归各军分区。

143 各地委、军分区、县委、主力各兵团抽

此决定须立即佈置执行，於接到决定

後一週内实现修械工厂建制造（枪）

整编主团机构编序，立即进入所指定

之地区活动，执行这一任务必须坚决

各级党委要坚决执行

果断，不能有丝毫犹豫，或强调困难

拖延下去。要有整体观念，不能强调

局部利益。

滨海区党委

军区

八月十四日

144

中共滨海区党委关于目前工作的指示（1945年8月15日）

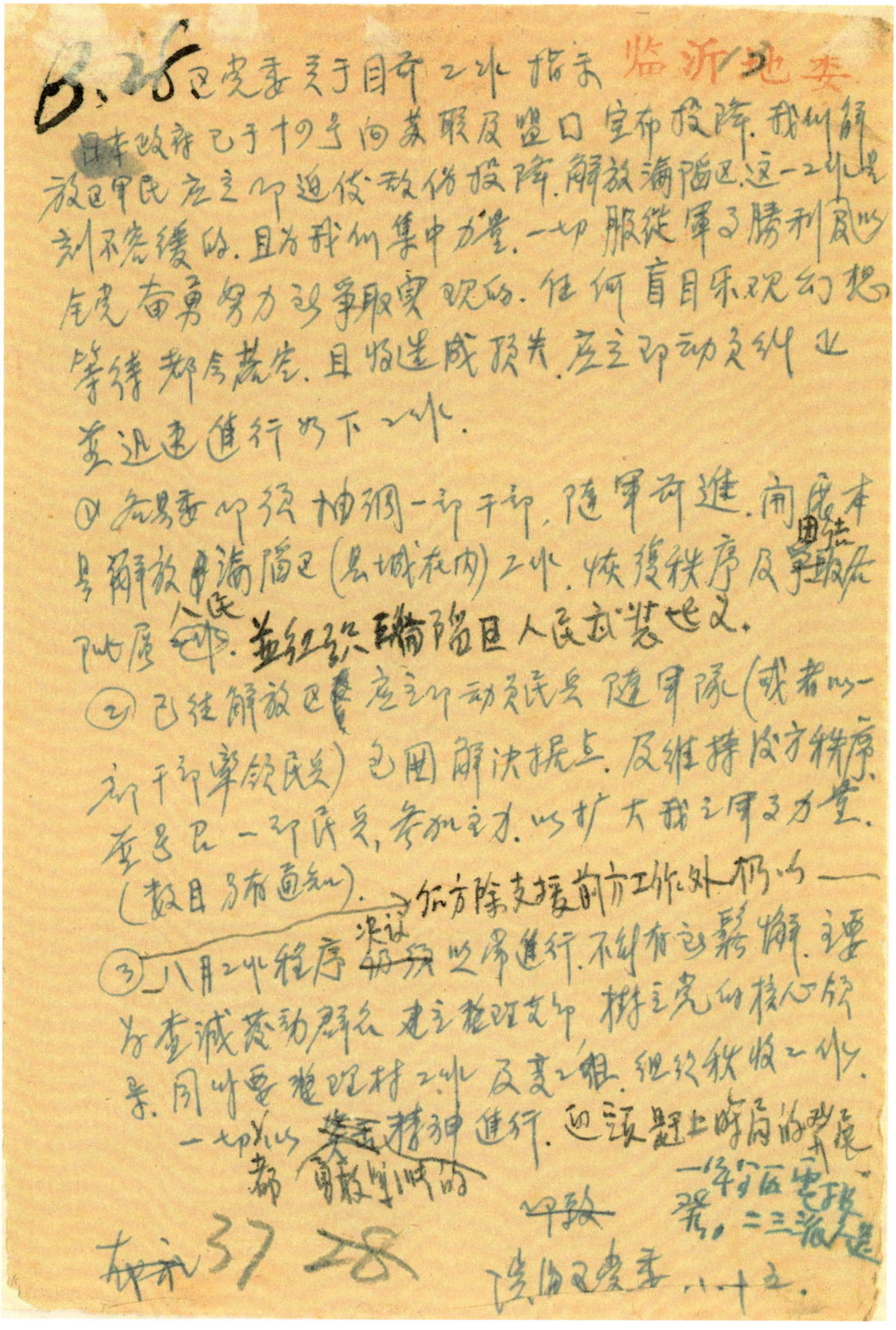

区党委关于目前工作指示　临沂地委

日本政府已于十四日向英联及盟国宣布投降。我们解放区军民应立即迫使敌伪投降，解放沦陷区，这一工作是刻不容缓的，且为我们集中力量一切服从军事胜利，以全党奋勇努力去争取实现的。任何盲目乐观幻想等待都会落空，且将造成损失。应立即动员组织并迅速进行如下工作。

①各县委必须抽调一部干部，随军前进，开展本县解放沦陷区（县城在内）工作，恢复秩序及建立政权，附属人民武装。并组织沦陷区人民武装起义。

②已经解放区（县）应立即动员民兵随军队（或者以一部干部率领民兵）包围解决据点，及维持后方秩序，并号召一部民兵参加主力，以扩大我主军力量（数目另有通知）。

③后方除支援前方工作外，仍以八月工作程序决议照常进行，不能有所松懈，主要为查减发动群众，建立整理支部，树立党的核心领导，同时要整理村工作及变工组，组织秋收工作。一切以集中精神进行。

滨海区党委　八、十五。

存 37 28

中共滨海区党委、滨海军区政治部关于加强侦察工作的指示（1945年）

加强偵察工作指示

偵察工作就是鋤奸的基礎，同样又是党的严秘的精細的科学的缜密的調查研究工作！我们只有偵察工作的加强，才能真正的了解敌寇与国民党的特务陰謀政策！才能更有效的主动的打击奸細，粉碎敌寇与国民党的特务陰謀的進攻，但是今天我们檢討起來，偵察工作在思想上还没有被重視起來，在組織上还没有很好的健全起來，于是对敌人们是不甚了解，对敌人特务往往不是过于扩大就是麻痹放任，所以很难准确的掌握党的鋤奸政策分清是非輕重為此必須；

一、在思想上克服模糊观念：

今天我们的偵察工作在思想上的情况是什么呢？是被忽視甚至放棄，為什么会产生这种观念呢？我们認為有三，一是由于我们是没有真正明確的認識到偵察工作是鋤奸工作的基礎！能真正掌握客观的情况細心的研究敵人，掌握敵人客观活动的規律并設法提出具体的对策，这才能使鋤奸工作收到一定的效果否則便要失敗（蕭主任語）。二是由于现在的偵察人員中存在着小資产阶級出身的風頭英雄爱表面求形式不愿埋頭苦幹作無名英雄急于求功缺乏对问題的細心鑽研和毅力，三是由于我们精力多被事务所糾纏忙于臨時问題的处理和解决形成偵察工作在領导上至今没有一套經驗。

我们再進一步来講吧！没有具体的切合实际的偵察材料審訊工作就容易主观甚至发生逼供信的錯誤，政策就很难掌握，檢討以往我们犯人成群結隊長期不能迅速处理某些地方政策执行的偏差，主要原因不能不归咎于我们偵察工作

90

3

的薄弱，各級必須澈底的檢討这個问題清算我们思想上过去对此问题没足够的認識

二、在組織建設上要注意配備干部加强領导和教育提高其質量问題，

今天我们的偵察工作在組織建設上的情况是什么呢？数量不足質量不高，原因主要是由于我们思想上对此工作没有足够的認識和没有忍痛配備可能抽出的干部问題，各級党委应下决心物色培養一批适当的有力的忠实可靠的干部派到偵察部門中去：把現有不適合作此重工作的調动一下，分配其他工作，同時在地方上还要物色培養一批适合当地对内对外有偵察能力的職業偵察人員（每县应配五六個人）配備到重要集鎮作長期的隱蔽偵察，这些人的解决可以，一方面我们在地方上教育培養一批进步的原有職業者，一方面从我们内部找一些适当的同志使

91

他职业化，但是这裡还有一個原則不要忘記就是虽然我们要配備这样多的偵察人员还要注意质量问题。

在现有干部新配備的和準備职業化的人员，我们要分别抽調訓練，各級公安局有計划的組織偵察人员学習，以政治理論□□特基本知識必要的技術如何陰蔽社交教材的研究，实际經驗的總結，以解决我们干部須要知識而知識不足的矛盾逐渐提高其质量与能力。

三　組織領导上应着重的几個问题。

今天我们在具体組織領导上的情况是没有親自动手研究敌人細密佈置偵查和严格的督促檢查總結，而是多半談仅有几個人亂干，所以对于嫌疑份子依然大批存在，对外今天我们还没有一個基本干部打入敌人内部中去，在敌人内部也

92

没有更多的真正可靠的总结三他们的关系像在工作方式上表现着是一套简单化及策略化，相当严重的存在着这一难题又如何解决呢？

（一）嫌疑份子问题，首先把我们党政军内部现有的嫌疑份子，根据党中央的六大原则为标準重新慎重的清理一下，不论他是军队的或地方的都要经过各级锄奸会討論研究具体确定，由各军分区加以研究最后确定，如認為某人是就要下决心负责進行偵察，把他弄清楚，再不能拖延了，如果有否証明非嫌疑者确实是冤枉同時他自己已交党時，可当面說清楚过去是誤会分并取消你的嫌疑，我们是反对自流的取消，也要反对長期嫌疑，我们必须認識这是有关乎到党的綱綫和执行党的干部政策问题，一個人的政治生命和保住人权的问題，我们决不能兒戲，要為党负责坚持慎重的態度

93

不冤枉一個好人也不放过一個内奸。

（二）展开向敌人内部的打入问题。"不入虎穴焉得虎子"，于是我们就注意向敌人内部打入问题，那么如何打法和从那裡去寻找对象呢？一种是调查研究了解敌人的特务人员在我根据地裡（群众中干部中）敌伪匪裡面有那些社会关係經教育能否为我们服务，如条件許可，设法打入進去；另一种是在我们内部挑选有一定社会关係的，和有社会常識的干部在一定条件下打入敌人内部；再一种是从俘擄中找有条件的大胆的利用，或者发现被获敌人的特务，设法运用。而这三种人又以那种为最好呢？为最主要呢？是以第二种为好为主要，因他对革命有了相当的認識和一定的鍛煉，有牺牲的决心真正能为革命服务，是能起一定的作用的。但是这种人不論那一种人在事先都必須經过一定時期的成熟的教育过程，克服我们过去简单急燥不分对象的乱打入，並且在臨走前研究方式如何

94

迷惑敵人这都是很重要的关鍵问題，决不应忽視的。

（三）內勤工作问題，現在我们的內勤工作是沒有人，二是有人也沒有把工作很好的建立起來，除要配備干部外，重要的是內勤工作要作哪些主要事情呢？①关係的登記和每一個時間的变化研究分析，②材料的登記和研究，③对特务份子的登記，④材料的通報和交流，⑤嫌疑份子的登記和定期總結。總之克服过去有材料不登記，或登記沒有研究的粗枝大葉現象。

（四）調查研究工作问題，今天的調查工作问題就是反对一般化，把目前的現狀提高他一步，克服过去皮毛的調查，零星的調查，包羅萬象的調查，还根本談不到研究的現象，今后強調对一個特务組織有系統的調查研究，包括他的組織情況和特务的陰謀政策，每一個時期的中心工作变化等，我

95

们要清楚的認識，非这样就不能了解敌人特务的全貌及時的提出我们有效的对策，有效的制止敌人特务進攻，達到保卫我们党的任务。

（五）在領导方式上的问题：①不要平均的使用力量，坚持各個击破的方针，如职業干部的配备~~就是要以现~~在已发现[illegible]特線索的地方或特务活动比較积極的地方，对关係的掌握要以真正能為我们工作并有能力的，更加其教育管理，一般的对反特务的斗争作用不大的，為單中下層关係交敌工部门，这样才能創造經驗和克服干部少的现象。②要善于隱蔽反对風頭主義，表现自己一切言論行动装束都要注意，特别职業化了的干部更為重要。③各級負責干部要親自动手研究和具体的指导，创造典型指导全盤，工作要耐心精細，切忌粗枝大葉。④严格执行偵察干部中的奬懲制度，办法經常了解他们的思想情况和工作的优

96

缺点给予不同的表扬与克服。

各级政治机关

接此指示后各级党委应深刻研究讨论，检讨过去

布置现在，有计划有步骤的执行之，并将其执行

情形随时报告，

此致

区党委

月 日

军区政治部

91

滨海区行政公署

检查滨海区政权工作总结报告（1942年6月）

检查滨海区政权工作总结报告

前言：这次对滨海区政权工作的了解是从专署一直深入到村这样的一种了解方式，一般的说是得到了相当多的材料，但是又由于这种方式是创始，所以花费了廿多天的时间，算时间来与材料比是不多。但以创始来说，过去又没有什么经验，还是有成绩的，像这样的自上而下的找典型的及典型的集来了解工作的方式，将来还是可以采用的。

这個总结报告主要的是根据在检查中所得的材料整理出来的，我们这次了解的目的是将滨海区的工作在政权上的优缺点找出来，所以这個工作报告主要的是偏于政权上的问题，但同时也指出滨海区奋斗两年来的成绩。

这个总结共分两部分，第一部分是工作的检查，第二部分是今后工作意见。在这個报告当中如有不足或不确切之处，由滨海专署的同志或每個参加检查的同志再提出补充或纠正，这是首先声明的。

第一部分：工作的检查：

一、奋斗两年来的工作的成绩和优点：

1. 滨海区自有政权以来到现在已经有两年多了，在这两年当中基本上就是粉碎了敌伪顽对这一地区的控制，虽然还有一部分仍在敌人与顽固统治当中，但大部分地区尤其是在财政经济上占主要地位的地区是掌握在我们的手里。我们在这七個县四十多万方里1200000万人口的地区上建立了抗日民主政权，这個政权不同于以前任何时期的政权，他是从专署到村建立了上下的系统，并且从上而下的都相当具规模，一般的能够担负执抗日民主政权的初步任务。

116

2

2. 供给了抗战军队军需的任务，保障了团体的伙食经费，维持了抗战秩序.

3. 除以上所说的成绩外还做了不少的工作：

①开始注意了民主的发扬，参议会的建立，部分的政权经过民选，大部分都注意了三三制的配备

②注意了民生的改善——如公平负担的部分的初步的实行，减租减息，增加工资，以及优抗救灾工作的不少成绩，特别是最近对敌区难民的救济，扩大了政权的威信，上党的灾民对我们感激不尽

③生产贸易的提倡——如成立贸易局和其他的公营事业（如纺织厂和各种生产合作社等）虽然不够健全，但总是注意了这一工作.

④促进了文化教育事业的发展，全冀豫区则办了400所以上的小学并创设冀豫中学、冀豫剧团、印刷厂以及新的影戏等文化机关，都说明了冀豫区文化教育事业的发展.

⑤发展了地方武装：各县都有警卫连，区公所都有区中队，部分的地区有了武委小组、自卫团等群众武装，并起了他应有的作用，如当中的××区、临城县古镇区的群众武装坚持了阵地，打击了敌人，保卫了地区.

4. 值得我们表扬的些优点：

①坚苦耐劳，大胆积极，已形成了冀豫区的工作作风

②认真踏实

③生活群众化，行动大众化，如新就专员、崔专员、临城县的白县长、都县副李县长和群众没有一点分别

5. 这些成绩和优点的来源：

①八路军英勇奋斗打开了局面及支持帮助.

②接受并执行了中国共产党的正确政策.

③群众团体的协助配合.

④所有政权干部的共同努力.

二、存在着的一些缺点：

1. 对整个形势的认识及本身工作的深入检查

117

不够致使原则的掌握差，因之有时计划就不能准确和适时的确定与实现，表现在：

①对国内国际华北本省尤其是滨海区的形势研究不够，掌握不够，甚至对这些问题的重视还不够，对行政工作适应形势与变形势注意的更差。

例如去年中××县区在政权[illegible]会议改下已经是实不保久，但我们不去[illegible]布置[illegible]对敌对斗争推动全[illegible]，致政权发生这个危机，而忽于改造村政的工作，基本结果引起老百姓的不满。

又如本部[illegible]在困难的情况下我们没有去改巧民众生活，推动群众斗争，而把主要的精力放在上层人物的拉拢工作上。

②对客观环境的了解不够，有些了解也只是表面的轮廓的概念式的，对全面的调查研究不够，全面的了解具体情况的重要性也没有认识，所以在工作上形成了闭门造车，不合实际，这就会陷于零碎事务不能转化，在这种情况下就容易发生缺点与错误。

例如：专署半年定一次计划，时间太长，因为情况是变化的，当情况变化计划也变，就是失去时效。

2. 预见性不够，主动性不够，深入性不够，全面性不够，并且严重的存在着主观主义、宗派主义、党八股的倾向，这就必然陷于琐碎事务，抓不住中心，也就不会集中使用力量突击中心，这就必然陷于天天忙于事务，成绩也不显著的结果，表现在：

①不能[illegible]的斗争主动性[illegible]又如对[illegible]相应的事先计划，[illegible]要求能主动的去预防[illegible]解决中能发生的问题，等到问题发生了再去解决，就容易陷于被动。

②在工作上是[illegible]，实际上是顾此失彼，[illegible]形成事务主义，结果是必然被[illegible]，[illegible]不必然会被[illegible]，必然会失去中心

118

②深入检查不够，具体了解不够，所以指示也就不能提高到原则的高度，也不能具体深入，也就是流于一般化（这是下级干部一般的反映）。

3、集体领导不够，民主作风缺乏，形成分工负责机械，干部问题在工作上的团结还不够好，表现在：

①会议不经常，会议中的民主讨论不够，这些条件反过来也就成为不易深入的原因。

②各科间的联系差，对其他工作不注意，互相关心不够，这是由于民主集中制的运用不够。

③因为互相间的联系与相了解差，就容易形成工作上的本位主义，再加上主观主义、宗派主义的作祟，在工作上就必然要不会团结。

4、这些原则的缺点或错误在工作表现为：

①忘记广大的农民基本群众是政权的基本力量，结果对于群众组织群众斗争没有足够的认识，所在以执行政策和组织会议的时候还时常站在群众的头上，容易地会轻视或忽视群众中工作，这是我们在观点上认识上的一个严重错误。

比如：我们开常乡开绅士座谈会，以士绅的意见来决定工作，但对基本群众意见的实际生活问题的解决就严重的忽视，这主要是由于我们对阶级原则性掌握的不够。

②因为对基本群众的认识不够，所以对民众团体也就严重的忽视。

例如：对减租减息、加工资和优抗优贫工作过去虽然也做了一部分，但并不够。

③对民主的实行不够，对三三制的执行不彻底，具体表现在：一、参议会不健全，不去发挥他的作用，成为名不付实的组织。

119

二、上层政权共产党员一般超过三分之一，下层区村政权已大部操纵在地主豪绅的手里

三、政权的改造一般地还是形式的换汤不换药的改造法

④由于以上的原因，政权与群众互相隔离，政府得不到广大群众的拥护，老百姓认为我们的政权只是八路军的政府、八路区公所

⑤对于对敌斗争还未引起重视，还是不够，还没有把这一工作提高到根据地成功失败的关键所在的政治高度

例如：敌人的军委会政策企图缩小我根据地（在千秋、在苍中等部分有新根据地），敌人用千方百计企图来收买我落后的旧有的村长区长，封锁我们，在文化上更用各种方式，如我根据地实行其奴化教育，但是我们怎样去计划对策，怎样去布置工作，怎样去争取斗争的胜利，在这点上我们还没有主动的计划

⑥在运用政策的时候常常表现左右摇摆，就是工作上还不能适当地把握住，没有认识到打和拉之矛盾的统一，打也就是为了拉

例如：对三三制的政策还只是其知道皮毛，还不能更进一步的认识它的基本精神及意义，也即不能认识三三制是在抗战团结中各抗日阶级联合专政的一化真正民主的组织形式

又如：减租政策的过去在部分地区做到了地主的退让，但有时都在左的基础上发展成"左"，表现在不通人情[illegible]，但是基本上还是右的，就是在左右摇摆的下面地主对我们也是貌合神离

⑦政权的本身上下不能一致（下层是在地主豪绅的手里），因此政府常常对区是不能深入到村，以及政策不能贯彻一致，使正确的政策法令而不能贯彻，所以有人说我们什么都能说，不能做，"或光说不做"

5 这些缺点的原因与纠正

120

①缺点发生的原因：

a.新民主主义的立场和方法（也就是马列主义中国化立场与方法，也就是在目前政权工作干部应有的立场与原则）掌握不够，在这里已有两种偏差。

第一种是过左的偏差（从军队以及机关里或者群众团体里来的）干部個別的認为新民主主义的将来反正要進一步走到社会主义社会，现在过左一些也没有关係。

第二种是过右的偏差：资产阶级富农地主出身的一部份干部有的只顾权益的眼光和自己的私利害关係，执行政策法令不彻底。

以上两种偏差都是不正确的，新民主主义的政权是要顾到各方面的利益，一切参加了這一政权工作的干部都应当代表各方利益在同一抗战的目标下，过左过右都是違背了抗战違背了革命的利益。

b.主观主义宗派主义党八股在作祟。

c.大家不但没有新民主主义政权的工作经验也很少有旧政权的工作经验。

d.领导上对一定时间的原则方针的指示不够，同时在该地区党政军民统一的计划，统一的方针也不够及时具体。

e.三角斗争最尖锐，但我们政权干部质与量都差，斗争经验又少！

f.过去没有足够的去发现这些缺点及认识这些缺点的严重意义，没有研究这些缺点及纠正这些缺点。

②缺点的纠正：

a.首先发觉这些缺点存在，认识这些缺点存在的严重意义，要認识因为这些缺点的存在，不但过去的工作没有能收到应有成绩，而且会使今后工作垮台。

b.要及时讨论及研究这些缺点及缺点发生的根源

121

能够多一分的检讨就能够多一分的进步，我们要以坦白虚心的精神来检讨自己，站在新民主主义的立场上真正准确的纠正三年来并认真的去克服，深入的去研究，使全县全区大家认识这些缺点错误的存在及其原因，来一齐的去纠正。

三、对滨海区政权工作的估计

1.虽有以上的不少的缺点或错误，但是成绩是主要的，收获是主要的，这就是说我们已经能够负担起这一地区的巨大的任务，建立了自己的政权。

2.一般的说我们的政权已经走向了组织的正规化的阶段。

3.在现在的环境下根据客观的环境、主观的力量，如果不大踏步的前进一步，以现在的组织机构不但经不起敌人的残酷的围攻扫荡，就在敌人的蚕食政策与政治攻势下也有可能部分的遭受损失或一部分垮台而很难恢复，我们应很好的认识这一点。

4.我们的努力方向和中心任务是发扬优点，纠正缺点，首先从改造干部作风上去推动组织群众来展开对敌的政治攻势，深入村的工作，充分保证军粮民粮及抗战经费，维持社会秩序，用这些工作来准备及加强坚持滨海区的阵地来渡过抗战前的黑暗是政权的任务。

第二部份：今后工作

(一)滨海区的政治形势与具体情况

1.今年下半年国际形势可能发生的事件：

①英美在欧洲建立第二条战线。

②日寇北进——进攻西伯利亚配合希特拉进攻苏联。

③日寇更大规模的进攻中国，进一步的迫使中国投降

122

5

诱降的阴谋越发毒辣。

①反共派乘日寇北进的机会加紧反共政策，借口反共调遣大军来华北进行反共活动（目前山东是他们反共活动的一个中心）。

2.无论在什么情况下投机取巧的幻想（如日寇南进北进……等）都是要不得的。日寇企图全部掌握华北，使其进一步的侵略的野心是不变的，日寇永远不会放弃对于山东更残酷的扫荡。日寇一方面为了国其他战后方，一方面为大量的运用华北的人力物力财力以供给其进一步的侵略企图，是不会放弃华北放弃山东放弃滨海区的。日本之所谓"解放东亚"是首先要掌握华北，所谓"剿共自卫"是一方面以兵力的进剿，另一方面又利用一部分落后民众之自保身家观念，所谓"勤俭生产"是要彻底的搾取华北的丰富资源以助其侵攻英美。以上这些都是敌人企图掌握华北之具体的行动口号，已经在冀南、冀东、冀中及晋东南等地展开了疯狂的残酷的扫荡，同时敌人的抢粮战争蚕食政策也使我们警觉不够的地区都受到了一些损失。敌人的这些计划同样也会在滨海区展开的。

3.滨海区对外对内的形势及其战略地位

①对于敌人说：总已来

在过去敌人认为滨海区不占重要地位，因此据点很少，由于我们又一次的大量开展，给敌人很大的威胁与不便，所以敌人为使我们丧失机关的机动地区，缩小陷于分割中，同时并斩断我们资源与财源，因此今年秋后敌对滨海区之大扫荡是不可避免的，所以我们要加紧准备。

②在我们方面来说：

a.是主要机关一个最安全的而且回旋性较大的地区

b.是坚持鲁东南根据地的一个重要财源，而且是有着广大的

123

摧毁利金

c.敌在滨海补给除去自己外还要供给鲁中鲁南

d.滨海是华中联系鲁中联系鲁南的交通路线.

③在政治上说——是他们企图中的财库是他们企图摧毁我企图打通的交通线

a.企图沿海通过我们连云到青岛中及阜宁的交通线.

b.企图破坏与夺取我们的盐场及盐税与补给XXX直接命令部下"确保东西海山区相机收复的地".

c.我们的群众基础差地方与旧势力有着密切联系

d.我们有大小的投降派顽固派与他们之小牙及走狗

因此我们可以估计到敌军及敌人对此地区的日渐近逼因此我们必须要严加防备敌顽的配合夹击对我们实行残酷的大扫荡大破坏但是另一方面我们只有积极加紧我们的工作的大量的积极会使广大的基本群众日渐争取只要是我们政权才能密切的配合积极努力工作几年之中都可以奠定初步的下层基础使滨海区为巩固的根据地这只要我们加倍努力我们不但能保持现有的地方而且能够有充分的力量打破敌人的残酷扫荡与顽军的破坏在反扫荡反摩擦的斗争中使我们党政军民的力量更强

相反的我们假使党政军民配合的不密切不努力忽视这些工作那会使我们大部分受到损失或者遭到垮台因此滨海区的前途全看我们的努力如何来决定

4.滨海区的具体情况

①因为发展的先后不同的关系有三种不同的典型地区.

a.村政权已经改造配合的组织通大群众自觉的组织与群众武装比较巩固能够部分的发动群众如莒南临沂沭水的古城区等

124

6

b）边政权及部分的村政权在形式上改造了，但执行的政策中国民党的残余如干部中旧的东西部分残存，如敌人一旦打来即有垮台可能，垮了并且很难恢复。

c）边村政权未经改造新形式，旧内容一样，就说不算是我们的群众政权，如边缘地区及村级的一部分，一但敌人来时不但容易垮台，而且有部分的自变化的危险。

总之最好的地区只不到1/3，最坏的地区占不到3 1/4，因此大部分是第二种地区，所以我们对这样的地区要抓紧，不能丝毫的松懈，假使一放松会有垮台的危险，因此也就不能有丝毫的麻痹。

③边区社会力量的对比

可以说是大部分的是没有转变，尤其是新区的三个县，县中负担的重比过去在县中生产情形不多，大部分都负担在中农及贫农的身上，上层亦不满，不安，抗战力量虽为人民所欢迎，但还不敢认为是一个可靠的力量，认为八路军在此地不能长久。

③政权以以是通过队伍收获之回至现的，多是新县象不能在群众中解决困难少，所以我们要有基本群众的拥护，并且还得不到各个阶层的了解与拥护，使群众中说我们的政权是"马咸不要的政权"，当然这种是个别的，但我们政权基础还不巩固则是事实。

④主观力量的薄弱，政权机构不健全，干部质与量均差。

⑤奸分汉奸顽固投降派在根据地内布满了阴谋破坏的份子，在根据地进行破坏捣乱，暴露之此甚在加紧，相当大，家们还缺乏足够的具体的有效的对策。

⑥敌人大扫荡时，敌伪利用汉奸与奸细等来指导我抗日根据地，投降派顽固派对我之各种扫扰危害着根据地的存在，政权对这方面的斗争还没有整套的办法，仍处于被动无计划，现在我

125

们的争论是专长在现在正确看的减租减息增加工资的工作上
目前就是专长在怎样领导群众纠正过去的缺点与错误使我们政权工
作有长足的进步上

(二)中心工作：

1 根据这样的形势和情况用列宁主义的方法来决定我们的中心工作。

2 抗战转入三期阶段的任务是巩固与扩大阵地消灭敌人因此我们当前的
中心任务是

发动群众、对敌展开政治斗争：

①发动群众：必须解决群众的切身利益生活问题如减租
减息增加工资及实行合理负担还要从群众的切身问题来发动群众斗
争以增加广大群众团结的力量并使根据地的基础日益加强与巩固。

②对敌展开政治斗争

瓦解伪军伪组织并且展开反封建的斗争与文化教育的
斗争及对奴化教育（东亚和平及东亚共荣圈等）除去武装斗争外的另
一个斗争更属于对敌政治攻势的范围总之一句话是对敌展开政治
斗争并准备力量粉碎敌人的蚕食政策及政治上的
各种欺骗阴谋是有着战略上的意义。

③发动群众对敌斗争是全党全民全政全军民一致的任务减租
减息增加工资也是一个一致的中心工作政权的一切工作要服从这一中
心工作配合这一中心工作发动广大力量促成这一任务的实现。

这中心工作和当前政权

3 在这一中心工作下当前政权当前的几项重要工作

①扩大地方武装发动人口……推行新的合理负担办
法实行合理负担政策并颁布救济灾荒的保存与征收的办法。

②加强生产发动组织敌区人民的负担保证军粮民食

③按照对敌斗争要求配合各级工作部署对敌政治攻势
积极扩大的间谍的……与敌伪作展开斗争与瓦解敌伪军组织
于敌人镇压的在敌后根据地内的侦谍破坏活动。

126

③群众武装的发动与组织——尤其对边区（沈阳河岸）群众武装斗争的领导，更必须尽量予以武器弹药的补充，同时一定要反对各地自行发给组织自卫团的风气，要掌握真实武器的使用，同时也尽量设法帮助发动。

④有步骤有计划的进行改造区村政权，首先配合农救会彻底改造区的农救会工作的村庄，并实现行政村，在群众工作基础的地区也予以改选，并认真的大量的进行村长的训练，在干部的区也予以改选，务使村政健全，以行思想巩固新政权的基础，并建立实验区实验村。

⑤注意司法工作，配合定期司法干部解决民间纠纷，关心人民疾苦，使民冤能申，要民意申冤，使在司法案件的处理上建立与提高政府的威信。

⑥厉行民主并加强集体领导，注意干部整顿，三三制政策及业务的学习，展开检讨与批评，加强干部的团结，掌握政策，严格制度，厉行法制，创造新民主主义的政权工作作风。

⑦以上工作要以清丈土地登记人口，实行合理负担及建立行政村改造村政权为中心的一环，一切工作要围绕着这一中心，对于斗争工作要适当配合与决定掌握主动的去开展。

⑧对这些工作应由专署扩大专委会详加讨论，根据具体情况决定先后执行次序，制定具体办法，并由专署应经常研究形势，了解具体情况，先机掌握，争取主动，抓紧中心。

（三）几个问题

1.各级政府的组织领导问题：

①专署的领导：

加强参议会之主席团、行政委员会，以代表人民政见，执行行政任务，应经常加强政府工作及各级经常干部会议，为标准改进。对必须经常到县区去，经常开会的县长不一定均为委员，但一般的行

127

政委员会科長可以列席科長联席会只解决关于各科之间的联系问题及事务问题行政问题一律在行政委员会上讨论，农救会其他群众团体的代表必须选为委员至少农救会应有一人参加委员会县委可以常委会为主由常委代行委员会职权，一切行政问题均经过常委会科長一般的可以列席常委会原来为执行委员的可选一部分做为常委最好能有五人组常委会。

②县政委员会一律建立由专署指定或由县参议会推选但科長也不必一律参加，农救会及其他群众团体代表之名额得指定或选入（应与上级群众团体商议）

③区政权应确定为　　辅助机关，行政村成立后一般的可以合并（两个合一个或三个并两个）

农会准备讨论将文教助理员兼中心小学的校長或教员，财政粮食助理员在行政村建立县征收局分局成立时可以取消，县征收局要根据需要，武装助理员可由自卫团区队長或兼任主任，经建助理员取消县经建科可增加科员二人至三人，其余由经济部加生产建设工作，区公所设正副区長各一，助理员二人至三人，对这一意见可在实际工作中试验其可否实行。

④村政委员会不脱离生产只村政工作较繁的决定津贴粮食以津贴村長与文书为宜其他各种委员一律不脱离生产不发津贴。

⑤各级政府均为集体领导上级委员会领导下级委员会，局、科与助理员之间只是指导关系公文体裁为领导关系的有关决策性质的文告应一律由委员会决定由政府名义行之。

2.干部问题

①县区干部了解一下首先了解县次及区逐步调济与配备一下（是有计划的调整不是大变动）

128

②要系统的训练班——建立学校专批一批系统的教员小组织则要训练培养。

③对于上层人士因生活不惯可予以优待，由县委员会以上讨论决定吃细粮或加补金每月五元至十元（以后改为薪金制时取消）

3、编制问题

政府因必要手续以集体办公单位的杂勤务员，以大按十五个人一个，将来由工会整个讨论决定。

4、对惩治盗匪问题：

①争取与处决同样的要慎重，处理不应轻易杀一个人也不要轻易放松。

②争取要经过一定的教育与一定的手续，公开认错，并要取保具结，同时要按月报告，定期召集谈话进行教育。

滨海区调查研究小组关于滨海区敌伪会门及友军之初步调查研究（第一辑）（1942年7月）

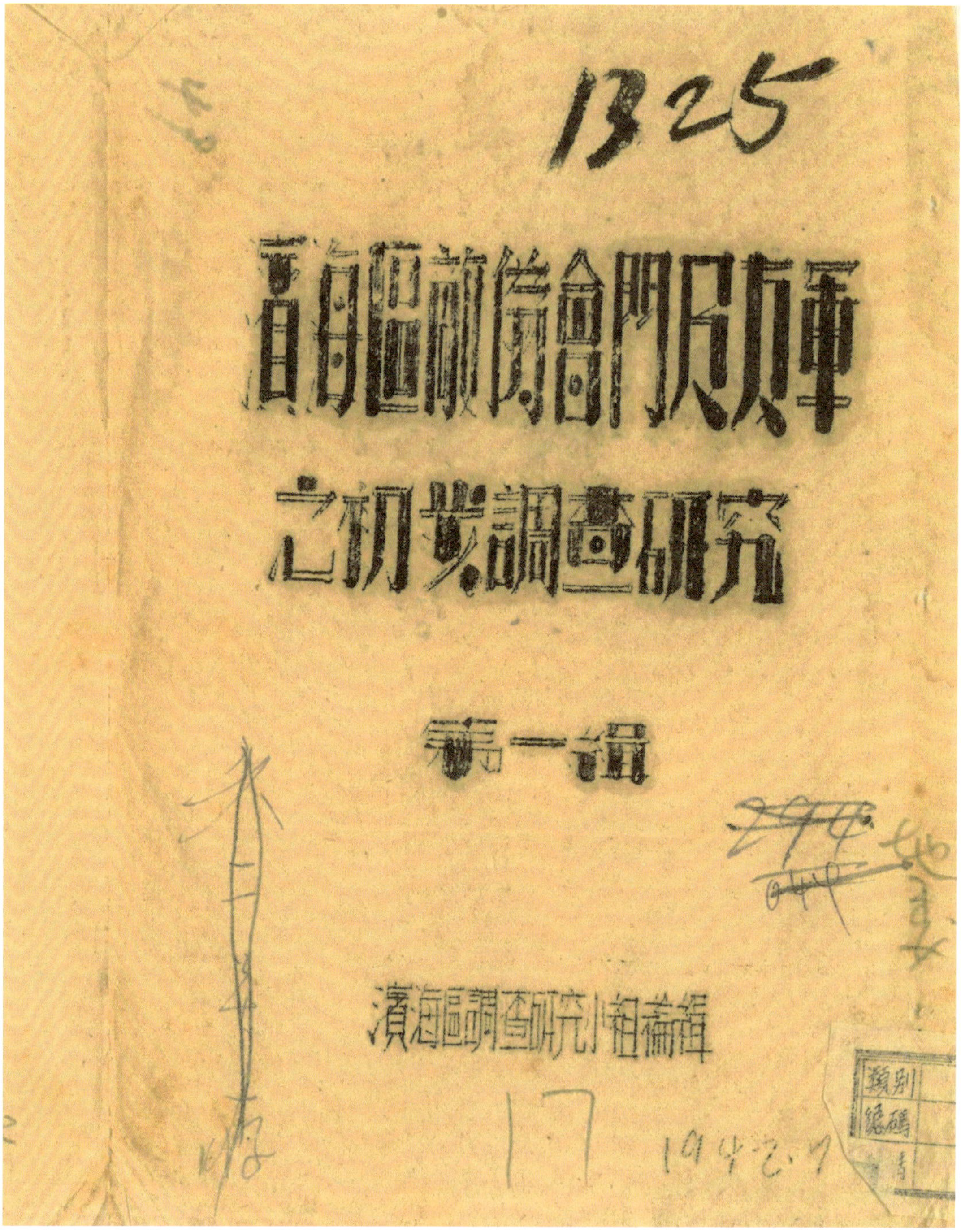

1325

濱海區敵偽會門及友軍之初步調查研究

第一輯

濱海區調查研究小組編輯

17

甲、关于敵偽軍的調查研究

一、濱海区的敵偽力量的輪廓

附註：此敵偽据点人数武器之統計並非濱海区內所有敵偽据点所有敵偽人数武器之總計，而仅是一部分之統計、或仅是对我佔区有直接关係、或者說关係較密切者、

1. 敵偽大小据点数目：一百四十九个．

(1) 其中敵据点二十個（內有飛机場兩個、一設海州、一設莒城、）

(2) 其中偽据点二十九個

(3) 其中比較重要之据点六個．

如：莒県城、石臼城、青口、海州、新浦、牛山車站、此六据点共差不多都有日軍百人以上、偽軍三〇〇人以上，最少者如牛山站、也經常住有日軍六十餘人、未在者不計、

2. 敵偽的人数：總計約五四四二人、

(1) 其中日軍五七〇余人、

(2) 其中偽軍四八七二人、

3. (3) 武器：

(1) 鋼砲迫击砲十六门

②手炮（掷弹筒）三一個

③重机十九架、

④轻机七八挺、

二、敌伪据点与敌伪军之分布及其装备：

1.海陵県——（九個据点仅董马庄一个伪据点）

①新浦：

盟井部队（旅团部）驻新浦中街，二三十人均短枪、高井部队驻飛机场司令山田、熊光代理大队长、两用補充队长、刘道東、顾问高文海、武装一九〇人、钢炮四门、重机枪六挺、轻机枪十挺、手砲不详，依根田部队驻新浦前街（现在的番号一二七）约七十人、重机枪两挺、轻机枪四挺、手砲两个、

板田部队（现在的番号三八部队）约百余人，重机四、轻机六、手砲四、

水路警备大队长松田、中队长葛福清、驻若街百余人均系步枪、

特务机关长河西、翻译长王藤、日人十名、中人三名、

情报主任胡长勝、情报员丁守業、王九镖、孫广才、

一頁

4

19

憲兵連駐中街、連長立花、五十人余枪、

(乙)海州：

城東关税务警局長佐藤、中隊長甯学勤、督察科長刘户瑞、

城内训練班所長巳少、中隊長高风山、均八十人、

海州矿务局隊長九夫、中隊長英新山、约五十人、

(3)白塔埠：

車站鬼子十名轻机枪四、手砲一、路警十名、

白塔埠伪隊長張席珍、伪軍二十余人、近日張席本調走、

(4)曹埠 五六人 隊長 耳本

(5)牛車站：

中隊長东野、日軍六十余、重机一、（担任送信警务八人（合算））轻机四、每班十人、（老兵六二、新兵八）未曾作过战、每天训练、分隊長由田、约八十人、特务机关八人、重机二、迫击砲五、掷弹筒三、（有时未往不安）

(6)石里湖（牛山到阿湖之间）（牛山大队部大队長东野、包括分遣队々長由田）

付人二、本田正义、中島、伪軍八、轻机一、

(7)阿湖：

二頁

二页

阿湖敌人六名、小队长右田山庭、（上等兵）右八和気、对伪军夜间劫掠甚重表示不同意、

石湖敌人二名、阿湖一名、牛山一名、每月（十三日）更换一次、

⑧挑林：

小队长曾根、廿余人、翻译梅某、机枪一、掷弹筒一、枪卸三八式、驻马光临宅内、

张兴垂百余人、于四月初到宿千渠被鬼子收编现报生死不明。

⑨王马庄驻有伪匪七八十名、司令杨普仁（前在八路军工作）后叛变、原名王宏明、曾任教五旅政委、掷弹筒一、轻机枪二、兵士多土匪、反独立旅等部队中之叛变者。

2、日照県：（八个据点、内夹河、沟子是伪据点）

①涛雒：

敌人小队长岩间、廿余岁、商人出身、虽说中日语、颇有特务活动之技术、他自去年十一月间来到涛雒后曾三次亲自夜出捕获我工作人员、

日寇初来时多至十八人、现在仅有十一人、前时调走五人、剩下六个人、有步机枪二、掷弹筒二、钢枪、伪警及伪队长魏子夫以商人、

三十四岁、刚调来、队员三十八人、武器步枪钢枪、[illegible]土造、
伪警察所、代理所长李英佐、日照人学生、三十余人、十部钢枪、小部土造、每人子弹三十粒、
剿共队：长马乐亭、吃大烟、夹仓人、原名吴宋之、卅余岁、从前在东北、事变后回来、今兼任岩向的翻译、
盐务稽查所主任王汛三、会计王某三、
缉私队长戴春海、卅二岁、计三十余人、匣枪一支、余皆钢枪、
警察所多系潍县人、警备队多系日照人、缉私队系由青岛派来、
特务队多系叛徒、着便衣、

②汁子：
伪和平建国军、团长陈诚功、卅余岁、知识分子、原籍日照、团山子人、计百廿余人、多由张恩元、五十七军处跑去、并有善仙会卅余人、老师二人、女子大队十数人、（实际上则女侦察员）武器轻机枪二、掷弹筒二、匣枪五、钢枪十余枝余皆土造、

③夹仓：
伪和平建国军一个队、队长杨作朋、卅余人、一支匣枪、三十余支土造

三頁

④石匣域、

九保中隊、主官松田、四十人砲一、軽机四、擲筒四、步枪三十支、

偽県警備隊、主官李増贤、四〇〇人、步枪三〇〇支、

偽警察分駐所主官楊主萃、二〇〇人步枪一〇〇支、

偽省警備隊一部一〇〇人、軽机一、步枪六十支、

⑤石匣所九保中隊一小隊、主官九井十二人、軽机一、擲筒一、步枪十、

偽県警備隊一隊五十人、主官岳光森、步枪四十支、

偽警察分駐所十八人、步枪十支、

特务隊三十人、主官安口勤、枪二十五支、

⑥沈町、佛町、桐家官庄共七十餘人、

⑦目前又在涛雒附近之凤凰山、高旺庄、上营子増設三偽軍拠点、各十人左右、

3、于子県(八個拠点内青口沙河是敌拠点)

(1)青口敌大村部约九十余人、県警備隊三六七中隊共二百余人、盐警二三中隊二百余人、二区公所十八、商会二十人共约五〇〇人、

⑵城里　和平建国军暂编第卅六师七十一旅二百人、（特务连工兵连在内）一四一团黄八胜部（三个营）共约五百人、
一四二团侍座三（三个营）共约四百人、
（一个营驻大朱旭故城内只二百余人、）
补充团李凤和（两营约四百人）内一营驻大朱都、该据点共约九百人左右、
⑶大朱旭二团一营　和太和部约二百余人、
⑷沙河　敌军一个小队五十人警务第三分所二六人、警备五中队八十余人、共约一四〇人、
⑸第四沟　警务三分所十三人、一、三、中队之一部
⑹宋都李凤和第二营　王化起部约二百人、青口之敌、移来此地约三十余人、
⑺吴楼　驻别继队　一中队约二十余人、
⑻墩尚七区中队警备一、三中队之一部、约百余人、全县敌伪二百二十余人、

4、沭水县（七个据点内仅汤头一个敌据点）

四页

(1)小梁家：

新投来一个十四中队，百余人，步枪百余支，轻机三，主官严督三（野坪子得水部已取消，因为鬼子怀疑他与我们有连系。）

(2)汤头：

引地部队　三十人，炮一，轻机二，重机一，掷弹筒二，步枪二五支，

警备队　六十人　轻机一，步枪五十支，

警察局　三十人　枪二十支，

(3)相公庄：

区公所区长　周干臣　被逼当汗奸，富农，武装有八九个班，百余人，七十余支枪，在其下有独树头一个乡公所，乡长孙喜五（死心塌地的汉奸）也有三个班，卅多人，

水湖崖一个乡公所乡长刘小松（被逼当汉奸）三个班三十多人，王里庄一个乡公所乡长王风山有四班人，四十枪，（也是死心塌地的汉奸）买了三顷田。

(4)潘家湖一个乡公所，乡长潘纪汶四个班四十支枪，两个四区交界地，

(5)郭家湾　不详

25

10

45

5、临沭县（五個据点）

(1) 马石河、伪軍四十人、枪四十支（内钢枪廿支土枪十支）匣枪二、手枪一、子弹每人不过四十粒、

乡长马怀意本庄人中学生、曾在岸堤干校受过训、而有托匪嫌疑回家了、一九四〇年敌人在此庄安据点、委伍为乡长、

队长姜鸣钝、临沂河东九曲人、流氓、曾在秦启荣部下做事、秦被我击溃后即到马石河充队长、

教练、聂功臣掖县人、流氓、曾当过土匪、

士兵大多数是临沂人四关的流氓、是五二杨孙前人员、

(2) 林宅子　伪軍三十余人每人都有土枪一支、子弹每人三十粒、匣枪二支、

乡长王兆一、彭道口人地主、教练洪登亮、吴王庙乡系王兆出来的、

(3) 李家湖

・伪軍五十余人、匣枪二支、步枪五十支（钢枪三十多支）子弹每人平均五十粒、

五页

26

11

有警备队六十人步枪六十支全是土造、仅三支钢枪、子弹每人卅粒、
乡长崔锦堂洪家涧人、前在临沂南庄、
队长刘玉河、重河汎讯据说现已调走换、
（四）黄家庙子 伪军八十余人、枪八十余支、钢枪一丁、子弹每人不过二十粒、有手枪一支、
警备大队人枪八十余、破枪机一挺不连发、
大队长韩兆胜彭道口人、土匪出身、
小队长孔范芹鲁西人、
区长赵贵大汎讯、
队长李培隆 临沂河头人、曾在顽匪高树勋部任参谋长
教练李金生临沂挥指庄人、地主现调回城内、
（5）大哨、特别区公所伪军人枪三十余大多土造每人十粒子弹、
区长王兰新出身撑船、有三四支船、最近又换赵殿才当区长、是顽匪许树生部下人、
警备队五六十人枪五十支每人十五粒手榴弹二三百个。

55

6.冀中县（七个县敌伪实力）

(1)臬城

守中部队一二〇人，小炮一门，歪把一挺，轻机九、掷弹筒大个、钢枪百余支。

伪县备队长王子枫四十多支、曹西两次取天津、三百余人、轻机二，步枪二百余支、

警察所长张孟林五十余人、枪三十支、

(2)守中部队竹下小队三十人、炮一门、重机轻机二、掷弹筒二、大枪二十五支、

警备队五中队钱德玉三十人、二十五支枪、

(3)蠡县

守中部队川奇小队二六人、炮一、轻机一、枪十支

警备队三中队：队长秦为子六十人，枪五十支、

警察分驻所：队长姓余十人、大枪七支、

剿共自卫团团长刘增顺三十多人二十多支枪、

(4)本子家

28

13

县警备队三中队々长王廷顺二八人二十八支枪 六页

(5)借庄

一区剿共团第一团々长董树作（三十五岁沂水人当兵出身曾在许里子充当警察）四十人枪二七支匣子三支钢枪两支、一九四一年三月成立、

(6)珠琉

借庄剿共自卫一分团々长张振尤三十岁念头人杈猪出身、团员四十人、土造枪三十余支。

(7)张家庄子

剿共自卫二分团廿人大枪廿支匣子二支团长孙振初庄子某西北魏家村人、商人出身

(8)于家庄子

二分团廿余人土造二十支团长荣保三

(9)陵阳

张家庄子剿共一分团廿人土枪十五支团长张杜生

(10)营墩子

剿共自卫三团七十人大枪六十支匣子二支团长刘云堂会

29

166

頭人：王英出……

(11) 目前伪莫正民部约一千人左右在石井村安設据点、莫部

甚複杂多系土匪出身、

7、莒南县（两个伪据点）

(1) 黑家苓

敌共预备大队百余人、驻扎一起、均系土匪、内部、中

央道、活动很利害、

队長姓李临沂附近人、此人系汪派、

(2) 馬坡

伪莒县特务大队百余人、

队長谢幽洋曾于过八路軍，平日表现不坏，不过受不了苦

他叫为八路軍太苦了。

三、关于敌人之伪政权及其他伪组织。

1、干于：

(1) 伪县公署在吾口、

A、县長崔德敦（大月往向木海徵收局長）

七頁

30

85

B、秘書張明亮

C、承審刘绪周

D、第一科：長張春慶

E、第二科：長邵德寺

F、第三科：長龍树春

G、警務局：

a、有警察七十人住青口、

b、第一分所駐青口、

c、第二分所駐四河

a、第三分所駐沙河。

(2)伪一区：長赵德哲在青口

(3)伪二区：長周貢九在城里

(4)伪三区：長馬孟楊住沙河（东北人）

(5)伪七区：長石維昌（东北人）曾任四沟现移住敦尚、

以上四个区公所均直属伪县公署领导

(6)伪廿文师軍民协住委员会（亦系政权性质）干于介会

已于五月间正式成立

七頁

31

16

A、任务：：主要管理：一、五、六、八、四等五個区的公作、

（因为五区区长张玉振已花党、八区区长王宪礼六区区长张浩文已花党）

B、委员：李亦馥檀（大朱堡人 地主 顽某政府二科长）任主任委员

谭耀东（羊尔庄人）

张京山（土城沟人）任一科长

王店臣（关庄人）任财政科长

张星三、李亚海、李凤和等三人任村主任、

（该会成立以来、即利用封建关系、推动衙行政令、征收田赋、（详情见经济侵略中之于于项）

乙、其它中：

(1) 伪区公所过去有两个、现在又加了两个共有四个、

(2) 伪乡公所扩大了大个、

(3) 伪村长同样了一百多个、

(廾) 敌伪统制区与我占区之对比、

A、我占一〇四村、　B、敌占一〇〇〇村

八页

65

32

17

C、我区三万人 D、敌区三[illegible]万人（已成海表区）

小東

(5) 组织劃头联庄会 地方自治委员会

吸收落后的知识份子参加训练、

收执地主土绅参加伪政权伪组织、

(6) 伪一区公所区长张春台 石灰窑人卅余岁、有土造廿支

(7) 伪二区公所区长纪仁斋 三十岁 纪家店子人、有区队六十人、土造三十支、手枪三支、

(8) 伪三区公所区长 陈延圭 伪区队卅人枪二十支、

(9) 伪七区公所区长 李怀浪 卅岁 李家官庄人、土匪出身、吃大烟 曾到济南受过敌人训练、

3、海陵：

(1) 东海伪县政府

县长黄绍云 一科长孙仁秋

秘书曹玉清 二科长[illegible]语惠初

税务局长江夜川

(2) 东海高等法院

院长张一林　指导员一村　書記丁守国　翻譯朱秉宣

一科长李茂触

(3)东海警察局长关若平

(4)海州第一区公所：

区长武汾三　助理员李乃林　事务员梁殿辛

(5)白塔布区公所（伪三区）

区长马步田　助理员谢家福　区队二十人、杂枪子弹每支二

三排、

(6)房山区公所（伪四区）

区长尹玉田

朱山伪御山长刘玉吉

(7)阿湖区公所

区长薛英才　助理员姚贵三　区队长朱宝林李作林

（前阿湖商人極有威信）　阿湖办事处主任李四前　镇

长申汝舟

(8)桃林区公所：

34

九頁

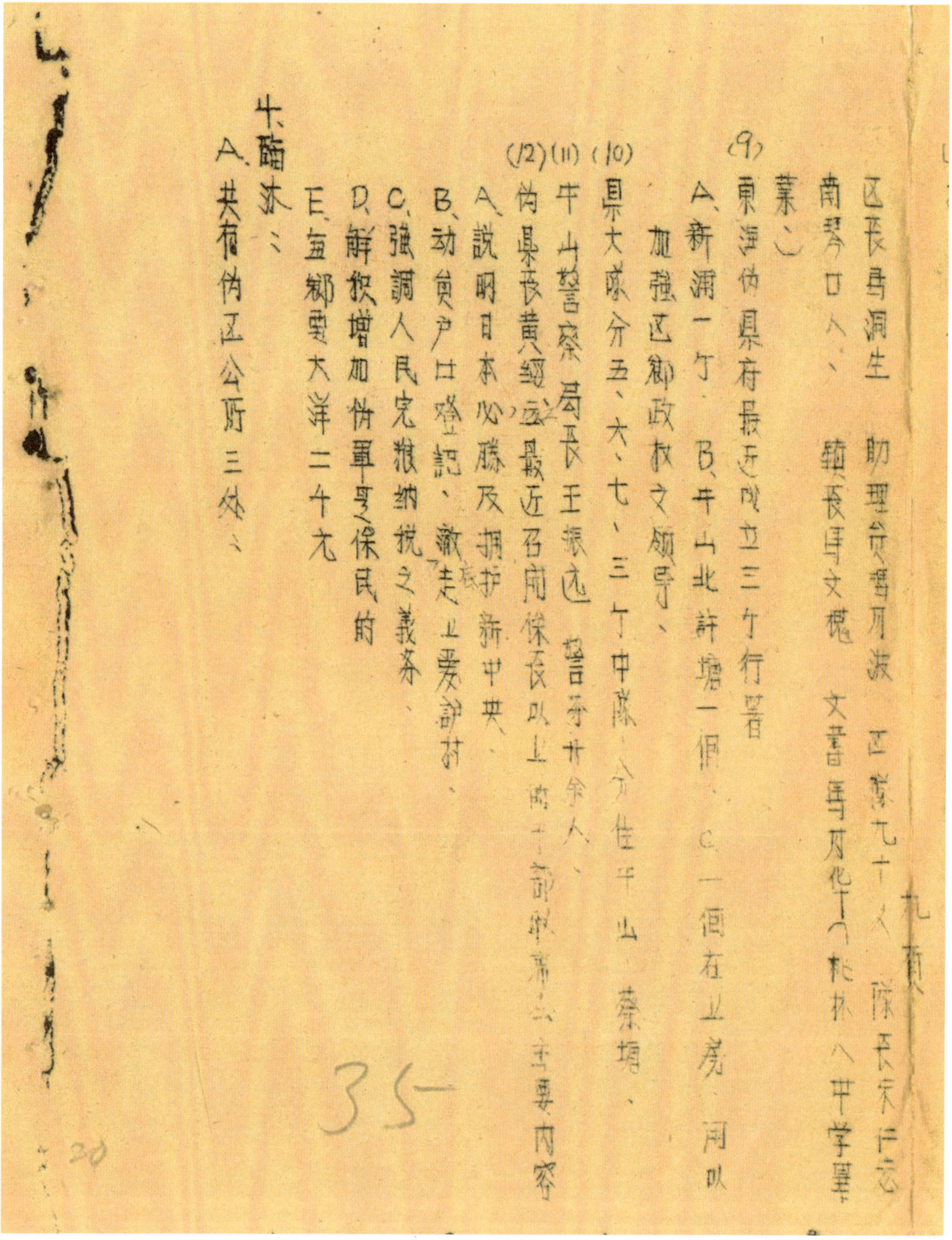

九頁

区長馬洞生　助理员馬月波　区隊九十人　隊長宋仁忠
南琴口人、　輔長馬文魁　文書馬月化十八　枇杷八中学毕
業。
(9) 東海伪县府最近成立三个行署
A、新涧一个，B、牛山北許塘一個、C、一個在山房，用以
加強区鄉政权之領导、
(10) 县大隊分五、六、七、三个中隊，分住牛山、秦埔、
(11) 牛山警察局長王振远　警等廿余人、
(12) 伪县長黄緝之最近召開保長以上的干部联席会，主要内容
A、說明日本必勝及拥护新中央、
B、動員户口登記、敵走上要部村、
C、強調人民完粮纳税之義务、
D、解釈增加伪軍是保民的
E、每鄉要大洋二千元
十、臨沭：
A、共有伪区公所三处、

35

(1) 李家庄伪区公所——区长徐荣岳

(2) 大柳伪区公所——区长王全真

(3) 黄庙子伪区公所——区长赵贵

B、伪乡公所五处：

(1) 林宅子乡长胡允亮 付乡长戴

(2) 马石河乡长马怀义

(3) 李家湖乡长连锦堂

(4) 华埠乡长周冠三

(5) 沙墩乡长主希堂 付乡长刘殖臣

5、沭水

(1) 搯公庄伪区公所区长周子臣

(2) 独树头乡公所乡长孙喜五

(3) 水湖崖乡公所乡长刘小元

(4) 玉皇庙乡公所乡长王风山

(5) 潘家沟乡公所乡长潘纪汉

四、关于敌伪对我之经济侵略

十一页

36

24

1、在日照：

(1)号召敌伪区及敌伪区附近的老百姓向敌伪粜存粮。

(2)兴办"东洋新兴公司"每股伪钞百元、强迫民众入股、

(3)组织合作社（半年前则开始组织）

(4)破坏法币，伪币一元换法币十元 如此将法币贬值、

(5)不准老百姓给八路军送麦子，送一斤罚[illegible]一千斤、

(6)在涛雒附近要给养每亩敌地每月要白麦一斤半、地瓜干一斤半、

按照一百分之廿的价格还钱，以前曾给过几次现在已半年多不给钱了、

(7)每亩地每年交两次钱粮每亩每次伪币两元一年四元一百下按贬值规定应拿法币四〇元。

(8)配给方面火柴每月大人三盒、小孩一盒、

(9)涛雒附近集上只准使用伪币和民生银行票、其他一概禁用，如有则扯碎，特别北海票不仅毁坏、并且受罚、

(10)涛雒出入口货物日用品、必须办理"许可证"商人敢要有出售货物证，本金值三五百元者每月要伪票二元限定在其

区域内一定行来销售、如无售货证、查出可财货一並充公、人还得受罚，买洋布一人只許买一個人的、如买五匹布、够几户人家用、就得几户人家開名单去取、

（11）沟子的伪军在附近庄村要大米白麵，如百余户的村庄每月要大米或白麵五六十斤，柴草四五百元、借款百元至百五十元、（所谓借就是要），麦收后一個二百户人家的村庄五頃地要七百斤麦子、

（12）借名亦什么"商行"向各村借款，据說計划共须十万元，打算在四五十个庄中之富户筹劃。

（13）对渔民的榨取、計有渔民五百二大户、每户都必須向敌人处領来"許可証"和"路傳"，才能捕鱼、領一个許可証五十元（敌之要），另外汉奸头子陳誠功还要五十元、经过什么手续费卅五元、領二个路傳要六十元，额外还須給陳誠功送礼，表示感谢。

（14）陳誠功在沟子组织"共荣商行"，这户捕鱼者須按十/100抽捐否则拔户，此之謂"共荣"。

十一页

(15)沿海被烧渔船七十余只、破坏渔网、限制渔民领"旗子"方准打鱼。

2、在干于：

(1)征收田赋：田赋条子已散发于玉洞、金山、徐山各区每亩四九五毛。

(2)在一、五、六、八、四个区内购买小麦一千四百石（约合四十万斤）第一期按市价总需四十九万买。

(3)在四、三、七、游击区实行抢麦（抢去者按数量多少出洋火洋布民众实在收到一批代价尚感满意）、

(4)各部伪军经常白天在附近十里路内外抢劫、曾一次到城北十里路之柳树庄带了卅辆手车、把全庄的衣服粮食用具、完全抢光。

(5)远处即下条子要钱如不送去夜里则出发捉户、敲打绑架，下条子只到西五十里路以外。

3、在莒中：

(1)加强敌伪区配给制度、前如日酒、洋火的配给逐步到粮

食物统制与掠夺。

(2) 搜集破铜碎铁，

(3) 每亩粮食拿法币十九。

(4) 有什么修城捐欢迎欢送捐慰问捐，一个庄四百七十亩地自过了年到现在五个月内派洋一万六千四百元之多、（给养在外）

(5) 落现捐一个卖油条的到集上必须拿一块钱、其他做小买卖的都是如此，

(6) 敌人在城北陈家屯修築"仓库"在城附近收買長子。

(7) 反、投、顽、有意无意与敌伪配合，在四月後五十七军与朱心斋揭行在九里区中楼区扫荡四天、把我常住防之翟家济民錫打都扎捉去五十余口、在孤里区陵阳区抢去麦子四十万斤目报未光、

(8) 营中有五村十余、僅有两個自然村不给敌伪按须拿给养者

(9) 某一庄村同时曾接到八個部份的给养条。（敌人、伪区公所、

十二頁

40

十二頁

二师、一一七旅、张里元、九纵自卫军、五十七军、和我们

4、在海西、大量收买小麦，董石樹村一师收小麦二五〇担、约合五万斤、在临沭已实行配给制度、某些地方已设"合营"，准备把民粮徵归仓库管理。

五、敌伪动态

1、敌伪在台潍公路附近，建立据点保护交通线，如此则莒中一百七十多个村庄，由民主政府领导区变为敌伪统治区（有我党雄厚力量）

2、不久以前莫逆投敌，莒中城内敌伪力量增加，故异常活跃，企图进从石井、小店大店，正拟修筑公路，打通从莒城到大店之交通，另一部从台潍路南下，到赵家孟堡设据点，

3、海陵県最近敌人在朱四山洪到清泉湖的公路，企图从海陵県当中安设几个据点，把海陵県合成两段，以便吞食海陵东部地区。（此三里路之[illegible]设有据点并修筑中心）

4、于半年来增新三个据点（茅四河、朱郡、坳内）

41

26

自本部調报吴右、佟寮朱都到青口、朱都到沙河的公路、
並積極出动、以配合伪化工作执行、

5、于手 领伪会议、领固县长何孝先于五月七号到于于城附商会召集了县城内之李、张、伪军首脑及附近倾向领固之士层会议、主要内容、指示今后如何活动、如何利用伪组织的形式来和我们斗争、如协建会那一套办法、就是何孝先来後的指示、並向我外围军乃于德水、木芳緒進行拉拢

6、、海陵敌伪的变动（太平洋战争爆发右）

(2) 时强行收编的伪军

	[illegible]部	[illegible]部	[illegible]部	[illegible]部	总计
番数	1	3	2	1	6
人数	40	170	230	30	470

(3) [illegible]区

	[illegible]部	[illegible]部	[illegible]部	[illegible]部	总计
番数	1	1	1	1	十
人数	65	7	3	11	86

7、敌伪厌战情绪：

太平洋战右曾一度高涨、表现在敌人随时请宾、伪军普遍自动与我取连系、但最近又较稳定、表现在伪军对我应付、表现如从前喜由伪军当保出我工作人员李义同志、而现在又抓捕我工作人员了、关係又突恶化、

乙、关于百十一师的调查研究：七、三一、

一、防区：

1、西至柳河 东至北山头、东西约五十里。

2、南至朱庙 北至薛庄，南北约三十里。

3、面积有一五〇〇方里，以纸房为中心周围有十八个庄子、5、游击活动地区约三十多个庄子、

（此数系按照普通五里一庄、东西约十个庄子、南北六个庄子、共计六十个庄子以减去十八个庄子，差不多是三十多个）

二、编制：

(1)一个师两个旅——三三三旅 三三一旅、师部设四个直属营：工兵营 特务营 通信营 辎重营

(2)每旅二团 共计四个团 番号 六六六团、六六五团 六六一团 六六二团 并设直属排、如特务排 通信排

(3)每团三营，并设三个直属连：平射炮连 通信连 运输连

(4)每营四个连（内有一个机枪连）

43

三、人数：

(1) 每連實有人数八十名。

(2) 共計四十八個步兵戰斗連（内有十二個机枪連）計有三八四0名、

(3) 共計十二個直属連（以八十人計算約九六0人）

(4) 四个直属营、每营三百人、共計一二00人

(5) 總計六000人（亦之直属排不在内）

四、武器：

(1) 每連枪枝僅六十支（捷克式最多）子彈一百至二百発、

(2) 四十八個步兵戰斗連、減去十二個机枪連、尚有三十六个步枪連、共計枪二八八0支（估計加上其他直属隊机枪一連之步枪最多不过三五00支）

(3) 每一机枪連有重机枪一挺或兩挺十二個营約計共有十五架最多亦不过二十架。

(4) 每連大挺轻机枪

(5) 每营一门迫击砲十二個营共十二门，

44

十四页

(6) 因之無平射砲連、每團一門平射砲、四團共四門，

(7) 最近大一團殊難毒剛從安徽領來若干子彈（數不詳）

五、政治組織與党內活動。

(1) 總部設蘇魯戰區政治部、

(2) 師設師政治部、

(3) 團設政治指导员一人 干事數人、

(4) 旅連營無組織。

(5) 集体入党、全軍皆党、準尉以上干部由中央發党証。

(6) 政工人員約四五十人。

(7) 有在家裡的活動、但無大力量、

六、对內教育与对外宣傳：

(1) 師部設干訓隊（共分一、二、三、隊、一隊已結業）

(2) 內容偏重軍事政治課有三民主义、沒有教本、講时附大罵共产党、

(3) 說共产党是第二汉奸（是再投敌的汉奸）、汪精卫是第一汉奸是日本的汉奸。

45

(4) 說共产党已不是一个政党、已放弃了自己的政纲、投降了国民党、现在又想叛变、所以应该打、並且要打共产党八路軍、

(5) 經常有宣传品等从中央寄来、约有书籍二百种。（书名与内容不详）

(6) 报纸、、僅有一"蔺啊新闻"日刊、

(7) 对士兵的政治课很少、講时间写衔。

(8) 中学一所、完小一所、

六、人物、、

(1) 未曾战区政治部主任——周服 五十岁左右 曾任蒋介石秘书、反共、常講中国只有一個党、共产党已失去立場、取消了土地革命、

(2) 師長常恩多 号(杨三) 五十岁左右 [illegible]、有九二二鋤奸运动之主脑人物、患肺病甚利害、

(3) 副师长 刘宗耀 山東人 反共最力。

(4) 参谋长内景奎 反共最力、和领导鋤奸运动者 也曾有一次

十五頁

）領导所謂動好運動、事实上就是反進步運動，"二一七排"压了好多急進的抗戰热情的青年数十人、常不在時、即代之处理一切问题。

(5) 师政治部主任龔曉清 四十岁左右 湖南人 自称是共产党的叛徒，曾参加过共产党、队党悟、認識了共产党如何不好、他以自已的身受，过来人的资格教育其他青年不要上当。政工人员内分三派："反冀派""拥冀派""中立派"。

(6) 大大五团三营三连长——張少奮 廿五岁 中学生、東北講武堂毕业、愿守人、投机份子、九二二表现较他人积极，"二一七"表现较任何都反动、最近反共潮時低潮時，他曾先表现中立不反共了、信仰尚好，能力较强。

(7) 大大五团二营三连长——范 約卅岁 東北人 師範生 思想前進、抗日坚决、反共不積極、愛惡内戰、

(8) 大大五团三营营长——任 三十岁左右（思想不详）

(9) 大大六团三连长——周靜宗 四十余岁 東北人、與宗師長关係很好、忠厚老实、反共不積極，外号周老太太、曾

說：共产党何必要打我們呢？以前打陈光子要打日民党時我們也是一分啊！」

(10) 赵营長 卅岁左右、山東人、抗日坚决、不大反共

(11) 六大二团〻長孫之基 卅多岁、東北人抗日坚决同情八路軍、学生出身、孫娛乐反共時（東北人）他話多不干、

(12) 六大一团〻長孫維嵩 卅余岁（東北人）较坚、最近刚自安徽沂子漳回來、

(13) 三三三旅〻長刘宗顔 卅多岁、东北人、落後、反共積極、但尚要求抗战，

(14) 三三一旅〻長寇娛乐 卅多岁、最坚反共最力、信佛教、为顽固之脑首。

七、一般的生活待遇、

(1) 上尉 每月一三〇元 中尉 一二〇元 少尉 一一〇元、

(2) 士兵 每月三二元 每月伙食扣二十元、菜金扣六元、最多余六元、鞋、袜等皆靠此六元支付。

(3) 賭風很盛、士兵尤甚、官嫖賭女人！

48

33

十六页

(4)營级以上的干部都有老婆。
(5)連級干部1/2有老婆、
(6)打罵刑罰仍未廢止、但較輕、士气頹廢異常、

八、兵員的轉化、
(1)士兵中新兵(一二月到一年)佔2/3、老兵约有廿個新兵、東北人很少，
(2)团级以上干部多是東北軍人、
(3)营以下干部多河北人、山东人、
(4)五個月内的新兵约有七八百人。

九、内部的矛盾：
(1)团级与营级干部不和、上下不和，
(2)士兵害怕肉刑。
(3)政治部工作人员与軍官互不信任，互相倾軋、例政治一次要演剧、某軍官便架起机关枪阻止看剧的人：誰去就要打誰，
(4)龔曉清（政治部主任、願身下的人也有派别之争：(见人物项)

49

30

(5)部隊提拔干部時、必須經过政治部保証而后報中央批準、政治部即常作梗、

(6)該政治部实質上是口特組織、因此監視東北軍、及推动積極反共。並與中央有連系、直接通密電、故均一般軍官均恨之

十、與住民的关係：

(1)民众負担很重、每月銀子宜一大00万餘养。

(2)住在地的民女、大多被用銀錢誘姦、故破鞋所在皆是、

(3)要兵 (4)民众皆怕共不走、

十一服务团的老工作人員內有六名、

(1)千三隊女同志三人、(2)中学教员一人、(1)商小教员一人、(4)新闻室一人、

十二、與各方面的关係：

(1)今春三月間與許黑子平安、消滅許黑子、一個特务团一个特务大隊一个特务营。共計千余人、繳枪数百支、

十七軍

許篤子一人不知去向，一說投奔張步云。

(2) 吳張王允新二師矛盾均很深、

(3) 关係較好者十大团朱心斋、

(4) 最近在日出西部岩头吳鬼子战斗损失一連人、

(5) 五十七軍有個洪參謀常到莒會和汉奸陳誠功談話。

(6) 設荣旧隊，專司以瓦解我八路軍。

(7) 东北軍在我佔区各村之散兵，受係有諜工作、东北軍中自师部直到連級各级均有此项諜人员，人数不定。

丙、关于會门及各种迷信团体的調查

一、后天道

(1) 发起人大名——彭桂林 張玉明 王賜贞 尹均瑞 刘永吉 楊鶴年 部長石井附近人、

2、活動地区——莒中 白土河一带最利害，他如石井、青山、夏庄、九里、陵陽等地都有其踪蹟。

3、今春曾一度向我民主政府提出若干条件，要求政府允許

以作內政府備案之交換条件」。

4、敌人[illegible]执行日子之后，实为敌人

操纵下之汉奸组织。

5、但在我分析瓦解之下，该会内在表面已经销沉云散，但

是否有秘密活动，目前尚未调查清楚。

二、九宫道（类似先天道）

1、负责人：

王兆典　孙梅川　孙兴利　李相保　谭介臣　王仲央、

芦兆南　孙建亭　以上诸人曾出名向吉南渠府一次备案、

2、创造于明朝万历年间　3、活动地区、斗山　壮沟

良店　延福最利害、其次汀水、沟头也有（人数不详）

4、表面上不反共、实质上使用迷信、勾结五十七军、

三、老母道、

1、负责人王文礼（王墅头庄人）

2、活动地区、以埠南区为最多、东边区次之、

3、主张、拥护五十七军、

四、圣贤道、

(1)负责人、沐水　吴云区孙守书　洪瑞区王纪章　扳宋区林

映常。

(2)活动地区：沭水莒及干于的四、八两区、

五、衣冠道：

(1)道长 许钦吉 许敬方（多地主士绅上层份子）

(2)对我态度尚不坚、可以当作统战对象、

(3)活动地区：日照一（约百七十人）

六、同善社：

(1)社长 丁之十

(2)活动地区：日照沿海一带

(3)总社在青岛、可能是敌人特务机关。

(4)不主张抗日

七、佛教会：

(1)负责人崔福荣（一大区） 李宋有寿（七区）

(2)活动地区：日照很普遍、

(3)人数两千余、(4)、行动鬼密与天津常有来往。

5-3

八、八卦會：

(1)負責人 莒北宮有師吉梅主、莒东北部于景五 甘照

西北部三、七、六区，房子俭

(2)活动区域：莒日边区、 (3)主张 反共反八路

(4)人数：约两万余人，但大多数不愿干，现在大部瓦解、

(5)最近在記风區強迫組织美仙联合自卫团，用以联合附近

之万仙会，並规定每八天到据点内轮训一次。

九、三番子 瓦解

(1)負责人：千于沿海一带有：葛瑞芳 秦贡之 董乐亭 三

日照一、二、三区一带有：辛于文 宋于臣 三、七区有万书方

(2)封建落后组织

(3)活动地区：沿海一带，现在于日照最多，并且常活动

于敌据点区、

(4)三番子当中最落后者，被敌人所利用组织"礼教会""仿青

岛之黄道会" 日照礼教会长王晰三、宋子渊、

十、道義會：

十九頁

活动于沭水青云区、板泉区、道义会下的與异教人宗动組织的"新民会"、他本身亦指受临沂敌人顧問领导、经常造謠說"五十七軍和中央軍快打八路軍了。"

十一、耶蘇教、 在海陵

(1)活动地区、朱屯 演習 山西頭三个主要基点、相互间相隔二十多里、威县足式、蒋玉西区白河区高埝等三区

(2)頭要人：在朱屯为钱世爷、該人係地主上层士绅、在清習有、左玉 焦玉書 焦是个大学生、曾入过党、不知什么原因失掉关係、據說最近該人在濱海路南文参加了党不知是否確切、在山西头有 刘四娘、

(3)教友（受过洗礼的人）約四百多人、

(4)教徒中除教友外、还有牧友望友、不曾受过洗礼者約數佰人、

(5)此教与徐州、新浦教会常有来往、美口系统、

(6)主張：其玉書懂得並在早些地方赞成社会科学原理、对我们態度、自称耶蘇教和共产党八路軍一样、不过共产党是为了生、耶蘇教是为了死、

又謂々共产党是積極的主張武装斗争、耶苏教是々消極的本主張打仗、常說"教会不當打仗的事"，又說"共产党主張共产主义社会，耶苏教主張千年喜"，这是一样的、又說"人人要救国"，又說"不管中国人或日本人都是上帝的好兒女，要說服兒子不要打中国"，这是他们救国的方法論、实质上为虎作伥、我们的党員中，过去曾信过教者、部份的还未肃清过去的思想、

(7)在宋屯有教会中学、一般知識分子、受受其教培、故其影响很大。

十二、天主教 在海陵

(1)活动地区々

玉东区 草屯 恰々庄 李疃 石门

(2)教徒数百人、

(3)与耶苏教不一个系统、称为"中华基督教"

(4)与临沂有来往、受顽固派許樹生、梁麻子以及投降派之收買々反动、行动鬼々祟々、各々公開、

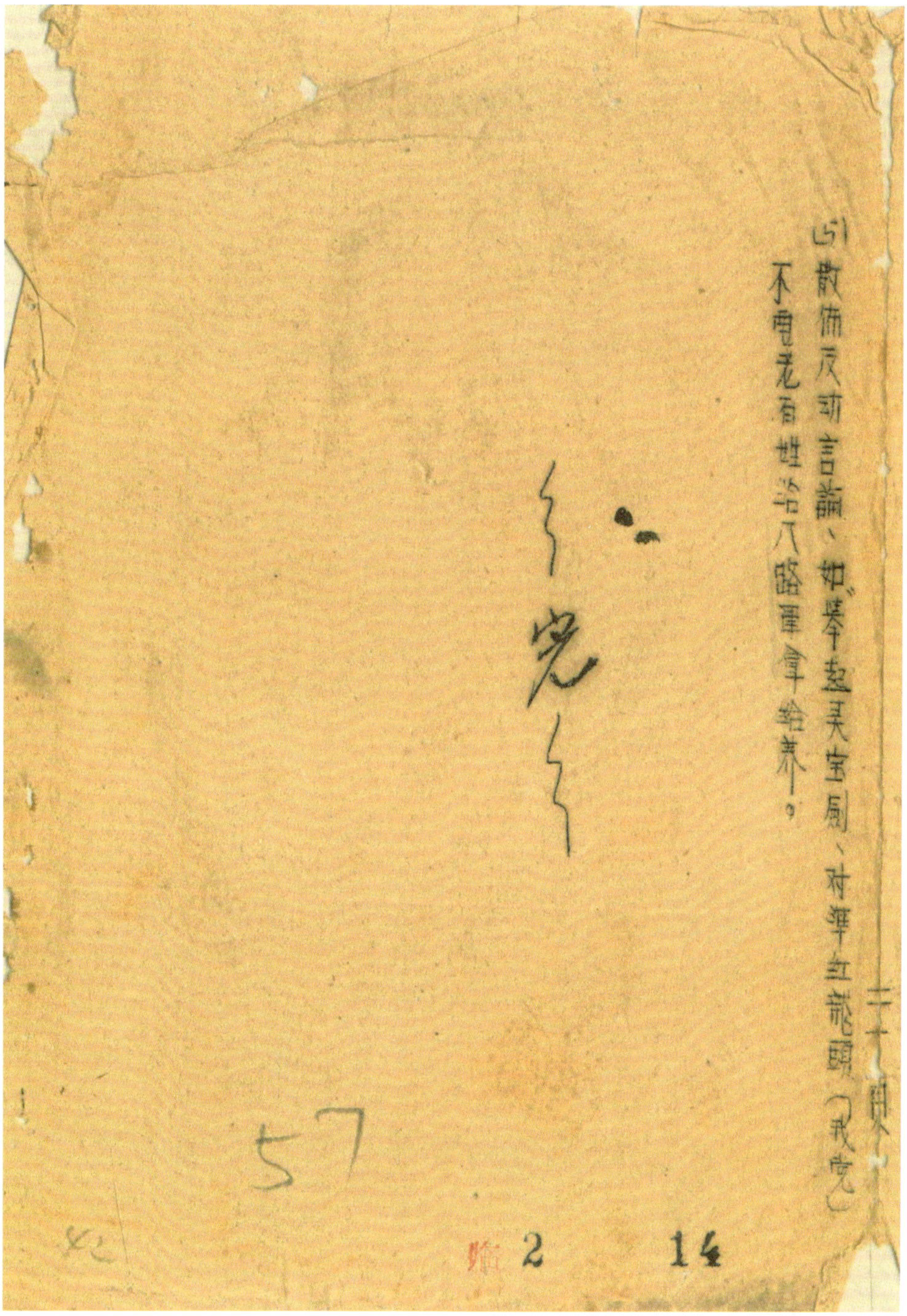

(5)散佈反动言論、如"举起吴宝剑、对準红龍頭(我党)不要老百姓给八路軍拿给养。

二十页

57

2 14

滨海专署轮训队第一期轮训工作手册（1943年8月）

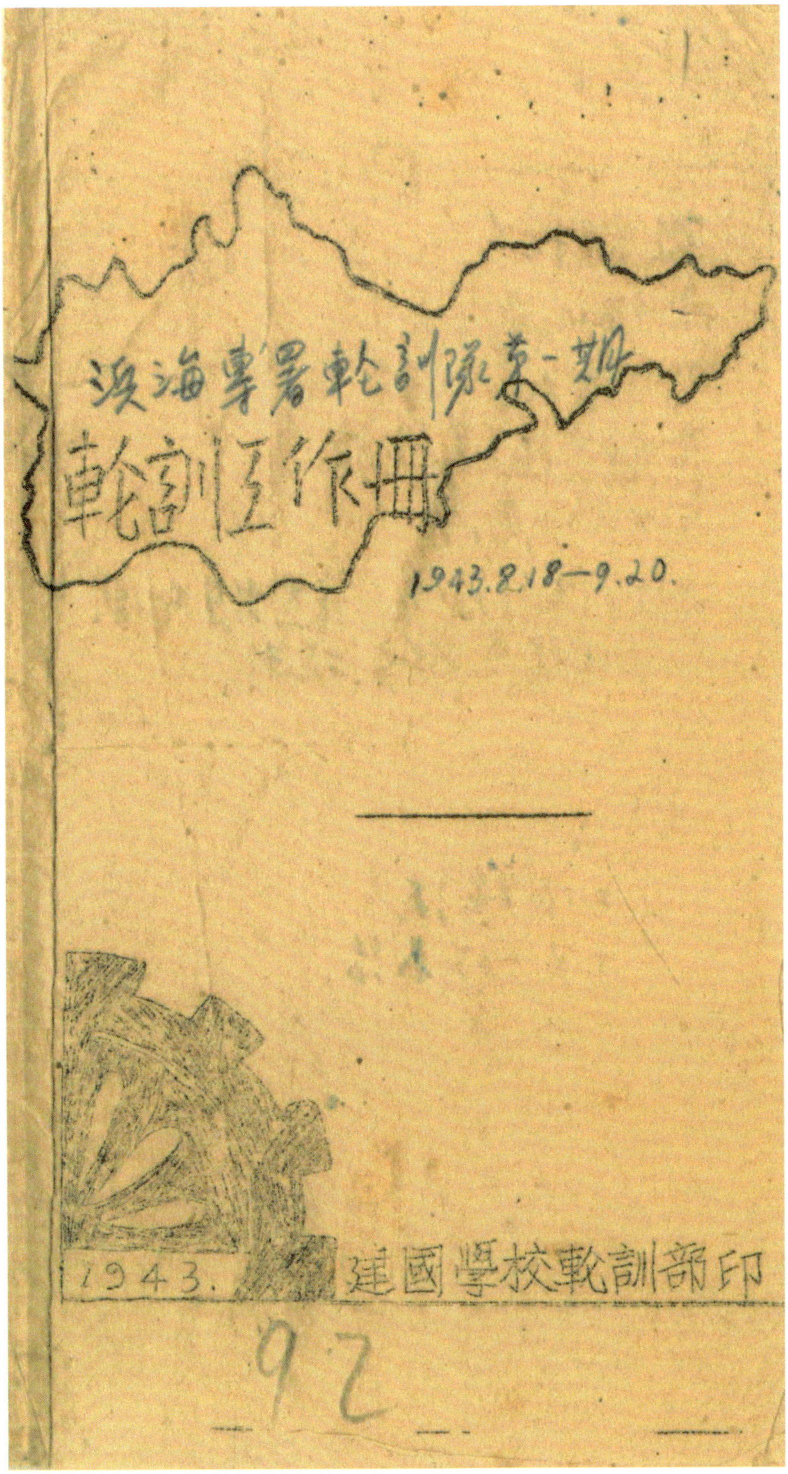

2

目次

93

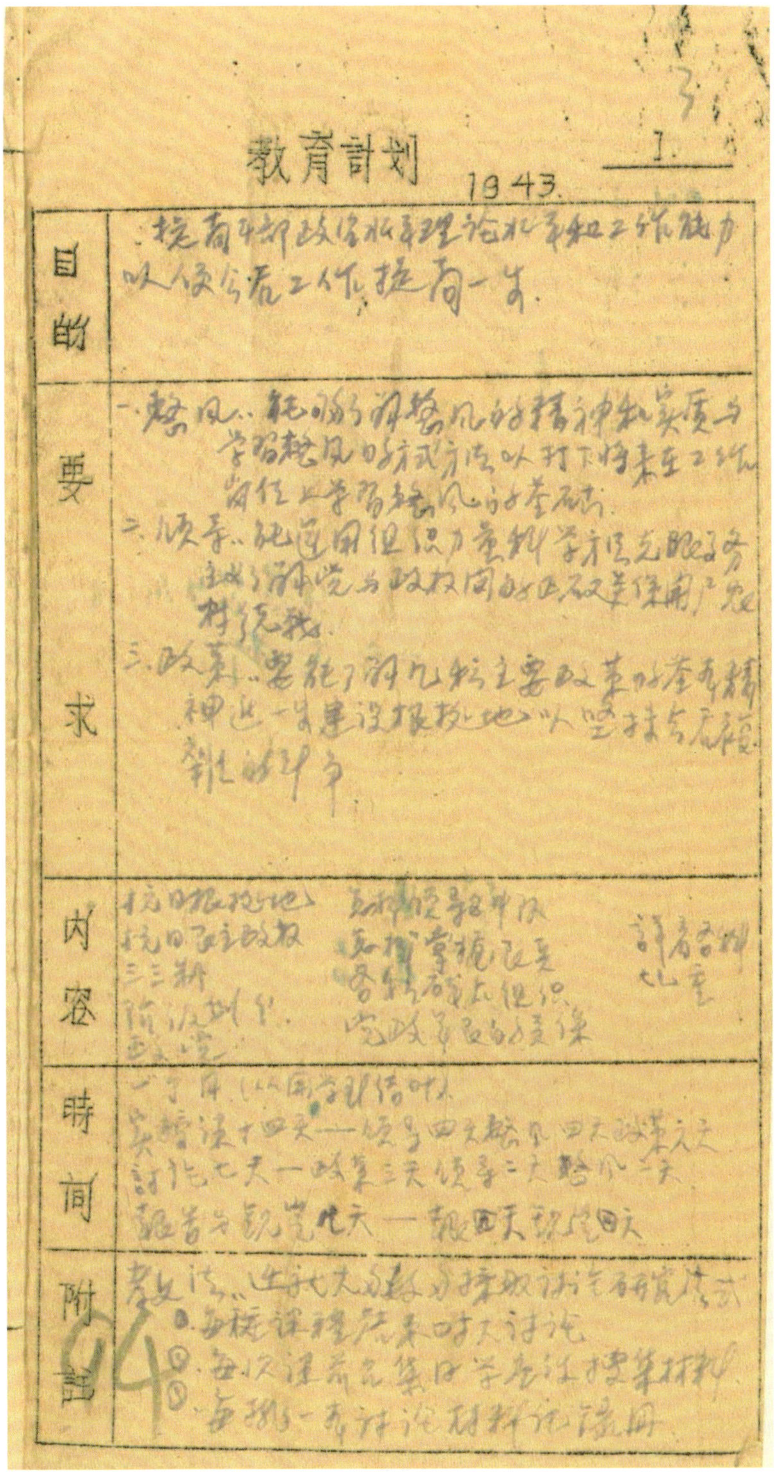

教育計划　1943.　1.

目的	一、提高干部政治水平理论水平和工作能力，以使今后工作提高一步。
要求	一、整风：能了解整风的精神和实质与学习整风的方式方法，以打下将来在工作岗位上学习整风的基础。 二、领导：能运用组织力量[illegible]学[illegible]领导[illegible]了解党与政权间的[illegible]关系[illegible]统一[illegible]。 三、政策：要能了解几种主要政策的基本精神，进一步建设根据地，以坚持今后[illegible]的斗争。
内容	抗日根据地　抗日民主政权　三三制　[illegible]　[illegible]　[illegible]领导[illegible]　[illegible]掌握[illegible]　[illegible]组织　党政军民的关系　[illegible]
時间	一个月（[illegible]） [illegible]十四天——领导四天、整风四天、政策六天 討论七天——政策三天、领导二天、整风二天 [illegible]九天——[illegible]四天、[illegible]四天
附註	[illegible] ①每[illegible]課[illegible]討论 ②每次[illegible]学[illegible]材料 ③每[illegible]討论材料[illegible]

94

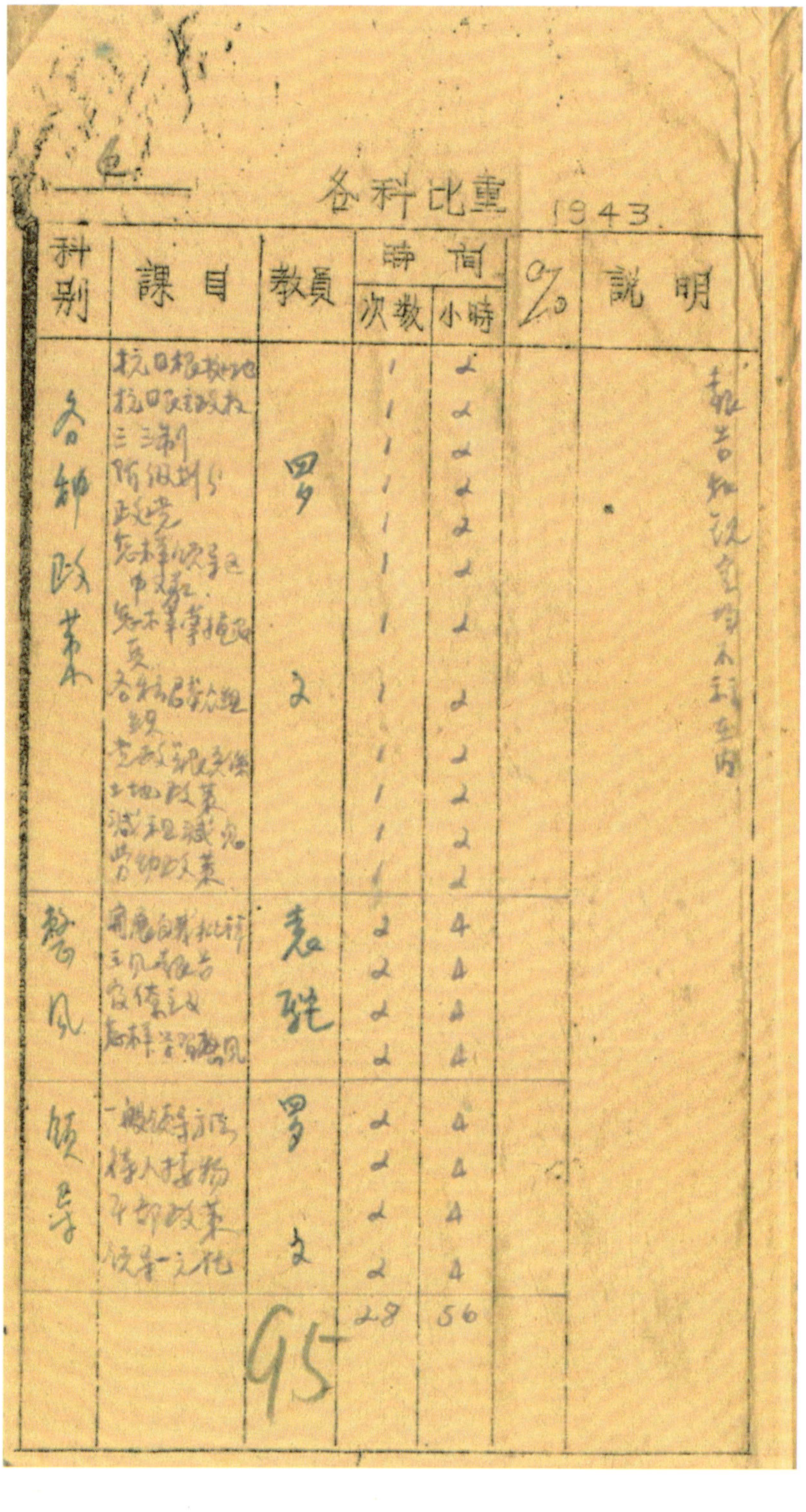

四.

各科比重 1943.

科别	課目	教員	時間 次数	時間 小時	%	説明
各种政策	抗日根据地		1	2		报告和讨论均不计在内
	抗日民主政权		1	2		
	三三制		1	2		
	阶级斗争	罗	1	2		
	政党		1	2		
	怎样做乡区中心工作		1	2		
	怎样掌握政策		1	2		
	各抗日党派组织	文	1	2		
	党政军民关系		1	2		
	土地政策		1	2		
	减租减息		1	2		
	劳动政策		1	2		
整风	反对自由主义	袁骁	2	4		
	整顿三风报告		2	4		
	反教条主义		2	4		
	怎样学习整风		2	4		
领导	一般领导方法	罗	2	4		
	待人接物		2	4		
	干部政策		2	4		
	领导一元化	文	2	4		
		95	28	56		

5

学习上的规定和具体要求

一、学习方法上的要求。

1. 上课——
   a. 保持精神集中肃静
   b. 不随便迟到和早退
   c. 记笔记不妨碍听讲
2. 座谈
   a. 座谈会要按时座谈
   b. 大胆发言放着谈着谈了想着
   c. 精神集中
   d. 记好笔记。
3. 讨论会
4. 测验与考试

二、学习组织。

a. 学组当即以班为单位
b. 座谈组即每班分为二座谈组 每小组为
个单位互相帮助

三、会议汇报。

96

学习组长（即付指导员）督促了解和帮助各
座谈组工作
学习组长每周要总汇报一次 必要时临时召集

6

四、学习法。

1. 积极自动的学习。
2. 集体互助学习。
3. 理论与实际打成一片，学了要用。
4. 记笔记的方法
   a. 记中心内容
   b. 省略字记法
   c. 简字记法。
   d. 代字记。
   e. 课后对照笔记，但不必誊写。
5. 反对几种不良倾向。
   a. 只顾自己学习不顾别人。
   b. 好高骛远，轻视自己，自高自大或从自己兴趣出发。
   c. 学习[illegible]。
   d. 不安心、想家念家[illegible]，怕做工作。
   e. 当和尚，当一天和尚撞一天钟，临时抱佛脚。
6. 互助组。
7. 克服大师兄的作风。

97

实授课程表 1943.8.18—9.16

	18/8	19/8	20/8	21/8	22/8	23/8	24/8	25/8	26/8	27/8	28/8	29/8	30/8	31/8	1/9	2/9	3/9	4/9	5/9	6/9	7/9	8/9	9/9	10/9	11/9	12/9	13/9	14/9	15/9	16/9
早晨 上午		时事报告	三风报告	自我批评		抗日根据地[illegible]	[illegible]	座谈会 抗日民主政权	财政工作 三三制政策	复	领导与群众 中队民众		群众工作 团结工作	司法工作 公安工作	关于党 党的政策	山东农救会工作总结	文化教育政策	农民土地政策		参议会 劳动政策	复	习	测	反[illegible]	马列学习态度		怎样看自己	一般的领导 个别政策	农村统战	村选工作
下午		座谈	座谈	座谈		座谈	座谈	座谈	座谈		座谈		座谈	座谈	座谈	座谈	座谈	谈如何写工作报告		座谈				座谈	座谈		写反省笔记	座谈	座谈	座谈
晚上		座谈	座谈	座谈		座谈	座谈	座谈	座谈				座谈	座谈	座谈	座谈	座谈			座谈				座谈				座谈	座谈	座谈

98

滨海区工商管理总局第一次扩大干部会议讨论决议——统一经济战线的领导机构展开全面全力的对敌经济斗争（1943年8月）

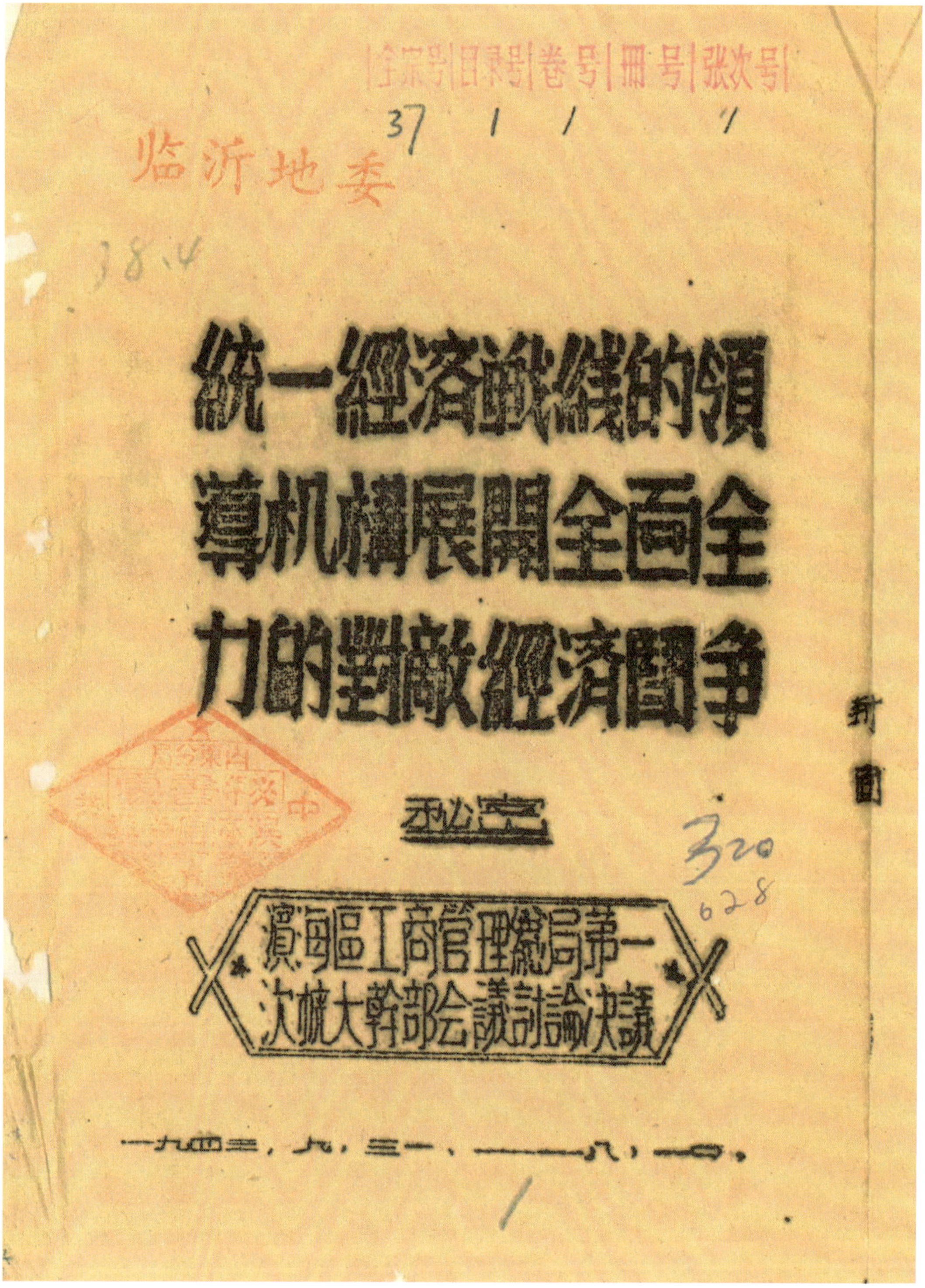
全宗号 目录号 卷号 册号 张次号
37 1 1 1

临沂地委

38.4

統一經濟戰綫的領導机構展開全面全力的對敵經濟鬥争

秘密

320
628

濱海區工商管理總局第一次擴大幹部会議討論決議

一、第一部份
本屆敵我經濟斗爭形势與我们對敌經济斗争政策实施中应有的基本認識

二、第二部份
四個月的工作佈置

三、第三部份
組織領導

2

一統一經濟戰線的領導机構展開全面全力的對敵經濟斗爭一

第一部份：本區敵我經濟斗爭形勢，與我们對敵經濟斗爭政策實施中应有的基本認識：

一、几年來对敵經濟斗爭的基本總結。

1、收获——由於濱海根据地建設的日趋巩固，全面斗爭的開展，因此在經濟戰線上雖然時間很短，亦能收到顯著成績，最大的有：

a，鹽業生產——不但整理了舊有鹽田，而且新開鹽田千多畝，改善了鹽民生活，扩大了出入口貿易斗爭，增加了財政收入，并且成為我们今后對敵經濟斗爭主要的物資力量。

3

b，纺织运动——大量的开展了群众纺织，不但改善了群众生活，而且保証了軍需供给，抵制了敌人傾銷，成为本區生產建設中的最大收获。

c，稅收工作——稅收工作在机構上，在制度上，在征收上都有很大成就。不但完成了財政任务，而且建立起比較完整的机構，培养了大批稅收工作幹部。

d，统一圖制——最近停用法圖的斗争，基本上是勝利了。由於停法斗争的勝利，使我們經濟形勢起了基本变化，造成我們今後对敌經濟斗争的有利条件，而且在這一斗争中我們吸收了不少的經驗。

e，其他在合作事業上，貿易斗争上，工業建設上，農業生產上等，都有不少成績

4

）所有这些收获，均成为我们今后进一步开展工作的基础。

2，缺点——检讨我们两年来在对敌经济斗争中最主要缺点：

a，没有及早停用法币——法币在敌后完全成为敌人掠夺我物资的工具，由于我们长期的没有禁止停用法币，本币发行很少，但已成为法币的附庸，以致形成无限止的通货膨胀，物价上涨不已。所有外汇，均被敌沿海沿线及大后方投机商人所套取。所有生产资源，均被敌人残暴的掠夺，影响改善人民生活，均遭受严重破坏。几年来我们在这方面的损失，是不能用数目字来计算的。

b，在出入口统制上。敌伪放任贵重物的流泛现象，我们虽采用了以货易货政策，但由於制度的不周密；执行的不澈底，並未有效的制止法币内流，加以本身脱离外汇及执行中的事实困难，未能收到实际效果。内地集市成为敌人的倾销市场，机构充斥，金融混乱。因此对生产与货币斗争上，不但没有发挥保护作用，而且还遭到损害。

C，机构设置系统不一，不但力量分散而且自相矛盾。给敌人与奸商造成投机破坏的机会。因而在政策实施上，也就形成生产贸易货币斗争的脱节现象，不能相互为用。

二頁—

d，由於我们主观上存在着以上缺点，因此造成我们在对敌经济斗争上的形势被动。不但不能主动的进攻敌人，而且常被敌人的倾销掠夺与货币进攻，形成束手無策。

6

二、本区敌我经济情况的几个主要特点：

1、贸易方面：

a，粮食与食盐的交流，是影响根据地市场经济变动的主要因素。

粮食东南贵，西北贱；西面沂水一带粮食由于价值差额与食盐的刺激，造成向内输入的条件，内地粮食则向沿海及滨海北路一带敌区输出。食盐除沿海自产者外，则经滨北路一带输入，西向鲁中、鲁南及西南淮河两岸输出，同时食盐与粮食在出入口影响上，形成对流现象。

b，土产（花生及生油）与必需品（棉花布及日用品等）以敌伪区为输出中心（新浦为伪所需品输出海外）形成对流现象。

c、前者不为敌人所直接统制，后者

则完全为敌人垄断，因此在市场变动上，货币关係上，所发生的影响亦不相同。

2，货币方面：

a，不同货币（本币伪钞法币）不同一地区，形成不同差额。主要原因是：

①，各种货币在其本身价值上不平衡，具体表现在物价悬殊上，因此在各个地区，物价的不同，也造成了货币差额的不同。

三
頁

②，法币的流通量，一般的在敌区比较大后方要少，而且还占领一部份特里区市场，在本币与伪钞相對影响之下，价值比大后方高，而且还由北价值向高，形成法币由南向北，同时也造成法币与伪钞的高度差额，如徐州与华中相差三倍以上，而敌人则利用之以吸收根据地与华中华南物资。因为华北与华中

8

对伪钞是不适宜的。

5，因此在本区周围，形成下列几种不同的货币情况：

①，法币成为本币与伪钞的桥梁，我们虽然停用了法币，但在外汇上还没有摆脱法币。所以本币物价，还受着法币跌涨的影响。

②，法币随着食盐的输出入而流动，因此在停止法币以后，又形成了本币与法币的不同差额。如西面为食盐出口，法币价值较低，东面为食盐入口，法币价值较高。按物价计算相差1/3。

③，伪钞与法币，由于法币的由北而南，形成南北伪钞与法币的不同差额，如法币由新浦向石臼所，伪钞则由石臼所向新浦流

四页

流。经常差额在10%左右，而且这两地并无直接的贸易关系。因此在黄口杨柳一带造成大批的贩运投机商人。

④，本区如与伪钞发生联系，由于物价不平衡，亦可同样造成不同差额。

3，物价方面：

a．抗战以来历年物价的变动。

（十字路）

	36年至42年	43年6月	比抗战前增%	比42年%
火柴 包	7元—800元	5200元	1600%	600%
洋布 匹	8元—300元	1600元	7600%	700%
生油 斤	30元—600元	1200元	4 00%	200%
洋线 拱	7元—700元	1750元	2600%	250%
高粱 升	5元—20元	50元	3 00%	350%
小麦 升	7元—40元	70元	7 00%	270%
猪肉 斤	5分—8元	12元	5 00%	400%
货币比值	1：3	1：7		

四页——

10

5、一月份至七月份本国與偽鈔物价变动的比较：

（柘汪與青口）

	柘汪本币	青口偽鈔	本币%	偽鈔%
棉花 斤	2200—5[illegible]	330—770	200%	200%
火柴 箱	2050—4600	150—750	225%	600%
洋布 疋	980—2000	285—267	220%	落5%
生油 百斤	850—1980	228—207	150%	〃8%
生米 百斤	400—680	71—85	150%	涨10%
香烟 升	65—70	10—10	105%	平
小麦 升	80—90	12—12	112%	平
洋线 疋	806—1700	200—228	200%	涨105%
猪肉 斤	7元—14元	1.2—2.5	400%	〃200%
货币比值	4:1 —— 8:1		跌100%	

6、由上列物价中，可以看出物价变动，主要是由於貨幣价值的变动。

①、去年则由於偽币跌价，今年则由於法币跌价，同样影响了本国的物价上涨。

②、在停用法币以後，法币與偽鈔相对跌落，而本国外汇尚未摆脱法币，所以

五頁

一

联系法国的物资（粮、盐）涨价甚多。而通过法国运来的物资，如工业必需品不但未涨反向上涨。

4、由以上的各种情况，可以看出市场物价波动上主要原因是由于物资影响货币。由货币而影响到物价。所以中心关键在于用我们的经济力量与组织工作来掌握这些情况变动中的规律与矛盾，我们便能引导斗争走向胜利。

五页

三，对敌经济斗争政策实施中应有的基本认识：

1，生产问题——由于我们长久处在敌后的农村的战争的环境，所以我们的生产事业应经过自给与需要出发，如果想样样都作好，无条件的去发展生产事业或改进技术，是不应该也不可能的。因此：

12

a，生产事业的主要方向：

①，首先是农业生产。②，其次是手工业生产。③，再其次是公营工业生产。

4、发展生产建设的主要关键：

①，在目前基本是政策问题。②其次就是决定于组织领导。③，最后才是技术问题。不论在农业工业合作都是如此。

5、目前生产事业中应该注意的几个重要问题：

①，掠取蚕丝式的贸易保护政策，廉价供给原料，高价推销成品——因为物价上涨太快，再生产不易维持；加上农业品与工业品的不等价交换资本都转入商业投机。在在都增加生产建设的困难。例如我们的纺织事业与食盐推销都是如此。

②，过去的货币贷款的刺激作用。

但必須及時貸出，还要及時收回，只貸不收是要不得的。如我们的紡織食糧貿易等貸款，都是長久没有收回，结果害了群众，也害了自己。

③，应從出入口政策上控制外來品，肃清市场。如我们現在市场上充斥了奢侈品，特别是洋布暢銷，嚴重的打擊着土布生產。另外还应該從政治上提倡土貨代用品，反對輕視土貨觀点。

④生產成品应適合市场需要，同時也可以適合于輸出。并進一步对外争奪市场。

2、貿易問題：

①、在貿易统制中容易發生的偏向：

14

①，左的统制觀点：如單纯禁止出口，合作社專賣經營，限定價格，排擠大商

入寿，结果必造成市场萧条，物价上涨。

②，右的放任主义——取消任何统制办法，一切任其自流，竟致经济、所有外汇均被敌人套取，结果市场混乱，货币跌价，与左的统制遭致同样结果。

③，以货易货也不是完善办法——形式上好像是进一步以输出换取输入，粉碎敌人封锁，实际上是不合乎客观市场规律的，在执行中就有很多困难，而且在精神上是鼓励输入限制输出，与货币斗争的策略是相反而行的。

七，什么是正确的贸易统制政策：

①，贸易统制的意义——统制绝非单纯的封锁，同时我们是根本反对封锁的，敌人的封锁政策对他自己也是不利的。因此

我们对贸易统制应了解为一种强有力的组织工作。使敌我区间，物资有计划的往来。与敌区贸易断绝来往的想法不可能而且有害。我们的方针就是要扩大敌我区间之物资交流，高度的发挥农村的物资力量，与敌人城市经济作斗争。

②，输出输入同时都要统制——要有计划的争取平衡，造成出超。基本精神应该是鼓励输出，限制输入。

③，要与货币斗争结合——使货币斗争与贸易斗争结合一致，同时要把出入口贸易统制与外汇管理工作紧紧结合起来。

④，在具体执行中必须有强有力的组织，同时又要在情况变化中（如外汇涨价或跌落，敌人统制销售或封锁）能随时机动运用，灵活的打击敌人。一切规定不要一成不变的。

⑤，扩大输出斗争，争取有利交换——必须明确的建立输出观念，不但要求多输出，而且要把输出认为是一个严重斗争。要充分发挥主动的进攻精神，寻找办法、机会主义或一切和平情况的想法都是不对的。更不能在货币斗争上得到迅速有效的收获。

⑥、统制物资与团结私人资本——我们在对敌斗争中，应该团结与发动私人资本，把私人资本团结在公营资本的周围，扩大对敌经济斗争的力量。但必须合乎对外统制，对内自由的原则，因此在对敌贸易中，凡有关国计民生的重要经营　如粮食食盐　以及由于政治军事形势所产生的垄断、利润、（货币或物资）则不能为少数商人所独享，必须归公，必须归之于整个抗战利益。如果商人违反抗日政府各种对敌经

济政策的措施，及一切危害敌害我的行为，如走私敌货毒品，套取外汇，进行黑市等就要受到法律上的严厉处分。也就是说在照顾商人经济利益上，还从须掌握严格政治立场与原则，也只有如此，才能收得实际团结私人资本的效果。

3，货币问题：

a，货币的价值——商品的流通，

八 决定货币的流通，货币的流通，决定货币的价

頁 值。我们货币完全是纸币本位。不是依靠现金，也不是像法币一样，依靠外汇来维持。因此我们必须使之与商品结合，特别是农村中的主要商品，这样才能实际上巩固本币的价值。

18

b，统一币制的重要性——由于我们处在犬牙交错的多方面的斗争环境，其总什

性亦同样表现在货币上，而各种货币的斗争，在力量的对比上价格上造成严重的不平衡现象

因此在货币斗争上，必须首先造成本币的巩固阵地，就是统一币制，没有这一条件，则一切货币斗争都是空谈。

C，货币斗争的规律：

甲，各种货币均有其自身涨跌的规律，主要的因素有三：

①涨跌程度——不单是发多少问题，还表现在流通范围与流通量、流通速度（被联商品经济）发行数与供求率的各方面。

②政治形势与战争形势的变化——胜利或失败的影响，不同时期，不同地区、不同因素、不同影响，可以提高也可以

九页

19

看出。

③,生產的發展與災荒的發生都能影响貨币價值。

乙,决定各種貨币斗争發展的几個因素：

①,出入口貿易——誰出得多,誰就值錢。②,統制與物價——內部整個物價穩定,亦是戰勝的力量,主要表現在物價上。③全面斗争的開展與退却。

九頁

丙,各種貨币斗争發展的特点:

①全在戰術運用不同。②地區不同比價不平衡。③季節不同比價不同(春季城市、秋季鄉村)④各種貨币比值之间关係不同,不一定符合一定公式

八,外滙問題: 20

①,外滙的意義與發生——西

种不同政治统制（国与国之间）地区的货币往来以外汇，外汇是随着贸易关系而产生的。今天我们与敌区之间因贸易来往生产了必然的外汇关系，因此我们以积极打击的政策，与敌国建立非法的外汇关系，也就是在经济上具体执行打倒伪钞的政策。

②，外汇的价格及其变动——货币的对内价格与对外价格，对内价格表现在物价上，对外表现在货币比值上。其价格的产生与变动是由出入口贸易的收支状况及物价变动结合而成的。

③，外汇变动与输出作用与内地物价的关系——要物价稳定，必须压低外汇，要压低外汇，必须扩大输出，因此输出就是外汇的物资力量。同时在三者之间的关系上，

就形成輸出压低外滙，外滙压低物価。

4、生產貿易貨幣是對敵經濟斗爭三個基本環節，三者是互相影响，互相联繫的。我們只有正確的掌握他們的規律與矛盾，掌握其在各個時期的中心環節，才能勝利的與敌人進行斗爭。

十頁

22

第二部份　四個月的工作佈置（9至12.）

一、对敌经济斗争形势發展的估計：

1，敌之掠夺粮食必更加残酷——秋收已到，由於敌佔城市之普遍粮荒與战争之扩大，敌人必将加强对粮食的掠夺，几年来事实已充分証明而且今年華北的災荒比去年更加扩大，因此我们必須有效的進行反对敌人搶粮活动。

2，偽鈔基本上是日益下跌，如果欧洲戰争更顺利發展的，同盟國在太平洋活動更加积极（形势），則偽鈔必將加速的跌落，但敌人必將利用其低物价政策尽量维持偽鈔价格，同時為了便利掠奪粮食，亦能继续進行奢侈品的傾銷。　十一頁

3，法币在山东敌后已随着整个形势的变动發生了基本变化，今后可能还要继续跌价，甚至全部退出市场。　23

十一頁

4，本币在停用法币以后，基本上是巩固了，加上我们有利的联系条件及今年粮食的丰收、只要我们能正确的执行政策及时的工作是可能继续提高的。

二、总的奋斗目标：

1，发展商品经济，扩大物资流通活跃群众经济生活。

a，发动民力物力财力增加生产。

b、扩大粮食盐食盐的出入口斗争，组织敌我区间之物资交流。

2，拒用法币，巩固本币，增加本币对伪币的抵抗力量。

a，进一步取缔商滨市场的法币黑市。

b、建立货币汇兑进行与伪币的直接斗争。

c．扩大本币的流通区域。

三，中心工作——组织物资。

1，统制粮食：

a，为什么要统制粮食——粮食是支持战争主要资源农村的主要商品，敌人残酷的掠夺粮食原因也在于此。同时粮食在市场上为一半货币性的商品，我们只有掌握了粮食才能稳定物价。巩固本币粉碎敌人的掠夺。

b，统制粮食的初步具体办法

A，交易与调剂

①，在东面（沿敌区）设立粮店之主要集市，停止市场粮食的自由交易，另设立粮店，所有粮食统一由粮店买进卖出。

②，其他各根据地内的边沿粮食集市，一律由县府布告明令取消。如不愿取消者则将原

十二頁

21

的交易所改組，直接由附近糧店領导，只准負
責内地調濟，防止走私。

③，在西國設之糧店（向囤棧之集市）吸
收市場糧食，但仍允許群众自由交易。群众購
買有剩余後，則由糧店收買之。原有糧食交易
所改組直接受糧店之領导。

十二頁

④在内地之糧食集市仍准群众自由交易，
原有之糧食交易所暫不取消，群众買賣糧食仍
由交易所負責。

⑤，沿海稽区的糧食集市，暫時仍准群众
自由交易，原有之交易所直接由商店領导，每
集派人管理以防走私。交易員待遇按原有規定
統一由商店負責。 26

⑥，各地糧食交易手續費，一律按1%計

算，由卖户負担

B、輸出問題：

①為限止敌人掠夺粮食，凡内地粮食不論任何地區一律禁止出境，所有外來商人、或販運魚鹽民一律禁止在内地購買粮食。

②，如内地粮食有剩余或入口粮食增加時可由粮店統一向外輸出，执行專賣，為限止輸出数量可酌量提高輸出价格，并規定輸出之粮食只買本國不換取外滙。 十三頁

③輸出之粮食由公營粮店核給出口許可証。

④此項輸出之粮食，暫規定為小麥、大麥、穇子谷子大米高粱豆類豆餅，地瓜干為限。其他雜粮仍准自由交易。

C、處罰與獎

27

①凡無出口許可証向外輸出之粮食，一律

以查私论，凡查私粮食不论多少，一律没收。

②凡查获查私之粮食，群众按30%实物提奖，机关部队人员按30%折价提奖。

2、统制食盐：

a、为什么要统制食盐——食盐为我区市场及输出的主要商品，为了扩大食盐推销，为了提高食盐的输出价格，保证盐民生活，为了巩固本币防止外汇黑市，均必须实行食盐统制。

十三页

b、统制食盐的具体办法

A 交易问题：

①在西南边沿地区之重要集市设立盐栈，凡设立盐栈之集市，一律取消市场食盐之自由交易，由盐栈统一买进卖出。

28

②，在东面沿敌区边境之重要集市，设立盐店，凡自敌区输入食盐之盐贩，须向盐店直接交易，不得自由出售（盐税可由盐店在一处办公于交易时征收之。）

③，沿海盐区之食盐，将统由合作社管理。在合作社未成立以前，当地之交易所暂不取消，但可实行内部改组。所有买卖领导关系，一律由柘汪商店负责。凡盐产运售食盐均须经交易所之批准。 十四页

④内地之食盐交易所，一律撤消，但内地之小贩市场仍准自由交易。

⑤、盐栈盐店与交易所一律抽手续费5%，由买户负担。

B．调剂问题

①、内地小贩至东面盐店或

29

沿海交易所購鹽者，每次不得超过一百斤，并须经盐店或交易所核查准許發给零售証始得購買。

②，西固群众至盐栈購買吃盐者每次不得超过十斤。

③，组盐腊盐之購買暫不限止数量，但须经盐店或交易所之批准。發给零售証以防止走私。

C，運銷问题

①，外來盐商只准在西固盐栈購買，不得至内地自由交易。

②，西固食盐出口一律由盐栈执行購買并發给出口証，無証者在十斤以上均以走私論。

③内地盐販一律由盐店盐栈

30

共交易所，發給規定購買證，無購買證者不准購買。

④，盐贩領取購買證時須在当地負取鋪保，或由本村村長証明担保保証不得私自出售或走私。

⑤，東西食盐流動規定一定之路線，内地盐贩只准在購買證上指定之地点購買。(附後)

十五頁

⑥，标証之食盐運銷合作社取銷改為盐店，專與濱外之食盐交易，由标証商店直接領导之。

⑦，内地私产存盐，暫不登記，但出售時須直接運往盐棧，不得私自出售。

D，處罰與獎勵：

31 ①，凡無出口証，向外輸出

之食盐，均以走私论。走私之食盐在十斤以上者，一律没收。

②，凡查获走私食盐，不论党政军机关部队人员一律按30% 折价提奖。

四，两项重要工作。

甲，加强出入口贸易统制，保护管理外汇。

1，加强出入口贸易统制：

①，出入口贸易现状，基本上我们有着争取出入口平衡的条件。但统制方法使输出受到阻碍，输入增多，同时以货易货办法在使用法币以后不适用了。

②，新办法的几点说明：

①，新办法的基本作用是"鼓励输出，限止输入。掌握外汇，巩固本币"表现在：

十五頁

32

②，通过貿易掌握外汇

大、主要出口必須登記外汇，以防止敌人的掠夺物資。对商之套取外汇。以便於造成本区雄厚的外汇力量，主动的与敌人进行斗争。

③，在对外貿易上採取输出入的連系制度。——如入口者必須有等值之出口。目的在爭取出入口平衡并爭取出超。

④，採取积极的输出政策——造成对敌斗争的物資力量，因此对出口商人与出口貿易給以更多的便利，而入口則应当限止。

⑤，一方面可以对内地之商业发展起操縱作用，另方面可以对敌人掠夺偽鈔採取有效的对策。

十六頁

33

C，出入口统制的初步具体办法

A、出入口手续

①、暂规定生油豆油生米及由海上出口之皮猪等为特种出口货，凡特种出口货物出口时，须经工商管理局登记批准，并发给特种货物出口许可证。

②、商人领取出口许可证以后，须到汇兑所登记外汇，才能正式纳税出口。

十六页 ③、凡设有汇兑所地点之县局，事务所或检查站均可办理上项出口手续。

④、商人如果要求先出货然后带回外汇者，可令其觅取当地铺保向汇兑所立具保证书，限期带回。

34 ⑤、海外贸易以尽量登记外汇为原则，如必须带回货物者则应以棉花火柴

及军需品为限其他奢侈品与非必需品则一律禁止。不得使用外汇

⑥、以货易货办法宣布停止，凡入口货物与普通出口货物为统筹所规定者仍准其自由出入。

B，处罚

①，凡特种货物出口不登记外汇者，以偷漏外汇论，按货物总值处以10%的罚金。

②、凡海外贸易如不遵照带回外汇，或不按照原批准带回之必需品而带回奢侈品者均处以货物总值10%的罚金。

2，严格管理外汇

a，登记与使用

①，凡持有特种货物出口许

十七页

35

目証者，必須至匯兌所登記外匯，換取本幣。

②，西面峡海上的食塩出口亦同部份的換取外匯，則兌換法幣或登記存款。

③，凡外來商人或難民帶有敵區貨幣者須至入口地區匯兌所換取本幣。

④，凡主要軍需品入口，可由工商管理局簽給証件，至匯兌所使用外匯。

⑤，東面食塩入口，可由塩局簽給証件至就地匯兌所使用外匯。

⑥，匯款均以現款為標準，如係匯票須由登記商人在根據地內覓取殷实鋪保立具保証書，至此匯票兌出時撤消之。

⑦，凡外匯交易不論登記或使用各抽手續費1%折合本幣計算。

十七頁

36

6，管理办法

①、在各主要之边沿集市设立汇兑所，直接由当地商店领导之。（附设）

②、各地外汇价格，以当地市价为标准，由总局规定通知，逐日挂牌公布

③、外汇价格不论登记或使用，在同一地区出进价格一致。货物出入口只准在出入口之所在地区登记或使用外汇。 十八頁

④、外汇价格公布方式

A、高于本币者，将货币差额作为汇费，如本币与伪币为5比1则汇费为四元。

B、低于本币者，则按扣计算，如法币则挂牌为六折兑换。

37 C、现款与汇票则按市

场情况分别定价。稍低或稍高.

D，例如柘汪挂牌(式樣)

濱海區工商管理總局柘汪匯兌所
本日匯市
由柘汪至青島每元匯費 現款四元 匯票三元八角
由柘汪至上海每元匯費 現款四元 匯票三元五角
法幣兌換 ×× 票六折 ×× 票五折

十八頁

⑤，各地外匯調撥地点，以当地敵區城市有關易关係者為限，暫規定於下：

A.日照縣局——日照、石臼所、青島。

B.日干縣局——青島、石臼所、上海等。

C.干海縣局——青口、新浦.

D.臨郯縣局——郯城、新浦

E.莒沭縣局——臨沂、莒縣

38

C.携带手續

①，凡出入口商人携带滙款時須由当地之滙兌所發給"商人外滙携带証"，此种証件只准在当地滙兌所相对之敌佔区間行使，不准在内地行支。

②，外来商人如未事先登記外滙而带有法币偽鈔者，可先交给前方指定之檢查站由檢查站給與証件至滙兌所領取本币。

③，凡滙兌所之間調动外滙或携带外滙通過根据地者須由工商總局發給"特種貨币携带証"。

④，以上各种携带証件，均須確实註明貨币之種類、数量、起止地点、日期與携带人姓名

D.懲罰與獎勵　39

十九頁

①，凡違反以上規定者，不論公私營業部隊机关，一律沒收，情節重大者送交政府处理。

②，凡查获私帶法国货物者，群众按30%提奖。机关人员按百分之十提奖，均折合本币計算。

乙，發展盐業紡織的生產合作事業。

十九頁

1，發展盐業生產的主要关鍵：

a，执行專賣扩大銷路，防止敌偽私盐对我抗日市场的破坏。

b，保証供給盐民吃粮，預防春荒穩定與提高盐価減少食粮與盐的不等価差額。

c，保証現有盐田的生產，增加積極改良技術，提高質量。

40 d，統一生產運銷加强行政管理。

2、发展纺织生产的主要关键

a、克服群众生产过程中的困难

①、收回土布市场，改进土布质量，减少洋布入口，抵制敌人之倾销。

②、保证供给原料，帮助推销成品。

③、减低生产成本，鼓励输出扩大再生产。 二十頁

b、组织生产合作，鼓励群众独立经营。

c、增加贷款给贫苦的纺织户，发展小机。

d、逐渐减少外人剥削利润，增加纺织户收入。

41

3、怎样开展纺织生产的合作事业。

6，開展蚕業紡织合作事業应該注意的几個基本問題：

①，明确規定合作社的性質與任务。

②，盈虧不負責，用社务来保証业务，尽量发揚社員民主，與社員大会的作用。

③，密切結合群众的生活習慣，具体解决群众經濟生活問題。

④，經营方式上反對商店化，主要結合群众的勞动力，發揮群众個体的独立經营活动。

⑤，組織方式上必須适合群众舊有的生活習慣。

B 具体計劃：　　42

二十頁

①，訓練合作幹部，十月份完成。

②，組社計劃　　　　蠶务合作社必須普遍成立，紡织合作社暫時在生産集中地區，有条件的成立并創立模範社，創造經驗。

③，增加貸款　　　　按具体需要規定之。

④，公營貿易必須起保証的作用。首先必保証棉花原料的經常供给。其蓋兵吃粮的調濟。

二一頁

43

第三部份　組織領導

一、我们机構的現状及成立工商管理局的意義

我们現在的各個机構，系統不一力量分散，一個机構执行多种任务，一個任务几個机構同時执行。在進一步对敌斗争的要求上已不适合，因此成立工商管理局這一個新的机構。這一机構並不是任何一個机構合併另一個机構，更不是誰统制誰，誰領導誰，而是根據斗争形势的要求，將原有机構完全撤消，而成立一個新的統一領導的机構。

二、工商管理局的任务與性質：

1，任務——總的範圍有下列几种：

a，工業生產．b，貿易統制。44

c，外滙管理。d，商業行政。e，稅收征

二二頁

收。f，合作運动。g，緝私工作。h，商業經营。i，工商貸款。

2，性質：

a，工商管理局完全是一個行政性質的机关，并且是一個執行对敵經济斗争領導上高度統一的戰斗性的机構。從它的主要作用看來也可以說是統一全盤物資統制的机構。

b，因此它的主要特点表現在：

①行政工作與經营工作的統一。②貿易斗争與緝私斗争的統一。③政治力量與經济力量的統一。④生產建設與貿易統制的統一。⑤公营資本與私人資本的結合。⑥市場工作與緝私工作的結合。

二三頁

45

三，本區組織系統及机構的狀況。

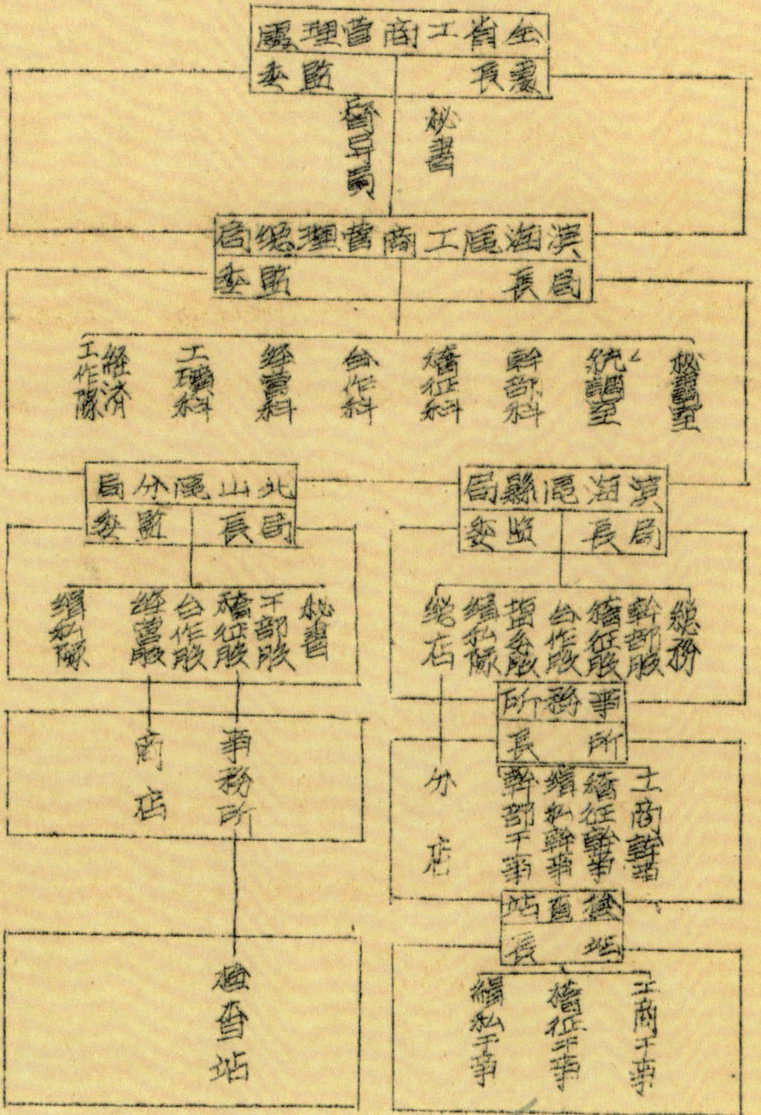

四、行政区域的划分——按经济条件划分之。

a，日赣县局——北由虎山铺起，南至海头，以柘汪为中心下设安东卫、柘汪、朱家圈、三个事务所，七个检查站，主要任务为进行海口斗争及管理沿海渔业生产与组织工作。

b、赣海县局——北自黑林起，南至蔡庄湖。以城头为中心下设刘家庄、城头、欢墩埠、蔡庄湖四个事务所，十三个检查站。主要任务为在沿海敌区进行粮食食盐物输出入及新浦敌区物资斗争。

二三页

c、日照县局——北自三庄起，南至碑廓，西至两山口，东至沿海。以巨峰为中心下设黄墩、巨峰、小蒋村、三个事务所，七个检查站。主要任务，为与沿海敌区进行食盐与粮食物出入口斗争及管理土产输出。

67

d，离石縣局——北起寨梩河，南至三泉首，東至坪上，西南至枣泉崖。下設寨梩河、大武、西岑泉、枣泉崖，四個事务所，十四個檢查站，主要任务為向西區敵區進行食盐與粮食的出入口斗争，及内地群众紡織事業。

e，臨縣縣局——北起韓家村，南至山交口，以頭莊為中心。下設三交口、大家埠、韓家村三個事务所，十個檢查站。主要任务為與西及西南敵區進行粮食食盐的出入口斗争。

二四頁

f，北山區分局——包括北部全部地區與工作領導。

五，商店經營——直接受縣局領導其性質與任务：

1，性質——凡用國家資本直接經營的商店為公營商店，因此在公營商店以內不吸收

48

私人資本，但在法律地位上與私人商店是平等的。

2，任务——公营商店的主要任务：

a，直接發揮經济力量团结私人資本與敌人進行斗争。b調濟市场必需品，扶助生產事業。c执行政府委托的各种專賣業务與特种經营。d調整外汇。

二四頁

3，组织——每縣設立总店一处。下設分店，按集市情况，分佈在各縣之边沿区一带。统一商店包括下列各部門經营：①貿栈（土產與必需品）②盐店，③粮店。④汇兑所（汇兑所对外名義是独立的。

49

4、各商店之總分店（貨店糧店）及滙兌所之設立與分佈：

◎總店。○分店。十滙兌所。——貨運線。

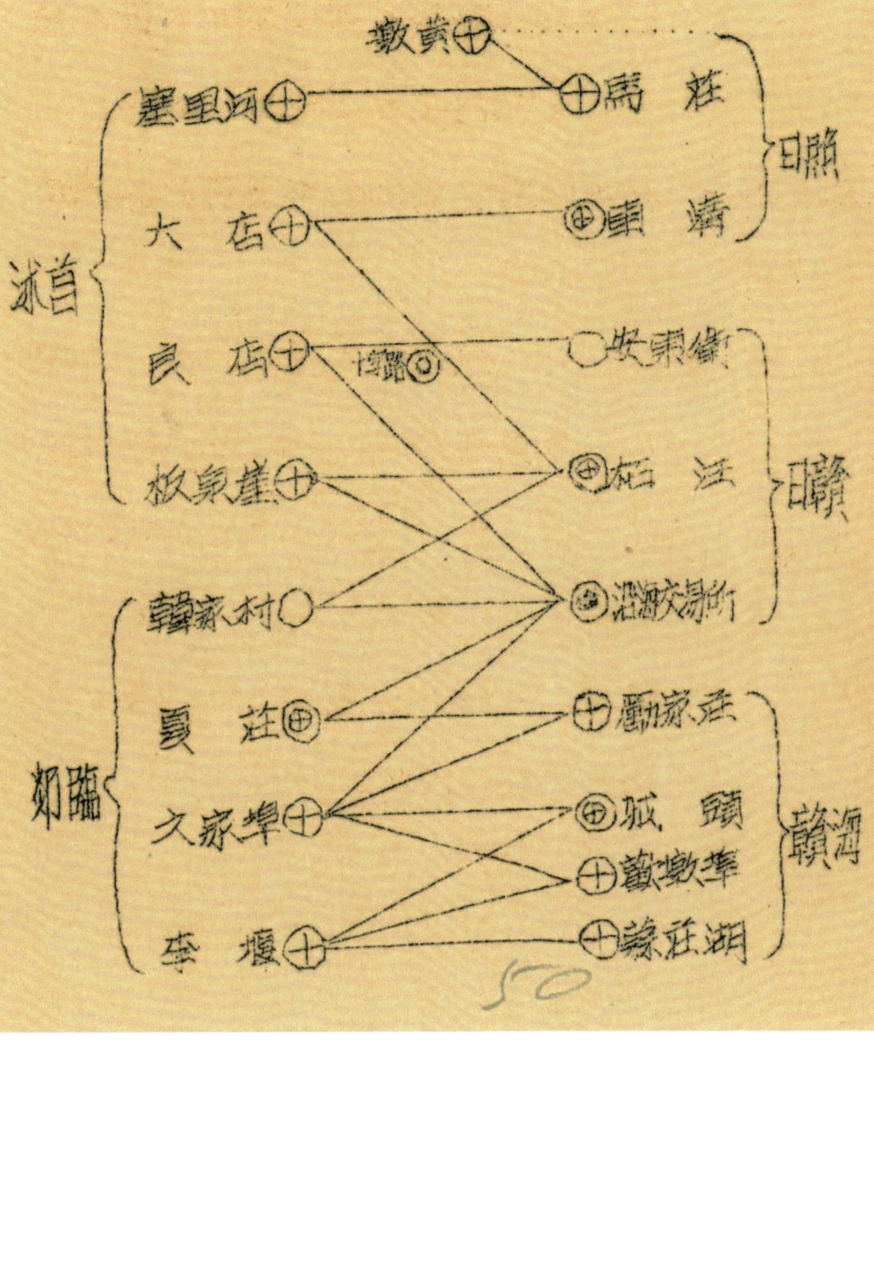

二五頁

50

滨海区工商管理总局第一次工厂干部联席会议决议之一——建立工厂管理制度（1943年11月6日印）

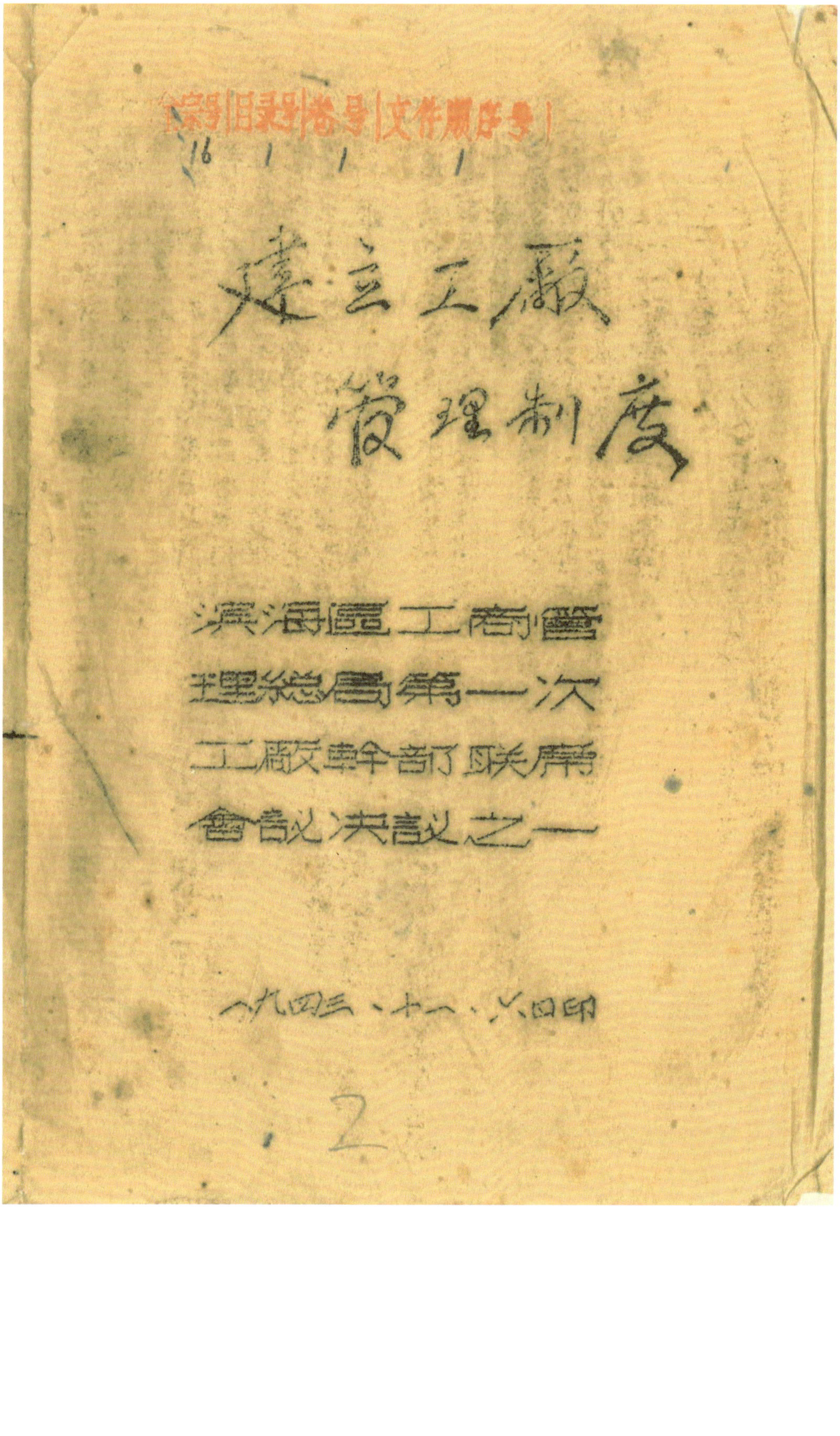
全宗号 目录号 卷号 文件顺序号
16 1 1 1

建立工厰
管理制度

滨海區工商管
理総局第一次
工厰幹部联席
會議决議之一

一九四三、十一、六日印

2

二、工厂组织与职责分工

（一）、工厂的组织原则

甲、力求群众化战斗化短小精悍适合战争环境。

乙、科学分工事有专人力建立严格的工厂管理制。

（二）职务职责的规定：

甲、经理的职责：

1. 工厂采取个人负责制，经理对工厂负完全责任

2. 经理负责全厂经营与管理工作。

3. 根据实际情况制定每月计划并保证其实现。

4. 督促检查全厂工作月终向总局报告。

5. 负责经营及直接掌握成品原料，

6. 保证原材料避免浪费损失经理必须负完全责任。

7. 组织研究改良品质提高生产率及市场需要以求得经营管理的进步。

8. 保证各项制度的执行。

9. 如有副经理除协助经理工作外再负政治文化教育与工务管理的责任。

乙、会计的职责：

1. 掌握工厂的全部财产。

2. 掌管现金及物资，

3. 负财产变化损失之完全责任。

4. 保证财务会计制度之执行。

3

5.办理会计之预算计算结算决算之各项手续、
6.会计须要[illegible]负责之。
7.如没有保管员由会计兼任之。

丙、营业股职责：

1.保证工厂原料的供给成品的推销。
2.调查原料的来源及市场同类货物的质量与价格。
3.根据市场的情形及市场需要有计划的采购原料与推销成品
4.采购原料的品质价格数目必须确实。
5.出库成品如与销售不符或损坏者负完全责任。
6.必须负责收回营业欠款。
7.如无事务员由营业兼任之。

丁、工务股职责：

1.管理全厂生产过程指导工人工作。
2.确定生产计划并保证生产任务的完成。
3.经常研究提高生产效率改良品质及节省原料副料的方法
4.必将生产经验教训纪律做奖罚的依据。
5.办理工务上一切事宜如管理由记工资领发原料、收交成品保管工具及机料等。
6.计算直接成本与工人工资标准生活的待遇。
7.协助经理等初步估计各种工资（固定工资计件工资）
8.检查产品质量决定等级并指出优缺点。

4

9.主持工务会议订定生产计划总结经验教训改进生产。

10.经常向经理报告生产状况。

戊、保管的职责：

1.负责保管一切交库存成品材料及半成品副料废料机器工具家具等。

2.审查备战工作详细计算各项用品备战所需之时间人力地点等。

3.保管员不得私自动用或出售库房货品。

4.经常盘点库存货必须与库存账目相符。

5.履行出库入库一切手续切实遵守制度并须随时登记账目。

6.经常检查库存一切物品如有潮湿霉烂损坏等事情由保管负完全责任。

7.经常供给经理各项材料成品库存数目以备经理配备材料的运用成品的推销每月终须向经理报告各项库存数目。

己、事务的职责：

1.负责保管全厂使用的家具及杂物并登记

2.保证代购粮食及供给一切办公用品。

3.凡不属于其他职务负的事务由事务负责办理。

二、工厂管理的各种制度：

（一）工厂管理的原则：

甲、实行劳工保护法改善工人生活提高生产效能。

乙、加强劳动纪律向厂[illegible]作斗争。

5

丙、帮助工人学习生产政治文化技术水平的提高，奖励工人技术的发明与创造。

（二）作息时间：

甲、工作时间每日以十小时为原则，除矿工不另增加外，其他因工作需要必须延长时间者，至多不得超过十一小时半，但必须经批准与民主讨论。

乙、凡逢星期日休假半日，如二七、五一、七七、双十节、端阳节、年节等各节放例假一日，另外阳历年放假三日，废历年放假五天。

丙、女工在三八、童工在四四、青工在五四各放假一日。

丁、在例假休假时间内，经劳资双方同意继续工作者，除原资照发外，应按每日平均工资增发之。

戊、女工产期前后准请假各一月，并发标准工资。

（三）工作时间：

甲、在上下工作时间不得早退迟到，及时工如旷工廿分钟以上半点钟以下者扣两小时工资，散工旷工半点钟以上一点钟以下者扣半日工资。

乙、在工作时间内非经许可不准外出，亦不准私自会客及扰乱秩序。

丙、凡使用机器工具原料均应保护节约，不准任意损坏或私自动用。

丁、工人请假不论假期长短均需向厂内负责人请假，如未经正式手续者即以旷工论。

（四）学习生的规定：

1、关于学习生的年令智力体力应学习多长时间待过怎样合适这个问题比较难以确定，暂作下列原则规定以供应用：

甲、努力商者学習[illegible]依者学習商商長。

乙、生産工人[illegible]者待遇他。

丙、学徒生産品的数量与質量配合計算不要使他单獨一面發展。

丁、努力学習者與習商違反之則学習商商加長。

（五）营业与採購：

甲、工厂推銷成品与採購原料基本上是由各厂自已推銷採購但商品有負有附推銷採購責任。

乙、商店給工厂代為推銷成品採購原料只許計算最低額之手續費。

丙、採購原料尽量做到部份的統一必要時可由總局統一計劃分配，各商店負責購買。

（六）工厂工人職工会：

甲、工厂職工会是工人的政治组織，工厂不能管理工会工会也不能管理厂內行政。

乙、工厂職工会也是抗日工人救国的組織他是生産計劃完成与工厂鞏固發展的保証是教育工人組織工人保障工人利益領導工人改善生活的組織工人代表資参加工厂行政会議。

（七）職員待遇及工資標準：

甲、工厂職員的待遇除供給伙食外一律實行薪金制暫定（每月）一〇〇——一三〇元按責任大小工作能力服务時間各厂自行規定之。

乙、工人的待遇暫規定伙食菜金由厂方供給其他採用工資制基本上是按勞取酬的办法是按不同性質的生産不同工資的標準及不同生産量確定之。

丙、工资標準以工人生產效率达到社会一般的水平為計标標準。

丁、工人的最低工資起碼以能供給其自身生活為標準但厂外計件工資工人例外。

戊、工資标準一般依照当地生活状况除工人本身生活费外以能供給一个半人最低生活的必需費用為標準，例如：

⑴工人本身生活标準以一年計标如下：

高粮、麦子（按兩季增減）　单衣二套

被子 1.5条　袜子二双　鞋子五双

棉衣 1.5套　零用

⑵工人养活一个半人的最低生活标準計标如下：

食粮　衣服　其他：

己、確定半年改定工資一次如物价突漲至百分之卅時得按当時物价改定工資如物价突降亦然。

庚、按工人技術高低由厂方与工会或工人代表共同組织工資評议会估定每人的工資。

⑶提奖制度：

甲、為鼓励生產提高工作效率特規定年終分紅制。

乙、根据不同工厂不同生產經营利润率規定提奖比[illegible]百分之五為一般标準，按职工人数分配之。

丙、职员提奖按服务時间的長短工作成績的优劣責任的大小為标準由

8

工厂议定数目报告总局批准后执行如有事务人员亦加入职员内提奖。

丁、工人提奖议固定工资者按工作时间长短产量大小品质优劣其为标准议计件工资者按工资额标准由工厂议定数目报告总局批准后执行但外包工及外工均无分红权利。

戊、练习生分红按学习时间的长短工作表现的优劣在总红利内提出一部份。

己、职工在厂内工作逾三个月者始享有提奖的权利但在本系统内调动职务者到职时即有提奖的权利。

庚、职工请病假事假超过一月者扣应得奖金十分之一两月者扣四分之一但因公受伤者不在此限。

辛、职工因上级调动脱离工厂者仍应按工作时间长短分奖金如职工自动脱离工厂者不论工作时间长短均应撤奖权利。

(九)奖励与处罚

甲、奖励：

凡厂内具有下列条件之一经本厂审查合格者给以物质或精神上适当之奖励。

1、对工厂生产能创造发明并试验成功者或能改良技术因而使生产增加质量提高者。

2、工作积极从未旷工能创造最高纪录者或能按期完成计划且超过计划者。

3、服从领导遵守纪律并公认为全厂模范者或保卫工厂有功者。

4.对工厂能做有效建议因而使工作进步者或对其他人能督促检查批评帮助别人学习经公认为全厂模范者，

5.热心教导别人或热心向人学习并爱护机器工具者。

乙、奖励办法：

1.酌量情形给与适当之奖励物品或酌加工资奖金。

2.在全厂职工大会上及总局工作总结等会议上或报纸上表扬。

3.呈请上级颁发奖状奖章。

丙、处罚：

凡违反下列情形之一者得给以适当之处罚。

1.违反工厂规则者或工作消极经常误工旷职者。

2.捣乱工厂挑拨是非作违反抗日言论行动者或有其他不良行为者（如违反群众纪律斗殴及不良嗜好者）。

丁、处罚办法：

1.情节轻者给以劝诫、警告、记过。

2.情节重者酌量情形扣减工资薪金或撤职、开除。

3.情节重大有违反法律行动者得送交政府依法处理。

滨海区三年财政总结图表（1943年）

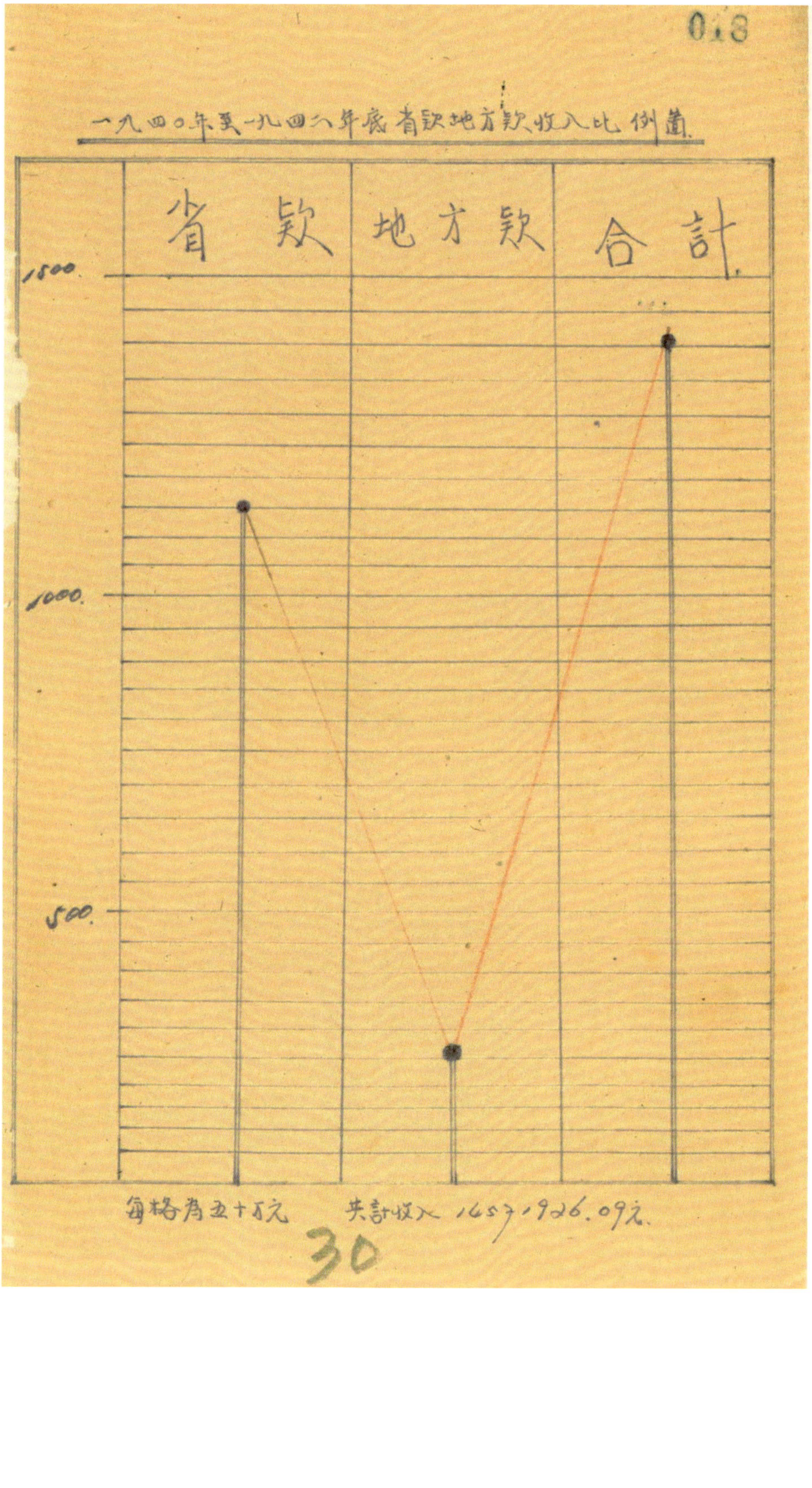

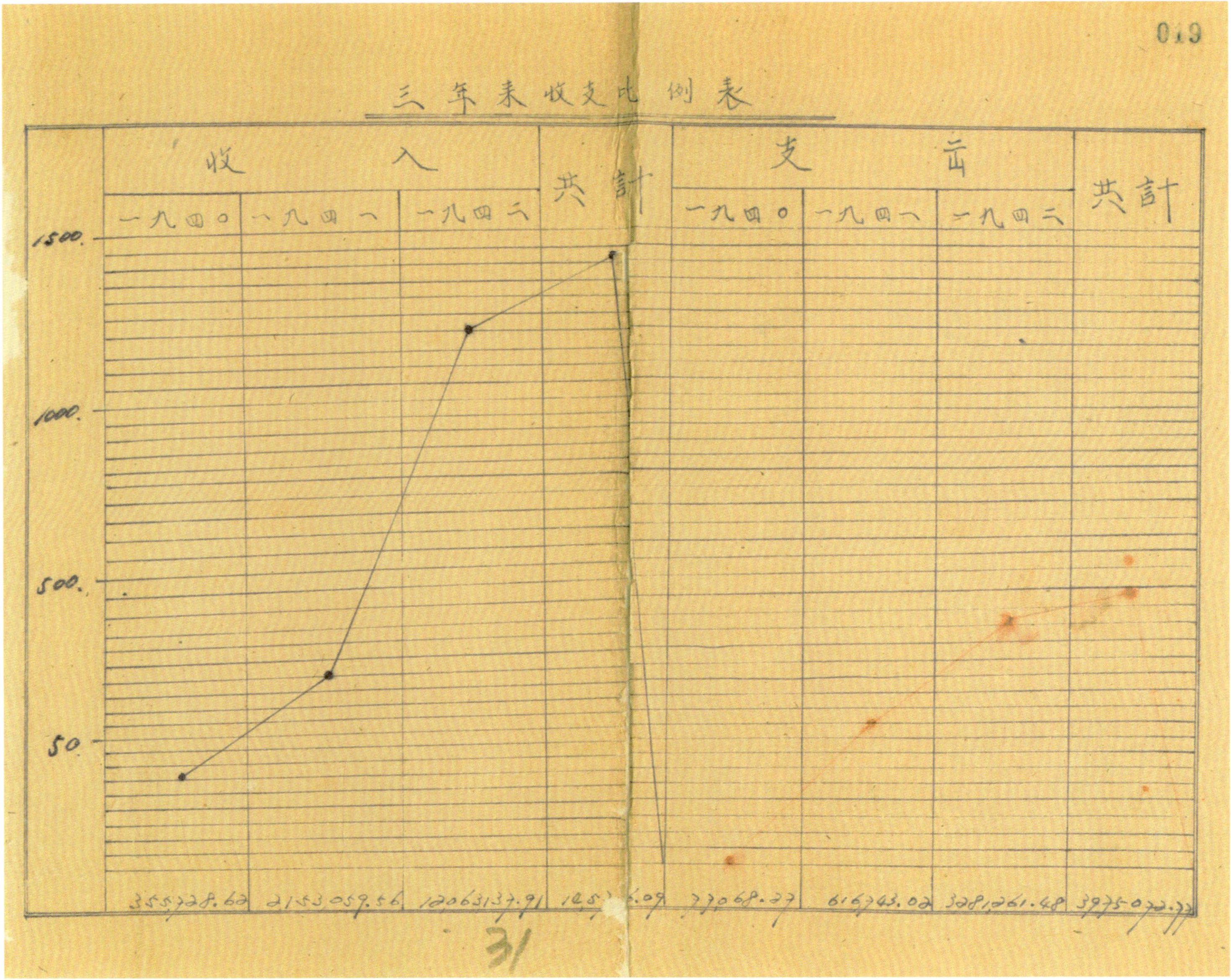
019
三年来收支比例表
收入
一九四〇
一九四一
一九四二
共計
支出
一九四〇
一九四一
一九四二
共計
1500.
1000.
500.
50
355,728.62
2153,059.56
12063137.91
77,068.27
616,743.02
3281,261.48
31

020

收入統計表

一九四〇——一九四二年度

縣别	年度	省款：田賦正税	貨物税	塩税	菸叶税	没收款	罰款	捐款	糧食代金	退还款	共計	地方款：田賦附加	牲畜屠宰税	烟酒牌照税	教育款產	教育等款	其他	共計	總計
莒南縣	四〇	68664.00	34218.00			3193.88	26223.00	8613.00	1300.00		146194.88						1309.55	1309.55	107504.43
	四一	154925.50	61081.43		23027.10	621.90	13360.35	65.20	222.60	4566.81	257870.89	143245.50	1667.00			28557.89		173470.39	431341.28
	四二	1103821.34	33921.10		131739.54	8066.40	24022.00			897.00	1302907.38	469875.29	167520.80	1136.00		7747.70		646277.79	1949185.17
	合計	1327393.86	129220.53		154806.64	16282.18	63605.35	8678.20	1522.60	5463.81	1706973.15	613120.79	169187.80	1136.00		36305.59	1309.55	821057.73	2528030.88
臨沭縣	四〇	15970.55	5759.30		58861.25		2995.00	10259.60			93843.70		13666.00				10274.49	23940.49	117784.19
	四一	132478.00	26720.85		396508.75	8664.10	30423.00				587031.70		41168.10				20291.25	61459.35	648491.05
	四二	1184515.85	142296.70		820061.05	11385.20	3712.30				2161971.10		247824.30				11007.20	258831.50	2420802.60
	合計	1332964.40	174776.85		1275408.05	12249.30	37130.30	10259.60			2824846.50		302658.40				41572.94	304231.34	3187077.84
莒中縣	四一	83804.85	32152.95		279.25	648.00	17625.50	2315.75			136826.30	39271.63	10749.00			10288.00		50634.53	187460.83
	四二	396500.90	81524.00		19193.15	9529.67	8003.50				514751.22	68658.61	15950.70	1010.00	4520.00		5230.00	95369.31	610120.53
	合計	480305.75	113676.95		19472.40	10177.67	25629.00	2315.75			651577.52	107930.24	17025.60	1010.00	4520.00	10288.00	5230.00	146003.84	797581.36
沭水縣	四一	241585.00	29846.95		2815.00	1940.96	9609.15				285797.06	12715.00	17766.40				949.48	31430.88	317227.94
	四二	932398.98	26348.73		30752.43	8989.30	35100.15				1033589.23	480962.64	97408.00	2775.00				581145.64	1614734.87
	合計	1173983.98	56195.32		33567.43	10930.26	44709.30				1319386.29	493677.64	115174.40	2775.00			949.48	612576.52	1931962.81
贛榆縣	四一	208238.20	11021.52		41505.38	6396.65	17872.40			60.40	302287.55	167791.70	48033.01		108.00		16699.20	225850.71	568838.06
	四二	1863058.04	6848.00		792232.40	13305.15	22265.30			1944.00	2699652.89	179837.27	150733.86		10489.70		1250.00	342310.83	3041963.72
	合計	2071296.24	17869.52		833757.38	19701.80	40137.70			2004.40	3042340.44	347828.97	191766.87		10617.70		17949.20	568161.74	3610502.18
日照縣	四〇	34225.00	33668.00			21097.00	1450.00				90440.00								90440.00
	四二	591320.31			16321.00	1560.90	3709.40				612951.61		138968.92				2080.00	141048.92	754000.53
	合計	625545.31	33668.00		16321.00	22657.90	5199.40				703391.61		138968.92				2080.00	141048.92	844440.53
海陵縣	四一、四二	529522.90	80375.36	108581.99	270239.91	6332.50	12701.16				1011753.82	225856.02	59831.25	5222.30	320.00			291229.57	1302983.39
	合計	529522.90	80375.36	108581.99	270239.91	6332.50	12701.16				1011753.82	225856.02	59831.25	5222.30	320.00			291229.57	1302983.39
馬陵辦事處	四二	110898.30	36576.40	50902.90			2686.50				201064.10		10983.40					10983.40	212047.50
	合計	110898.30	36576.40	50902.90			2686.50				201064.10		10983.40					10983.40	212047.50
莒臨邊辦事處	四二	30264.30									30264.30								30264.30
	合計	30264.30									30264.30								30264.30
本署	四二		400.00		12976.10	2674.21	4236.00			21424.01	41710.31								41710.31
	合計		400.00		12976.10	2674.20	4236.00			21424.01	41710.31								41710.31
塩務署	四二				85324.99						85324.99								85324.99
	合計				85324.99						85324.99								85324.99
共計	四〇	118842.55	73643.30		58861.25	28290.88	30668.00	18872.60	1300.00		330478.58		13666.00					25250.04	355728.62
	四一	821031.55	160823.70		466192.08	68004.61	88890.40	2380.95	222.60	4627.21	1680213.50	363223.83	102709.41		128.00	38845.89		374854.36	2153059.56
	四二	6742300.72	408289.93	159484.89	2182880.57	62243.32	116476.31			24365.01	[illegible]	1425189.83	889221.23	10141.30	15329.70	7747.70		2187359.69	12063137.91
	合計	7682175.02	602756.93	159484.89	2705934.30	158578.81	236034.71	21253.55	1522.60	28892.22	11636633.03	1788413.66	1005590.64	10141.30	15457.70	46693.59		2587844.09	14571926.09

說明：尚缺日照一九四一年度及贛榆一九四二年十二月份。海陵四一、四二年未分開統計。百分比：省款佔收入 79%（田賦正税 52% 貨税 4.4% 塩税 19.6% 其他 3%）；地方款佔收入 21%（田賦附加 12% 牲畜税 6% 其他 3%）

32

支出總統計

一九四〇—一九四二年度

021

科目 金額 機关	行政費	財務費	補助費	軍費	地方費	總計
本署	347170 03					347170 03
莒南縣	304992 68		2761 00		192237 20	499990 68
莒中縣	282972 04		3906 20		18797 05	305675 29
日照縣	219851 36		1066 10		30666 90	251584 36
沭水縣	214781 32		4081 74		53958 90	272821 96
臨沭縣	499925 35		9525 78	30063 49	83598 04	623112 66
贛榆縣	431536 58		3574 19		70877 84	505988 61
海陵縣	340957 10		665 70		15393 00	357015 80
莒臨邊辦事處	27017 18					27017 10
馬陵辦事處	76179 90		1955 00		4995 30	83130 20
殘廢院	141670 60					141670 60
郵局	68860 60					68860 60
財務署		20853 65				20853 65
各救會			27109 45			27109 45
濱海中學	120304 14					120304 16
抗協四分會			32236 40			32236 40
抗敵劇團			46551 44			46551 44
共計	3076218 40	20853 65	375458 00	30063 49	470524 23	3973117 77
百分比	77%	0.5%	7.5%	0.8%	12.2%	
說明	行政費包括政府及地方武裝所有開支	財務費係財務機關開支	補助費係群众團体開支	軍費一九四〇年臨沭直接被給主力軍的	地方費包括民兵教育村雜費等用	

33

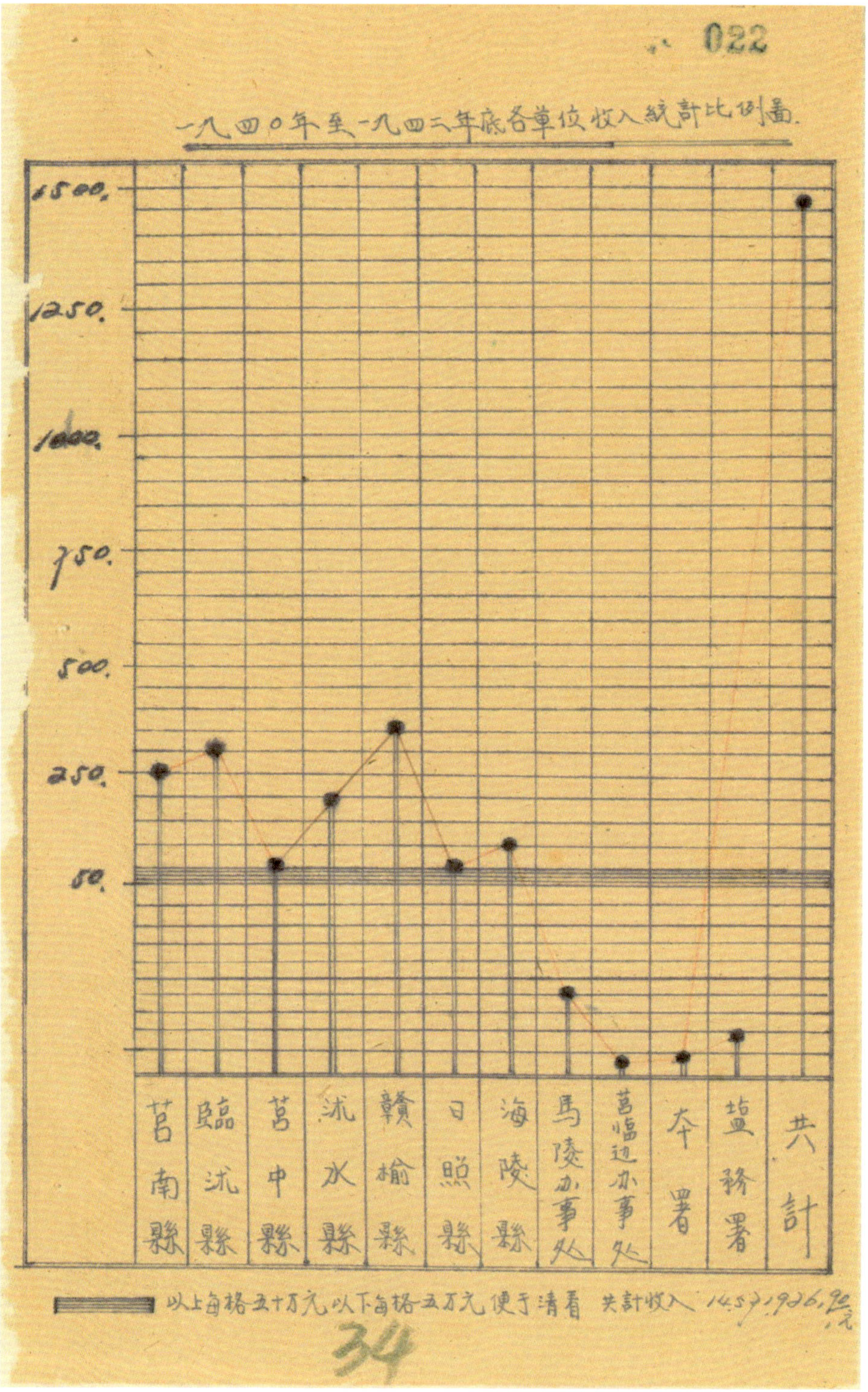
022
一九四〇年至一九四二年底各单位收入統計比例圖.
1500.
1250.
1000.
750.
500.
250.
50.
莒南縣
臨沭縣
莒中縣
沭水縣
贛榆縣
日照縣
海陵縣
馬陵办事处
莒臨边办事处
本署
塩務署
共計
以上每格五十万元以下每格五万元便于清看 共計收入 1457,1926,90元
34

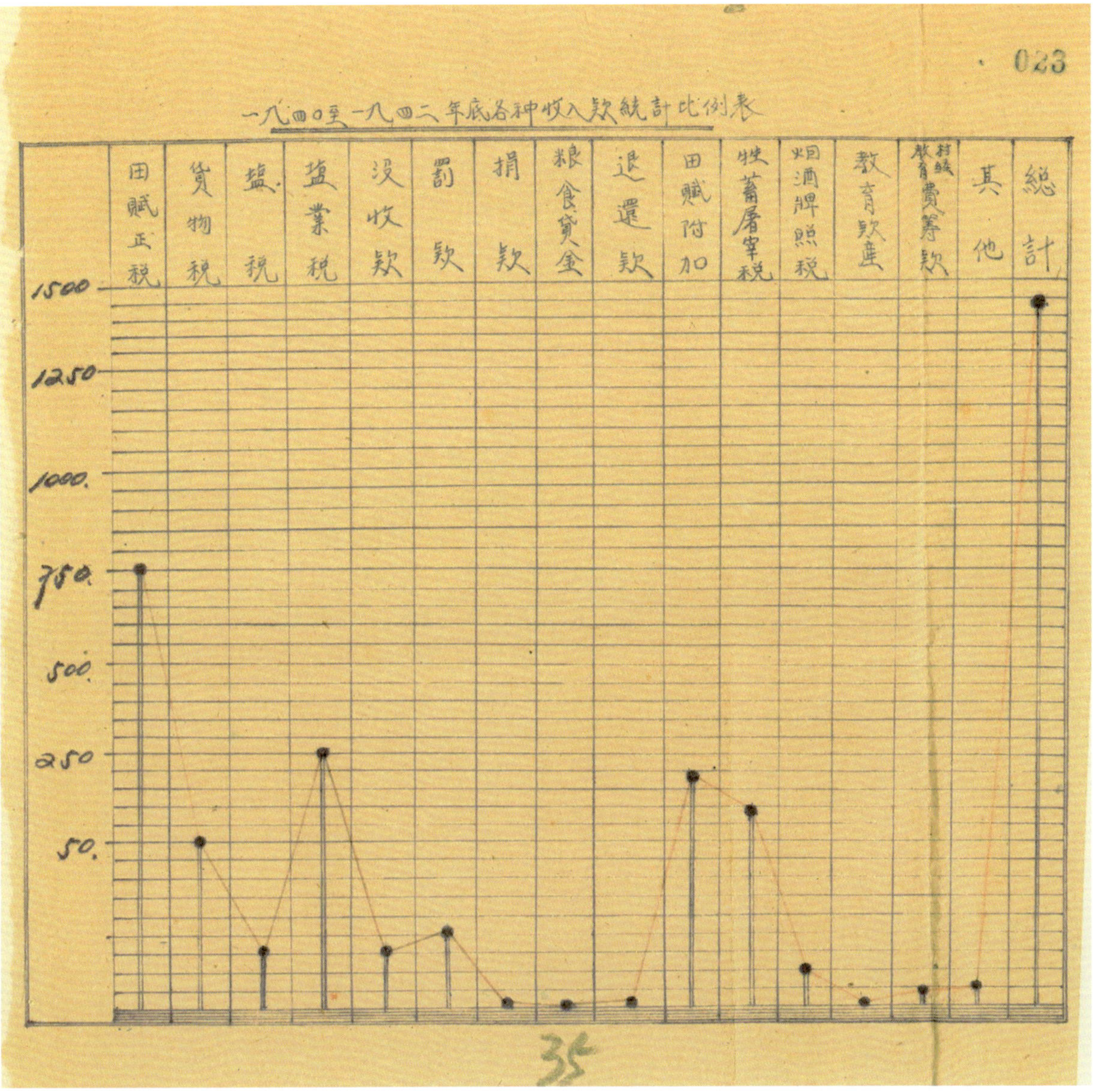
023
一九四〇至一九四二年底各种收入款統計比例表
田賦正税
貨物税
塩税
塩業税
没收款
罰款
捐款
粮食貸金
退還款
田賦附加
牲畜屠宰税
烟酒牌照税
教育款産
村級教育費筹款
其他
総計
1500
1250
1000.
750.
500.
250
50.
35

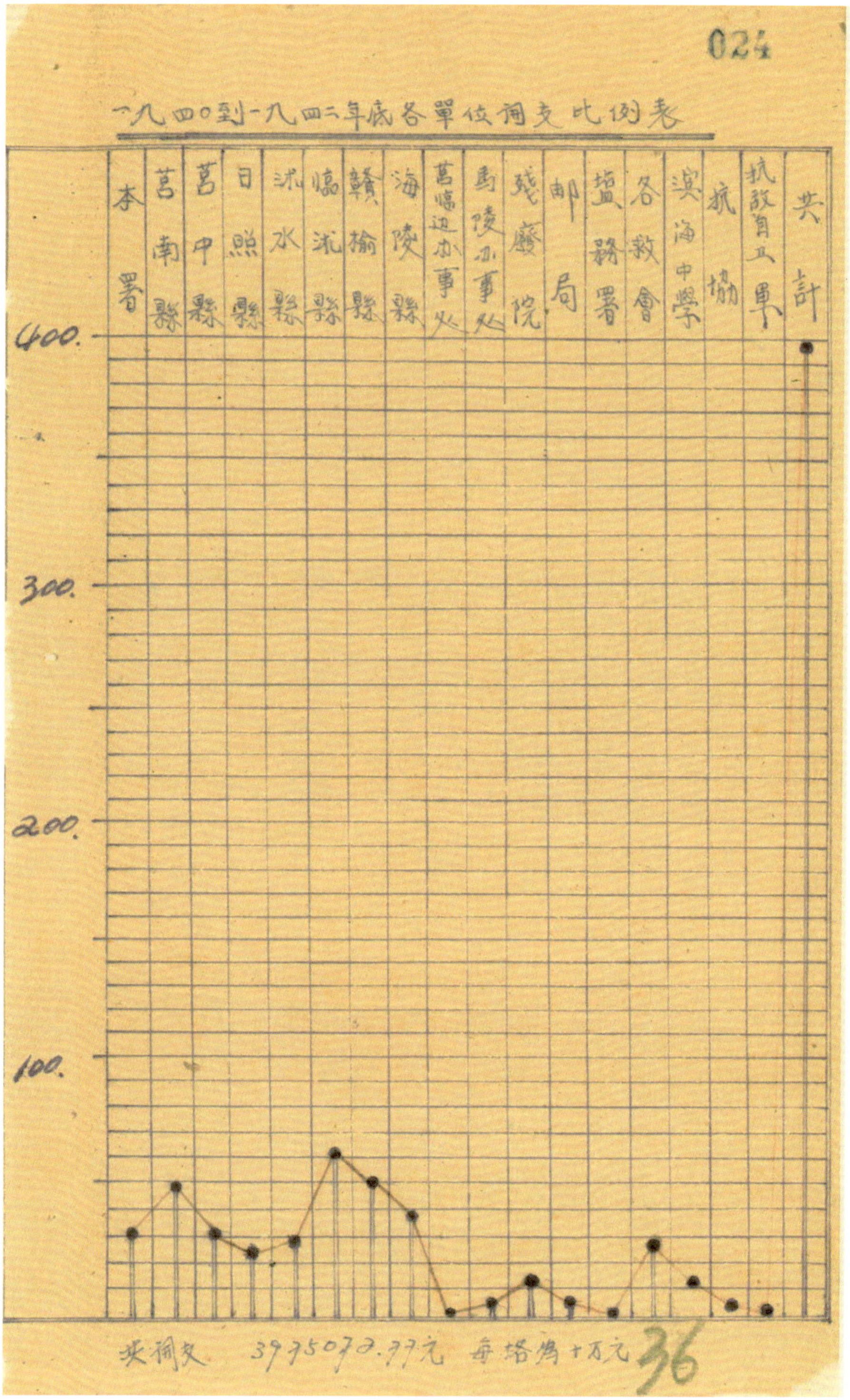
024
一九四〇到一九四二年底各單位補支比例表
本署
莒南縣
莒中縣
日照縣
沭水縣
臨沭縣
贛榆縣
海陵縣
莒臨边办事处
馬陵办事处
殘廢院
郵局
鹽務署
各救會
濱海中學
抗協
抗敵自衛軍
共計
400.
300.
200.
100.
共補支 3775072.77元 每格為十万元
36

025

一九四〇年到一九四二年底各种費用支付統計比例表

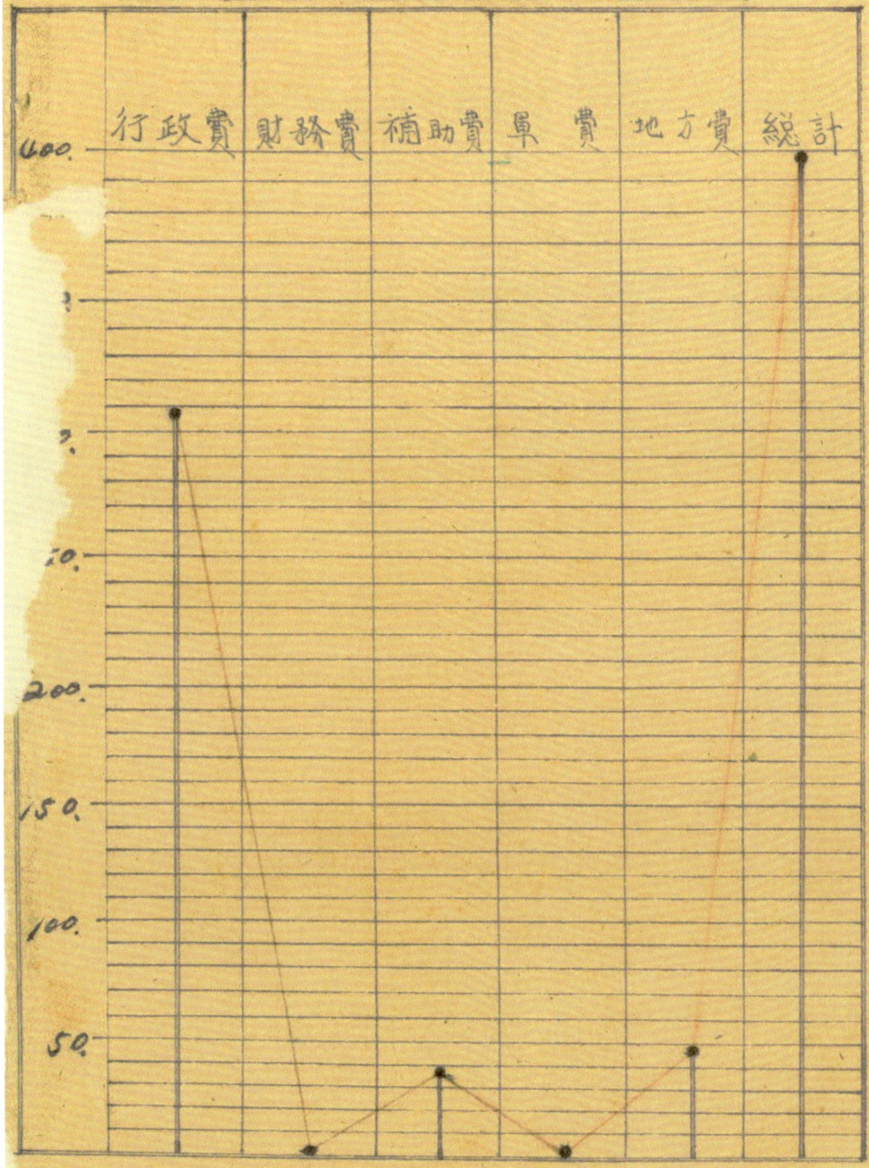

共開支 3975072.77元 37

滨海区专员公署公安局：区公安员训练班总结（节选）

（1944年5月25日）

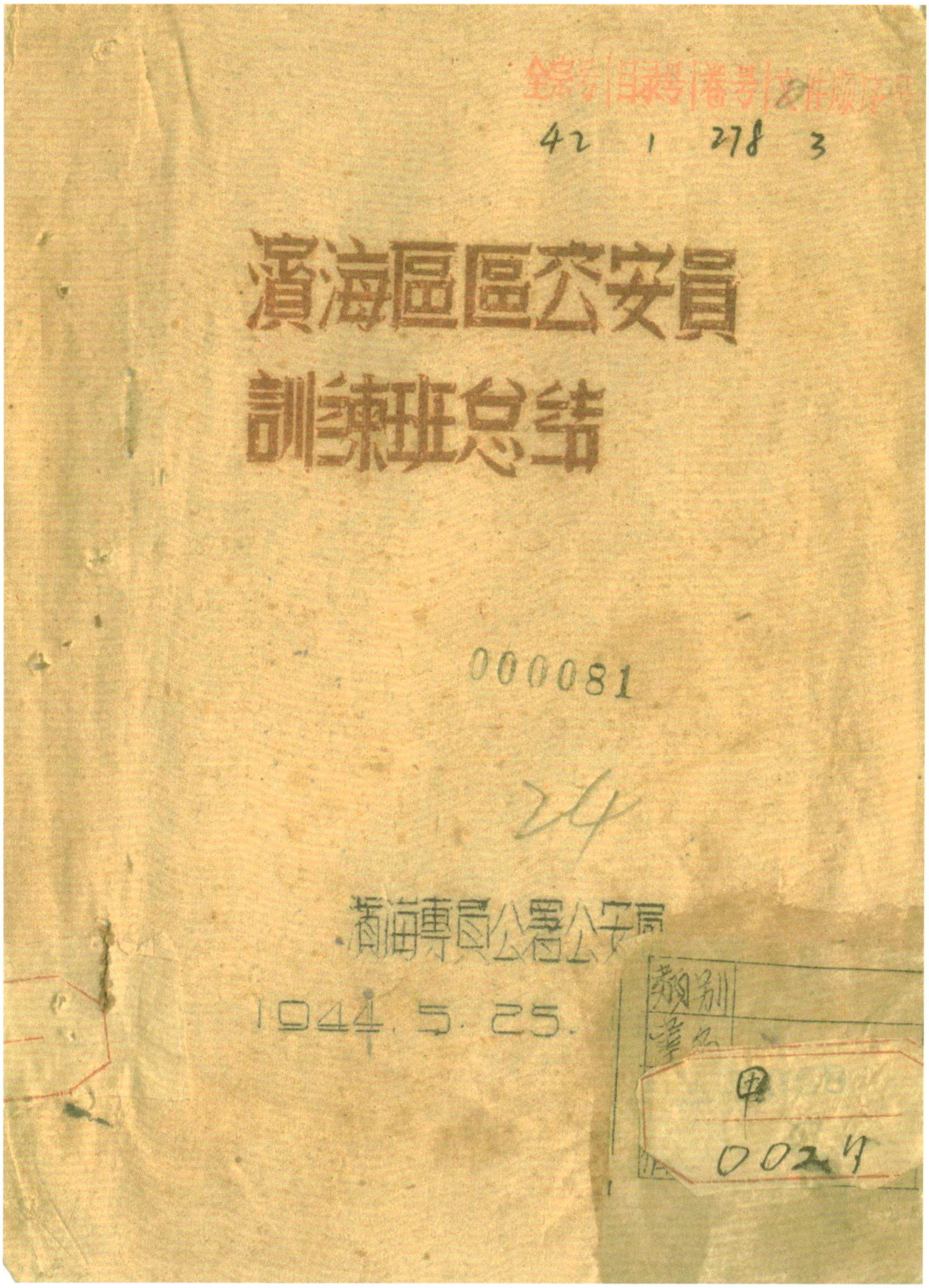

甲、各种情况的介紹

該公安員訓練班是从四月二日開學到五月十六日結束，共一個半月（四十五天）整風四週，業务學習只有兩週，整風中有坦白大会六天，有半数以上的學員在大会上坦白，交待出經不起審查的問題（附表）

開始他们思想上存在着很多問題，以後打通了他们就去顧慮，交出对自己好的以及对领导和同學的不大正確的意見（如海陵流水等），個别的在反省中又露出一些偏向（如流水、五老龄自觉交代山東省的反革流水等文化整風運動当一個反省）。

在整個學習过程中，他们學習情緒始終是高漲的，在整風和業務教育中一致的利用一切機会去學，他们在兵荒马乱中三次保证訓練的紀律，樹立了很好的進攻學習的姿势。

对全体學員、干部、職員，出身，表現，政治、文化程度，年龄，工作時間等都分別統計如下：

年令统计表

年龄/数目/县别	廿一——廿三	廿四——廿九	卅——卅五	卅六——四〇	总计
日照	5	4	1		11
莒中	1	5		1	7
莒南		6	1	1	8
赣榆	4	6	1	3	14
沭水	5	4	3	2	14.
临沭	4	5	1		10
莒临边			2	4	6
海陵	3	4	1		8
郯城	1	4	1		6
路北	2	3		1	6
合计	25	41	10	13	90
百分比	29%	45%	18%	14%	
附记					

26

2

籍貫統計表

地區 數目	濱海區										山東省									其他省				
	莒中	莒南	日照	沭水	臨沭	海陵	郯城	千子	蒙陰	濱北	魯中	平陰	太安	威海	牟平	南皇	魯南	萊蕪	壽光	江蘇	山西	陝西	河北	寧字
												1		1	1	1		1	1					1
2								2		2			2								2	2		
																	3			3			3	
4				4			4																	
						5					5													
6	6	6																						
8																								
					9																			
10																								
12									12															
			13																					
統計	6	6	13	4	9	5	3	2	12	2	5	1	2	1	1	1	3	1	1	3	2	2	3	1
百分比	6%	6%	14%	4%	1.%	6%	3%	2%	13%	2%	5%	1%	2%	1%	1%	3%	1%	1%	3%	2%	3%	3%	1%	
附錄	62人										29人													

3

27

出身統計表

類別 / 數目 / 县别	農	雇工	學生	革命軍人	手工業	村長	小商人	漁民	總計
日照	1	2	5	1		1		1	11
莒中	6		1						7
莒南	4	1	1			1	1		8
午子	6	2	5						14
莒臨邊	6	1							7
臨沭	8	1	1						10
沭水	6	3	4						13
海陵	3		4		1				8
郯城	3				1		2		6
臨北	3		3						6
合計	46	9	24	1	2	2	3	1	90
百分比	52%	10%	27%	4%	2%	2%	3%	1%	
附記	78								

文化程度統計表

程度 / 數目 / 縣別	文盲		私塾				初小				高小		師範	高中	總計
	識字三百	能寫文信	二年的	三年的	四年的	五年的	一年的	二年的	三年的	四年的	肄業	畢業	肄業	肄業	
日照	2			1	1			1	2	3				1	11
莒南	1	4			1						1		1		8
莒中	2	1	2				1		1						7
竹庭	4	4			1			1		2		2			14
莒臨邊	6				1										7
沭水	4	2		1	1				1	3	1				13
臨沭	2	6								1	1				10
海陵			1	1	1					4	1	1			8
郯城	1		1						1	3					6
郯北		2								1	2	1			6
合計	22	19	4	2	5	1	1	2	5	17	6	4	1	1	90
百分比	24%	21%	.04%	.02%	.05%	.01%	.01%	.02%	.05%	18%	.06%	.04%	.01%	.01%	

附記	文盲（連識字的在內）佔61人（將近半數）應該要提高其文化。

29

家庭成份统计表

县别＼区别数目	贫农	中农	富农	佃农	小地主	小商人	无业者	总计
日照	3	3	4	1				11
莒中	2	3		1	1			7
莒南	4	1	1	1			1	8
沭水	7	6						13
临沭	6	2	1				1	10
干于	4	5	4			1		14
海陵	2	3	2				1	8
郯城	3	3						6
路北	2	1	2		1			6
莒临边	5	1	1					7
合计	38	28	15	3	2	1	3	90
百分比	42%	31%	17%	3%	2%	1%	3%	
附记	30							

—— 6 ——

党龄统计表

县别 \ 年数 数目	一年的	二年的	三年的	四年的	五年的	六年的	七年的	统计
日照	1		2	5	1	1	1	11
莒中				4	3			7
莒南			3	1	4			8
干榆		1	7	3	3			14
莒临边		1		2	2	2		7
沭水	3	2	1	2	5			13
临沭	1	2	4	2		1		10
海陵		1	4	2		1		8
郯城	1	1	1	1	1	1		6
滨北		1	1	1	3			6
统计	6	9	23	23	22	6	1	90
百分比	6%	9%	26%	26%	24%	6%	1%	

68

附记：三四年以上的党员多[illegible]干部的[illegible]因而因家[illegible]地方观念[illegible]（一律设副职）以便在工作中培养。

— 7 —

31

做除奸工作時間統計表

年數 數目 县别	刚出来的	半年的	一年的	二年的	三年的	四年的	五年的	六年的	總計
日照			1	6	2		1	1	11
莒中			3	2	2				7
莒南			1	1	2	3	1		8
干子	2	1	5	1	2	1			14
莒临边				3	2	2			7
临沭	3		2	2	3				10
沭水	3		2	4	4				13
海陵	1	1	2	2	1		1		8
郯城		1	2	1	1			1	6
滨北		3		1	2				6
合計	9	6	18	23	23	6	3	2	90
百分比	09%	06%	2%	26%	26%	06%	03%	02%	
			64			11			
附記									

—— 8 ——

乙、幾個具体问题的检討

(一)课程的内容，以检讨改造思想为主业务为辅的原则，集训时间共四十五天，整风即占去三分之二的时间（四周）业务占三分之一（二周）主要是因为这次集训的同志在思想上存在着严重政治病态，譬如有很多不安心工作（准备要执回家）有的要败村有的脱离群众（贪污腐化）有的只把改造当职业，因此须要从思想上去着手打通，否则回去工作仍然糊涂一团，必更造成不良的恶果，当我们认识到这是关键，于是对思想上的领导就提到首位，虽然课程有轻重，但是提高政治质量与工作效率是两者不可分离的，相互结合的一个教育方针，这次教育经验证明是完全正确的。

(二)教育方法是具体内容和生活方式相结合，所提出的课程就是根据学员一般的水平和目前的需要去定出计划，我们针对着学员的毛病，因此就提出以下问题，怎样正确的执行锄奸政策，怎样领导村公安员，怎样组织和推动党政民做好锄奸，怎样进行调查研究工作（侦察）同时各区的启发学员本身的自觉性，个人对个人，班对班，教

36

提出批评，在这样然后下他们暴露情况、思想的而且有勇气大胆的检讨自己的问题，同时采取大家讨论的办法先在组织内研究并总结报告，使党员更能把实际和理论联系起来。

3.发扬民主：当他们思想一旦打通以后，就鼓励他们大胆的提出意见，对组织对别人对自己都有很多意见的提出，这些问题在过去是不敢提的只是暗中不满，很长时间没有解决，所以发生了不大的倾向，如果任其发展下去会造成很大的危险，他们有的对负责同志提出以下意见：讲话的官僚作风、没有大胆的提拔干部，不给下级解决问题，供给不公平（关于工作时间）有的提出态度不好，没有提拔，民主作风差，接纳下级意见不够，有的提出感情问题，对某别人提到自己，有的对组织提出些批评（举例为证）有些在开始[redacted]害怕，将存的顾虑只是自己反省而且不深刻，对旁人则一字不提，以后经过提出是自了解后、特别是在小组会上提出及发出的问题到大组会上讨论，克服了以前不敢大胆的发言来而是对于问题能够而不怕的，同样展开思想斗争。

37

—13—

4.培养积极分子，这次充分经验证明在一个训练班中是非常需要的，因此我们在开始就注意了，虽然在最初还起不了大作用，主要是特殊教育抓得不紧，本人的思想打通不够，后来我们就多方面去实惠，给予在班内起了先锋的作用，了解些情况，尤其以身作则的示范反省，去帮助他人，到大反省会上更能鼓动大家，虽然由于我们注意的布置，在五天来的时间的坦白会上大家情绪始终是高涨的，这不能不归功于积极分子在其中起了很有的作用。这告诉我们对积极分子的培养是需要如何的重视，但另一方面在培养中要时时注意其行动表现如何？看是否有脱离自大或压服群众现象，否则会发生偏向起了坏的作用，所以对积极分子的领导是须要随时研究的；如这次有个积极分子在大会上被大家与组织的表扬后，结果已骄傲起来，甚至于发展暗使打人的事实发生。

5.经常训中了解干部，是培养干部非常好的办法，只有在实际的斗争中对干部依深刻的了解，真正的教导，这次我们不但对原公安队在思想上政治上提高了一步，同时我们还更进一步的了解了每一个人的实际情况）（纵后政治组织科供一

38 30

14

滨海区行政专员公署秘书处关于传阅滨海区一九四三年政权工作总结报告的通知（1944年7月3日）

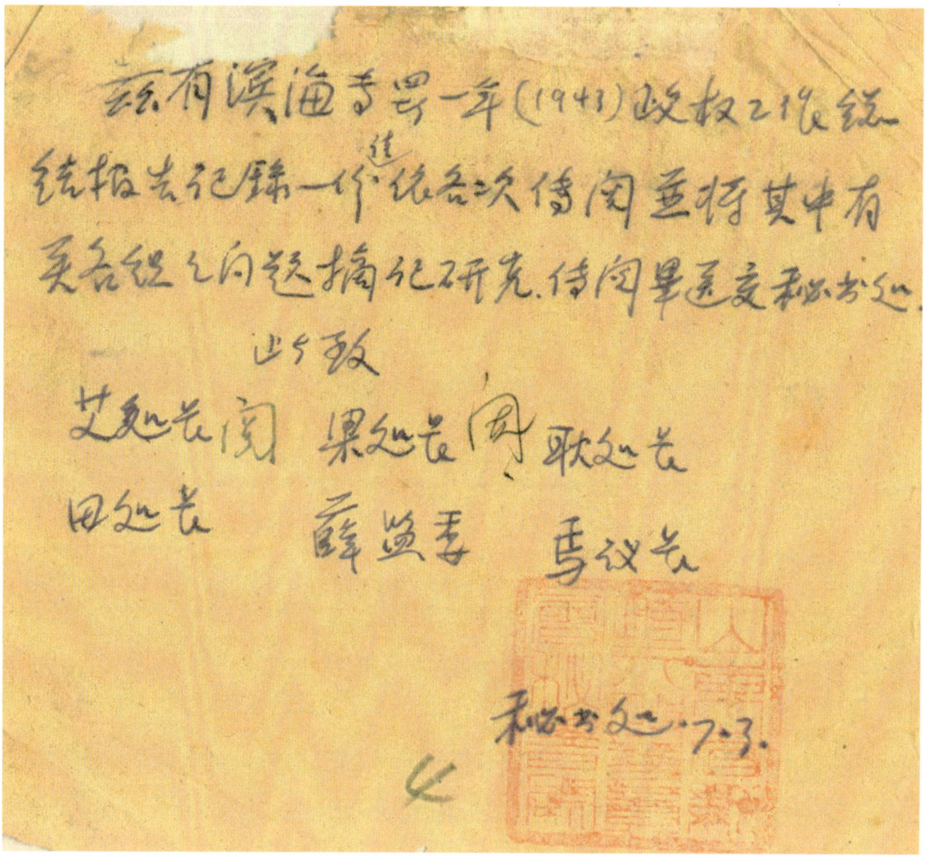

兹有滨海专署一年（1943）政权工作总结报告记录一件，送依各次传阅并将其中有关各级之问题摘记研究。传阅毕送交秘书处。

此致

艾处长阅　梁处长阅　耿处长

田处长　薛益委　马议长

秘书处 7.3.

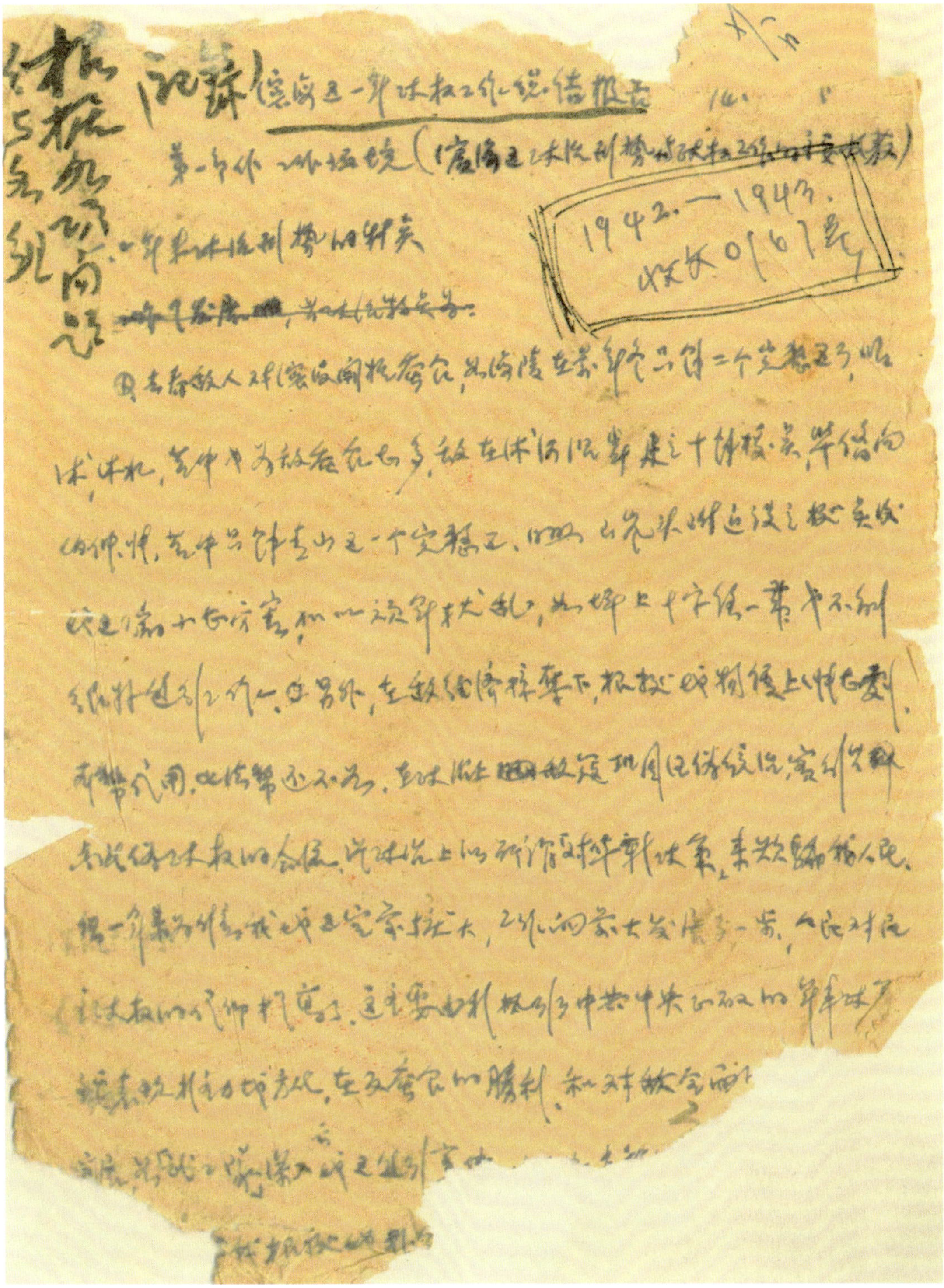

1942.—1943.
收文0167号

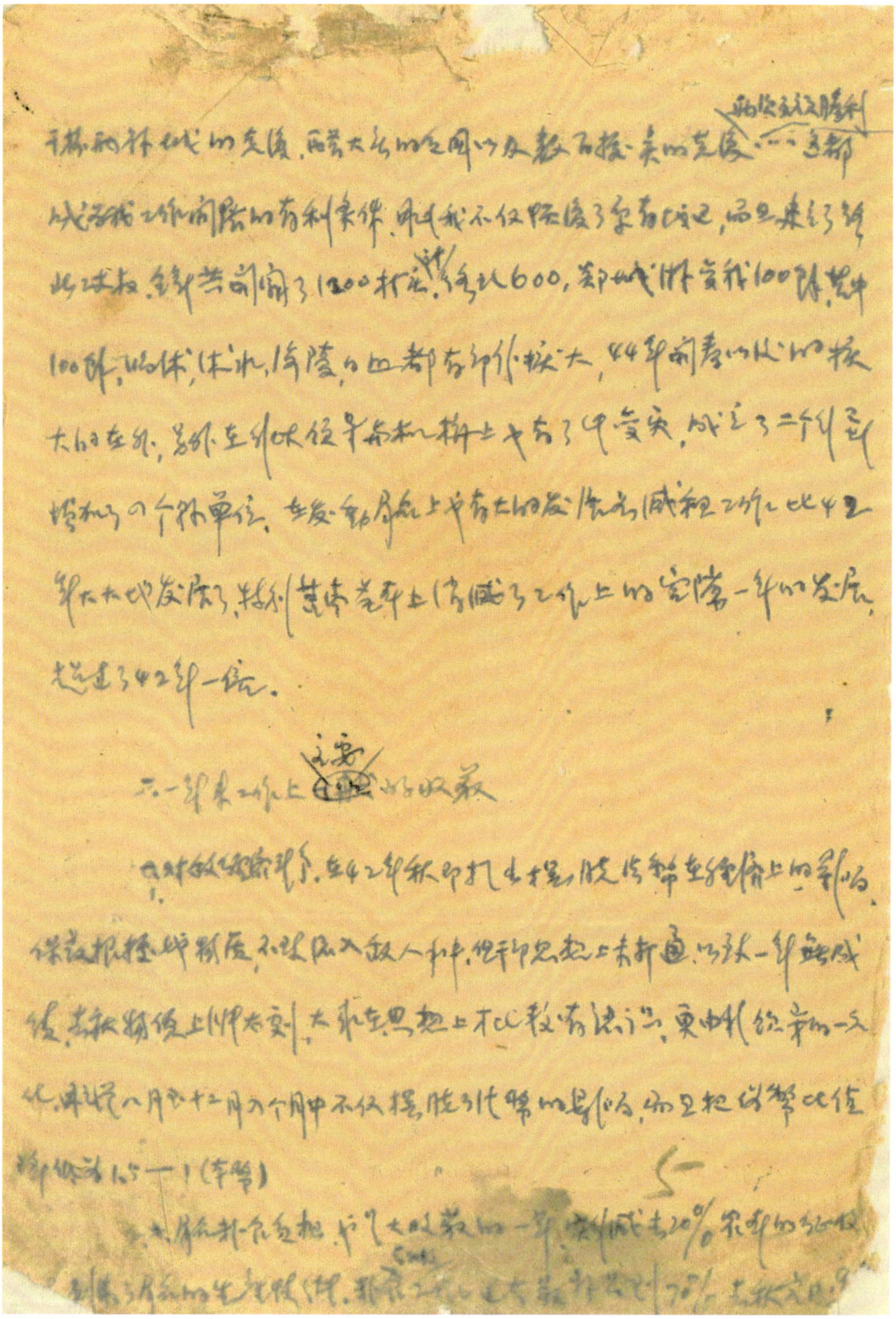

完全保证了供给，在这基础上对于战局的[illegible]都是完了。[illegible]

全了[illegible]。

3.克服了解放区生产的[illegible]。我们不单纯向解放区要东西，而是根据「发展生产的方向」，制定了奖励生产条例和合理的[illegible]，发[illegible]的[illegible]，打下了[illegible]大生产的基础。

4.在文化教育方面，[illegible]组织了冬学100000人，使学到了400000余人，[illegible]成了[illegible]的核心，[illegible]。[illegible]了人民[illegible]的[illegible]。

5.[illegible]，[illegible]。[illegible]40000[illegible]。[illegible]人民已经[illegible]了。[illegible]

[illegible]

6

6.[illegible]回来。

7.[illegible]工作[illegible]。[illegible]

[illegible]

8）、江和四区改选了政权，发扬了人民的民主权利，减租 1/3—1/2

9）、普遍解放了贫苦农民，打下了根据地的坚固基础。

10）、一切工作有了新的转变，如机关过去发生了单纯的救济工作，与社会关系较为密切，纠正了过去工作的命令主义作风，改变过去单纯不积极的作风，使广大人民对军队不害怕了，在政治上有了大的转变。

11）、因为打垮了敌人，开展了对敌斗争，过去妥协投降上的偏向，也有了进步的转变。

三、一年工作的检讨

1）、政权工作的发展是在群众胜利的基础，但统计到现在也未建立起健全的政权机构，没有发挥人民的要求，某些地区工作没有搞好，放弃了群众斗争的布置

2、太平的政党关系仍存在着对我们的误会。

3、各种工作与群众间的转变但还没有很好的发挥。

4、在干部的工作上成绩最差，如对干部的培养，没有培养机关

干部缺乏

5、在经济上的改善不够，如对群众的生活，没有很好的改善。

5.缉私工作——缉私工作未能贯彻到各方面，尤其缉私干部中缺乏专门人员，相差别大。工作人员保持在80—100人，工作制度也很紧凑，工作效率很差，存在着浪费干部的现象。

第二部分 一年来工作的成绩

一、对敌经济斗争与经济建设

1.对敌经济斗争

A.货币问题——由于执行着本币方针，打击敌人利用伪币掠夺我们物资的阴谋，保护本币1—7，在市场上停用伪币和杂钞外汇，树立本币。这一工作方针已胜利的完成了。从货币、物价的比较来看一下：

粮价每一元——现在60元（本币），伪钞22元，法币340元

去年一月—十二月 本币平均下落一倍，粮食跌落47%

（油盐品下落92%）

土产下落53% 伪钞平均上涨一倍半，法币平均上涨五倍多。

货币斗争的基本经验——

①货币价值主要决定于物资，用什么保证物资的充足，

（粮食盐）乃是决定货币价值的决定性因素。

②各种货币发行的特点：

㈢各种货币(纸币)在一定时地内有其流通规律(如过去对伪币

[illegible]的抑低,[illegible](法币失效了。)

㈡货物、货币各有其不同的经济条件,货物有其供应组织,

货币则有其流通状态,但亦有相互影响。

㈢货币价值随物资的掌握程度而决定。

②B.决定货币价值的基本条件:

㈠掌握出入口贸易

㈡货币本身价格和市场上的物价结合起来。

㈢关于外汇价格的变化

㈣掌握和管理外汇。

④A.经验

㈠用[illegible]方法统制货币是完全可能的。根据[illegible]的经验,

[illegible]不能[illegible]统制机构,效果还是不大的

㈡使用货币必须维持本币的外汇问题,随时出入和变化。

㈢压低兑换率[illegible]物价,可以起[illegible]作用

㈣集中现金,[illegible]保存,以备[illegible]。

B.统制贸易问题

①A.统制输出品目的

㈠鼓励输出,限制输入(如限制奢侈品、迷信品)

㈡掌握外汇,调剂[illegible]。

9

②B.统制贸易的方式

㈠统制——根据我们的需要和市场的[illegible]

③以货易货 ④掌握外汇 ⑤[illegible]书包出卷

~~[illegible]~~

C.食盐工作——41年以前每年输出[illegible]万驮，42年68万驮，43年94万驮，这就使销路扩大，敌人对於食盐减少了，过去存盐没有了。这一工作在经济上的作用：

①A、争取经济上的主要力量

②B、财政收入的大来源

③C、增加人民收入每年百万担食盐，值银币达4000万元。

食盐工作的经验：

①A、有很好的组织工作

②B、要掌握各种不同的办法和价格，以达[illegible]积极地解决生活问题。

D.对敌经济斗争工作的缺点：

①A、[illegible]

②B、工作人员不够，没有去多种工作机会。

2.[illegible]之一——过去输入奢侈品、化妆品、鞋帽、其他等[illegible]

10

A.纺织——在43年输出150架大机（还不是全部数字）发展到662架[illegible]45[illegible]

滨海纺车由6694辆发展到26141辆，（实际上不只此数）出产土布50000疋，组织了50余个家庭纺织合作社，解决了滨海区全部需要1/3，用了棉花18万斤（30万斤）（100万斤）由滨海等中部地区运来，种棉15000亩，收籽花30万斤，打破了敌伪布匹倾销不断侵入根据地的妄想计划，并且还能纺织花布，改善人民生活，增加人民收入2500万元。（如莒南北刘家一村有机十几架，每年一年即增加收入100余万元。）政府曾发放纺织贷款200余万元，推动了这一工作的开展。公家保证了全部的供给，并保证了土布的销路，即政府规定穿用土布。地方热心人士也不断帮助推动作用也很大

B. 缺点

①对棉花的管理还未掌握，不够准确，仍使中部的棉花一部分（由伪区）流入敌伪区，另一部分商人贩卖到沿海棉价时高时低

②公家收布不及时，以致纺花有时无货无销路，有时剩余，影响了技术的提高。

③在各纺织部门的组织上存在着偏向，走专门组织合作社的纺织中心，以致纺织技术只在少数纺织户中，将纺织户生产情绪。

④在合作社工作上只是字数表，没有从实际工作中创造新方式，没有组织和结合起来。

⑤贷款没有照顾到各方面……贷款都放在救济

有些干部，只说完了555户拿到贷款和发展，下半年有改进。

3、农林工作

A、农业贷款，去年春耕贷款150万元，春耕贷款20万元，但有以下缺点：

㈠林贷款宣传作用宣传得好

㈡有些团体的贷款为吸收会员的工具

㈢有的贷款贷给了干部，有的村贷款不发下去，有的干部自己作了生意，有的贷给非生产，如吃粮食，如村干部买山羊手钻，用贷款买土地，有的用贷款做生意投机。

B、劳动力组织的太差，根据六个村统计，共组织了七个耕牛队195人，开垦春耕地2947亩，其中变工合作无统计。

C、开荒2476亩（多体现在河南）

D、植树2万165株（六村）估计全区可达50万株。

E、植棉15000余亩，每亩可收20斤左右。

F、打井60眼，内有40眼井未完成。

G、筑河21里。

农林工作检讨

A、干部中不重视这一工作。

B、一般说问题不好的向群众提了这一工作，只劳动模范大会的号召。

12

二、财粮工作

~~1.一年来工作总结~~

1.（一）财政

㈠開闢 收入67,118,635.91元 税收佔46% 田赋40%

黑地43,34[illegible].5亩 [illegible]530,000元.

㈢征收田赋改为[illegible]合时征收，手续简便

㈣整理村财政 [illegible]十[illegible]村[illegible]（[illegible]）

村中依村[illegible]，[illegible]，民兵，弹药，[illegible]，[illegible]，办公，[illegible]

[illegible]，[illegible] [illegible]十一种费用，十[illegible]村平均每村[illegible]

[illegible]负担75%，

㈤[illegible]591,441.82元 [illegible]245,560.8[illegible]元 [illegible]

[illegible]，[illegible]十个[illegible]120,000元

㈥[illegible]，[illegible]，[illegible]

[illegible]一[illegible]，[illegible]个人[illegible]，[illegible]

69,863,[illegible]39.35元，有200万元[illegible]

上缴51,68[illegible],114元 [illegible]18,47[illegible],194元 [illegible]

[illegible]，[illegible]，[illegible] [illegible]138,400元（[illegible]）私人借出

19600元

13

2.对财政工作的检讨

㈠[illegible]40.94元 [illegible]98.64元 [illegible]（[illegible]）311.25元

㈢节约开支工作，实行精简机构，紧缩编制，节省行政费用。

㈢工作不深入

2. 粮食工作

㈠负担问题　过去未能做到负担不超过人民总收入的37.5%，

第四届政协通过一条，各县除出租地之外，一般减去农业

20%以外再计算规定负担的数目。春季征粮1500万斤，

秋季3000余万斤。

①照顾了营产有余利并纪了地面上的粗粮一斤起

细粮以六市斤改为七十六斤。改变从前按老粮

八斤征粮，但有以下缺点，即产量估计过低

（春季估计产量过高了）——若甲最低，收东南面一等地

每亩（720步子）估计产量400斤……六级地120斤。

花生一等地300斤……六级地130斤，地瓜一等地

2400斤……六级地1000斤，豆子一级地200斤……六

级地60斤，稻子一级地300斤　六级地120斤

②征粮缺点：不征新粮食，只由农户折存来。

③如增加负担则可以节省开支，举例——~~全年共征粮~~

……36%负担则……

年减轻

14

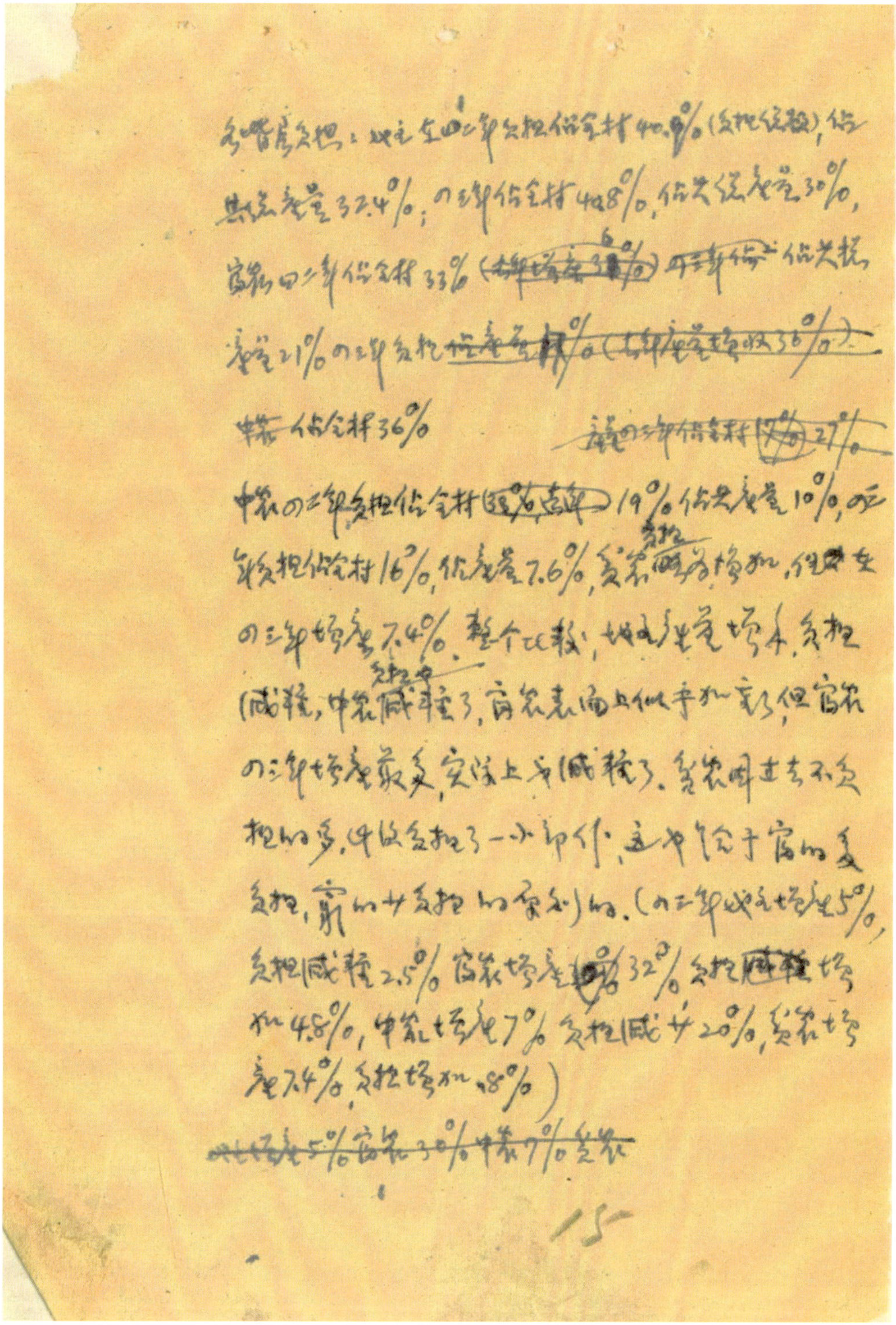

各阶层负担：地主在四二年负担佔全村40.9%（负担总数），佔其总产量32.4%；四三年佔全村40.8%，佔其总产量30%，富农四二年佔全村33%，四三年佔其总产量21%，四三年负担

~~中农~~佔全村36%

中农四三年负担佔全村19%，佔其产量10%，四三年负担佔全村16%，佔产量7.6%，贫农负担增加，但其在四三年增产7.4%。整个比较，地主负担增加，负担减轻，中农负担减轻了，富农表面上似乎加重了，但富农四三年增产最多，实际上是减轻了。贫农比过去不负担的多，也负担了一小部分，这也说明富的多负担，穷的少负担的原则的。（四三年地主增产5%，负担减轻2.5%，富农增产32%，负担增加4.8%，中农增产7%，负担减少20%，贫农增产7.4%，负担增加.8%）

~~[illegible]增产5%富农30%中农7%贫农~~

15

郑家村郊种麦时有1/2的农户买豆饼施肥。全村有八成为贫农上升为中农。

③副业　　纺织六十户　宋燕芬部组52

人数增加4倍　九个月支粮970万斤。较四二年减少14%

临时开支94万余斤

④负担情况：海陵新区征收公粮338斤　综合出年代交 540元、高堰区　　冰机类为区　　米粮120斤。

贷款5000元。海陵专区运用麦50斤换油15斤郑城公营商用粮食换粮食13斤。募捐团体送入田地用麦子200斤换月饼吃了。有些没借的，有些临时损的。

三、政治建设

1.参议会问题　四二年开始实行参议会工作，改选了[illegible]参议会。辅导帮助了各级参议会。在参议会会议上依靠了政务人民生活的各种[illegible]参议会全体议员大会上对参议会性质与任务[illegible]的决定了。参议会已不是单纯咨询议事的机关，而是帮助政府进行工作的有力机构。在这些上面对了代表人民利益的机关，这之所以有广泛群众基础在于对少数上层分子与代表了人民利益的参议会的个别分子所作的接待，以及使参议会在人民中的威信提高了。而这时期个别地方的参议会的

16

2. 村里科区　　各科村支令和收支状况果堂知州到了过去
的各村，拉地各村科情，各支分/改村田送 75个 改送 84个 自然村　147个
改送！　　　高比去数年以上次的数次的还太少。科我加改送田
还太多。

新公民代表的作用 村的各级组织的还未建整，左平的思热中也精通
村中含议太多，(岩南方一村托一个月开5个半月同)对对含与人，对含平个子群村比大
含没有新建整。

3. 新的些见起→命民主作风　　达各科的 至右一方面了群我获
隆左思想上来打通。对村(各种反在府，病粒……身见还右都和雷作民主过平。左工
作上的含成品营都了比各村的科作。对群众超过不好，各了不民主，对上级
科集不运宗，官和论议，不含民的制发，对平议含学去不研求。中了不民主，含议中了建则
人文议表去大半了不民主。
我各科代表科的问候及代议含议依市了群安，名科民主权村村越
新科反讯那松都布制的进一步的了解中。

由科非一和中月宽的问候，应左五秦的审子运用传行。左大的方面
来看，和之各有了含了亦中的收获。但就左立工作本考提叫收获不大比。尤大左
村以志趣上作不正了状大的教育，还击了高的民主平占的呈投后纸介。

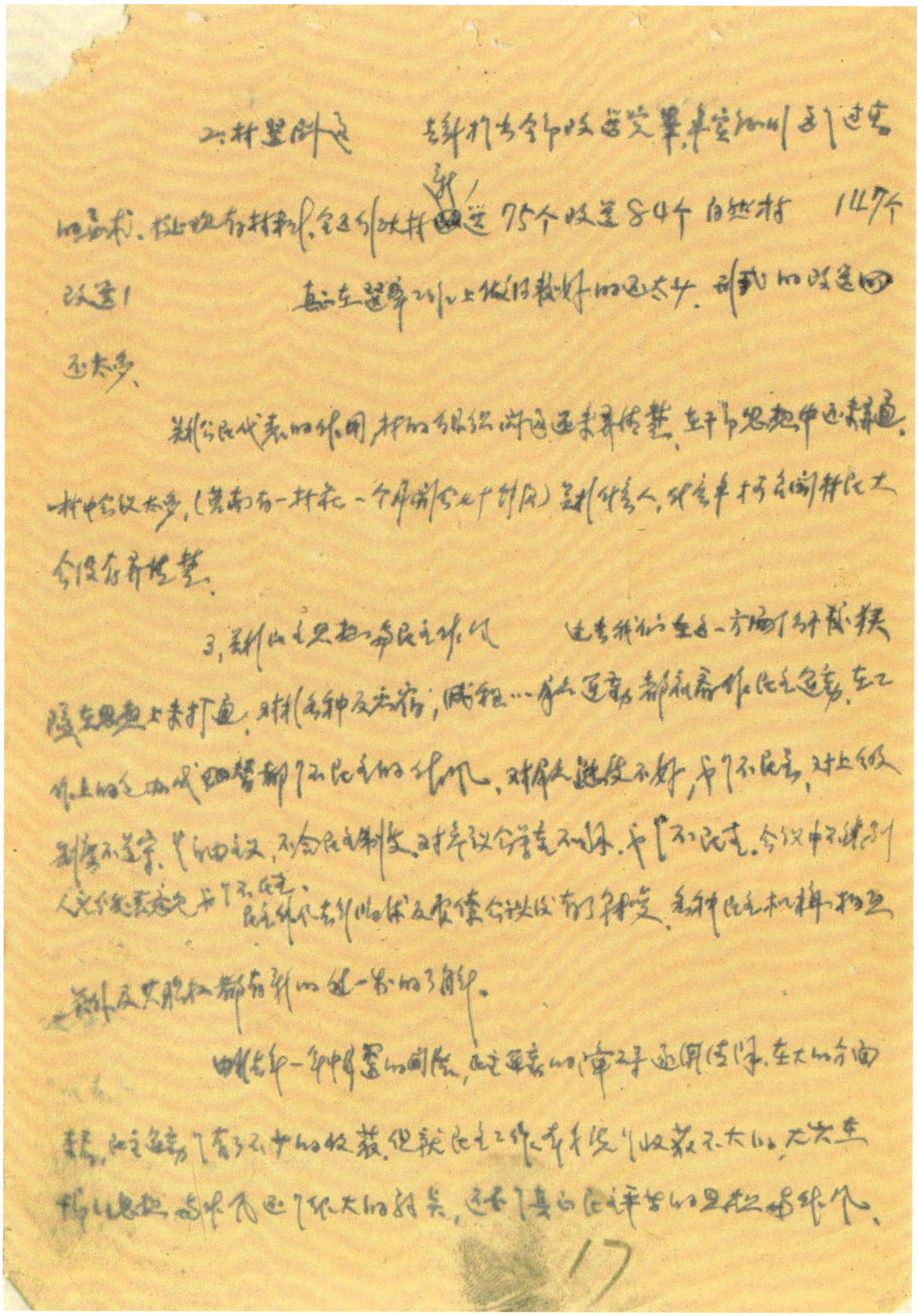

四、教育工作：共有小学872所，学生35,866，校长学生总结1,825

1. 改造了小学

A. 教育原则化有进步，根据农业学生生活工作特别，适当划小组进行教育，使教育与生产联系起来（送学上门）。

B. 小学普遍生活中有进步。

2. 社会教育 过去只知道组织了儿童，忘了广大的成人，在冬季学运中

（结束完成）进行了。当年冬学参加学员100,000人，完成92,453，妇女的13279，培养了干部，创造了各种组织形式，多方配合了锄奸、生产的教育，学习工作是其中一个方面的文化组织，农村识字组已成为农民学习文化娱乐的活动中心。

3. 检讨：

A. 对教育原则化的方针执行不好的很。

B. 干部思想改造不好，小学教师一般不了解新民主教育的真谛，由实质、教育的中心小学教师还是不足够，不明白教育与生产的原则，本身存解力。此中小学教师的思想教育是今天的重要。

C. 领导方面上对实际教育工作领导不够。

D. 校舍、学生过去组织教育不够，把校舍当为附属的场所，校工与学生也把校舍当作一处，对校舍的教育还不够。

18

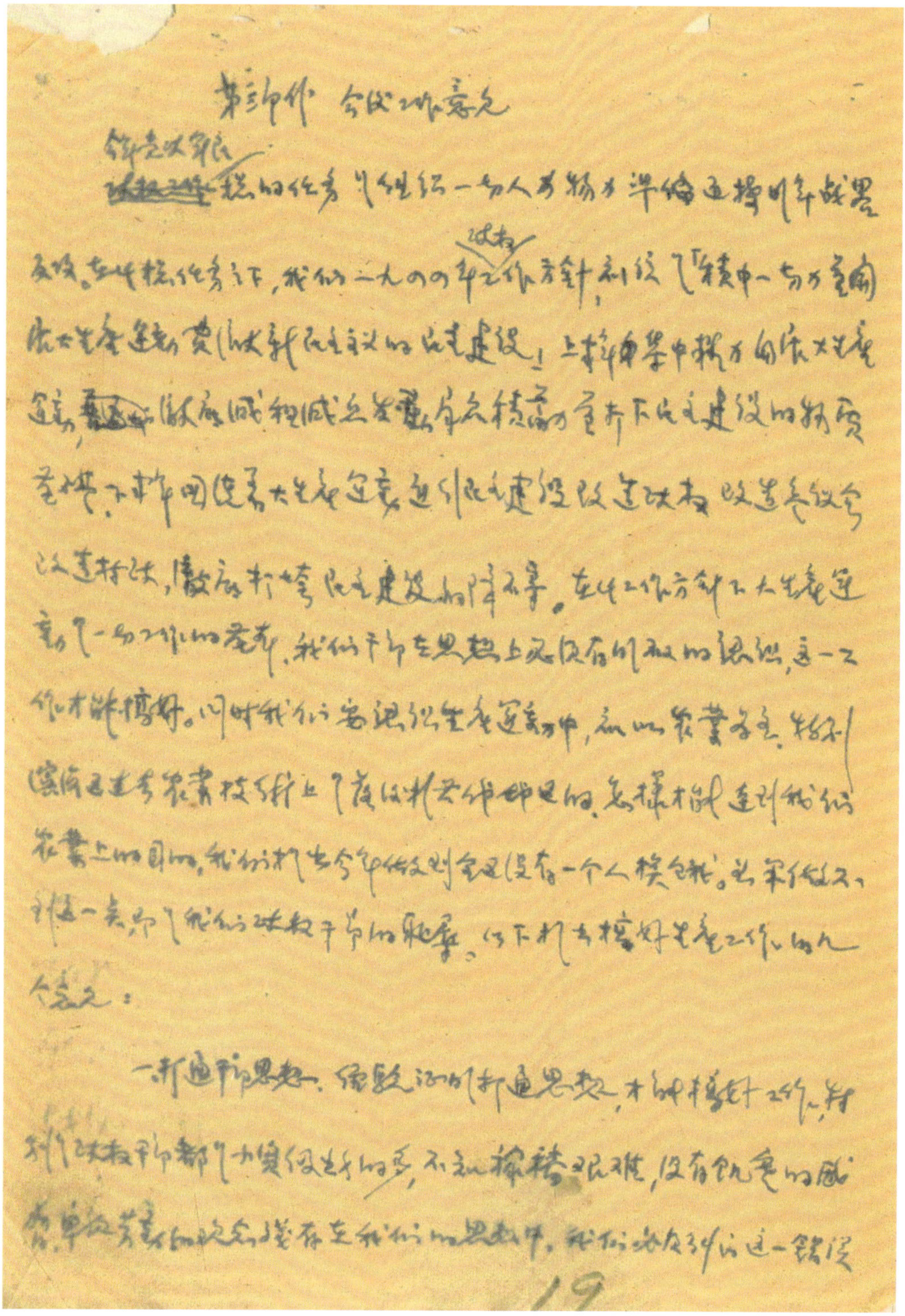

第三部分　今后工作意见

今年是以生产为中心，总的任务是组织一切人力物力准备迎接明年战略反攻。在这总任务之下，我们一九四四年政权工作方针，规定了「集中一切力量开展农村大生产运动，实行新民主主义的经济建设」！主要集中精力开展大生产运动，减租减息是发动群众积极性开展新民主主义建设的物质基础，不能因开展大生产运动而忽视减租运动，改造二流子以及生产互助，这都是属于新民主主义建设的范围。在这工作方针下大生产运动是一切工作的基本，我们干部在思想上必须有明确的认识，这一工作才能搞好。同时我们要组织生产运动中，如农业分工，特别滨海区是落后农业技术上了解的还是很不够的，怎样才能达到我们农业上的目的，我们机关今年做到全没有一个人挨饿。如果做不到，这一点说明了我们政权干部的耻辱。以下就是搞好生产工作的几个意见：

一、打通干部思想。只有打通思想，才能搞好工作，我们政权干部都了解做生产的重要，不知稼穑艰难，没有饥饿的感觉，单纯为了劳动的观念存在我们的思想中，我们必须纠正这一错误

19

思想，一切为人民利益出发。必须纠正站在人民的头上，看轻人民的观点。必须说明大生产运动的目的，在于积蓄物资，准备反攻。任何人都不能站在生产圈子外面。

二、必须组织起来。要达到这个目的，需要有完成生产任务的实际办法——在自愿互利的条件下，用民主的思想和作风，实事求是的用种种不同的形式方法去组织群众的劳动合作，如变工、扎工等。另外要发展农村各种合作社的组织。这是一个主要环节，我们必须抓紧。根据中共中央山东分局的决定，全省今年要组织全劳动力10%—15%。(滨海区一般的条件比较要好，并且好多，因此我们打算组织劳力15%—20%。请大家讨论决定。

三、订好家庭计划问题。九月底，检讨一下我们的成绩是否达到了标准的。我们要首先在思想上打通这一问题，必须认识到订家庭计划乃是培养新一代的关键。没有按家庭计划，培养新劳力的要求是无法完成的。个人，全村，全区，全县都要有计划，个人按家庭计划，要由全村全区保证计划顺利完成。

20

四、必须纠正领导者的作风，纠正过去官僚主义，脱离群众的作等耕作，多有在敌后这样的情形下才能改变不合理的劳动规定。另外在今天中才能改变他们对于这种不合理的认识，不管增加多少，都有抗战有利，对群众有利。如果我们能做到每人生产增加的粮食，即可人民节约了九十万斤粮食。

具体说到几个工作的要求：

一、农业方面：

1、扩大耕地面积

A.开荒造林，消灭空隙。在一年中完成现有耕地所未耕种的空隙与荒地，与压新路，修建地堰，村边地头完成已不破公路（路口栽树）。

B.包好地堰。

C.开渠，开沟。

2、增加肥料。每个村增养猪十余万，增肥料

每亩地今年增肥一小车。改造炕、煎饼方法，烧火炕，造肥料。

3.凿井　4.互助　5.每亩地增产五斤—七斤。

全区可增产2000余万斤粮食（平均400斤）

6.减少群众劳役。

7.劳动互助组织劳动力15%—20%

8.改进锄镰子 1/2　9.组织副业生产。

21

10、劳力与武力结合

11、学习创造劳动模范三人，与推创造劳动英雄三人，组织创造先进方式的劳动英雄三人——在学生中的部长培养劳动模范一人。

12、种棉十万亩——十五万亩，收棉250万斤——300万斤，保证棉花供给。每个机关自己要种一块棉花，学会种棉花。以后再有棉花不能依靠外界，要负责。种棉不纳公粮。

二、工业——主要是纺织工业，要求织出15万大布，共值7,500万元

1、普遍推广纺织，发展纺车50,000辆，保证有新的供给。（保证合作社销路）

2、普遍发展群众性合作社，大部分纺织合作社，要加紧进行合作社的推进工作。

3、解决花布问题，每天织十五尺花布。

其次是造纸，每天制出三刀纸，

再次是肥皂，每天制出1000条

再次是手巾，每天要求全年出货120万条

再次是扩大盐田面积3,000亩，全年可产30万担，计30万元。

组织运盐的任务我们就要切实注意。今天可产120万担，每天运出1000驮，增加200驮运输材料。

再次全年要求每天出煤200驮，可以解决燃料1/6—1/7

可以调剂边区主要中心地区的负担。

22

三、副业——要求机关多喂猪，每个小伙计多喂猪十头，保证每人每月多吃一斤肉。要求每人养一只鸡。山区机关养羊、养母牛。利用[illegible]养[illegible]。

四、机关学校生产问题：要求机关干部除服务工作以外，解决经费二分之一；小学[illegible]给四个月的经费。个人生产达到每人生产一百元。每人需种菜30斤，以三分之一改善生活，三分之二交公。全年每人生产粮食400斤。每人需做生产计划，然后以小组为单位结合起来成为全机关生产计划。[illegible]

五、贸易——组织群众的物资出口，继续打击奢侈品，打击伪币，掌握外汇、掌握物资、实行营业累进税。组织合作社。

六、[illegible]——[illegible]问题（组织群众[illegible]公田[illegible]，公田可以解决教育经费的大部。发动检查黑地（莒南[illegible]黑地在三分之二）

七、深入审计制度，特别要求县级以上干部[illegible]的报销，[illegible]。[illegible]一个月节省100000余元。

3、整理村财政

4、改良田赋公粮征收办法[illegible]。县级以上干部[illegible]

[illegible]

23

六、政权工作。

乙、民主建设

1、今后民主工作的基本方向——切实帮助生产运动相结合，要把组织生产运动作为民主工作的物质基础。要使群众的政治组织和生产组织结合起来，逐步改善村政。

2、村选

A、目的 不只是选了人完事，而是要贯彻民主精神，B/要把生产与群众斗争、选举联系起来。

3、开展农会运动，健全实行三三制。

4、参议会问题 主要指参议会应当成为人民服务的有力机关，站在大多数人民的立场上。克服和政府对立的错误观念，参议会应参加实际工作。政府应当执行参议会决议。

5、选举工作~~[illegible]~~ 要先作群众工作，发动起来的村庄做起。其余的将以后下指示。

6、改良作风

A、加强群众观念。有计划的组织这一工作的进行。

B、关于民主集中制的组织原则，下级服从上级，少数服从多数的原则一定要执行。

26

八、司法工作　首先要组织利用他们[应]保护人民利益，抗战利益和保障政权的利益为目的。所以我们不能不照顾旧的法令，关于财产债权和物权上的法律的应用。认清新民主主义的立场，提倡调解，打破机关主义，克服官僚主义。多用调解，少用判决方式，要健全调解组织。

九、卫生工作　去年[划掉]来开始建立卫生科之后有相当大的成绩。去年卫生科直接领导了一个平民医院和一个巡回医疗队，治疗黑热病183人，其他各病435人。其中黑热病小孩最多。种痘13229人，防疫针1352针，有247人打过专门病症的针。平民医院医治3861人，各县诊疗所治疗19131人。另外组织了基层的保健委员会，去年地区打起部分工作，为各县群众治病，乡部还建立上卫生院。去年未能防止流行的传染病。

今后计划：

1. 认识卫生工作的重要性
2. 组织各地现有医生，加以教育，使为社会服务。
3. 深入宣传卫生工作与人民健康的关系和意义，小学教员担任卫生指导工作。
5. 成立医药合作社，有计划的组织医务人员
6. 改进中医，搜集药方，化验药方。

25

7.卫生工作

A.普遍种痘　B.注射防疫针.　C.由各个乡政府支拨教育3%

为私立卫生校费 计300,000元。

十、土地陈报工作　因缺乏经验去做,待及负责,交里地中去做,下半年在这方面有了成绩,可以对这个工作来一个新布置.

十一、教育工作

1.方针关于教育第一,以民教育第二.

a.学校教育与社会教育结合.

b.学校教育要做到机关化(不是形式上的机关,而是内容上的机关,就是使教育与家庭、社会、政府……相结合,)要重视生产工作,吸收来自实验小学的经验.(传播中求普及。(以后又纠正了))

2.照顾现有学校的方针,不是单纯的减少学校的单位,而是加强提高质量并把扩大教育效果不停止在学校以内,推动到社会教育当中去,与全体人民结合起来.

3.教育人员的改造

A.教育工作成为整个政府工作的一部分,在今年要有主要性,与民众建设分不开.　26

B. 严格纠正只注意了解情况，发现问题，交流经验，指导下级，及交教学课本和切实负责领导小学，不注意学校具体问题，而只以交教学课本为主的偏向。学校问题一定要经过直接上级去解决。

C. 培养奖励模范教师、小先生，发扬教育积极力，推动教师进步。

D. 发扬民主作风，纠正官僚主义作风，在帮助教师工作中，求得教师与工作的进步，不能把调动工作为解决问题的唯一手段。

3. 教师思想的改造：

A. 重视教师的思想教育，把思想教育放在第一位，业务教育放在第二位，切实树立小学教师的新民主主义的教育思想。寒假中集中教师整风，

B. 注意教师的技术培养，有计划的培养专门教师，改正单纯技术观点。

27

4. 校外学生的教育

A. 纠正不注意特别是在乡校长~~单纯技术观点~~的错误观点，只注重在学校的数量上，特别注意对校外的教育和本乡一般学生不同。

B.根据农民开展群众中的文化素质，特别教育，作为方针。并加强培养机关劳动政策，有计划的进行农业教育，帮助农民工作。以使农村收入50%改善生活。

三、社会教育研究

辅导社会教育和国民学校，使其成为社教中心。

其、干部教育问题

1.干部工作A.建立专门机构统一管理（由文委会教育厅负责）。

B.大量训练干部，及时布置任务。从下往上提拔，不要从上级向下派。注意培养工农干部，培养副职。

C.加强[illegible]干部教育。有条件培养成为县级干部的，就送县校学习。有条件培养成为区级干部的，就送专署训练班学习。对于有工作历史、文化程度较差者，亦就送某学习。各县训练班要好好办。教育中心是整风，打通思想。[illegible]和本地实际工作联系。加强时事教育。[illegible]

28

[illegible]在职干部[illegible]要分级干部加强整风，区级干部成立学习互助组，村级干部也要参加比较。

3.实行干部奖惩制度

F.关心干部，解决干部困难，照顾干部生活、[illegible]上，生活上照顾干部。

2.在政策中制订的法令而运用，必须很好研究，切实掌握。经过参议会议、政务会议，充分发挥它的作用。

3.突破一点，指导全盘，必须首先抓住关键，县区常抓一个村，县府常抓一个区，分区，专员书记要常抓一个区，创造经验。

4.整风学习应贯串到整个工作中去，特别是区级以上干部，每人都要写好反省自传，打通干部思想，树立为新民主主义的立场，改造精神为一条心。

5.精简　要了解不只单纯精简人员，要了解怎样减轻人民负担，怎样提高工作效率。

29

8/11 谢报告 小组讨论　晋南、阳曲、晋中、平顺、晋城也五县长

(甲)生产问题

一、对生产运动的领导，

平顺：开始结合检讨生产中干部对生产领导认识不够，表现在工作布置不够，干部要结合以为分散开了会生产，干部要生产领导，区级干部一般觉得，以此来领导入村。又表现在会开会检查具体工作和对群众力量估计不足。

干部对劳动观念仍不正确，县级干部在生产中，不少人说有了减什么事，这种干部也是多的，以为完成上级给予任务即算完事。村干部多系是参加劳动的，但一当脱离生产即不想再劳动，觉得不用自己劳动了。

一般来说以农业生产为第一，有一般的作了总结。

劳动互助比较深刻，你们到区级干部会议，经过二天讨论，先讨论几个普通文件，第二天交流（区以上干部）讨论深刻，共有十六个，各区开过村干部会议（包括小学教员）共开二天至三天，先传达精神，次干部反省。

阳曲：原计划把棉花生产，在典型村棉花模范村分布置生产组织全面推广做，你以区为单位划小组讨论，村划田亩分区进行计划布置。

对思想，对生产已在进行初步总结，但还有些落后，有的干部说，为过去了新的任务。

30

组织劳动力，改权作用少，区级干部也有组织变工运动，保安工作

洪卫：一般区级干部还不了解怎样组织劳动力，现在乡以下干部[illegible]，一般只会列条和过去一样工作。对于秋耕，变工，包工等都不懂得。

干部对生产知识的学习很不虚心。

领导作风，照搬上面布置[illegible]，这就造成了区级以下干部[illegible]把生产工作当成自己的主要工作的偏向。

[illegible]对个人生产经营，不能以公家生产条例帮助。

高中：干部拖拉性太大，去年十二月生产计划印发，区下面的[illegible]，相形干部都一样，耽误了好几个[illegible]，[illegible]。二月底区[illegible]一类生产工作，三月一致召开区级以上干部开会了一天，精神贯彻，但由于组织[illegible]工作，区里没有[illegible]。四月一日又开了一个全县[illegible]的会议，才把它了[illegible]，[illegible]没有[illegible]的。[illegible]，一个时期[illegible]没有的。

劳动政策，区乡干部和生产[illegible]都做了，[illegible]。[illegible]，[illegible]，[illegible]。

31

黄临边：干部在工作上不会把中心与其他工作联系。[illegible]

[illegible]

打了[illegible]以北地区干部调整会议，[illegible]生产工作[illegible]，以[illegible]

[illegible]生产。（[illegible]）

干部学习会，首先说明生产是当前中心工作。[illegible]

[illegible]第一干部[illegible]不[illegible]生产[illegible]

[illegible]生产文件。[illegible]干部[illegible]不[illegible]，单纯[illegible]工作。首先说

[illegible]干部首先说明生产工作[illegible]。[illegible]

[illegible]

莒南：[illegible]一个村，[illegible]一个生产计划。[illegible]

[illegible]十日，[illegible]工作中[illegible]生产，[illegible]一个村的生产，[illegible]

[illegible]一个村的生产工作。[illegible]生产

的准备，[illegible]

[illegible]了一些工作，[illegible]一个村，[illegible]生产计划。[illegible]

了一些组织，也有了一些经验。　三月[illegible]会议[illegible]了准备工作，[illegible]

[illegible]工作，开了三天（[illegible]会议）生产计划。[illegible]

[illegible]，检[illegible]思想，[illegible]主义，[illegible]工作

[illegible]，检讨[illegible]，以[illegible]全体干部[illegible]思想检讨的准备，[illegible]

[illegible]一次检讨，[illegible]会议，[illegible]了[illegible]生产

32

计划。由生产工作与其他工作的领导方法问题、以後要进到反省，干部们才能把工作真正作用。有一个新生检讨后已实行新制了，大家分析并了解不够女人的干部

干部的劳动观念与生产积极性不多大。认为机关生产要依靠老百姓帮助的上不好意思。

生产工作计划订得马虎粗糙、反之作风还不够

区级一般的是开区全体会议，先宣告，后检讨，宣布区的生产计划，由乡和村订计划具体布置。有一个区是特殊的，先搞一个重点村自己经验，然后推广。开全区会议，宣布全区的生产计划後，再布置好的重点村做出生产计划，以後再订计划，要以该村生产完成计划的具体办法，各村各自订出生产计划，就订出全村生产计划。以後再集合全体干部，把生产比赛的村庄生产计划，写入生产竞赛竞赛。

村级干部一般的 A. 轻视生产工作，认为农村完成 B. 劳动保成就了不起费力了。C. 二流子思想，好吃懒做，妇女留门子。D. 自私自利观点。

以後补充，以先搞一个重点村，然後推广其他各村工作的办法。

组织妇女二流子的参加并组织参加重点村工作。

33

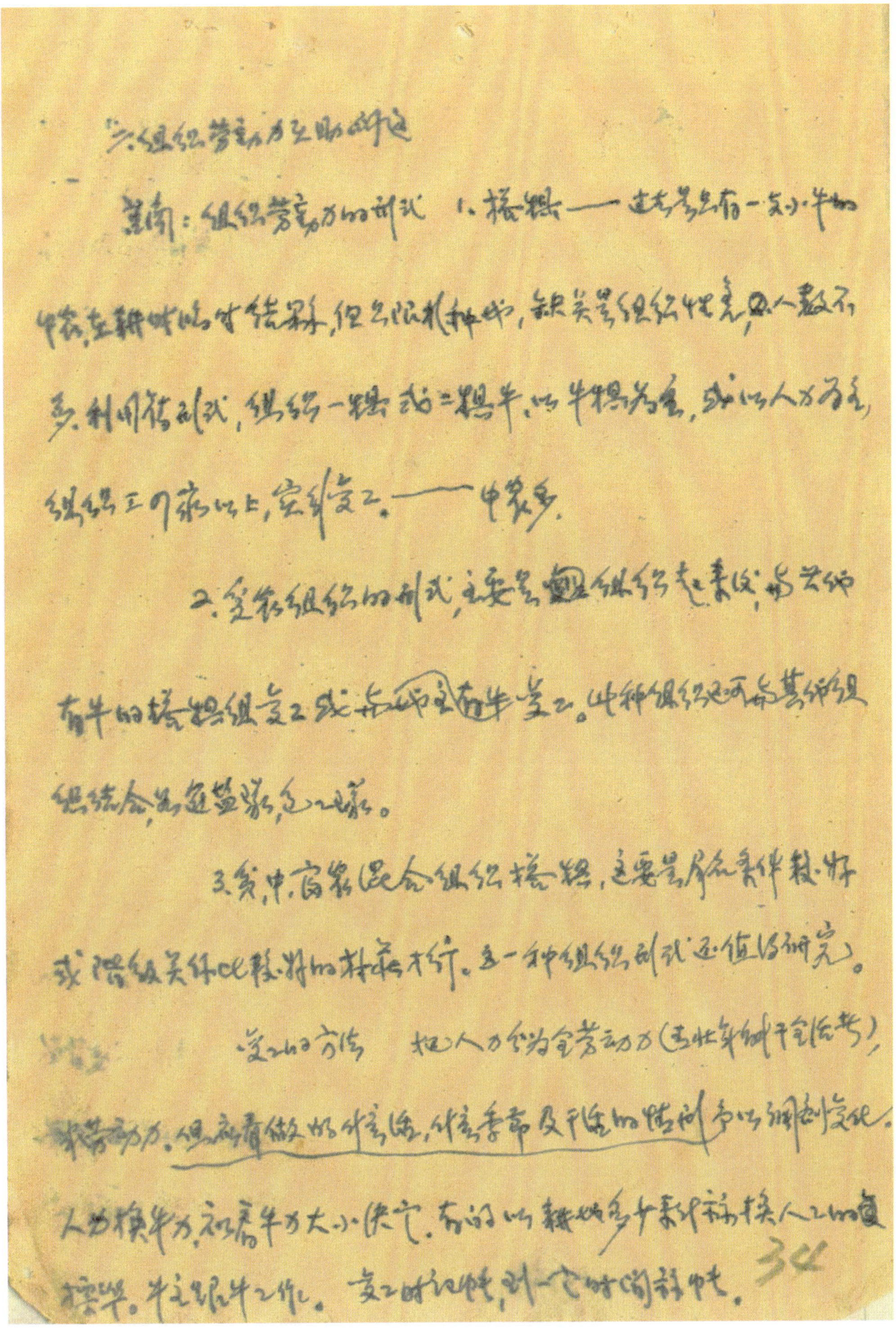

三、组织劳动力互助的问题

一、

关于：组织劳动力的形式　1、搭犋——这是农民有一头小牛的中农，在耕种时的一种结合，但不限于耕种，缺点是组织性差，且人数不多，利用这种形式，组织一犋或二犋牛，以牛犋为主，或以人力为主，组织三四家以上，实行变工。——中农多。

2、贫农组织的形式，主要是组织起来变工，与没有牛的搭犋组变工或与有牛户变工。此种组织可与其他组组织合作，为进一步发展之基础。

3、贫、中、富农混合组织搭犋，主要是依靠条件较好或阶级关系比较好的村庄才行。这一种组织形式还值得研究。

变工的方法　把人力分为全劳动力（青壮年能干全活者），半劳动力。但应看做的什么活，什么季节及干活的时间予以调剂变化。人力换牛力，视看牛力大小决定。有的以耕地多少来计算换人工的标准。牛主跟牛工作。变工时间性，到一定时间就结帐。

34

农具　本组互相调剂，1.公家帮借农具。2.开设铁炉，设法贷款解决，农家自保管，但使用权属大家。3.用公营生产所修补农具。

组织劳动力注意事项：

1.在原有组织形式基础上针对当地具体情况予以提高，不能机械决定。

2.组织原则是自愿的，但不要成为自流的，为了更好领导生产，要以农救会为骨干，团结各组织的成员。

3.掌握中心，排定先后，不要代替形式，贪多无实效。

4.武装与劳力结合在必要时，民兵最好不打散。

5.生产中学习结合。学习有村学习委员会，分区有学习委员，各组有学习组长，平时各组则学习委员受教二个字。以后学习再没有实际经验，如妇女纺线小组，识字班小组，不要编教识字，妇救会的参考，可以参加村文教委员会。　35

6.各组以三五家为好，大的组织往往困难不便。

目四：换工时计算不够具体规定。

换工时吃饭问题中午管饭吃，窝给老粮借，一般做到自备管饭。

干部：过去只编问题分村中依都不由他们干，村里的生产富农较为人搭帮。

已组织了，没有订换家计划，结果又垮了。

换家计划问题

董尚：过去做的很少，主要由村组织不好，小组麻烦。

村的生产计划根据上一般调查，经过干部思想动员，先替全村订出生产计划，增产粮食，少生产不能弄，不化费……订出后开全村小组长以上的干部会议讨论，再经过各系统讨论后，开村民大会通过。

前面村思想动员一齐搞的。今后村干会议系统讨论后全体村干研究讨论。

也是一种方法

换家计划：先了解家庭情况，[illegible]，进行个别谈话。

调明过去生产状况，先帮家里订了一个计划的轮廓，再开家庭会议讨论生产计划，首先检讨，由生产劳动情形团结对组是中心。订生产计划几个问题：

1. 家庭的民主集中制的问题应有中心人物。

36

2.雇工工作调剂问题

3.建立经济统收统支及公私兼顾.

4.劳力、畜力调剂.

5.采取组织形式由村干到有组织的代表计划，到组织的系统，到全体组织的布置.

6.订农家计划要有合理目标.

7.生产计划先由个人、村、组，再互相督促，来研究.

补充：<u>先组织劳动互助，再订生产计划.</u>

先要求二分之一的村订生产计划.

培养劳动英雄问题

第一：推行了奖励与培养生产模范办法——完成计划，帮助别人，技术改进（工作积极），培养群众调剂的条件、各种工作积极份子为培养对象。有了相当把握时，扩大宣传，但必须慎重，经过选举，正式公布其姓名。准备开战斗、各种、生产模范代表会议，把各种模范推荐为生产模范。

改造二流子

第二：制造打击，互相警惕的懒汉牌，分别设「打倒懒汉」[illegible]子的「光荣」的对照。办法：

37

1.个别农村互助组，由互助组的负责人教育争取之。

2.通过他的负责人教育。

3.为其行模范中的[illegible]人帮助他生产。

4.从家庭着手。

5.造成广大群众反对二流子的空气。

处理：1.劝说 2.采取一定的劳动教育帮助改造。有一个二流子老婆要离婚，经调解的一月时间，二流子回头，参加劳动，[illegible]

集中：1.民兵中开除二流子，在群众大会上公布二流子姓名。

2.二流子成立了互助组，与别的互助组竞赛。

3.二流子参加「抢」运动。

三、领导问题

1.村成立生产委员会，具体[illegible]，通过上由乡政府[illegible]领导。

2.抓紧全县村创造经验，推动全盘。

（2）纺织工作

[illegible]：[illegible]纺织课为非贷款不能纺 [illegible]

[illegible]：[illegible]

（[illegible]）

[illegible]：[illegible]70%，股金数20000元。 [illegible] 妇救、工商、政府[illegible]。

组织方法

38

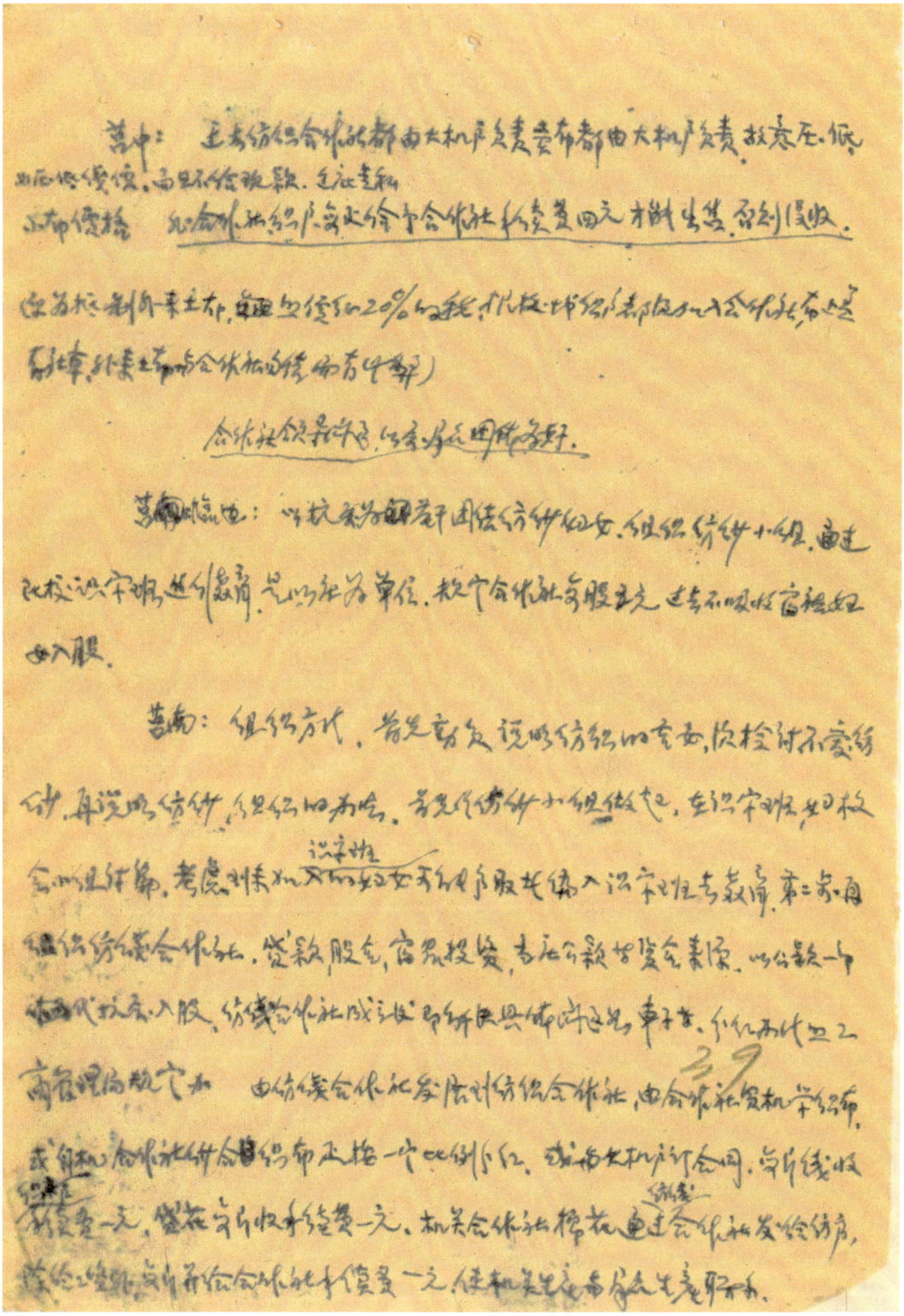

莒中：过去纺织合作社都由大机户负责，卖布都由大机户负责，故意压低工价，侵吞，而且不给贷款。[illegible]

小布价格 [illegible]

[illegible] 20% [illegible]

[illegible]

合作社领导纺织，[illegible]

莒南临沭：以抗属为骨干团结纺纱妇女，组织纺纱小组，通过识字班进行教育，是以户为单位，投资合作社每股五元，过去不吸收贫穷妇女入股。

莒南：组织方式，首先动员说明纺织的重要，及检讨不会纺纱，再说明纺纱组织的办法，首先从纺纱小组做起，在识字班、妇救会的组织下，考虑到未加入识字班的妇女可以户为单位编入识字班去教育。第二步再组织纺线合作社，贷款股金，有贷款投资，[illegible]资金来源，以公款一部代投资入股，纺线合作社成立后[illegible]

[illegible] 由纺线合作社参股到纺织合作社，由合作社贷机子给织布，或自机合作社伙合织布，并按一定比例分红，或由大机户订合同，每斤线收织工费一元，贷花每斤收手续费一元。机关合作社棉花通过纺线合作社发给纺户，发给工资，每斤再给合作社手续费一元，使机关生产与群众生产联系。

曲沃：发展方向和今后纺织都不合适，现仍只有织机二万架。

安城区组织合作社统一收买纱头，赚二元，完全为商人垄断。

翼城县还有一个私人经营的纺织工作，直接与工商管理局合作

股份不关系。

临汾：劳资与市工商管理局商定收买，每斤手纺工资五元，

洪洞：工商合作社改造成行，增加纺户，新社以纺户为中心。

曲沃：现由县合作社（商店）负责发花收线换布，推广各区各

乡组织合作，（马家、大屯）发展手纺工作。

新兴合作社经理是小商人出身，与干部村干部参加，有些合办的

干部要把合作社变为公营，现改为民营，并集纺线工作。

发展方向：合作社应当为大机户操纵，今天有单纯为要纺户的倾向，

这对于组织合作的发展是有困难的，所以必须吸收大机户、小机户、纺户共同组

织合作社，但应注意领导权不为大机户操纵才可。

40

（丙）工商工作

干部　与商干的关系尚好，部分干部与工商的关系待调整。工商管理局

刚成立，原领导都是外行干部，理论不明白，概念模糊。根据外地应有的

干部选择安置，统一会议相互参加，[illegible]

话。[illegible]

四、工商管理局统制物资出入口即由不了解，过之是和由我们负责（组织工作的配合问题）　没收物品为毒品之类的土，我意须送当署，因为这类的土毒品甚多，且系工商部门的范围。

运盐队等组织的负责人，与工商管理局合作，先运盐，后交款，这有掩民运盐队的组织。

莒南　南北检查所、工商工作计划通过政权系统布置。

莒中　工商干部（介绍）管理教育问题。

临沭：纺织工作属政府抑属工商管理机关可考虑。

（丁）财政工作

莒南：在财政工作中整理村财政，提出大李庄村等文娱经费中以3,000余元作了一个大轿船和大村东文娱经费中花了10,000余元，做为浪费人力财力的典型例子，打通村干部省吃节约的思想，规定每个村村办公费30元—50元，除[illegible]三个月算一次，建立记帐制，一个月向村民报告一次，向区公所报告一次。基础不受临时制度，由村财委会计编造预算呈区审核批准才能做。不准算小帐，村公款不准随便开支，保管委员会上，村中公共事业开支，任何人不能向私借款[illegible]有规定。布置以检查结果区中之布置下去有些村还没建立起制度，但不普遍，现又布置

41

规定全村生产计划、家庭计划要有那些内容，贯彻整理村干部思想，~~[illegible]~~建立制度。就是过去汇报批评，整理过去[illegible]作中者作。各编组开干部会议，检讨从经生产，联系检讨汇报。告知外村规定了制度，要求大家讨论执行。由村的[illegible]（大会代表）作讨论，在村民大会上宣布。或在全村各编组干部会议讨论执行。但一般离开生产联系很少。

我们认识到整理村干部思想教育问题不了单纯的制度问题；是党政军民各组织的共同问题，不仅仅政权的问题；村政权的团结，是一个上下一致的问题（过去规定作风三个月办公差，还中央[illegible]，[illegible]等额）。今后对政权制度要很好研讨，必须从实际需要，不能机械规定。

干部：村政权状况除规定村委期内选举外，必须要经常作检查。

大会讨论谢专员总结报告 9/4

农业生产

收获　大生产的准备工作首先是打通干部思想，从县到区到村召开三次劳动英雄会检讨会，干部生产中都提出从实际行动中测验干部的劳动观念，县区干部都背起了粪筐，赵专员背起了粪筐，不嫌背粪筐，以后又有许多干部的作用，背着粪筐在人们前边走，机关劳动来的人也就不能不起来，来自身利益联系起来这些干部都了解到阶级的意识作怪，是不作风差，如何使劳动对立，我们检查结果过去很多干部的粪多，现在又很多干部背的粪多。很多一部分的地主富农对劳动也检讨，认为已成为干部，就该不劳动了，认为生产技术作为一党用不着学了。我们经过讨论只有亲自参加劳动，才能打掉他们的劳动观念，在参加劳动以后，意识上就有了新的转变。

劳动力的组织情况：

1. 我县（三月份统计）有搭粮犋881个，4316户，中心村有三分之一的村有了劳动合作的组织

此组织的条件，是好多年以前即有搭粮犋的组织，但是在封建盛行的结合，经中共中央机关劳动合作方针和宣传了劳动模范的尊重以后，才有大量的发展。四

43

过去搭粮犋的性质仍了家族的组织，没有真正的贯彻

的觉悟,现在不了解情况是……

二、组织插犋队的经验:

A. 从各种斗争中去组织插犋队是容易的,如从反抗、吃大户及各种斗争胜利以后都组织了插犋队,大荒镇的南　区

特别斗争胜利中组织了插犋队。因插犋队去加强群众组织。另外在群众组织中也可进行组织插犋队。

B. 群众团体活动不高,可以召开群众大会,动员一切有农具有经验的人去组织。

C. 如果没有群众基础的村庄,不能用行政的力量去组织插犋队,以免人民怀疑,也不能普及和巩固组织。~~[illegible]~~ 如果已有插犋队的村庄,则可用行政力量去推动,可以刺激大发展。但都是用行政力量格外划作小组,完全由群众自愿划组。

3. 几个问题

A. 凡是组织起来的村庄,群众生产情绪都很提高。但是有群众最感困难的是畜力。我们注意了这一个问题,一般做到人工换牛工或牛工换人工。

44

B. 阶层关系在组织了插犋队以后一般密切了,在地主富农中有富农说,我们不能参加农救会但能参加插犋队。

C. 有了插犋队的村庄,就拿生产节约,即[illegible]提倡,我们规定每组要

吸收一家贫农。如朱范之6个搭犋组，有29家贫农，只有三家贫农被吸收了。这说明搭犋组的生产力一般还不高，对贫农吸收得还太少。

D.搭犋组在临沭已到扎实的土管阶段，普遍在今天了全面的，但扎实的还非常之远，不实之不能扎实生产勤俭及生产效率。

E.变工的几个经验：第一要其使交换，但中要各地之条件不同而变化（如石门地区富农手，一个半或一个人工换一个牛工，而有的则二个半或三个人工换一个牛工）。一般以三個人工换一个牛工，但不是机械的。第二、记帐方法，而有的用签记帐，由团工队签，用纸交换找补不足，以免记帐困难，但须由组长记帐，以便审核并防止地主富人工，临沭等地区更为需要。第三工须标准，须季节不同而有变化。

六、农业劳动互助组织的发展规律：

甲、（普通）组织起来以，即须扎实改造和扎实，做到变工，并不即不依国临时组合的唯一标准，而往往变工的效率高低决定，强调的即是共产计划问题，以求能在本身的用标达到能自己的要求，来自己完成劳动力利益。

45

附：关于计划和成为农业生产的主要部分，……生产……

目的。临时突击计划订的很多，但不很好，突击不成功的。突击计划下细密的组织工作，下深入的教育工作，是有力的推动工作。临时订突击计划的缺点：

A. 主观主义，要求过高。

B. 不深入，不民主，很多未经过农户家庭讨论。

C. 一般的突击方式，没找各家原条件的典型（劳动力，农具，牲口，土地条件，经济条件等），以指导其他。订了计划后，没有常帮助。

5. 几个经验：

A. 拨工组要自愿，要等价交换，要掌握劳作纪律，适当的照顾个人利益与集体利益。

B. 对拨工组的领导，须最大限度的民主方法，但要照顾到组长的积极作用，因为它是自愿的组织，自由性特别大，防止组长指挥，兼顾组员意见（着重在拨工组只是互助性质不是强制）。

C. 改造二流子问题　全县计划改造100个，有了初步经验。不一定要向二流子开谈会，先找他个别谈，可以找一个二流子，由过的自身的经验来教育他，可以要他们自己组织起来（用生产来检查）在劳动中向拨工组的生产运动中可以督促起来。向二流子开展政治斗争，群众上制裁他的。

D. 对贫苦农民的失业工人而生活困难参加拨工组不能解决其问题，可以组织起来做副业，可以解决其问题。

46

完成材料缴纳使用办法有了保证，而不会打乱生产秩序。

b.关于播种肥料的领导，通过平均使用办法，要区长、区委、乡长通过一个乡，主任、村长联系一个村，村长联系一个组，把领导播种肥料与培养劳动英雄联系起来。

B.在村中不能孤立一元化领导，这因为在自愿发展的情况下，做了打实改造时，再领导劳动中心。

C.在生产运动中，机关应对群众表扬和批评，以学校作中心，展开墙报使宣传与生产结合起来。

这样干部对生产运动的领导就抓住了一个村，一个组，而在劳力与武力结合。在以下我有几点经验：

a.莒北、前后村男妇都出了，由民兵分组种收，以后转为按劳分种收，以保护了庄稼人的耕种，富农地主自动出来帮助民兵分担团体并帮着做饭，成了有组织的团体合作。民兵有十六七人，地保除了有十几人，他们除了民兵外不能种地，即使这不依靠。

经验：1.要坚持这样，政府要支持这些群众，及时切实解决困难（先走在前面）。

2.坚持这样，必须劳力与劳力结合。民兵与生产结合起来，才能团结群众，发挥力量。（剩余的劳动力、男女都有份参加劳动）。

3.在坚持这样，劳武力结合下，干部直接领导村庄，武装斗争的发展，直接指导游击战争。

七、在武装斗争上要注意调剂对敌政策，掌握政策

八、加强领导，各级中心区的武装斗争，由边区直接领导，武装斗争结合起来，中心区直接领导，[illegible]体现出有二个之一，[illegible]参加边区斗争，这一方面[illegible]了中心区地点，争取党的边区地点的领导。

48

滨海区行政专员公署第一行署关于秋收工作布置的指示

（1944年9月27日）

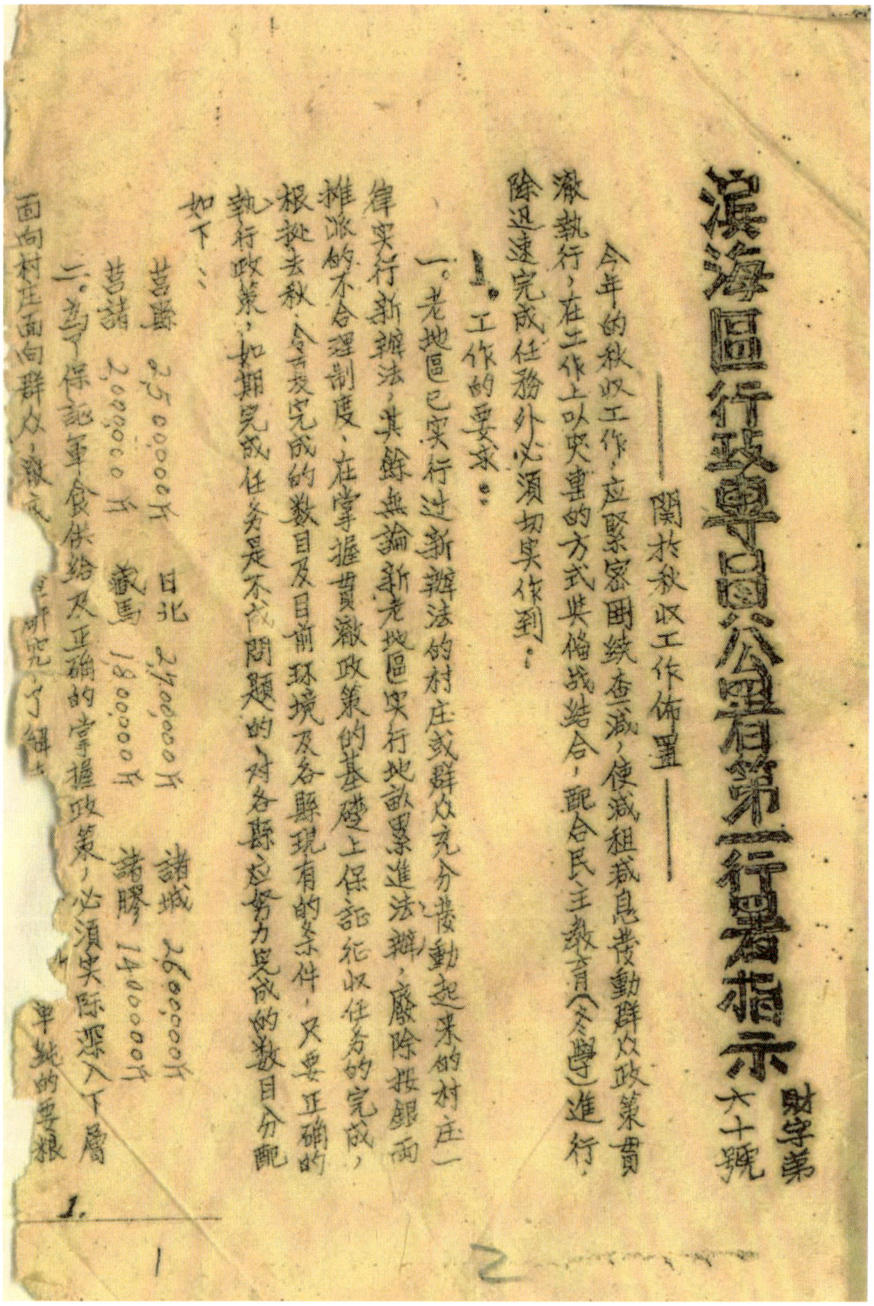

濱海區行政專員公署第一行署指示　財字第六十號

——關於秋收工作佈置——

今年的秋收工作，应緊密配合查減，使減租減息發動群众政策貫徹執行，在工作上以突击的方式與備戰結合，配合民主教育（冬學）進行，除迅速完成任務外必須切实作到。

一、工作的要求：

一、老地區已实行过新辦法的村庄或群众充分發動起来的村庄一律实行新辦法，其餘無論新老地區实行地畝累進法辦，廢除按銀兩攤派的不合理制度，在掌握貫徹政策的基礎上保証征收任务的完成，根据去秋、今春交完成的數目及目前环境及各縣現有的条件，只要正确的執行政策，如期完成任务是不成問題的，对各縣应努力完成的數目分配如下：

莒縣　2500000斤　日北　2700000斤　諸城　2600000斤

莒諸　2000000斤　藏馬　1800000斤　諸膠　1400000斤

二、為了保証軍食供給及正确的掌握政策，必須实际深入下層，面向村庄面向群众，徹底……研究了解……半数的要粮

1.

現实，不要以感想代替政策，對互粗枝大葉，不求甚解，只滿足於現象的錯誤。根據夏收工作經驗，認真徹底的執行辦法，正確的掌握政策，佈置工作時要具体週密，貫徹民主，打通幹部思想，多進行鼓勵，对群众多進行宣傳动員，說服教育，使群众自覺的進行反黑地斗爭。

三、党政軍民冬衣問題急待解決，不能單靠路南供給，（应自力更生一部）因此決定收公粮折價收土布（四丈長八寸寬質量要好）七千疋（最低數）價格的確定与各該縣公营商店商討，粮食比值亦須隨時按市價規定。努力的數目：

莒縣、日北各二千疋。諸城、諸莒各一千五百疋。隨收隨解，十月底前完成數目，價格及折合粮數須註清楚，免得錯賬。

四、征收工作的具体要求：

1. 边緣區应在十月二十日前完成並總結后帶各种材料（各种表冊等）及書面報告來行署開会，十月底全部完成並總結后帶各种材料（各种表冊等）來行署開会（總結会臨時通知）。

2. 地級評議要公平合理，要一碼齐，地與地庄與庄之间評議的要適当，不要相差懸殊，在進行此工作時必須要迅速，不要拖拉時間。

2

3

3. 糧庫要建立與健全起來，糧食收起后即要保證安全妥藏，免得遭受損失。

4. 手續要清楚，各庄公糧不要收空存空，亦不要拖延時間，糧食繳齊后即制手給正式收據以資証明，糾正過去有的區份不發給收據的錯誤。

5. 幹部到各庄征糧時不要群眾招待，並要强調廣泛宣傳政治動員。

6. 幾種統計：① 敵、游、我區各有村庄、戶數、人口、原地畝、折官畝、折中畝（特別新地區）各多少；② 各階層產量、負担比例（典型的與一般的）；總產量與負担比例；③ 实行兩种办法各多少村，比例；④ 灾荒情形、戶數、地畝、減免戶數、人口、糧食多少；⑤ 保护秋收主力部隊、民兵作战次數、繳獲、毙俘伪匹敵偽數目；⑥ 模範村、模範幹部多少，举例。

五、幾個工作結合的具体要求：

1. 征糧即要準備戰鬥，隨收隨藏，並一定要進行反資敵反搶糧工作。

2. 解决群众问题，與反黑地、查減工作結合起來，新區反黑地要特別強調（[illegible]

3.

2

4

3.檢查生產組織、發現培养[illegible]積極份子[illegible]实

荒。

4.普遍宣傳村財政制度、推动改造村政。

一.2.組織領导：

基本上樹立明確鞏固的群众观念、打通幹部思想、掌握幹部、建立組織、確定工作的信心。

1.动員一切可能使用的力量、財政組部门及政府的各部门幹部、小学教員、中心小学校長、在區公所佈置工作時、要他参加、向小学提出要求來，把法令政策、征粮办法作教材上課、并要求村幹、部隊幹部、党民幹部都要了解征粮办法、配合此工作之進行、特别是民兵的使用及積極份子使用更須注意，但必須指出配合保証中心任务的完成。取消把征收工作当成財粮人員自己的工作去看待、致造成领导與業务掌握要結合起來。

2.組織形式問題——各級政府以党為領导核心、行政上的組織領导仍要發揮其執力。利用組織推动工作、强调村幹的使用、取消臨時征粮隊、各縣动員一部幹部充实與健全征收處、对人員选擇、不要注意大要着重質比原編制多幾人也可以、必要的、應村成立評議

4.

5

委員会以联防區為單位，联防評議好后各評議員即在本庄帮助征收工作，縣成立保征收委員会（党政軍民），縣境駐軍首長參加，統一領导，对民兵的活動軍隊要掩護。

3.动員教育——对脱离生產之人員，要不當時间的進行教育，打通思想后，再去实習以作示范，各县系统的傳达，在群眾会議上一定要派人參加討論，以區为單位有計划的打通思想。

4.宣傳群众——主要联系群众切身利益问题，進行政治教育，部份的可以使用良心會，但不要過一律的調良心会形成單純的要東西的观点。

二、領导方法：

1.掌握骨幹——培养骨幹並發現积极份子，主要靠民主與正確領导結合，讓村干积极份子起作用，这样群众力量才能发揮。

2.中心突破——無論边緣中心區，都可以使用，不但影响群众，对干部的信心鼓勵起莫大作用，并且要傳播交流經驗，以資在工作上的收效。

3.個別問題：

一、標準粮——以標準粮以……之七十時，可由縣根据具体情形确定以何折合，這是限于個別……不是一般的。

二、自然畝折官畝按当地具体情形折合之。

三、粮庫幹部的配備要通过行署，要接受區公所的行政領导，不能隨便脱离，或单独活动，但在糧料上業务上不能代替財粮科，藏粮食的責任担負在粮庫的本身，边緣區不能存粮。零粮尾欠及現存數目亦須抓緊整理。

四、開征收時应隨時隨地彙报征收情形及群众反映。

五、关于各种材料統計都要隨時隨地注意搜集并整理云來，免得總結時臨時「抱佛脚」的現象。

以上指示希即討論佈置并將佈置情形报告本署為要！

此致

縣政府

兼主任 崔 翰

財粮科長 趙爾 封

中華民國三十三年九月二十七日

滨海区行政专员公署关于执行“八十”训令贯彻查减的指示

（1944年10月8日）

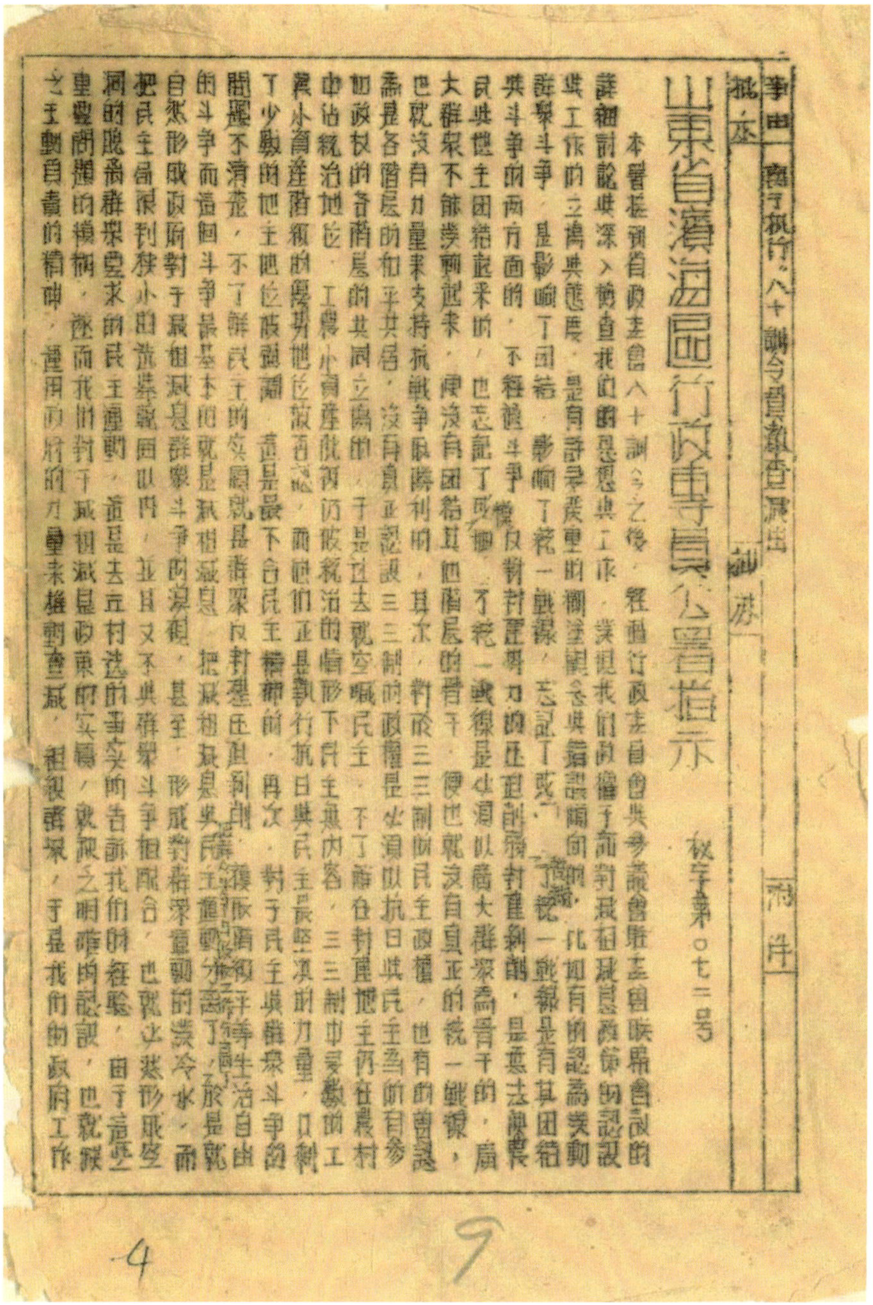

事由：爲執行“八十”訓令貫徹查減由

批示

辦法

附件

山東省濱海區行政專員公署指示　秘字第〇七二号

本署接到省政委會八十訓令之後，經過行政委員會與參議會駐委會聯席會議的詳細討論與深入檢查我們的思想與工作，發現我們的偏于而對減租減息及節約認識與工作的立場與態度，是有許多嚴重的偏差與錯誤傾向的，比如有的認為要動員群眾斗爭，是影响了团结，影响了統一戰線，忘記了或忽視了統一戰線是有其团结與斗争的两方面的，不経過斗争仅对封建势力的压迫剥削，是要去與農民與地主团结起来的，也忘記了或忽略了統一戰線是必須以廣大群眾為骨干的，扁大群眾不能發動起来，便沒有团结其他階層的骨干，便也就沒有真正的統一戰線，也就沒有力量来支持抗戰争取勝利的，其次，對於三三制的民主政權，也有的曾認為是各階層的和平共居，沒有真正認識三三制的政權是必須以抗日與民主為前提參加政权的各階層的共同立場的，于是过去就空喊民主，不了解在封建地主仍在農村中佔統治地位，工農小資產階級仍被統治的情形下民主無內容，三三制中受數的工農小資產階級的優勢地位被否認，而他們正是執行抗日與民主最堅決的力量，只剩下少數的地主地位被强調，這是最不合民主精神的，再次，對于民主與群衆斗争的關係不清楚，不了解民主的實際就是群众反封建压迫剥削，獲取[illegible]改善生活自由的斗争，而這個斗争最基本的就是減租減息，把減租減息当民主運動分离了，於是就自然形成政府對于減租減息群衆斗争的漠視，甚至，形成對群众運動的潑冷水，而把民主局限到狹小的選舉範圍以内，並且又不與群衆斗争相配合，也就必然形成空洞的脫離群衆要求的民主運動，這是去年村選的事实所告訴我們的経驗，由于這些重要問題的模糊，從而我們對于減租減息政策的實質，就缺乏明確的認識，也就缺乏主動負責的精神，運用政府的力量来推動查減，組織群衆，于是我們的政府工作，也就不能不形成高高在上的官僚主義，因此今天我們必須根據八十訓令深入檢討、思想上重新來認識這個問題，為了執行這一訓令貫徹查減，組織群眾大運動，迎接良好的局面，我們必須：

（一）根據八十訓令，打通幹部思想，明確民主政府的立場與態度，第一，我們必須肯定，我們的政府基本是為群眾服務的，我們是站在〃努力改善群眾生活，扶持群眾組織起來，形成獨立自主的政治力量的嚴肅的民主立場〃之上，來適當的照顧各階層的利益的，我們對于目前以查減為中心開展基本群眾爭取翻身爭取優勢的斗爭，政府必須採取積極扶持的立場和態度。

第二 正確認識減租減息是政府法令頒佈的，政府自身有責任求其貫徹，因此群眾的減租斗爭是合法的，而地主抗減是違犯法的，在這一方面必須了解政府與群眾團体，並不是立場不同，只是分工的不同，而是說政府主要的是從法令上，從各種工作上，用不同的方式，來扶持與領導群眾，所以政府有責任來貫徹減租的法令也唯有這樣，才能與群眾團體密切配合起來。

第三 必須認識，民主中國扶持群眾所翻身爭取優待的反封建壓迫，和減輕舊有剝削的斗爭，但政府應設法使斗爭約束在一定條件下，而使之不發展為消滅封建勢力和打擊大家，而在地主遵守政府法令，和不破壞群眾運動的條件下不但保護其政權，政府對群眾的具體態度，應是一方尊重其鬥爭運動，要求解放的行動，一方引導約束其斗爭在合法範圍之內，對地主一方勸說其執行政府法令，頑抗者而依法制裁，一方獎勵其開明進步，並保障其在法令以內應得的權利。

（二）具体佈置工作，運用政府各種力量，貫徹查減的執行。

第一，在政府幹部中，進行民主和法令的教育，在這同時上，具体整風打破一般小商自私狹隘的知識份子，對封建地主的正統觀和道德觀，爭取地主成份的工作者開明進步，對個別違犯法令抗減者，要給以適當和處分。

第二，在執行查減中不要形成單純的共同進行同一的活動，各科應有分工；

10

也不要各科放下其本身工作都來作查減，而是要在其本身工作中學會通過查減圍繞查減去工作，善于從不同的方面與不同的形式來發動群衆是今天政權工作應該掌握的重點，当然领導駐村工作是可以并同一致進行的。

第三，在扶持與指導群衆斗爭中，一些在減租減息法令以内的問題，政府有責任向群衆宣傳政府的法令和態度，鼓勵群衆，敢於講理鬥爭，直接領導群衆斗爭以求實行，至於一般屬於過去性的反惡霸斗爭，政府則可與群衆團體適當配合，不應直接出面主持，但不管怎樣，不能潑冷水，應以各種方式幫助，如運用馬錫五方式去處理斗爭案件，如斗爭中群衆有些過火行為，不應責備，而應與群衆團体商議說服引導群衆的辦法，在各地成立群衆團体的領導机关時，行政首長應出席講話，幫助解決經費等。

第四，使查減斗爭與民主政治聯系起来，首先是吸收工農積極分子參加政权，加強政权中的工農成份，不但村應改選，區亦應調劑，加強，其次在斗爭己開展的地區，應吸收開明的地主，參加政权，對抗減或違法的地主，應從政权中清洗出去，而這工作，應經過群衆的選舉，尊重群衆要求。

第五，在政府執行此一指示中，包庇遷就地主的傾向是要不得的，但也須避免政府也和農救會一樣的面目去做，因為農會是農民群衆的組織，而政府則不同，同時也須兼顧各階層，如依靠開明地主與户會來減租是發動不起群衆的，必須防止形式主義的毛病，要緊緊掌握減租政策的精神來進行工作。

第六，由于八月間的反掃蕩，查減曾有一時停頓，茲決定十月至十一月份仍以查減為中心，各縣區應配合群衆團体，在經常戰勤的前提下共同佈置，深入檢查，並應根據訓令所指，親自動手的精神，負責干部加強基点村與駐村的工作，尤應注意適時聯系與結合其他工作，像民主自治，如救粮，冬学，生產等可與之結合，在查減運動中，又可發現與培養勞動群衆中之積極人物，為開展全面民主運動與推動動今後大生產工作的準備，所有這些都說明了減租是群眾斗爭，所以其內容是貧雇的豐富的，我們必須使這一工作在幹部中從思想到行動都熱烈的動員起來，堅持下去。

各縣接到本指示後，應連同八十訓令會同參議會農委會以及各區干部深入討論，具體佈置，並限于文到十日內，將討論佈置情形，報告本署，以便轉呈政委會，工作中的情形和經驗，亦須隨時報告本署。

此致

專員 謝輝

副專員 崔介

中華民國三十三年十月八日

12

滨海区行政专员公署关于冬学工作的指示（1944年10月11日）

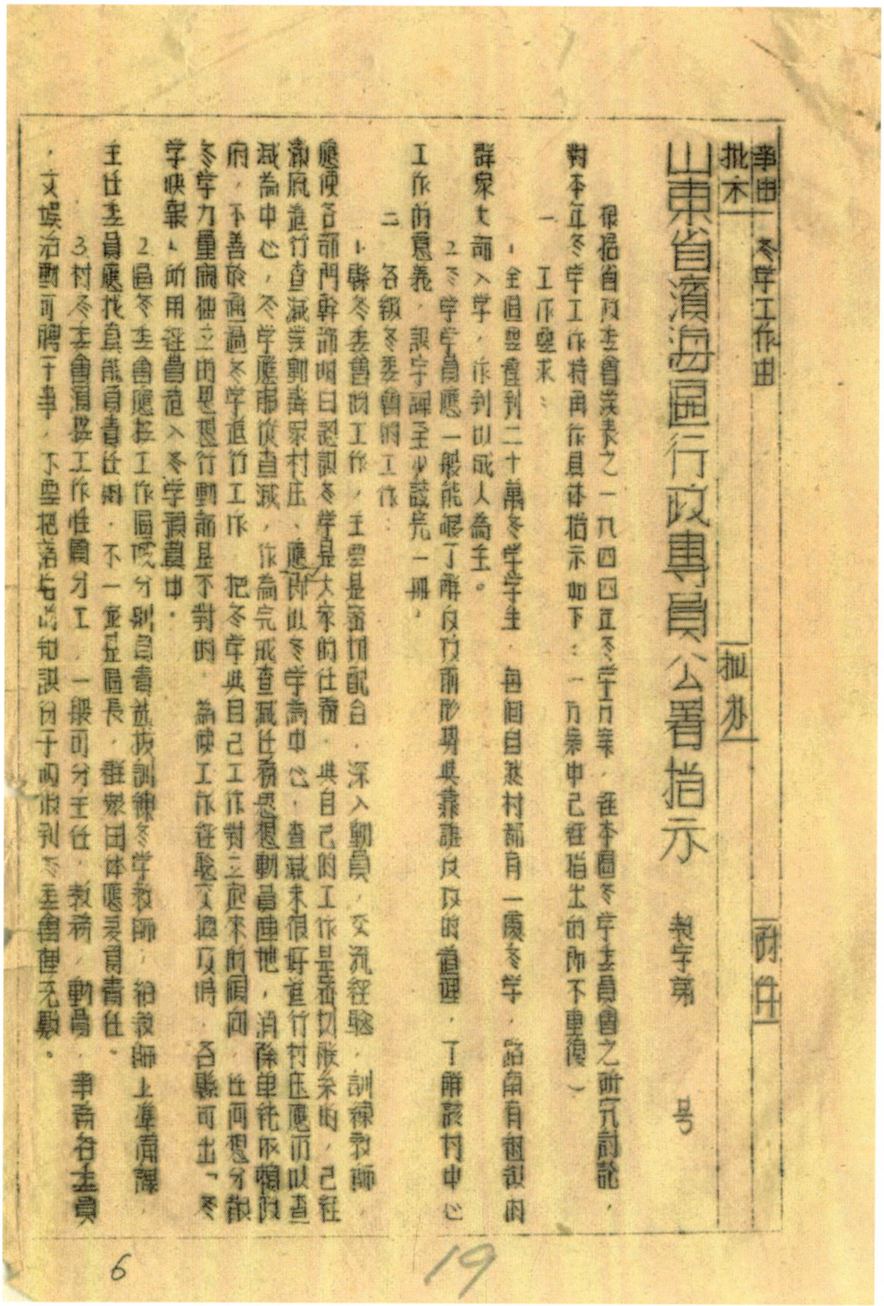

事由：冬学工作由
批示
拟办
附件

山東省濱海區行政專員公署指示 教字第 号

根据省政委會發表之一九四四年冬学工作方案，在本區冬学委員會之研究討論，對本年冬学工作特再作具体指示如下：（方案中已經指出的即不重複）

一、工作要求：

1．全區要達到二十萬冬学学生，每個自然村都有一處冬学，務使有組織的群眾大部入学，作到以成人為主。

2．冬学学員應一般能瞭解反攻前形勢與農村反攻的道理，了解農村中心工作的意義，識字課至少讀完一冊。

二、各級冬委會的工作

1．縣冬委會的工作，主要是密切配合，深入動員，交流經驗，訓練教師，應使各部門幹部明白認識冬学是大家的任務，與自己的工作是密切聯系的，已經減租進行查減發動群眾村莊，應即以冬学為中心，查減未很好進行村莊應即以查減為中心，冬学應幫助查減，作為完成查減任務思想動員陣地，消除單純依賴政府，不善於通過冬学進行工作，把冬学與自己工作對立起來的傾向，任何想分散冬学力量而獨立的思想行動都是不對的。為使工作經驗交換及時，各縣可出"冬学快報"，所用經費由冬学預算中。

2．區冬委會應在工作區域分別負責並選拔訓練冬学教師，組教師上集開課，主任委員應找真能負責任者，不一定是區長，群眾團體應負責任。

3．村冬委會須按工作性質分工，一般可分主任、教務、動員、事務各委員，文娛活動可聘干事，不要把落後的知識分子頂到冬委會裡充數。

三 當以政治教育為主，

所謂以政治教育為主，決不是在課程表上規定幾次政治課，即可完成任務，應注意以下幾点：

1.各區政民干部都應負責教政治課，主要是圍繞中心工作，教育動員群眾各個係方抓實，小学教員以及村的各種領導工作者自然須配合冬学上政治課。

2.政治課的內容應包括当時当地的中心工作，上課形式也不一定是集會的教室裡先生講学生聽，教学宜要用啟发討論分析綜合的方法進行，反對引不起学趣的注入方式。

3.經常注意啟發，適當運用政治教材（除教育處編的以外，縣社應計劃編印）上文化課時應注以政治教育的內容）兒童仍須酌量加重文化教育。

四 大量培養群眾的教師：

要從冬学受到群眾歡迎，巩固发展並打下民校的基礎，必須在群眾中大量注意培養與考教師，不但只注意其文化程度，主要的是政治的積極性和群眾觀點條件，在群眾運動中湧現出來的中堅領導人物，都是很好的對象，應深入發掘，提拔培養成為經常的教師，此外有一技之長，一事之德的都可為臨時教師。

五 訓練教師與獎勵模範：

1.冬学教師訓練，應由縣區負責，在冬学開始前可進行一次集体訓練，時間五天至七天，不脫離生產人員由政府造具預算，冬学開始後則由區冬委會負責分別召教師上準備課，可以每五天到十天集行一次，不准開支路費。

2.学習使用通過模範推動工作的方法，各冬学要節省經費，對模範教師，模範学員，模範冬学得給以精神物質之獎勵，獎品費用由政府開支，每區不得超過一十元（全冬学期）此外可由群眾募捐，但絕對禁止攤派，各種模範應由群眾選举，其模範條件主要是能得群眾擁护，具体條件可參考去年本署冬学模範指示上通過群眾討論提出，不可命令。　並勵

六 經費和教材

20

1.冬学识字课本办公灯油教员津贴等费均由各村自筹，有公款生产的应从中开支，也可以募捐，教员津贴提倡变工办法。

2.报社出版的政治教材由专署统一购买分发（每村一册），有关中心工作的教材，由各系统自行编印，在冬学中求得统一计划了解。

七 工作时期和回报：

1.冬学时间定为四个月，自十一月正式开始，十一月份应突击大量发展，十二月一月达到工作的最高潮。

2.各县对专署每月回报一次，行署两个月一次。

此致

专员 谢辉

副专员 崔介

中华民国三十三年十一月十一日

滨海区工商管理局：海口管理办法（1944年）

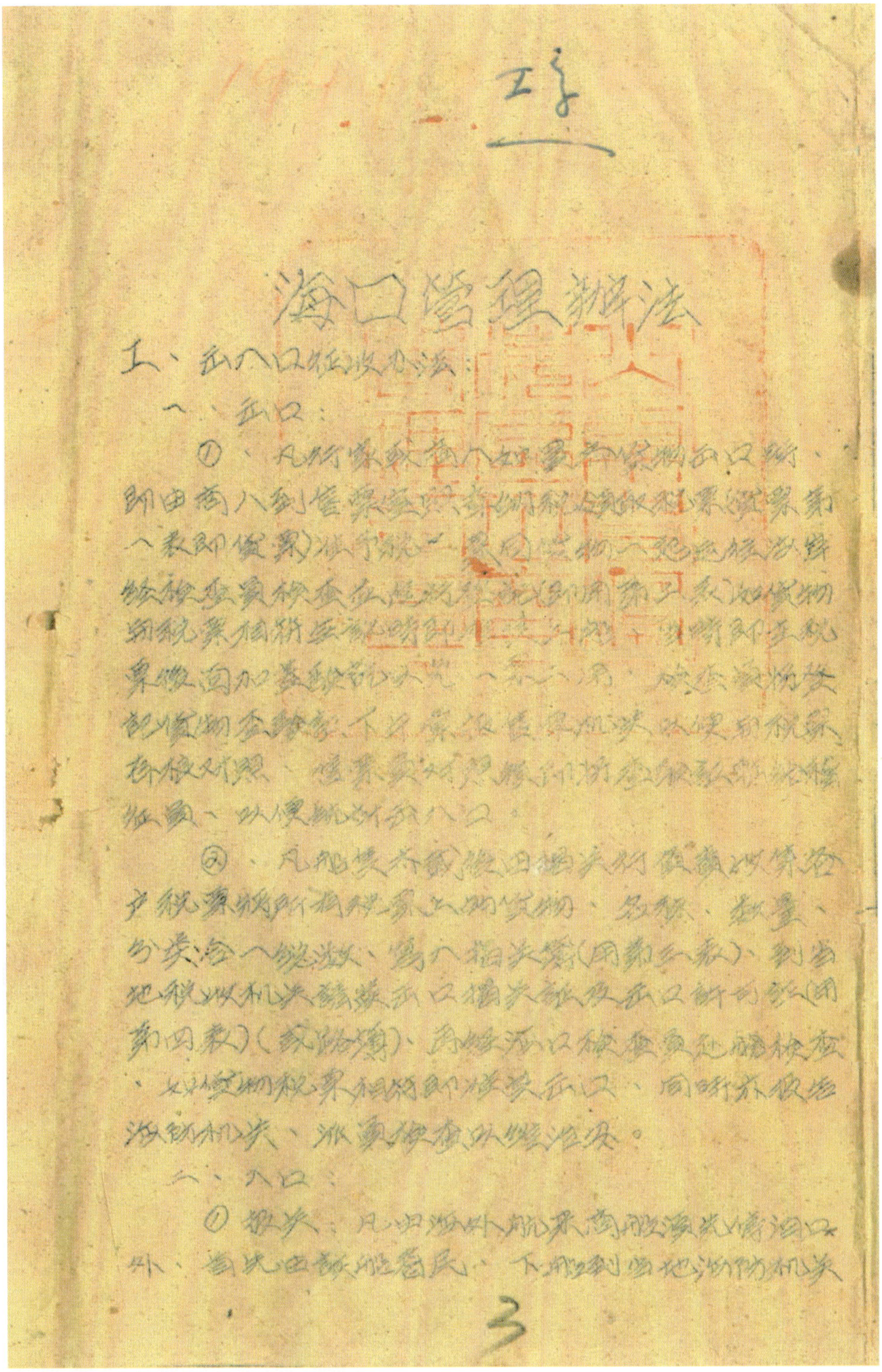

海口管理办法

I、出入口征收办法：

一、出口：

①、凡所[illegible]货物出口时、即由商人到管委会[illegible]税票(货票第一表即货票)[illegible]货物一起[illegible]经检查员检查[illegible]如货物与税票相符[illegible]即在税票上加盖[illegible]、[illegible]部以货物查验[illegible]以便[illegible]税[illegible]、[illegible]征员、以便统计出入口。

②、凡船只[illegible]户[illegible]货物、名称、数量、分类[illegible]、写入报关单(同第三款)、到当地税收机关[illegible]出口报关单及出口许可证(同第四款)(须附货单)、再经海口检查员处检查、如货物税票相符即准予出口、同时并报告海防机关、派员检查以资证实。

二、入口：

① 报关：凡由海外航来商船须先停泊口外、当其由该船船长、下船到当地海防机关

3

报关入口、海防机关即派员检查，如实係经商经其允许者即准其进口停泊，再由船民或客人向船主报告入口货物、名称、数量在表上填写，船主即将各船货物、名称、数量、写于报关簿上（用第五表）向当地税收机关申请入口，税收机关即派员检查登记、货物的数额（用第六表）如税收机关认为其输入货物不违犯海关条例物品之规定，即准其入口。

②、缴税手续：如经允入口时，商人即将入口货物报缴，经审查经营纳税额及税率，同时海口检查站分别检查，如检查其货物与税票相符者，即准其把货登岸，同时亦须纳税票缴商人查验收据。

三、转口手续

①、出口：凡船只去外口采购货物并欲从本港往其他海口时，在出口时须办理转口手续，缴纳转口税（用第七表）在照章纳税出口，须在路证上签明，否则不得出境离港。

②、入口：凡船只出海外所采购输入货物经营者须办理入口手续，其所货物仍须报

4

出口手續辦理、但不用納稅、否則不准其隨便輸出口。
五、兩種不同的情況下兩種不同的海關辦理辦法：
一、敵後根據地區的船隻來往：
①、出口：採用外江的辦法、實行物資管理、（仍採用舊的外江辦法）
②、入口：凡禁入物品、如第一次來我海口不予詳細向其解釋登記令其帶回原地、如果發現禁入物品即予沒收、並將人物一并交當地司法機關處理、如經敵後根據地區屢次要求禁入物品者、以檢查明即行沒收、至於納稅貨物則照章納稅、免稅貨物亦照章登記、即准其卸貨入口。
二、本區各海口的船隻來往：
凡係本區的海口如有船隻來往可採用路單辦法、實行雙方的物資調濟、不論出入口之貨物均一律免稅、但在路單上載明、保証不到其他海口去、並且絕不違犯、如違者即予嚴罰。
五、海口走私漏稅之處理：
一、入口方面、

5

①、如初次来我海口时、对我规定之禁入品不了解时，可从轻登记不予没收、俟其出口时再同令其带回原地。

②、如有违禁品（大烟、白面、海洛英、吗啡等）即予没收连人带物一起送当地司法机关处理。

③、禁入物品除勿须没收外、仍不报告登记而经查出者、即按情节轻重可以实价处一倍至五倍之罚金、但其禁入物品仍应带回原地。

④、凡输入口完税之货物、须要详细登记价格因根据货贷之时价（出口按市价、入口按时价的原则）如故意逃避进口之登记者亦作走私论、罚以物价百分之一至百分之十的罚金。

⑤、凡应纳税之货物以多报少者、查明后其漏税部分处以税额的一倍至五倍的罚金。

⑥、如以完税货物掩藏违禁品进口者、经查出后、除将违禁品没收送司法机关处理外、将其完税货物处以货价一倍至二倍的罚金。

6

⑦、凡入口貨物以優報劣者、經查明後除其按優等貨物補稅外、再予以其貨物差額百分之八十至百分之五十之罰金。

⑧、凡入口貨物如有不符之港口規定辦納者、應分別處罰之、貨物如比規定多、應照本口稅率補稅外、再加以其漏稅部份貨物稅額的百分之八十至百分之五十的罰金、貨物如比規定少者、應按其出口報關時報告納稅。（此條只限於我山東解放區範圍內之有稅貨物）

二、出口方面：

①、凡偷運無證貨物出口者、經查出後的予以處分（與上述四節同）及納稅不納者或以多報少者、如船走後再經查出後者、俟該船回來後予以處分。

②、凡規定之特種貨物走私漏稅者、應課以貨價的百分之八十至百分之五十的罰金、甚至沒收。

○三、海口走私漏稅的花樣很多、處理辦法也要詳細調查、根據具體情況、參照稅務方面有關規定判處罰則。

四、港務制度：

①、凡船入口后船货如不交时上货或卸货、即指定一定地址停泊、不准於船不准随便流动。

②、凡船只上货时须停泊於规定之码头停泊、亦不得随便移动船只、如须移动时、须经核准。

③、船只出口、如船内载货、须检查检查完毕、一切出口手续办理清楚后、即离出港外停泊。

④、在港停泊不论船员及客商概不准随便登岸：（特殊情形例外）

⑤、凡航船来本口者、须先报关、由该口税务机关指定其一定地址停泊・不准任意

三、停泊、或随便装卸。

⑥、凡船只停在口外、行由小船送下人来打听货价买卖货、添装货物、亦须按照进口手续办理之（报关等）

⑦、凡进口船只货物卖完时、想在本口买货带回、必须申请核准后、方可照章纳税出口、照出口手续办理之。

⑧、凡船因潮水不能进口停在口外、如须将货物卸本口者、亦必按照进口手续办理

8

之。

㈣、凡因大风损坏、避险入口躲避者、或因采买淡水入港内停泊者、在口时、必须照相关手续办理。

丁、船只发照办法：

我们沿海港口在过去八年来的殖民和统治下、航业已陷停顿、船户饱受压迫很多、渔民和海上贸易也谈不到安全保障、因此恢复发展航业繁荣海上贸易、以及保障海上商旅的安全、凡我沿海解放港口之船舶、均应予以妥善的管理、使其航业文化部门未成立以前、暂时规定发照办法如下：

①、凡是我解放区港口之船舶、不论轮、民、渡船、均须填写申请书（第八款）向当地 四
交通机关申请登记领取船只牌照（第九款）方准行驶。

②、凡我滨海地区、沿海之港口、可根据各分局、主要港口进行登记（即是一分局以真口为中心、二分局以香口为中心、三分局以石臼所为中心）至于其他海口、可准予航船、但应进行登记颁发牌照时、报给主要港口编排号码以便管理。

③、凡欲领取航行证之商船、须到船舶牌照申请处时、并详细考察、如确为该船合格时即填发该船之牌照、但在发给牌照时须根据该港口之地名编号为号码、例如石臼所即编为石字第×号。

④、凡船只领取船牌照者、并根据牌照上之号码在该船头部位用油漆写明号码以便识别、（油漆之颜色及字样之大小均由该地之商部门自行规定）

⑤、自船只发给牌照实施后、如船只未领取船牌照时、即不准停泊各港和航行。

⑥、凡船只领取之牌照、不得遗失、如有遗失须呈报原领机关注销、另行具保补领。

⑦、凡领取船牌者、必须交纳牌照费伍十元。

⑧、凡船只营业已领取牌照者、在各港口须依照牌照上规定之港口营运之、不得紊乱。

⑨、凡船只领取牌照者、并根据牌照编号船牌如下图：

[illegible]
[illegible]

10

地将由该口之商部门保存、如船出口时即将船照缴去、入口时即将船照发回、以便考察进出口之船只。

⑿、此办法系在行政上暂行管理办法、自公布之日实行。

附：海口事务所组织机构及其具体分工、兹明海口事务所、除所长、会计外、另有下列组织及分工。

(一)、工商干事若干人、负责工商业登记、组织商会、配合地方组织建立工会及组织航业职工会发起组织等。

(二)、检核员若干人、负责检查出入口货物、办理出入口货物检查报告、掌握海关制度及统计出入口货物等。

(三)、稽票员若干人、负责掌握税票售发税务。

(四)、出纳员若干人、专门负责税款收付及现金保管、

(五)、检查员若干人、专门负责缉私查缉隐匿出入口货物、在船初入时宣传我们的政策、及向商人说明我们的税则税率。

（完）

11

滨海区行政公署、滨海军区关于荣誉军人教养院问题的决定

（1945年4月23日）

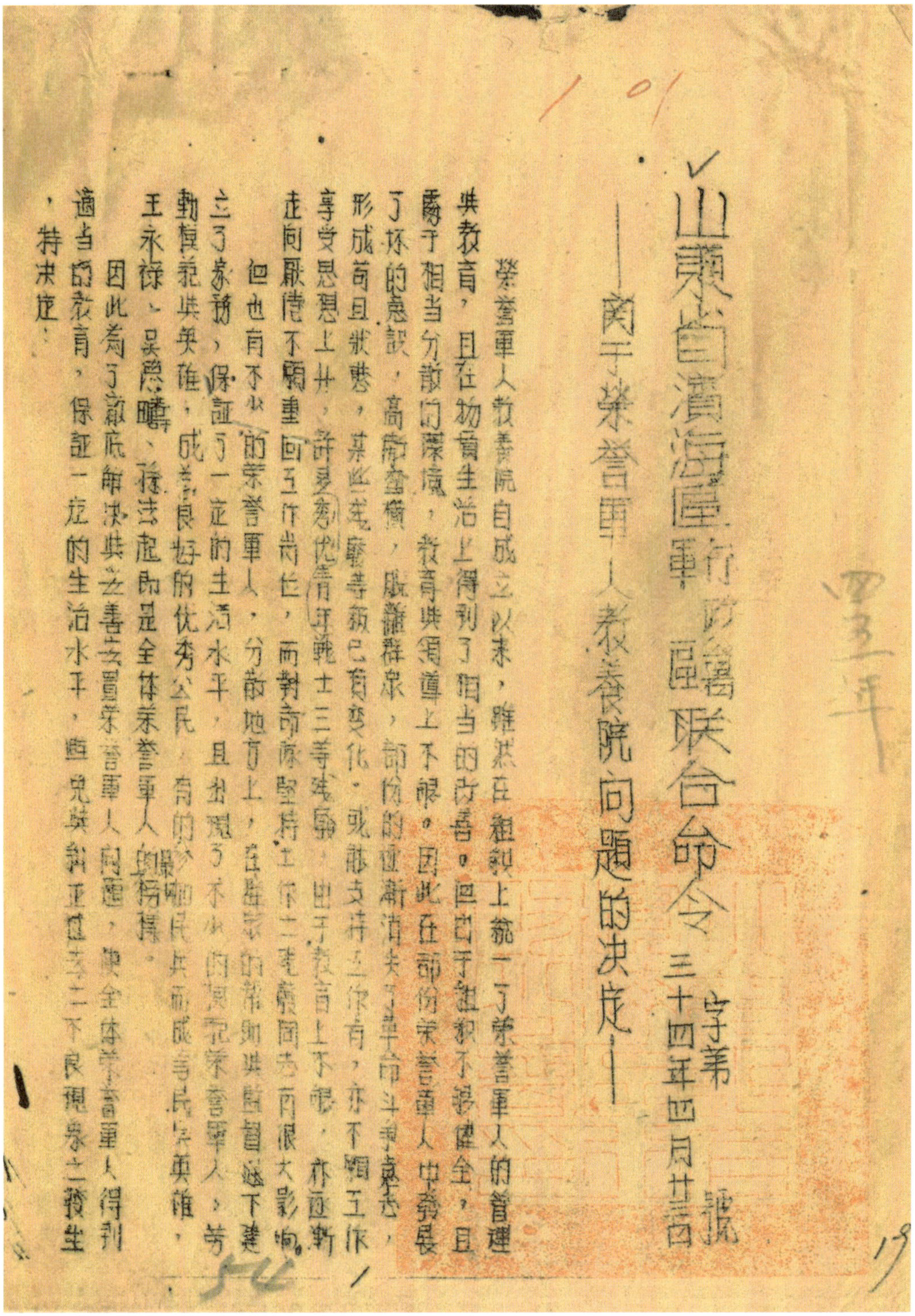

山東省濱海區軍、政（行政公署）區署聯合命令 字第 號 三十四年四月廿三日

——關于榮譽軍人教養院問題的決定——

榮譽軍人教養院自成立以來，雖然在組織上統一了榮譽軍人的管理與教育，且在物質生活上得到了相當的改善。但由于組織不够健全，且處于相當分散的環境，教育與領導上不够。因此在部份榮譽軍人中發展了壞的意識，高傲蠻橫，脫離群衆，部份的逐漸消失了革命斗爭意志，形成苟且狀態，某些老弱殘廢者雖已有變化，或能支持工作者，亦不願工作，享受思想上升，許多優秀青年戰士三等殘廢，由于教育上不够，亦逐漸走向厭倦不願重回工作崗位，而對于應堅持工作之老戰友而有很大影響。

但也有不少的榮譽軍人，分散地方上，在群衆的幫助與自己努力下建立了家務，保証了一定的生活水平，且出現了不少的模範榮譽軍人，等動員參軍與英雄，成為良好的優秀公民，有的影響民兵而成為民兵英雄，王永祿、吳恩曉、孫志起即是全體榮譽軍人的榜樣。

因此為了徹底解决與妥善安置榮譽軍人問題，使全體榮譽軍人得到適當的教育，保証一定的生活水平，避免與糾正過去一些不良現象之發生，特决定：

一、对荣誉軍人教養院集中之荣誉軍人之處理：

甲、確定荣誉軍人以分散為原則，因為敵寇重點主義配備，加强突襲能力，尤其沿海在戰略上更為敵我必爭之地，今後斗爭可能更艱苦複雜。為荣誉軍人的安全與相当時間来建立自己家務，達到生活改善，對抗戰更有貢献起見，故决定実行分散的辦法，取消現在集中性的組織——荣誉軍人教養院。

1.除調集十八歲以上二十八歲以下之青年，在体力上能堅持學習，能走二十里路以上者到軍區文化營學習外，其餘均按以下辦法處理之。

2.進行普遍檢查確定残廢等級，重新發給証書。

3.三等残廢及能工作之二等残廢分別分配前方或後方政权公營企業、互商等部門予以適当之工作，或到各種短期訓練班學習，再行分配工作。

4.不能工作之一二等残廢處理辦法：

A.能回家者均動員辦理退伍手續回家，本地區的原則上一律回家。

B.該區不能回家或無家可歸者適当分散安置（每村以二至三五個為原則），由政府指定村莊安置，並由政权系統按供給標準按期供給之。

5.久治不癒而又無法繼續工作（必需切実檢查）者，處理方針與残廢同志處理相同，儘量動員回家，確実不能回家者，則分散安置，或至医院治疗），送院可另组织疗养所，专收此类人员，在当地方疗养并尽可能进行部份农业生产，求得改善生活（其部份自给），以具体情形决定之。

乙、根据以上之处理方针决定：

1.取消荣誉军人教养院的组织，行政公署及各专员公署组织荣誉军人管理委员会，由行署（专署）军区（军分区）及有威望之荣誉军人组织之，该委员会并专设二人至三人处理经常工作，其机关设于政权民政部门中。

2.荣誉军人除外区退伍回籍者外，凡本区无论退伍安家与寄居者均由管理委员会负责，并责成各级政权管教，尤其对寄居者。

3.安家及退伍回家者均按政府退伍抚恤条例执行，并责成区村政权确实帮助使之在生活上确能维持，不至生祸，并应帮助建立家务。

4.对不能回家而寄居者，则由地方政权统一供给标准定期发给之。

5.无论退伍回家或临时寄居或就地安家，除按政府优待抚恤法令执行外，荣誉军人不得额外索取，但如因故使生活无法维持时，当地政府酌情予以帮助。

6.荣誉军人教养院所属各所的组织均取消，所有干部及工作人员均分别分配工作，如系荣誉军人者，均按荣誉军人处理办法处理。

7.无论寄居与安家者其政治生活均移交地方党负责。

丙、号召全体荣誉军人，认识保持与发挥自己的光荣，能工作者应继（不能继续工作，愿回家或就地安家者，亦酌发安家费）续为革命事业奋斗到底，也应成为当地的一个模范公民，执行政府法令，联系群众，尽可能参加劳动，保证自己生活，减轻政府与群众的部份负担。

丁、荣誉军人分痼疾久治不愈者退伍回家时，应有组织的在地区组成，由政府介绍至各该地区政府机关转送回籍，除发给必需之路费外，其无邮全等均以避乘车之到指定地点，以免路上遭受与发生其他意外。

二、今后对出院之荣誉军人处理办法：

甲、凡三等残废及临时残废（四等）经检查确能出院后，直接介绍到原部分配工作，如当时不能工作，各军分区司政卫机关组织临时休养班，在不能工作之前其待遇仍按休养员之标准，该班之干部应派坚强之政治干部，以加强其教育，使之得到一定之学习，经常予以精神之安慰，各级首长应切实负责关心，使之恢复健康继续工作。

乙、一二等残废不能在部队工作者，则由各军分区政治机关负责办理退伍手续介绍回原籍，如不能回原籍者，军分区与专署商同按一项办法处理之，基本上与对荣誉军人教养院处理办法相同。

丙、兵团直属及直属各兵团出院之一二等残废不能工作者由军区卫生部去自会（同政治处办公）按上项规定办法协同行处理之。

三、部队对医院应负的工作。

醫院對傷病員之政治工作的好壞，將直接影響到前方部隊之戰斗力，但對部隊對醫院休養之傷病員之關心與否也直接影響傷病員的情緒及部隊之戰斗力，因此重新指出：

1. 各部隊應經常定期的派專人去醫院慰問，應當糾正某些不關心的傾向，如認為兵源解決了，兵有疑有的是，不回來也無多大關係，對所謂挑皮的不回來才好，愛好的不愛"怀"的等有害的觀念必須糾正，應確實樹立愛兵觀念關心傷病員。

2. 對傷病員的慰問除個人自係慰問吉送東西均須經過醫院統一分配，不應各自慰問，以免發生部隊與部隊間之互相不滿現象。

3. 經常寫信保持聯系予以精神之安慰。

4. 對歸隊之傷病員部隊應盡可能組織歡迎而且在生活上及工作上多照顧其体力給支持，并應熱情的予以安慰鼓勵并征求其意見，如對醫院有意見時應進一步組織反映轉告醫院。

5. 各部隊對戰利品的處理，戰斗結束後應適當分給各該戰斗中負傷的同志，并派專人帶去予以慰問，同時對醫院建設上在可能條件下盡量幫助，如作戰繳獲留声机及其它適合醫院需設之物品器材送給醫院。

6. 傷病員私人東西（武器不准帶入醫院）予准加由保管，如因當時某些情況因來不及帶走時，事後應派人送去，嚴禁個別人員貪小便宜的不適應行為。

以上希傳達各師部隊與機關為要。

此令。

主　任 謝 輝

副主任 周純全

司令員 陳士榘

政治委員 唐 亮

副司令員 萬 毅

政治部主任 劉興元

滨海区行政公署关于执行“五一”训令的指示（1945年6月4日）

编号0908

濱海區行政公署

關於執行"五一"訓令的指示

民字第 貳 號

三十四年六月四日

濱海區行政公署印

2

濱海區行政公署　關於執行五一訓令的指示　民字第　號

(甲)對於此次民主運動應有的正確認識：

首先要了解開展民主運動，是根據國際國內局勢的變化，解放區工作的發展，民主建設進一步的需要而提出的，因此也就是濱海區民主運動的前提。各級干部必須聯系時事問題之研究，切實掌握本訓令的精神深刻体會開展民主運動在現階段的重要意義與其工作內容。訓令指出"民主運動是查減工作的提高和發展，是發揚生產積極性，鞏固生產組織，推動生產運動的武器，是調整階級關係，團結抗日人民加強對敵斗爭的道路"！這就是民主運動的基本精神。甚麼是查減工作的提高和發展？這就是第一，在政治上更加鞏固和提高了基本群眾的優勢，使其真正能形成"獨立自主的政治力量"（參考"八十訓令"）更加鞏固民主政治的基礎；第二，在查減基礎上更能加強各抗日階級的團結一致對敵；第三，為此就必須"深入民主教育，加強民主建設"，使民主與團結能更好的發揚起來，生產與對敵斗爭的各種工作更好的開展起來。惟有如此方能使我們能工作真正提高一步，也才能真正樹立起民主楷模，為全國示範。根據這一基本認識，與濱海區的今後形勢與工作情況，我們認為開展濱海區的民主運動，必須注意以下幾點：

一、必須密切聯系備戰進行工作。由於敵人對沿海注意控制，我濱海地區今後斗爭形勢可能更加緊張，一切工作便必須在備戰姿態下去進行安排，這樣便不能把民主運動看作是脫離戰爭的和平建設，也不能希望一定要有一個沒有戰爭情況的安定時間，才能進行這個運動，而是要抓緊戰爭空隙來及時工作，運用與創造適合戰爭情況的工作方式，同時也要照顧到今後一定時期我們物質的困難，而避免鋪張浪費。此外尤其應該弄清民主正是团结各階層、一致對敵的有力武器，是備戰的重要環節，是"加強對敵斗爭的道路"，認為進行民主就不能備戰是不對的，認為備戰就不需要民主尤其是錯誤的。

二、必須从解決实际問題中進行運動。我们民主運動的中心要求，是"深入民主教育，加強民主建設"，其具体的工作，便是改造村政，與建立或改選各級参議會與政府，而其精神乃是"从解決各種实际問題中去開展民主運動"，是用民主的力量與利益，因此，民主便不是单纯的選舉工作，而有其丰富的內容。就濱海區說有些地區查減還未徹底，或才在開始，這種的查減削弱封建剝削，從然是群衆迫切的問題，便必須在查減中，繼續發動群衆，建立初步的民主村政，使民主運動逐漸的展開。至于查減已經初步貫徹的地方，群衆的問題仍然不少，比如查減以後，斗爭果實的處理問題，生產中的自產思想，查減中某些與政策脫節現象，不注意查減以後團結各階層一致對敵，都曾使我們工作遭到損失，都成為今天應該解決的實際問題，而這些問題，又是與村政不健全，村干部脫離群衆違抗命令的作風分不開的，因此今天改造村政，已經是提高工作的中心關鍵，我們必須從這些實際問題中來教育干部與群衆，改造村政，並且也以民主檢 解決 查，推進政府工作民主，來舉行參議會。

三、必須切實掌握教育精神來開展民主。

從解決群衆的實際問題來開展民主，是不是要造成一個反對村干部的官僚主義運動呢？不是的，因為第一，今天村干部大部份是在查減工作中培植出來的骨干，他們的脫離群衆，甚至形成貪污腐化，基本還是舊的封建社會給與的影響，同時也是我們過去領導上不深入造成的問題；第二，革命的民主政策，基本乃是"反對封建勢力在政治文化上的統治，削弱其封建經濟，同時又爭取封建勢力抗日"的政策，是查減工作的提高和發展，不是反轉過來打擊支持查減工作的干部。因此，在總的精神上，必須掌握教育工作，在改

5

造村幹部的思想作風上來改造村政，在堅持反封建統治上樹立群衆優勢中，來進行各階層的團結。不讓群衆受損害，群衆利益，不下決心改正自己錯誤與改造村政，對于已經要壞或別有企圖的村干，不堅決清洗下去，是不對的；不深入了解各村的具体情況，亂改一通，與封建勢力以可乘之机，尤其是錯誤的。深入向干部與群衆進行教育，這是一個相當艱苦的工作，然而這也正是民主運動能否獲得成功的關鍵。

（乙）進行步驟及要求：

一、一般的分為以下兩個階段：

①七月份以前，縣及行政區參議員的選舉為重点，聯系進行部份村政的整理，要求縣及行政區參議會選舉完畢，縣參議會成立，并選出行政委員組成政府（至遲不得過八月十号），村政整理，要求各縣自定計划，主要是積累經驗。

②八月份以后，以整理村政為重点，要求今年秋後將我區村庄大部份經過整理成為真正的抗日民主堡壘。

二、各種不同地區的步驟與要求：

①中心區：

6

— 4 —

第一種、查減基本上已經完成，基本群眾已經相當發動，群眾組織初步建立與健全的地區，六月份主要是進行民主教育，部份進行村政整理，籌備縣議的一切準備工作，七月份在群眾團体領導之後，將參議員選舉完畢。

第二種、查減剛開始，群眾初步發動，群眾團体尚不健全的地區，六月份主要是貫徹查減與提高生產，聯系進行民主教育，籌備縣議，七月份選舉完畢。

第三種、減租尚未進行，基本群眾未發動，各種工作很薄弱的地區，六月份主要是減租減息，發動群眾聯系進行民主教育，籌備縣議，七月份配合群眾團体之建立選出參議員。

② 邊沿區：主要是統一戰線，團結各階層一致對敵，六月份進行民主教育，宣傳根據地民主建設，各階層可選為參議員之對象（有信仰的抗日民主進步份子）在群眾中介紹宣傳，以便聘請。

③ 新解放區主要是徹底摧毀偽化統治机構，建立新的抗日秩序，迅速成為根據地，在配合整個地區的民主運動，也要進行民主建設之宣傳，推選參議員。

(六) 工作中的幾點意見：

由於對縣以上並基及整理村政，沒有經驗，只能在工作中提出幾点意見作參考：

一、關於宣傳教育：

① 除在佈置工作時，應打通各級干部思想外，宣傳教育的重点，應放在村干部，但又必須从區以上眼高生產干部之反省示範着手。因爲現在解放區內，村干部官僚主義傾向嚴重，客觀上阻碍了民主運動的開展，不打通這一環，不能很順利的工作，但如前所指，村干部之所以發生這錯誤，又往往是縣區以上干部授予他們的影响，或須村上有毛病造成的惡果，所以不从區以上干部反省示範着手，而不能打通村干部，也不能改正錯誤，甚至形成上下干部的對立。

② 區以上干部教育以參主任總結報告思想產生部份爲主，聯系自身的反省，並找出自己錯誤思想行動，給予村干的影响，此外并加強三三制政策的教育。

③ 對村干，首先發動其回憶自己的出身成份，斗爭翻身經過等，聯系反省到自己忘本行動，說明政府寬大政策，克服其懼怕自己錯誤嚴重，而與上級對立的思想，此外進行三三制教育。

④ 對群眾以及地主士紳的宣傳，主要是平等思想，與团結生產，群眾中的民主教育，仍須作爲中心。

二、競選：

㈡ 競選应当造成一種熱烈的行動，求得在競選過程中，群衆能得到更深刻的教育，并且對候選人有清楚的認識，這样選舉之後，政府才有真正的威信，因此各团体候選人应当盡量發動下層組织熱烈討論各候選人有計划的分區競選。

㈢ 在競選中只要不違犯社會秩序，允許任何候選人都可競選，不怕有不同主張的人競選，如果有不同主張的競選人出現，經過熱烈競爭之後，群衆認識便會更加提高，正確的一方面的威信會更加巩固。

三、選舉（詳選舉辦法）

四、参議會的召開，主要是發揚民主檢查政府工作，討論興利除弊事項，并選舉政府，避免空泛八股与形式主義。

五、整理村政，可根據縣主任總結報告，改造村政部份進行，应特别注意以下兩点：

① 细密的調查研究，分别不同類型，採取不同辦法，不能千篇一律，形式的改造整理。

② 整理村政不只是改選村長而已，必須求得村之各級真正群達到一級政權作用，而不是事務機關，同時必須聯系其他团体之共同整理。

各專署各縣接到指示後，立即遵同“五一”訓令及選舉辦法，

15

進行討論，全面佈置，并確定中心地區，創造經驗，推動全盤，此外對工作有何意見望見告，以便研究，今後有新的經驗時，更望及時報告，以便互相交流。

附縣參議會組织條例 份

此致

主任 謝輝

副主任 周纯全

16

—8—

附：山东省县参议会组织条例（1943年9月山东省临时参议会通过）

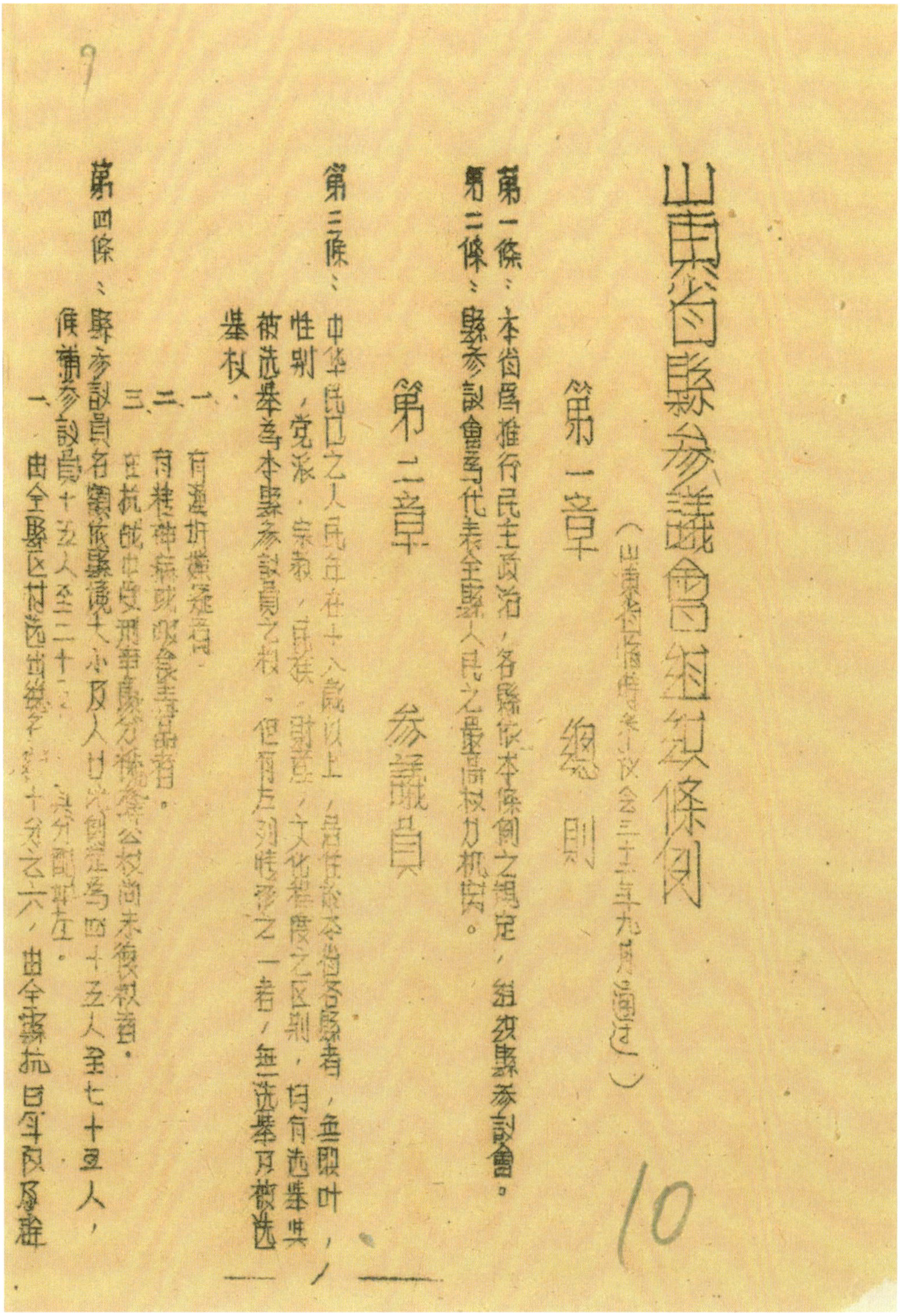

山東省縣參議會組織條例

（山東省臨時參議會三十二年九月通過）

第一章 總則

第一條：本省為推行民主政治，各縣依本條例之規定，組織縣參議會。

第二條：縣參議會為代表全縣人民之最高權力機關。

第二章 參議員

第三條：中華民國之人民年在十八歲以上，居住於本省各縣者，無限性別，党派，宗教，民族，財產，文化程度之区別，均有選舉與被選舉為本縣參議員之權，但有左列情形之一者，無選舉及被選舉權。

一、有漢奸嫌疑者。

二、有精神病或吸食毒品者。

三、在抗戰中受刑事處分褫奪公權尚未復權者。

第四條：縣參議員名額依縣境大小及人口之比例選為四十五人至七十五人，候補參議員十五人至二十一人，其分配如左。

一、由全縣区村選出者占十分之六，由全縣抗日[illegible]

救团体选出者名额十分之四。

二、妇女参议员名额不得少于百分之十。

三、特别区域不能进行选举时，由县参议会聘请之。

四、县参议会选举办法及选举区之划分另定之。

第五条：县参议员之任期定为二年，连选得连任。

第六条：县参议员为无给职，但开会期间得酌发公旅费，驻会委员之待遇与县行政委员同。

第七条：县参议员之罢免、改选、改聘，适用修正山东省临时参议会组织条例第七、第八、第九各条之规定。

第三章 职权

第八条：县参议会之职权如左：

一、审查通过县政府制定之施政方案与推行政令之实施办法。

二、选举县长及县行政委员。

三、听取及通过县府之施政报告。

四、根据上级政府所规定之原则审查通过县财粮之预决算，检查县财粮收支。

五、依据上级法令决定地方兴革之重要设施，及其他应兴应革事项。

— 2 —

六、監督縣區村對政策法令及縣參議會決議案之執行，

七、弹劾全縣違法失職之各級行政司法人員，当地駐軍及上級機關派出人員有違法行為時得向其上級機關檢舉。

八、縣參議會對縣政府之設施有不同意見時，得提出質問，縣政府須迅速答復。

九、決定政府與人民生活及社會福利事項，

十、審議縣政府法令及人民請願事項。

十一、根據本条例第七条之規定，處理縣參議員之罷免、改選、改聘、遞補等事宜。

第四章　組織

第九条：縣參議會設參議長一人，副參議長一人，由參議員互選之。

第十条：縣參議會得設駐會委員會，由參議員中互選五人至七人組織之，參議長副參議長為當然駐會委員。

第十一条：駐會委員得兼任縣行政委員，但不得超過駐會委員總額三分之一。

第十二条：縣參議會設秘書一人，由駐會委員或參議員兼任之，協助參議長副參議長處理日常會務。

第十三条：駐會委員會之職權如左：

一、接受大会交辦事項，對大會負責報告之。

二、監督縣區村對縣參議会決議案之執行。

3　12

三、派代表列席縣政府[illegible]會議。

四、接受及審查縣政府請議之人民請願事項。

五、檢查縣財政收支狀況。

六、彈劾全縣違法失職之各級政府人員，但縣長或縣行政委員，如有違法失職時，須經十人會議通過彈劾。

七、駐在本縣上級機關之工作人員有違法失職行為時，得隨時檢舉之。

八、視察各區村政治狀況，徵詢人民意見。

九、討普縣全縣之參議員常駐參議會徵詢意見。

十、在大会閉幕期間，代表大会處理本條例第八條第十一款所規定之事宜，但須向下次大会報告，請求追認。

十一、召集下次大会或臨時大会。

第五章 會議

第十四條：縣參議會每三個月或半年召開參議員大会一次，如遇特殊情形得延期召開。

第十五條：縣參議会開大会時，以參議長為主席，參議長缺席時由副參議長担任之，必要時得推舉參議員若干人組織主席团。

第十六條：有左列情形之一時，得召開臨時大会：

一、驻會委员会之决议，
二、全体参议員三分之一以上之請求，
三、縣政府之請求，
四、全縣公民二十分之一以上之請求。

第十七条：縣参议会開会時之法定人数，與参议員請假臨時遞补出席办法，准參用修正山東省臨時参议會组织条例第十八、第十九兩条之規定。

第十八条：縣参议員在会議中與開會期間及閉会期間之法定权利，准參用修正山東省臨時参议会組织条例第二十条、第二十一兩条之規定。

第十九条：縣参议会開会時，縣政府須向大会作施政報告，縣长、各行政委員、科、局之主要負責人皆得列席会议。

第二十条：縣参议會之决议案交縣政府执行。縣政府對决議案有不同意見時，应詳具理由請求復議，如仍照原案通过，即須执行，如遇有與上级法令抵触時，应請示上级政府，但在未有新指示之前，須仍遵照上级原有法令执行。

第六章 经費

第二十一条：縣参议會之经費，由縣政府統一编造之。

第七章 附則

第二十三條：本條例之解釋及修正權屬于山東省臨時參議會。

第廿四條：本條例由山東省臨時參議會通過，省行政委員會公佈施行之。

濱海區行政公署翻印

一九四四年六月一日

滨海区行政公署：滨海区征收救国公粮办法（1945年6月7日）

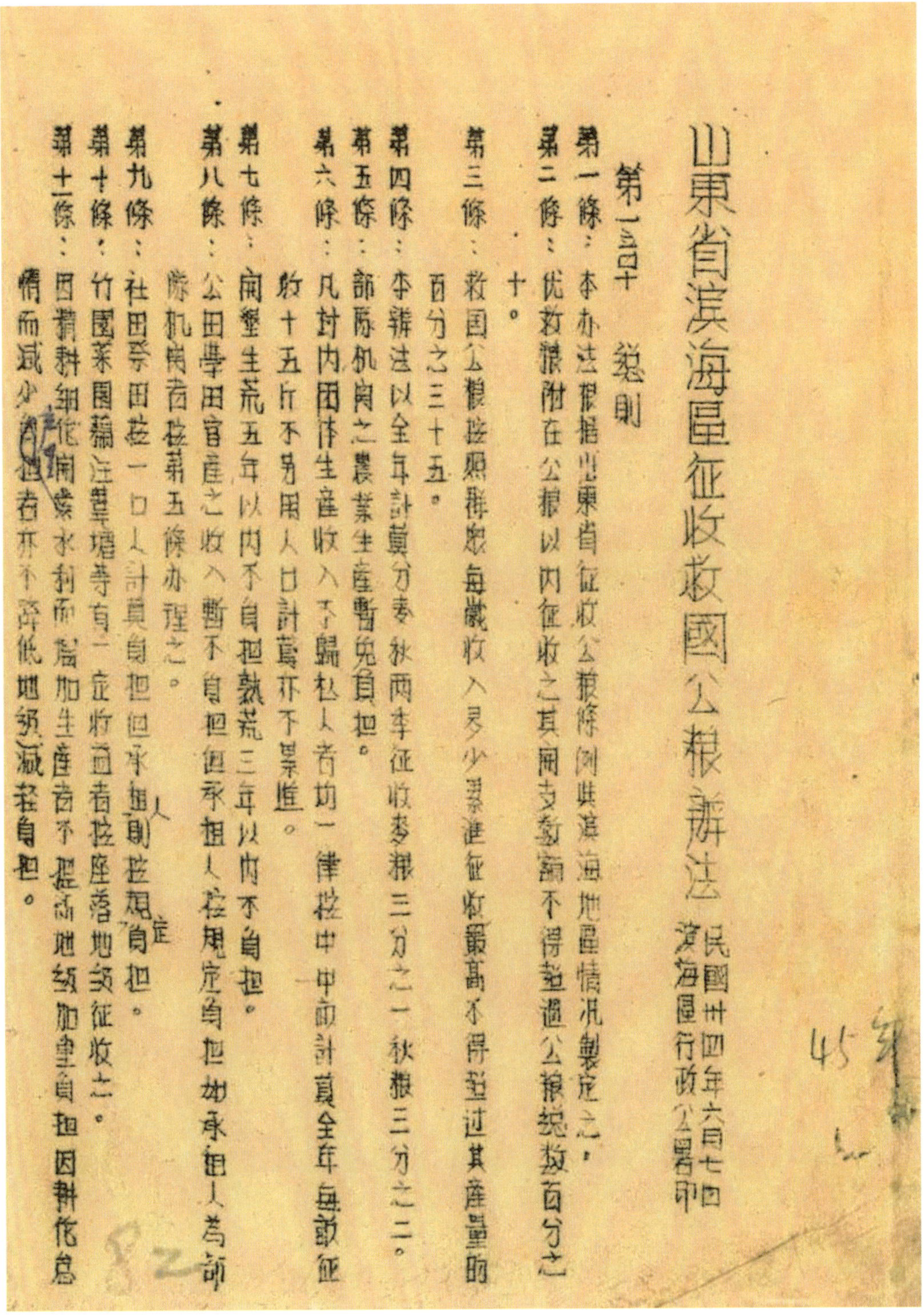

山東省濱海區征收救國公糧辦法

民國卅四年六月七日
濱海區行政公署印

第一章　總則

第一條：本辦法根据山東省征收公糧條例與濱海地區情况製定之。

第二條：优救糧附在公糧以內征收之其開支數額不得超過公糧總数百分之十。

第三條：救国公糧按照群眾每歲收入多少累進征收最高不得超过其產量的百分之三十五。

第四條：本辦法以全年計算分麦秋兩季征收麦糧三分之一秋糧三分之二。

第五條：部隊机關之農業生產暫免負担。

第六條：凡村內因作生產收入不歸私人者均一律按中中亩計算全年每畝征收十五斤不另用人口計算亦不累進。

第七條：開墾生荒五年以內不負担熟荒三年以內不負担。

第八條：公田學田官產之收入暫不負担但承租人按規定負担如承租人為部隊机關者按第五條办理之。

第九條：社田學田按一口人計算負担但承担人則按規定負担。

第十條：竹園菜園藕汪葦塘等有一定收益者按座落地段征收之。

第十一條：因精耕細作開墾水利而增加生產者不提高地級加重負担因耕作怠情而減少產量者亦不降低地級減輕負担。

第二章 自担計算辦法

第十二條：救國公粮按畝自担以户为征收单位以人为計算単位其計算法：

（一）先將該户所有土地按地級折合为中中畝（五級地）後按全户共有中中畝数計算全户人口得出每人平均負担畝数。

（二）按該户每人平均負担畝数之自担率乘全户共有中中畝数。

（三）按負担总数三分之一作麦秋負担数三分之二作秋粮自担数分夏秋两季交納。

第十三條：出租地與租種地其租額为百分之三十七·五者均按二畝折一畝計算如租額不足百分之三十者出租人三畝折一畝承租人三畝折二畝計算如租額超过百分之四十者出租人三畝折二畝承租人三畝折一畝。

第十四條：人口計算辦法：

（一）凡抗日軍人及脫离生產之抗日工作人員與死亡烈士均作为家中一口人計算。

（二）外出人口不依賴於家庭生活者不得作为其家中人口計算全家在外者按一口人計算。

（三）無家可歸寄居其親屬家賴以維持生活者經村長農救会長証明可作为其親屬家一口人計算。

（四）長年雇工由雇主供給伙食在六個月以上者按雇主家人口計算不足六個月者雇工雇主家各按半口人計算。

（五）凡参加偽軍偽組织人員不得作为家中人口計算。

~~第十五條：[illegible]中中畝者[illegible]負担[illegible]按規定負担。~~

至於每人不足一中中畝者不負担，超過者按規定負担。

第十六條：凡負苦之鰥寡孤獨無勞動力者每人平均中中畝半畝至一畝者，負担數目減低二分之一到四分之一，一畝至二畝者減低五分之一。

第三章　負担率

第十七條：各户每人收入多少按中中畝折合以二年三季為標準確定全年每一中中畝收入產量共為一百八十斤并分為下列五等：

(一) 一等户每人合中中地六畝至八畝，收入為一〇八〇——一四四〇斤。

(二) 二等户每人合中中地四畝至五畝八分，收入為七二〇——一〇四四斤。

(三) 三等户每人合中中地二畝至三畝八分，收入為三六〇——六八四斤。

(四) 四等户每人合中中地五分至一畝八分，收入為九〇——三二〇斤。

(五) 五等户每人合中中地五分以下，收入在九十斤以下者。

第十八條：本办法以每人五分地為起征点，每加二分進一級，八畝以上不在累進。其負担率：

一、五等户以下者免征。

二、四等户最高不超过百分之十。

三、三等户最高不超过百分之廿。

四、二等户最高不超过百分之卅。

五、一等户最高不超过百分之三十五。

第四章　游擊區負担辦法

第十九條：凡游擊區公粮負担均一律按官亩折合按人口計算按畝累進征收。

84

第二十條：凡每人平均在二亩以下者免除負担每人平均為二亩者每亩負担為六斤每增地五分進一級按級增加二斤每人平均八亩地以上者一律按八亩負担率計算不再累進。

第五章　棉田負担：

第廿一條：棉田負担一律暫以百分之五為標準按户計算按中亩產量征收。

一、每亩產量五斤以下者免征。

二、每亩產量五斤至十斤者征半斤。

三、每亩產量十斤至廿斤者征一斤。

四、每亩產量廿斤至卅斤者征斤半。

五、每亩產量三十斤至四十斤者征二斤。

六、每亩產量四十斤以上者概征三斤（不再累進）。

第廿二條：棉田負担計算办法：

一、先將該户所有地級（棉田地級在內）折成中中亩以後再按該户人口除出中中亩得出每人平均亩及每亩負担數再扣去棉田亩數按以上棉田負担比例秋季征收棉花。

二、棉地種棉者按實收棉花產量折半征收。

第六章　柴草負担

第廿三條：每斤公粮附征斤半柴草於秋季一次征收之。

第廿四條：山嶺樹林按其柴草產量征收柴草百分之十。

第七章　附則

第廿五條：本办法經山東省濱海區行政委員會通過并呈請山東省戰時行政委員會批准施行之。

85

— 4 —

附表一

負担計算表

户别	每人平均中中畝數	每畝全年負担斤數	全年負担实数		
			夏糧	秋糧	合計
四等户	五分——七分九	二斤	六兩	十兩	一斤
	八分——九分九	四斤八兩	一斤三兩	二斤六兩	三斤九兩
	一畝——一畝一分九	七斤	二斤六兩	四斤十兩	七斤
	一畝二分——一畝三分九	九斤八兩	三斤十兩	七斤六兩	十一斤
	一畝四分——一畝五分九	十二斤	五斤九兩	十一斤三兩	十六斤十二兩
	一畝六分——一畝七分九	十四斤八兩	七斤十二兩	十五斤八兩	二十三斤三兩
	一畝八分——一畝九分九	十七斤	十斤三兩	二十斤六兩	三十斤九兩
三等户	二畝——二畝一分九	十九斤	十二斤十兩	二十五斤六兩	三十八斤
	二畝二分——二畝三分九	二十一斤	十五斤五兩	三十斤十四兩	四十六斤三兩
	二畝四分——二畝五分九	二十三斤	十八斤六兩	三十六斤十三兩	五十五斤三兩
	二畝六分——二畝七分九	二十五斤	二十一斤十兩	四十三斤六兩	六十五斤
	二畝八分——二畝九分九	二十七斤	二十五斤三兩	五十斤六兩	七十五斤九兩
	三畝——三畝一分九	二十九斤	二十九斤	五十八斤	八十七斤
	三畝二分——三畝三分九	三十一斤	三十三斤一兩	六十六斤二兩	九十九斤三兩
	三畝四分——三畝五分九	三十三斤	三十七斤六兩	七十四斤十三兩	一百一十二斤三兩
	三畝六分——三畝七分九	三十五斤	四十二斤	八十四斤	一百二十六斤
	三畝八分——三畝九分九	三十七斤	四十六斤十四兩	九十三斤十一兩	一百四十斤九兩
二等户	四畝——四畝一分九	三十八斤八兩	五十一斤五兩	一百零二斤十一兩	一百五十四斤
	四畝二分——四畝三分九	四十斤	五十六斤	一百一十二斤	一百六十八斤
	四畝四分——四畝五分九	四十一斤八兩	六十斤零十四兩	一百二十一斤十二兩	一百八十二斤十兩
	四畝六分——四畝七分九	四十三斤	六十五斤十五兩	一百三十一斤十三兩	一百九十七斤十二兩
	四畝八分——四畝九分九	四十四斤	七十一斤三兩	一百四十二斤七兩	二百十三斤十兩
	五畝——五畝一分九	四十六斤	七十六斤十兩	一百五十三斤六兩	二百三十斤
	五畝二分——五畝三分九	四十七斤八兩	八十二斤五兩	一百六十四斤十一兩	二百四十七斤
	五畝四分——五畝五分九	四十九斤	八十八斤三兩	一百七十六斤六兩	二百六十四斤九兩
	五畝六分——五畝七分九	五十斤八兩	九十四斤四兩	一百八十八斤八兩	二百八十二斤十二兩
	五畝八分——五畝九分九	五十二斤	一百斤零八兩	二百零一斤一兩	三百零一斤九兩
一等户	六畝——六畝一分九	五十三斤	一百零六斤	二百一十二斤	三百一十八斤
	六畝二分——六畝三分九	五十四斤	一百一十一斤九兩	二百二十三斤三兩	三百三十四斤十二兩
	六畝四分——六畝五分九	五十五斤	一百一十七斤五兩	二百三十四斤十一兩	三百五十二斤
	六畝六分——六畝七分九	五十六斤	一百二十三斤三兩	二百四十六斤六兩	三百六十九斤九兩
	六畝八分——六畝九分九	五十七斤	一百二十九斤三兩	二百五十八斤六兩	三百八十七斤九兩
	七畝——七畝一分九	五十八斤	一百三十五斤五兩	二百七十斤十一兩	四百零六斤
	七畝二分——七畝三分九	五十九斤	一百四十一斤九兩	二百八十三斤三兩	四百二十四斤十二兩
	七畝四分——七畝五分九	六十斤	一百四十八斤	二百九十六斤	四百四十四斤
	七畝六分——七畝七分九	六十一斤	一百五十四斤八兩	三百零九斤一兩	四百六十三斤九兩
	七畝八分以上	六十二斤	一百六十一斤三兩	三百二十二斤六兩	四百八十三斤九兩

86

滨海区行政公署、滨海军区关于实行战时戒严防止特务破坏的联合布告

（1945年6月10日）

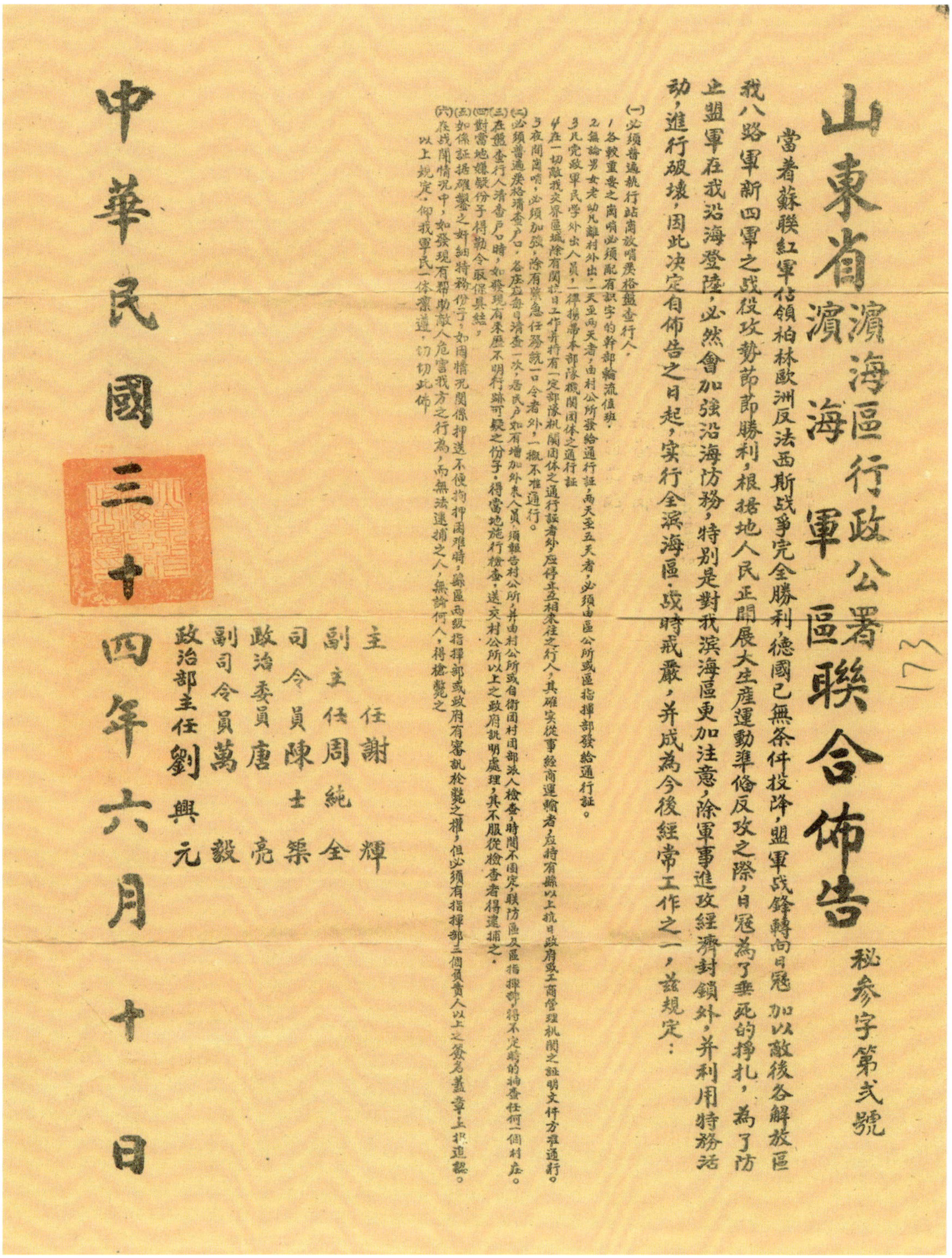

山東省濱海區行政公署
濱海軍區
聯合佈告

秘參字第弍號

173

當着蘇联紅軍佔領柏林歐洲反法西斯战爭完全勝利，德國已無条件投降，盟軍战鋒轉向日寇，加以敵後各解放區我八路軍新四軍之战役攻勢節節勝利，根据地人民正開展大生產運動準備反攻之際，日寇為了垂死的掙扎，為了防止盟軍在我沿海登陸，必然會加強沿海防務，特别是對我濱海區更加注意，除軍事進攻經濟封鎖外，并利用特務活動，進行破壞，因此决定自佈告之日起，实行全濱海區战時戒嚴，并成為今後經常工作之一，茲規定：

(一)必須普遍執行站崗放哨嚴格盤查行人。

1各較重要之崗哨必須配有識字的幹部輪流值班。

2無論男女老幼凡離村外出一天至两天者，由村公所發給通行証，两天至五天者，必須由區公所或區指揮部發給通行証。

3凡党政軍民学外出人員，一律携帶本部隊機關团体之通行証

4在一切敵我交界區域除有関抗日工作并持有一定部隊机關团体之通行証者外，应停止互相來往之行人，其確实從事經商運輸者，应持有縣以上抗日政府或工商管理机關之証明文件方准通行。

5夜間崗哨，必須加強，除有緊急任務統一口令者外，一概不准通行。

(二)必須普遍嚴格清查戶口，各庄应每日清查一次，居民戶如有增加外來人員，須報告村公所，并由村公所或自衛团村团部派人檢查，時間不固定，联防區及區指揮部，得不定期的抽查任何一個村庄。

(三)在盤查行人清查戶口時，如發現有來歷不明行跡可疑之份子，得當地施行檢查，送交村公所以上之政府訊明處理，其不服從檢查者得逮捕之。

(四)對當地嫌疑份子得勒令取保具結。

(五)如係証据確鑿之奸細特務份子，如因情况關係押送不便拘押困难時，縣區两级指揮部或政府有審訊槍斃之權，但必須有指揮部三個負責人以上之簽名蓋章上報追認。

(六)在战闘情况中，如發現有幫助敵人危害我方之行為，而無法逮捕之人，無論何人，得槍斃之

以上規定，仰我軍民一体凛遵，切切此佈

主任 謝輝
副主任 周純全
司令員 陳士榘
政治委員 唐亮
副司令員 萬毅
政治部主任 劉興元

中華民國三十四年六月十日

滨海区公营油菜盈利公家与群众获利统计表（1945年6月）

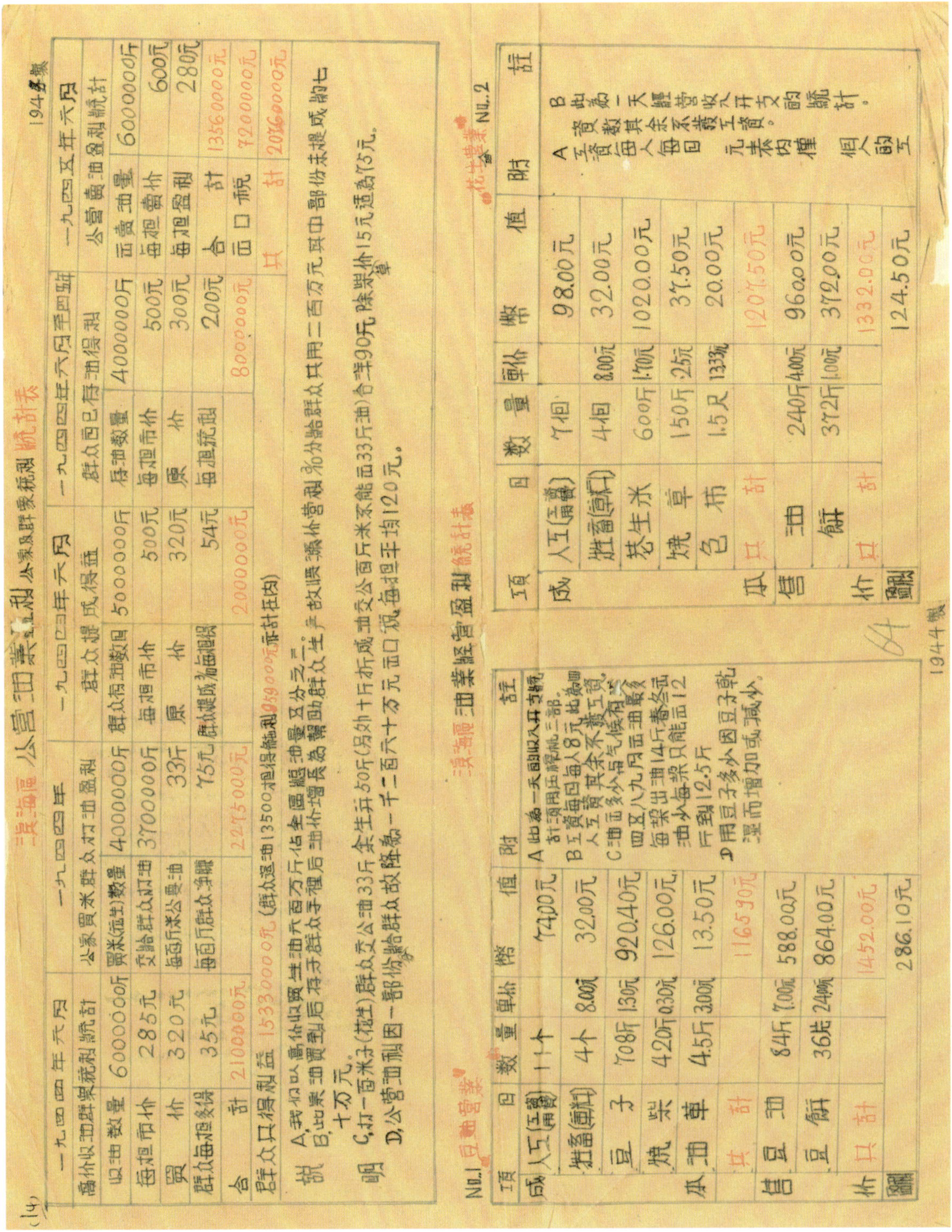

(14) 滨海区公营油业盈利公家及群众获利统计表　　194年製

一九四四年六月		一九四四年		一九四四年六月		一九四四年六月至四年		一九四五年六月	
高价收油群众获利统计		公家买米群众打油盈利		群众提成得益		群众自己存油得利		公营卖油盈利统计	
收油数量	6000000斤	买米(花生)数量	4000000斤	群众存油数目	5000000斤	存油数量	4000000斤	出卖油量	6000000斤
每担市价	285元	交给群众打油	3700000斤	每担市价	500元	每担市价	500元	每担卖价	600元
买价	320元	每百斤米公费油	33斤	原价	320元	原价	300元	每担盈利	280元
群众每担多得	35元	每百斤群众净赚	75元	群众提成每担得	54元	每担获利	200元	合计	13560000元
合计	2100000元		2275000元		2000000元		8000000元	出口税	7200000元
群众只得利益 15330000元(群众运油13500担得운利959000元亦计在内)								共计	20760000元

说明
A.我们以高价收买生油六百万斤,估全区总油量五分之二。
B.此案油买到后存于群众手里后油价增长,为帮助群众生产故将涨价营利分给群众,共用二百万元,其中部份未提成的七十万元。
C.打一百斤米子(花生)群众交公油33斤,余生并50斤(另外十斤折成油交公,百斤米不能出33斤油)合洋90元,除柴草价15元,适为75元。
D.公营油利因一部份给群众,故降为一千二百六十万元,出口税每担平均120元。

滨海区油业经营盈利统计表

No.1 豆油营业

项目		数量	单价	币值	附註
成本	人工(工资,用费)	11个		74.00元	A.此为一天的收入开支统计,须用压榨机三部。 B.工资每日每人8元,此为四人工资,其余不发工资。 C.油出多少每气候有关,四区八九月出油最多,每架出油14斤,春冬出油少,每架只能出12斤到12.5斤。 D.用豆子多少因豆子乾湿而增加或减少。
	牲畜(草料)	4个	8.00元	32.00元	
	豆子	708斤	1.30元	920.40元	
	烧柴	420斤	0.30元	126.00元	
	油草	4.5斤	3.00元	13.50元	
	共计			1165.90元	
售价	豆油	84斤	7.00元	588.00元	
	豆饼	36片	24.00元	864.00元	
	共计			1452.00元	
盈余				286.10元	

花生营业 No.2

项目		数量	单价	币值	附註
成本	人工(工资,用费)	7個		98.00元	A.工资每人每日 元,表内仅 个人的工资,其余不发工资。 B.此为一天经营收入开支的统计。
	牲畜(草料)	4個	8.00元	32.00元	
	花生米	600斤	1.70元	1020.00元	
	烧草	150斤	.25元	37.50元	
	包布	1.5尺	13.33元	20.00元	
	共计			1207.50元	
售价	油	240斤	4.00元	960.00元	
	饼	372斤	1.00元	372.00元	
	共计			1332.00元	
盈余				124.50元	

64

1944製

滨海区行政公署关于目前选举工作的通告（1945年7月2日）

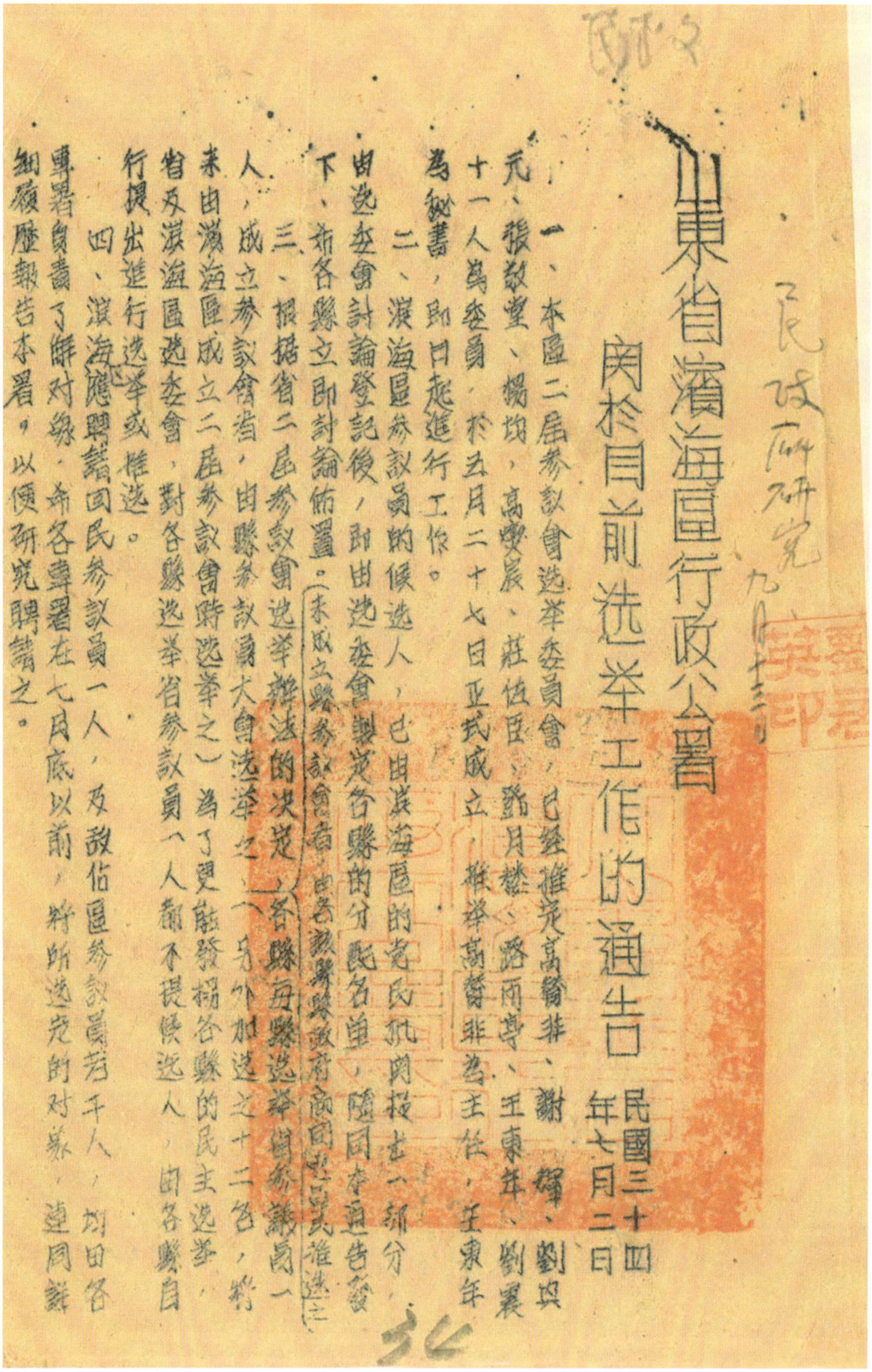

山東省濱海區行政公署
關於目前選举工作的通告
民國三十四年七月二日

一、本區二屆参議會選举委員會，已經推定高嶺非、謝輝、劉與元、張敬堂、楊均、高嘯辰、莊佐臣、路月樵、路雨亭、王東年、劉異十一人為委員，於五月二十七日正式成立，推举高嶺非為主任，王東年為秘書，即日起進行工作。

二、濱海區参議員的候選人，已由濱海區的党民抗與投去一部分由选委會討論登記後，即由选委會製定各縣的分配名单，隨同本通告發下，希各縣立即討論佈置。（未成立縣参議會者，由各該縣縣政府商同[illegible]民推選之）

三、根據省二屆参議會選举辦法的決定，各縣每縣選举省参議員一人，成立参議會者，由縣参議會大會選举之（另外加選之十二名，將來由濱海區成立二屆参議會時選举之）為了更能發揚各縣的民主選举，省及濱海區選委會，對各縣選举省参議員八人都不提候選人，由各縣自行提出進行選举或推選。

四、濱海應聘請國民参議員一人，及敌佔區参議員若干人，如由各專署負責了解对象，希各專署在七月底以前，將所選定的对象，連同詳細履歷報告本署，以便研究聘請之。

五、我们曾翻印卅三年省临参会通过的县参议员组织条例，分发各县供参考之用，其中关于参议员的选举办法与现在发的，山东省县参议会参议员选举办法，有不同处，均以现发的办法为执行的根据。

六、各专署以上的机关学校，应选举滨海区参议员一人，选举办法每五十人选一代表（见前发行政区参议会参议员选举办法），各专署亦即按照此项人数比例，进行选举代表，于本月十九日到达本署驻地，二十日进行选举，切勿误期（本区选举出席延安成立解放委员会的代表，亦於彼时开会，同时进行，另有专件通知各专署）。

七、关于候选人的竞选，我们认为根据战争农村的分散情况，以及根据地的群众条件及政治条件，竞选主要是在群众中，尤其是群众代表的集会中，由群众自己来讨论候选人，这样造成群众的热烈的竞选空气，密切候选人与群众的联系，以便在被选举为参议员之后，在群众中真正有了威信，这是我们[illegible]的竞选办法。同时我们也应当鼓励候选人在适当的场合，自己介绍，使群众更能深刻认识，希望各县根据这样精神，来布置竞选，创造经验。

八、上届参议会之参议员，[illegible]议员的关系问题，我们认为原来的参议员，在进行选举时，他仍然以公民资格参加民主选举，[illegible]参议会[illegible]会，为使新的参议会了解这一段时间，政府执行[illegible]情况，有向这次大会介绍与提供意见之必要。

35

報告以後，須[illegible]會[illegible]行結束。

九、各縣二區參議會[illegible]成立之後，[illegible]將所[illegible]參議員交[illegible]縣

員，縣行政長官，[illegible]將各[illegible]參議員的履歷名冊，立即送交

本署以便定期召開濱海二區參議員大會，并轉報省政委會。

以上各點，須希討論執行，並望繼續反映民主工作進行時的情

形與問題為要！

主任 謝輝

副主任 周純全

36

附：滨海区二届参议会选举委员会关于二届参议员候选人名单的说明（1945年7月2日）

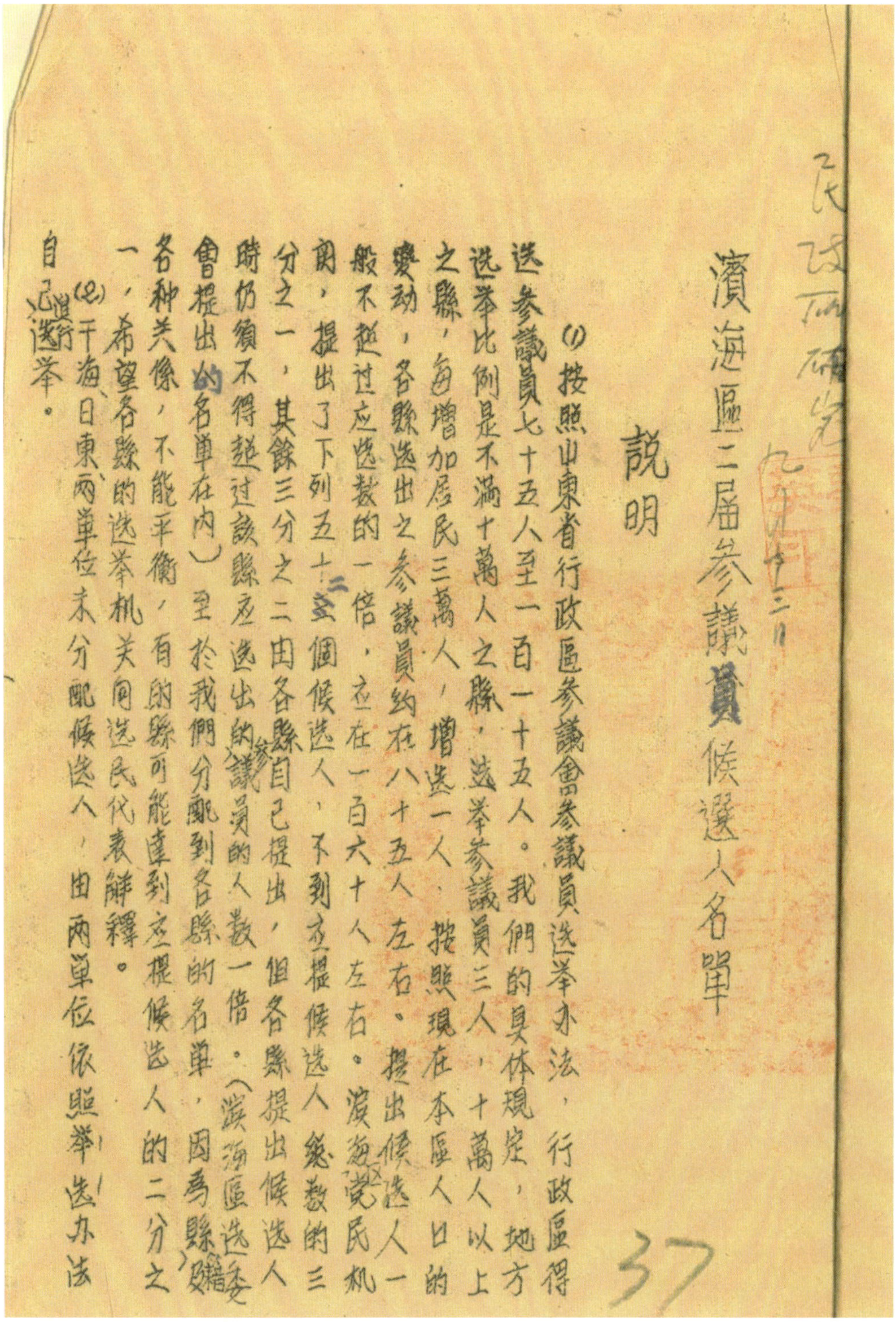

濱海區二屆參議員候選人名單

說明

(1)按照山東省行政區參議會參議員選举办法，行政區得選參議員七十五人至一百一十五人。我們的具体規定，地方選举比例是不滿十萬人之縣，選举參議員三人，十萬人以上之縣，每增加居民三萬人，增選一人，按照現在本區人口的變动，各縣選出之參議員約在八十五人左右，提出候選人一般不超过应選數的一倍，应在一百六十人左右。濱海區党民机關，提出了下列五十二个候選人，不到应提候選人總數的三分之一，其餘三分之二由各縣自己提出，但各縣提出候選人時仍須不得超过該縣应選出的參議員的人數一倍。（濱海區選委會提出的名單在內）至於我們分配到各縣的名單，因為縣及縣各种关係，不能平衡，有的縣可能達到应提候選人的二分之一，希望各縣的選举机关向選民代表解釋。

(2)干海、日東兩單位未分配候選人，由兩單位依照選举办法自己進行選举。

37

（3）各縣立選濱海參議員數目，由各縣按照現在人口數目，依据选举办法比例，自行规定。

計開

郯城　鄧月樓　蕭伯謨　高贊非　孫桂英（妇女劳動英雄）
海陵　周瑞南　楊鳳鳴　宋作康　高光貞（戰斗民兵英雄）
臨沭　徐金六　韓瑞三　馬华村
干于　徐子真　錢潤達　趙煥文　王肇華
沭水　周佩達　王恒康　周純全
日照　高覺臣　秦元青　袁兆揚　刘與元　毛鋭（女）
莒南　莊佐臣　徐幹卿　張子亮　莫新吾　鄭信　謝輝
莒中　唐彩臣　馬耀斋　王德一　徐大娘（莒中抗属模範）
莒臨边　杜高斋　莊伯方　趙洪三
日北　古敬安　路雨亭　李仲林
莒北　趙伯方　王金亭
諸莒边　楊調武　臧天祿　劉震
諸城　刘仲永　刘啟元　多問之

38

諸膠边 張玉琴 刘季平 楊均（文）一

芦山縣 戴仲連 紀香斋

濱海區二届参議會選舉委員會

七月二日

39

滨海区拥参军工作总结（节选）（1945年）

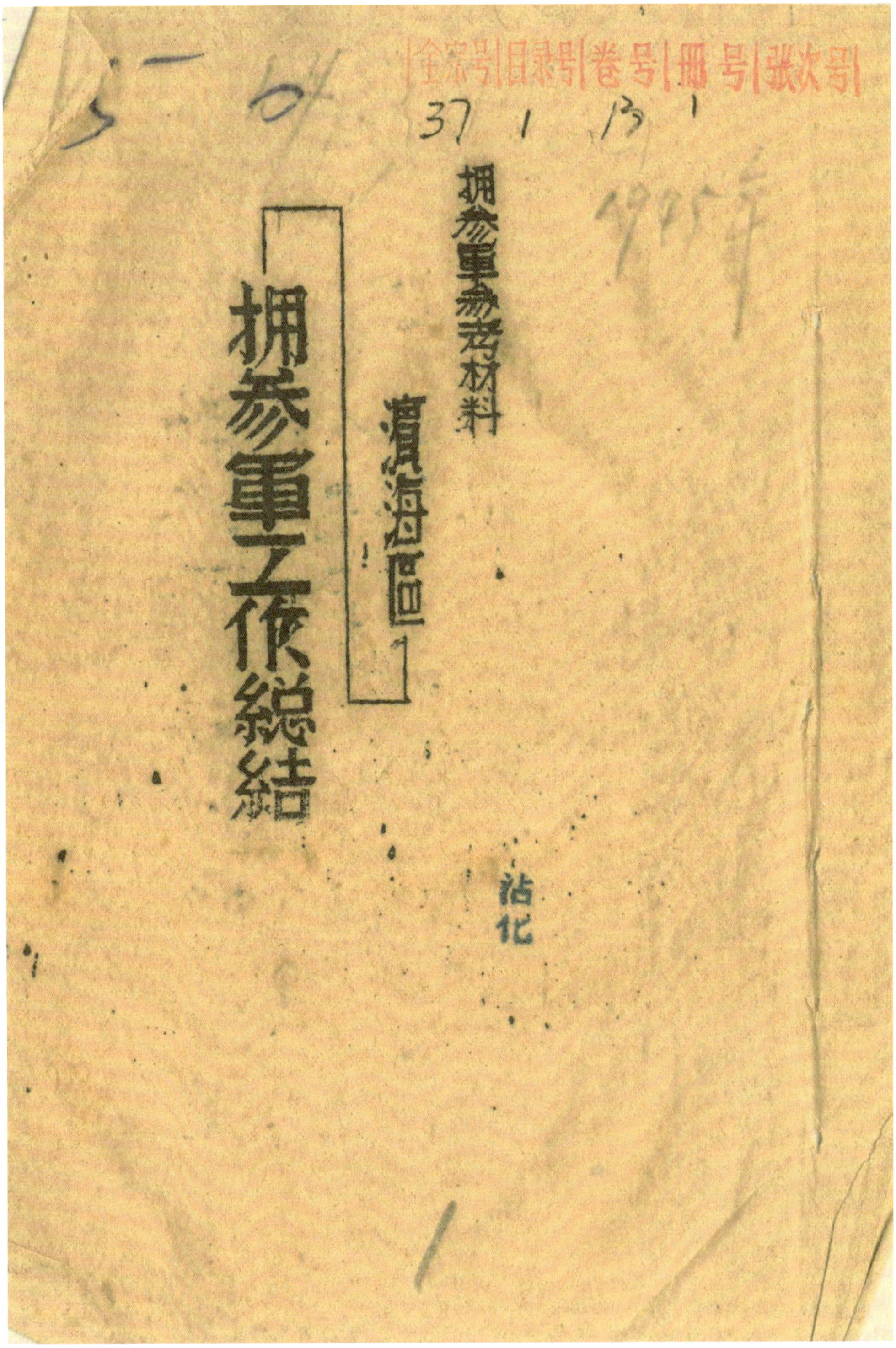

擁參軍工作總結

第一部份：幾個必要数目字的統計

（一）全區參軍数目的統計

區別	新戰士到主力軍人數	到地方武裝人數	合計	其中包括		專署原來計划	已完成到主力任務比例	總計划完成比例
				地方武裝升級	歸隊			
莒南	1339	149	1488	91	128	350	382%	425%
臨沭	988	111	1099	231	—	300	327%	366%
沭水	406	55	461	48	16	170	238%	270%
海陵	345	167	512	47	34	120	287%	426%
莒中	299	521	818	85	13	160	185%	511%
日照	580	130	710	20	10	150	386%	473%
莒贛邊	6	125	131	—	10	40	15%	327%
干榆	475	191	666	162	23	220	216%	306%
郯城	70	26	96	30	2	70	100%	136%
路北四縣	194	168	362	未統計		100	194%	362%
全區合計	4700	1643	6343	714	236	1700	276%	39[illegible]1%
備考	到主力者係到四、六、十三、四十三、特務团，及濱海警衛							

2

（二）几個縣的參軍戰士統計成份

縣別 \ 成份	僱工	貧農	中農	富農	地主	其他	合計	僱工貧農總數佔
臨沭	230	685	175	7	2	—	1099	83.4%
沭水	85	311	36	3	—	26	461	85.9%
莒中	90	590	80	9	—	49	818	83.1%
莒南	306	904	110	2	—	84	1406	85.3%
日照	306							
党校工作地区	68	316	27	6	—	36	453	84.9%
總計	779	2806	428	27	2	175	4237	

（三）四個縣參軍戰士年岁統計

縣別 \ 年岁	十六歲至十八歲人數	十八歲到二十五歲	二十五歲到三十五歲	三十五歲以上	總計人數	青年壯年佔總數的百分比
莒南	114	577	390	73	1154	86.56
臨沭	117	238	704	40	1099	85.7%强
莒中	5	474	339	—	818	99%强
沭水	8	229	216	8	461	96.5%强

3

根據以上統計，我們所以看到各縣都完成了原定計划，有的完成了一倍，甚至有的到三倍多，全滨海區如以參加主力計划說，則已超过了一倍半，加以整個參軍數目說来，則已超过原定計划的兩倍多。

同時，成份也比較好，按第二個統計看来，則僱農貧農佔全區參軍新戰士中百分之八十四左右，按第三個統計看来，則青年壯年人數約佔參軍數百分之八十八左右。

第二部份

我們怎样完成了參軍工作任務

(一)、客觀的各种有利條件，這是此次我們完成參軍任務的基礎：

一、是抗戰勝利已迫近，反攻形勢快要到来，對群眾的興奮鼓舞。

二、滨海區一年来的勝利表現在：去年拔除據點六十多個，向長政治攻勢投降的便佔了三十多個，收復了五八一個村，新建立十二個區，收復土地約四百平方里，解放群眾二五萬以上，並開闢了路北及沭河兩岸等地區……。

三、兩年来普遍開展群眾運動，還是最主要的條件——政策的正確實行，特别是基本群眾的發動，民兵及游擊小組的擴大等，是我們参軍工作勝利的主要物質基礎。

四、領導的一元化——此次参軍工作，党政軍民、上上下下在思想上行動上步調上都是統一的，各自為政、单純强調部门工作的偏向，在此次拥参軍運動中，基本上已被克服了。

(二)、拥軍参軍運動的開展：

一、思想上的動員——除了在党政民各系統中進行思想動員外。并在群衆中普遍的進行動員：樹立起了「愛護主力」的观念。「八路軍是人民的子弟兵」、「沒有八路就沒有根据地」、「愛護主力、拥護主力、参加主力」，已成為群衆的口号，在拥参軍工作中，我们運用了以下幾個方式。

①(1)、召開了各种拥大軍会，滨海區及各縣、區村都普遍的召開了拥軍大会，僅贛榆三天大会，到会群衆就五萬多，全滨海區受教育的群衆不下五十萬人，在這些大会上，群衆直接受到感動，还有的当場報告参軍，濱海區拥軍大会上即有七人自動报名参軍，雇工「紀念二七」大会上也有七人……。

②、良心檢討会——是個普遍的群衆運動，路南各縣平均百分之八十五的村庄，都進行了良心檢討，先在工農青妇各系統中檢討，然後召開村民大会，訂出全村的　個人的拥軍公约，(各种拥軍公约附後)這种群衆性自我批評檢討，教育作用很大。

在這些檢討中一般的反映：

首路边一地主說：「買过的是八路軍的白子，對不起八路軍就是對不起自己，上次村裡慰劳八路的肉，被我偷吃了一些，真不對，这回動員回新戰士來補罪吧」！在濱海區擁軍大会上一個老先生說：「上回我家裡老四回來同志叫他補袜子，他嫌臭不補，第二天给我補了一雙穿了沒洗的袜子，自己不嫌臭，还用嘴去咬袜底的線头子」，一般群眾都說：八路軍打勝仗又領導減息，反貪污，實在是好的八路軍的白子。延賓區一些坦士檢討對不起八路軍的地方說：「這是侵擾」一般都檢討出過去交公粮掺沙子，煎餅裡掺糠，有房子不給住……等。

經过這些深刻檢討後，群眾普遍的有了轉变，比如打扫屋子，打草墊子，做好担架，烙細煎餅……排隊歡迎隊伍開進房子，忙着燒開水洗足，兒童自衛隊代戰士站崗，妇救会主動的洗衣服……等。

③、在春節中的擁軍工作，我们將擁軍的內容，（治捉朱信齋，送兒送郎參軍，擁護主力等）很主動的普遍到每個文化娛樂活動中去，群眾每天所看到的听到的都是「擁護主力、參加主力」的呼声。

此外，在新舊年中，展開了普遍慰劳主力的運動——這是完全建築在群眾自覺的基礎上的，比如：莒南甚至作到以個人為單位來慰劳主力，路沭採取三三兩兩的攜帶慰劳品到主力慰问，這樣更進步的擴

6

加了軍民的团结。

又如：大埠南村長用推派方式才募了八百元，以後進行了良心檢討後，群众自動拿出了二千八百余元。三界首一位士绅拿豆餅来慰劳主力，群众就許了他。

④、主力慰问团——舊曆年時，莒南组织了一個二百多人的慰问团，時间半個月，對群众的实际教育是很好的。

小結 我们運用了以上的办法，推動了拥軍運動，在思想上轉变了群众过去對軍队不正确的思想，现在一般群众的反映是「咱过的八路軍的日子」；說字班說：「窮人要翻身，非幹八路不可，八路軍是我们的新哥哥」；——「好人不当兵」的舊思想，開始被消除了。

二、優抗工作的保証——我们的優抗工作，幾年来不断的有些改進，尤其是今年拥参軍前後的优抗工作，更有顯然的不同，這是保証拥参軍任務勝利完成的一個條件。幾年来优抗工作的简单檢討：

①、初期的优抗工作（一九四〇——一九四一年八月）——莒日兩縣民主政权成立，這時政府對优抗工作，未实知注意不够，没有專门的优抗组织，無形中被忽視，只限于個別解决抗属困难，寄募吳文良，至一九四二年底，四縣办事處成立，戰工会又颁佈各种优抗條例，政府開始注意一這工作，但不依條件發粮优抗，而是動用感情，隨

营专款，这待遇的缺点有下列几点：

1、由于政府对优抗工作的轻视忽视，以致没有组织，没有专人负责。

2、我们政权干部的思想上有毛病，存在着恩赐观点，把优抗看成，，慈善，，事业，给抗属优待粮，像打发要饭的，感情用事，先地方，后主力。

3、没有认真执行优抗条例，形成随到随支，优待次数粮数或多或少，不统一的紊乱现象。

4、优待地方，不优待主力。

②、建立优抗组织与工作之开展，（一九四一年八月——一九四三年秋）

一九四一年八月专署成立，由专署领导党政军民组织优抗委员会，全力领导这一工作，并指示各县组织县优救会，规定分别等次，给主力地方等，及家庭经济状况不同予以不同优待；各县一般都注意政策的实行，取得了些成绩，抗属政治地位提高了一步，开会设抗属席，拜年等，使群众对抗属有个新的认识，偏向是：

1、当优待而优待，单纯发粮的经济观点，不从实际出发，帮助解决困难。

2、调查不确实，优待标准不统一，有的每口以十五斤，有中十斤——二十斤，日照十斤——二十五斤，莒临边七斤——十斤，赣榆十斤——十五斤，这主要是过去在执行上的偏差。

3、对敌区抗属，认为不属优待范围，不应优待，因此没有优待敌占区抗属，影响部队战士情绪（敌占区）

4、先地方，后主力，多发地方，少发主力的现象，仍还存在着，

一九四二年底，专署规定每年四季优待两次办法，明确定出优待等次，分甲、乙、丙三等，但在实行中主要的缺点，募粮中发现村中很多是摊派的，有的带着半强迫性的，使部份群众反映：公粮已征，怎么又拿粮食？

③、此次拥参军工作前后的优抗工作，（一九四三年秋——一九四四年六月）

一九四三年四月，战工会又颁布"修正优抗暂行条例实施办法"接着专署依此精神又发出"关于优抗工作的补充指示"纠正过去缺点，并指出：

正确认识优抗工作，深入研究优抗条例。

充实健全区优救会，吸收进步抗属参加。

优抗粮由专署统一收支春秋两季造予决算，严禁乱支。

新来老根据地抗属，每人每日一斤粮，供给三个月，地方抗

二、四月後照條例執行，

免抗屬有租地優先权，平均每人最低一畝，二畝地以下者由三三年起免負交公粮，及幇助抗屬生產等。

擁軍月的幾個問題

根據以上規定，檢討抗屬優抗政策執行的程度：

1、優抗證——專區曾統一的了先抗証，（詳細優待條例附在後面）大部在四三年專署所發下，但別縣因優抗証不多而未發齊，事前均由區縣配合团体進行調查，分别等级，由區填寫好，分到村，發到抗屬手裡。

2、優救組织，在縣以上比較健全，都有專人負責，但在滹北新地區，縣的優救組织薄弱，大部由士紳名流兼的，甚至 城縣的優救主任是斗爭對象，把持的優救粮支給司務長啟，結果司務長從中貪污，目此優救主任漸失人威情，隨便批粮，其次一般區的優救組织多有虛其表，同時，各縣救抗組织內大部未吸收抗屬參加。

3、優抗制度，（主力抗屬每年一百五十斤至三百斤，地方抗屬一百二十斤至二百斤）各縣都能遵照專署規定按優抗條例，分春秋兩季編造預決算。

4、對各區抗屬開始注意進行調查，送優救粮，有的採用代金，如日照向敌區優待，以一斤糧食折一元賁金。

参軍前後，因参軍時間上很不一致，特規定：舊曆一月参軍者，受春節優待全部，二月参軍者，受三分之一，三月参軍者，從清明節優待全部，同時指示：抗屬缺地，主力一律規定中中地為标準，每人二畝地，去年所發之優抗基金，應用生產，幫助抗屬解決困難。大生產運動開始，指示各縣，儘量抗屬有優先权，幫助抗屬参加勞動和農業生產，並將原有優抗組織儘量充實，改進掛名的優抗干部，吸收抗屬参加，並為幫助抗屬生活，村村設優抗委員。

此一階段，優抗政策的執行，較為澈底，基本上在思想上糾正過了過去的「慈善」、「救濟」、「恩賜」觀點，在政策上也糾正了過去，先地方，后主力，注重地方，忽略主力，多給地方少給主力的現象。

總合擁参軍前后的優抗任務，我们採取了以下的办法来完成的。

①、拜訪抗屬與召開抗屬座談会：在座談上了解和幫助解決抗屬困難，在拜訪抗屬時，專署及各縣区負責同志去親自慰問，比如：臨沭張縣長同去拜訪一家挫腿的抗屬後，他說：「我兩輩子也沒撈着縣長来我家坐坐，這回可真光榮啦！現在我不挫腿了」。

②、送優待糧、光榮牌、光榮畫、光榮燈，送的儀式都很隆重。打鑼敲鼓，高跷，獅舞，魚龍灯，划旱船，村干部群眾，親自送到抗屬家中，下[illegible]主力抗屬送匾額，地方送[illegible]，以示區別。

莒南縣平均每家抗屬在年關中可收到九斗糧，百五十斤，全區抗屬共二萬三千三十八户，八三五六六人，一九四四年上半年，其优待糧食二三二〇四九一斤。

③、年關工作是個極重要的工作——我們採取以下办法：

1、舊曆初一保証抗屬吃頓餃子。2、給抗屬拜年，大部縣由青救部親自拜年，有的採取团拜。3、發動請抗屬（如專署等）吃飯。4、莒南發動一封信運動，去慰問他們，鼓勵他們。5、給烈士掃墓——干于縣在馬鞍山九萬人開追悼烈士大会上，举行了對烈士的公祭，群眾受感動而流淚。

④、發動群眾慰勞抗屬：莒南進行了「一碗糧運動」。單從鄉區平均每家抗屬可得三十多斤，全縣共募集糧食一二四六四斤，款二五三七一二元，小學中也發動了「一把花生米、一個雞蛋的運動」……

⑤、解決抗屬实际困難——各縣一般做到了保証抗屬每二畝地种，莒南就撥出地五三七四、五畝，給抗屬种，解决抗屬勞力。莒南由農会代耕抗屬土地，臨沭由搭犋隊固定的吸收一或兩家抗屬参加，兼代優耕助收代折。給抗屬拾草（兒童团）掃院子（多由婦会做）挑水（青救会）蓋房子等。並保証抗屬子弟上學念書受优待等。

⑥、精神上尊重抗屬——各种会議設抗屬席，買東西打九折，抗屬首稱先苦不要錢（莒南區救会）一部的提出：「保証抗屬不挨餓」。

12

現在抗屬的政治地位很高了，抗屬也說：「幹主力真光榮」「俺再叫二份也去幹」；

小結 我們兩擴軍工作確實已經造成了熱潮，成為一種群眾性的運動，有了這個的深入教育，就為我們打下以后參軍與工作的思想準備與物質基礎。

(三)、參軍工作中的幾個問題——參加任務的提出，如在去冬，正式進入行動階段，是在今年二月五号左右，到三月五号各縣基本上即告結束，前後共一個月的突击時間。

一、領導問題：

首先、思想領導方面：

①、我們注意了克服几种可能發生的不正確偏向：一种是無信心，如像參軍任務提出後，有的縣區幹部沒有信心，我們及時的強調指出各种有利條件，第二种是本位觀点，如像于子某區有區中隊九十余人，其中四十余名是花手隊員要他升級，區裡強調邊沿區的困難，不愿放手，以後糾正了，第三种是政策上可能發生的偏向：——求量不求質，僱傭收買、強迫等，第四种是群眾流行的「好男不当兵」的落後心理。

②、打通幹部思想，并且打通村幹部思想，除由專署及行署及各縣召開了擴大的幹部會議，在思想上動員外，各區也分別進行，一部

員。

③、強調村幹部的模範作用，指示用「帶徒弟」的办法去參軍，強調出么有些「只動員別人自己不幹的」偏向，這一要求一般作得好，如不過區內各村幹部帶領了十九個青年參軍，甚至還有個別區級幹部也參加了主力。

其次，組织領導方面、

①、領導上的原則——一般的照着中共中央所指示的「領導与群眾結合」，表現在這次我們首先把各地階層的人士都推動起来了，從上到下，男女老少，形成了一個運動，其次，实行了「首長負責」我們縣區負責干部親自動員新戰士，專員、縣長、區長親自給新擁馬的很多，另外，实行了「一般号召与个别推動結合個別指导的原則」如首府縣府，楊縣長親自領导十字路、虎固兩個基点村，創造经驗指导一般。

②、領导的方式——注意了發揮各個組织系統作用，克服了「一鍋出」現象，比如：政府負責优抗，工、青、民兵負責動員參軍，農会負責优抗后代耕，妇女負責做拉腿工作，這樣，按步就班，有條不紊的進行，加強了工作效率。

③、發揮了幹部的高度积極性——有些區村幹部整天不睡覺，眼皮也熬红了，腿腫了、嗓子也啞了，有的生了病住院休养，比如：海

陡某户抗委会主任完不成任务急得吃不下饭，“打老婆”……有了干部的积极性，而总的任务，才能超过了两倍多。

④、适当的照顾了其他工作——于子县在参军中还作了一百多户的典家计划，县府了六十多亩盐田……在莒南在参军过程中，组织变工队五八队，开荒队四九队，开荒三三一五亩，进行查减、反贪污、反恶霸斗争共一百多次。而且，有些新战士，就是从这些群众斗争中出来参军的，比如：在朱𣃁斗争余中涌现的右，即有十一人参加了主力。

小结 在这次参军运动中，考验了我们的领导原则，领导方法用领有了进步，比较深入实际了，而事实上也如此，否则，没有一元化的领导与领导方式的改进，我们的参军任务就很难完成。

二、参军工作中几个主要的工作方式：

①、新战士的参军动机及其顾虑的问题。

新战士的参军动机，不外有下面几种——第一种是真正觉悟有愿意来抗战参加革命队伍的；第二种，带有投机取巧心理——加抗战快胜利了，战后很光荣，可以升官当干部；第三种，有些只图混吃穿不还赌博账、打官司、全家避扰，得到优待粮等等，第四种是为贪享受（战士生活一般较好，其中以区中队为最多）第五种是青年尚武思想上進心强，學習本領，（其中以民兵為最多）存在着「鋼槍觀點」不背「土匪王」）第六种被参軍熱潮影响或感情冲動而参了軍。

至於群众在参軍前所顧慮的問題，大約是：怕打仗犧牲，怕調至遠方，怕紀律約束，怕吃苦受罪，離不開家庭與老婆，部份的存在「好男不当兵」的想法。

②、宣傳動員中的方式，一般採用下列办法為最有效：

1、名開村群众大会來动員進行反省，提出競賽，（事前佈置积極份子報名参軍）。

2、採取臨時办訓練班的办法，調一些参軍對象，（或擴軍對象未受訓」

3、出佣壁報，一面督促，一面交流经驗——各縣都用了這個办法收效很大。

4、把群众的主动語句，变成宣傳動員的行動口号如：

「馬要放，人要創」，「不要做賠服英雄」，

「动員的是愚人，扯腿的沒良心……」。

③、主力慰问团，首番採用了這個方式，收效很大，是值得學習的。

慰问团二百多個群众中，包括80%的参軍對象，10%的擴軍對象10%的升级對象，由縣委干部领导组织生活。

15

事前慰问团通知慰问兵团，准備迎接，並作各种報告，故事、戰績等。半個月他們慰问了六七個单位，給他們的傢極好，回来時，縣區及各向群众大会歡迎他們，慰问团介紹主力情形，群众羨慕主力軍是：天兵天將，起的作用很大，如：朱边區在歡迎会上，事前只布置了十九個對象，当场報名参軍，結果報名的就有五十二人，洪岗區一次会上，我們布置了六十人，而当场報名参軍的有九十九人，这就是「秘密動員公開報名」的方式。

這些团員回到本村，又召開歡迎会，報告经过，这样，二百五十多個慰问团員，所教育的群众與村庄就不少了，影响浩大。

現在的反映與收獲——老六团及主力軍的思想经过他們的媒介，更進一步的深印在群众脑子裡，慰问团回来後，即有25%参加主力，莒南流行的：「干吧！不要当跑跟英雄」，就是慰问团從軍區首長講話中传播開来的。

④、选擇與動員對象問題：

1、看人說話，具体了解對象后，然后去動員对象——對青年的强調前途教育，比如：干子縣某區一個同志在動員一個青年時即用陳師長打天下的例子教育鼓勵他，最后就加了，對雇工的强調擡出其受苦受餓了，以及「八路軍是我們翻身隊伍」的意義，这個在動員一些雇工時說：「当一辈雇工，穷两辈子」，翻身成功，對一些上戰士們提出：「抗戰快勝利了，回隊去快復前方去吧」：「將來勝利」。對一些觀望不前的對象則提出：「要干就干，不要躊佯」……這些會人說話的方式，是靈活運用的。

2、老田莊帶小鎮的辦法：比如：干于良家庄先找好對象，不暴露，然后與民兵在一起慢慢動員，結果帶了好几個去參軍。首南大山前和是運用了巳原去參軍的几個人秘密組織「扩軍小組」，廣地動員結果石起来了大山前的「光荣班」。

3、集中力量突击一人，即是區村幹部分头負責，軌流動員，抓緊說服結果成功了（首中）

4、採取「內击戰術」：對象成熟后，派專人與他一塊生活、劳動，防止他変卦，到走那天，一面歡送，一面动員他家屬，這樣，巳条成熟的對象，就不易被家屬扯腿而垮台。

5、抓緊中心人物，當着莊家袖領，在会上提出「誰願干跟我来」，作用很大，首南朱家庄子指导員朱秀方帶領五個民兵参軍，路米大凸區郭村大隊付自己帶了八個人去参軍，像這样的例子各地很多。

6、以老的新戰士去拔大新戰士，作用很大——如：首中中數禮庄陳得貴参軍三次動員和帶領了十七個去。莊南區一個新戰士，也前后参軍三次，每次即帶三五人去参軍。

178

四、凡抑拥軍公约介绍：

▲個人公约：以郎信為例 ①春季多交公粮三十斤 ②帮两家抗属固定代耕。③动員一個青年参加主力。

▲文子字部東南部個人拥軍公约。

①医生：尉秉云对主力抗属有病按方治療不取文分成本；②织布：徐春亭、徐化一对主力抗属用布的，用纺線一斤换本机布一斤，不取织工；③鉄匠：刘兹林、徐克新，对主力抗属所毁鉄锨、鋤／鐮耐心修理不取分文；④鉄匠：刘建中对主力抗属騾馬掌上掌不取分文；⑤木匠：付守臣对主力抗属所用小車、軸車只收本錢，不收利錢；⑥花轎：孫安、王之臣对主力抗属婚嫁用轎，不取賃錢價；⑦戲工会孫家成，对主力抗属有喪婚喜事者，不要文分工資。

▲民兵公约（十字路）

①配合主力作战，招呼兵送茶飯，偵察带路送消息……

②本府軍队来住時，替軍队站崗，讓軍队好休息。

▲妇救会拥軍公约

①保証给抗属洗衣服，縫衣服，烙尖并，自动給主力縫洗衣服。

②爱护伤病員，像爱护自己的兄弟一样。

41 42

③軍隊作戰時，自动募捐前去慰问，並动員青年参軍，保証不扯後腿．

△十字路完小拥軍公约．

①尊重抗屬，給抗屬拾柴火．②要帮助和动員抗屬兒童就学．③及時向全村广播軍事勝利消息．④自动募捐慰劳抗屬及荣誉軍人．自动慰劳前方軍隊．

△十字路商民会拥軍公约：

①抗屬購買本会会員的物品一律按九五折算．②保証动員本会会員及各团体会員参加主力．③本区住有軍隊者，本会員一律不準提高物价．④過節過年，或軍隊作戰時，本会自动募捐慰劳．⑤本会員要尽量帮助軍隊赴敌区代購軍用品．⑥凡本区有参加主力者，本会一定敬送物品

△首南医救会拥軍优抗公约

①軍隊作戰受伤者，遇有脱离包生抗属時，本会員应負責救护．

②主力抗屬在中农以上者持有优抗証只收药費成本。

③在中农以下者明价八折

④一般抗工屬中农以下者只收原本．

2

優抗証注意事項

①主力抗属、荣誉軍人、及烈属，不論租地或自耕地，每一全均在二畝地以下者，自三三年起，一律免征公粮。

②抗属持証赴部队探望親属，沿途政府、村团应多加帮助。

③抗属与现役軍人通訊，各地政邮有免费传递之義务。

④抗生入学一律免费，困貧者設法予以帮助或供給。

⑤抗属在公共衛生机关免费治病。

⑥抗属持証購物有購物优先权，在公营商店可予一定优待如九五折。

⑦抗属有享受貸款优先权，合作社及公共事业应尽量吸收抗属参加。

⑧公私荒山荒地，政府召人開墾時，抗属有优先承墾之权。

⑨抗属無劳力者不能維持生活者，政府及群众团体尽量予以帮助，介紹職业。

⑩保証抗属免凍餒之虞。

（其他略從）

完

黎玉在滨海工商总局总结会议上关于工商工作的指示（1945年）

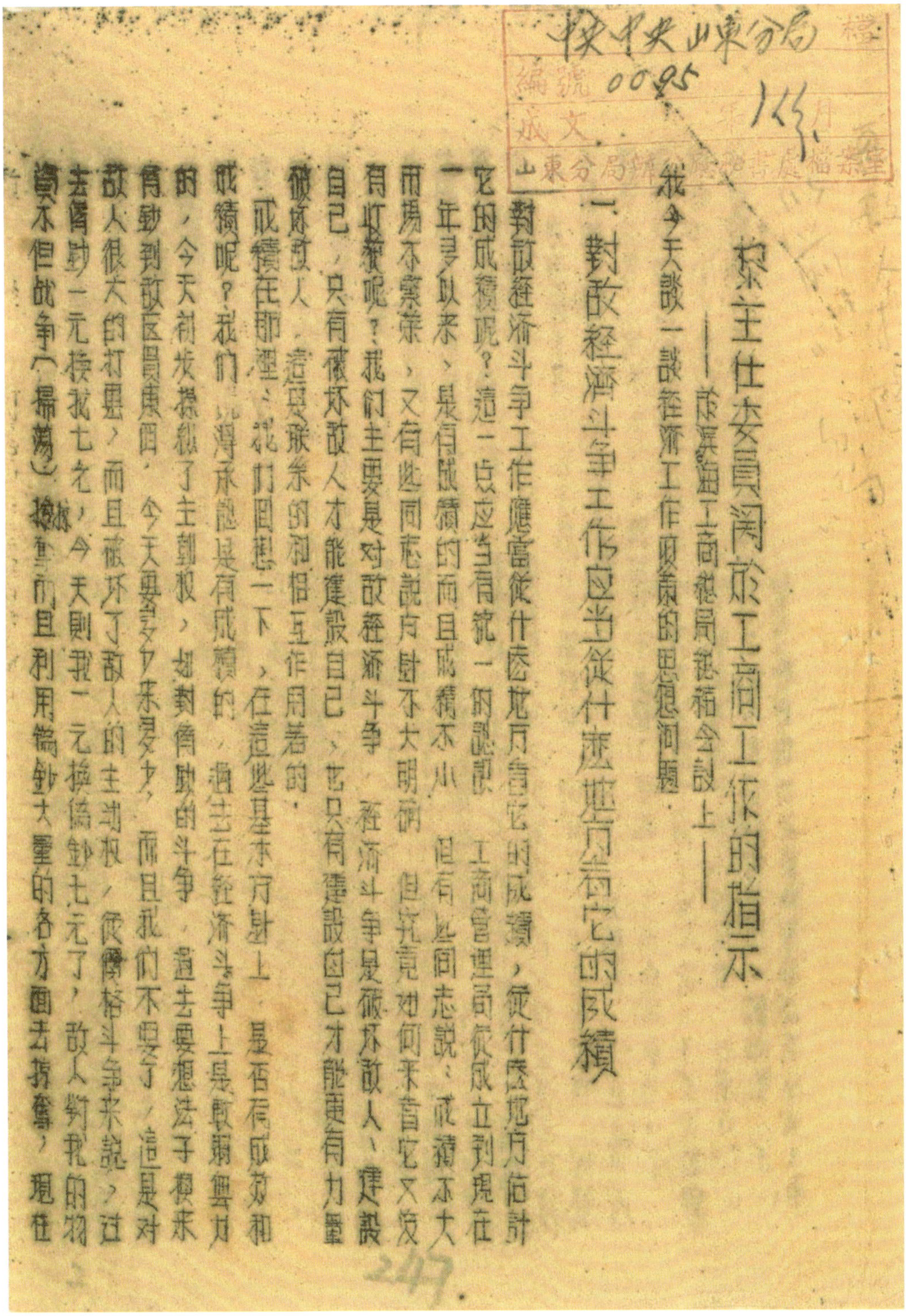

黎主任委員關於工商工作的指示

——在濱海工商總局總結會議上——

我今天談一談經濟工作原則的思想問題。

一、對敵經濟斗爭工作應當從什麼地方看它的成績

對敵經濟斗爭工作應當從什麼地方去估計它的成績呢？這一点应当有統一的認識。工商管理局從成立到現在一年多以來，是有成績的而且成績不小。但有些同志說：成績不大，市場不繁榮，又有些同志說方針不大明確。但究竟如何來看它又從何收獲呢？我們主要是对敵經濟斗爭。經濟斗爭是破坏敵人、建設自己，只有破坏敵人才能建設自己，也只有建設自己才能更有力量破坏敵人。這是辯証的相互作用着的。

成績在那裡？我們回想一下，在這些基本方針上，是否有成效和成績呢？我們濱海承認是有成績的，過去在經濟斗爭上是敵弱與对的，今天我們掌握了主動权，如對僞鈔的斗爭，過去要想法子換來僞鈔到敵区買東西，今天要多少來多少，而且我們不要了，這是對敵人很大的打擊，而且破坏了敵人的主动权，從價格斗爭來說，过去僞鈔一元換我七元，今天則我一元換僞鈔七元了，敵人對我的物資不但戰爭（掃蕩）搶奪而且利用僞鈔大量的各方面去搶奪，現在

247

敌人已经不能用愿的任意的去着手自己的需要掠夺了，敌人已不能及时抢得他们须要的物资，因此需要的物资，我们已经实行管理和统制了，（虽然由于封锁不严，奸商走私，但数量大大减少）这就叫做主动，（不是一下得到的）这就叫做消极打击敌人，因为我们削弱了敌人，才能发展自己，建设自己，所谓这就是自己养活自己，发展生产繁荣根据地，这是我们自给下来的，是供给自己，支持战争，打击建设自己的必须的（这种）经济不同，但也是有政权，是主张后地物资还敌人走，今天完全不同，因此保护了根据地的生产，就能发展和建设，即里说去年来人以来工作中了一些，但不能因此否认了我们的成绩，去年共收十五万元，税每只得到六千万元，这些是农民保得到敌人手里，都落到农人手里，这就是建设了自己，其他对战争军需物资的供给，是按照计划完成了，生产更将必需品的供给，反而保护了第大大增加了群众收入，改善群众生活，不能否认如果没有据点了对敌经济斗争的主动权，建设自己是很困难的，因此说在基本方针上，是贯彻了这一点不能有任何怀疑，那是工作中还有缺点，但基本精神上说的，工商局是有成绩的，须守上面的，当然还有些缺点等各工商局全体干部的基本上起了变化，全面逐渐获得一致，根据边区农民生活得到改善，也是由于这一政策的实施，不要说我们曾困难万分，我们依到最大自己的困难摘下敌人的困难，如果再前后很好调查一下，就会知道我们已经收到很好的效果，因此敌人不得敌对才必得的，由于这些努力敌我经济斗争

248

去採取更多的方法去支持我們，否則，不得不在區上另外的開支的比

的開支，尤其在解決申收九萬一方面，由于這個股東虧損了已計劃

求有其他必需品生產，總計起來最低限度在二萬至二萬五千元

，這里收入還在解决中，其上表格也要算安了，工商局要不是有錢的呢

的，有的工商局不設立一年另外的完全好呢？再過九年一定會

不用更好，同志們要大量發大，要從全體上去看，應該在思想上一

致起來，對于自己應有足夠的估計。

風氣不應自滿；另一方面要否有成就的問題呢？誰也不要低估本區

行政的，應當有正當的態度，我們說工作有成績，大家已經曉得，

但是不是有缺點呢？有缺點也有偏向，在這些成績中已經說了，就不

再說，但是對于這些缺點不要害怕，也不應該忘了說不好，

而要使對這些缺點是個別的還是一般的是局部的還是全部的，否則

某年上已經發現了，因此說這是某年的，但也要从行中的，提出

應予警惕，不要忘記它，同志們正確的提高到工作更進一步，

成績不應自滿，希望能夠很好的觀察幹部的成績，要學習著不要緊，

就是于這個問題，而應當要數，應該要自己的明確，

之些成績發展這好像是，而于前方的這節下，而于前方針一

部是正確的，關于經濟上一元化領導，的作用，但也不能完全

歸功于自己，而是這些成績與這個領導是最終的，這個估計

到這是重要的，所以全面局部的一部份，沒有單一的前方上的勝利，經濟

上的勝利要可以達到建設而討到公家伊不經濟的資本，如果沒一有包部份負年，也只有外勤之那部份，公家有些忽視這一工作另外大生產區域，那工商工作看作大多數和錯誤，但也是重要部份的困難，這些困難都是各方面討論，去出一主觀用努力也不能解救，只有從各方面考慮，才能得出正確的結論，真正調節社會的，對于我們的建設，和經濟建設方面，才能從工作中的利用而研究的，同病的情況是非常危險的，我們有組織的同時也有組織上，我們也有強化個分子，得到了生產，建設着工作的規律，我們有公家是有責任的。

、財經工作幹部的地位問題：在思想意識上，有些同志對于這些群眾說我們不是抗日的搞買賣的，不就是官僚商人，有些職員不平，要求改換到當兵當幹部，這個問題大家還是有些意見的，可以提出來，但這是認識我們不是要有政府的機關，只是抗日工作人員，而且有些職員有勝功勞，沒有人能否認我們是抗日的，今年有關財經工作機構不中，有的製造生產經濟工作及生產事業的同志們，說是因為許多同志對經濟工作的前途不正確，而經濟工作者本身對自己的前途認識不清楚，而有些相當觀念，經濟工作是抗日工作的一部份，與其他工作符合着，抗日需要糧食而不是需要商人，要靠人用的手段，都要以私人智力滿手的人沒有抓住的人不行，這批人在政治地位上未徹底，它相關的政治部注意了這一點，但要實際上有的可說是不是抗日的，不能拿來當

250

抗屬待遇），應該怎樣認識呢？、群眾的水平是不一致的，工作的發展也不一樣，有這種認識的總是區別的，因此我們要群眾認識也不應該是一致的，如民主大會的發言，有的謾罵，有的和平，我們同志的水平不一致，要求也不應該一致，這是一個教育問題，還要我們努力，群眾的偏差是免不了的。

參加抗日工作脫離生產由公家供給的人員其家屬都是抗屬，伙食員飼養員都一樣，沒有他們固不行，他們的工作也是部份的一部份，不能輕視，不能取消也不能應該和別人比較。

另外應從擁軍問題來認識，要知動員群眾參軍是不容易的，今天擁軍是為了把主力的政治地位提高，達到動員群眾參軍的目的，擁軍是個群眾性的運動，並不掛光榮牌是群眾的事情，不應抱怨，也不應平均的看待，一切服從於戰爭，戰爭勝利就什麼也容易辦，戰爭失敗就一切都談不到，家屬須要尊敬，但也應當推動家屬進步，讓他們參加勞動，他們自己不進步群眾也會有意見，應當從另方面去認識更大的光榮還在戰後，那時都受尊敬都受優待，精神上物質上、和文化娛樂上的優待都有了可能，今天是戰爭環境，對家屬的待遇不應漂亮，只要我們問心無愧於勝戰，不應因此引起心理的波動，今年發展經濟保障供給的責任更加重要，還要繼續動員逐漸使大家向自己動手生產，才能克服吃現成飯不起生產的毛病，經濟工作者的地位依靠經濟工作的發展，只有經濟的工作發展了，大家對經濟工作才能有統一的認識，群衆當中偏差應該去教育，應從發展當中去認識，我們才應當對生產革命有貢獻而不不滿意群衆反政府，政府是不能辜負同志們的，

二、幾個政策的思想問題

（一）發展經濟 政策

一、發展經濟以生產爲主：發展經濟保障供給是經濟工作確定不移的方針，發展經濟包括很多東西，如農業（今天是主要的）工業，生產貿易，工商工作包括貿易，貿易和生產，那麼我們發展經濟是發展什麼東西呢？對發展經濟工作，商局工作中是有步驟的，有時以貿易手段爲主，（不是單純的貿易手段而是和其他利益結合的）但當本階段固然確定以后，就應以發展生產爲主，生產就成爲工作中心，在 方面上應該認識發展生產是發展經濟中最中心最主要的一環，爲什麼是決定的中心的一環呢？一年來的經驗告訴我們，沒有正確的物資力量不能打破敵人，如濱海的物 則 這些東西是那裡的呢？是從生產中來的，所以我們的工作應當從此爲中心，不是可就可能爲貿易而貿易，爲掌握主要物資而管理，平均看待，這是我們思想上應該明確的，生產是一切工作的物質基礎，例如抓今了自

252

餓飯，而多了有衣穿，如果大家每天吃不飽就覓見粉粉了，飢餓
的沒有飯吃也不能打仗，去年有些老百姓穿不上棉衣，大家都負債得
ss汗，群众也笑腦，如果群众丰衣足食，每人穿上一件新棉衣就都
會很高興，相反吃不飽穿不上衣服就一定失敗了，就好像現在的窮蔣
軍裝供給日益惡化就不高興，政府人民破產就發生經濟恐慌，從經
濟上來看一切人民都是建築在物質基礎上的，沒有一定的物質基礎
戰爭不能勝利，政治不能維持，從經濟上說：沒有物質則工作
不能進行，正因生產是改變人類人之間的關係不是件小事，馬克思
不斷的提醒我們這一點，是從實際而來的，許多同志吃喝着老百姓
的，還推說的不好，不去生產搞高明，就忘了一個基本問題，沒有
生產就吃不上也穿不上，尤其是今年人員天天增長，一天天的擴大，
山東百多縣平均每縣生產三五百人，就有四五萬人，這些人要吃要喝，
不生產有些什麼不法呢？再把眼睛放大些，準備反攻軍需供給什麼？
反攻須要大的兵团，如果沒有余糧沒有積蓄怎樣用兵？到那時兵有
軍隊吃的用的，沒有吃的用的怎麼能行呢？是儆今天要作長期打算，
準備反攻，積蓄物資，所謂積蓄物資不是存三百二百万的貨物，而
不是真正的積蓄物資，真正的積蓄物資是發展生產，是建築在整個
的物質基礎的，這存再加十万廿万軍隊也不困難，忘了今天不
着眼明天是不對的，基本上是發展生產，我們的干部應當確定和鞏固
建立長期經濟保障供給的思想，打算怎樣把一工作扶持起來，熱々

253

為群众打算，照顧群众利益，這就是群众观念。

发展生产以农叶为主：发展生产以什么为主呢？应以农叶为主。我们也应当承認有些人以貿易为主，但這是個人的分工，而不是經济工作的方針，只有发展农叶能解决供給问題，因此发展經济以生产為主，发展生产以农叶為主。

保証必需品自給发展工叶，另外也应該发展工叶，主要是解决穿布自給的问題，除了布，还有人民日常須要的必需品，生産工具等，在這個基礎上把它發展起来，确定這個思想，在我们的貿易鬥爭中，工厂工作中，商店与稅收工作中，都应有这样一個明確的思想，必須從事发展生产，輔助生产，掐顧生产，一方面不取消自己的工作，一方面為這個工作负务，如发展压花机，製造改良农具水車等，只要群众須用的就大量发展，只要生产发展了，其他工作也有办法，貿易也发展了，市场也繁荣了，財政问題也解决了，不要認為我们只营工商，农叶我不管，实际上我们生活在农村不能不管农叶。

公私兼顧輔助生产：輔助生产也是公私兼顧的原則，把公家搞垮了，也無办法輔助生产，如××麦布的问題，八元钱一尺買进来五元钱賣出去这是 政，恩賜糊塗观点，只有掌握了公私兼顧的原則工作就有办法，过去我们工商工作还未好好照顧生产，現像上看来是忽视的，所以特别提出来，这是一個办法，也是一個方向。

254

二、边缘区对敌斗争政策

经济斗争不是单纯的经济工作：我们工商局有很多机关是控制在边缘区，对敌人据点附近都有经济机关，但经济斗争不是单纯的经济工作，也须结合各种工作与各方面的情况才能有效力的进行，如果与其他工作脱节是搞不好的，同志们还须要深刻的领会这一点。

重视边缘区、研究边缘区、布置边缘区工作：今天边缘区情况是必须重视和经常研究的，因为斗争须注意布置这个工作，过去对情况不研究，不与其他工作结合，形成脱节现象，下面不能及时反映这方面的工作情况，某些地方受到损失基本上是对边缘区情况没有很好重视与研究，因而没有很好布置，只注意了单纯、惩罚、没收，而且犯了严重的错误，应当注意。

对边缘区情况的认识：今天的边缘区大部份是过去的敌占区，有些据点已拔掉之包围，我们已经逐渐减少接近了大小城市和交通要道，在我们这些地区内敌人力量在军事上已被削弱，因而敌人採取了重点主义的战备，利用突击，三角步哨堡垒式，再者，採取小部队活动，捕获我干部及工作人员，破坏我地下组织，经常上奔袭民兵，但边区居民受到一些损失，因而边区居民每每发生要倒向，则，贵小利于我们而不影响扩大，扩大了人民对敌人的仇恨心已经大大减少了敌人的威信，扩大了边区区，再则这些地区，一般的困敌人長期的統治，实行深度先氧的束缚，应当着重進行其生活，同時這些地區農村还未普遍發动起来，而且十分複雜，敌人地下组织可能还有若干，情形同時很多，但是我们对边沿工作不够充分注意，如組織有缺，领導工作强度不够，都使我们受到損失，為什么今天會有很多過去的這样缺点呢？这一方面是敌顽的两面政策，一方面是我们的領導未能在边区正确執行，各部门配合不好，有些干部放人猾了，這些都有今天都值得我们注意。

統一認識統一指揮：根据这些情况的特点，我们应当怎样加强边沿区工作呢？首先要加強党政軍民在認識上要統一的，边沿区工作基本上是争取群众，建立基本群众，不然一切工作都没有办法進行，边沿工作的開展既今十分困难，只有争取群众才能鞏固根据地边沿，進一步向敌大城市及交通线工作，今天要实現引起我们各方面对這一工作的注意，尤其要我们工商局，应充分注意这一工作，要争取群众，必須要重視斗争，政治斗争，經濟斗争的結合，只要作到三者結合起来，就能發揮更大的力量，為什么對这些問題呢？因為我们必須要堅持对敌斗争的重要意义上看服全面的認識清楚，与軍事斗争，政治斗争，及时斗争密切結合起来。

我们經濟工作堅持边沿斗争，争取群众，主要是政策斗争，因此就应当注意这样几個問題：

1.統一对敌斗争，步調一致：在边沿区要有　　号召所在局部

256

乙、应与武工队的联系：组织党政军民统一的委员会，共同研究对敌斗争，取得步调一致。

1.配合政治攻势围困敌人：尤其今天用政治力量（无形的斗争）配合军事政治攻势围困敌人，增加敌人的困难，更有其重大作用，加敌人物缺之补食品以开高，我们大量吸收，控制来源，使敌人既不上够不上，再配合军事政治攻势，就更加有利力，今后经济工作也应注意这样几个重点配合武工队，进行对敌经济上的围困，我们是有这种经济力量的，大家应当确立这一思想，克服过去查点东西就完成任务的观点。

3.公粮负担问题：——边沿区之田赋公粮的征收应以争取群众为主，而不应依靠它来解决财政问题，可以只择他们负担内地征收量的三分之一，（[illegible]）。或者更少些，并且应以收粮食为主，（田赋公粮一并征收）取得群众自愿的原则，不要强迫，并且在思想上应当认识征粮的目的是与敌人争夺食粮，而不是以之为财政收入的一部。

4.税收缉私问题：我们在边沿区税收缉私工作上不要只看到几个钱，也要以争取群众为主，使人心向我，处罚没收是次要又次要的。於过去携之内带烟鎗元也没收了，到敌区去不按政策的乱没收等，就是只想不知道争取群众团结群众，查私多少是个小问题，只要争取了群众就是胜利，除去经常走私特别好的商人，对一般小贩应

257

当宽大，如敌区老百姓要买三二尺布就替他们买也无妨；尤其敌区人民只要我们争取他，团结他，他会替我们宣传，假使查着他加以教育放了他，他就会替我们宣传，如果得罪了，他就会不满，我们检查站应当成为武工队，作群众工作，大家应当特别注意，报导情况加强研究，边沿小贩应当和他们交易，从经济利益上团结他们，以争取群众，刺探情况，发展报关系，密切联系他们。

5. 边缘会门问题——发展会门是敌人重点主义的内容之一，敌人虽然在某些地区失败了，但一定会在边沿区还要继续发展，过去我们在边沿区乱没收乱处罚，以及武工作组的扰乱，把根据地的一些硬搬到边沿区实行，引起群众不满，另外敌人造谣，利诱威胁，钻了空子，今后我们在边沿区应当注意宣传，以争取群众为主，从群众切身的体验中粉碎敌人的造谣，对会门应当调查，则会门不会起来的，如果敌人以逼威胁群众组织会门我们就可以掌握它，与敌人进行合法的斗争。

又如边区的边区负责又被敌诱和民兵结合打成一片，坚持边沿对敌斗争，这是对群众的领导，是走群众路线，这就是我们的方向，凡是其他有应很好研究关于边沿斗争的文件，掌握斗争。

258

三 友邻政策

我们和友邻是兄弟之邦，应该是友善的，而不是臭邻政策，现在渤海与冀中冀南去打通联系，经济上的联系日益密切，过去的行政区域已经受到限制，我们和邻区的关系上曾经发生些偏差，说明我们对友邻政策在认识上还不明确，这是本位主义的思想，不懂得大家是一家，虽然在行政单位上不同，但仍是有联系的，与敌区不同，应当与敌区分别清楚，各个地区物资条件不同，工作发展不同，经验也有不同，所以需要相互调剂，相互帮助交流经验，这样才能一致，对抗日事业有利，才能做到兄弟之邦、过去这方面有缺点、发生对立的情况，我们对于冀中也有不照顾的地方，如把价压的太低，也是本位主义的毛病，又如人家带点白菜之类也不准许，已经装上船又搬下来，实在太小气了些，主要是物资交换而不在于这些小的地方，对友邻要谦逊，使人家感到热情，要知道想求得人家的帮助，就先要帮助人家，这是不会吃亏的，在友邻关系上应当承认我之某些缺点，加强检讨，使能相互调济。

四 贸易管理与统治思想

(一)贸易管理：我们的贸易管理主要是对外，服从于货币斗争、发展群众生产，反对敌人的掠夺，统制物资是有条件的，有利於对外吸收我之必需品，有条件的下是什么都加以统治，更不是对内，对外专卖是从服於战争利益，如烧酒专卖，是为了粮食供给问题，所以哪怕也有些过高，我们不取消必要的专卖，但是把统制专卖用在一切方面是错误的，如内地的交易是绝对自由的，我们无权干涉，过去由於职权不清形成乱罚，我们的这些行为是违反政令的政治上也是错误的，

（二）集市管理　我们的集市向来没有交易税，为了取消牙行经纪的中间剥削，

集市应该管理，但主要是便利交易，调剂物资，予群众以便利，帮助群众建立集市秩序，研究市场供求关系及市场内的一切问题，如是否有奸商操纵了市价，老百姓需要什么东西，又如牛上的太多了，或粮食太贱了，就应当了解这是什么原因，研究办法，又如老百姓什么时候需要什么东西，也要研究，通过我们的经济知识与群众联系起来，根据这们原则建立和了解集市秩序

（三）调剂物价问题　调剂物价决定於当时经济情况，而不是想当局部的物价涨跌去调剂，如物价正高而正得不偿失是做反政策，对於物价和整个经济情况要联系起来研究，调剂的对象主要是合作社，应以发展生产为调剂的基础，应当把整个的供求关系上加以调剂。

(四)新收復的城市的經濟政策問題　一新收復城市一般生產基礎少，一部份是寄生，一部份是商人（有爲敵人服務的，也有爲群衆）的大小商人惡負責（奸）商剛剛克服城市秩序不好可能違反其利益重是爭爭問題，軍事也當注意。我們經濟部門一進城市政策上應團結商人爲主，取消苛捐雜稅，恢復與保護其營業，在與敵政策上明令公佈沒收條例，處理應當寬大，罰沒物品應予一定時間限期變賣，要知道大城市有許多下層工人是依靠工商業生活，如停頓下來無以爲生，因罰處理應分別輕重，一般的不予沒收爲妙，無不必沒有，應招攬商人在根據地內經商，從他們自己嘴裡宣傳我們的政策，使大城市商人不害怕我們，主要是政治影響問題，而不是對某些個人的問題。

(五)商人政策問題　商人有大的小的窮的富的集股的，城市的和農村的不同，落後的商人，也應爭取不同的對策，在我政策下來團結他們，根據地商人都要團結，使他們認識我的政策之寬大，應些地方要有眼光，今天商人有其積極作用，將來商人也不能消滅，商人賺錢是對的（但應當不妨礙群衆生活及抗戰利益爲原則），問題是怎樣平均利潤，從戰爭到供求關係上估計到他們一定的利潤，今天還要使用商人，利用商人進行對敵鬥爭。

對敵區商人一方面團結他們，一方面防止特務分子活動，也可以進行各種各樣的利於抗戰的組織，向他們宣傳，爭取他們對付敵人，不要害怕他們，只要我們掌握一定的政治目標，可以考驗他們

八

261

由貿易上集市上都以假者，但操縱市場囤積居奇就不行，应當推动他們前進，對小商販（許多是貧农副業）应當扶持，帮助教育他們，對大商人要依靠其資物交易建立信用，採取現錢交易，以貨易貨，貨真價實，公平交易，對他們要考驗只是在物資上，不在口頭上，形式上，不應輕易信任他們，一年來我們吃了不少虧，我們的同志缺乏社会經驗，听信他們的花言巧語受過了不少欺騙，使公家受到損失，另外也可以利用他們替我宣傳，開展城市内的某些工作，對商人負担問題，一般在根據地内不应捐獻，可号召對根據地供給現金。

（六）关於屯積物資：　关於屯積物資要有計划的屯積，貿易總的方面計划和市场規律，

五、管理工廠問題

（一）工廠企業化問題　許多同志把工廠企業化神秘化了，我們管理工廠缺乏經驗，思想上还有許多問題沒有打通，過去資本家管理工廠（企業化的），精細成本計算，營利計算有一定的章程規則，是有一套办法的，這套办法可以採用，我們根据地為什么几年来對管理工廠还不大明白呢？過去我們的工廠實行供給制，機關化，忽視了企業化应也有其經濟基礎，是战争初期免不了的，經驗說明機關办理方法，生產量不高，工廠管理鬆懈，我們所講企業化，是使生產合理化，有計算，有制度，有办法，是准备战后要会管理工廠，有的

同志認為今天的工廠顧不得工廠，將來一丟了之，把今天於將來分割起來，應該懂得沒有今天就沒有將來，而且將來主要是依靠農村生產，絕不拋棄農村，總想到城市裡去，今天的工廠必須企業化，企業化的主要一环是建立會計制，收支有一定的制度，必須有独立的資金，把會計独立起來（獎檢會計制度，会計手續）建立計划生產制度，生活，成本，營利計算並區別起來，按月計划並有節省原料按月的一套办法，才能實行公私兩利的分紅，自只有能計算成本，營利生活才能分紅，如缺乏這個條件都不行，其他如伙食等都必須有我有為，必須分工，我們就缺乏這一套，今年十九個工廠都應實行起來，而不是了草的執行。

（二）領導的官僚主義與群眾路線問題：今天的工廠指導是官僚主義的，主要表現在不了解工人的要求，如過去的向上課去操，一切要求集體是錯誤的，應該怎么办呢？應當參加工人的討論，他們的要求合乎政策原則或與政策又支家執行，今天工人是無產階級，應加強其教育，不應蔽隱其無產階級面目，使他們知道新民主主義下的工人是什么樣子，是趨占室的方向，應當加強工会工作，指導員應委員通過工会進行工作，工作計劃經過工会討論后執行，實行公私兩利，提高工人積極性，提高技術，提高產量，走群眾路線，加強工人俱樂部工作，實行民主生活，如辦牆報、開座談会，加強工人學習，工人經理打成一片，是團互友愛而不是苛責懲罰，取消舊操練兵的一套办法，應當使之為公家服務，適合他們的要求，應使之成為革命的骨干，会指导工人，不是疾之成為盲目的，如果不然就是生产有成积也是失败的。

工人的方向是通占李式的，但是只有改变工厂领导上的官僚主义才能产生更多占李式的模范工人，赵占李运动的内容是提高产量，爱护公物，节省原料。

我们要克服官僚主义还须领导上提高，不然虽然不去是实行不好的，还应继续研究已有的许多办法，如果领导不能走实践不会有成绩并巩固起来的。

六、群众路線

我们的同志往往打骂群众，脱离群众，忘了自己是为群众服务的，其实我们不要忘记为做了官了，我们是党员的勤务员，根据地的一切政策都是为了群众，不问本身如何都必须为群众服务，就得根据地的坚持抗战来说，大多数是农家农民几年来牺牲流血的都是他们，我们有些同志站在群众头上，指挥群众是"封建家"好为人师生活特殊都是不对的，我们应当时时刻刻的调查群众的困难，忘了群众就是官僚主义，许多机关对群众关系不好，就是因为不关心群众，就如今年大生产中群众需要工具，农具，就多打一批供给市场需要，在你的工作中时时为着群众，真切实利顶好的精神，群众会拥护你，

问题是你是否这样去做是否与群众结合，凡经发动起来的地方，当中偏向（要和开展）

群众斗争是群众自发的运动，当他起来了的时候是不能制止的，在没有发动起来的地方应当帮助发动群众；群众运动是免不了的，我们纵眼光要放大，应当看到这是经济问题，从敌地不应当做一回事情看，今天有些地方草率从事做些，但常他发在发展的时候不能去泼冷水，相反应当扶持他，我们的政策是一方面团结群众，一方面团结各阶层，有些地主说斗争对象实在不是工作的应当团结他，逃避斗争来我们这种的可以向他解释，不应袒护，应当公平处理，对群众斗争不能泼冷水，对地主团结，解释，又如向民校上课，帮助群众识字，打“算盘”，提高其技能认识，讲怎样发展生产，总之在我日常工作中怎样为群众服务，应当考虑如修补道路，帮助合作社，今天合作社一个问题不会算账，一个问题是不会走群众路线，只要能帮助他们这两点就可以帮助他发展，我们的工厂应该团结敌外资本家，给他们一定的利润，商店则应团结运输队，作驻村工作，这样就有了群众基础，采访可少受损失，走群众路线，不是别的就是应时为群众服务。

七、备战防奸

不要认为今天根据地扩大了，东西器一些，大事铺张浪费起来，敌人每失一城在城里总是时常进行报复轰炸捣乱，平时应当准备战时事。

到来，平时麻痹自满不顾群众，战时就受损失，去年战争损失数目很大，有些可以避免的，今年如果全年没有损失在整个营利中提百分之一的奖金，如果损失百不以内奖励百分之五。

今天敌人特务经济化，应引起我们注意，要严格审查敌区人口，防备奸细。

八、领导作风问题

报纸上许多文件和我在行政会议上的报告可作参考：

（一）新的工作方法与组织方式问题　工作方法不要老一套，要发扬革命的英雄主义，使大家要明确的认识工作目标和工作方针，工路是赵占魁运动，模范缉私者应该是不违犯政策、团结群众等，各个地方应有模范工作者的条件，使一些会贯彻方针，团结群众的得到表扬，要多检查发现模范的好的例子，同时加以提倡就会创造出更好的东西来，同时也发现工作中官僚主义等毛病予以克服，批错误要分轻重予以惩罚，处罚是不得已的，只罚处不能解决问题，要提倡革命中的英雄主义，每用典型示范作用推动全面工作。

（二）民主作风与民主精神　民主是多调查多吸收，下面工作人员尊重群众，工作人们的意见，对人之要谦虚，不要只责人不责己，待人要诚，待己要严，这种作风和精神，都应树立起来。

（三）树立整体思想　要善于团结各方面各机关部队，群众团体，多征求别人的意见，不要只看到眼前的事务，要把眼光放大，多学习政策，多学习报纸，听取群众的呼声，如有部队闹事曾发生过争机，应当看到這是免不了的，过要多解釈，只要主动团結、沒有因結不了的，這并不是沒有机杵子就得吃氣，而是态度大方有修养的表現，此外应該建立些工作章程，工作規則，各种制度，如会計函総分類等，這是革命的制度应該建立，今天很需要這樣一些規程。

(四)學習問題：我們的工作事务太多，但是不是沒有學習的机会呢？有机会的！只要我們注意學習，就会找到學習合适的時间与學習方式，學習要兩月总結，半年進行一次大的总結，各個局都应当这樣的做，研究报紙和实际結合起来，再三再四的調查研究。

最后工商干部，应使工、农、兵、学、商結合起来，如工人好之做工，干部学种菜園，参加农业生产，親自动手劳动，同時要演会戰斗与民兵結合起来，今天是我們与敌人的武装斗爭時期，最后应当学会反扫荡的本領。

完

267

滨海区各种参军数目统计（1945年）

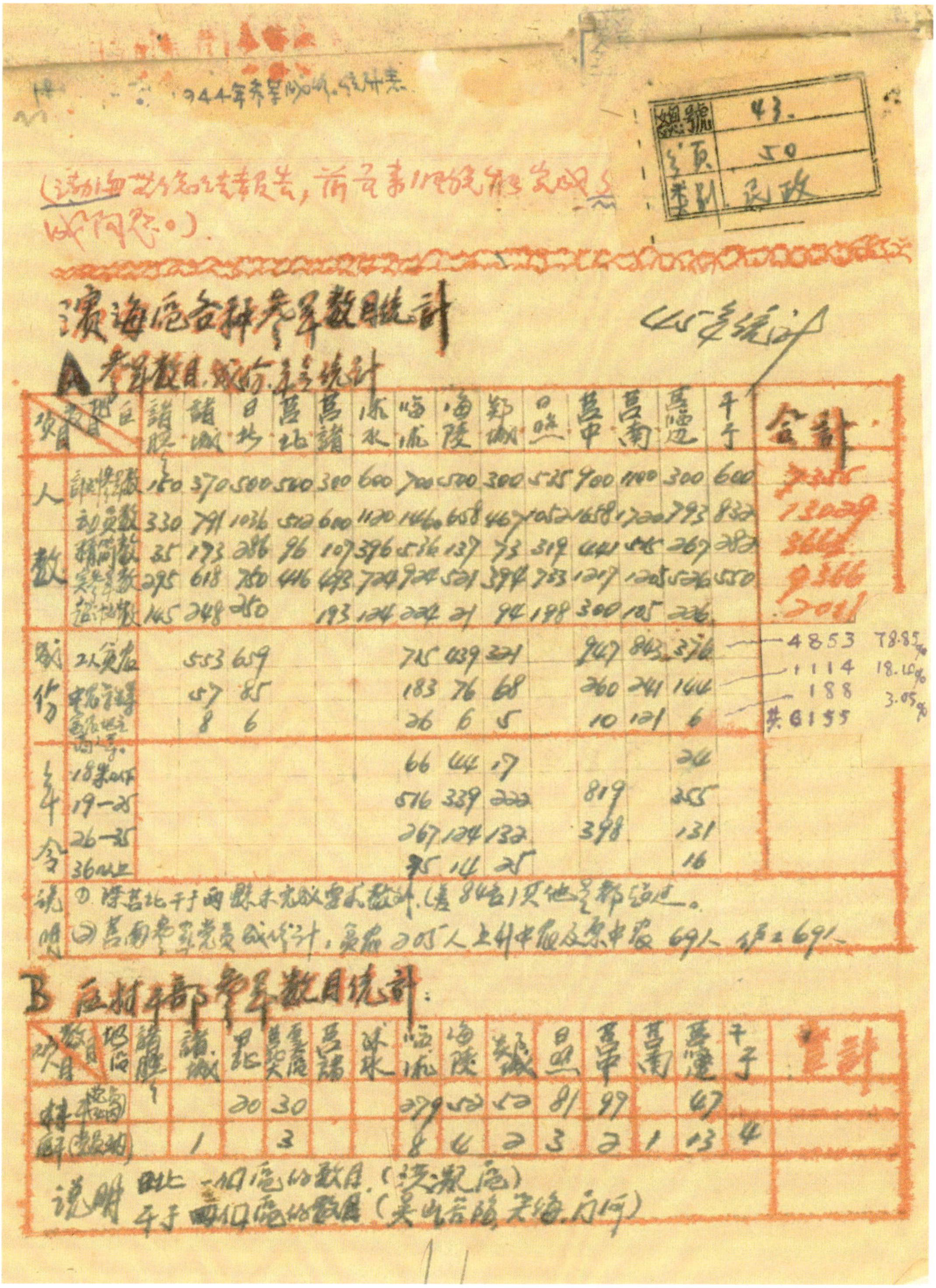

項目	區	諸膠	諸城	日北	莒北	莒諸	沭水	臨沭	海陵	郯城	日照	莒中	莒南	莒邊	干于	合計
人數	部隊要求數	150	370	500	500	300	600	700	500	300	525	900	1100	300	600	[illegible]
	動員數	330	791	1036	512	600	1120	1466	658	467	1052	1658	1720	793	832	13029
	[illegible]數	35	173	286	96	107	396	536	137	73	319	441	[illegible]	267	282	[illegible]
	實參軍數	295	618	750	446	493	724	924	521	394	733	1217	1205	526	550	9366
	超過數	145	248	250		193	124	224	21	94	198	300	105	226		2011
成份	工人貧雇		553	659				715	439	321		947	843	376		4853 78.85%
	中農		57	85				183	76	68		260	241	144		1114 18.10%
	富農地主		8	6				26	6	5		10	121	6		188 3.05% 共6155
年令	18歲以下							66	44	17				26		
	19—25							516	339	222		819		255		
	26—35							267	124	132		398		131		
	36以上							25	14	25				16		

說明：①除莒北干于兩縣未完成要求數外（差84名）其他是都超過。②莒南參軍黨員成份計，貧雇205人上升中農及原中農69人 [illegible]

項目	地區	諸膠	諸城	日北	莒北	莒諸	沭水	臨沭	海陵	郯城	日照	莒中	莒南	莒邊	干于	總計
幹部	村幹部			20	30			379	52	52	81	99		67		
	區幹部		1		3			8	4	2	3	2	1	13	4	

說明：[illegible]

C 党员支干参军数目统计

项目	数目 地区	诸胶	诸城	日北	莒北大店区	诸莒	沭水	临沭	海陵	郯城	日照	莒中	莒南	莒临边	千子	合计
党员参军	动员数						212	388	107	115	94	189				
	实参数	6	20	79	46	46		293	125	105		172	343	111	101	1467
支干	支书							19	8	5		5	10	3		
	支委（支书在内）							59	23	17		20	38	10		167

说明
①实参数是精简后的数目.
②莒北大店区参军党员46位，全区党员19%，占全区参军178人之26%
③千子四个区（门河、垂山、谷阳、关山）参军党员共52（支干在内）支书3 支委（支书在内）10

D 党员带头及家属欢送统计　不用！

项目	数目 地区	滨桃园区	临沭蛟龙区	日北陈疃区	莒中九里区	千子	沭水	临沭	海陵	郯城	日照	带旧六区	莒南	莒临边
带头人数	带五人以上			6									24	
	带十人以上			4										
	带廿人以上			~~[illegible]~~										
	共计			12		29		67	27	17	52	30	~~29~~	29
所带人数								635	215	155	332		~~[illegible]~~	242
欢送家属	共计家数 / 内党员数	62	27		64		154		274	271 / 56	201	173		

说明
①千子之关山、谷阳、吴山、门河四个区带头人10 带头人数[illegible] 欢送家属84 内党员7人 实参军人181人
②欢送参军者154人 桃园区162人。

12

其他

敌32师团部队初步调查（1943年4月）

敌卅二師团部隊初步調查

目 次

四、敵討伐大隊央連隊送計劃

Ⅶ. 敵軍教育問題

一、各种兵役教育

二、精神麻欺教育

三、新兵教育

Ⅷ. 敵軍補給情形

一、32D粮秣彈药屯積站領色情形

二、敵軍伍長以下薪餉的補給

三、給养状况

四、官給品的補給

五、下給品補給

六、恤兵品補給

Ⅸ 敵軍生活習慣

一、每日生活時间

二、敵守備隊的生活

三、新兵生活

Ⅹ. 敵軍內部存在的几個矛盾

一、下級將校與下士官之間的矛盾

二、將校出身不同的矛盾

三、正付職之間的矛盾.

四、士兵與下士官將校的矛盾

五、新兵與老兵的矛盾

六、兵种間的矛盾

七、非同鄉間的矛盾

八、軍属與軍人间之矛盾

Ⅺ. 32D、210R、3大隊

十中隊士兵反战嘩变事件

Ⅻ. 三大隊十中隊士兵对八路軍及反战同盟的認識.

46

I. 32D的編成

一. 編成経过

該師团係故"三联隊制後續編後備师团"在員額及裝備上來說則系丙种師团"[illegible]初期敌后游击战争廣泛開展，故甲乙种师团编制装備的庞大，指揮不灵便不適于敌后肅清作战故乃于原常備师团（甲种师团）抽調一部為基干续編成丙种师团来担任后方守備作為討伐和对付消灭游击战争的基干机動兵团.

32D係1938.3.24（昭和十三年）由在東北之敌1D 2D 4D 7D 8D 12D等各抽一部為基干，再由第一师团管区召集編成，1939.4.26由東京芝浦港出發五月由青島登陸分佈津浦路济徐段两側.

二. 32D徵集区域及地域性

师团管区	联队管区	1D	32D	管轄（徵集兵員）區域
第一師团	麻布	第一联隊	第二一二联隊	東京府：麴町区 神田区 日本桥区 芝区 麻布区 赤坂区 四谷区 牛込区 小石川区 品川区 目黑区 大森区 荏原区 蒲田區 世田谷区 渋谷区 淀桥区 中野区 杉並区 八王子区 西多摩郡 北多摩郡 大島 八丈島 小笠原島 埼玉県：川越市 入間郡 比企郡 秩父郡
	甲府	第四九联隊	第二一〇联隊	山梨県 神奈川県
	本郷	第三联隊		東京府：本郷区、下谷区、浅草区、本所区、深川区、向島区、滝野川区、荒川区、王子区、板桥区、足立区、向島区、城東区、葛飾区、江户川区； 埼玉県：北足立郡 北埼玉郡 北葛飾郡 大里郡 児玉郡（熊谷市）（川口市）（浦和市）
		第五七联隊	第二一一联隊	千葉縣
地域性				東京人：智識較發达，聰明爱漂亮，形式团结力差巧于討好应付長官自私自利大部為職員工人較狡猾 神奈川人：靠近横濱一帶者與東京差不多，但靠近山梨県人則誠恳勤劳头腦簡单，一部為职員工人一部為农民較顽固. 千葉県人：大部從事漁業体格健壮头腦笨能忍耐守旧封建多漁夫农民. 埼玉県人：積强勤劳，团结力强服從性强完成任务坚决封建保守.

49

三. 32D 编制判断表

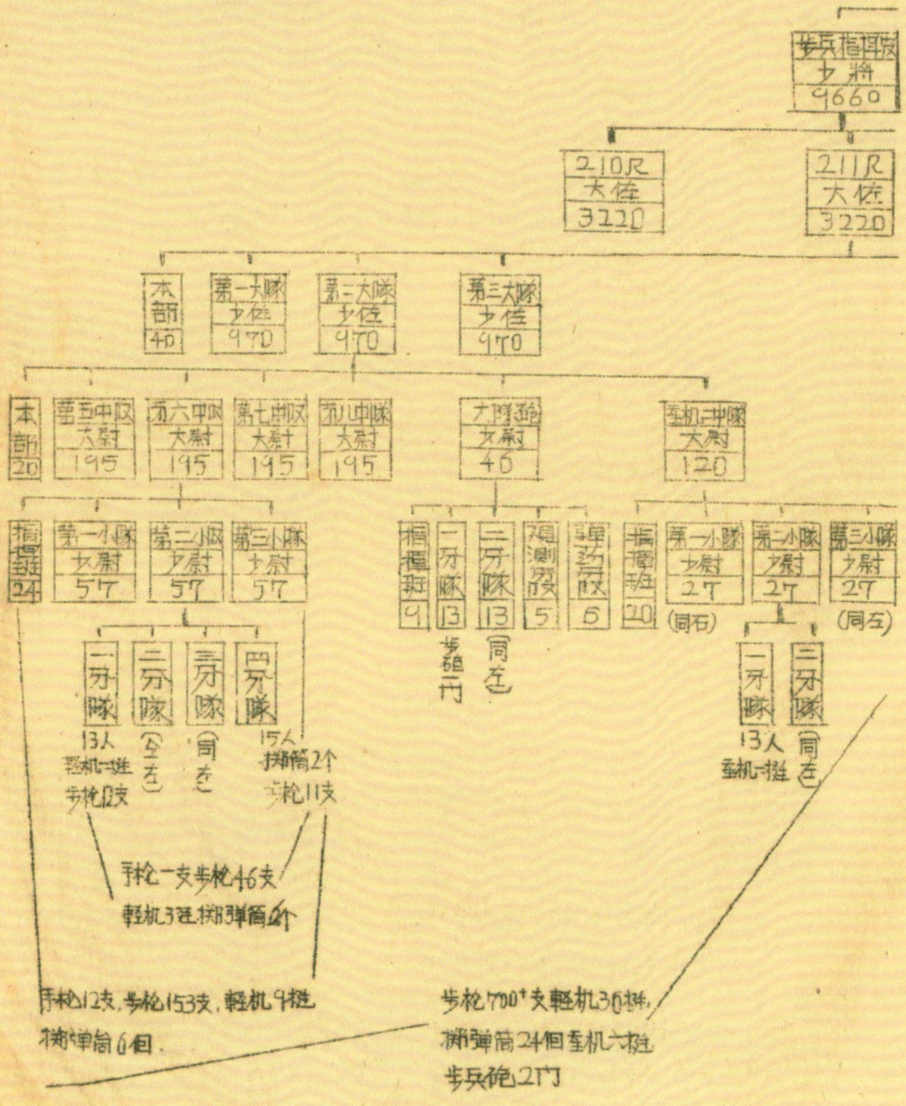

48

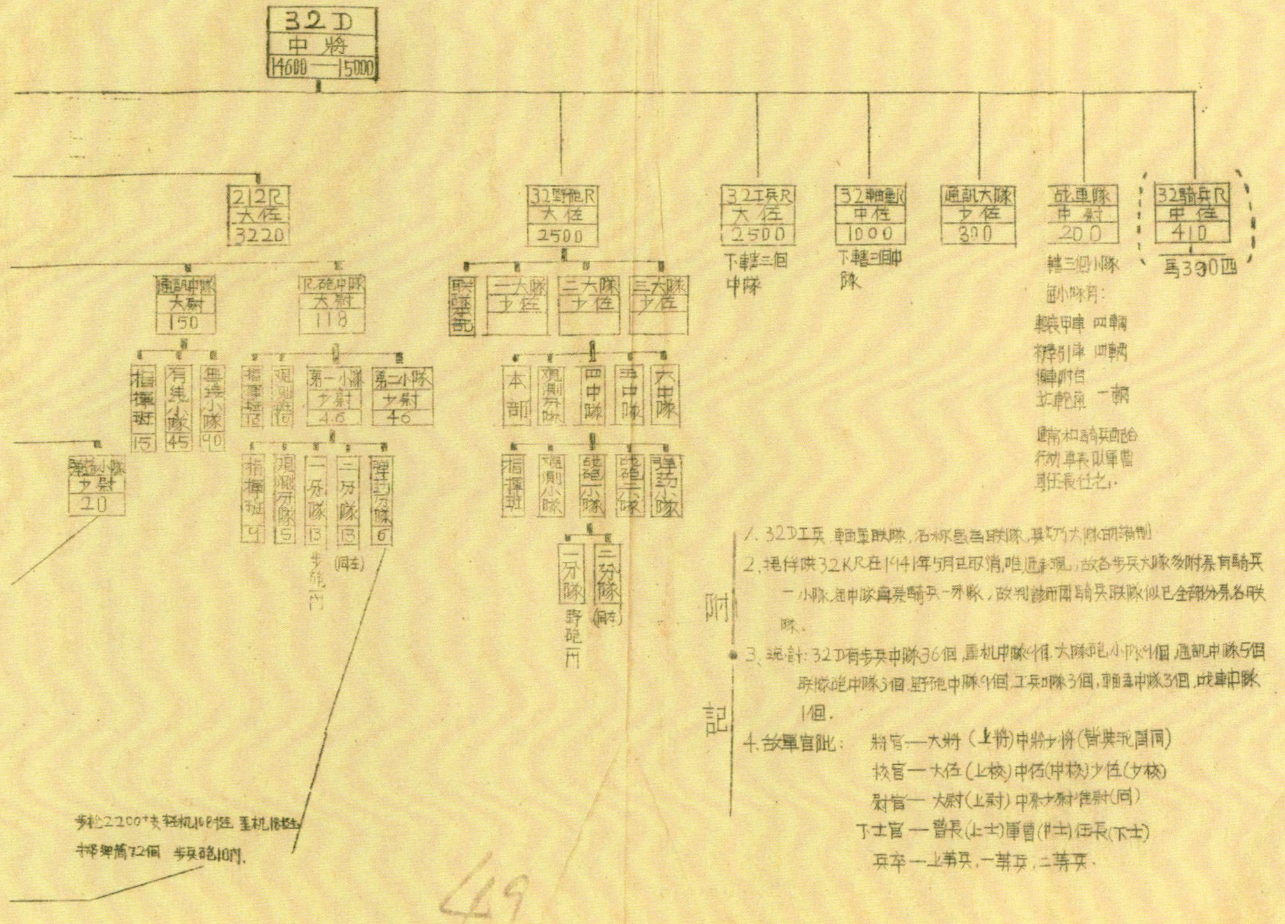

附記

1. 32D工兵、輜重聯隊，各株區為聯隊，其實乃大隊的編制
2. 捲伴隊32KR在1941年5月已取消，唯近說，故各步兵大隊多附系有騎兵一小隊，且中隊員兼騎兵一分隊，故判該師團騎兵聯隊似已全部分系各聯隊。
3. 總計：32D有步兵中隊36個，重机中隊4個，大隊砲小隊4個，通訊中隊5個，聯隊砲中隊3個，野砲中隊9個，工兵中隊3個，輜重中隊3個，戰車中隊1個。
4. 敌軍官階：將官—大將（上將）中將少將（皆與我國同）
校官—大佐（上校）中佐（中校）少佐（少校）
尉官—大尉（上尉）中尉少尉准尉（同）
下士官—曹長（上士）軍曹（中士）伍長（下士）
兵卒—上等兵，一等兵，二等兵。

—50—

26

Ⅱ. 32D大队以上主官姓名（附主要主官简历）

一、32D历任及现在大队以上主官姓名（附部队化字代号）

師团本部　（楓兵团）

師团長
- 1939.3 木村兵太郎中将
- 1940.8 井出鉄藏中将
- 1942.10 石井嘉雄中将

- 参謀部主任　吉田榮次郎大佐
  - 甲参謀（作战教育）吉田（兼）
  - 乙参謀（情報）　小林中佐
  - 丙参謀（通訊）　松田少佐
- 付官部主任　奥中佐
- 法务部主任　大江（特务机関）
- 兵器部主任　天野克吉　中佐
- 营理部主任　高桥　少佐
- 軍医部主任　佐藤真　中佐
- 獸医部主任　谷本　少佐

步兵指揮官
- 1939.3 麥倉庄三郎少将
- 1941.3 石田保忠少将

- 210R（4254部队）
  - 1939.3 伊集院大佐
  - 1941.8 蓮花寺吉大佐
  - 1942.10 小池安正大佐
  - 一大隊土田少佐
  - 二大隊中尾少佐
  - 三大隊増田少佐
- 211R（4255部隊）
  - 1939.3 田中信男大佐
  - 1941. 半田信　大佐
  - 一大隊土屋少佐
  - 二大隊穴户少佐
  - 三大隊山口少佐
- 212R（4256部隊）
  - 1939.3 櫻井大佐
  - 1941. 恵藤大佐

特種兵
- 32野砲R（4257部隊）　櫻井大佐
- 32工兵R（4258部队）　石林中佐
- 32輜重R（4259部队）　中川中佐

50

二．32D主要主官简历

1．石井義雄師团長：原井手師团長去年浙贛之役因遺失電碼作战失利降级調回本國遺职由石井继任，石井係行伍出身，十五岁小学畢業入陸軍幼年学校（四年）士官学校（四年）陸軍大學（四年）使用兵力细密嚴谨兵格生活严肃不飲酒嫖女人。

2．吉田榮次郎参謀主任為幼年學校士官学校陸軍大学出身個性暴燥师团内對伊非常嚴格作战時常以主力迂迴包围，喜下棋围幼不唱不嫖。

3．石井保中步兵指揮官：為幼年學校士官學校陸軍大學畢業任过大隊長后即在步兵學校任中佐干事及参謀副大佐，指揮能力强，喜辦自己些事务，性格温柔老人風度，討伐作時表顏退怕伤亡。

4．小川安平210R联隊長：士官學校出身，原為日本松山联隊区司令官作战消極不大胆，不大採取迂迴包围战常以主力突破一点，腐化好嫖現有很少女在自己宿舍。

5．増田良作210R三大隊長：少尉候補者出身，胆小细密不敢冒險討伐遇敌首以重火器集中猛烈使用如战損不愿指揮即慌乱，喜酒动輒二三斤原為34R付官籍屬某人。

Ⅲ

32D 入魯後防地之變遷

一 一九三九年五月——一九四一年七月

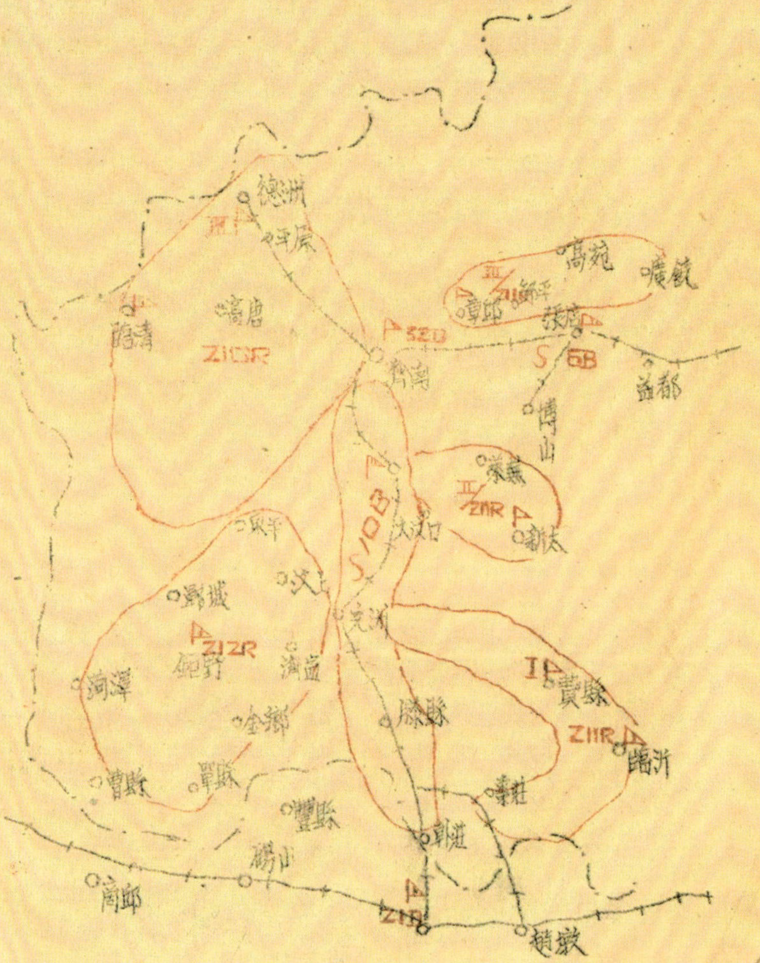

二 一九四一年七月——一九四二年六月

三　一九四二年六月——九月

附：此期32D主力南下参加浙赣正面作战

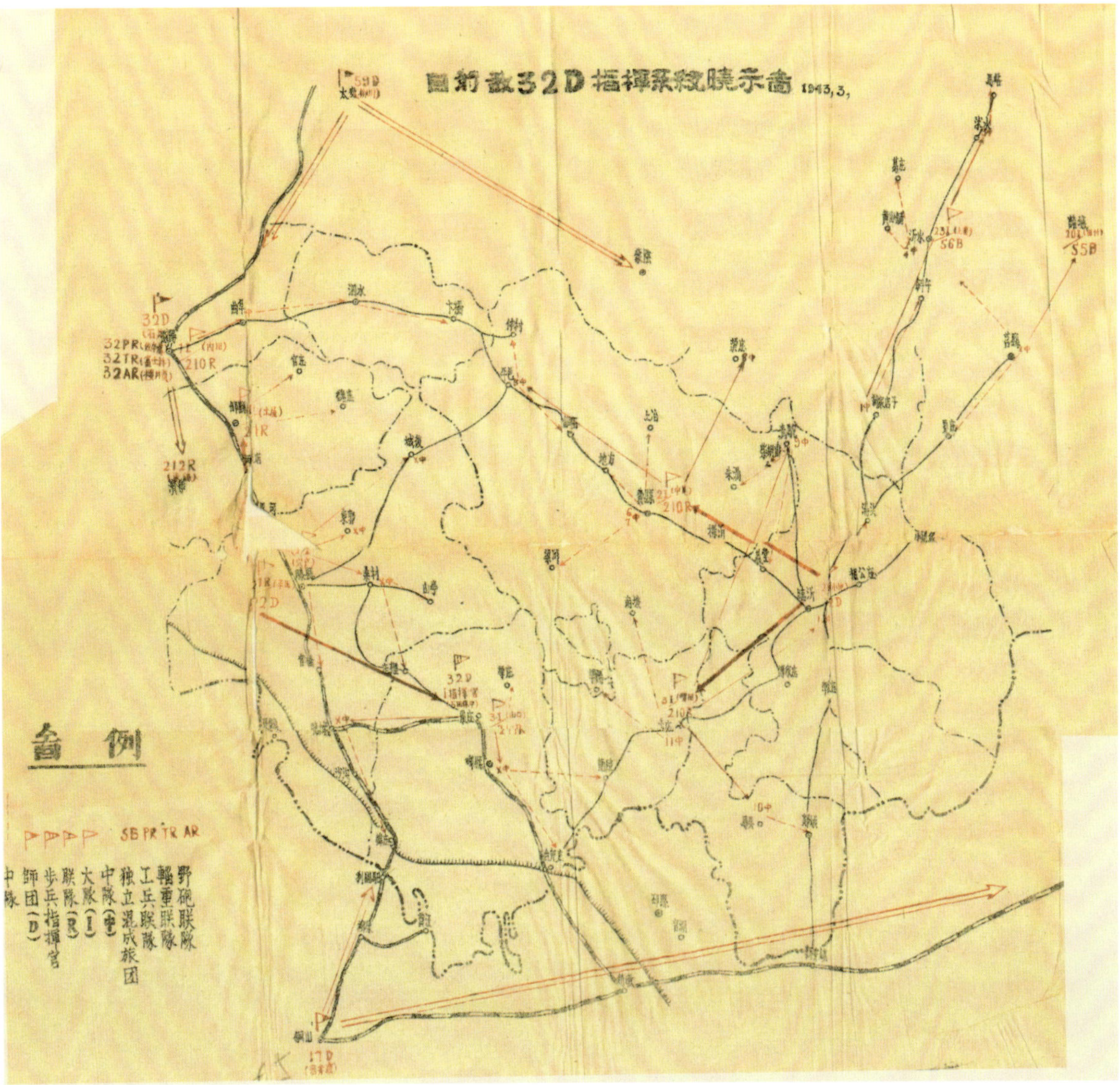
図前敵32D指揮系統略示図 1943,3,
図例
SB PR TR AR
野砲联隊
輜重联隊
工兵联隊
独立混成旅団
中隊（中）
大隊（Ⅰ）
联隊（R）
步兵指揮官
師団（D）
中隊
32D
32PR
32TR
32AR
210R
212R
21R
59D
56B
17D

53

Ⅳ. 32D 联隊通訊中隊状况

一. 210R 通訊工作概况

1. 日軍從前規定中隊内不設無线电，中日战争爆发后，因中隊須独挡一面才添設电台，但电台数增加人員不够，一九四一年開始由每中隊抽二個至三個人到联隊訓練二個月然后又集中到师团訓練四個月期满后以三個至五個人分成組各帶一部电台分散互相練習通報，練習后分配到各地工作，在訓練期间起初因長期在室内学習致身体軟弱由联隊到师团訓練時頭一個月專门練習操场动作劳动等待身体强健后才能進行無线电教育，主要課目為四十八個日文符号，亚拉伯数目字及中文数目字符号收發电報等是為通訊兵至于机器修理方面則屬于电工兵，電工兵多係日本电器工人担任，所以机器発生小故障時通訊兵尚能修理，如遇大故障則須由电工兵修理。

2. 通訊部隊的职責：在中隊内分有线电和無线电訊号等，訊号包括旗号訊号和对空訊号，号音則很少用至部隊暗号則另外有人負責規定，不在通訊範围，部隊暗号有两种一种是师团自定暗号如32师团專用暗号一种是共同式暗号各師团通用。

3. 机器設備：每中隊有5号机器五個至七個台每台設五個至七個人，六号机器六個台每台設一個人TR式机器六個台每台設三個人（有時人員不够則設两個或一個人）66号机器十六部（無线电話机）每部設一人，但66号机器一般平時不用在行軍或掃荡時才携帶使用，如由尖兵携帶一部主力携帶一部前后相距八九里互相联絡，距离过遠時效力达不到了，5号机器TR式机器使用手摇馬达6号66号机器使用乾电池6号机器另用C电池，其有效距离6号机可联絡三十華里左右5号机可联絡150華里，3号机可联絡二万多里，臨沂的6号机有十二三部分佈在外面各拠点其余在家備用。

4. 現在工作的电台：大概每大隊5号机TR式机各一個每中隊TR式6号机各一個按規定小隊長無發电权因情况需要有线电不通時附呆小电台。

5. 臨沂現在做工作的电台：3号电台一個係由师团派来專门同师团联絡5号电台一個（呼号ヲナオ波長2692至2695千週波合111米达强）專门負責对下联絡TR式电台一個帮助对下联絡3号及TR式电台呼号波長均不詳，另青駝寺有TR式电台一個只同臨沂联絡（呼号オロク波長3210千週波合93.4米）

6. 通報方法：完全使用日文符号連万国通用简語都不用，呼号波長一般半年改换一次，一般每一电台都設有譯电員但在拠点内有時由通訊兵担任譯电。

56

7.联络範圍：师团电報可以直下達到大隊但必須通知联隊，联隊电報可以直接下达到中隊但必須通知大隊中隊大隊对上联络也是如此。在同一师团各個联隊大隊中隊可以互相联络，在不同师团的中隊靠近時也可以直接联络。

8.密本：一般用阿拉伯字三個字為一組代表一個字。

9.联络時间：青驼寺和临沂每天联络六次七時九時十一時十五時十七時十八時半夜间不联络，与号机夜间能通报，TR式6号机因电力小天电大夜间不能通報。

10.使用的零件：TR式收发報机都是用两只UZ104C号真空管与号机收报机和发報机的真空管不相同。师团以上用双工机师团以下都用单工机一般都用普通电鍵惟和飛机联络時則用快鍵。

11.設有电台的据点：(210联隊所系) 临沂费县（TR式与号机各一個青驼寺TR式机器）垛庄、鲁山、南坡、卞庄、白馬关、上冶、大平邑、馬头、沈家村、梁邱、華陽。

12.日軍对通訊兵的待遇和普通兵一样通訊兵有時且受到普通兵的歧視輕視或謾罵說通訊兵不算是一個兵，因而引起通訊兵的不满。

二、故211联隊通訊联络工具状况（係依據1939年12月缴获之文件）

1、故211联隊（缺三大隊）無线电組织概况：

①五號無线电机六分隊。②T.R.十八號無线机五分隊。

③六十六號無线机五分隊（临沂新太有）

图一

無线電交通网图

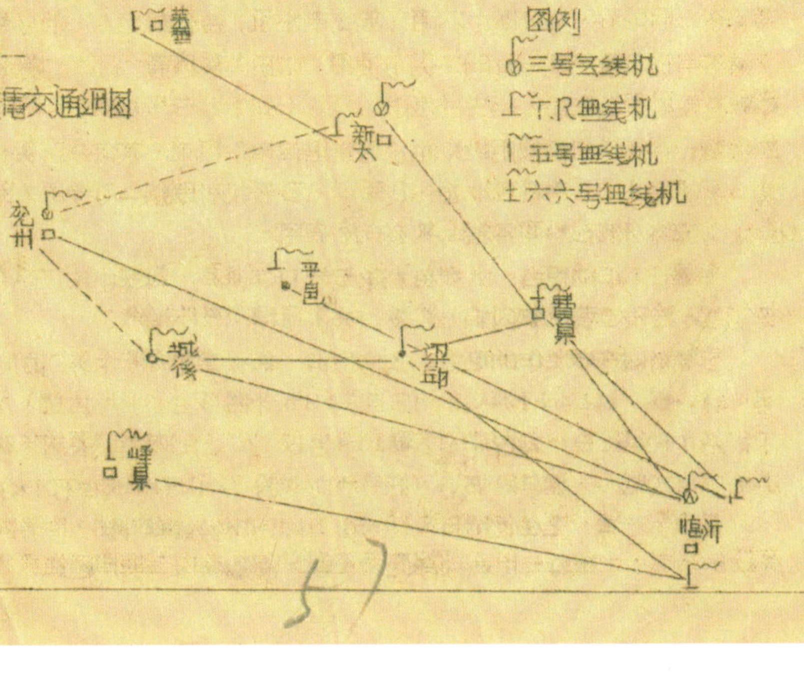

55

2.21联队（缺三大队）守备区内之有线电話幹线有三：

①临沂至兖州线：由临沂至义堂集、蒋庄、间坡庄、费县、地方、铜石、平邑、泗水、曲阜至兖州，另有伪县府由临沂至埃头、李家自庄、田家庄、白沙埠、独树镇。

②大汶口至蒙阴线：由大汶口经赤柴、谷里、新太、蒙阴。

③泰安至莱芜线：由泰安经范家镇、吐丝口镇、莱芜。

故之电线经常被我破坏，而以兖州线之费县平邑间、费县常庄间及大汶口至蒙阴线之赤柴至谷里间、太安至华间、范家镇至莱芜间为最甚，每月平均达十次之多，故敌因铁丝使用之限制，而深感补充之困难，近除积极修补外，并有所谓特种防御设施及通讯高压电流，如其在费常庄间通以高压电流5000弗打（Volt）

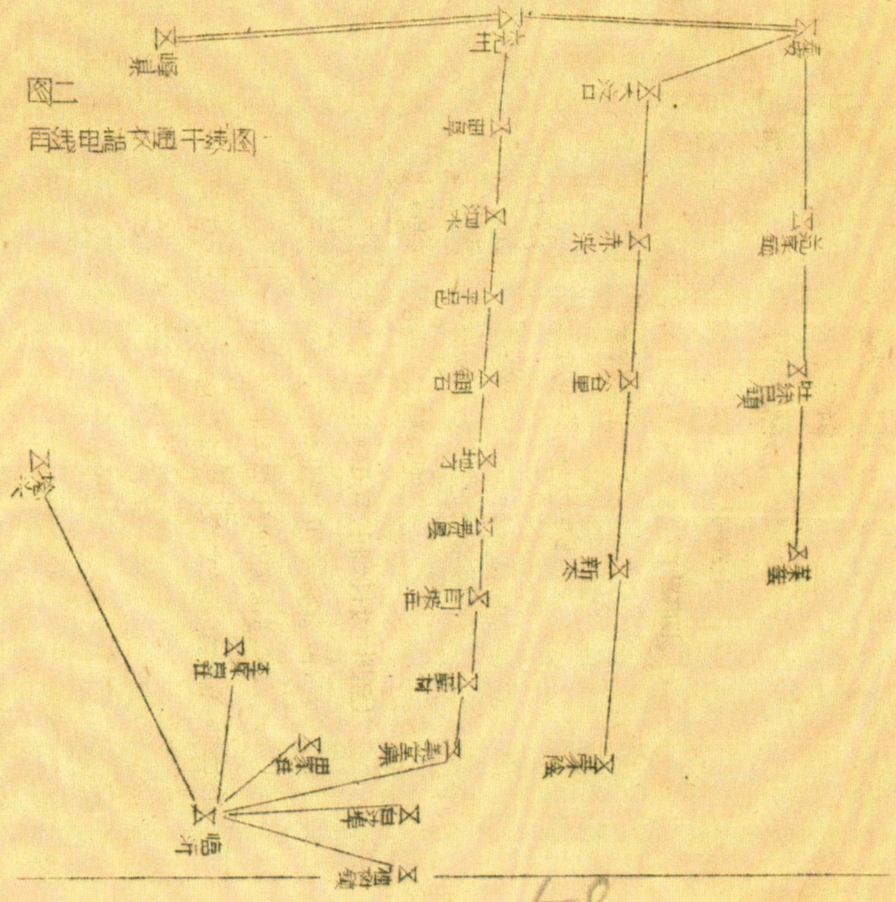

图二

有线电話交通干线图

V. 210R的调查

一. 210R联隊本部组织:

210R本部

- 联隊室
  - 参謀中尉少尉一
  - 中佐参謀長一
  - 大佐联隊長一
- 情報室上尉一
- 付官室上尉一中尉二
- 经理室
- 兵器室
- 被服室
- 軍医室上尉一医士三医兵五
- 軍犬隊管理士三人
- 軍用鴿管理三人
- 騎兵一小隊馬三〇余匹
- 師团配系
- 野砲第三中隊
- 工兵一小隊
- 三號無线机一分隊

二. 210R三大隊

1. 编成主官姓名階級

1939.3 山口本春
1941.8 廣田健兒
1942.3 小林三郎（一九四三年被派敦四R中隊）
1942.12 增田良作（少尉美弘者）

- 大隊本部
  - 情報系中尉一
  - 付官系中尉一
  - 書简系曹長一
  - 軍需系少尉一曹長一軍曹一
  - 衛生系少尉軍医各一医兵四
  - 通訊兵四
  - 騎兵一分隊（馬十五匹）
  - 联隊配系
  - 五号·十八式机各一分隊
- 9.中隊 飯野中尉
- 10.中隊 石川青一中隊（士官学校五三期）
- 11.中隊 治上昇中尉（干部候補生）
- 12.中隊 若吉渡边中尉（干部候補生）
- 3.机枪中隊 町田正大尉（特别志願干部候补生）
- 大隊砲一小隊

57

2．敌干部的素质低劣

由于敌兵员的补充下级军官须要增多，加以几年来战争伤亡已影响及敌干部的补充，因此干部的出身、素质、指挥力则日渐低劣与混乱，原士官学校四年毕业并见习六个月才正式任职，但今天士官学校学期已由四年缩短至二年，同时非军官学校典型军人出身的由部队实践中提拔士兵中大学中学生的干部候补生则渐形增加（这些军官比士官学校出身的好进行工作）在三大队七十八名军官中士官学校出身的仅八名，特别少尉候补生六名，特别志愿干部候补生三名，干部候补生六十一名，则可见一般，同时以前敌中队长都是少尉以上阶级，今天则多是中尉阶级，如三大队五个中队长中就有四个系中尉阶级，这些现象在两年前是见不到的。

三．210R三大队通常能担负作战守备兵力之估计

区分/部别	服勤	务数		住医院数	缺额	在队	备考
九中队	大队勤务	12	28	30	35	97	1.11中队在队数包括各中队抽来之受瓦斯训练共30名在内。 2.服勤务总数114人中服大队勤务在内，在队数638人包中括各队在大队服勤务之49人在内 3.住院数系自去年浙赣之役以后各中队住院之平均数 4.本表系1942年12月俘供。
	联队勤务	13					
	师团勤务	3					
十中队	大队勤务	13	22	30	55	83	
	联队勤务	6					
	师团勤务	3					
十一中队	大队勤务	13	28	30	35	127	
	联队勤务	12					
	师团勤务	3					
十二中队	大队勤务	11	26	30	17	107	
	联队勤务	12					
	师团勤务	3					
大队本部						26	
大队炮						40	
机枪中队				30		90	
总计	全员	970人	114	150	132	625	

总之该大队除服联队师团勤务住院缺额外通常在队数总在630人左右，其能抽出机动数以2/3计则为420人上下（在无特殊或增防情况下能抽数）

四. 32D 步兵中隊足額編制装备表

隊別	人員＼装备		手槍	步槍	軽机	掷弾筒	机枪步枪混合分隊組成（1—3分隊）	掷弾筒步枪混合分隊組成（4分隊）
中隊本部	中隊長	1	1					
	准尉	2	2				分隊長	分隊長
	曹長	2	2				預备射手	預备筒手
	兵器系	1					射手	筒手
	給养系	1		1			弾药手	弾药手
	功績系	3		3			步槍手	〃
	書简系	2		2			〃	〃
	衛生兵	3	3				〃	〃
	傳令兵	5		5			〃	預备筒手
	厨子兵	3		3			〃	筒手
	通譯	1	1				〃	弾药手
	小計	29	9	15			〃	〃
小隊	小隊長	1	1				〃	〃
	傳令兵	1		1			〃	〃
	联絡下士官	1		1				步枪手
	一分隊	13		11	1			步枪手
	二分隊	13		11	1		預备射手帯步弾120発，射手160発，弾药手帯弾100発，預备射手與弾药手皆背步枪。	
	三分隊	13		11	1			預备筒手、筒手各帯掷弾4発，弾药手帯8発，並背步枪。每分隊自帯掷弾80発。
	四分隊	15		11		2		
	小計	57	1	46	3	2		
	總計	195	12	153	4	6		

61

五．三大隊十二中隊調查

1．十二中隊（三大隊）指揮班編成及主官姓名

中隊長石月中尉

- 联隊配属六号机無线电分隊三人
- 中隊勤务兵通訊兵各三由小隊輪流值日
- 衛生系 湯川伍長 斋藤兵長 鈴木兵長
- 兵器系 露木兵長
- 書簡系 桑原兵長 見藤上等兵
- 給養系 内野伍長
- 情報系 宮本曹長 中野兵長
- 功績系 内田曹長
- 人事系 宮崎准尉

①中隊指揮班共十一人按編制尚缺三名

②目前故在中隊部增設情報系——專司中隊駐防区内情報偵察

2．十二中隊兵員补充与減員情形

①減員情形

区分/年間	戦斗減員			住院休养	統計
	伤	亡	戦病死		
1941	20	9	2	31	62
1942	18	10	5	38	71

②归国

1941、回国現役兵43名預备役5名

1942、回国現役兵40名預备役20名。

62

㈦ 兵員补充情形

成份 地域 兵役别 年月	兵役别				地域			成份			
	現役	第一补充兵役	第二补充兵役	小計	東京	山梨縣	神奈川		工农	商	学
1940.12	14	41		55	3	1	51		32	13	10
1941.7.			16	16		11	5		9	3	4
1942.2	8	36		44	3	9	32		27	2	5
1942.6			12	12		3	7		9	2	1
	22	77	28	127	6	24	95		87	20	20
備考	1.1940.12月补充学生内帝国大学生一名早稻田大学生二名,慶应大学生一名.該四大学生已提拔為干部候补生升少尉 及中学生六名. 2.1941.7 补充中学生二名及念过八年書的. 3.1942.2.补充慶应大学生二名已升為干部候补生及中学生三名 4.1942.6补充中学生一名.										

註:1.故國為全国皆兵普通之徵兵制國家

2.現役兵乃二十二岁之壮丁体格最好服役四年到二十六岁满役(抗战初期二年满役)

3.預备兵役為現役满期后則服預备役,期间自25岁——45岁

4.第一补充兵役為身体較差的壮丁服役期自22岁——34岁

5.第二补充兵役為身体更差的壮丁服役期间自22岁——38岁

6.志願兵役乃自願当兵之壮丁自十七岁開始.

7.战争需要兵員扩充而致現役兵不數時就把第一补充兵役調来使用,再不够時再調第二补充兵役,其所規定的服役期限乃是候調補充的最長期限,一经調用之后那么從他的服务開始就和現役一样,只須四年就够了,此后則依順序服役,同時預备役因战争需要有二次或三次被召入伍者其至服务期限是不姓規一般說来不超过四年.

六·三大隊第十中隊士兵成份.

成份	社会職員	工人	农民	商人	学生	几年兵	四年	三年	二年	初年
数量	20	50	100	20	5	数量	40	40	40	60

VI. 戰術諸例：

一、戰前備戰工作（着重中隊之戰術特点）

1.偵察：目前敵每一個中隊都有一個曹長專員情報偵察，当确查明我軍部隊番號位置后即在图上标示，再根据我軍行動規律，估計我可能再轉移的几個方向常住地点标示之，当發現我軍有移動企图或行動時，即向假設方向派出偵探，遇到我軍不管我番号怎样隱蔽或用新代号只追究該部係何時由何地調來，故一般對我位置是了解，同時敵在某一個村莊前每以一個謠言攻勢来発現我之部署。

偽方自日情況先集中警察所每日在七時至九時向日軍報告。

2.出發前裝備：

根据討伐任務士兵装備分四种：

第一等裝備：長期掃蕩準备 步兵每人帶足180發子彈，（盒内装120發剩60發放在背囊内）同時背囊内还要三天大米三天乾粮三日用的大罐頭日用品衣服襯衣毛毯外飯盒一個，防毒面具一個手榴弹两個有時帶瓦斯筒一個等等，步兵一般自頭上鋼盔到脚底重常在七十斤以上，每挺机関枪配足750發子弹除射手自背180發外余均由两個弹药手及預备射手分背，故常行軍中以机枪手為最苦，由于装备的沉重就影响了行軍力的速度，通常行軍每小時只能走六里。

第二等装备：每人帶150發子弹一天的大米乾粮，余與上同。

第三等装备：每人帶120發子弹不帶粮食不背背囊，這是在特殊奔襲情況下或外面據点周围宣撫時行之。

討伐前武器弹药均经检查。

3.中隊通常出行携帶預备弹数：

中隊通常出行預备携帶預备弹数（除各人自帶外）計步枪弹四箱（每箱千四百發）手榴弹五箱（每箱廿發）掷弹筒弹五箱（每箱十發）瓦斯筒二箱。

4.臨時掃蕩抽調各据点的老兵不得超過全隊之半数下余不足額由新兵補足。

5.討伐前民力由各区鄉公所徵調，平時各区經常備有民力每十日一期集中縣府，不敷用時臨時由偽政权徵調。

6.命令的下達：

大隊討伐前召集中隊以上軍官会議，中隊討伐時召集小隊以上軍官受領任务，受令者均作命令筆記，並復誦。

64

二．戰時

1．中隊行軍警戒

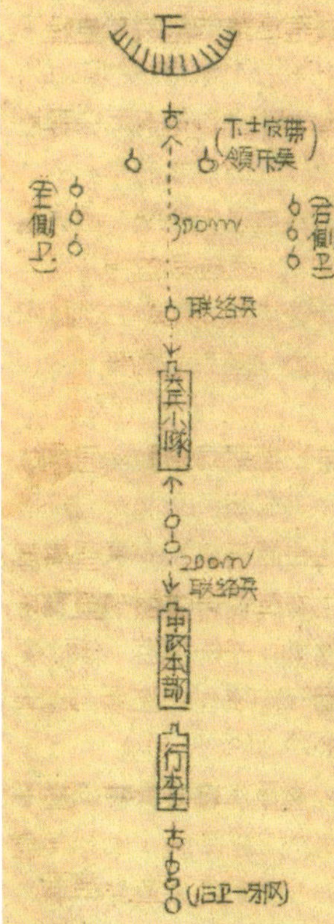

① 中隊本部各小隊按建制順序間隔四步四路縱隊行進．

② 行進時指揮官多在本部先头．部隊中間此時重火器多集中中隊長手中，倘担尖隊在本隊先头由該分隊長直接命令指揮員常在中隊指揮位置則在最前头．

③ 接敌時如天黑路側卫斥候用绳子與尖兵小隊取联络距離縮短至30m，尖兵小隊與中隊本隊距離可縮短到50m，本隊與行李距離縮短至30m，在行軍各兵在鉄盒上貼白布作記号以手势指揮不下口令．

④ 通常有偽軍配合作战時，以偽軍放在先头日軍在后迷惑牵制我軍主力則使用于翼側迂回．

⑤ 行軍中按編制中隊長無乘馬大隊長及付官有乘馬但中隊单独行動時有乘馬权，若联隊討伐時，大隊長虽有乘馬权亦步行表示生活艰苦对長官之尊敬．

2．襲击：

① 急襲時机选择我軍行疲劳及充分太平观念同時情况正确時．

② 中途遇有敌情由尖兵监視排除之主力迅速通过．

③ 到目的地村落接近到500米時即展開隊形隐蔽前進至300米停止集合各小隊長指示攻击與射击位置，待拂曉攻击夜間不攻击．若被我發覚襲击不成時不待天亮即行強攻．

④ 襲击成功時佔領村落后以小隊火力追击燒房屋或火燃是对友軍表示战斗結束之訊号，如撲空則立即搜集敌情報準备新作战．

⑤ 完成包围圈后，首先迷亡口集中重火器側射．

3．对被包围時处理

① 被包围時尽可能坚持待援，不輕易突行突围軍官二

65

士兵一致認為脫离陣地即失去屏障，因敵情不明言語不通地形生疏突圍最危險。

②立刻以無线用鴿子訊号弹烟上级联络求援，訊号通常赤色表示危险，青色要求弹药、白色——位置的報告。

③在情況極端危險下选拔但击隊（奋勇隊）奋勇冲杀以挽危势，必要放瓦斯。

④关于增援问题：两個不同建制部隊不行增援，得经上级命令，当一小隊被围中隊可自主派隊增援兵力不足可請求大隊增援或要求附近据点增援，但同中隊之另一個小隊未得上级命令时是不增援的，尤其两個不同战略单位部隊如17D.32D接合部据点不得最高指揮部命令是不主動增援的并互通情報。

4. 增設据点与駐軍警戒

①小隊或中隊外出设据点时所携带之粮食弹药以任务完成期间為原则（通常以一週期間為限）

②目前日軍新設据点时，不駐大房屋，而是分住在几個独立小房屋高屋頂挖鹵一至两個，每次有一分隊輪流瞭望，並作战时之据点，在新修的碉堡有哨兵经常駐半個分隊，日軍駐紥在村中央偽軍住在四周。

③工事外圍均有附防禦設備，圍墻下面有鉄丝網，距十米挖壕沟距五米為鹿柴，再外層排列高粱桿子可作照明與音响。

④不論駐軍或外出設据点一個中隊以上兵力时則组织卫兵共十二人由一伍長負責组成有时配轻机一挺一点钟一换，並負責本部门卫之巡邏，中隊長進出時皆行举枪目送礼並喊“士兵中（有）無異事”一般住房时士兵集体睡覚，下士官則共居，小隊長中隊長則独居。

⑤夜间哨兵上刺刀但不装子弹，自己位置常在巷口，障碍物内有敌情打二三枪報告。

⑥小隊駐防平時貯藏步枪弹十箱约一万四千發，手榴弹三十箱六百個，掷弹筒弹廿箱二百個，如没消耗是不补充的。去年使用弹药都是昭和十三四年出品，尚未有十五年的（今年昭和十九年）

⑦敌各级值班员之識別：

大隊付官為此值班员乘馬来往部隊中不時向大隊長報告情况，駐軍后並作社会与民调查，联隊以上值班为淡青黄色綵肩带，大隊值班員為金红色肩带，中隊值班員為少尉准尉為三红二白的肩带，小隊值班員為軍曹伍長下士官為三白四红之袖章，分队值班员为上等兵套红袖章。

對匪局部包圍作战法

昭和十八年(1943)一月廿第三十二步兵团本部

机字第四二五五部隊

一、要旨：

对匪局部包围作战法之特質，為坚决之夜间运动，突然進入敌方内地，尤以奔袭包围重要之敌特别是司令部，加以捕捉歼滅。

二、要訣：

本戦法用于确实知敌所在，而且在我奔袭包围時不能事先逃避為成功之前提，故敌情之正确特别是隐蔽活动為成功之因素，其特点與完全包围战不同。

而且為使此种战法不便沿路敌發覺，於夜间机動的斷然楔入敌人心腹之地，必須在黎明前，将預定之目标包围探虎穴而取虎子。

三、用法：

本战法之用之主要场合如下：

1. 無完全包围战法之兵力，而且敌司令部又築有坚固之陣地工事等，敌之坚持性大逃避之顧慮少的時候。

2. 有必要之兵力静止之敌有逃避之虞，而且把握了預指司令部的位置之時。

四、兵力的运用：

1.目标與一部村落之大小有関係约用一個大隊或二個大隊之兵力不足者可用三个大隊。

2.包含数目标的局部包围，之通心算則要用完全包围战法之兵力。

五、利害：

本战法之优点如下：

1.僞伺机收集正确之情報，用大部隊捕捉歼滅敌之中央核心，继续扩張战果達成討伐之目的。

2.可以单刀直入的刺入敌之指揮机関奔袭捕捉司令部等。

本战法之缺点如下：

1.無固定之目标不能捕捉跳圈子之敌。

67

2.目标外之敌分散時，此等外綫之敌用局部的包围常發生困难之战况。

3.用完全包围相比較，我损失亦較大，一般的我兵力不大時，尚未暴露目标，敌尚蠕踞未能時為宜，反之我以大部隊易入敌側，因之对零星之目标，甚大成功合算，要者完全包围战法需于使用兵力，現在之局部包围其即收效甚大之選擇应用之適當。

因之用局部包围場合並用緊缩战法之方式，增大兵力，如同時包围数据点，終以数纵隊分進合击，竟于完全包围方式之应用几乎無效。

局部包围

其一　单一目标局部包围

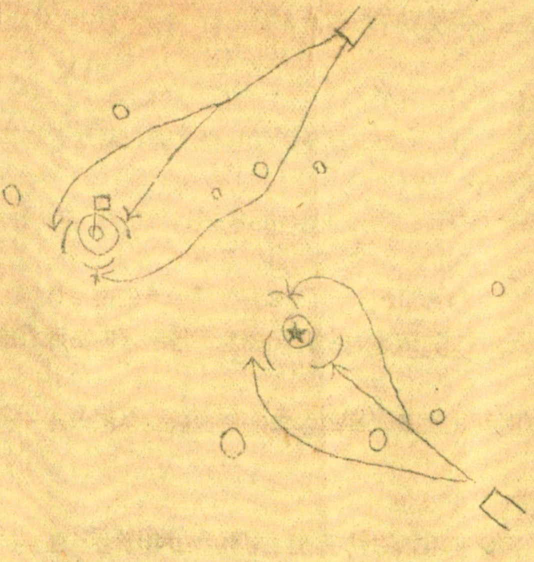

其二、数目标子含ム局部包围

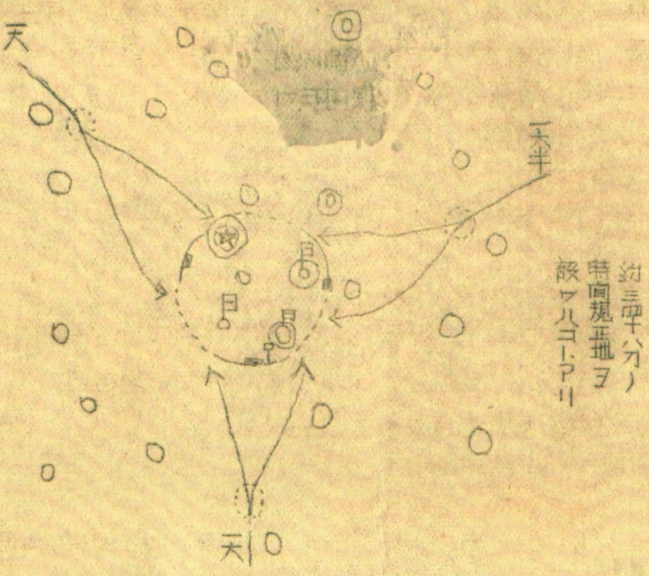

（六）、实施要領：

1、企图的隐蔽：

由于经驗将似效事項略举一二三如下：

① 事前為麻痺敌人，討伐避免該方面之情報收集。

② 皇軍駐在地有敌人之諜報机関，故各地应慎準備特别秘要民伕，向目标方向前進易暴露企图，則很难捕捉敌人，古乘合反宣傳先向其他之方向行動，誘惑其視线，再机動奔袭之。

③ 小部隊近敌人時可利用汽車麻痺之，若大部隊要在某场合下用之，也可併用偽行动。

④ 命令用口傳達或物印刷交給。

⑤ 特别是禁止夜间焚火吃烟使用电灯等，又必要使用便衣。

2、夜间活动：

① 在我防卫地内敌夜间佔領一系列的陣地時，当在普通村庄内分散休息，封鎖村与村间的消息，局部的迂迴与突然進入敌区内地併用。

② 夜间运动為了避免敌火的損害，初五以后对突击隊之目标，在意图奔袭

之场合下尤為注意。

③夜间运动之距离依状况很难规定，有月明時為有利，在山地每小時約六里（一日里）上下為标準，一般的可各种故障時以一里半計，全夜行程以一半計算，山地則每小時二公里的速度為标準。

④掌握向导極為重要，通常敌地内部不詳知状況应漸更新，把握敌地内之状况為紧要。

⑤夜间运动必于黎明前到達目的地，往往因遲至拂曉后天已亮投入行动至為困难並遭受敌人之抵抗。

3.纵队區分及攻击準備。

①纵队區分依其状况地形而定，特别是我之兵力攻击一点目标常用二数纵队，掌握此点于接到目标附近時后，可依此场合部署包围之。

此時向退路方向应用最优秀部队使之進展。

②有效纵队為適合击的時候，所命令到達之展開线（包围线）在時间上的保持非重要，坚持黎明攻击是有利战斗的。

③展開线和目标之距离依状况而定，但必須于黎明前展開完畢。

④為防止與友軍相击以期安全，除用秘密口語以外，夜间用白带，黎明后便用日本旗。

此外與敌接触用同音法可奏奇效。

4.攻击：

①完全用包围战法以优势兵力為强势战法，局部包围係用在與敌全体综合兵力悬殊劣势场合。

故其战法对攻击目标出其不意急袭占优势，其成果可顺利歼敌之首脑，当如此布置之。

②為了急袭敌司令部便利夜间奔袭可組成便衣突击队，但于夜暗中敌有逃遁之虞，陣地坚固守兵損害战果甚少，故大部队应对于中国軍装備优良装備之精兵，普遍在黎明后攻击，而对重要目标以歼灭。

③局部包围是有敌死守陣地之场合，若此攻击布置除突破重点一般原則外，当併用紧缩战法為有利。

黎明時突然以一方急袭压缩其他各方利用隐蔽，而后用捕捉战法包围為有利，对碉堡工事围墙之突击之作战宜特注意。

⑤攻击目标之外部尚為敌区得应在的先占领周围之要地以少数斥候部队

守之·

(七)·精神要素：

本战法為鬼穴求鬼子，假設途中與敵遭遇，主力不应介意应一心一意的突進敵蟠据地帶之集団地帶内之目标，断然急袭預指之中心目标，捕捉歼滅其指揮机关·

為此指揮官意志須强烈，全体抱有决死之心，部隊全体団結如鉄石為必要者·

四·敌討伐大隊火車輸送計劃

此次進犯濱海区報復扫荡之敌一部係由滕県調来于上月二十五日乘一一五号火車至新安鎮集結，其輸送計劃（敌五旅此次作战所得之文件）如下：

1、枫い討作战第一号

豐田討伐隊命令　一九四三年一月廿四日十五时　滕　県

①丰田討伐隊依照楓ゝ作命第二十号別紙之号作战計劃首先集結兵力至新安鎮·

②各隊按照另紙列車輸送計劃乘向新安鎮前進·

③関根中尉指揮由駐滕県部隊·

④我與土屋部隊（一大隊）同行·

下达法：召集命令受領者口傳

分　發　对各討伐隊关根中尉

2、輸送指揮官命令

①明日（廿五）開往新安鎮之第一一五号火車我被任為由滕県部隊之指揮官·

②任命下列人員為搭載管理·

人員搭載管理　　奥山中尉·

馬匹搭載管理——原少尉 / 伊藤見習

材料搭載管理　　林　少尉

③各隊派出下列人員于明日（廿五）午前四時到達滕県車站受領搭載管理之指示·

計開

人員搭載管理：　由各隊派下士官一名兵二名·

馬匹搭載管理 iA（步兵砲隊）iTI（步兵通訊班）由大石隊派出下士官一名兵二名.

71

3/

— 69 —

材料搭載管理由本部派出下士官一名兵一名·

4.馬匹材料糧秣于明日(廿五)五時到达車站前听候各搭官载之指揮装載·

人員于明日(廿五)六時到达車站前廣场面向車站按進軍順序集合詳細办法按另紙如示·

⑤由岩佐隊派出卫兵下士官一名兵六名于四点三十分前到達車站前·

⑥[illegible]示四時在站長室·

3. 聯県區輸計劃

①配車與出發一月廿五日午前四時配备車七時廿六出發十七時五十七到[illegible]南面·

②搭載担任：指揮官　関根中尉

人員搭載管理　美山中尉

馬匹搭載管理　原少尉

器材搭載管理　林少尉

隊別	人員	輸送番号	民伕	馬匹	器材
部	51	1	20	7(中国馬5)	·
岩佐	30	2			
茨田	35	3			
落合	10	4	10	2	HOI(重机一挺)
原	24	6		8	RiA.1(联隊步砲1)
横山	24	6		8	RiA.1.
林	34	7	40	8	RiA.1.
大石	28	8		28	
加藤	45	9	30	3	[illegible]
关根	32	10			
北島	34	11			
計	351			64(日馬) 5(中国馬)	

72

列車装运图

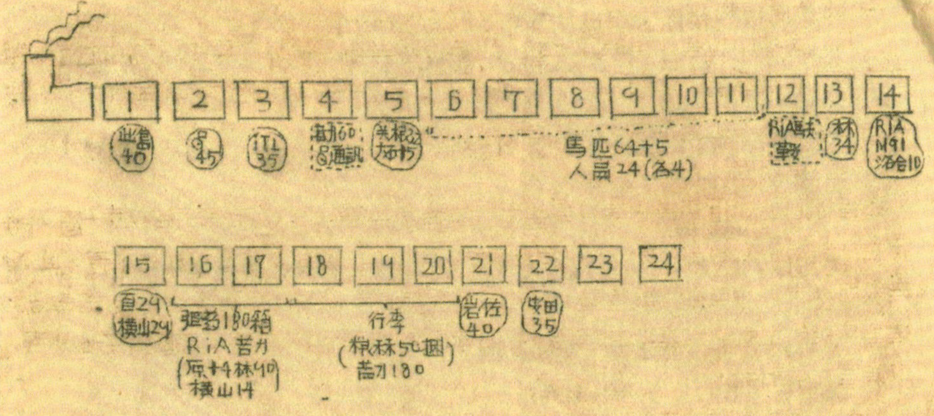

Ⅶ. 敌軍教育问題

一、各种兵役教育：

1. 預备兵役重新被召入伍時不進行教育即開往战场，因其義务期间已滿已对軍事動作均已熟悉．

2. 初年兵被召入伍時以前在国内即須实行六個月的新兵訓練，但目前新兵訓練已改在各战场实地教育．

3. 在中国作战四年以上的老兵不進行軍事教育而偏重精神思想教育，因老兵只說要回國已無守者心理，故上級不能免強施與教育，对此較鬆．

二、精神欺騙教育：不論在平時或战時皆作為教育進程主要的一部份其內容為：

1. 每日早操前整隊持槍仰望天皇背誦軍人守則五条．

2. 武士道精神提倡大和民族自尊心常說我们日本人為大東亜建設之主人不能輕屈伸何民族我们要有誓死不屈忠于天皇為国為民牺牲精神．

3. 对八路軍实行恐怖教育，在每次精神訓話中常談到八路軍对日本的手段，為毒殺水殺燒死赶集時期殺，把日本俘虏当牛馬使用，尤其視為共產党的思想才过如洪水猛獸一般．

4. 每週報告時帝皇軍赫赫战果，鼓励士氣另方面更提高对八路軍共產党的仇恨心理．

73

38

5.主張迷信

三.新兵教育

1.教育期中起居学習時间分配：起床后即点名上早操吃早飯，早飯后至午飯前為野外实地演習，午飯至晚飯前操场演習操至黄昏擦枪洗砲弹（每日一次）晚点名后由分隊長上軍事課一小時后熄灯。

2.教育内容

教育期间為四個月第一學月為基本教練由號令軍人須知徒手各個教練一直到外放教法乃新兵精神教育，第二學月為分隊教練，并作实弾防毒演習刺枪术等，此期為教育期間最艰苦緊張最着重的一月，第三學月為小隊教練並包括軽机関弾筒的演習实弾射击刺枪术毒瓦斯演習，第四學月為中隊教練，在学期間着重实地演習，以演習代替討論。

3.一個新兵对初年兵教育的自述（1942.7.21日R俘扒）

開縱第三战场撕毀日苏条约進行新的冒险，这是法西斯軍伐们一刻未曾忘却與時刻未曾放松的準备着，也就是士兵最感頭痛的事在1940開始在歷次補充的初年兵中，他们的口号是到了中国边战场打仗边訓練，事实自新兵到老兵这期间实際注意的也只是新兵頭三個月的猛烈訓練，同時也即由1940年開始新兵訓練中一举一动均以苏联紅軍為假想敌，受訓的頭一個月是制式教練，各种礼節内务擦枪等在这時候地下打扫的如遺留下一根洋火頭的話，那马上就要受到处罰的，当第二月開始時，即着手戰术動作與野外演習，每星期有两次夜间演習，課目是怎样突入苏联紅軍陣地投入掩構，怎样防紅軍的坦克群防毒等，布置电光形鉄絲網间隙配有机枪陣地，这是第一线到第二三四线防禦設備，進攻開始隊長召集分隊長説明敌情進攻方法砲兵援助等，最后对指揮，指揮官位于砲位附近，若白天通过鉄絲網則先用砲轟或木板压在鉄絲網强行通过，或於掩護炮幕工兵作業破坏之，總之白天强行突破紅軍鉄絲網信心是不高的，夜间分隊潜行距鉄絲網50—70M处集結隱蔽下士官帶兵一名腰繫繩與后方規定联絡記号把网破坏一米余捲到一边，由此缺口處后率部突入看情况先把跪射卧射立射等掩体，最后構通交通壕，巩固即得陣地后再進而進击第二线，配合在砲兵掩護下交换前進于距敌约百米达時砲打三分钟（约打七八发）掩護部隊匍匐前進，在距离50—70米达時部隊以一分钟時间集結此時砲火也停止一分钟后续向敌陣地轟击两分钟，就這時候部隊以極低之姿勢乘砲火未停之际向敌掩構求得以白刃格鬥消滅敌人，在那时候，这個時候自己砲弹也将不免要伤及自己人，但比之停止后再冲锋損伤要小些，如果第一次冲鋒未成誤了時间，

74

又被敌火力阻碍時即前進一人放烟幕部隊乘此炸空隙中投入白刃战斗，在他们多次的演習中尤其是时间是很难按定計劃来進行的，尤其時间配合上往往錯了，也就是說弄不好自己烟幕弹会于自己头上開花。

以一個人的牺牲换取一輛坦克車是皇軍無尚的光荣这是軍官们激励部隊，但諾蒙坎红軍的坦克群與皇軍失利的惨状虽然禁受議論但仍是消息一般傳播着，士兵们祈祷着这不是事实，当战車每已出現于皇軍之前軍官就拔出指揮刀命令立刻完備肉弹迫击配备，这時士兵们将準备身边火酒瓶吸着弹（带有磁性吸着與战車自炸）圓头弹（一种與盒子式的带拉火线的炸弹）外炸棒長一米达，粗七八生的直径）待坦克車近前时向机关部掷去，但这些武器的重量在平時人力僅能掷十米達，战场上使用由于恐惧心理僅能掷出六七米达，即或炸坏了战車但彼此也不能讓爆在六七米达内生存，另一种破坦克法是用粗鉄綫散于战场讓其纏入車齒輪上使其失却行動自由，但苏联的坦克群不是日本的战車隊軍官說只有一個空隙可以生存那就是离战車三米达以内，因为除了坦克重机弹能迫殺伤七八米内短枪可打到，只有在三米达内一切火器失却威力，那是最保险的空隙，但誰都不敢保險能在这三米内跳窜不掩身于战車軌道下。

对空射击的演習机枪組成三角陣地，步兵在敌机低空飛行時，自正面斜前方開始到飛机垂过頭頂，與射手練習打四發子弹。

在防毒周期间，防毒面具是整天带在头上，总之在三個月的訓練期间是非常严格的自天明至黑天是無片刻的休息机会。

四、敌軍補给情形。

一、32D在各战略要点如兖州、棗莊、临沂等皆設有粮秣弹药屯集站。210R附汽車四十余輛（原有七十輛太平洋战爭爆發時抽走）轉任警备区部隊運輸，沂州道尹公署有汽車九輛，常為三大隊使用运載，在情況緊時不論公私汽車皆軍用，聯隊每三日與兖州师团一部来往运輸一次，每隔一日與棗莊步兵指揮联络一次，一般的供給制度為上供下領，210R每月由棗莊兵器庫領弹药十万發。

二、敌軍伍長以下薪餉的發給。

去年十二月一日開始敌軍餉均有增加計：

	原来發给	現在發给
一二等兵	8.8	14.5
上等兵	10.24	22.5
兵長	12.5	27.5
伍長	14.24	35.5

—73—

强制貯金計一二等十元另買公债一元，上等兵兵長十五元，買公债一元。

三、給养狀況：

行軍或作戰時携大米（過去吃日本米現在已改為現地米付食物完全用現地産物平時完全不配給軍用食品……罐頭）过去為白米七分麥几三分，現在白米四分麥几四分小米二分的飯，在菜方面早晨豆醬湯野菜中飯為現地出産品蕃薯馬鈴薯，晚飯為野菜湯，有時能吃到肉，一週有一次代用食（面小米等）伍長以上下級官每餐菜稍有肉食及其他之滋养料，中隊長則設小厨房飲食自行选择。

四、官給品的發給

一年冬夏兩季共發單衣兩套襯衣兩套呢軍衣一套及毛襯衣黄呢大衣（已是樹皮造成的代用品）过去襪子每月兩双（規定三双 舊襪換取新襪一双）每月領白布一個現在兩個月一双襪子兩個或三個領一個白布，但這些都是代用品不结实，士兵爱忙于袜子，皮鞋每年一双因牛皮缺乏爱以猪皮代替，外面操作及平原地帶作戰時穿皮鞋，山地戰在向演習時及特令作战情况下穿膠皮鞋在據点時也穿布鞋，服裝分四等頭等是新的二等是穿过的三等是補过的四等則都等破爛了，新兵只發二三等作戰而系穿三等的開会檢閱時穿二等的，但若外調南洋或参加重大戰役如浙干之役老兵新兵均全部从头至脚换新的。

五、下給品發給

甲种每月一次発白紙（便用的）合信紙洋紙信封筆一支。

乙种每两月一次發手巾一条肥皂一塊牙刷一把牙粉一包指巾一塊紙烟卅支甜食品(糖点心)120瓦(过去每月發煙八十支)

六、恤兵品發給（軍部發）

过去一個月發甲乙两种恤兵品袋（慰問袋）現在两個人一袋。

五、敌軍生活習慣

一、每日早六時起床八時早食十二時晝食下午五点半夕食九点熄灯。

二、敌守備隊的生活

早起点名打扫清潔約卅分鐘整理内务朝飯后休息一小時，練刺槍术約二時半以后自由行動(洗衣服看報寫信)十二時三十分晝吃休息一小時，保養槍武器，夕食下午八点半晚点熄灯。

因人少勤务多又怕夜袭晚间不能睡，白天又怕偽軍叛乱，心里非常不安，衛生設備很差訓練不長給行動稍微自由，軍纪比在本部鬆弛，每月有两三次全体士兵吞餐。

三．新兵生活：

下雨下雪也得全付武装跑步演習，演習场离营房往往是五里到十里，演習疲倦了一天还得跑步回营，星期日不能休息给老兵下士官將校们洗衣服，每日吃飯時給老兵打飯洗碗洗不净或老兵不高兴時將冷水倒在飯筒里甚至拉着新兵走各班结果老兵把新兵打的一塌糊塗，致新兵经常吃不飽飯肚子演習(因為吃飯時只有半小時)在一期訓練期内不能去酒保内購買東西，"甘味品"最感缺乏纸烟配给平日未就不够再加上营房内不准新兵吃烟，并不好得换自先，洗澡须按五年兵四年兵三年兵二年兵秩序洗后在最后十分鈡里洗，遇着上等兵(值班的)，可以任性打新兵，每值熄灯后巡逻到新兵住所找岔子叫起来打罵跑步洗冷水浴罰苦工是常事。

X．敌軍内部存在的几個矛盾：

一．下级將校與下士官间的矛盾，將校出身是学生战斗经驗差，下士官在实践中鍛練而来。

二．將校间之矛盾，出身的不同陸軍士官学校出身的干部候补生出身的，经常闹意見。

三．正付职之间的矛盾，如正付長任职级是一样的但是因先升级者即為正任長后升级者即為付任長，而士兵軍官对正付任長的态度也截然不同。

四．士官與下士官將校的矛盾。

五．新兵與老兵的矛盾。

六．兵科间的矛盾，步兵是主力炮兵工兵经常附属步兵作战，因此討伐編成步兵是主力工炮兵似作客人，通讯兵是经常被步兵所輕蔑認為不算是兵。

七．非同鄉间之矛盾，日本民族地方观念極深，在一個队或同分隊里同鄉関係有時可以調合新老兵的関係，但也造成老兵對非同鄉新兵的欺侮而引起老兵與老兵间非同鄉纠纷增多。

八．軍属與軍人间矛盾，軍属如翻譯官之类軍餉遠超过敌軍生活，此敌軍間之，往往被認為不是為国出力，是為了發財而来皆瞧不起。

XI．32D 210R 3大隊10中隊士兵反戦厭戦事件：

1944.1.18 由于激烈演習新兵山口青一(二等兵)心臟充血死亡。

3月新兵桥本(定)治(二等兵)因受不起新兵的痛苦而逃跑不幸被抓回后以神经病者

75

以罪名送回本国。

7月驻屯霞庄的敌上等兵柏木喝醉酒后用枪弹杀伤了饭野少尉，饭野受伤柏木即刻自杀，但加须向本部报告时柏木为战死。

1、2、3月中旬军曹户部自杀因为同级校的嫉妒。

4月新兵铃木（二等兵）由于受不了长官及老兵的辱骂自己折断自己的右手而残废回国。

4月中旬新兵（名不详）一名因不惯军队的苦生活而自杀。

6月新兵熊坂传令兵在讨伐的途间中队长命令回后方本部取联络当时同年兵（二等兵）全体反对要求全体去，但中队长只让熊坂自去，途中熊坂自杀。

7月新兵松山二等兵逃亡原因细野一等兵叫松山洗衣服当时松山病倒床上延长了两三天结果细野打松山一顿，松山乃气愤偷了一支手枪逃出找八路不幸中途被土匪张思信截住，现在还在那里。

8月13日杉木四年兵喝醉酒后拔出刺刀到下士官室全体下士官都吓跑了，此事件发生后中队长要枪毙杉木引起全体四年兵同年兵不满，群集队长室提出抗议勿论怎样不能处刑，中队长无法处理而放过去。

9月20日驻晏山敌兵因失礼被将校打骂当晚反抗后逃跑。

9月中旬一名仓兵长在讨伐中吃了一次中队长的军刀鞘结果自杀。

10月卫兵池田岩三前晚十点外出偷花生被中队长责骂中队长准备处罚他，但同年兵一致团结起来向中队长进行三天的斗争结果才免除处罚。

广川在暴食席上佐藤军曹喝醉酒后拔出军刀与四年兵开系打起来，结果引起全体同年兵的反抗，打得佐藤一塌糊涂。

XIII、三大队十中队士兵对八路军及友敌同胞的认识

一、敌兵对八路军的认识

1.马头敌兵一般都知道他团五团是八路军一一五师主力战斗力是很顽强尤其是八路军的手榴弹能是每个敌兵都害怕的。

2.马头敌兵都认为从滨海区到青驼寺山径有二十万八路军，他们又认为这些大军的给养弹药服装是怎样解决呢？这是在他们心中最大的问号，因此老兵们新兵不能随便谈有时候吃过晚饭后互相争论这个问题他们结论是八路是像土匪一样的压榨掠夺农民的财产过活，敌兵在据点内时不了解我根据地的情形他们只能在扫荡时看到老百姓都不在找不到粮食，因此敌兵认为这是八路军藏粮的结果，有的认为八路军随便杀人放火捉住俘虏后立即处刑。

3.有時敵兵認為八路軍是穿便衣的土匪部隊，因為它们只能看到除了扫蕩)我们的游击小组或便衣工作隊，同時有的敵兵認為八路看到皇軍就跑的因此沒有战斗力的，新俘虏来的佐藤到我处后看到八路軍和老百姓的和諧的团结后大吃一驚說：八路軍是永遠消滅不了的，我在日軍内夢中也想不到八路軍和老百姓关係这样的密親"他又說：我在日軍時認為八路軍沒有什么軍纪制度但到貴处后第一個给我最大的印象是八路軍都穿軍服也有很大机関無线电電話等等·这是我们不能想像到的"

4.敵兵(主要是老兵)中间大部份都知道八路軍是不殺俘虏的但不知道為什么不殺俘但他们認為这主要的是為了利用而不殺，敵兵又認為虽然不殺但俘虏是大和軍人的最大耻辱，同時非常担心战争结束后如果俘虏交相交换時那就會倒霉，因此一般的都不願当俘虏·

5.敵兵認為八路軍是共产匪共產党都是神经病者·

二·对反战同盟的認識

1.馬头敵兵大部份是不知道反战同盟的名字，但他们一般都知道八路軍連有两三個日本人但他们在那里干什么呢：敵兵中間有以下种几見解·

①他们認為在八路軍内的日本人被俘而去逃亡，因此在枪劍威胁下沒办法寫一寫宣傳品或当軍事教員·

②有的認為在路軍的日本人頭脑非常好他们在那里領导过一二五师或一個大隊，(岩崎朋友說："我们同他团五团作战時他们的散開隊形和前進姿势等同日本一样，因此我们認為是日本人指揮的)因此有岩崎說：石川隊中不少的老兵說他媽的我也到八路軍去当一個指揮官討几個老婆，但他们又說不行不行八路軍白天在山谷里隱蔽晚间出来小偷干活，我不能过这黑暗的生活·

③有的說这些家伙们(指反战同盟)没有大和軍人的精神，為什么不自殺在那里活着干什么呢"?

④有個别的敵兵說：去看一看也曉得，他们在那里到底干什么?

⑤佐藤看到反战同的傳单后他不相信这是日本人寫的，若從文章的構造来看時是日本人寫的，但不少的汉字是日本人不用的簡字(比如把戰字寫成"战"字等)因此他認為这是中国人留日學生寫的·

王耕今：滨海区农村经济问题调查报告提纲（1944年）

這个材料是1944年夏天，由卅个同志做完了調查之後，由王耕今向山东分局调查研究室汇報的提綱，会議是由薛暮橋同志主持的。

2

滨海区农村经济关系调查报告

一、抗战前的土地分配和阶级关系

我们调查了比较中心根据地的九個区，这九個区一般的可以代表全区的情形，但是我们调查的材料还很不完整的，现在只就所收有材料说明一些问题：

1. 抗战前的土地分配

抗战前的土地分配是极不合理的，少数的地主占有大量的土地而广大的农民则没有地種

一个地主相当
5.5F
9.5中
92.5P
112G

如在大店等三区百分之七的地主占有了百分之六十以上的土地，而93%的农民则仅有不足40%的土地，本来这一带地区每人平均有三亩多中等地尚可维持但多在地主手中，使不能不陷于半饥饿状态中了。

另如团林壮岗等区因土地较薄比较分散，但8%的地主也占有了25%的土地

沭水临沭4%的地主占有40%的土地

尚然地主占有的土地多是好地，而且占了很多的财富。地主们就凭着他们优越的政治权势和大量的财富对于农民进行残酷的掠夺和剥削。

2. 掠夺土地：

地主的土地多是非法掠夺来的主要手段如下：

a. 利滚准折

b. 依势霸占

c. 滥罚陷害

3

d. 贪污欺骗

e. 额外剥削

f. [illegible]

3. 租佃剥削

a. 租佃关系的普遍程度 （佃整个土地的一半）

大店等区主地土地90%是出租的 但多是分租给

老的大佃户 封建的

民主地区经营地多，出租地不及百分10%

这也就是说广大农民是租不到地种的.

租佃户占整个农户半左右 有租佃关系者有30%

b. 租佃~~关系~~剥削制度

A 形式

① 干拉[illegible]

② [illegible]

③ 分种地 对分粮食

④ 劳役地租 39—45

⑤ 定租制

⑥ [illegible]地

⑦ [illegible]

10期 ~~60~~ 61 59

B 额外剥削

① [illegible]地

② [illegible]

③ [illegible]

④ [illegible]

⑤ 送礼

⑥ [illegible]

⑦ [illegible] 和大[illegible]

~~c. 租佃关系~~：

① 打骂

② 侮辱

③ 人格上的[illegible]

④ [illegible]

在这种剥削下佃户只有受冻和穷苦 永远翻不过身来.

4

d. 貪污欺騙
e. 額外剝削
f. 囤集鑽營

3. 租佃剝削

a. 租佃关係的普遍程度

由于地主佔有了大量土地，广大農民缺乏土地，这就使得農民不得不向地主乞求地種，但是大底階係一般的地主是不零星出租的，而多是集中出租，因此農大農民仍然得不到地種，为大底~~地主~~ ~~出租地給~~租入地的種佃~~所有地~~使用地的一半以上，而租入户只有35%，階係 係外每户佃入土地平均也在30畝以上

園林此尚普發普遍但是数目是不大的.

6

4.高利借贷：

高息借贷同样是地主剥削关系，亦是农民受剥削的一种剥削关系，据园林的调查上经常负有借贷关系的贫户借了八元，而每家的欠帐的利有万元九十余。

原因是：

①困难， ②买粮种 ③灾荒

大农的地主多是家家出家子放高利贷

据沈阳的二八户地主中有20户是放利贷发财的

每家[地主]除息外的净利也外，欠他债还了379户共计13682.2元

息借制度有：

①行利钱

②工夫钱

③粮食钱

④花生油钱

⑤花生钱

⑥粮钱

⑦分会钱

⑧月利加一

到期不还：

①上公议

②要房子

③刑罚

④押地

⑤押地田租

7

5. 雇佣关系

a. 普遍程度

在固林、蚂蚁等六个区 雇佣户数作総户数的15%

佣入户作11% 大店等区略差：

雇佣关系所以相当普遍的原因：

1. 经营地主多 贫农得不到地种
2. 副业比较发展

但这并不能说这里的农业经营已比较进步的，恰恰相反，他们剥削的残酷 耕作的粗放 比他处有过之而无不及

b. 雇佣关系

在大店一带农业雇工多系富农 在固林、蚂蚁（商人地主）等区多系经营地主 大店地主多系佣用人。

待遇最残酷的是石河蚂蚁一带

1. 强制劳役 a. 给饭不去不行 b. 以工抵债
2. 管理严格 打骂责罚
3. 侮辱欺骗

5. 三种地主的简单特点。| 官僚地主——政治压力大——佃户不敢动员
商人地主——任务实计细——容易动员
恶霸地主——兼而有之——

~~5. 农民在这种重重的压榨下只有贫困~~

地主富豪们用残酷的剥削办法积累了财富田产 几代来三十年的时间就集中七八千亩地，相反的农民不知有多少倾家荡产 饥饿和贫困。 8

二、土地政策的实施

1.经过：

A 五一减租 1941年在大店附近個别的户实行增资只是宣传口号 是工作团作的

B 1942年五月开始集中几百个干部开展减租减息增加工资的工作。

②思想上的障碍：

a.合理负担還是减租减息

b.减租减息是否會破壞统战

c.拯民于水深火熱的人上人思想及人外人思想

①两個中心縣及五中心区

a.莒南 筵宾 仕沟

b.临沭 大兴

③~~工作上的困难~~ 一九四二年的工作

a.不了解农民和农民格格不入 到处碰壁

b.包办代替的借粮

c.~~[illegible]~~增资斗争

d.~~增资~~斗争 拔地

e.减租 還未普遍进行或未真正普遍进行

f.退还粮

④初步的收获

a.使一部分的农民了解了地主的权威不是神圣不可侵犯的.

b.提拔了一些干部 组织了一些积极分子

9

一、官僚地主：

1. 做官发财的，有历史，有政治权威，有统治经验，有一系列的"文化""道德""爪牙"作统治工具。他们的统治行为在社会上一般是"合法化"了的。他们可以用狗子掌柜统治农民，自己不直接出面，一面统治了农民，一面还可假装伪善仁义道德。

2. 经济上~~的剥削主要方面的~~，有雄厚的力量，剥削是多方面的。他们在这一带6%左右的户数，占有了50%以上的土地，他们出租地占90%

出租形式是多种多样的

干提租　15:85　1:9

柏牛客　4:6

对分制

定租制

　粮租　实交　60—70%

　货币　8—10元

　干上套

　~~干拨拨~~

劳役地租~~干拨拨~~　看门　出工

管菜吃

拔柴烧　10　10

由于他们长期的脱离生产，对于种地的知识是很差的，因此他们在经济上的计算剥削是很愚蠢的。他们办法就是强制的超经济剥削，为

①折子粮

②双出粮

③干做工

④白种地

⑤送礼

⑥大抹头

⑦人格上的不平等

同时寡妇的堂子都出零钱放高利贷，大庄街上的票子有八九十种之多

11

c. ~~但是农民得到的利益不大的~~ 减租没有普遍进行 减息没有进行 只有检查来的比较1澈底
d. 组织获来的指名还是少数 地主的封建势力下降但基础并未动摇，政权并未打破
（进行思想的斗争但）

贫苦农民获得部份地租

c. 十一指示和双十指示后开展了深入的查减运动 解决了
a. 斗争了大地主大恶霸，（比较）贯彻了二五减租 分半减息
b. 清理退回了利滚利折地及荒地纠纷
c. 展开找工，退息，运动（退租）

2、丑. 主要收获

a. 农村的阶级关系起了显著的变化
① 贫苦农民上升 地主下降：（临県）（临水村材料）

1937 阶层	户数	1944 地主	富F	中	P	G	他	合计	註
地主	68	64	13	9	3			89	分家21户
富农	115	1	81	39	6			127	分家12户
中农	579	1	14	569	58			652	〃〃73〃
贫农	765			141	685	1	1	832	〃〃67〃
佃农	178			15	118	55	1	189	〃〃11户
其他	5				2		3	5	
外来				2	12	1		15	
合计	1710	66	108	775	898	57	5	1909	分家199

12

12

从这里看出农佃已经普遍的上升了，他们的生活也改善了。一個农民在麦子里说"往年吃地瓜叶子，今冬今年同见了就够满"。里孔坡一个农民说"这两年不是那两年了，我的粮食吃不了了。"

六、租佃关系上的变化

①过去经营地主多，现在多变成了出租地主

过去地主出租土地只估所有地的21%

现在出租地估全所有地的70%了

过去下出 2%　现 9%

过去佃一的 7%　〃13%

②贫苦农民获得了地种

	1937		1944	
阶级	户	地	户	地
地主	—	—	1	16.05
富农	11	108.22	7	121.30
中农	65	1586.64	134	1060.72
贫农	116	1411.09	412	3484.94
佃农	17	105.00	25	154.68
无地	—	—	2	12.34
合计	209	3210.93	581	4850.03

13

15

从这~~一材料裡看出~~ 阶层变化上看

地主下降者89户中有25户佔30+%

富农〃〃〃127户中有45户〃35+% 上升只一户

中农〃〃〃652户〃〃68户〃10+% 上升(15户)佔24+%

贫农〃〃〃832户中〃~~141户〃17~~ 上升141户佔17+%

雇农〃〃~~118~~ 189〃〃 上升133户〃70-%

从土地变化上看

阶层	每户平均		每人平均		佔有土地%	
	37	44	37	44	27	44
地主	257+	101+	45	19	38.30	17.37
富农	52+	43+	9	8	13.27	12.24
中农	22.8	22.3	5.37	5.15	28.99	44.90
贫农	10.85	10.64	2.29	2.33	18.22	24.82
雇农	3.07	4.35	0.75	1.07	1.20	0.64
其他	0.58	2.54	0.06	0.75	0.02	0.03
合计	26.69	20.15	5.76	4.45	100.00	100.00

使用地的比例也大不相同了

	地主	F	中	P	G	其他	合计
面积比 1937	21.87	15.15	36.78	24.38	1.80	0.02	
1944	4.40	13.02	46.44	34.93	~~1.84~~ 1.14	0.07	
每户使用田 1937	118.03	50.72	24.19	~~24.38~~ 12.33	3.66	1.80	
1944	32.39	39.70	21.87	14.08	6.87	4.60	

14

③ 租额和过去不同了

从前租额 不能在屋子里机械的说四六之一般从大庄主叫查账本上的调查。

	1940 麦	1940 秋	1942秋	1943麦
收获	100	100	100	100
除种	25	14	5	11
实了	39	38	59	56

再看定租 交租約當全部收入25%

④ 佃权有了保障 额外剥削废除了

6. 佃雇关系上的变化

① 1937 佃入人数 369.5 1944 佃入188.5 减少了一半

1937 佃出 339.5人 1944 出 114人 减少 2/3

减佃 减入的少 减出的多 說明 减佃开始时而且上升现象

四. ② 工资指数

1937	1941	1942春	1942秋	1943	1944
100	40	23	37	55	60

15

其他情况略有提高 但仍不及战前水平，工资普遍未恢复了

d. 恩债表俗也有了一些变化

1. 抗战以前 地主总是收债

我军开来之后 才隐蔽起来

群运动之后 以前的债务无条件 但对于小户和

实物贷粮，

甲. 粮食借贷

乙. 生活借贷

丙. 工具借贷

丁. 麦种贷

明目张胆的大户出放粮款的 现在只有极少数地主借贷

了。

e. 组织了广大的群众 坚持了根据地的工作 据当时调查 在全区组织群众占大约40%，村干部已基本

群众普遍建立了民兵武装 群众都拿起枪保卫自己的生

了。

3. 缺点：

a. 基本群众的发动与组织 大部分还没有完成 大多数的任务

~~[illegible]~~ 因为

① 包办代替 干部恩赐 表现

甲. 减了租 农民还不明白为什么减租 减了租不入农会

~~乙. 抚摩生活 使有的农民不敢靠前~~

② 还不彻底 尤其是在我们这边 应减租而未减者有七户 未减的还很多。

16

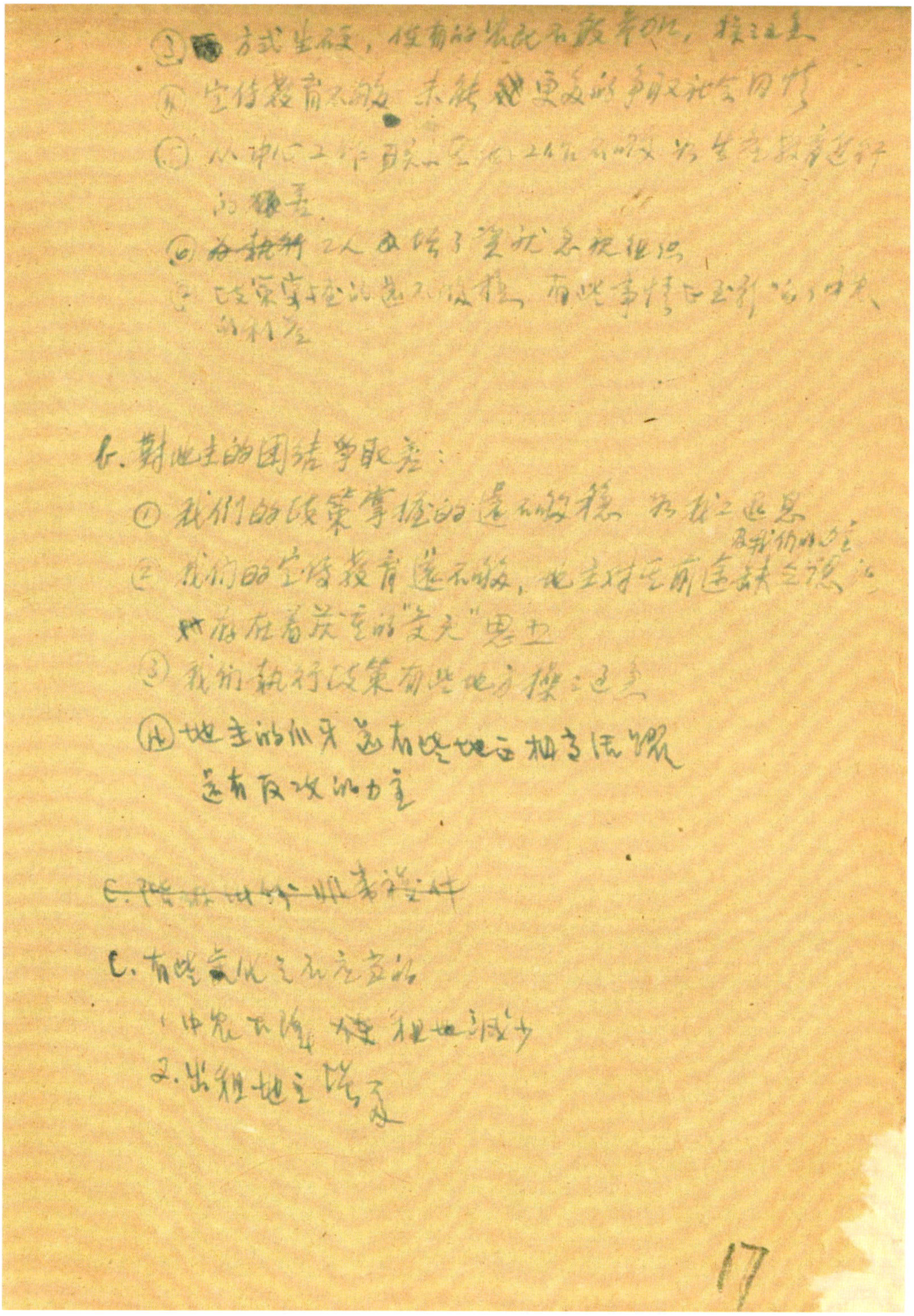

③ 方式生硬，使有的农民不敢靠近，稍注意
④ 宣传教育不够，未能使更多的争取社会同情
⑤ 从中心工作联系生产工作不够，对生产教育进行的不够
⑥ ~~[illegible]~~ 工人团结了，党就要便组织
⑦ 政策掌握的还不够稳，有些事情还去影响了中农的利益

b. 对地主的团结争取差：
① 我们的政策掌握的还不够稳，有左的过急
② 我们的宣传教育还不够，地主对我们的政策还缺乏认识，存在着决定的"变天"思想
③ 我们执行政策有些地方稍过急
④ 地主的爪牙还有些地方相当活跃，还有反攻的力量

~~c. [illegible]~~

c. 有些贫农[illegible]
1. 中农不满 使租地减少
2. 出租地主[illegible]

17

三、几个问题

1.拔地：

a.什么叫拔地

b.拔地是土改工作的第一炮 是在各方面转变后的办法

c.拔地范围了 不仅拔佃地而且拔自耕地

不仅拔富农的而且也拔中农的 在有些地

方它已不是一个经济要求而且是一个政治要求了

d.拔地很快地波及到全滨海区

e.拔地收获是巨大的：

① 解决了很多贫苦农民的土地使用问题，这是农民迫切的要求，

② 完成了土地工作的敲门砖

③ 是贫苦农民解决生活问题的一个最好的办法

是贫农佃农上升的主要原因

④ 动员了一部分群众 培养了一部分积极分子

f.拔地有不小损失：

① 损伤了中农的利益（不只是佃户也有自耕农）使他不能进一步的上升，而且和我们对立

② 削弱了富农的生产 造成了减低的现象

③ 降低了生产

④ 不只侵犯了地主的地权也侵犯了佃户的佃权。

g.拔地的评价

① 拔地是错的 —— 这是我们过去的结论 18

就这说他是错了 超出了政策的[illegible] [illegible]农民立场说[illegible]

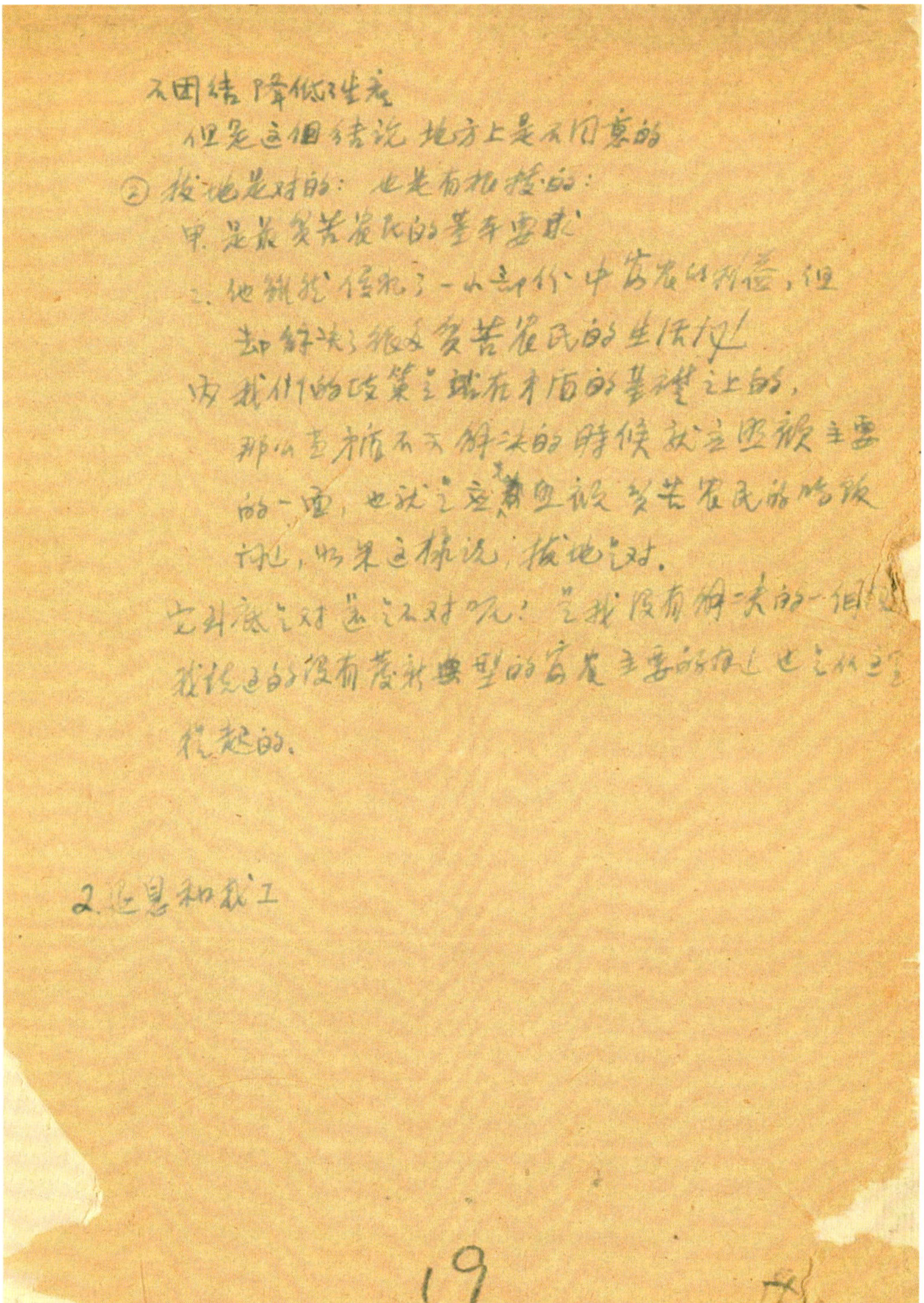

不团结 降低了生产

但是这個结论 地方上是不同意的

② 拔地是对的：也是有根据的：

甲. 是最贫苦农民的基本要求

乙. 他虽然侵犯了一小部份中富农的利益，但

却解决了很多贫苦农民的生活权！

丙 我们的政策是站在矛盾的基礎之上的，

那么当矛盾不可解决的时候就应照顾主要

的一面，也就是应当照顾贫苦农民的阶级

利益，如果这样说，拔地是对。

它到底是对还是不对呢？是我没有解决的一個

我找过的没有蒐集典型的富农主要的根据也是从这

提起的。

2. 退息和截工

19

薛暮桥：滨海区半年来的货币斗争（1944年）

濱海區半年來的貨幣鬥爭

薛暮橋

濱海區的貨幣鬥爭，在山東分局和省政委會的直接領導下，經過濱海專署，特別是工商管理局半年來的努力，已經獲得了很大的勝利。這勝利獲得的經過情形如下：

濱海區的貨幣鬥爭是從去年七月專署佈告停用法幣開始。這時期的貨幣鬥爭主要依靠政府行政力量，和群衆團體的幫助，在艱苦鬥爭中綬進展着，獲得了初步的勝利．這可以說是貨幣鬥爭的第一時期。到去年九月工商管理局成立，十月間開始展開全面性的對敵經濟鬥爭。于是貨幣鬥爭得到了巨大的經濟力量的支持，順利開展，獲得了更顯着的成績。這可以說是貨幣鬥爭的第二時期。

濱海區自從前年貨幣鬥爭失敗以來，法幣充斥市場，物價步步上漲

77

21

。政府雖曾下令法幣貶值（法幣二元折合本幣一元）；但實際上本幣仍與法幣等價使用，即政府收支亦非例外。當時大家看到停用法幣已是勢在必行；但被過去失敗的經驗所困擾着，感到沒有勝利把握。因此大家對于濱海專署所作停用法幣決定意見紛歧，缺乏必要的信心和決心。後來經過幾次討論，檢討了過去失敗的原因，認爲停用法幣的客觀條件已經成熟，只要步伐一致，且能把握市場規律，勝利已有保證。于是決心停用法幣，動員公營商店，交易所，合作社首先拒絕接受法幣，或者折價使用，粮食市場禁止法幣交易，這樣造成停用法幣的有利形勢。

七月初專署佈告于七月二十一日起停用法幣，並號召群衆迅速排擠法幣，或向銀行兌換，這時法幣信用開始動搖，部份地區自動貶值至八折七折。機關部隊所存法幣亦開始向外排擠。但有些機關就在根據地內排擠法幣購存物資，引起物價飛漲，甚至有用法幣發給菜金零用，向幹部及戰士手中排擠者。因此山東分局與軍區立即發出指示與訓令，責令各機關收集幹部戰士所存法幣，限七月二十日前向銀行兌換本幣。因此

78

22

停用法幣以後，幹部戰士違禁使用法幣時事尚少。

停用法幣開始時候，法幣市價各地不同，有七折八折的，也有仍與本幣等價交換的。專署決定宣佈七折兌換，兌出兌入價格一律，且無任何限制。開始時候法幣兌入並不踴躍，且有兌出超過兌入者。但一集以後物價開始下落，法幣兌入漸多，到八月三日專署宣佈六折兌換，形勢又見逆轉。後雖漸見好轉，但兌出總數仍然超過兌入，所以到八月十日兌換期滿時候，我們的貨幣鬥爭雖已獲得初步勝利——如停用法幣和法幣貶值的成功，物價跌落百分之二十至四十——但這勝利還是不鞏固的。

八月十日以後臨時兌換機關撤銷，銀行因爲缺乏幹部及兌換基金，且對調劑外匯信心不够，經常兌換機關未能及時建立起來。因此根據地的周圍黑市流行，兌換比值參差不齊。幸賴政府和群衆繼續查禁法幣流通，和濱海區對外貿易的出超，這勝利的果實得以繼續保持下來。到九月中旬工商管理局成立時候，東面法幣黑市已自六折漲至七折八折，甚

23

至有與本幣等價交換者。但西面由于食鹽大量輸出，却反自動降爲五折。

第二時期工商管理局開始建立兌換機關，按照市况决定法幣東面六折，西面五折，僞鈔四元五角。同時統制食鹽，即以輸出食鹽換取法幣，並以輸出生米生油換取僞鈔，支持貨幣鬥争。開始兌換時候我們還怕外匯不够，所以規定幾種重要物資輸出必須登記外匯，兌出亦有嚴格限制。但不久就由事實證明：濱海區的對外貿易有着大量出超，吸收外匯，尤其吸收法幣是並不困難的。到去年年底，我們竟因法幣太多而不得不宣佈停兌法幣了。

從九月以後本幣比值就步步上漲，法幣僞鈔則愈跌愈低，十二月初僞鈔且曾一度狂跌，直達本幣五角，但兩三天後就漸復原狀。各種物價亦繼續跌落、尤以土產跌價最多。在這時期我們曾一度採取通貨緊縮政策，加速物價下落。但物價跌落過速，尤其是土產跌價遠過外來洋貨，這對我們並不完全有利。所以不久就停止緊縮通貨，注意到物價的穩

80

24

定。故在新年以後，物價稍稍回漲。

濱海貨幣鬥爭的勝利範圍逐漸擴大，像新開闢的北山區三個縣，政權和群衆團體均不健全，工商管理工作亦未完整建立起來；但十一月間決定停用法幣，這工作竟在短時期內順利完成了。魯中魯南因爲運鹽關係，大批山東字的舊北海票流入濱海；因此魯中本幣自從十月份起，也竟不管敵人掃蕩自動漲價，法幣比值四個月內竟從八折六折跌至四折三折二折。僞鈔亦從五元跌至二元一元五角。魯南到今年二月也部份的完成了停用法幣和法幣貶值的工作（法幣降至二折）。

從貨幣鬥爭的勝利中我們得到了些什麼果實呢？

第一，我們勝利完成了停用法幣的工作，完全消滅了由于法幣澎脹所造成的經濟危機。過去市場流通着的幾千萬元法幣差不多已全部排擠出去，換回人民所需要的各種物資。本幣已經成爲市場上的唯一流通工具，它的流通範圍且已逐漸擴張到游擊區和敵佔區，敵佔區的人民紛紛貯藏本幣，因此，本幣流通數量雖然增加兩倍，仍是供不應求。

75

第二，本幣的比值是提高了，去年停用法幣以前本幣實際上與法幣等價交換，到十二月間本幣一元已能兌換法幣五元。本幣與僞鈔的比值，也從本幣七八元換一元僞鈔漲至本幣一元伍角換一元僞鈔。茲將逐月幣值變化列表如左：

	七月	八月	九月	十月	十一月	十二月
法幣	1.00	0.80	0.50	0.40	0.30	0.20
僞鈔	8.00	7.00	4.50	3.00	2.00	1.50

第三，跟着幣值的上漲而達到一般物價的跌落，自從停用法幣以來，四個月內各種物價平均跌落一半。去年僞鈔物價約增一倍，法幣物價約增二倍，只有本幣物價改變了抗戰幾年來的規律，反而日見跌落。茲將各種物價指數列表如左：

	七月份		十二月份	
	價格	基數	價格	指數
小麥	4.00元	100	1.50元	37.50

26

83

高粱	4•50元	100	1•20元	26•66
棉花	48•00元	100	11•00元	22•92
土布	3 20元	100	1 80元	56•25
洋布	1700元	100	1250元	73•52
食鹽	40•00元	100	40•00元	100•00
生油	13•50元	100	2•80元	20•74
皮猪	16•00元	100	4•00元	25•00

第四，停用法幣的結果，使我們能夠更有力地管理對外貿易，保護重要物資，保證各種必需品的輸入。我們掌握外匯，同時也就掌握了對外貿易。敵人和敵區商人再不能用法幣來換取我們的糧食和其它物資，他們爲着獲得食鹽生油等類物品，不得不搜羅我們所需要的東西甚至軍工原料來作交換。連日商洋行也派代表與我交涉，詢問我們願要什麼物品交換生米小麥等等。

第五、貨幣鬥爭和貿易鬥爭的勝利，使我們有可能來減輕財政開支，保證財政供給。在物價的下落中，除少數投機商人虧損外，大多數人民，特別是貧苦人民的生活是逐漸改善了，在這方面我們還有許多工作上的缺點，這要留待下面來講。

我們怎樣能够獲得這種勝利的呢？首先而且極重要的原因，是客觀條件大有利于我們貨幣鬥爭。如抗戰形勢的日益好轉，根據地的鞏固和擴大，反共軍入魯的失敗，因此僞鈔開始動搖，法幣更已臨近崩潰境地，本幣成爲唯一可靠的交換貯藏手段。如濱海區貿易上的大量出超，特別是食鹽的大量輸出，成爲我們貨幣鬥爭的極有力的支持。如去年的糧食豐收，和自足自給生產建設的初步成功，使我們在對外貿易上能取得主動地位。這些客觀條件，使我們的貨幣鬥爭勝利有着充分保證。

但有了很好的客觀條件，如果沒有主觀上的努力，我們的勝利還是不能自己降臨的。如果我們不下決心停用法幣，不能掌握外匯和對外貿易，那末貿易上的大量出超，反會促成法幣的大量流入，加速通貨澎脹和物價的高漲。濱河區去年貨幣鬥爭的失敗經驗，完全可以證明這點。

84

28

那末所謂主觀上的努力，究竟是指什麼呢？

我們貨幣鬥爭的能否勝利，主要决定于我們是否善于利用我們所具備的一切力量，所謂一切力量，是有兩方面：一方面是政治力量，這裏又包括政府的力量，和群衆的力量。政府頒佈法令停用法幣，嚴禁法幣僞鈔流通；實施重要物資的輸出入的統制，嚴禁違法走私。群衆團體動員群衆排擠法幣，協助政府查禁黑市，緝拿走私，擁護政府所頒佈的一切經濟法令。沒有這種政治力量，或者有了這種政治力量而不善于運用，貨幣鬥爭决不可能獲得勝利。

另一方面是經濟力量：如銀行，工商管理局，及公營商店，交易所，合作社，通過它們來調劑外匯，管理貿易，平抑物價。其中尤以管理外匯，統制對外貿易，掌握重要物資，是貨幣鬥爭的最重要的武器。過去山東各地貨幣鬥爭因爲未能充份利用經濟力量，所以除膠東因客觀條件特別好，且能掌握市場規律獲得成功外，其它地區均無多大效果，濱海貨幣鬥爭的第一時期特別艱苦，但到第二時期，由于工商管理局成立

29

，能够充分利用這些經濟力量，鬥爭的局面就順利開展了。

有了政治力量和經濟力量還要善于運用。所謂善于運用，就是要能善于掌握規律；並有統一領導。市場供求，幣值漲落，物價變化均有一定規律；而××貨幣，貿易生產三種鬥爭，又均互相依存，必須相輔發展。我們的鬥爭策略，一定要與客觀發展規律一致；但又並不是完全受客觀條件所束縛，要能善于利用各種有利條件，並以一個鬥爭的勝利，爲另一個鬥爭創造出各種有利條件來。所以必須多多調查研究，接受先進地區的鬥爭經驗。粗枝大葉，自以爲是，是難免不失敗的。同時建立工商管理局來統一領導對敵經濟鬥爭，也是爭取勝利的極重要的保證。

濱海區的貨幣鬥爭，便因爲善于利用政治力量和經濟力量而獲得了顯著的勝利。但因我們掌握規律，照顧全局還嫌不够，所以貨幣鬥爭的勝利，並沒有足够地減輕我們的財政經濟上的困難，並沒有足够的改善人民的生活，和刺激生產貿易的發展，相反地在個別部門還造成了一些

30

不利的影響。在過去半年中，除挽救了法幣澎脹所造成的經濟危機，並對對敵經濟鬥爭造成有利形勢之外，它對改善國計民生的實際效果還是不大的，這些缺點的具體表現是：

第一，在貨幣鬥爭開始時，我們雖然也會預期着幣值的上漲，和物價的下落，但沒有預料到變化得這樣快。許多幹部怵于過去貨幣鬥爭失敗的經驗，勝利信心不高，因此工作上的準備非常不够，造成許多不必要的損失。如去年秋季田賦改徵糧食，以及其它物資大量屯積未能及時出售，致在物價跌落中政府銀行和工商管理局損失千餘萬元。假使我們早準備着物價的迅速跌落，這些財政上的損失是大部份可以避免的。

第二，物價的跌落不平衡，糧食價格跌落太大，工業物品特別是布價跌落太小，造成了政府和根據地人民的損失。因爲這時政府和人民都需要出售糧食購置棉衣，這種物價的剪刀差是于我非常不利的。這雖然主要由于去年糧食豐收，和紡織生產發展不够，不能自給，但工商管理局的未能及時調整，掌握物價，亦爲重要原因。後來雖然設法抑低棉價

31

促使布價下落，但時間太遲，效果不大。

第三，在物價跌落中對貿易和生產的照顧不够，使商業受到打擊，生產發展也多少受些影響。因爲工商管理局剛剛成立，機構還不健全，只有力量掌握輸出入的某些重要物資，對于一般商品的供求調劑，物價平衡還是無力過問。因此有些物價跌落過急，甚至時落時漲。這雖打擊了投機商業，但也妨害了正當貿易，許多合作社也因此虧本了。生產發展如打油等也受到影響。紡織業的影響不大，原因是棉價跌落大于綫價，綫價跌落大于布價，故仍有利可圖。食鹽生產則因食鹽統制，鹽價穩定而大大地發展了。這證明只要我們能够有計劃地掌握物價，幣值的上漲和物價的下落，對于生產發展是可能仍有幫助的。

第四，對抗日鄰區的照顧還嫌不够。自從法幣停用以後，魯中魯南的山東字樣舊北海票大量流入濱海，這固然造成了魯中魯南提高本幣比值的有利條件。但這不是有意識的幫助，而是意外收穫。由于本幣限地使用，而濱海與魯中魯南間本幣的匯兑關係又未能及時建立起來（這是

88

32

雙方都要負責的），使各根據地間的貿易受到阻礙，可能因此降低了華中魯南本幣在人民中的信仰。華中淮海區同樣由于我們拒絕法幣，購運食鹽發生困難，而受到了相當大的損失。這是今後必須設法挽救的。

最後，我們現在的本位幣制，從開始發行就同金銀脫離關係，同其它貨幣亦未保持一定聯系，因此它的價格毫無標準，漲落均無限制。但幣值的漲落，會使雇主與雇工，店東與店員，債權人與債務人，收稅者（政府）與納稅者（人民）……間財產關係發生不合理的變化，因而引起許多糾紛。爲着穩定幣值物價，我們應使本位幣與金價或若干重要物資的價格保持一定的聯系，並盡可能求得山東各根據地本幣價格的逐漸統一。這一點也是值得我們來研究和促其實現的。